易经原理及注释

徐勇 著

中医古籍出版社

图书在版编目（CIP）数据

易经原理及注释/徐勇著．—北京：中医古籍出版社，2015.5
ISBN 978-7-5152-0730-8

Ⅰ．①易…　Ⅱ．①徐…　Ⅲ．①《周易》-研究　Ⅳ．①B221.5

中国版本图书馆 CIP 数据核字（2014）第 284935 号

易经原理及注释

徐勇　著

责任编辑　朱定华
封面设计　映象视觉工作室
出版发行　中医古籍出版社
社　　址　北京东直门内南小街 16 号（100700）
印　　刷　廊坊市三友印务装订有限公司
开　　本　787mm×1092mm　1/16
印　　张　33.25
字　　数　720 千字
版　　次　2015 年 5 月第 1 版　2015 年 5 月第 1 次印刷
印　　数　0001～3000 册
书　　号　ISBN 978-7-5152-0730-8
定　　价　72.00 元

整理文化遗产的典范（序一）

我虽年逾古稀，但我愿为这样的好书作序。我希望学坛少些虚浮，多些踏实，而青年才俊徐勇同志的著述实践为我们的时代做出了表率。

徐勇同志注释的这部《易经》有三个特点：第一，首次成功地回答了亘古难题——《易经》为什么具有预测功能；第二，注释简明、学术价值高；第三，对对立统一规律也有贡献。

世界有四大古文化，只有中华文化绵延至今，正是中华文化使得中华民族在这片古老的土地上稳扎五千年，在可比较的历史中领先世界两千馀年，曾一度拥有占人类总数四分之一的人口，究其根本，《易经》的作用是巨大的，因为《易经》是中华文化的主根之一。在与《论语》等经典有着相同的人文意义之外，《易经》还有现代科学意义。诚如人们所知，2003 年 10 月，美国加州理工学院麦克·布朗教授领导的团队观测到了一颗位于太阳系外围柯伊伯带的天体，并在 2005 年 1 月称发现太阳系第十颗行星。事实上，早在 1939 年，刘子华先生就在巴黎大学用《易经》加科学计算的方式揭示了第十颗行星，这个发现轰动了世界，刘子华先生也因此在巴黎大学获超乎寻常的国家博士学位。据此，我们要问，世界上还有哪本古籍可以与《易经》相媲美呢？然而，就是这样一部奇书，却一直没有人能够解释它为什么具有预测功能。

徐勇同志用对立统一规律及其最新研究成果，破解了《易经》为什么具有预测功能这一亘古难题。在其所编著的这部《易经》中，徐勇同志首先有针对地阐述了对立统一规律的完整原理；然后，把六十四卦中的每一卦分解成或乾、或坤、或震、或艮、或离、或坎、或兑、或巽的对立统一双方，这样，六十四卦就与对立统一规律对应起来了；接着，再用对立统一规律阐述每一卦的宏观态势，使人们清晰地认识到六十四卦就是对立统一规律对应的六十四种情形；最后，再把六十四种情形中的每一爻与总体的关系加以对应分析，从而，令人信服地解释了《易经》的无可辩驳的科学性。这里需要强调指出的是，徐勇同志的工作不仅破解了《易经》研究的亘古难题，还把易经思想推到了一个新的高度，比如，正式提出人的趋利避害的根本本能作为爻的内驱力。

在用对立统一规律破解《易经》为什么具有预测功能的同时，徐勇同志还说明了《易经》科学性的另一个来源，那就是“比类相符”这一行之有效的科学方法。所谓比类相符方法就是形象逻辑的方法，中医学就是形象逻辑形成的科学的典范，当然，形成科学的另一类方法就是形式逻辑方法，西方科学几乎都是这一方法形成的。在这里，我不仅看到了徐勇同志的学术成果，而且还看到了他扎实的学术功底。

在《易经》的注释方面，徐勇同志所做的工作也是十分杰出的。首先是他继承了众多前人的研究成果，这可以在他所做的注释的空前广征博引程度得以证实；其次是他解释原文的相对高的科学性，徐勇同志不仅注释准确，而且，还用“不休说”的形式发展《易经》思想。现在以损卦的解释为例加以说明：有的《易经》注释“六四：损其疾，使遄有喜，无咎”时说：“减损去了她的心病，君子的迅速到来使她欢欣喜起来，没有过错。”徐勇同志的解释是：“要改掉自己的坏毛病，并且行动迅速，就有喜事发生，没有什么灾祸。”实践证明，徐勇同志的解释更符合实际。

在对立统一规律的研究和解释方面，徐勇同志的工作同样令人激动。徐勇同志似乎有意采用了某些通用教材的行文顺序，以纠正人们对对立统一规律的认识。这一点相信读者会有很深的体会。

总之，青年才俊徐勇编著的这部《易经》是少有的好书，我荣幸地把它推荐给大家。

佟德富

（作者系中央民族大学哲学系和宗教研究所创始人，哲学与宗教学院原院长、教授、享受国务院特殊津贴哲学家、国家哲学社会科学基金项目评审专家、蒙古国荣誉博士）

可喜的易经研究之作（序二）

“易。所以会天道、人道者也。”易，实博大也。对《易经》我素无研究，老实说，我是不敢研究，因为它太深奥了；对《易传》，尤其是《系辞》则多少了解一些。也正因为如此，我不认为自己有评价易经专著的资格，而对其他部分也只是谈谈个人看法而已。

就《易经》原理破解而言，我觉得徐勇同志的研究，做到了持之有故，言之成理，甚是可喜。

在《象》《彖》《传》等方面，徐勇同志不仅研读精细，而且，大胆道出一家之言。

罗素也认为西方哲学的思维模式是“心”、“物”独立的二元论。这种思维模式促使科学技术迅猛发展，但也带来战争频繁和环境灾难。中国哲学的思维模式形成始自《周易》，它以“天人合一”立论。现在，人们日益感触到“天人合一”思想对于人类的重要性。要想体会“天人合一”思想的博大，首读的书就是《易经》，不知是否可以认为徐勇同志的这部专著可以首读?

总之，应该说，徐勇同志这部专著有很高的学术价值，值得一读。

汤一介

（作者系著名中国哲学大家，北京大学哲学系教授、博士研究生导师。曾任国际中国哲学会主席、中国东方文化研究会副理事长、中华孔子研究会副会长、国际道学联合会顾问等多个职务）

破解易理　意义重大（序三）

文艺复兴，是一次文化革命，它不仅使现代科学在欧洲先于亚洲发生，而且，也使资本主义社会在欧洲先于亚洲发生。欧美文化在做出世界性贡献的同时，它也给人类带来不可忽视的世界性影响——环境的严重破坏和空前的精神痛苦的制造。进入二十一世纪，人类越来越认识到，“天人合一”的中华文化的战略意义，当然，也有不和谐的声音，比如，丑化中华文化。

文化与文明不同。文化是文明的投影。中华文化是中华文明以观念、语言、文字、习惯、习俗、作风等形式在人们的生理和心理上的投影。中国哲学是中华民族以特有的思维方式形成的世界观和方法论，以及各个方面观和方面方法论。与世界其他民族一样，中国哲学也同样是中华文化的核心，因此，捍卫中国哲学就是捍卫中华文化。只有捍卫中华文化，负面效应同样大的欧美文化才可能得以优化，人类才有希望健康发展。

世界上总有那么几个自认为聪明的人，以其文化战去实现不可告人的目的，事实恰恰相反，只有文化借鉴才是明智之举。这些人与满清那个妄自尊为老佛爷的蠢妇一个档次，而中国人民则相反，他们的骨髓里渗透着“和而不同”。正因为如此，通过文化借鉴，中国人民拥有了现代科学；通过文化借鉴，中国人民有了马克思主义，并建设了社会主义。当然，中国也有那么几个聪明人，据说是研究了几天炎黄文化，得出的结论是我中华民族得西化。

中外的小丑们丑化中华文化可以置之不理，全球屈指可数的几位真正哲人呼吁用中华文化改造作为世界文化的欧美文化的呼声不可不理，因为中华民族有为人类做出贡献的义务。说起贡献文化，我们还总不免有几分惭愧，因为分布在全球的孔子学院至今还没有能力论证《易经》的科学性。

《易经》为六经之首，是中国哲学和中华文化的核心，所谓“易所以会天道人道者也”就是“天人合一”思想的起源，由此，可以说破解不了易理是我中华文化的硬伤。

徐勇同修所著的《易经原理及注释》，以铁一般的证据和严密的逻辑向世人宣布：《易经》的科学性是不容置疑的。据此，我们有理由相信，中华文化将以此为转折点走向复兴，人类文化也将因中华文化的复兴而转型。之所以说这部《易经》将成为中华文化复兴的转折点，并进而认为中西文化互补从这里开始，是因为亘古难题——易经原理得到破解。

易理的破解，不仅可以优化世界的主流文化，更为重要的是，为我中华文化的革命奠定了强有力的基础。中华文化革命的根本任务是实现文化的现代化，也就是解决中华文化与社会化经济相抵触的问题。文化革命绝不是文化的横空出世，文化革命只能是文化继承基础之上的文化转型。易理的破解，不仅反过来加固了儒、释、道文化，而且，还为佛教的普及创造了前所未有的优良条件，从而为社会主义和共产主义的实现创造了得天独厚的条件。

要想说明如上道理，须澄清两个误解：第一，佛教不是“教”，佛教中没有神，也不搞迷信，准确地说，“佛教”是释迦牟尼主义运动，也叫幸福主义运动；第二，邪宗——误传的佛教与一切搞迷信的宗教一样，败坏了释迦牟尼主义运动的名声，《六祖坛经》中讲的“破邪宗”就是这个意思。

佛不是神，相反，佛是彻悟了的人。释迦牟尼是第一个彻悟了的人，依此理，后生马克思也是彻悟了的人，也就是佛。我佛以度化众生为己任；马克思恩格斯以为人民服务为终生追求。我佛奉行行善止恶；马克思恩格斯主张阶级斗争；我佛以释迦牟尼主义运动推动人类进步；马克思恩格斯以共产主义运动实现人类幸福。我佛点化众生——人人彻悟就进入极乐世界；马克思恩格斯教导人们——待劳动成为人的第一需要时就可以建成共产主义社会。可以肯定地说，释迦牟尼主义与马克思主义是殊途同归的。

历史告诉人们，佛教发源于古印度，而今天的印度和尼泊尔却释迦牟尼主义运动衰微；佛教也曾传播到西域，而今天的西域却是穆斯林的天地；佛教也曾传播到南亚，而今天的南亚搞的也是迷信的佛教；佛教传播到中国、日本和朝鲜，这里不但没有发生宗教战争，反倒兴起了真正意义的释迦牟尼主义运动。为什么中国乃至日本和朝鲜可以兴起释迦牟尼主义运动呢？因为这里有以《易经》为精髓的道家和儒家文化，这是一种有着极强包容性的文化，也是蕴含着无穷智慧的文化。有这样的文化土壤，释迦牟尼主义运动才能生根开花。何谓真正的释迦牟尼主义运动？至少真正的释迦牟尼主义运动是不骗钱的。《六祖坛经》早就说过：“日用常行饶益，成道非由施钱。”骗钱的都是假佛教。虚云大师主持重建的真如寺和一诚大和尚主持重建的宝峰禅寺就是真心开展释迦牟尼主义运动的。

徐勇同修所著的《易经原理及注释》，在破解易理的同时，还澄清了中国哲学史上的一些误解，讲明了唯物辩证法与中国哲学的一致性，这一切必将促进儒、释、道与马克思主义的有机统一。可以想象，以此为起点的文化革命的前景是光辉灿烂的，社会主义的中国将是无限美好的；可以想象，中华文化基础的夯实，必将为以欧美文化为主的人类文化的优化提供更坚实的基础。

丁小平

（作者系接引寺方丈，也是数学家、哲学家、心理学家、管理学家、红楼梦学家）

前　　言

《易经》是中华文化的主根之一，也是人类文明的瑰宝，挖掘、整理和精通《易经》具有特别重要的意义。这其中，及时破解易经原理，也就是说揭示《易经》为什么具有预测功能是重中之重，因为这不仅关系到如何准确、透彻地理解和把握易经的思想和方法，从而实现让《易经》造福人类的良好愿望，而且还关系到特定历史时期的民族安危。

诚如人们所知，亡我之心不死的海外敌对势力和汉奸一直不遗余力地诋毁阴阳五行思想，这是他们对我中华民族进行文化进攻的核心。文化战①[1]是最残酷、最彻底的战争。速战速决的战争打的是武力；再久的战争打的是经济；更长期的战争打的是政治；旷日持久的战争打的是文化。不是吗？当一个侵略势力打垮了一个国家的军队，又控制了它的经济，接着结束了它的政治，可在这个时候，重大伤亡开始了，因为，平民站出来作人体炸弹了。这些平民一不关心军队，二没有强大的军费开支，三不支持萨达姆的政治，他们不能容忍的是基督教文化灭掉伊斯兰文化。强权的最高威慑在于你不听我的就杀了你，可在甘作人体炸弹的人们面前，这种威慑已经没有任何意义。

文化战不费一枪一弹，更没有硝烟，可是，它最彻底、最歹毒。它可以让一个民族在睡梦中完全被奴役。

文化战不需一枪一弹，文化反击战也同样不需一枪一弹，因为，刺刀尖遇到文化问题就像烛焰一样绵软。文化战的重磅炸弹是思想。

应该承认，杜勒斯、亨廷顿及其后继者都是文化高手啊。敌人对我们发动的文化战争是从阴阳五行入手的，真可谓又准又狠。“准”表现在易经的原理是我们的软肋，因为，五千年来我们没能破解易经原理；“狠”表现在易经思想是我们文化的主根之一，根断树枯。有人说我们这是冷战思维、居心叵测，我们要反问，人家刀都架在我们的脖子上了，我们防范一下都不行吗？这让我们再次闻到了“友邦惊诧”的味道。

易经原理的破解，彻底打垮了敌人从阴阳五行思想入手向我们展开的进攻，初次粉碎了敌人剿灭中华文化的图谋，同时，也有利于开创易经研究和易经思想造福人类的新局面。

易经是什么？易经是哲学。哲学是什么？哲学是用以解决问题可以实现相对最优化的观念体系和方法论。一旦作为观念体系和方法论的易经学习和研究的新局面形成，人类的

---

①［1］参见（美）亨廷顿著《文明的冲突与世界秩序的重建》，新华出版社，2010

物质文明和精神文明又将被极大地促进，这其中有必要一提的是，以形象逻辑为思维和表达方式的科学将空前兴起。我们所说的以形象逻辑为思维和表达方式的科学，不仅包括自然科学，还包括人文科学和社会科学，比如其中的将为人类幸福起着空前助推作用的情感学。

到目前为止，人类的科学只有两大类：一类是以形式逻辑为思维和表达方式的科学，目前人们所见到的科学几乎都属于这类；另一类是以形象逻辑为思维和表达方式的科学，目前人们熟知的只有中医学。

用形式逻辑建立科学和用形象逻辑建立科学各有其优点。比如，同样是医学，西医学的建立需要无机化学、有机化学、生物化学、微生物学等众多基础科学和现代化仪器及设备，而中医则不需这些，有易经思想就可以了，也就是说，以形式逻辑为思维和表达方式的非基础科学必须以基础科学为基础，而用形象逻辑建立的科学则可以横空出世。不仅如此，与用形式逻辑建立科学相比，用形象逻辑建立科学还有不可替代的作用，比如情感学，情感学离不开审美体验，而审美体验又只能是形象的东西，唯有用形象逻辑建立此门科学才可能达到完美的程度，形式逻辑绝不可能有这样的功能。

人类社会，有的已经进入后现代社会，有的正在进入后现代社会，余者即将进入后现代社会，而后现代社会与以往历史阶段的最大不同，在于它全面地满足了人类物质生活的基本需求之后，再也束缚不住人类对精神生活的基本需求。尽管后现代的提法不科学，但人们不难发现这是人类社会的重大转折点。在这之前，人类为衣、食、住、行而劳作；在这之后，人类行为的根本目的将是精神生活。在这个历史阶段，社会将发生大变革，精神生活将成为人类生活的根本内容，也正因为如此，阐述情感规律的情感学将成为压倒一切科学的第一所需，而这一切，都将以易经文化的复兴为前提。

易经文化的复兴也同样要以《易经》的科学性的揭示为前提，至少，在《易经》的科学性得到证明之前，《易经》还是被认作一颗无根之树。这里我们所说的《易经》的科学性的揭示，指的是原理的发现，而不是易经思想的实践验证，因为实践验证的只是过去和现在，不包括未来。只有原理的揭示才能让人们心服口服。

本初的《易经》是西周卜筮官员们汇集的卜筮记录。易经思想相传为黄帝之前的伏羲氏②[1]创建，再经商殷革创，到西周羽翼渐丰，最后由孔子编定。《易传》是对《易经》的义理的发挥，《彖》是儒道融合奠基之作，《象》是纯粹儒家之作，《系辞》和《说卦》是儒道和阴阳思想综合之作。《彖》和《象》应该是后人为完善和发展易经思想而为易经

② [1]《系辞传》有“古者包牺氏之王天下也，仰则观象于天，俯则观法于地，观鸟兽之文与地之宜，近取诸身，远取诸物，于是始作八卦。”当然，也有《十翼》系道家假托等观点，认为《易经》系文王狱中之作。

做的增补工作，当然，其中的纠偏有的却反倒走偏。可见，易经的思想产生到易经成书，经历了近两千年的思考、实践、再思考、再实践的发展过程，是人类文明的瑰宝。

梳理《易经》研究历史，不难发现《周易》研究流派纷呈。各种观点互相争鸣，也互相吸收，取长补短。春秋时期，筮法上出现过变卦说、取象说、取义说和无常说；战国时期，阴阳变易说登上历史舞台；汉代，形成了象数之学（卦气说、五行说、纳甲说）；魏晋唐时期，《易经》研究可谓鼎盛，史称玄学时代；宋明时期，又出现五大学派：理学派、数学派、气学派、心学派和功利学派；清朝，《易经》的研究呈现出多元化，其中，以其开山祖师王夫之的《周易外传》最为精彩。

破解《易经》原理至少始于孔子，郑玄、王弼、孙盛、李鼎祚、孔颖达、欧阳修、程颐、朱熹、姚际恒、王夫之、康有为等也无疑是《易经》研究大家。在这漫长的破解过程中，形成了象数说、术数说等解释，到了改革开放的新时代，还有能量说、夸克说等众多观点。静心想想，不要说这种种破解世人未必诚服，即使是破解者能说自己自圆其说了吗？

易经的根本原理用今天的话说就是对立统一原理，当然，准确的说法应该是，经黑格尔和马克思完善的对立统一规律就是我们老祖宗的易经原理，但是，后者的继承还不足。为什么这么说？如下两章要回答的就是这个问题。考虑到长期的妄自菲薄，人们只知道和承认对立统一规律，而不知道也不承认《易经》是最早的对立统一规律，还有，我们过去所写的中国哲学史也存在严重缺陷。现在，就让我们先从对立统一学说说起吧。

目　　录

上篇　易经导论

中篇　易经导论

下经

下篇　古代易经解说

上　篇

易经导论

第一章 对立统一学说

第一节 对立统一规律概说

对立统一规律，自黑格尔、马克思，尤其列宁开始，被公认为辩证法的实质和核心，恩格斯称之为对立面互相渗透的规律。所谓“对立面”，就是指构成事物的互相对立的两个方面，这两个方面不仅互相对立，而且还互相渗透，不仅如此，这两个方面还互相构成对方存在的前提，人们称这种现象为“同一”或“统一”，与此相反，人们称对立面的相互排斥和斗争为“对立”，把这既对立又统一的两个方面叫作矛盾。在最初的汉译时，译者没有把俄文的“Противоречие”、德文的“Substantiv”和英文的“Contradiction”译作“阴阳”，而译作了“矛盾”。矛盾的基本特点是，不仅相互对立、统一，而且，还相互渗透。比如，资产阶级和无产阶级互相对立，作为对立面构成了资本主义社会这个事物，资产阶级中有未来的无产者，无产阶级中有未来的资本家，这叫互相渗透，同时，资产阶级是无产阶级存在的前提，无产阶级也是资产阶级存在的前提。一切生命构成的事物都由这种既对立又统一的两个方面构成，不仅如此，“矛盾着的对立面又统一又斗争，由此推动事物的运动和变化”①，这就是对立统一规律。

对立统一规律告诉我们，对于一切生命构成的事物，其运动和变化的动力在于对立面的既统一又斗争，不仅如此，只要人们了解构成事物的对立面的组份和结构，就可以判断事物运动和变化的未来，易经的科学性也在于此。当然，这只是基本原则，而现实之中，一个事物往往是一个矛盾体系，即其中有多对矛盾，不仅如此，这个矛盾体还处在一定的外界环境之中。但是，不管事物怎样复杂，对立统一规律都是打开这把复杂问题之锁的金钥匙。这里，需强调指出的是，八卦思想对于描述多对矛盾构成的事物极为方便，事实上，它开创了研究矛盾着的事物行之有效的重要途径。

一般说来，对立面，也称之曰矛盾，既对立又统一所推动的事物运动和变化的结果主要有如下几种：

第一种，矛盾双方又同一又斗争的结果是一方彻底消灭另一方，使另一方不复存在，而胜利方原来作为一方内部的矛盾上升为事物的矛盾。譬如，布尔什维克彻底战胜敌人，建立苏维埃社会主义联邦共和国，结果是党内矛盾成为事物的基本矛盾。

第二种，矛盾双方又同一又斗争的结果是矛盾的性质、地位和作用互相转化。如历史上韩山童－朱元璋领导的农民起义的胜利，使得蒙汉矛盾中的双方的性质、地位和作用等发生了相互转化。

第三种，矛盾双方又同一又斗争的结果是矛盾双方重组，结果让位于新的矛盾的双

① 参见《毛泽东文集》（第七卷），人民出版社，211 页。

方。譬如，奴隶主阶级与奴隶阶级互相斗争的结果是同归于尽，两个阶级重组为农民与地主两个阶级；同样，农民阶级与地主阶级，双方互相斗争的结果也是同归于尽，结果让位于资本主义社会的无产阶级与资产阶级。

第四种，矛盾双方又同一又斗争的结果是双方融合成一个新事物，矛盾双方在融合中消亡，而新的事物又有着不同于原来矛盾性质的新的对立统一的双方，这就是马克思所说的："两个相互矛盾方面的共存、斗争以及融合成一个新范畴，这就是辩证运动的实质。"譬如，资本主义社会即使控制住社会主义暴力革命的发生，其最终也无法避免向社会主义社会和平过渡，这是由企业之间的"自由竞争"导致的必然结果。在这个过程中，资产阶级和无产阶级都演化为既是整个社会的股东又是社会雇员的新的社会群体。

第五种，矛盾双方在又同一又斗争的过程中彻底分裂，分道扬镳，各奔前程，不再结合成一对矛盾。譬如，夫妻双方斗争，最后离婚，各自组成新的家庭。

第六种，矛盾双方在又同一又斗争的过程中相互促进，相互推动，协同发展，并在达到一定的度后，发生部分质变。如社会主义制度下的工业与农业之间，农业为工业提供粮食和棉纺工业、食品工业等的原材料，而工业为农业提供化肥、农机和日常生活用品等，两者相互推动，共同发展，最后，工业和农业都转化为社会主义条件下的各不相同的生物业。

第七种，矛盾双方又同一又斗争的结果是矛盾双方分裂，从而使得自己在矛盾体中的地位上升或下降。比如，在前苏联内部俄罗斯和格鲁吉亚领土上的复辟与反复辟力量的斗争，其结果是前苏联解体，而两个民族之间的矛盾取代复辟与反复辟这对矛盾，并上升为主要矛盾，从而，复辟与反复辟的斗争服从民族斗争。

任何由生命构成的事物，都一定可以分为既对立又统一的矛盾双方，而双方对立统一的结果有无外乎上述种情形之一。可见，用矛盾分析的办法解决问题是难得的好方法，它对于预测事物未来和引导事物朝着所希望的方向发展是行之有效的。通常事物都是由多对矛盾构成的，这是单一的对立统一规律所难以面对的，而四卦、八卦乃至十六卦等较适于表达矛盾组。有了这种表达之后，再通过生、克、乘、侮①分析化作两大对立统一阵营，最后利用对立统一规律解决问题。可见，不管事物由多少对矛盾构成，最终总可以通过生、克、乘、侮分解为既对立又统一的双方，从而使问题得到解决。下面，回顾对立统一规律，当然，在这里所介绍的有关对立统一学说还只是初步的，事实上，对立统一学说是极其丰富的。

第二节　矛盾及其基本属性

对立统一规律是唯物辩证法的根本规律，也称作矛盾规律，当然，称作阴阳规律就更好。这里所说的矛盾指的是辩证矛盾，而非形式矛盾，区分形式逻辑的矛盾和辩证矛盾是必要的。辩证矛盾是指事物之间以及事物内部各要素之间既对立又统一的两个方面，当

---

① 参见河北中医学院主编的《中医学》，人民卫生出版社出版。中医学教材大多都言简意赅地讲解了生、克、乘、侮的含义。

然，这两个方面是时时刻刻相互作用着的。因而，矛盾也简言之对立统一。

有一种误解，把辩证法“逻辑”化，从而认为存在一种并列于形式逻辑的辩证逻辑，并认为辩证逻辑高于形式逻辑。事实上，人脑只有三个意识层次——无意识、非自遣意识和自遣意识①，这三个意识层次对应三种逻辑——程序逻辑、形象逻辑和形式逻辑。哪有什么辩证逻辑？又怎么会有人能够用辩证逻辑去思维？

还有一种更荒唐的误解，鄙视形而上学而推崇形式逻辑。须知，形式逻辑就是形而上学的逻辑。形式逻辑如同形象逻辑一样，在有着它自己的短处的同时，也有自己的长处。比如，我们做力学问题研究，常用画隔离图的方法解决问题。画隔离图的思维方式就是典型的形而上学的思维方式，这种思维方式没有其可取之处吗？

不愿意以联系的、全面的、变化的观点来分析问题和解决问题的思想方法是不值得提倡的，然而，也要看到事物联系的无限性和变化的永恒性，同时，更要看到联系是变化的联系，变化也是联系的变化。正是基于这些，把握动态有困难也处理不了无限元函数的人脑就无法彻底辩证，这样一来，人的辩证思维的局限性就显露了出来，当然，也就是基于这个原因，人类进化出了自遣意识，它用有别于无限和动态的模型模拟现实问题，并用形式逻辑的推演结果作为指导去解决问题，这就是形而上学思想方法的由来。曾几何时，人类推广形而上学的思维方法过了头，这时，用辩证的思维方式纠偏是必要的，但要切忌走向另一个极端。

矛盾分析的方法是辩证思维方式的核心方法，研究矛盾的基本属性是矛盾分析方法的前提。

矛盾双方是对立统一的。矛盾双方的统一称为矛盾的同一性，矛盾双方的对立称为矛盾的斗争性。矛盾的同一性和斗争性是矛盾的两个基本属性。

矛盾的同一性是指矛盾双方互相联系、不可分割的性质和趋势。具体包括两方面的含义：

第一，矛盾双方相互依存、处在一个统一体中。矛盾双方是互相依赖的，彼此都不能孤立地存在和发展，一方的存在和发展必须以另一方的存在和发展为前提，矛盾双方各自只有在与相对立一方的联系和依存中才能获得它自己的规定性，从而构成一个矛盾的统一体。例如，封建社会初期和中期的地主和农民。

第二，矛盾双方相互渗透、相互贯通，存在着由此及彼的桥梁。矛盾着的每一方都包含和渗透着对方的因素或属性，你中有我，我中有你。例如，地主中有未来的农民，农民中包含着未来的地主，地主和农民通过富农、中农、下中农相互过渡。

矛盾的斗争性是指矛盾着的对立面之间互相分离、互相排斥、互相限制、互相否定和相互攻击等性质和趋势。

矛盾的斗争性是一个普遍的哲学范畴，不能作狭隘的理解。矛盾的斗争性与矛盾的同一性一样，是普遍的、绝对的，可以说有矛盾就有斗争。但矛盾斗争的形式是多种多样的，因此，现实中往往把矛盾分为对抗性和非对抗性两类，且都是不可调和的。有时，矛盾双方相互斗争，最终导致矛盾双方各自向自己的对立面转化。

---

① 参见《丁小平讲演录·心理结构理论》

矛盾的同一性和斗争性的关系表现为，两者既是互相依存的、联结的，又是互相区别的、限制的。

一方面，矛盾的同一性和斗争性是互相依存的、联结的。任何一对矛盾，总是既具有同一性，又具有斗争性。只有同一性没有斗争性，或者只有斗争性没有同一性的矛盾是不存在的。没有斗争性就没有同一性。反过来，没有同一性也就没有斗争性，这就叫做“相反相成”①。相反的东西有同一性，相同的东西又包含着对立性。同一性和斗争性的互相联结表现在两个方面：第一，同一性依赖于斗争性，它不能脱离斗争性而存在。矛盾的同一性是以差别和对立为前提的，是包含着差别和对立的同一，是具体的同一，而不是抽象的、绝对的同一。因此，同一性必然为斗争性所制约，没有矛盾双方的相互差异、相互对立和相互斗争，就没有矛盾双方的相互依存、相互贯通。例如，生物进化中的遗传和变异，遗传体现了与现存物种同一的趋势，变异则体现与遗传相异和排斥的趋势。遗传中包含着变异，即同一中包含着不同一。同时，变异中又包含着遗传，即不同一中又包含着同一，否则，物种就会由于变异而化作面目全非的其它物种。第二，斗争性也依赖于同一性，它不能脱离同一性而存在。斗争性寓于同一性之中，没有同一性就没有斗争性。斗争是在统一体内部的斗争，差异、对立总是和同一相联结，斗争性必然为同一性所制约。具体矛盾的同一性制约着矛盾斗争的性质和形式，制约着矛盾斗争的程度和界限。没有不受同一性制约的斗争性，也没有脱离同一性的斗争性。

另一方面，矛盾的同一性和斗争性是互相区别的、限制的。矛盾的同一性是有条件的、相对的，矛盾的斗争性是无条件的、绝对的。矛盾的同一性和斗争性是相对和绝对的关系。列宁教导人们说：“对立面的统一（一致、同一、均势）是有条件的、暂时的、易逝的、相对的。相互排斥的对立面的斗争则是绝对的，正如发展、运动是绝对的一样。”②这就是说，矛盾同一的相对性和斗争的绝对性，同事物静止的相对性和运动的绝对性是相一致的。

矛盾的同一性是相对的，主要是指它的条件性。任何矛盾的统一体以及贯穿其中的同一性的存在受特定条件的限制，只有当某种特定的条件具备时，矛盾双方才具有同一性，才能共居于一个统一体中；当这种特定的条件消失时，矛盾双方就失去了同一性，就不能共居于一个统一体中。可见，矛盾同一性是有条件的。并且，矛盾同一性赖以存在的条件不是固定的，而是可变的，因而矛盾的同一性是暂时的、易逝的、相对的。而矛盾的斗争性是绝对的，无条件的。比如，资产阶级和无产阶级的同一，就离不开资本主义社会的具体条件，不可以想象在非挂羊头卖狗肉的社会主义社会条件下会有资产阶级和无产阶级的同一。所谓矛盾斗争性的无条件性，是指既然事物已经存在了，即矛盾双方已经处于同一的条件下了，因此，矛盾双方就不再以任何条件为前提互相排斥、互相斗争，否则，事物就不成其为事物。相反，也只有矛盾双方互相斗争，事物才不会是静止的和不变的，即使是矛盾双方互相同一促成事物不断地量变积累，并从而导致事物的根本质变发生的情况，也是由于矛盾双方的对立态势反过来为特定的同一提供前提所致。不能把矛盾同一性的相

① 参见老子《道德经》，版本不限。

② 见《列宁选集》第2卷，人民出版社，1972年版。第712页

对性和斗争性的绝对性，理解为斗争性是事物发展的唯一动力。

既然矛盾的同一性和斗争性是互相联结、不可分割的，因此，在分析矛盾和处理事务时，必须把同一性和斗争性有机地结合起来，既要从同一中把握对立（斗争），又要从对立中把握同一。既不能离开对立讲同一，也不能离开同一讲对立，要防止和克服形而上学的片面性、绝对化、极端化。马克思在批评形而上学的片面性观点时指出："在它看出有差别的地方就看不见统一，在它看见有统一的地方就看不出差别。"①形而上学表现为两种形式：一种是只见同一不见对立，不能从同一中把握对立，把同一看作是不包含差异和对立的抽象的绝对的同一。这种抽象同一或绝对等同，在现实生活中是找不到的，它只存在于人的幻想中。认为事物只能和自身同一，而不能在事物自身中看到与它相对立、相排斥的否定方面，必然会把事物看成永恒不变、凝固、僵死的东西，必然会抹煞矛盾、调和矛盾。另一种是只见对立不见同一，不能从对立中把握同一。这种观点容易造成思想上的绝对化、极端化和片面性。

既然矛盾的同一性和斗争性是互相区别的、限制的，因此，在分析矛盾和处理事务时，就不可以混淆矛盾的统一性和斗争性，更不可以忽视它们之间的相互限制性。在事物的运动变化过程中，矛盾的同一性有同一性的作用，矛盾的斗争性有斗争性的作用。只有准确地把握矛盾的同一性和斗争性各自的性质和作用，才可能做到按照规律办事，并从而实现预期的目的。比如，在资本主义社会产生伊始，资本家和工人之间矛盾的同一性对于社会进步的意义是强于其矛盾的斗争性的；在资本主义社会进入末期阶段，资本家和工人之间矛盾的斗争性对于社会进步的意义是强于其矛盾的同一性的。只有区别矛盾的同一性和斗争性，同时，注意到它们之间的相互限制性，才不至于做逆历史潮流而动的蠢人。

伟大的导师毛泽东讲得很好。他说："一切对立的成分都是这样，因一定的条件，一面互相对立，一面又互相联结、互相贯通、互相渗透、互相依赖，这种性质，叫作同一性。一切矛盾着的方面都因一定条件具备着不同一性，所以称为矛盾。然而又具备着同一性，所以互相联结。"只有在同一性中把握斗争性，同时，在斗争性中把握同一性，才能让辩证法为人类所用，才能推动人类文明达到一个新的高度。懂得矛盾的同一性和斗争性性质和作用就在于此。

第三节 矛盾同一性和斗争性的性质和作用

矛盾的同一性和斗争性的辩证关系，揭示了事物运动、发展的动力和源泉。伟大的导师毛泽东说："矛盾着的对立面又统一又斗争，由此推动事物的运动和变化"，也就是说，矛盾是事物运动和变化的动力。

对于生命构成的事物而言，说矛盾是事物运动和变化的动力是无可厚非的，然而，对于非生命构成的事物而言，问题并不那么简单。如果还要坚持说矛盾是事物运动和变化的动力，那么，就有必要做一个说明。

一块条形磁铁，它的S极和N极既互相对立，又互相同一，还存在由此及彼的桥梁，

① 见《马克思恩格斯选集》第1卷，人民出版社，1972年版。第172页

因此，S极和N极构成矛盾双方。可是，既同一又斗争着的S极和N极又怎么推动这块条形磁铁运动和变化呢？这块条形磁铁又怎么运动又怎么变化呢？诚然，条形磁铁是会变化的，但是，这块条形磁铁变化的动力源于磁铁之外。也就是说，内因——既同一又斗争着的S极和N极是条形磁铁变化的依据，它规定着磁铁变化的方式，而外因——外界条件提供了磁铁变化的动力。这样看来，事物变化的动力似乎不在于事物内部的矛盾运动。可见，对于非生命构成的事物而言，问题并不那么简单。然而，也可以把非生命构成的事物运动和变化的动力理解为在于事物内部的矛盾运动，这就好比一部汽车，人们既可以说它的动力来源于外界供给的燃料，也可以说它的动力源于活塞的往复运动推动曲轴旋转。

对于非生命构成的事物，究竟从哪个角度去揭示构成事物的矛盾双方，并从而预见或引导事物的变化方向是极富艺术性的工作。比如，一块石灰石，人们可以说它是碳酸钙和杂质的对立统一，可是，这个矛盾运动并不便于揭示它变化为生石灰的动力是什么。一般说来，我们往往把非生命构成的事物划分为，既对立又统一的保持静止和促使运动（简称静动）的两个方面，以及保持原质和促使质变（简称存变）的两个方面。当外界为动的方面和变的方面提供动力时，事物就运动和变化，人们可以把这种运动和变化的动力理解为静－动矛盾运动和存－变矛盾运动。

统一了对事物运动和变化的动力的理解后，就要研究矛盾的同一性与斗争性在事物发展中各起何种特定的作用。

矛盾的同一性是事物保持原质的根本因素，也是矛盾双方共同发展，并因而积累量变最终导致质变发生因素之一。主要表现在：

第一，矛盾双方互相依存是事物存在和发展的前提。矛盾同一性在事物发展中的一个重要作用就在于把矛盾双方联结起来，从而提供了矛盾双方得以存在和发展的条件。一方面，对立面是互相依存的，一方的存在以另一方的存在为条件，这是任何确定的事物矛盾得以存在而不是瞬息万变的前提。如果矛盾双方只有相互分离的斗争性，而没有互相依存的同一性，那么作为矛盾统一体的具体事物就无法存在。另一方面，对立双方互相依存的同一是发展中的同一，一方的发展以另一方的发展为条件。发展是在矛盾统一体中的发展，矛盾一方不能离开它的对立面而孤立地发展。例如，遗传和变异、肯定和否定等等，矛盾双方只有在相互依赖、相互合作中才能存在并得到顺利发展。由此可见，事物不仅是在矛盾双方相互排斥、相互斗争中存在和发展的，同时也是在矛盾双方相互依存、相互联结中存在和发展的。

第二，矛盾双方相互渗透、相互包含，使矛盾双方相互吸取有利于自身的因素而得到发展。没有相互渗透和相互包含，矛盾双方就失去了信息和能量相互传递的渠道，相反，矛盾双方为了加强自己的斗争能力和同一基础，总要吸收对方有利于自己的东西，从而使事物在一个新的水平演化。以抗日战争为例，中国一方有亲日分子和汉奸，日本方面也有共产党员和反战同盟成员，中国方面要仿造日本的三八大盖步枪，日本方面也吸收游击战思想，由此，双方较量由抗日的初级阶段水平演进到更高的水平。然而，需要指出的是，矛盾双方由于各自的规定性，相互吸收对方的有利于自己的因素的能力是不同的，这也正是新生事物必然战胜旧事物的根本原因。又如，社会主义制度与资本主义制度有着本质的区别，但也可以互相借鉴、互相吸取有利于自身的因素而得到发展，然而，两者的吸收能力是不同的。社会主义社会是资本主义社会自我否定产物，这种辩证的否定决定了社会主义社会继承了资本主义社会一切合理的东西，然而，由于已有的社会主义社会是通过外力革命建立的，即外力作用下的提前否定，所以，它尚不具备资本主义社会的全部合理的东西，但是，它具备全部吸收资本主义社会一切合理因素的能力，而资本主义社会却存在诸多先天的吸收障碍。

第三，矛盾双方互相贯通，规定了矛盾双方有时各自向着自己的对立面转化的基本趋势。伟大导师毛泽东说："事物的对立统一、对立斗争（两分法）、矛盾着的、对立着的事物在一定条件下互相转化。"① 任何事物的发展都是通过矛盾的转化实现的。那么，原本是互相对立、互相排斥的矛盾双方，为什么又能够在一定条件下发生转化，并且矛盾双方的转化总是向着自己的对立面转化呢？这是因为矛盾双方互相贯通的同一性，为矛盾双方各自向着自己的对立面转化，提供了由此达彼的桥梁。如果光有矛盾双方的差异、对立，而没有矛盾双方的联系、贯通，矛盾双方就不能相互转化，事物也就不能发展。对于这个道理，马克思有一段生动的论述："理性一旦把自己作为正题安置下来，这个正题、这个思想就会自相对置，分为两个互相矛盾的思想，即肯定和否定，'是'和'否'。这两个包含在反题中的对抗因素的斗争，形成辩证运动。'是'转化为'否'、'否'转化为'是'。'是'同时成为'是'和'否'，'否'同时成为'否'和'是'。"恩格斯也说："两极对立的相互渗透和它们达到极端时的互相转化——由矛盾引起的发展。"②可见，矛盾双方互相贯通、互相渗透的特性是不可忽视的。

矛盾斗争性是事物运动和变化，尤其是质变的根本因素，也是事物呈现相对稳定状态的辅助因素。这主要表现在：

第一，在事物量变和部分质变过程中，矛盾斗争性表现为推动矛盾双方力量的变化，为矛盾的转化即根本性质变做准备。矛盾的发展过程，是对立面之间力量对比发生变化的此消彼长过程。这个过程，是由对立面之间相互排斥和斗争推动的。正是在这种斗争中，矛盾双方的力量对比发生变化。当这种变化发展到一定程度时，就会突破事物存在的限度，引起事物质的变化。所以，矛盾双方的斗争既推动了事物的量变，同时也为事物的质变创造了条件。例如，在生产力物质要素和生产关系的矛盾中，生产力物质要素的每一次重大发展都会影响到生产关系，使生产关系的局部或某些方面做出相应的调整，而调整了的生产关系又促进了生产力的发展，这个往复多次的调整过程，也就是为生产方式根本变革作量的准备过程。

第二，在事物质变过程中，矛盾斗争性能够促成事物由旧质转化为新质。矛盾斗争性能够引起矛盾双方的转化，使旧的矛盾统一体破裂和新的矛盾统一体建立，也就是旧事物演化为新事物。当矛盾双方互相排斥、互为否定，冲破事物存在的限度时，事物就发生根本性质的变化。这是矛盾在同一的前提下的斗争性作用的必然结果。例如，当生产力物质要素发展到一定的程度，旧的生产关系再也容纳不了新的生产力物质要素时，就要变革旧

---

① 见《建国以来重要文件选编》第17册《中共中央关于加强相互学习，克服固步自封、骄傲自满的指示》

② 见《马克思恩格斯选集》第1卷，人民出版社，1972年版。第107页

的生产关系，这个变革的过程，既是旧的生产力物质要素和生产关系的矛盾统一体解体的过程，又是新的生产力物质要素和生产关系的矛盾统一体形成的过程，这是生产力物质要素与生产关系相斗争的必然结果。

第三，矛盾的斗争性也是事物呈现相对稳定状态的辅助因素。事物之所以呈现相对稳定而不是瞬息万变的状态，是因为矛盾的同一性发生作用的必然结果。然而，此时不能忘记，没有矛盾的斗争性的辅助，单一的矛盾的同一性是不能维系事物存在的。比如，资本主义社会的存在，不可想象可以没有与资产阶级斗争着的工人阶级的存在，两个阶级在斗争中同一，因此，资本主义社会能够以相对的稳态得以存在。不仅如此，即使资本主义社会在最后的自我否定过程中，资产阶级和工人阶级也是在斗争性并存下的同一中，由企业文化的竞争使社会自然而然地向社会主义社会过渡。

“一分为二”是伟大导师毛泽东对对立统一方法的最简明最生动的概括。按照所需设定视角，然后，把“一”个事物在思维中“分为”既对立又统一的“二”个方面，接着，按照如上的矛盾的同一性和斗争性的性质和作用对事物进行分析，最后，得出事物运动和变化趋势，从而，引导事物朝着希望的方向发展。

任何事物都无不在一定的外界条件下存在，对立统一的方法，也叫矛盾分析的方法也必然要在考虑外界条件下应用，为此，作为实践家和辩证法大师的毛泽东提出内因与外因的关系学说，并把它作为一种方法与对立统一方法联用，从而形成了一整套行之有效的方法。

伟大的导师毛泽东说：“内因是事物变化的依据，外因是事物变化的条件，外因是通过内因而起作用的。”①所谓内因就是事物的内部组份和结构，而外因就是事物的外部组份和结构。将处于一定的外部条件下的事物进行具体化地一分为二所得到的结果，就是事物内部的组份和结构。有了这些，矛盾分析的方法就可以顺利地应用。

须指出的是，内因和外因对事物的发展都起作用，但它们作用的性质、地位是不一样的。内因是事物变化的依据，它规定了事物变化的途径，事物不可能脱离这种内部规定性而变化。事物的内部组份和结构不仅决定事物发展的性质，而且规定了事物发展的基本趋势和方向。外因是事物发展的条件，它只能通过内因间接地决定事物的发展，它因加强或削弱事物内部矛盾一方的力量，从而转化为事物的内部因素，进而才能对事物的变化发展起作用——或者是推动、促进事物的发展，或者是阻碍、延缓事物的发展。

如果内因是生命或者是生命和非生命按照一定的结构构成的，那么，它具备从外因处主动获取信息和能量的能力，从而构成事物运动变化的动力；如果内因是非生命按照一定的结构构成的，那么，它作为推动事物运动和变化的动力就只能由外因提供，不仅如此，对于确定的内因，尽管内因和外因处于动态的相互作用之中，但归根结底，外部条件决定了事物未来。这里需要指出的是，“突变论”反对如上结论。事实上，没有脱离时间和空间而存在的事物，因此，也就没有不经时间的变化——突变。世界上没有无因之果，也没

① 见《毛泽东选集》（第2版）第1卷，人民出版社，1991年版。第301页

有无果之因，以托姆为代表的“突变理论”不过是数学的数-形模型的局限性①和在科学建模时忽视了时隐变量②造成的误解而已。

对立统一学说的诞生，不是哪位哲学家突发奇想的结果，它是自伏羲、赫拉克利特、曹雪芹、黑格尔、马克思等众多哲学家到伟大导师毛泽东共同努力的结果，他需要发展和完善，但是，这绝不是说它已有的科学性可以被否认。相反，是否掌握对立统一方法却是一个人是否具有现代性的一个标志，而对矛盾的同一性和斗争性理解是一个人是否掌握对立统一方法的标志。

第四节 矛盾体系的若干问题

矛盾分析的方法是不是普适的方法？如何准确地应用矛盾分析的方法？这两个问题的解决恰好与辩证法的基本范畴——普遍性与特殊性及其辩证关系对于矛盾的应用相一致。如果矛盾是普遍的，矛盾分析的方法就是普适的方法；如果对矛盾的特殊性有足够的认识，准确地应用矛盾分析的办法就有保障。否则，只承认矛盾的普遍性、共性，不承认矛盾的特殊性、个性，或错误地把局部的、特殊的东西当作全局的、普遍的东西，或把在一定范围内具有普遍意义的认识，变成死板的公式，到处生搬硬套，拒绝对具体情况进行具体分析，用千篇一律的方法来解决千差万别的矛盾，用固定的、僵死的模式来裁决千变万化的现实。这样，就不可避免地犯错误。

矛盾的普遍性并不需要“事事有矛盾”和“时时有矛盾”来加以证明，相反，正是因为一切事物都可以分为既对立又统一的两个方面，因此，矛盾是普遍的。而要理解矛盾的普遍性却可以从“事事有矛盾”和“时时有矛盾”开始。

矛盾的普遍性有两个方面的含义：第一，矛盾存在于一切事物的发展过程中，即处处有矛盾，事事有矛盾；第二，矛盾存在于一切事物发展过程的始终，即时时有矛盾，历历有矛盾。简言之，矛盾的普遍性就是指矛盾无处不在、无时不有。

从横向看，无论自然、社会还是人类思维，矛盾是普遍存在的。要理解这一点不难，仅从运动角度出发就可以理解，因为世界上没有实物不处于绝对的运动之中。处于机械运动中的物体，无不是保持原有状态和打破现存状态的对立统一；处于物理运动中物质，无不是粒子性和波动性的对立统一；处于化学运动中物质，无不处于保持原质和促使质变两个方面的对立统一；处于生物运动中的事物，无不处于同化和异化或遗传和变异的对立统一之中；处于社会运动中的事物，无不处于主体和客体的对立统一之中；处于思维运动中的事物，无不处于真假或利害的对立统一之中。

从纵向看，无论是过去、现在还是将来，矛盾都是普遍存在的。每一事物在其产生、发展和消亡的全过程，以及在旧过程向新过程的转化中，都贯穿着矛盾。一句话，旧的矛

---

① 关于传统数学的数-形模型的局限性，以及新的数-形模型的建立，请见丁小平的《The Introduction of novel calculus system》，第四届世界数学科学大会（ICM 2012）会刊。

② 时隐变量：在一定的时空范围内，这个自变量的变化不影响函数值，而在这个特定的时空范围之外，它的变化又影响函数值，这样的变量称之曰时隐变量。

盾解决了，新的矛盾又产生。矛盾的不断产生和不断解决，就是事物运动变化本来面目。这个世界过去如此，现在也如此，将来还会如此。

无论是自然界还是社会领域的矛盾都是客观的，是事物本身所固有的，而不是人的头脑强加给自然界和社会的，恩格斯论述的自然辩证法就是最好的说明。人们思维过程中的矛盾，不过是客观存在的矛盾在人的头脑中的反映而已。矛盾是不能主观随意地制造的。

坚持矛盾的客观普遍性具有十分重要的意义。它是使用矛盾分析方法的根本前提。矛盾分析方法，是认识世界和改造世界的根本方法。既然矛盾是普遍的，这就要求我们在任何时候、任何场合，都要用矛盾的观点观察一切、分析一切；要求我们承认矛盾、正视矛盾、揭露矛盾，并采用正确的方法分析矛盾和解决矛盾，以推动事物的发展。

矛盾的特殊性是指矛盾着的事物及其每一个侧面，各有其特点。矛盾特殊性的表现是极其丰富的，归纳起来，大体表现为三种情况：

第一，每个不同事物的矛盾都各有其特点。这种特殊的矛盾，就构成此事物区别于它事物的特殊的本质。世界上各种事物之所以千差万别，就因为各种事物内部的矛盾各有其特点。工人阶级与资产阶级的矛盾不同于遗传与变异的矛盾，就是由于不同事物的矛盾有不同事物的矛盾的特点。

第二，事物在其发展的不同过程和阶段上的矛盾也各有其特点。无论自然、社会还是人类思维，任何一个事物，它的发展总要经历若干过程或阶段。这是由基本矛盾和非基本矛盾发展的不平衡性所决定的。基本矛盾和非基本矛盾既相互区别，又相互作用。基本矛盾规定和制约着非基本矛盾，非基本矛盾也会影响基本矛盾，加速或延缓基本矛盾的解决。只要基本矛盾尚未根本解决，事物的基本性质不会改变，过程不会完结。但由于一些非基本矛盾解决了，就使事物发展显出不同的阶段。例如，我国新民主主义革命时期，基本矛盾是人民大众与帝国主义、封建主义和官僚资本主义的矛盾，这一矛盾贯穿于新民主主义革命的始终，并规定新民主主义革命的性质。但这个革命又分为第一次国内革命战争、第二次国内革命战争、抗日战争和第三次国内革命战争四个阶段。第一阶段解决人民大众与封建军阀之间的矛盾；第二阶段解决人民大众与封建地主和资本家之间的矛盾；第三阶段解决人民大众与日本军国主义之间的民族矛盾；第四阶段解决人民大众与官僚资本家和帝国主义之间的矛盾。可见，每个阶段上的矛盾各有其特殊性。

第三，不同的矛盾和矛盾方面在事物发展过程中的地位和作用各有其特点。在复杂的矛盾体系及其发展过程中，各种矛盾和矛盾各方面之间的发展是不平衡的，其地位和作用也是不相同的。矛盾发展的不平衡性表现为主要矛盾和非主要矛盾。主要矛盾与非主要矛盾是互相依赖、互相制约、互相作用，并在一定条件下互相转化的。一方面，主要矛盾规定、制约着非主要矛盾，抓住了主要矛盾，也就抓住了问题的关键，主要矛盾的解决能为非主要矛盾的解决创造必要的前提。另一方面，非主要矛盾也反作用于主要矛盾，非主要矛盾的解决也会影响主要矛盾，为解决主要矛盾创造有利条件。因此，必须正确处理主要矛盾与非主要矛盾的辩证关系：一是必须抓好主要矛盾；二是在抓主要矛盾的同时，兼顾非主要矛盾；三是当主要矛盾与非主要矛盾已经发生转化时，工作重心必须相应地及时转向新的主要矛盾。例如，我国社会主义改造基本完成以后，社会主要矛盾已经由原来的阶级斗争，转变为党内马克思主义与修正主义的路线斗争。虽然被打倒的阶级还在，他们时时刻刻想恢复旧制度，但是，原来的阶级斗争已经演化为次要矛盾，而原来的次要矛盾——马克思主义与修正主义之间的矛盾已经演化为主要矛盾。因此，抓反修防修工作就必然成为这一时期的主要任务，要抓革命，促生产。这时，再把阶级斗争作为主要矛盾明显不妥。刘少奇和邓小平没有资本，也没雇佣工人，他们不是资本家，他们更没有与旧的地主和资产阶级结为同盟，他们与以毛泽东为代表的无产阶级革命家的不同，表现在对马克思主义的理解和态度不同。

所谓矛盾诸方面发展的不平衡性，是指矛盾的主要方面和非主要方面。矛盾双方的不平衡、不稳定是绝对的，平衡是暂时的、相对的。矛盾的主要方面和非主要方面是互相制约、互相作用的。一方面，矛盾主要方面对非主要方面起着支配、主导的作用，事物的性质主要是由矛盾主要方面规定的；另一方面，矛盾的非主要方面也影响着矛盾的主要方面，并对矛盾总体的性质产生一定的影响。在一定条件下，矛盾的主要方面和非主要方面还会发生相互转化。当两者的地位转化后，事物的性质也会随之发生变化。

主要矛盾和非主要矛盾及其相互关系、矛盾的主要方面与非主要方面及其相互关系的原理，具有重要的方法论意义。它要求我们在一切实际工作中必须坚持两点论与重点论相结合的工作方法。两点论是全面观点，它要求我们在分析矛盾和解决矛盾时，既要看到主要矛盾和矛盾的主要方面，又要看到非主要矛盾和矛盾的非主要方面，以及它们之间的相互关系。重点论就是在分析和解决矛盾时，必须抓住主要矛盾与矛盾的主要方面。两点论和重点论是统一的，看两点时要抓重点，抓重点时又要看两点。抓住中心环节带动其他，用重点推动一般，是唯物辩证法的一项基本工作方法。在社会生活中，既要抓住主要倾向，又要注意防止一种倾向掩盖另一种倾向。要反对一点论和均衡论。一点论是片面观点，它只看到主要矛盾和矛盾的主要方面，忽视非主要矛盾和矛盾的非主要方面。均衡论就是把主要矛盾和非主要矛盾、矛盾的主要方面和非主要方面并列起来，不分主次。

矛盾特殊性原理具有极其重要的方法论意义。认识矛盾的特殊性是科学认识的基础，是具体问题具体分析的理论基础，而具体地分析具体的情况是马克思主义的活的灵魂。这是因为矛盾特殊性是世界上的事物之所以千差万别的内在根据，每一事物的特殊矛盾规定了这一事物区别于其他事物的特殊本质。所以，只有认识一个事物所包含的特殊矛盾，才能认识这一事物的特殊本质；分析矛盾的特殊性，也是正确地解决矛盾的前提。根据矛盾特殊性原理，在实际工作中应该力求避免“一刀切”的工作方法。

各种矛盾性质的特殊性及其所处条件的不同，决定了解决矛盾的方式即矛盾转化的形式也是多种多样、各不相同的。利用矛盾分析的方法必须注意到矛盾的特殊性，否则，就会犯错误。

矛盾的普遍性和特殊性之间是对立统一的关系，具体表现在以下三个方面：

第一，矛盾的普遍性和特殊性是互相区别的。矛盾的普遍性是事物的共性，是无条件的、绝对的；矛盾的特殊性是事物的个性，是有条件的、暂时的，因而是相对的。因此，矛盾的普遍性和特殊性是共性和个性、绝对和相对的关系，也称一般和个别的关系。个别的、特殊的事物是丰富的、复杂的，而从个别具体事物中抽象出来的一般共性，只是概括了同类个别事物的共同本质，撇开了个别事物的一些具体特性。所以，共性或一般只是大致地包括了个性。列宁指出：“任何一般都是个别的（一部分，或一方面，或本质）。任何一般只是大致地包括一切个别事物。任何个别都不能完全地包括在一般之中。”例如，“水果”这一概念是从各种具体水果中抽象出来的共同的、一般的属性，是各种具体水果的共性或本质，但它并没有把各种具体水果所有的特性，如形，色、香、味等都包括进去。

第二，矛盾的普遍性与特殊性、共性与个性是互相联结、互相贯通的。“任何一个具体事物都是普遍性与特殊性、共性与个性的统一。一方面特殊性中包含着普遍性，个性中包含着共性，个别中包含着一般。个别一定与一般相联结而存在。任何个别（不论怎样）都是一般。另一方面，普遍性存在于特殊性之中，共性存在于个性之中。”① 一般存在于个别之中。一般只能在个别中存在，只能通过个别而存在。所以，个性是共性的基础，没有个性也就没有共性。正如脱离了各种具体水果的抽象的一般的水果是不存在的。

第三，普遍性与特殊性、共性与个性在一定条件下相互转化。由于事物范围的广大和发展的无限性，所以，在一定场合为普遍性的东西，而在另一一定场合则变为特殊性的东西。反之，在一定场合为特殊性的东西，而在另一一定场合则变为普遍性的东西，这就是说，矛盾普遍性和特殊性的区别是相对的，在一定条件下是可以相互转化的。例如，生产力物质要素和生产关系的矛盾，相对于其他的物质运动形式来说，它具有特殊性，但相对于一切社会形态来说，又具有普遍性，因为这一矛盾是一切社会形态都存在的最普遍的社会矛盾。

矛盾的普遍性和特殊性辩证关系的原理，具有极其重要的意义：

第一，矛盾的共性和个性、绝对和相对的关系，是关于事物矛盾问题的精髓，不懂得它就不能掌握唯物辩证法。这一原理是坚持马克思主义基本原理与中国革命具体实践相结合的哲学基础。马克思主义基本原理与中国具体实际之间，是普遍性与特殊性、共性与个性的关系。建设中国特色社会主义，体现了普遍性与特殊性、共性与个性的统一。既要反对只讲个性，不讲共性，否定马克思主义基本原理和社会主义道路的自由化倾向，也要反对只讲共性，不讲个性，把书本当教条，照搬别国模式，不结合本国国情的教条主义倾向。因为这两种倾向都割裂了普遍性与特殊性、共性与个性的辩证关系，因而都是形而上学的、错误的。同时，更要善于以马克思主义为武器，揭穿那些把新民主主义强说成特色社会主义的骗子行径。个性是共性前提下的个性，没有共性的个性是它性。

第二，矛盾的普遍性和特殊性的关系，既是客观事物固有的辩证法，也是科学的认识方法和工作方法。人们对事物的认识，总是由个别到一般再到个别，如此循环往复，不断发展。工作中必须实行一般号召与个别指导相结合。所以，共性与个性辩证关系的原理，是科学的领导方法和工作方法的哲学依据，对于无产阶级革命和我们当前正在进行的社会主义建设事业，有着重要的指导意义。

[注释]

[1] 参见《毛泽东文集》（第七卷），人民出版社，211 页。

[2] 参见河北中医学院主编的《中医学》，人民卫生出版社出版。中医学教材大多都

---

① 见《列宁选集》第2卷 人民出版社 1972年版 第713页

会言简意赅地讲解了生、克、乘、侮的含义。

[3] 参见《丁小平讲演录·心理结构理论》

[4] 参见老子《道德经》，版本不限。

[5] 见《列宁选集》第2卷，人民出版社，1972年版，第712页。

[6] 见《马克思恩格斯选集》第1卷，人民出版社，1972年版，第172页。

[7] 见《建国以来重要文件选编》第17册《中共中央关于加强相互学习，克服固步自封、骄傲自满的指示》。

[8] 见《马克思恩格斯选集》第1卷，人民出版社，1972年版，第107页。

[9] 见《毛泽东选集》(第2版) 第1卷，人民出版社，1991年版，第107页。

[10] 关于传统数学的数－形模型的局限性，以及新的数－形模型的建立，请见丁小平的《The Introduction of novel calculus system》，第四届世界数学科学大会（ICM2012）会刊

[11] 见丁小平《The Introduction of novel calculussystem》，第四届世界数学科学大会（ICM2012）会刊

[12] 见《列宁选集》第2卷，人民出版社1972年版，第713页。

第二章 易经原理

第一节 对立统一规律简史

在哲学的历史上，中华民族在辩证法上的贡献是其他民族不可比拟的，而在这个问题上却长期存在误解。外国人不懂也就罢了，中国人自己也这么写哲学史那就不应该了。即使不从辩证法史角度说，我们写的哲学史也不及格，试想，没有涉及《黄帝内经》和《孙子兵法》的《中国哲学史》怎么可能及格呢?《黄帝内经》就仅仅是医学吗?《孙子兵法》就仅仅是一部兵书吗?《黄帝内经》在是一部医学经典的同时，还是用医学语言阐述辩证法和系统学的思想宝库;《孙子兵法》在是一部人类第一兵书的同时，还是用军事语言阐述辩证法、政治哲学、自然哲学和管理哲学的奇书。我们现行的中国哲学史对《易经》的解释到位吗?即使从语言学角度看，中国人也是最懂辩证法的，因为整个汉语中都渗透着辩证法，比如"变化"一词，它就源于《黄帝内经》的"物之生谓之化，物之极谓之变。"再看"阴"、"阳"二字，它是人类最早的"矛盾"定义，而遗憾的是竟把俄文的"Противоречие"、德文的"Substantiv"和英文的"contradiction"译作"矛盾"而不译作"阴阳"，这样一来，辩证法的历史就被人为地割断了，似乎辩证法只是外国人的成就。有鉴于此，我们有必要重新梳理一下辩证法发生演化的历史，当然，首先应该说清的是对立统一学说史。

列宁说："赫拉克利特是辩证法的奠基人之一。"早在古希腊时期，哲学家赫拉克利特（约公元前540—470年）生动地论述了对立统一规律，他说："在我们身上，生与死、醒与梦少与老，都始终是同一的东西。后者变化了，就成为前者，前者再变化，就成为后者。"并且说："互相排斥的东西结合在一起，不同音调造成优美的和谐，一切都是斗争所产生的。"当然，他还不清楚，一切也都是同一所产生的。列宁还指出："在赫拉克利特看来，世界的基本规律（逻各斯）有时是必然性，是'向对立面转化的规律'。"列宁还特别提醒人们参看拉萨尔所著的《赫拉克利特的哲学》第3篇开头所引用的斐洛关于赫拉克利特的一段话："因为统一物是由两个对立面组成的，所以在把它分为两半时，这两个对立面就显露出来。用古希腊人的话来说，他们的伟大而光荣的赫拉克利特不就是把这个命题置于自己哲学的首位并作为一个新的发现而引以自豪的吗?"

早在古希腊时期之前，据我国《易传·系辞下》讲："古者包牺氏－－－－－－始作八卦"，而到了西周（约前1066—771）易的思想和方法就已成书——《周易》，这里阐述了最早也是最深刻的对立统一规律。至迟，也在赫拉克利特之前，孔丘（前551—479）给出了对立统一规律的明确表述——"刚柔相推而生变化"。

孔子在概括总结《易经》时说："圣人设卦观象，系辞演而明吉凶，刚柔相推而生变化。"在这里，刚柔不仅说的就是矛盾，而且，还表示矛盾双方之强弱，事物的变化是由矛盾双方中的强的一方与弱的一方既同一又斗争的作用而发生的。可见"刚柔相推而生变化”的表述形式是人类最早的对立统一规律的规范表达形式，它与“矛盾着的对立面又统一又斗争，由此推动事物的运动和变化”的表述有着好的一致性。

在孔子之前，老子就有“有无相生，难易相成，长短相形，高下相倾”，“祸兮福之所倚，福兮祸之所伏”和“反者道之动”的论述。在老子这里，不仅相反的东西既同一又斗争构成同一事物，而且，这些相反的东西像福与祸一样存在由此及彼的桥梁，同时，还明确事物向相反的方向变化也是事物的自身规律。也就是说，事物不仅是对立统一的，而且肯定和否定或者否定之否定还作为胚芽存在于前者之中。

康德（1724—1804）开创了一个哲学的新时代，辩证法也因此在德国得到空前发展。这里，值得一提的是黑格尔（1770—1831），在哲学史上他第一次用抽象语言规范了辩证法的三个规律。他在《逻辑学》的“存在论”部分论述了量变质变规律，在“本质论”部分论述了对立统一规律，在“概念论”部分论述了否定之否定规律。后来，马克思和恩格斯又对辩证法进行了唯物化改造。

黑格尔认为“‘一切事物本身都自在地是矛盾的’这一命题……比其他命题更加能表述事物的真理和本质。”在黑格尔看来，否定之否定实际上是对立的统一，“正——反——合”的过程，从形式上看是否定之否定的过程，从内容上看则是对立面的存在、揭露及其统一的实现过程，对立面达到统一，矛盾得到解决，达到否定之否定的阶段，就完成一个周期，然后又开始新的矛盾运动，也就进入下一个否定之否定的过程。所以，黑格尔已经把对立统一规律和否定之否定规律的关系，看作是实质和表现、内容和形式的关系了。

马克思在1847年批判蒲鲁东的经济学形而上学方法时指出：“两个相互矛盾方面的共存、斗争以及融合成一个新范畴，就是辩证运动的实质。”在《资本论》中，称矛盾为“一切辩证法的源泉”。恩格斯在《反杜林论》第三版序言中更是明确指出：关于两极对立和相互转化的“这样一种认识，构成辩证自然观的核心”。在《自然辩证法》中，恩格斯称矛盾规律是辩证法的“基本规律”。不仅如此，马克思和恩格斯还强调了矛盾的普遍性。马克思、恩格斯已经明确地指出矛盾是事物发展的动力和源泉。如恩格斯指出：“既然简单的机械的位移本身已经包含着矛盾，那么物质的更高级的运动形式，特别是有机生命及其发展，就更加包含着矛盾。”他指出无论是生命运动还是思维运动，都是在不断地产生矛盾和解决矛盾中前进的。

在黑格尔之前，比康德大一岁或者同岁的曹雪芹（1723或1724—1764），在他的小说《红楼梦》中，以湘云对翠缕的讲述形式说：“天地间一切都赋阴阳二气所生，或正或邪，或奇或怪，千变万化，都是阴阳顺逆。……‘阴’‘阳’两个字还只是一字，阳尽了就成阴，阴尽了就成阳，不是阴尽了又有个阳生出来，阳尽了又有个阴生出来。”不仅如此，他还以跛足道人之口讲解到：“世上万般，好便是了，了便是好。若不了，便不好，若要好，须是了。”接着，又以甄士隐感悟哲学的形式说出：“到头来都是为他人作嫁衣裳！”在曹雪芹那里，对立统一规律、量变质变规律和否定之否定规律都是不言而喻的，因为汉语中已经渗透了全部辩证法。所谓“天地间一切都赋阴阳二气所生”和“千变万化都是阴阳顺逆”，就是说，一切事物都由既对立又统一的矛盾构成，事物的变化就是矛盾双方相互作用的结果；所谓“世上万般，好便是了，了便是好。若不了，便不好，若要好，须是了”，就是说，没有量的积累就不会“好”，当量积累到“好”时，就必然发生质变

——“了”，事物总是这样周而复始地变化；一句“到头来都是为他人作嫁衣裳”，轻而易举地概括了否定之否定规律，也就是说，所有肯定的因素“到头来都是为”否定因素“作嫁衣裳”；所有否定因素“到头来都是为”否定之否定因素“作嫁衣裳”。因为，一切事物在产生伊始就自然孕育了否定自己的胚芽，肯定的方面一旦发展到极致，就无一例外地成为否定因素（新事物）的嫁衣裳。

毛泽东是优秀的哲学家，可是，他又有领袖的政治身份。一方面，他要发展哲学，另一方面他又要稳固马列主义的意识形态地位。对立统一规律也好，量变质变规律也罢，它们都脱离不了一定的外界条件，因为，一旦脱离外界条件使用这些规律，它们就都极大地失去科学性。毛泽东说：“内因是事物变化的依据，外因是事物变化的条件，外因是通过内因而起作用的。”①把要分析研究的事物作为内因，外因又通过内因起作用，而内因又是对立统一的和否定之否定的，于是，就把对立统一规律和否定之否定规律修正成严密的科学形式。

通过如上事实，我们不难发现，在哲学发展的历史上，中华民族的贡献是巨大的，而在辩证法发展的历史上，中华民族的作用则是举足轻重的，然而，一切中国哲学史和世界哲学史书籍又是怎样写的呢？

其实，如上所言并没有把中华民族对辩证法的主要贡献说全，更精彩的还在《易经》之中。

第二节　六十四卦是对立统一规律的先进形式

太极生两仪——阴和阳，分别用“--”和“—”表示。两仪生四象——“太阴”、“少阳”、“少阴”、“太阳”，即“阴中阴”、“阴中阳”、“阳中阴”和“阳中阳”，分别用符号“⚏”、“⚎”、“⚍”和“⚌”表示。依此原理，四象生八卦——坤、艮、坎、巽、震、离、兑和乾，分别用“☷”、“☶”、“☵”、“☴”、“☳”、“☲”、“☱”和“☰”等符号表示（见图2—2—1）。当然，依此类推，还可以有16卦和32卦等等。

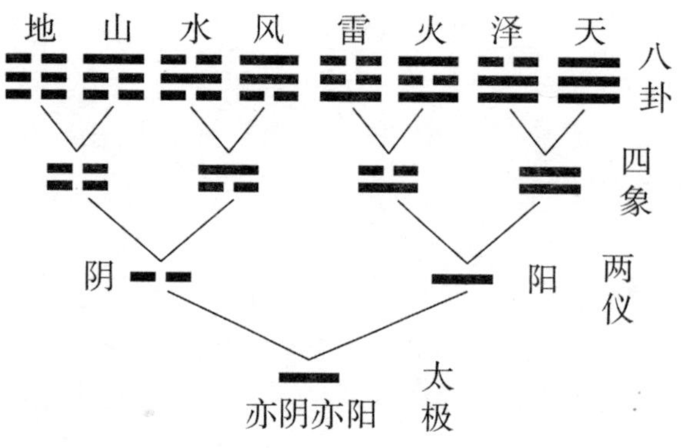

图2—2—1

图2—2—2

① 见《毛泽东选集》（第二版）第1卷，人民出版社，1991版。第301页

我们的先辈对对立统一规律的认识还高于黑格尔水平的认识。在《易经》中，对立统一规律是多态的。这里既有多态对立统一，又有八卦之间的生、克、乘、侮。它的科学性和适用性都是黑格尔形式的对立统一规律不可比拟的。比如，研究封建社会，黑格尔形式的对立统一规律只能研究地主和雇农（时而包括贫农）之间的对立统一关系，或者再成对地研究另一对对立统一阶级，从而对封建社会的演化动力予以一定程度地揭示。而八卦形式的对立统一规律则不然，它可以把地主与雇农（用乾对坤表达）、富农与贫农（用兑对艮表达）、中农与下中农（用离对坎表达）、书生与僧侣（用震对巽表达），有了前述表达（参见图2—2—2），再加之生、克、乘、侮作用，封建社会的演化动力就会得到相当好的揭示。注意，“生、乘”相当于“同一”，但比“同一”的内涵丰富；“克、侮”相当于“对立”，但比“对立”的内涵丰富。

《易经》的高明并不在于停留在八卦上，而在于64卦的思想和方法。一个事物可以分为既对立又统一的两个方面——阴和阳；阴和阳也可以各分为既对立又统一的两个方面——太阴和少阳与少阴和太阳。依此类推，太阴、少阳、少阴和太阳也可以无穷地分下去，事物的矛盾（阴阳）原理就是这样。这些思想与黑格尔形式的对立统一规律思想是一致的，当然，如果我们的先辈只停留在这个高度上，那就无所谓了，而事实恰恰相反。在描述到八卦之后，我们的先辈不再赘述下去，而是笔锋一转，讲述两两成对的64卦（见图2—2—3），这里有着怎样的奥秘呢？

六十四卦

主条目：六十四卦

坤（地）	艮（山）	坎（水）	巽（风）	震（雷）	离（火）	兑（泽）	乾（天）	←上卦 ↓下卦
11.地天泰	26.山天大畜	5.水天需	9.风天小畜	34.雷天大壮	14.火天大有	43.泽天夬	1.乾为天	乾（天）
19.地泽临	41.山泽损	60.水泽节	61.风泽中孚	54.雷泽归妹	38.火泽睽	58.兑为泽	10.天泽履	兑（泽）
36.地火明夷	22.山火贲	63.水火既济	37.风火家人	55.雷火豐	30.离为火	49.泽火革	13.天火同人	离（火）
24.地雷复	27.山雷颐	3.水雷屯	42.风雷益	51.震为雷	21.火雷噬嗑	17.泽雷随	25.天雷无妄	震（雷）
46.地风升	18.山风蛊	48.水风井	57.巽为风	32.雷风恒	50.火风鼎	28.泽风大过	44.天风姤	巽（风）
7.地水师	4.山水蒙	29.坎为水	59.风水涣	40.雷水解	64.火水未济	47.泽水困	6.天水讼	坎（水）
15.地山谦	52.艮为山	39.水山蹇	53.风山渐	62.雷山小过	56.火山旅	31.泽山咸	33.天山遁	艮（山）
2.坤为地	23.山地剥	8.水地比	20.风地观	16.雷地豫	35.火地晋	45.泽地萃	12.天地否	坤（地）

图2—2—3

显然，64卦的组卦原理已经不同于前述的太极生两仪，这里的乾、坤、屯、蒙等64卦已不再是太极的一分为二的继续。那么，我们的先辈为什么还要这么组呢？这是因为，太极生两仪（对立统一）原理虽然可以明晰事物内部的对立统一结构，也可以由此发现事物变化的原因之所在，但是，无法相对地定量描述，而六十四卦则以量子化的形式相对定量地描述了矛盾双方此消彼长的状态。

矛盾双方的相对均衡态可以用乾（䷀）、兑（䷹）、离（䷝）、震（䷲）、巽（䷸）、坎（䷜）、艮（䷳）、坤（䷁）表示，其中，在下的八卦表示处于主要矛盾的地位，而其顺序表示矛盾双方的强势程度依次递减；矛盾双方的非势均力敌状态如其它56卦，其中，居于下部的八卦表示处于主要矛盾的地位，如，屯卦（䷂），震在下，居于主要矛盾地位，坎在上，居于次要矛盾的地位。它并不及夬卦（䷪）的双方强大，因为乾强于震，兑强于坎；可另一方面，乾与兑之差小于震与坎之差。可见，通过两两的八卦——64卦关系，我们的先辈把一般的对立统一关系量化为64种情形，从而使矛盾（阴阳）分析方法简易化、精准化。

在矛盾双方的相对均衡态的情形下，矛盾双方的主次地位易于发生转化，矛盾双方往往表现为共进退。解决问题的办法大多是非暴力形式的。

在矛盾双方在相对强势一方处于主要矛盾地位的情形下，随着处于次要地位一方与处于主要地位一方的差距加大，矛盾主次地位的转化愈加困难，居于次要地位的一方的被统治程度愈甚。解决问题的办法也愈咄咄逼人。如乾（䷀）、夬（䷪）、大有（䷍）、大壮（䷡）、小畜（䷈）、需（䷄）、大畜（䷙）、泰（䷊）等卦的关系。

在矛盾双方相对弱势一方处于主要矛盾地位的情形下，随着处于次要地位一方与处于主要地位一方的差距加大，矛盾主次地位的转化愈加容易，居于次要地位的一方的反抗性表现得愈加强烈解决问题的方式愈表现出革命性。如乾（䷀）、履（䷉）、同人（䷌）、无妄（䷘）、姤（䷫）、讼（䷅）、遁（䷠）、否（䷋）等卦的关系。

需强调指出的是，如上所说的“差距”，既在定量方面指差值，又在定性方面指不同。比如，坤所指为未结成团体的人民群众，乾所指为结成团体的党，那么，乾处于统治地位则泰（䷊），坤处于统治地位则否（䷋）。

通过如上简析，不难发现，六十四卦是简单易行、科学性好、普适度高的定量形式的对立统一规律。

尽管量化对立统一规律已经令人叫绝，然而，我们的祖先并没有就此止步，他们又采用逆向思维来反观构成对立统一的双方的组份和结构。两两八卦构成64卦，其中的八卦双方因生、克、乘、侮作用而推动事物变化，而八卦又是由三爻构成的，事物的变化必然同时反作用于两个三爻，由此，这两两三爻及其各自之间也就必然有着特定的生、克、乘、侮关系。当构成64卦的双方都由人组成时，那么，每一爻采取不同的生、克、乘、侮博弈，其命运也就会有所不同，甚至是大相径庭。

六十四卦中的任何两个八卦都代表存在于一定外界条件下一个事物的既对立又统一的双方的特定状态。如果把两两三爻的每一爻看作矛盾一方的组份之一，那么，每一组份在其构成的结构中发挥作用，由此决定了矛盾双方的此消彼长，从而决定了事物的变化状态。比如，我们可以将咸卦（䷞）理解为：艮（☶）一方由两女一男构成，而且，两女分别居于重要地位和次重要地位，男居于次要地位；兑（☱）一方由两男一女构成，而且，两男分别居于重要和次重要地位，女居于次要地位。艮方无论从组份还是结构上看，其构成的力量都远弱于对方，但是，却居于统治地位；对方无论从组份还是结构上看，其构成的力量都远强于艮方，但是，却居于被统治地位。在这种情形下，极易发生造反。

反之，在了解事物所处的外界环境后，构成事物的六爻则在两个三爻的对立统一博弈中形成了每爻的可能命运，这里，我们可以将每一爻看作一个子事物甚至是一个人。下面，我们还以如上咸卦为例加以说明：在艮兑的对立统一中，不管是艮方和兑方各自男娶女，还是双方互娶，都是有利的，因为其中任何一种方式都可以维持和平或者在和平中实现统治与被统治地位的互易。所以，咸卦说：亨，利贞，取女吉。也正是缘于此，“初六：咸其拇”，即统治方艮中居于重要位置的女子要向外寻觅；“六二：咸其腓，凶。居吉。”即统治方艮中居于次重要位置的女子了解情况后，在居于重要位置之女子没嫁兑方男子之前是处于被监视状态的，老实呆着才安全；“九三：咸其股，执其随，往吝”即统治方艮中的男子了解情况后，如果也去寻觅女子，那么，就会产生过失；“九四：贞吉，悔亡。幢幢往来，朋尔思”即被统治方兑中居于重要位置的男子其命运是好的，但是，后悔没有推翻对方，因为，这之前就稀里糊涂地与往来，并顺从了；“九五：咸其脢，无悔”即被统治方兑中居于次重要位置的男子了解情况后，顺其自然娶女子，是正确的选择；“上六：咸其辅颊舌”被统治方兑中居于次要位置的女子面对其所不欲的事实，只好批评两男没骨气并放弃志向。

我们的祖先，既懂得八八六十四卦，也懂得十六十六二百五十六卦，因此，也就懂得两两四爻的生、克、乘、侮的博弈关系。我们的祖先最懂得对立统一关系的。不仅从正面懂，而且，也从反面懂；不仅可以给出定性关系，而且，还可以给出量子化的定量关系。一句话，六十四卦是对立统一的先进形式。

第三节　从对立统一学说反观《易经》

通过前面的研究，人们不难发现，《易经》就是哲学。所谓哲学就是不仅理论化、系统化，而且还是用以解决问题可以实现相对最优化的世界观和方法论。从方法论角度看，《易经》就是系统化、定量化了的对立统一规律和方法，这也就是真正意义的易经原理。如果问易经为什么具有预测功能？那么回答是由于易经就是对立统一方法。

首先，我们的先人在《易经》中把对立统一规律加以量化表述，即把矛盾双方的既对立又统一关系量化为六十四种情形，同时，又把六十四种情形中的矛盾的每一方分为三个相互博弈的单元，然后，通过这六十四种情形判断事物的运动变化趋势。圣人孔子名不虚传，他把这些重要思想概括为刚柔相推而生变化，所谓相推，就是生、克、乘、侮。把对立统一关系表述为生、克、乘、侮关系这也同样是一种极有价值的创建。

其次，我们的先人又在《易经》中以人的趋利避害本能作前提，反观六十四卦每一爻的博弈可能，从而，对事物中的人的命运做出预测，或给出行为指导。也就是说，一个事物它总由对立统一的两个方面构成，而且，每个方面又分为相互博弈的三个单元，然而，这个事物又必然处于一定的外界条件之下。当事物的每一方或某一方由人构成时，而人又是具备趋利避害本能的人，这样，就可以通过对立统一关系逆向判断出每一单元的变化的可能性。

需强调指出的是，易经思想产生的时代与现代是有着极大的不同的，尤其是在记述资材和语言的丰富程度问题上。正是由于这些原因，我们可以挑剔符号，而不可以挑剔文字表述，因为在甲骨或者竹简上把符号刻出来不难，而要想用丰富的语言，并把其对应的大量文字都在甲骨或竹简上刻出来，则是不可能的。《易经》在符号方面无可挑剔，在文字表述上不够准确和全面，这些系时代使然。

对于《易经》的研究，要坚持一个基本观点，那就是严格尊重符号，宽容文字表述。不管是刻出的六十四卦，还是未刻出的二百五十六卦及其各种可能的演化形式，它们所表达的思想是极其丰富的，而在当时，不管从语言的丰富程度，还是从记述资料角度看，把这么多的文字记录下来都是不可能的。六十四卦中的任何一卦，在规定了大趋势之后，都对应着多种具体的组合形式，因此，后人研究或者使用《易经》都应该重视和理解卦形，而不可拘泥于文字。文字至多是讲述其中的一个具体情况，而且，往往还是未必精准的文字。我们看一个实例：

历史上的红军第五次反“围剿”时期，国民党方面和共产党方面都可以分为三个部分。国民党方面分别为蒋介石阵营，用“阳爻一”表示；何应钦、陈果夫、张学良等，用“阳爻二”表示；蔡廷锴等，用“阴爻三”表示。共产党方面分别为周恩来、博古、李德等，用“阴爻一”表示；朱德、彭德怀、王稼祥等，用“阴爻二”表示；毛泽东等，用“阳爻三”表示。一旦这些符号选定了，其所对应的卦象就定了——损卦。蒋等选作“阳爻一”是因为国民党居于统治地位，且蒋等在国民党中也是老大；蔡廷锴等选作“阴爻三”是因为他们与蒋为敌。毛等选作“阳爻三”是因为共产党居于被统治地位，且毛代表共产党的正确方向并已经被排挤出领导地位；周恩来、博古、李德等选用“阴爻一”表示是因为他们在共产党一方居于领导地位，且代表错误路线；朱德等亦用阴爻表示是因为他们当时不理解和支持正确路线。这里要说明的是，爻和位的选择，有时并不唯一，因为居于分界点上的事物有两重性。

下面我们看损卦对六爻的文字表达：

初九：已事遄往，无咎。酌损之。

九二：利贞。征凶，弗损，益之。

六三：三人行则损一人，一人行则得其友。

六四：损其疾，使遄有喜，无咎。

六五：或益之十朋之龟，弗克违，元吉。

上九：弗损，益之，无咎，贞吉，利有攸往，得臣无家。

初九说的是蒋等，即蒋等要尽快做取得民心的事，有利无弊，但宜酌情开销；九二说的是何陈张等，即何陈张等应积极分析判断，征讨红军不但不利自己，反倒有利于红军；六三说的是蔡廷锴等，即蔡廷锴等是三人行而受损的那一方，单干反倒会得到支持者；六四说的是周恩来、博古、李德等，即周博李等越快向自己的错误开刀，就越能取得胜利，总之，目前没灾祸；六五说的是朱德、彭德怀、王稼祥等，即朱德等或者这样得益，或者那样得益，推都推不出去，太有利啦；上九说的是毛泽东等，即别看毛泽东挨整，最终不但无损，反倒受益，这就好比一个人施舍得连家都没了，但是，却可以得到群臣。

看了如上实例，再与当时历史的发生对比一下，就会发现这一卦的表述与事实的吻合度在百分之八十以上。据此，是否可以这样说：《易经》的符号部分是精准的，文字部分还不完美。

事实上，《易经》的基本原理和符号演绎是无懈可击的，但是，限于当时的语言丰富程度和记述资料，其语言描述部分还太粗陋，对此，不可求全责备。

从《易经》的编纂和演化历程看，《彖传》是想完善和纠正本初《易经》的缺陷，但事实上，有些地方与其初衷一致，而有些地方则与其初衷相悖；《象传》是想从形象思维角度完善和纠正本初《易经》的缺陷，可是，事实上起的作用未必如愿。因为要想仅仅通过天、泽、火、雷、风、水、山和地的形象关系把易经的原理说清楚，那是不可能的，但也绝不可因此就否定这种做法的全部意义。

通过前面的分析可知，由于时代的语言发达程度和书写记述工具等原因，《易经》的语言表述是不尽人意的，这就需要后人根据符号的意义对文字加以完善。通过前面的解读，我们知道《易经》的符号部分就是对立统一学说，尽管它没有论及矛盾的普遍性、特殊性和矛盾的主要方面、次要方面等等问题，然而，这在《易经》中是不言而喻的。另一方面，还应该看到，后人对辩证法还是有所发展和丰富的。今天，人们反倒熟悉对立统一学说而生疏易经原理，这就需要我们再用对立统一学说反观《易经》，进一步完善、丰富和发展易经思想。所谓“完善”，既包括修正《彖》和《象》的错误解释，又要丰富《经》的文字表达。

本书的第二编和第三编是对传统《易经》的注释和研究，而且，仅仅是传统训诂意义的研究，因为，有了本书的第一编，读者完全可以准确理解《易经》的科学意义和价值。

中　篇

易经译注

上　经

乾卦第一

[原文]

乾[1]：元，亨，利，贞[2]。

《彖》[3]曰：大哉乾元[4]，万物资始[5]，乃统天[6]。云行雨施[7]，品物流形[8]。大明终始[9]，六位时成[10]，时乘六龙以御天[11]。乾道变化[12]，各正性命[13]。保合大和[14]，乃利贞。首出庶物[15]，万国咸宁[16]。

《象》[17]曰：天行健[18]，君子以自强不息。

《文言》[19]曰：元者善之长也[20]；亨者，嘉之会[21]也；利者，义之和[22]也；贞[23]者，事之幹[24]也。君子体仁足以长人[25]，嘉会足以合礼[26]，利物足以和义，贞固足以幹事[27]。君子行此四德[28]者，故曰："乾：元，亨，利，贞。"

《文言》曰："乾，元"[29]者，始[30]而亨者也；"利，贞"者，性情[31]也。乾始能以美利利天下，不言所利，大矣哉！大哉乾乎！刚健中正，纯粹精也；六驳发挥，旁通情也[32]；时乘六龙[33]，以御天也；云行雨施，天下平也。

[注释]

[1] 乾是本卦标题。帛书乾作"键"。乾即北斗星之专名，北斗为天体旋转枢纽，故用来代表天。朱熹曰："'一'者，奇也，阳之数也。乾者，健也，阳之性也。"[2] 元：大也，善也。亨：即亨字，祭也，美也。利：利益，利物。贞：正也，占问。元亨、利贞是两个表吉祥的贞兆辞，均就整体而言。元亨意为大吉；利贞即利占，指的是凡贞卜占筮，遇此卦爻，行事则利。《子夏传》云："元，始也。亨，通也。离，和也。贞，正也。"[3] 彖：朱熹曰："吐乱反。"《正义》引储氏、庄氏释曰："彖，断也。断定一卦之义，所以名为彖也。"《释文》引马融曰："彖辞，卦辞也。"《左传·襄公九年》孔疏从之，称："《周易》卦下之辞谓《彖》"。[4] 乾元：天的元始之德，即充沛宇宙间、开创万物的阳气。《尚氏学》："乾元者，乾之元气也，于时配春。"[5] 资：凭借，犹濑也。[6] 统：统帅，统摄，属。《三国志》裴注："统者，属也。"天：大自然。[7] 施：布，降。朱熹曰："施，始豉反。"[8] 品物：品类之物，指万物。《说文》："品，众庶也。"流：动，水动曰流，引申为他物之动。[9] 大明：《集解》引侯果曰："大明，日也"。日为宇宙间最大之光明之物，故称为大明。指普照天下之日。终：指日入。始：指日出。终始：周而复始。大明始终：指日出日落。[10] 六位：指上下四方。时成：之"时"训为于是。时是也。成：定。[11] 时乘之"时"指时间。乘：驾。六龙：比喻驭日如人间天子以六马驭车。御：《集解》引荀爽曰："御者，行也。"此指驽驭。[12] 乾道：天道，即天象之自然规律。变：指变革，变形，位移等情形。化：指阴阳化生。变化：指四时、昼夜、风云、雷雨、霜雪、阴晴、寒暖之种种变化。[13] 性：指本性，属性。命：寿命。

各正性命：指万物各其属性与寿命之正。[14] 保：保持。合：和合，成就。大：读太。[15] 首：首先。出：生。庶：众。[16] 万国：即天下万方。《纂疏》："地有九方，故曰万国。"咸：皆，都。宁：安。[17] 象：即形象，象征。天行健：旧读一律作三字连读，今据帛书《周易》，"健"字作"键"（卦名"幹"的通假字），我们从1962年刘操南先生的意见，将"健"改读为卦名"乾"，则乾坤二卦与其它六十二卦体例上就完全一致了。[18] 天行：孔颖达曰："行者运动之称。"王引之曰："行，道也。天行谓天道也。"[19]《文言》：文，饰也；《文言》即文饰《乾》、《坤》两卦之言，为《十翼》之一，又称《文言传》。《正义》引庄氏曰："以《乾》、《坤》德大，故特文饰以为《文言》。"《集解》引姚信曰："《乾》、《坤》为门户，文说《乾》、《坤》，六十二卦皆放焉。"[20] 善之长：《本义》："元者，生物之始，天地之德莫先于此，故于时为春，于人则为仁，而重善之长也。"长：首。朱熹曰："长，之丈反。"[21] 嘉之会：《本义》："亨者，生物之通，物至于此，莫不嘉美，故于时为夏，于人则为礼，而众美之会也。"嘉：美。会：聚合。《说文》："嘉，美也。会，合也。"《说文》："和，相应也。"[22] 义：宜。[23] 贞：正。[24] 幹：干之繁体，主干，树干。[25] 体仁：行仁。体：读为履，践，行。长人：指主宰，管理人民。《纂疏》："《礼运》曰：'仁者，义之本也，顺之体也，得之者尊。'故曰：'体仁足以长人'也。"合礼：《集解》引何妥曰："礼，是交接会通之道，故以通配，'五礼'，有吉、凶宾、军、嘉，故以'嘉'合（符合）于'礼'也。"[26] 利物：一本作"利之"。实指利人。和义：朱熹曰："和，合也。"《集解》引何妥曰："利者，裁成也，君子体此利以利物，足以合于五常之义。"[27] 贞固：坚持正道。《本义》："贞固者，知正之所在，而固守之。"[28] 四德：仁、礼、义、正。[29] 元：元始。王念孙曰："《乾》元下亦当有亨字。"[30] 始：始生万物。[31] 性情：本质和内情。[32]《广雅释诂》："挥，动也。旁，广也。"[33] 时：当作"明"。形似而误。

[译文]

乾：乾为卦名，象征天。元，亨，利，贞为卦辞，由某种仪式演变而来。洋溢着远穷生命力的你排除万难，到达目的地，自然是大吉大利的。

《彖传》说：彖为解释卦辞的话，称《彖传》。《彖传》认为，伟大的上天，是万物之母，万物都依靠它生产。云行雨施，滋润万物，宇宙间的一切都发展成形，具备不同的特征。太阳落了又升，《乾卦》的六爻的位置也应时变化，其变化发展反应了自然变化发展。自然界有其固有的规律，万物只有遵循这一规律，才能保持平衡，从而茁壮成长。天的非凡之处在于能凌驾于万物之上，使天下安宁。

《象传》说：天的运行是刚健有力的，有志向的人应自强不息。

《文言传》说：元始，是众善的首位；亨通，是美的集合；有利，是义的和谐；正固，是万事的根本。君子用仁心作为根本，可以当人们的尊长；寻求美好的会合，就符合"礼"；施利于他物，就符合"义"；坚持正固的节操，就可以办好事务。君子就是施行这四种美德的人，所以说："《乾》卦，元，亨，利，贞。"

《文言传》说："《乾》卦象征天、元始"，说明天的美德在于首创万物并使之通顺自然；和谐有利，贞正坚固，是天所蕴含的本质和内情。天一开始就能用美好的事物来恩及天下，却不说出它所施予的利惠，这是极大的利惠啊！伟大的天啊！刚强劲健、居中守正，通体不杂、纯粹至精；《乾》卦六爻的运动变化，曲尽万物的发展情理；犹如顺着不同时节套上六条巨龙，驾驭着大自然而奔驰巡行；行云降雨，给天下带来安康和太平。

［不休说］

《乾卦》为六十四卦之首，为纯阳卦，象征天。乾为天之性情，而元则变化之所从出，即太极也。流行于亨，各正于利者，一物各一太极。资使于元，保和于贞者，万物统一太极。太极者，理也，而气在其中；太和者，气也，而理在其中。总之太极自然之用。所谓太和在宇宙之间，即其应天时，赞化育之极功而已。故天的特点是刚健有力，运动不息，并且其运动是有规律的。天以元德始万物，圣人本至健之才以开物先民，而元一同于天地也。天以享得长万物，圣人奋有为之力以设施举措，而亨一于天也。遂万物者利之德，圣人因此制宜，使无一物不得其所，一如天之利也。成万物者贞之德，圣人化裁曲成，使无一物不植其命，一如天之贞也。元亨利贞之道，即仁义礼智之德。元亨利贞运行于天本乎乾，仁义礼智具于心而本乎性。维天命，穆不已，乾之道。诚无息，纯不已，性之德。故发天在于体乾，尽心由于之性。体乾者，实能发天自强，以纯心行纯政，则德化至功，自当与天合之理。乾道至大至通本无不宜，本无不正。从卦象上看，上下皆乾，象征着天外有天，周而复始，运行不止。也象征着有德君子天天努力不懈，严格要求自己。虽然六爻均具阳刚之性，所处环境不同，地位也不同。说明事物发展是变幻莫测的，是层层推进的，是由生到衰的。所以我们不仅要奋发图强，为实现自己的理想而积蓄力量，而且要遵循客观规律办事。

［原文］

初九[1]：潜龙勿用[2]。

《象》曰："潜龙勿用"，阳在下[3]也。

《文言》曰：初九曰"潜龙勿用"，何谓也？子曰："龙德而隐者[4]也。不易乎世，不成乎名[5]；遯世无闷[6]，不见是而无闷[7]；乐则行之，忧则违之，确乎其不可拔[8]，'潜龙'也。"

《文言》曰：君子以成德为行[9]，日可见之行也。"潜"之为言也，隐而未见，行而未成，是以君子弗用[10]也。

［注释］

［1］初九：《周易》六十四卦各有六爻组成，其位自下而上，名曰，初、二、三、四、五、上，居卦之第一位者称初；《周易》占巫用"九"和"六"之数，"九"代表阳，"六"代表阴，本爻为阳，所以称"九"。《正义》云："居第一之位，故称初；以其阳爻，故称九是也。"［2］潜龙：蛰伏的龙。帛书"潜"作"寖"。潜：藏于水中。朱熹曰："潜，捷言反。"《集解》引崔憬曰："潜，隐也。"《说文》："潜，藏也。"《左传·昭公二十九年》传："秋，龙见于绛郊。魏献子问于蔡墨曰：'吾闻之，虫莫知于龙，以其不生得也。谓之知，信乎？'对曰：'人实不知，非龙实知。古者畜龙，故国有豢龙氏，有

御龙氏。’……献子曰：‘今何故无之?’对曰：‘夫物物有其官，官修其方，朝夕思之。一日失职，则死及之。失官不食，官宿其业，其物乃至。若泯弃之，物乃坻伏，必灭不育。……龙，水物也。水官弃矣，故龙不生得。”勿用：不要采取行动。用：施行。《说文》：“用，可施行也。”[3] 阳在下：《乾》卦初九之阳居卦之下。[4] 龙德：阳刚之德。朱熹曰：“龙德，圣人之德也。”[5] 易：移。世：世俗。[6] 遯世无闷：《正义》：“谓逃遁避世，虽逢无道，心无所闷。”《集解》阴崔憬曰：“道虽不行，达理无闷也。”遯：隐退。[7] 不见是：不为世人所赞同。是：赞许。闷：烦闷。《集解》引崔憬曰：“世人虽不已是，而已知不违道，故无闷。”确：刚强的样子。[8] 拔：移 [9] 以成德为行：《集解》引干宝曰：“君子之行，动静可观，进退可度，动以成德，无所苟行也。”成：完成。日：俞樾《群经平义》以为“日”是“曰”之讹字。行而未成：《程传》：“未成，未著也。”[10] 弗用：不施展

[译文]

初九：初九为爻名，或称爻题。其中九标示阳爻。潜龙勿用为爻辞，意思是在机会还未成熟时龙应潜伏在水底，韬光养晦，切不可冒进。

《象传》说：潜伏在水底的龙不能有所行动，是因为时机还未成熟。

《文言传》说：初九爻辞说“巨龙潜伏水中，暂时不施展才用”，这是什么意思呢?孔子说：“这是比喻像龙一样，有品德而隐居的人。他不会受污浊的世俗玷污而改变节操，不会贪图功名利禄；远离世俗而隐居不感到苦闷，不被世人称赞也一样不为之苦闷；高兴的事就付诸实施，不遂心愿的事决不实行，而且拥有坚定不可动摇的意志，这就是‘潜龙’。”

《文言传》说：君子把成就德业作为行动的目的，每天都可以看得出来他的行为。初九爻辞所讲的“潜”，意思是隐藏不曾看见，行动尚未显著，所以君子暂时不施展才华。

[不休说]

初九阳居下位，是有可为之德，而时机未到，其象如龙之潜藏未出。当静以自守。慎勿急求用世，以自丧其所。惟龙德之刚，刚健无欲，外物不足以夺，自守其德，不随世而变易，不枉道以求功名，安于遯世，虽终身遗失，但处心安然。从文言上看，君子修身、体道，德已成，以成德而措为事功，宜乎旦夕之间即可见于实用。乾之初刚德既成，而犹以勿用自守，何哉？居下时方处潜，机会未遂，身隐而未见于世，勋业有待行立而未底于成，虽负有为之才，而时、位不足，终不可枉道以求用。总之，用舍之权在人，而行藏之道在我，身可隐而不可屈，道可潜，而不可枉，知之即明，守之复固，确乎其不可拔，非寻常隐遁之人所能及。欲行道于天下，审天时，度人事，实能有济于世，然后一鸣惊人。即阳气尚处于萌芽状态，虽具君子之德，但处于下层无帮手的位置，不应急于表现，应修德、绩学、韬光养晦以待时机。这一爻告诉我们，在时机未成熟时，我们应勤练本领，切不可贸然出击。

[原文]

九二：见[1]龙在田，利见大人[2]。

《象》曰："见龙在田"，德施普[3]也。

《文言》曰：九二曰"见龙在田，利见大人"，何谓也？子曰："龙德而正中[4]也。庸言之信，庸行之谨[5]；闲邪存其诚[6]，善世而不伐[7]，德博而化[8]。《易》曰'见龙在田，利见大人'，君德[9]也。"

《文言》曰君子学以聚之，问以辩之[10]，宽以居之，仁心行之[11]。《易》曰"见龙在田，利见大人"，君德也。

[注释]

[1] 见：出现，读为现。朱熹曰："见，音现。"见龙在田：龙显身于田野。比喻大人活动于民间，其德泽施予人者广大也。[2] 大人：指王公贵族（王侯、大夫的统称）。《易传》认为是有大才德之人，与爵位无关。[3] 德施普：九二居中，阳德所施同广。普：通"溥"义为大。[4] 正中：指九二居下卦之中。[5] 庸言之信，庸行之谨：《正义》："从始至末，常言之信实，常行之谨慎。"庸言：平常的言论。[6] 闲邪存其诚：闲：防闲，防范；闲邪与存其诚是对文。《程传》："既处无过之地，则维在闲邪，邪即闲，则诚存矣。"[7] 善世而不伐：善，名词，指美好的行为；世，犹言'大'，如'世子'、'世父'之'世'，均作'大'解（善世与下文德博对举）。案，旧说多以善为动词，解'世'为时代。《正义》："为善于世而不自伐其功。"伐：矜夸，自夸。[8] 德博而化：《正义》："德能广博，而变化于世俗。"化：感化。[9] 君德：指九二虽未登君位，却有君主的品德。[10] 君子学以聚之，问以辩之：此谓九二虽已"见龙在田"，但仍要勤于学问，增长知识。聚：积累。辩：读为："辨"。《正义》："君子学以聚之者，九二从微而进，未得君位，故且习学以畜其德；问以辩之者，学有未了，更详问其事，以辩决于疑也。"[11] 宽以居之，仁心行之：《正义》："宽以居之者，当用宽裕之道居处其位也；仁心行之者，以仁恩之心行之被物。"

[译文]

九二：龙出现在大地上，有利于会见德才兼备的人，或是有地位的贤人。

《象传》说：龙已出现在大地上，君子已具备成就大事的才能，应积极会见王公贵族，求得将恩德普施与人的机会。

《文言传》说：九二爻辞说"巨龙出现田间，利于出现大人"，这里讲的是什么意思呢？孔子说："这是比喻像龙一样，有品德而立身中正的人。他的平凡言论说到做到，他的日常举动谨慎有节；防止邪恶的言行而保持诚心，净化世俗的行为伟大而不自夸，道德博大以感化天下。

《周易》说：'巨龙出现田间，利于出现大人'，正是说明会出现具备君主品德的贤人。"

《文言传》说：君子通过不断的学习来积累知识，靠不断地发问来解决疑难问题，胸存仁心而居于适当之位，心存仁爱并以此付诸行为。

《周易》说：‘巨龙出现田间，利于出现大人’，这种“大人”具备了君主的德行。

[不休说]

九二居下卦中位，阳气上升。而正当不潜未跃之时，德则已众著。试于其言行观之，言在人伦日用之间者，庸言也。庸言人所易忽，要加以信。行在人伦之间者，庸行也。庸行人所懈，必须谨慎。有信、谨，则邪无自入，诚已存。乃其德欲盛，其心欲敬。于是备德在身，言皆可师，行皆可法，正以其德为君德，又九二与九五分居上下卦中位，同具刚中之德，互相呼应。位虽未尊，而德以众著，上可之君，下可泽民，如龙之显于田而霖雨足以及物之象，此盛德济世于大人也。人君见之，则资其谋，下民见之，则资其教，无所不利。这一爻告诉我们，一个人如已具备相当丰富的学识，但还处在“女在深闺人未识”，应向有地位的人推销自己，或是请求有才德的人指引自己。

[原文]

九三：君子[1]终日乾乾[2]，夕惕若[3]，厉无咎[4]。

《象》曰：“终日乾乾”，反复道[5]也。

《文言》曰：九三曰“君子终日乾乾，夕惕若，厉无咎”，何谓也？子曰：“君子进德修业[6]。忠信[7]，所以进德也；修辞立其诚[8]，所以居业[9]也。知至至之[10]，可与言几[11]也；知终终之[12]，可与存义[13]也。是故居上位[14]而不骄，在下位[15]而不忧。故乾乾因其时[16]而惕，虽危无咎矣。”

《文言》曰：九三重刚而不中[17]，上不在天，下不在田[18]，故乾乾因其时而惕，虽危无咎矣。

[注释]

[1] 君子：指有才德的贵族。[2] 乾乾：勤勉努力。《广雅·释训》：“乾乾，健也。”《吕氏春秋·士容》篇：“乾乾乎取舍不悦。”高注：“乾乾，进不倦也。”[3] 夕：夜晚。惕：儆惧。《释文》：“惕，郑玄云：‘惧也。’”《说文》：“惕，敬也。”《广雅·释诂》：“惕，惧也。”帛本与“惕”对应之字，廖名春隶作“沂”，文物本隶作“泥”，泥，定也，日精而夕有定止，当是汉代的另一种理解。若：语助词，惕若，惕然。[4] 厉：危险。《广雅·释诂》：“厉，危也。”咎：过失，灾难。《尔雅·释诂》：“咎，病也。”《说文》：“咎，灾也。”《广雅·释诂》：“咎，恶也。”《诗·小雅·伐木》：“微我有咎。”毛《传》：“咎，过也。”《诗·小雅·北山》：“或惨惨畏咎。”《郑笺》：“咎，犹罪过也。”无：今本与帛本多作此四画字形，即《说文》所言“奇字无也”之字（帛本亦有少数作“舞”者），简本作“亡”。[5] 反复道：此用天行的“反复其道”来比拟君子“日精进夕惕如”的屈伸自如。朱熹曰：“复，方服反。”道：正道。[6] 进德修业：增进德性修事学业。修：治。《正义》：“九三所以终日乾乾者，欲进益道德，修营功业，故终日乾乾匪懈也。”[7] 忠信：《正义》：“推忠于人，以信待物，人则亲而尊之，其德日进，是进德也。”[8] 修辞立其诚：《折中》引程子曰：“修辞立其诚者，不可仔细理会，言能修省

言辞，便是要立成，若只是修饰言辞为心，只是为伪也。修辞立其诚，正为立己之诚意。”［9］居业：保有功业。《尚氏学》：“具者，蓄也，积也，业以积而广大也。”［10］知至至之：前“至”是名词，指到达，后“至”为动词，指努力做到。［11］几：微。《系辞传》：“几者，动之微，吉凶之先见者也。”《说文》：“几，微也。”［12］知终终之：前：“终”为名词，指所止，终结之处。后“终”为动词，指停止。［13］存：保存，保全。义：宜。［14］上位：九三居内卦之上。［15］下位：指九三居外卦之下。［16］因其时：因，沿也；时，一天中的各个时辰。《尚氏学》：“‘君子终日乾乾，夕惕若’，是自朝及夕，无不乾惕也，故曰‘因时’”。［17］重刚而不中：初九、九二均为阳刚之爻，九三仍为阳爻，故称“重刚”；六十四卦中每卦只有二、五两爻居中，故九三“不中”。［18］上不在天，下不在田：九五“飞龙在天”，九二“见龙在田”，九三介于“天”、“田”之间。在：达，达到。《正义》：“上不在天，谓非五位；下不在田，谓非二位也。”

［译文］

九三：君子整天努力不懈，时时刻刻警惕着，这样即使遇到危险，了无凶险。

《象传》说：九三爻辞说“君子整天强身健体，振作精神，以至深夜依然警惕慎行，这样即使面临危险也会免遭灾祸”，这里讲的是什么意思呢？孔子指出，“这是子要提升自己的修养和美德、建功立业。忠诚信实，就可以提升修养；修饰言辞出于诚挚的感情，就可以建功立业。明确自己进取的目标，进而努力实现它，这种人可以跟他预测事物发展的征兆；知道进退的时机而及时终止，这种人可以跟他共同保全事物发展的合宜状态。若能如此居上位而不骄傲，处下位而不忧虑。所以能够恒久保持不前进的状态，随时警惕慎行，即使面临危险也可免遭灾祸了。”

《文言传》说：九三是多重阳刚迭成的，但是居位不正中，上不达于高天，下不立于地面，所以要不断奋起振作、时刻保持警惕，这样即使危险来临也会免遭咎害。

［不休说］

九三位于下卦上位，才即遇刚，又居高位，乃危地也。夫投艰遗之大地，为动心忍性之资。时时思过，事事思危，虽身处危地，但无功高震主之嫌与恃才绝物之患。这一爻告诉我们，一个即将上升为上层领导，身处此位，下不可脱离群众，又不可妄犯同事和上司。要坚持自强不息，常怀警惕，谨言慎行，不可忘乎所以。即胸怀大志的人要一直努力学习，时时刻刻提防灾难的到来，这样即使遇到危险，也会逢凶化吉。

［原文］

九四：或跃在渊[1]，无咎。

《象》曰：“或跃在渊“，进无咎也。

《文言》曰：九四曰“或跃在渊，无咎”，何谓也？子曰：“上下无常，非为邪[2]也；进退无恒，非离群[3]也。君子进德修业，欲及[4]时也，故‘无咎’”

《文言》曰：九四重刚而不中，上不在天，下不在田，中不在人[5]，故“或”之。“或”之者，疑之也故无咎。

[注释]

[1] 或：语气词，不确定。渊：深渊。龙之安利住处。《诗·小雅·鹤鸣》：“鱼跃在渊，或在于渚”。[2] 邪：邪枉之道。九四以阳居阴失位，故曰：“邪”。[3] 群：类，此指阳类。《乾》六爻皆阳，故六阳称“群”。[4] 及：及至，等到。[5] 中不在人：九四和九三的相同之处是“重刚而不中，上不在天，下不在田”；不同之处是九四更有“中不在人”一层。《正义》：“三之与四，俱为人道，但人道之中，人下近于地，上远于天。九三进二，是下近于地，正是人道，故九三不云‘中不在人’；九四则上近于天，下远于地，非入所处，故特‘中不在人’。”

[译文]

九四：龙已在深渊里，或跃动，或静观，进退有据，不会有灾难。

《象传》说：龙要么一跃而起，要么潜入深渊里，表示可以有所行动而没有灾难。

《文言传》说：九四爻辞说“或上进腾跃，或退处在渊，必无咎害”，这里讲的是什么意思呢？孔子说：“这是比喻贤人的上升或下降是没有定数的，并非出于邪念；他的进取、引退也是未知数，并非脱离众人。这就好比君子提升道德、建功立业，是想抓住时机进取，所以‘必无咎害’。”

《文言传》说：九四是多重阳刚迭成的，但是居位不正中，上不达于高天，下不立于地面，中不处于入境，所以强调“或”。强调“或”的意思，就是说明疑而未定，所以这样就能免遭咎害。

[不休说]

九四阳居阴位，进退未定，具有阳刚之才，近九五君爻，争取得到君王的赏识、信任。保持平常的心态，不犯过错。其象如龙之或跃而起，而仍未离于渊者。时止时行，知进知退。凡人势位崇高，身任天下之重者，皆可以此爻拟之。惟是处多惧之地，能常存难进之心，则其树大勳，立大业，皆自度乎力之所能为，与时之所不得不为，而非侥幸以立功，名者自可得也。这一爻说明君子已到了跃跃欲试的阶段，只要决策谨慎，就能做到“进可攻，退可守”

[原文]

九五：飞龙[1]在天，利见大人。

《象》曰：“飞龙在天”，大人造[2]也。

《文言》曰：九五曰“飞龙在天，利见大人”，何谓也？子曰：“同声相应，同气相求[3]；水流湿，火就燥；云从龙[4]，风从虎[5]；圣人作而作万物睹[6]；本乎天者亲[7]上，本乎地者亲下，则各从其类也。”

《文言》曰：夫“大人”[8]者，与天地合其德，与日月合其明，与四时合其序[9]，与鬼神[10]合其吉凶。先天[11]而天弗违，后天而奉天时[12]。天且弗违，而况于人乎？况于鬼神乎？

[注释]

[1] 飞龙：帛本作“蜚”《庄子·天运》篇：“龙乘云气而养乎阴阳。”《韩非子·难势》篇引《慎子》曰：“飞龙乘云。”[2] 造：就，造就，成就。孔颖达曰：“造，为也。”朱熹曰：“造犹作也。”[3] 同声相应，同气相求；乾坤阴阳各以类相应相求。乾为纯阳，故曰：“同声”、“同气”。应：感应。求：通“逑”，聚合。《诗·小雅·桑扈》：“彼交匪敖，万福来求。”马瑞辰通释：“按王尚书曰：‘求，读与‘逑’同。逑，聚也。’其说是也。”《正义》：“因大人与众物感应，故广陈众物相感应，以明圣人之作而万物瞻睹以结之也。”[4] 云从龙：云是水气，龙是行水之物，云龙同类，感气相致，故“云从龙”。[5] 风从虎：风为震动之气，虎是威猛之兽，虎啸风生，风与虎也同气类，故曰“风从虎”。[6] 作：起。朱熹曰：“作，起也。物，犹人也。圣人，人类之首也。”睹：高亨以为通“着”，附着，亲附。[7] 亲：亲附。[8] 大人：指圣明德备之人。[9] 序：次序，时序。[10] 鬼神：阴阳之气屈伸变化。[11] 先天：先于天象，这里指自然界尚未出现变化之后，及时采取必要的措施。[12] 天时：四时。指大自然的阴晴寒暑等变化规律。

[译文]

龙九五：龙得到天时、地利、飞上天空，有利于会见德才兼备的人，或有地位的贤人。

《象传》说：龙飞上了高空，意味着君子到了大展宏图的时候。

《文言传》说：九五爻辞说“巨龙腾飞在天，利于出现大人”，这里讲的是什么意思呢？孔子指出，“这是比喻同类的声音相互应和，同样的气息相互求取；水会流向湿处，火公趋向干处；景云随着龙吟而出，谷风随着虎啸而生；圣人奋发立业而万物皆仰望可见；依存于天的亲近于上，依存于地的亲近于下，各以其类别跟从而发挥作用。”

《文言传》说：九爻辞中所说的“大人”，其德行与天地覆载万物相吻合，他的圣明如同日月一样普照大地，他的恩威如同四时转换一样井然有序，他的判断吉凶、指示赏罚如同鬼神一样奥妙莫测。他先于天象而行动，天不违背他；后于天象而处事，也能遵循天的变化的基本法则。天尚且不违背他，何况人呢？又何况鬼神呢？

《文言传》说：上九爻辞说这一爻告诉我们，时机已成熟万事俱备，只欠那帮他成就大业的东风－－－－贤人，此时的首要任务是去求见贤人。

[不休说]

九五以刚健中正之德居至尊之位，乘时首出，功业休明，有飞龙在天，乘风云以霖雨天下之象。此德位兼隆之大人，臣民所供仰戴者也。君子见之，则可以得位行志；小人见之，则可以养欲给求。无所不利。即九五阳爻居中得正，总集六个纯阳，而至刚健，腾飞至尊天位，必为万民瞻仰而得贤辅佐，上下同心，必然会出现太平盛世。

[原文]

上九：亢[1]龙有悔[2]。

《象》曰："亢龙有悔"，盈[3]不可久也。

《文言》曰：上九曰"亢龙有悔"，何谓也？子曰："贵而无位，高而无民[4]，贤人在下位而无辅[5]，是以动而'有悔'也。"

《文言》曰："亢"之为言也，知进而不如退，知存而不知亡，知得而不知丧。其唯圣人乎！知进退存亡，而不失其正者，其唯圣人[6]乎！

[注释]

[1] 亢：指升腾到极高处的龙。帛本"亢"作"抗"。疑借为沆，与坑、阬通用。《集解》引王肃曰："穷高曰亢。"朱熹曰："亢，古浪反。"《说文》："沆，大泽。"《博物志》曰："停水，东方曰都，一名沆也。"《庄子·天运》篇："在谷满谷，在阬满阬。"《后汉书·马融传》："弥纶阬泽。"《文选·西京赋》："绝阬踰斥。"亢龙：池中之龙。[2] 有悔：会有后悔，指不吉利的占筮。悔：较小的不幸，悔恨。朱熹曰："悔，呼罪反。"《集解》引王肃曰："知进忘退，故悔也。"《正义》："悔者，有所追悔也。"[3] 盈：满，超过。[4] 贵而无位，高而无民：此谓上九处于有名无实的高位，即《集解》于《小象》注引《九家易》所谓"若太上皇者也。"《集解》引荀爽曰："在上故贵，失正故无位。"又引何妥曰："既不处九五帝王，故无民也。"[5] 贤人在下位而无辅：贤人，指下卦的九三。此以三、上两阳不应，喻上九不得"贤人"辅助；《集解》引荀爽曰："两阳无应，故无辅。"[6] 其唯圣人乎：这是文言的慨叹语，与末句相同而复用，旨在渲染慨叹语气。案，《释文》引王肃本上句"圣"字作"愚"字，于义亦通。

[译文]

上九：龙飞到一定的高度就达到极点了，若继续向上飞，可能会招来灾祸，导致悔恨产生。

《象传》说：龙飞到一定的高度就达到极点了，若继续向上飞，可能会招来灾祸，因为凡事过了头就不会长久。

《文言传》说：上九爻辞说："巨龙升腾高飞到极端，终将有所悔恨"，这里讲的是什么意思呢？孔子说："这是比喻有些人尊贵而没有实位，地位崇高却无力治理百姓，贤明的人身居下位却无人辅助他，所以一旦轻举妄动必将'有悔'。"

《文言传》说：上九爻辞说的"亢"，是说明有些人只知进取而不知及时引退，只晓得生存而不明白终将衰败，只晓得得到利益而不知其所得终将失去。大概只有圣人才是明智的吧！深知进取、引退、生存、灭亡的道理，行为不偏失正确途径的，大概只有圣人才能做到吧！

[不休说]

上九居卦终，阳居于上而不下，如龙飞于天而不复潜蛰于渊之象。是亢龙，夫时当盛满不能持满，戒盈则所处必至失中，而所往不能无过，动而有悔，其能勉乎？即知有悔，而以亢为戒，则持以惕，而返于潜，庶几不失为龙德。易之大义，最忌满盈，日中则昃，月盈则亏，天道则不容亢也。物穷必变，器满必溢，人事之不容亢也。圣人不能不处亢之时，而应善处亢之道，故天不能穷圣人，而圣人常能御天。故人当随时处中。这一爻说明，当处天位之上，越过中道，极尽刚进，仍不知返，而至终极。即胸怀大志的人，在取得了最高的成就之后，不要急于继续向上爬。

[原文]

用九[1]：见群龙无首，吉。

《象》曰："用九"，天德不可为首[2]也。

《文言》曰："潜龙勿用"，下[3]也；"见龙在田"，时舍[4]也；"终日乾乾"，行事[5]也；"或跃在渊"，自试也；"飞龙在天"，上治[6]也；"亢龙有悔"，穷之灾也；乾元"用九"，天下治也。

《文言》曰："潜龙勿用"，阳气潜藏[7]；"见龙在田"，天下文明[8]；"终日乾乾"，与时偕行[9]；"或跃在渊"，乾道乃革[10]；"飞龙在天"，乃位乎天德[11]；"亢龙有悔"，一时偕极；乾元"用九"，乃见天则[12]。

[注释]

[1] 用九：乾卦特有的爻名。《易经》的乾卦都多出一爻（坤卦为用六），专门表示这两卦是全阳，全阴。"用九"表示乾坤为全阳爻。"用"字，帛本作"迵"，读"通"义为通同，尽，皆。[2] 天德不可为首：群龙各秉天德，象征群雄并立，互不顺服，故无首。[3] 下：指初九居于下位，犹如人的地位低下。[4] 时舍：舍，通"舒"。即训为舒通之意，指形势已经舒展好转。王注："见而在田，必以时之通舍也。"《正义》谓王弼："以通解舍，舍是通义"。[5] 行事：指九三正勤勉地从事某项事业。[6] 上治：上通"尚"。指九五之时出现了最好的政治局面。《正义》释为："言圣人居上位而治理"。[7] 阳气潜藏：指初九阳气潜伏，藏而未发。[8] 天下文明：指九二如阳气发出地面，万物初焕光彩。[9] 与时偕行：指九三如阳气发展到一定阶段，万物将趋繁盛。行：发展。[10] 乾道乃革：指九四如阳气发展至一个新的阶段，万物正临转化。乾道：天道，即大自然运行规律。革：变革。[11] 乃位乎天德：位，此言尊居"天位"；天德，指九五如阳气发展到最旺盛阶段，万物以至繁荣。与时偕极：指上九如阳气由盛转衰，万物消亡穷尽。[12] 乃见天则：天则，指大自然运行的法则，如阳气转化为阴气即是自然规律。《集解》引何妥曰："阳消，天气之常；天象法则，自然可见。"

[译文]

用九：群龙聚集在一起，不知道龙头在哪，都自由地飞翔，是非常吉利的。此爻为特有爻题，只在《乾》、《坤》两卦中出现，《坤》卜为"用六"。

《象传》说：六爻全阳，这正是阳集中的地方，天下英杰集中的地方，天的品德集中反映，不能有头目。

《文言传》说："巨龙潜伏水中，暂时不施展才华"，说明地位下卑贱；"巨龙出现田间"，指暂时屈藏于低势，时势已开始舒展；"整天奋起振作"，说明事业付诸实践；或腾跃上进，或退处在渊"，说明正在自我检验；"巨龙高飞上天"，说明形成最好的政治局面；“巨龙高飞穷极，终将有所悔恨”，说明穷极带来的灾难；天有元始之德而“用（阳刚化为阴柔的）九数”，说明天下大治是势所必然。

《文言传》说：“巨龙潜伏水中，暂时不施展才用”，说明阳气潜藏未现；“巨龙出现田间”，说明天下文采灿烂；“整天奋起振作”，说明追随时光向前发展；“或腾跃上进，或退处在渊”，说明“天道”转化、出现变革；“巨龙高飞上天”，说明阳气旺盛正当天位，具备“天”的美德“巨龙飞穷极，终将有所悔恨”，说明随着时节的不断变化而穷尽衰落；天有元始之德而“用（阳刚化为阴柔的）九数”这是体现大自然的基本规律。

[不休说]

乾六爻皆阳，则其数皆九，九者，阳数之极也。九为阳爻中的老阳，占卦中遇老阳则为动爻变卦。乾卦六爻皆九，全变即为坤。体乾之道，当思阳极则亢，而济之以柔，以善其用。如群龙之刚皆在于首，惟能变刚为柔，则其首不露，而其用不测，人之见之，有若无首者然。本此道以出治，负创建之才而不紫矜其才，具绝物之智而不自骄其智，仁一辅义，爱以济威，图事则事无不理，驭民则民无不安，无不吉。这告诉我们，一个人的事业到达巅峰时，就应该集思广益，以防止“亢龙有悔”。

总　论

《乾卦》作为《周易》六十四卦之首，以“天”为象征形象，揭示了“阳刚”元素、“强健”气质的本质作用及其发展变化规律。《周易》的辩证哲学体系，在此铺下了第一块基石。要是进一步从“《易》者，象也”（《系辞下传》）这一特征细加考究，还可以发现，本卦的卦体取“天”为象，固是比喻；六爻的爻辞取“龙”为象，也是比喻。大旨无非揭明“阳刚”的内在气质。朱熹说：“《易》难看，不比他书。《易》说一个物，非真一个物，如说‘龙’非真龙。”（《朱子语类》）这种假像寓意，一直贯穿于《周易》全书，也是这部现在最古老的哲学著作的重要特色。初九是君子隐居未出，谓九为阳德，初居下体，有可为之德而未遇可为之时；九二是君子刚刚出世，谓其德即盛，则其化自神，如龙之霖雨及物，而所施无不遍也；九三是君子日渐进取，谓体道之心无时敢懈，反复体验，以求去危而即安；九四是君子已入境，谓当欲进之际，更加详审，则谋出万全而可免躁动之咎也；九五是君子大展宏图时机已到，谓大德之人乘时首出，如龙之上腾于天而万物皆利见；上九是君子困厄而悔恨，谓以天道忌盈，进极则退，盛极则衰，理与势，皆不可久也；用九，谓以太刚必折，济之以柔则有功，用为物先则致败，故天德虽尊，不可以为首也。本卦从潜龙、现龙、惕龙、跃龙、飞龙到亢龙，形象的展示了阳气萌生、进长、盛壮以至穷衰消亡的变化过程。披露了物极必反，阳极生阴的哲学道理。卦体取天象，爻辞取龙象，都旨在揭明阳刚的内在气质。意在劝勉人们加强人的气质修养，敢于逆难而上，按客观规律办事。只有贞正、坚固，才会达到大通至成的目的。

坤卦第二

［原文］

坤：[1]元，亨[2]。利牝马之贞[3]。君子有攸[4]往，先迷[5]；后得主[6]，利。西南得朋[7]，东北丧朋[8]。安贞吉[9]。

《彖》曰：至哉坤元[10]，万物资生，乃顺承[11]天。坤厚载物，德合无疆[12]。含弘光大[13]，品物咸亨。牝马地类[14]，行地无疆，柔顺利贞[15]。君子攸行，先迷失道，后顺得常[16]。西南得朋，乃与类行。东北丧朋，乃终有庆[17]。安贞之吉，应地无疆[18]。

《象》曰：地势坤[19]。君子以厚德载物[20]。

《文言》曰：坤至柔而动也刚[21]，至静而德方[22]。后得主而有常[23]，含万物而化光[24]。坤道其顺乎！承天而时行[25]。

［注释］

［1］坤：是本卦的标题。朱熹曰：“‘一一’者，偶也，阴之数也。坤者，顺也，阴之性也。”［2］元亨：此特指“地”配合“天”，也能开创化生万物，并使之亨通。《正义》：“盖乾坤合体之物，故乾后次坤。言地之为体，亦能使万物，各得亨通，故元，亨。”《本义》：“元亨，连读，训作，大亨。”［3］牝马：母马；指柔顺而能行地，故取为“坤”德之象。《集解》引干宝曰：“行天者莫若龙，行地者莫若马；故《乾》以龙繇，《坤》以马象。”贞：正也，指守持正固。［4］攸：所。《尔雅·释诂》：“攸，所也。”［5］迷：失道。《说文》：“迷，惑也。”《广雅·释诂》：“迷，误也。”《韩非子·解老》篇：“凡失其欲往之路而忘形者之谓迷。”［6］主：旧例解为主人，指接待旅客的房东，今考“主”有寓居之义，《史记·孔子世家》：“孔子至陈，主于司城贞子家。”故此处似当解为寓所。《左传·昭公三年》传：“丰氏故主韩氏。”杜注：“丰氏至晋，旧以韩氏为主人。”《左传·定公六年》传：“昔吾主范氏。今子主赵氏。”《大戴礼·曾子制言》篇：“曾子门弟子或将之晋，曰：‘吾无知焉。’曾子曰：‘何必然，往矣，有知焉谓之友，无知焉谓之主。’”《孟子·万章》篇：“吾闻观近臣以其所为主，观远臣以其所主。”［7］西南：阴方。朋：朋友、志同道合者。［8］东北：阳方。坤的卦像是六个阳爻，用来表示大地及阴柔的事物。丧：帛本作“亡”。朋：朋友，朋贝。［9］安贞吉：这是归结“得朋”、“丧朋”之义，说明坤德以安顺守正为吉。［10］至哉乾元：此指《乾》言“大哉”，《坤》元“至哉”。至，极，形容词，指万物之德美善至极。《正义》：“至，至极也。言地能生养至极，与天同也。但天亦至极，包笼于地；非但至极，又大于地。”朱熹曰：“至，极也。”《说文》：“鸟飞从高至地也。从一，一犹地也。”故至亦地之德，坤元曰“至”。［11］承：受。《说文》：“承，奉也，受也。”［12］合：说文“沓也。”义为及。疆：指边际。［13］含弘：指地含容弘大。《尔雅·释诂》》：“弘，大也。”光大：广大（光借为广），地以品德贞柔顺承天道，以体厚承载万物，又以面广包容万物。《尔雅·释诂》：“咸，皆也。”［14］牝马地类：指牝马属坤阴类，与地同德。失道：失路。

[15] 柔顺至贞：释卦辞“利牝马之贞”。[16] 君子攸行，先迷失道，后顺得常：得常，谓“坤德”能顺则福庆常保。《集解》引何妥曰：“阴道恶先，故先致迷失；后顺于主，则保其常有庆也。”何楷《古周易·订诂》：“君子攸行，虽趁上韵，然意连下文，释卦辞‘君子有攸往’也。”[17] 乃与类行：朋、类义近，故以类释朋，指得同类之朋而与之同行。东北丧朋，乃终有庆“是对东北丧朋”的解释。终，至终，终极。往东北行虽然丧朋，但最终结果仍属吉庆。[18] 应地无疆：此释卦辞“安贞吉”。马云：“君子有安贞之吉，所以应地德也。”[19] 地势：地势高下相间，空阔而有承载。地势坤：此释《坤》卦上下皆“坤”为地之象也。《集解》引宋衷曰：“地有上下九等之差，故以形势言其性也。”王弼注：“地形不顺，其势顺。”[20] 君子：文怀沙以为作“淑女”。厚德载物：厚，用作动词，增厚。这是说明“君子”效法“地”厚实和顺之象，增厚其德以载万物。林希元《易经·存疑》：“惟其厚，故能无不持载。故君子以之厚德，以承载天下之物多矣。”[21] 致柔：《坤》六爻皆阴，纯阴和顺，故曰“至柔”。[22] 方：方正。古人以圆说明天体运动，以方正说明地之静止，故称“方”。[23] 后得主：经文“先迷后得主”之省。常：规律，常道。《正义》：“阴主卑退，若在事之后，不为物先，即‘得主’也；此阴之恒理，故云‘有常。’”[24] 化光：化育广大。光通“广”。[25] 承天而时行：《集解》引荀爽曰：“承天之施，因四时而行之也。”

[译文]

《坤卦》：大大亨通。有利于占问母马的吉凶。君子有所行动，如不遵循客观规律，则会迷失方向。相反，则会到达目的地，吉利。如往西南方，则会得到朋友。如往东北方，则会失去朋友。卜问是否平安，得到吉兆。

《彖传》说：多么崇高啊，大地滋生了万事万物，遵守着大自然的规则。厚实的土地孕育了万物，大地的品德无比美好。大地内涵丰富，辽阔无边，万物顺利成长。像母马这样柔顺的动物，和地属同类，善于在无边的大地上任意驰骋，性情温和，动作敏捷，做事执着。君要有所行动，虽然刚开始迷失了方向，便只要顺从天道，就能找到正确的路。如果往西南方向，会得到朋友，与他共创伟业。如果往东北方，可能失去朋友，但最终还是可能获得成功。遵循客观规律办事得到吉祥。正如无边无际的大地随处伸展一样。

《象传》说：大地顺天而行。君子就效法大地，凭着宽厚的德行来容载万物。《文言传》说：大地本是极为柔顺的，但变换时却显露出刚强，安静且柔美的品德才能得以流传四方。随从人后、有人做主，于是保持福庆久长；包容一切、普载万物，于是焕发无限光芒。大地之道是多么柔顺啊！它秉承天的意志按四时而运行得当。

[不休说]

坤象往地，此卦上下皆坤，是地德至顺且厚，故其形势高下相因，愈远愈无极也。君子体坤之象，知地之德不厚，斯载万物不胜其重。人之德不厚，斯载万民不胜其劳。所以，内而与含弘者同体，则积极其厚，举地之所载，皆兼容并生而无有不育焉；外而与光大者同用，则施之其厚，举凡地之所载，皆仁渐义濡而无有失所。其应地无疆之功。地的特点是顺从、宽厚。君子法其至顺以养和平之心，复法其行健以坚正固守。验之物理，合之造化，而所行无不利也。所以体坤之君子，凡有所往，即思履顺守贞之道。阴之分宜居后而不宜居先，若争先而倡天下之事，则必迷惑而致败。惟因势所以然者而后从之，则功易成而有得。阴之德宜主利而不宜主义，若主义而断天下之事，则矫拂以取戾。惟因势之自然者而顺从之，则事易遂而有终。本卦继乾卦之后，阴气则生，阳气转藏。以地承天，其义在顺。顺从皆可获吉。这说明宽厚为怀是做人的基础，并强调了遵循客观规律办事的重要性。

［原文］

初六[1]：履霜，坚冰至[2]。

《象》曰："履霜，坚冰[3]"，阴始凝也。驯至其道[4]，至坚冰也。

《文言》曰：积善之家，必有余庆[5]；积不善之家，必有余殃。臣弑[6]其君，子弑其父，非一朝一夕之故，其所由来者渐[7]矣！由辩[8]之不早辩也。《易》曰："履霜，坚冰至[9]"，盖言顺[10]也。

［注释］

［1］初六：居下卦第一位，故称"初"；以其阴爻，故称"六"。［2］履：帛本作"礼"。《诗·葛屦》："纠纠葛屦，可以履霜。"霜：阴气所结。履霜，坚冰至：此言阴气初起，必增积渐盛，犹如微霜预示坚冰将至。《正义》："初六阴气之微，似若初寒之始，但履见其霜；微而积渐，故坚冰乃至。"［3］履霜坚冰："坚冰"二字与下文重，郭京《举正》以为衍文。《本义》作"初六履霜"。［4］驯：顺。朱熹曰："顺，顺习也。"《正义》："驯，犹狎顺也，若鸟兽顺狎然。言顺其阴柔之道，习而不已，乃至坚冰也。"［5］余：蓄积。［6］弑：杀，就以下犯上而言。［7］渐：渐近，即由小而大。《坤》初六居下，阴小而始动，不善不积，故曰"渐"。［8］辩：通"辨"。《释文》引马融曰："辨，别也。"［9］"履霜坚冰至"，义为：踏霜之时，当知坚冰之日将至。［10］顺：《春秋·繁露·基义篇》引作"逊"。《释名·释言语》："循也，循其理也。"通"循"。《正义》："言顺习阴恶之道，积微而不已，乃至此弑害。"

［译文］

初六：踏踩在霜上，就预示将有坚硬的冰块出现。

《象传》说：踏踩在霜上，就预示将有坚硬的冰块出现。说明阴气开始聚集、凝结，根据自然规律便可推知，寒冷的冬季就要到来。

《文言传》说：积德行善的家族，必然留下许多吉庆；作恶多端的家族，必然留下许多祸害。臣子弑杀君主，儿子弑杀父亲，并非是一朝一夕之事，作恶的由来是逐渐萌发的！是由于君父不曾早日辨清真相。《周易》说："踩上微霜，将要迎来坚冰"，大概是比喻阴恶事物的发展往往按照一定的趋向发展。

［不休说］

初六阴居阳位，位不正。阴气过旺如同踩在霜上。初六与六四不应，阴气不能成化，而极沉，已预知阴气将逐渐加强，会凝结成更坚厚的冰了。这告诉人们，当有坏苗头出现时，我们要积极采取防护措施。

［原文］

六二：直、方、大[1]，不习[2]无不利。

《象》曰：六二之动[3]，直以方[4]也。“不习无不利”，地道光[5]也。

《文言》曰：“直”其正也，“方”其义也[6]。君子敬以直内，义以方外[7]。敬义立而德不孤[8]。“直方大，不习无不利”，则不疑其所行[9]也。

［注释］

［1］直、方、大：指地貌的平直、方正和辽阔三德。直：通“值”。《诗·宛丘》：“值此鹭羽。”毛《传》：“值，持也。”值借为持，古通用。《诗·柏舟》：“实维我特。”《释文》：“特，《韩诗》作直。”方：《说文》：“方，併船也。”《尔雅·释水》：“大夫方舟。”李注：“併两船曰方舟。”《诗·汉广》：“江之永矣，不可方思。”大：太。［2］习：帛书《二三子》、《衷篇》以“挠”、“折”释“习”例，读“习（习）”为“折（折）”，义为折败。王弼注：“不假营修而动自成，故不习焉而无不利。”［3］六二之动：《正义》：“言六二之体，所有兴动，任其自然之性，故云‘直以方也’。”［4］以：表并列，且。方：坤之德性之一，《文言》：“至静德方”。［5］地道：指地的柔顺之道。［6］“直”其正也，“方”其义也：这是阐述爻辞“直、方”的深意。《周易蒙引》：“此‘正’、‘义’二字，皆以见成之德言。然直不自直，必由于敬；方不自方，必由于义。”直：忠信，心无私。正：六二以阴爻居阴位故为“正”。方：徒义。义：宜也。［7］敬以直内，义以方外：这两句复申“直”、“方”之意，犹言“以敬使内心正直，以义使外形端方。”《正义》：“内，谓心也。用此恭敬以直内理，用此义以方正外物。”程颐曰：“君子主敬以直其内，守义以方其外。敬立而内直，义行而外方”［8］德不孤：美德广布，人所响应。《正义》：“身有敬，义以接于人，则人亦敬，义以应之，是‘德不孤’也。”［9］不疑其所行：指美德充沛，所以必畅达无碍，故不须疑虑。《正义》：“直则不斜，正则不恭；义则与物无竞，方则凝重不躁。即‘不习无不利’，故所行不须疑虑。”

［译文］

六二：正直，方正，弘大，不玩弄花招，没有什么不吉利的。

《象传》说：六二的爻像是正直且端正的。不沾染别的习气，不会有什么不利；因为地顺从天道，值得发扬光大。

《文言传》说：“直”说明品德纯正，“方”说明行为得当。君子恭敬不苟，所以内心才会正直，行为得当便可促使外形方正。做到恭敬不苟、行为得当，就能使美德遍布而不会被孤立。“正直、端方、宏大，不学习也未必不获利”，说明美德充沛、一切行为都无需怀疑。

［不休说］

六二柔居阴位，得正且中，最合坤道柔顺中正之义，是坤卦主爻。六二以耿直的精神，来端正自己的行为，进而塑造美好宏大的德行。这强调自然的质量反对虚伪矫饰，即要顺从事物发展的客观规律，顺从大众的利益。

[原文]

六三：含章，可贞[1]。或从王事，无成有终。[2]

《象》曰："含章可贞"，以时发也。"或从王事"，知光大[3]也。

《文言》曰：阴虽有美，含[4]之以从王事，弗敢成[5]也。地道也，妻道也，臣道也。地道无成而代有终[6]也。

[注释]

[1] 含章：内含章美。帛本作"合章"。章：指刚美章彩。疑借为"商"。古通用。《吕氏春秋·勿躬》篇："弦章。"《韩非子·外储说左下》作弦商。《荀子·王制》篇："番诗商，禁淫声。"《集解》引虞翻曰："以阴包阳，故'含章'。"可贞：所占问之事可行。程颐曰："为臣之道，当含晦其章三美，有善则归之于君。"[2] 王事：指战争。成：和解、媾和。无成：不以成功自居。有终：即尽臣职至终。[3] 知光大：此言六三不自擅章美，唯尽职王事，故称"智光大"。知：通"智"。《正义》："知虑光大，不自擅其美，唯奉于上。"[4] 含：含藏。六三是阴居阳位，故为"含章"。阳为章美。[5] 弗敢成：即爻辞无成之意。[6] 代有终：《正义》："地道卑柔，无敢先唱成物；必待阳始先唱，而后代阳有终也。"代：代替。《说文》："代，更也。"

[译文]

六三：胸怀才华而不向外张扬，则可得至吉庆的占卜。如果去为君王做事，能恪尽职守，虽然没有什么成就，但也能善始善终。

《象传》说：胸怀才华而不表现出来，等到时机一到来，其才华便显现出来了。如果为君王做事，其才智会全部显露出来，其德行得到发扬光大。

《文言传》说：阴柔而身居下位，纵然有美德，只是含藏不露，辅助君王的事业，不敢自己占有成功的地位。这是地顺天的道理，妻从夫的道理，臣忠君的道理。地顺天的道理表明成功不归己有而要替天效劳，奉事至终。

[不休说]

六三阴居阳位，阳德内含，是明体达用之才，而能养晦退藏深沉不露，此坤道之至正，可以固守。六三知臣分不可越而不敢专成，又知臣职不可懈而不敢废事，非智慮之光明光大，是其德章美也。恭己励精而百职就理，即有终。六三爻位于下卦之上方，是君王的臣属，理当含藏章美的品德，去听从王命。这告诉我们，不可因自己有才智，就骄傲自满，只有更加谦虚努力，才能使自己的才能得到更好的发挥，从而有一个比较好的结果。

[原文]

六四：括囊[1]，无咎无誉[2]。

《象》曰："括囊无咎"，慎不害[3]也。

《文言》曰：天地变化，草木蕃[4]；天地闭，贤人隐[5]。《易》曰："括囊[6]，无咎无誉。"盖言谨[7]也。

[注释]

[1] 括：收束，扎紧。《集解》引虞翻曰："括，结也。"《说文》："括，洁也。"《广雅·释诂》："括，结也。"《方言》十二："括，闭也。" 囊：布口袋。朱熹曰："括囊，言结囊口而不出也。"比喻缄口不言，隐居不出。[2] 誉：音馀。朱熹曰："誉者，过实之名也。"无咎无誉：虽不至惹害，但也不获赞誉。[3] 慎不害：以扎紧口袋喻谨慎，则无害。[4] 蕃：指草木茂盛。蕃又通"藩"。藩闭：指草木黄落。天地闭：天地不交通。[5] 天地闭，贤人隐：此以"天地"闭塞比喻社会昏暗，故使"贤人"隐遁。《正义》："谓二气不相交通，天地否闭，贤人潜隐。"[6] 括囊：束扎口袋。指六四居上下卦之间，上下皆坤，故上下不交闭塞。[7] 言谨：《集解》引孔颖达曰："囊所以储物，以譬心藏智也；闭其智而不用，故曰'括囊'。不与物忤，故'无咎'。功名不显，故'无誉'。"

[译文]

六四：像扎着的袋口，不轻易说话，不会遭遇灾难，也不会得到赞赏。

《象传》说：像扎着的袋口，不轻易说话，可以免遭祸患，说明谨慎行事，不会有坏处。

《文言传》说：天地变换运行，草木茂盛衍生；天地闭塞阴沉，贤人引退匿迹。《周易》说："束紧囊口，免遭咎害，不求赞誉。"大概是比喻谨慎处世的道理吧。

[不休说]

六四柔居阴位，又进君位，是位高权重的有德君子。六四大臣能谨守臣道，晦藏明德，敏于事而慎于言，不显露自己的才智，以免引起他人的猜忌和怀疑。爻辞体现了明哲保身，但求无过的中庸思想。六四位于上卦，这是暗示我们，地位很高的人的每一句话都能产生非同小可的影响，这就更需谨言慎行。

[原文]

六五：黄裳[1]，元吉[2]。

《象》曰："黄裳，元吉"，文在中[3]也。

《文言》曰：君子黄中通理[4]，正位居体[5]，美在其中，而畅于四支[6]，发于事业：美之至也！

[注释]

[1] 黄裳：黄色的裙或裤。这是尊贵吉祥的标志。《诗·绿衣》："绿衣黄裹。"又曰："绿衣黄裳。"《左传·闵公二年》："衣，身之章也。"《左传·昭公十二年》："赏，下之饰也。" 裳：古代服装上衣下裳，故"裳"象征"谦下"。[2] 元吉：其德能如此，故得

大吉。元：大，至大。[3] 文在中：《广雅·释诂》："文，饰也。"；谓"温文"，与"威武"相对，亦喻坤德。《正义》："即有中和，又奉臣职，通达文理，故云文在其中，言不用威武也。[4] 黄中：黄色为美丽色，比喻人内心之美。理：文理。《玉篇》："理，文也。"《尚氏学》："言有中发外，有文理可见也。"[5] 正位居体：即体居正位，是正确居处己位。指居中得正位。六五以阴居阳之正位。五为阳之正位，六五阴爻为体。朱熹曰："虽在尊位，而居下体。释裳字之意也。"《孟子》曰："立天下之正位，正位即礼也。此言'正位居体'者，犹言以礼居身尔。礼以物躬，则自卑而尊人，故为释'裳'字之意。"[6] 支：肢，指四肢。

[译文]

六五：黄色的衣服，是大吉大利的。

《象传》说：黄色的衣服，是大吉大利的，由于黄色的衣服象征身份高贵的人有美好的品德。

《文言传》说：君子的美好品德好比黄色中和、通达文理，端正所处的地位而守礼，将才美蕴存在内心，畅流于四肢，发挥于事业，这才是最美的品德啊！

[不休说]

六五柔爻处上卦中位，具中顺之德，又具全卦尊位，已至鼎盛时期。一个人虽说身居商位，便不自傲，为人谦虚，待人和善。这样，会赢得人民的信任，得到人民的帮助，从而为成功铺平道路。

[原文]

上六：龙战于野[1]，其血玄黄[2]。

《象》曰："龙战于野"，其道穷[3]也。

《文言》：阴疑于阳必战[4]。为其嫌[5]于无阳也，故称"龙"焉；犹未离其类也，故称"血"焉[6]。夫玄黄者，天地之杂也：天玄而地黄。

[注释]

[1] 龙战于野：此句说明上六阳气至盛，阴极阳来，二气交互和合，故有龙战之象。龙：比喻阳刚之气。战：接。王引之以为：龙战，阴极导致阳忌，两者争战。"阴之为道，卑顺不盈，乃全其美；盛而不已，固阳之地，阳所不堪，故战于野。"[2] 其血玄黄：谓阴阳二气交合，流出青黄交杂之血。《尚氏学》："万物出生之本，由于血；血者，天地所遗氤氲之气。天玄地黄；'其血玄黄'者，言此血为天地所和合，故能生万物也。"玄黄：血流的样子，是说血流得很多。古说龙有五色。《墨子·贵义》篇："帝以甲乙杀青龙于东方，以丙丁杀赤龙于南方，以庚辛杀白龙于西方，以壬癸杀黑龙于北方，以戊己杀黄龙于中方。"《史记·封禅书》："昔秦文公出猎，获黑龙。"《史记·文帝本纪》："十五年，黄龙见成纪。"[3] 其道穷：上六阴居最上，阴道困穷。[4] 阴疑于阳必战：此谓上六处坤之极，阴极反阳，犹凝情于阳，故必致交合。疑：通"凝"。《尚氏学》："疑，即凝。"

《庄子·达生》篇："用志不分，乃疑于神。"即凝于神。《诗·大雅》："靡所止疑。"毛《传》："疑，定也。"《正义》曰："阴疑阳，即阴牝阳。"阴：《坤》上六为阴。疑：王引之曰："疑之言拟也。"义为此。[5] 嫌：近也。《说文》："嫌，不平于心也，从女兼声。"[6] 犹未离其类也，故称"血"焉：此谓上六既阴极遇阳，阴阳必合，故爻辞称"血"以明交合。未离类：《坤》上六虽称龙，但未离开阴类。类：朋类，指阳性配偶。

[译文]

上六：两条龙在野外战斗，说明双方的道路都被对方堵塞，谁也不愿意谦让，只有拼死一战，这对双方都不利。

《文言传》说：阴气凝情于阳气必然势均力敌，相互争斗。作《易》者是怕读者对《坤》卦没有阳爻而感到困惑，所以在爻辞中称"龙"代表阳；又因为阴不曾离失其配偶阳，所以在爻辞中称"血"代表阴阳交合。至于血的颜色为青黄相间，正是说明天地阴阳的血相互交合，所以天色玄而地色黄啊。

[不休说]

上六位于坤阴之终极，虽得正位，然已过中犯上，远离君爻且不在君爻之下。这一爻告诉我们，当双方的力量都非常强大，并且一方的发展将阻碍一方的发展，为了达到双赢，必须有一方能够从大局出发，包容对方，先退一步，让出大道让对方先出。

[原文]

用六[1]：利永贞[2]。

《象》曰：用六"永贞"，以大终[3]也。

[注释]

[1] 用六：《坤》卦特有的爻名。"用六"表示坤卦全阴爻。朱熹曰："用六，言凡巫得阴爻者，皆用六而不用八，亦通例也。"[2] 利永贞：此指柔极能济之以刚则利。《正义》："六是柔顺，不可纯柔，故利在'永贞'。永，长也。贞，正也。言长能贞正也。"《尚氏学》："六为老阴，阴极不返则太柔矣。"[3] 以大终：阳大阴小，"以大终"即"以阳为归宿。"

[译文]

用六：保持顺从天道，这是吉利的。比爻为特有爻题，只在《幹》、《坤》两卦中出现，《幹》卦为"用九"。

《象传》说：用六表示纯阴，即永远顺从天道，这样就会有好的结果。

[不休说]

六为阴数，应以清静柔和为本。但不可一味地符合维诺。要柔而能刚，有原则的顺从。坤卦六爻皆阴，柔顺有余。如果能济之以刚，改变其过于懦弱的性质则为有利。这是因为，过于阴柔，无力持久正固。只有变为阴刚，才能永守正固之德。人们像地一样，永远顺天道，具有柔顺、宽容等高贵质量，则会一帆风顺。

总 论

《周易》以《坤》卦继《乾》卦之后，寓有“天尊地卑”、“地以承天”的意旨。卦中六爻，阴附从阳。六二处下守中，六三、六四奉君或退处，六五居尊而谦下，皆现坤顺之德，六二、六五得中守正，最为完美初六、上六，履霜与龙战对照，体现了阴气极微必著，盛极反阳的转化思想。全卦大义，在于揭示“阴”与“阳”既相对立、又相依存的关系。《周易》一书发端于《乾》、《坤》两卦，正反映了作者对阴阳辨证关系的具有一定深度的认识；换言之，作者要表达的是这样的观点，阴阳的相互制约和交合，正是宇宙间事物运动、变化、发展的动力和源泉。

屯卦第三

[原文]

屯[1]：元亨，利贞[2]。勿用有攸往。利建侯[3]。

《彖》曰：屯，刚柔始交而难生[4]。动乎险中[5]。大亨贞。雷雨之动满盈[6]，天造草昧[7]。宜建侯而不宁[8]。

《象》曰：云雷[9]，屯。君子以经纶[10]。

[注释]

[1] 屯是本卦标题。有困难、困顿、屯聚等义。屯：聚集（《广雅·释诂》：屯，聚也），从取象上看，聚集人口而营卫，正与建侯及下文“利居贞”相应。陆德明曰：“屯，难也。”孔颖达说同。《说文》亦同。可证屯字古有难意。[2] 元：大。亨：祭。利贞：利于守正。贞：占问。[3] 勿用有攸往，利建侯：此指事物初生，艰难当前，故不可轻动“有往”，应当广资辅助，故以“利建侯”为喻。《正义》：“世道初创，其物未宁，故宜利于建侯以宁之。”程颐曰：“天下之屯，岂独力能济？必广资辅助，故利建侯也。”建侯：天子封侯授国或命新侯嗣位。利建侯：封帮建国。[4] 刚柔始交而难生：“屯”字象草木初生，故曰“刚柔始交”，指阴阳二气始交，雷雨并作。又《说文》：“屯，难也。”指出现艰难。《正义》：“以刚柔二气始欲相交，未相通感，情意未得，故难生也。若刚柔已交之后，物皆通泰，非复难也。”[5] 动乎险中：《屯》卦下震为动，上坎为险。朱熹曰：“动，震之地也。乎，义同‘于’。险，坎之地也。”[6] 雷雨之动：《屯》卦震为雷，坎为雨。满盈：《序卦》：“屯者，盈也。”屯有聚集之义，雨水大聚，故曰“满盈”。王注：“雷雨之动乃得满盈，皆刚柔始交之所为也。”[7] 造：生。草昧：指万物的萌芽状态。章炳麟曰：“草昧借为草木。”《正义》：“言天造万物于草创之始，如在冥昧之时也。”[8] 不宁：不可安宁无事。《正义》：“于此草昧之时，王者当法此《屯》卦，宜建立诸侯，以抚恤万方之物，而不得安居于事。”不：读为“丕”，古书常以不为丕，义为大。丕宁，大安也。[9] 云雷：释《屯》卦上坎为云，下震为雷之象。云在雷上，故坎震为《屯》。《折中》引李舜臣曰：“坎在震上为《屯》，以云方上升，蓄而未散也；而云雷方兴，则屯难之始也。”[10] 经纶：匡济，经营，指治国。此以云雨比恩泽，雷喻刑罚，故曰经纶。《说文》：“经，织，从丝也。纶，青丝绶也。”

[译文]

《屯卦》：广大、亨通，去占卜能得到吉卦。不能有所行动。有利于树立伟大的志向。

《彖传》说：《屯卦》是阳阴开始相遇，交汇在一起而生成险象，在艰难险阻中通往直前，奋力扫除障碍，就会顺利。雷雨的动荡充满写宇宙，使万物滋生，草木茂盛，生机盎然。宜于建国封侯，但这不是安宁的生活。

《象传》说：《屯卦》的上卦是坎，坎为云，下卦是震，震为雷即一阳陷于两阴之间，此为屯卦。君子看到这个卦象，就应该立下壮志，规划实现目标的大体步骤。

［不休说］

《屯卦》是正人可以大有所为之时，才足以拨乱，力足以扶危，应时而动，于理当得元亨。但屯时大难方殷，举一事不当，则机会全失，而人心易至解题，须固守正道，谋出万全，然后可以有济，决不宜见小利而轻动。从卦德上看，雷雨交作，盈满于天地之间，为天运初开，杂乱晦冥之象，此时人心未定，名分未明，一人之力不能削平大难，必以择立贤哲，方可徐理天下之乱，收集天下人心。惟事事求宁乃愈不敢自以为宁，真济屯之正道。从卦象上看，屯之时天运未启，则不可以无事功。君子以治乱世如治乱丝，必先整其大纲，而后可举起众目。告诉我们，在阴阳二气初交，和合未均之际，如同刚受孕的之胎儿，尚未出世。但阳气不断上升，又能得群阴应和相助，刚柔相济。总之创业伊始的困难扑面而来时，我们既不能无视困难，也不能被困难吓倒，应坚信只要志坚不变，只要不盲目行事，就一定会迎来黎明的曙光。

［原文］

初九：磐桓[1]。利居贞，利建侯。

《象》曰：虽盘柦，志行正[2]也。以贵下贱[3]，大得民也。

［注释］

［1］磐：大石。《释文》："磐作槃，又作盤。"《集解》："磐作般。"《尔雅·释言》、《释文》引與《集解》同。古字均通用。《文选·海赋》李注引《声类》曰："磐，大石也。"桓：疑借为垣，同声字，古代通用。《说文》"垣，墙也。盘桓：帛本作"半远"，徘徊不进。何楷曰："盘，大石也。桓，柱也。盘桓，以大石为柱。"居；位于原处而不前进。贞；正固之德。居贞：占问居处，与后世所谓"卜居"同意。王注："处《屯》之初，动则难生，不可以进，故磐桓也。处此时也，其利安在？不唯居贞，建侯乎。"［2］志行正：思想正，行为正。《正义》："初九虽盘桓不进，非苟求宴安，志欲以静息乱，故居处贞也；非是苟贪逸乐，唯志行守正也。"［3］以贵下贱：贵者以谦虚的态度对待庶民，听取庶民的意见。初九为阳爻，居二三四等阴爻之下，故名。

［译文］

初九：巨石压住草木。只意志坚定、品行端正，就会吉利。这时，立下凌云壮志是大吉大利的。

《象传》说：虽然徘徊不前，但志向正确和品行贞正。认为亲近比自己地位低下的人是可贵的，这样会深得民心。

［不休说］

卦中一阳初始，宜进而有为，阳刚有能进之才而居下，则无可进之势；动体有欲进之志而应柔，则无引进之人，是其心虽深切时限，而未免迟回审顾，有盘桓难进之象。夫天下躁进者非贞，而难进者为贞。不利于欲速倖成，而利于居贞自守。且初为成卦之主德足济世，天下之养其德者，能得民心，真定祸乱之根。大抵天下之治乱，全是人心之向背，匹夫匹妇，非可以权制术驭而为我所用，仁足以使之感，义足以使之服，然后奋发举世，而人不得而议之。从卦象上看，初阳过于幼嫩，需积蓄元气，等待时机。初九以阳成阴，不吉。所以只能等待。利于据守本位。初九与六四有应，又初九阳刚居下位，得正。而且以宽谦居下位，大得民心，故利建侯。创业的初期，困难重重，不要轻举妄动，应坚守正道，礼贤下士，以获得广大民众的帮助。

[原文]

六二：屯如，邅如[1]。乘马班如[2]，匪寇婚媾[3]；女子贞不字[4]，十年乃字[5]。

《象》曰：六二之难，乘刚[6]也。十年乃字，反常[7]也。

[注释]

[1] 屯如邅如：想前进又不前进的样子。屯如：艰难、困屯。《广雅·释诂》："屯，聚也"。《楚辞·离骚》："屯余车其千乘兮。"王注："屯，陈也。"屯的本义为草木初生，引申义为艰难，二义均与表生育的"字"对应。邅如：难行不进，邅，帛本作"坛"。焦循曰："邅，转也。"《广雅·释诂》："邅，转也。"《楚辞·离骚》："邅吾道夫昆仑兮。"王注："邅，转也。"[2] 班如：回旋不进的样子。班：帛本作"烦"。《释文》："班，郑本作般。"焦循曰："班，旋也。"高亨说："班、般古通用。"《左转·僖公五年》经："曹伯班卒。"《公羊传》经班作般。《襄公十八年》传："有班马之声。"《尔雅·释言》郭注引班作般。《穀梁传·襄公十三年》："蔡世子般。"《释文》："般作班。"《列子·汤问》篇、《孟子·离娄》篇赵注并般作班。[3] 匪：读为非。匪寇：不是强盗。婚媾，帛本作"闽厚"。《通义》：这种婚制是原始社会的对偶婚。闻一多《周易·义证类纂》以为婚媾犹今言亲戚。高亨作婚姻。媾：重婚。恩格斯："对偶婚是与野蛮时代相适应的，随着对偶婚的发生，便开始出现抢劫和购买女性。是一种族外婚，在当时是相当困难的，故两者之间容易引起误会。"[4] 字：嫁娶，怀孕，许嫁。朱熹曰："字，许嫁也。"《仪礼·士昏礼》："女子嫁许，笄而醴之，称字。"《礼记·曲礼上》："女子许嫁，笄而字。"《集解》引虞翻曰："字，妊娠也。"《说文》："字，乳也。"《广雅》曰："字，乳生也。"《中山经》："食之不字。"郭璞注："字，生也。"[5] 十年乃字：指守正待时，至"十年"难消时通"乃字"。十年：时间之久，又含时机转通之义。《正义》："十者，数之极，数极则复，故云'十年'也。"[6] 乘刚：高亨以为"乘，凌也。柔乘刚谓女凌男。以柔乘刚，无柔顺之德，无人敢娶。"六二以阴爻居初九阳爻之上。《集解》引崔憬曰："下乘初九。"[7] 反常：此言六二"贞不字"，有违常理；"十年乃字"，则难消而事理复常。《正义》："反常，反归于常。"

[译文]

六二：一群人骑着马却不行进，老在路上徘徊。不是前来抢劫的强盗，而是为了迎娶新娘的娶亲队伍。占卜预测女子近期不能生孩子，十年后才有孩子生。

《象传》说：六二爻的困难，是由于阴爻在阳爻之上。婚后十年才有孩子生，这是违反常理的。

［不休说］

六二柔爻居于震卦中位，上应九五阳刚君爻之心早已震动，但也是屯难徘徊不进，两支迎亲队伍互为障碍，都乘马欲行而又止。为什么呢？从卦的爻位来看，六二下乘初九阳刚，上乘六三、六四两阴爻层层阻碍，只好返与初九交，被初九这个贼寇逼迫落难。这时，六二居正之位，守贞而不嫁初九，一心贞待九五正应。致使初九阳爻既不能与六二成交，又不能顺利上行与六四婚配。这样，初九只能等待六二与九五婚配后，才能上行与六四正应。这说明创业的道路是曲折的，十分艰难，要想成就大业，就要耐心等待时机成熟。

［原文］

六三：即鹿无虞[1]，惟入于林中[2]。君子几[3]，不如舍[4]。往吝[5]。

《象》曰："即鹿无虞"，以从禽[6]也。"君子舍之、往吝"，穷也。

［注释］

［1］即：焦循曰："即，从叶。"《说文》："即，就食也。"《集解》引虞翻曰："即，就也。"《广雅·释诂》："即，就也。"接近，这里指追逐。鹿：清李福孙以为"鹿"通"麓"，《译文》引王肃、《集解》引虞翻本亦并作"麓"。既鹿：就鹿，追鹿。虞：虞人，掌管山林的官，这里指熟悉山林的人。虞字，帛本作"华"，阜阳汉简作"吴"。《尚书·舜典》："汝作朕虞。"《孔传》："虞，掌山泽之官。"［2］惟：帛本作"唯"。入：帛本误作"人"。［3］几：知机。《释文》："'几，子夏作近。''几、近通用。几、近疑皆借为祈。几、祈通用。'"《周礼》："及其祈珥。"郑注："故书祈为几。"杜子春读几为祈。近、祈通用。《说文》："祈，求也。"《广雅·释诂》："祈，求也。"毛《传》："祈，求也。"《礼记·儒行》："不祈土地。"郑注："祈，求也。"［4］舍：通'拾'。［5］吝：难。［6］从禽：从：追捕。禽：泛指禽兽。李鼎祚《白虎通》云："禽者，鸟兽之总名，为人所禽制也。"

［译文］

六三：在捕捉野鹿时，没有管山林之人的帮助，独自一人跑进树林中去。君子认为继续追赶不如放弃猎物。因为如果继续追踪，很可能遭遇灾祸。

《象传》说：在捕捉野鹿时，即使没有管山林之人的帮助，也随鹿跑进树林。君子应放弃追捕野鹿，如继续追赶，很可能因找不到回去的路而遭遇灾祸。

［不休说］

六三爻处屯卦上互艮之下位，艮为黔啄之属，又鹿象；六三又位于下体震之上位，震为足，足动而以于鹿，有即鹿之象。艮又为山，震又为坚木，故曰：'惟入山林'。从爻辞看，凡任天下事者，必内度之己，外度之人，然后能进亦能退。六三阴柔居下，是内无济屯之才，外无济屯之助。乃好动轻进，自取困穷。夫其所以轻进取困者，由不能见几耳。天下事应行应止，愿有先见之利，不如舍而勿往，虽无所得，不至于有失身之患。君子见其当舍即断然舍之，诚以往则必吝，故不得不去决耳。从卦德来看，六三以柔爻居阳位，处于卦震体之上，失中、不正，而阳刚，不免有骚动的缺失。处于屯难之时，六三才质柔弱，本身无济难出险之才，又没有虞人作向导，孤立无援，何以逐鹿？震在主客观条件都不成熟的条件下，我们不能为利所惑，盲目行动。

[原文]

六四：乘马班如，求婚媾[1]；往吉，无不利。

《象》曰：求而往[2]，明[3]也。

[注释]

[1] 乘马班如，求婚媾：此指六四下应初九，阴阳相合，故乘马往求婚配，必可济屯获吉。[2] 求而往：四阴求初阳，含有上者礼求下贤的喻意。程颐曰："知己不足，求贤自辅，可谓明亦。"[3] 明：王弼曰："见彼之情状也。"

[译文]

六四：骑马的人聚集在路口，准备去求婚。苦继续前往，是吉祥的，并没有什么不利。

《象传》：说：求婚者为了娶到自己心爱的女子而有所行动，是明智之举。

[不休说]

六四以柔爻居阴位，当位得正。上乘九五阳刚中正之君，当然愿上往，辅佐九五君王。从爻辞看，因男家求婚而往，要明知女家情况，则能达目的。结良缘，无不利。从卦象看，凡不明者，非昧于知人，即蔽于自恃。六四求初九之贤同往济屯，量己之不足资人之有余，不自用而任之，其识见可谓明矣。盖人之最忌蔽贤，而又最患植党。若外避植党之名，而内怀嫉贤之实，其害与树私交者正复相等。这一爻告诉我们，找到了帮助你成就大业的指路人，尽管遭到拒绝的可能性很大，但是为了自己的事业的成功，就应该勇敢地迈出第一步。

[原文]

九五：屯其膏[1]。小贞吉[2]，大贞凶[3]。

《象》曰："屯其膏"，施未光[4]也。

[注释]

[1] 屯：囤积。其：将，助词，含推测性语气。膏：肥肉。用如动词，谓"施膏泽"。《集解》引虞翻曰："坎雨称'膏'，《诗》云'阴雨膏之'是其义也。"《国语·晋

语》："夫膏粱之性难正也。"韦注："膏，肉之肥者。"是膏者，肥肉也。屯其膏：比喻人囤积财物，少有施予。[2] 贞：占问。小贞：占问小事。[3] 大贞：占问大事。[4] 施未光：先施其急，尚未光大。

[译文]

九五：囤积肥肉为祭祀作准备。囤积大量的肥肉占问小事则吉利，占问大事则凶险。

《象传》说：囤积了大量的肥肉，是说明没有真正把恩惠施给广大民众。

[不休说]

九五虽有膏泽之施，而不能下究为屯，其膏泽之象处小事则守正犹可获吉，若济屯之大业，虽得正不免于凶。在上者以德及民生为大，九五之屯膏则以陷入险中，阳为阴掩，虽有膏泽不能遍及于人，故所施为未光也。九五虽居君王尊位，具阳刚中正美德，但却处于坎险之中。身边君阴庸才环绕，无一位具阳刚才质的贤臣相助，其恩泽美德及政令难以普施于民。九五君王的权威，倒不如初九在群众中的震动影响大。这一爻指出做大事的人要广施恩泽。

[原文]

上六：乘马班如[1]，泣血涟如[2]。

《象》曰："泣血涟如"，何可长也[3]？

[注释]

[1] 班：排列盘旋的样子。[2] 泣血：流泪。《礼记·檀弓上》："高子皋之执亲之丧也，泣血三年。"郑注："言泣无声，如血出。"涟如：水波荡漾的样子，这里形容血泪不断流淌。《通义》："写的是和对偶婚同时的劫夺婚。女子被劫，她不愿意，大哭大喊，哭得非常悲惨。"[3] 何可长也：指上六不明时变、徒至悲伤，但随着大局进一步亨通，必将恍然自悟、释然无忧。《折中》引杨简曰："何可长者，言何可长如此也。非惟深悯之，亦觊其变也，变则庶乎通矣。"

[译文]

上六：骑着马在路上转来转去，眼睛哭出了血，血和泪混在一起，涟涟而下。

《象传》说：眼睛哭出了血，血和眼泪混在一起，涟涟而下，这怎么能维持长久呢？

[不休说]

上六居中之极正，有可亨之机，乃阴柔无才又无辅助，因循不进，坐失事儿，徒为无益之忧惧而已，不能治制，必入于败亡，泣血涟如，岂是长久之道。即此卦而言，二之班如以待五也，四之班如以求二也。皆为阴与阳应，故有吉利而无凶悔。九五如困则无德无应，故曰，阳为贵，阴为贱，《易》之通义也。从卦德上六以阴爻居屯难险体极上，孤身远离九五君王的庇护。才质柔弱又与六三无应，居险不安，极力挣扎脱险。乘马欲行却无去处。进不得，居不得，骑在马上兜圈子，悲痛至极。这一爻告诉我们，穷则变，变则通。

总　论

屯卦作震下坎上，是雨水，雷电相加，有屯难、屯聚的双重含义，故以占建侯，求婚，屯集等事则吉，以占抢婚，逐兽等事则不利。从卦象看，凡处险难者必能奋发有为，然后可以出而治险，故下卦以震德之动为亨屯之本，而初画一阳居下，又为成卦之主，所以一卦吉凶皆视初爻以起义。统论卦体，而与初爻之旨实互相发明。

其言“利贞”，即初之利居贞。其言“勿用，有攸往”，即初之盘桓也。其言“利建侯”，即初以贤明刚正之德系天下之望，而宜早建以为侯也。惟初即为民望之所归，则凡有志用世者必与初相辅，乃克有济。故二乘初，三不应初，则有吝。四与初正应，则吉利。

五虽居尊，而初得民于下，则屯膏上与初地位相远，下无应援，则进无所之而不能自振。卦中阴阳二气郁结未通，尚未成雨而下降。卦德中，内动而外险，必然会历经艰难才可前进。宜于小心守正，择机而行，休养生息，培养势力，以求安宁。

蒙卦第四

［原文］

蒙[1]：亨[2]。匪我求童蒙，童蒙求我[3]。初筮告，再三渎，渎则不告[4]。利贞[5]。

《彖》曰：蒙，山下有险。险而止，蒙[6]。蒙“亨”，以亨行时中[7]也。“匪[8]我求童蒙，童蒙求我”，志应[9]也。“初筮告”，以刚中[10]也。“再三渎，渎则不告”，渎蒙[11]也。蒙以养正，圣功[12]也。

《象》曰：山下出泉[13]，蒙。君子以果行育德[14]。

［注释］

［1］蒙卦是本卦的标题。蒙，草名。《释名·释帅》：“蒙，王女”。钱大昕《十驾斋·养新录·王女》：“蒙即唐也，女萝别名”。蒙又引申有蒙昧义，不明事理。周敦颐曰：“人生而蒙，长无师友则愚。故师道立则善人多，善人多则朝廷正天下治矣。”［2］亨：即享，古人举行享祀，故记之曰“亨”。指事物蒙稚之时，若合理启发，必至亨通。《集解》引干宝曰：“蒙，为物之稚也；施之于人，则童蒙也。苟得其运，虽蒙必亨，故曰‘蒙，亨’。”［3］匪我求童蒙，童蒙求我：说明启蒙之事，是“学子”有求于师，并非“师”有求于“学子”。卦中六五下应九二，正合“童蒙求我”之象。匪：非。我：点筮的人，指启蒙老师喻示九二。蒙：疑借为矇古通用。《诗·灵台》“矇瞍奏公”，《白孔六帖》引作：“矇瞍奏功”。《说文》：“蒙，童蒙也。一曰不明也。”毛《传》：“无见曰矇。”韦注：“矇，不能见物也。”童蒙：蒙昧愚蠢的人或年幼无知者，指求筮的人，喻示六五。［4］初筮告。再三渎，渎则不告：说明治蒙的规律，蒙稚者应当虔心循序求学，不可再三滥问，渎乱学务；而蒙师也必须教之有方，故初告渎不告。筮：原指以草演卦占问，此特指学子向老师问疑求决。王注：“筮者，决疑之物也；童蒙之来求我，欲决所惑也。决之不一，不知所从，则复惑也。”渎：帛本作“扌卖”。不恭敬，这里指亵渎占筮。《释文》：“渎，乱也。”渎借为黩。《说文》：“黩，握持垢也。”《广雅·释诂》：“黩，狎也。”告：帛本及汉石经作“吉”，疑今本作“告”为字误。［5］利贞：利占。［6］山下有险，险而止，蒙：《集解》引侯果曰：“艮为山，坎为险，是山下有险；险被山止，止则未通，蒙昧之象也。”险而止：《蒙卦》下坎为险，上艮为止。［7］“蒙，亨”，以亨行时中：此谓九二处下卦之中，犹言亨通之道治蒙而能把握适中的时机，以释卦辞“蒙，亨”之义也。王注：“时之所愿，惟愿亨之；以亨行之，得时中也。”时中：于其时而适中，指得其时而善用之。［8］匪：非。［9］志应：指卦中二、五阴阳相应。《集解》引荀爽曰：“二与五志相应也。”志：记。［10］刚中：九二为阳爻，为刚，又居下卦之中位，故曰：“刚中”，示告而有节。《集解》引崔憬曰：“以二刚中，能发于蒙也。”［11］渎蒙：谓渎乱蒙稚的启迪程序，此释卦辞“再三渎，渎则不告”。《正义》：“所以再三不告，恐渎乱蒙者。”［12］圣功：对人之功。程颐曰：“以纯一未发之蒙而养其正，乃作圣之功。”［13］山下出泉：《蒙卦》下坎上艮，艮为山，坎为水，水自山上来，山之水下出则为泉，是为山泉。朱熹

曰："泉，水之始出者，必行而有渐也。"[14] 果行：泉自山中奔冲而下，以喻人之果决。《论语·雍也》篇："由也果。"《集解》引包曰："果谓果敢决断也。" 育德：泉水净，故以喻君子之德。

[译文]

《蒙卦》：亨通，不是我去求蒙昧的人来接受教育，而是蒙昧的人请求传播知识给他。第一次向神请教，神灵给了他一些告示。如果一次又一次地卜问，以得到令自己满意的结果，将会亵渎神灵，神灵一定不会理睬他。但只要品行端正，诚心诚意，有利于去占卜。

《彖传》说：《蒙卦》的卦像是山下有水，水被高山阻隔，无法流入大江大河，汇入大海，因而处于蒙昧状态，所以把它叫做《蒙卦》。"蒙昧却能弘大、顺利"，是因为思想相通，而且行动合乎中庸之道。"不是我去求蒙昧的人来接受教育，而是蒙昧的人请求我传播知识给他"，这说明占筮者与求筮者的关系是相互应和的。"第一次占筮神灵会给他一些信息"，这是因为阳刚居中。"一次又一次地卜问，以得到令自己满意的结果，因此亵渎了神灵，神灵一定不会理睬他"，这表明亵渎就是蒙昧的表现。通过启蒙教育，可以把蒙昧无知的人培养成质量纯正的人，这就是圣人的工作。

《象传》说：《蒙卦》的卦像是坎在下、艮在上，坎为水、艮为山，即山下有泉水。所以把它叫做《蒙卦》。君子看到这种情况，必须果断行事，修缮自身，培养高尚的品德。

[不休说]

此卦坎下艮上，山下有险，内险外止，具有蒙滞未通之意，故名为蒙。蒙虽稚昧未通，然直明内含，天良未凿，原有可通之机，一开即通。虽蒙有可亨之道，亦有发蒙者有善教之宜。如蒙者固能求，而明者又善告，此蒙所以得亨也。然其所以告之者，又必扩其良知，充其良能，非圣人之言勿道，非先王之法勿陈，而利于贞焉。庶蒙者，德日进而高明，业渐臻而光大，而养蒙之道矣。从卦德看，九二以可亨之道行以教人，己昭昭而教人昭昭，且启迪合宜，语默终节而时中，乃圣人之功。盖人性本正，当颛蒙之始，其天真未漓，则当保全其正者惟此时；其情识渐开，不可不范之正者，亦惟此时。教者必及此时涵育熏陶，扩充培养，日使之亲正人、闻正言，全其性命之体，满其知能，知量，则赤子之心不失，而达天立命之学在是。夫蒙者之求教与教者之发蒙，无不以圣人为期，而圣功惟在养正，可见天理人欲全在辩之于早，若待外诱既深发然后禁，则扞格而难胜亦。从卦象看，君子欲开一世之蒙，必先有以自开其蒙，于是体坎之象以果其行，见善必迁，有过必改。如是则内外交修，本末一致，所以开一己之蒙在是，所以开天下之蒙亦在是。这一卦告诉我们，对一个人而言，要想在社会策划立足，要想有所作为，必须先接受教育，解除蒙昧状态；对社会而言，要想发展，必须大为推行教育，并且要把教育看成双边活动。

[原文]

初六：发蒙[1]。利用刑人[2]，用说桎梏[3]。以往吝[4]。

《象》曰："利用刑人"，以正法[5]也。

[注释]

[1] 发，通“拔”，帛本作“废”。《广雅·释诂》：“发，开也。”发蒙：蒙借为矇。启发蒙的人，指因蒙而犯罪的刑人。高亨以为“发蒙者，医去其目翳而复明者。”指拔除蒙草。[2] 刑人：受过刑的人。《正义》释：“刑人，为刑戮之人。”刑：法。《诗·大雅·思齐》篇曰：“刑于寡妻。”《左传·襄十三年》：“一人行善，数世赖之。”《尚氏学》：“刑，法也。”[3] 说：同“脱”。高亨曰：“说借为挩。”《说文》：“挩，解脱也。”桎梏：《说文》：“桎，足械也。梏，手械也。”[4] 以：如果。杨树达《词诠》谓：“以，承连词。”往：继续发展。吝：指刑人脱去枷锁，让他出外怕他逃跑，故曰吝。[5] 正法：以法为正。指法律。《尔雅·释言》：“坎，律，铨也”。《尚氏学》：“言以法则示人，婢童蒙有所则效。”

[译文]

初六：在启发蒙昧的人时，像用刑具惩罚罪犯一样施用一些非常手段，是有利的。如果不规范，任其发展下去，必然会遭遇灾祸。

《象传》说：像用刑具惩罚罪犯一样施用一些非常手段，是有利的，说明要依照严格的法规端正蒙昧的人的行为。

[不休说]

初六阴柔居下，蒙之甚者。教者欲开发其蒙，当严之以威，使之有所畏惧，而不敢不免于善。然严以束之，又当宽以待之，用说、桎梏以其自悟自新，相关而化。治天下有教化，不能无刑罚，教以养童蒙之君子，刑以惧愚蒙之小人，发初之蒙利。用刑人者，所以正治蒙之法，使之有所畏惧而不敢犯。即初六以柔爻居阳位，不当位而失正。正好比是蒙昧不守正道的幼童。初六柔爻上乘九二刚中的师长，有九二对初六严加管束，型塑其人格，启发其蒙昧，定会导其走上正道。这一爻告诉我们，在孩子还处于蒙昧状态时，要对孩子严加管教，以免误入歧途。

[原文]

九二：包蒙吉[1]。纳妇[2]吉，子克家[3]。

《象》曰：“子克家”，刚柔接[4]也。

[注释]

[1] 包，帛本作“枹”。指包容。包疑作庖。《易》或以包为庖。《说文》：“包亦作庖，庖，厨也。”古称厨人亦曰庖。《庄子·养生主》篇：“良庖岁更刀，割也。族庖月更刀，折也。”蒙：借为矇。包蒙：庖矇即庖人目病生翳，指包裹割下的荒草。[2] 纳，帛本作“入”。纳妇：迎娶妻子。《尔雅·释亲》：“子之妻为妇，高亨以为：‘纳妇者，为子娶妻也。’”王注：“妇者，配已而成德也，体阳而能包蒙，以刚而能居中，以此纳配物莫不应。”[3] 克家：持家。《左转·宣公八年》传：“日中而克葬。”杜注：“克，成也。”

程颐曰："以家言之，五，父也；二，子也。二能主《蒙》之功，乃人子克治其家也。"高亨以为："子克家，谓子有室也。"[4] 刚柔接：九二阳爻与六三阴爻相接，象男女相配。

[译文]

九二：包容蒙昧儿童的愚昧无知，这是很吉利的。纳娶新媳妇，也是吉祥的。儿子自撑家业了。

《象传》说：儿子能自撑家业，这是因为男女刚柔相济的结果。

[不休说]

九二有刚中之德，膺发蒙之任，不特乐育英才而已，即阴柔蒙昧之人亦包之而不遗。则智愚皆可成就，吉之。且不特奖掖善类而已，即闇昧无知如妇者亦纳之而不弃，则贤否悉收陶成，何吉如之！因二有刚中之德足以发蒙，亦有六五柔中虚己，有以接之，故二得行其时中之道以成发蒙之功。不然，上下不交，堂廉隔绝，二虽有师世之才将安施乎？即九二刚爻居阴位，又处下卦之中位，刚柔相济。总之有阳刚之才，又有仁爱之德。这一爻告诉我们，在对蒙昧儿童施行征罚之后，我们不能在其伤口上再撒一把盐，应包容他们的缺点，鼓励他们敢于正视自己的缺点，从而改正错误，走上正轨。千万记住，教育的目的是使他们走上成功。

[原文]

六三：勿用取女[1]，见金夫[2]不有躬[3]。无攸利。

《象》曰："勿用取女"，行不顺[4]也。

[注释]

[1] 取：通"娶"。《说文》："娶，取妇也。"古无娶字，故作取。取女：《通义》："取女，抢夺女子。"《说文》："取，捕取也。"[2] 金夫：指侯有青铜质的底座。或为武夫，古代铁发现之前，用铜制武器最利，故金训武。夫：通"趺"。指夫子。《尚氏学》："金夫者，美称。"《诗》："有匪君子，如金如锡，如圭如璧。"《左传》："思我王度，式如玉，式如金。"[3] 躬：行射侯礼时所用"侯"的一部分，指箭靶的上下幅。《礼仪·乡射礼》："侯道五十弓。弓二寸，以为侯中；倍中以为躬；倍躬以为左右舌。"郑玄注："躬，身也，谓中（按：指靶）之上下幅也，用布二丈。"王弼注："女子为体，正行以待命者也；见刚夫而求之，故曰'不有躬'也。"《正义》："为女子不能自保其躬，固守贞信，乃'非礼而动'；行即不顺，若欲取之，无所利益。"不有躬：丧命。[4] 行不顺：六三以阴爻乘凌九二之上，象以女凌男，故曰不顺。《集解》引虞翻曰："失位乘刚，故行不顺。"

[译文]

六三：不要和这样的女子成婚，因为她见到有钱有势的男人就会变心，不会保护自身。娶她做老婆没有什么好处的。

《象传》说：不要和这样的女成婚，是因为这个女的行为违反了人民认可的礼仪。

[不休说]

九二为阳刚之师长，相对于阴柔的六三而言，可谓之“金夫”。然六三以柔爻居阳位，又居下卦之上位，凌乘于九二之上，既不中，又不正，并且逞强好胜。六三正应上九，容易走向极端，行为失正，有违中道。实为见异思迁，不堪教化之流。凡人立身，当兢兢以礼自恃。女之所以不可取者，以其荡检逾闲，素行不慎故也。盖与人为善，固君子之用心。而自暴自弃者，则不得不痛斥之。冀彼或生愧悔之念，故均是女也。在九二，则宜纳之，以大其包荒之量，有教无类也。在上九，则勿用取，以严至正之防，是下愚不移之人，不屑之教也。这一爻告诉我们，如果蒙昧的儿童品行不端正，意志不坚定，则会以他所学的对付人民，甚至自己的恩师，所以在收弟子时，要注意对他的品德进行考核。

[原文]

六四：困蒙[1]，吝[2]。
《象》曰：“困蒙”之“吝”，独远实[3]也。

[注释]

[1] 困：通“綑”，织也。《黑子·非乐上》：“女人夙兴夜寐，纺绩织纴，多治麻丝葛绪，捆布‘縿’，此其分事也。”蒙：简本作“龙”。困蒙：愚昧无知之人处困窘之境。王弼注：“独远于阳，处两阴之中，暗莫之发，故曰‘困蒙’也。”[2] 吝：鄙吝。[3] 独远实：阳实阴虚，六四独远九二，故称。《尚氏学》：“实为阳，初、三、五皆近阳，四独否，故曰‘独远实’。”

[译文]

六四：人为蒙昧所困扰，将会遭遇灾祸。
《象传》说：人为蒙昧所困扰，是因为与世隔绝，脱离了现实社会。

[不休说]

六四为阴，阴居柔位，位正；六四与六三、六五组成坤卦，过于憨厚，天资愚弱，全凭亲近刚明之士，以开其蒙而启其悟。而又应初六，所亲近者皆为阴柔之人，则蒙将终于蒙而永无开悟之日。六四夹于两阴爻之间而被困；远离九二，受六三之阻隔，而不能去蒙。同时，六四与初六无正应，缺乏相帮携手的朋友，故“吝”。九二与上九二阳具有刚明之实德，故天下无不可变之质，无不可启之蒙。六四独与之远，是众人皆有道义之交，而彼独无明贤之助，其困蒙而吝也。它告诉我们，人要摆脱蒙昧，就要脱离他所处的蒙昧的环境。

[原文]

六五：童蒙[1]，吉。

《象》曰："童蒙"之"吉"，顺以巽[2]也。

[注释]

[1] 童：简本作"僮"。童真，单纯。童蒙：幼年无知之人。朱熹曰："柔中居尊，下应九二，纯一未发，以听于人，故其象为'童蒙'。"[2] 顺以巽：柔顺而逊优。以：而。连词。巽：谦逊。

[译文]

六五：儿童愚昧无知，是吉利的。

《象传》说：儿童蒙昧无知之所以吉利，是因为他们柔顺，乖巧，能虚心学习。

[不休说]

六五以柔爻居上卦之中位，不但得正，而且具有柔中德行。取象于童蒙而获吉者，以其有柔顺之德，故能谦逊以从九二。在卦中，又具坤卦之上位，坤道之"厚德载物"本性得以体现。必亲贤取善，方可成其德，然非卑躬逊志以求之，则贤与善虽曰在吾前，而终不能得其益。先儒尝言，此道与溺于利欲之人言之犹易，与溺于意见之人言之甚难。诚以人先有意见横于胸中，此心便蔽而不明，虽有忠言亦无有而入。六五柔中，虚怀若谷，居尊而谦下，与即有阳刚之才，又有宽中之德的九二严爱之师长成正应关系，"蒙以养正，不耻下问"实为好问之君子。如此师生双交流，学业必能通达而至吉。一个人不怕愚昧无知，怕的是认识不到自己的短处，不愿虚心向比自己强的人请教。

[原文]

上九：击蒙[1]。不利为寇[2]，利御寇[3]。

《象》曰："利用御寇"，上下顺[4]也。

[注释]

[1] 击：掠去，除去，击打，体罚。《国语·齐语》："及寒，击菒除田，以待时耕。"蒙亦草，击蒙与击菒（枯草）类似。《释文》引王肃曰："击，治也。"击蒙：攻击愚昧无知之人；或昏乱之国。[2] 为：作为，看成。为寇：比喻暴烈过甚的方式。[3] 御：防止。寇：强盗，侵。御寇：比喻适当的严厉。[4] 上下顺：程颐曰："上不为过暴，下得击去其蒙，'御寇'之义也。"

[译文]

上九：打击蒙昧的人。象强盗一样野蛮就可能招来灾祸，用来抵御强盗的入侵是吉利的。

《象传》说：用来防御强盗之所以有利，是因为上下关系顺畅，目标一致。

[不休说]

以九居上，治蒙过刚，有击蒙之象。然刚克之道，施之贵得其宜，始有利而无害。如以过刚之道责蒙者，以未能知之理、未能行之事，则阻其向往之机，反有害于蒙，是为寇也。亦何利乎？惟用此以悍其外诱，以全其性真，如御寇者然，使其私意尽屏而醇良不失，庶几作圣之功即在于是，盖以威严治蒙者之私心，不搼刚克之道，上固顺矣。蒙因教者之严而改过自新，不敢肆意为恶，下亦顺矣。上下皆顺，斯无不利。上九本为阴爻之位，却以阳刚之上九居一卦之极上，象征不能行时中之教，个性刚爆粗烈的老师。一阳居众阴之上，有以柄击重阴之象。相对于九二刚中仁怀的老师而言，上九则是一位比懂教育规律的不合格的老师。对蒙昧无知的人进行教育时，如采取过于暴烈的手段惩罚受教育者，则会适得其反，我们应向他们讲清教育者和受教育者的目标是一致的：推进人类社会从蒙昧走向开化，走向文明的过程。说得具体一点，老板应向员工作这样的宣传："我们的目标一致的，就是要共同努力，共同在激烈的竞争中求一席之地得以安身。"

总　论

蒙卦作坎下艮上，有蒙草，蒙昧之义，以启迪蒙昧者。古人以蒙昧义遍解六爻。外卦为山，内卦为水，为雾，山间云雾弥漫，蒙然不明之象。卦中六爻，二阳爻喻师，四阴爻喻蒙童。二阳为治蒙之人。而上九过刚不中，又以九二时中为一卦之主。初承二则有利，四远离二则有吝，五应二则得吉。五身居尊位，而能自取于蒙，以为天下率教育之倡，此刚柔之所相接，而圣功之所有克成也。至若三近于二，宜于初相同，而其应在上，舍上而从二，有见利忘义之象，故君子绝之。蒙之三以下从二为失身，所应不正也。应失其正则身败名辱，虽有包蒙之教亦无所施，是非上九之击蒙，不足以遏其邪而止其恶。大抵治蒙之法，贵乎宽严适中，而制之于燥则易为力，防之于后则难为功。制于早者，发蒙者也，正法以绳之而有余。防于后者，击蒙者也，干戈以御之而不足。

圣人欲立教者，动和于中，而施当其可。紧扣教与学的两端，抒发朴素的辩证的教育思想。初爻潜心发蒙，而不可急于求进的幼教规律。九二爻谈为人师表的师德修养。六三爻，谈对差生的思想教育问题。六四爻，强调启发学生积极思维和教育环境的重要性。六五爻，得蒙之正义，为好学之君子之象。上六爻，警戒老师不要过分惩罚学生。

需卦第五

[原文]

需。[1]有孚[2]，光亨[3]，贞吉。利涉大川[4]。

《彖》曰：需，须[5]也。险在前[6]也，刚健而不陷[7]，其义不困穷矣[8]。“需，有孚，光亨，贞吉”，位乎天，位[9]以正中[10]也。“利涉大川”，往有功也。

《象》曰：云上于天[11]，需。君子以饮食宴乐[12]。

[注释]

[1] 需是本卦标题。帛本作“襦”。需的本义是天上下雨，在本卦各爻中多用为等待义。朱熹曰：“需，待也。”卦像是表示天的“乾”和表示云的“坎”相迭加。[2] 孚：诚信。帛本作“復”，即俘字。《说文》：“孚，孵也。从爪从子。”林夕光曰：“孚即俘之古文，象爪持子。”《说文》：“俘，军所获也。”军队掠获敌方之人员财物称之孚。[3] 光亨：广为亨通。亨字，简本作“卿（乡）”。[4] 利涉大川：《集解》引何妥曰：“大川者，大难也。须之待时，本欲涉难，既能以信而待，故可以利涉大川矣。”大川：即大河流，比喻艰难险阻。[5] 须：等待。[6] 险在前：《需》卦下乾上坎，坎为险在上，故曰“险在前”。[7] 刚健而不陷：《需》卦下乾为刚健，上坎为陷。陷指犯险陷入。《集解》引何妥曰：“此明得名由于坎也，坎为险也，有险在前，不可妄涉，故须待时然后动也。”《集解》引侯果曰：“乾体刚健，遇险能通，险不能险，义不穷也。”[8] 义：宜。[9] 位：位子当解为立，义为居、处。天位：五爻位为天位。[10] 正中：九五以阳爻居阳位为“正”，为外卦中爻，故曰：“中”。[11] 云上于天：一本作“云在天上”。[12] 宴：安。

[译文]

《需卦》：有诚心，能得到人们的信任，顺利排除万难，去占卜，能得到吉祥的预兆。有利于渡过大江大河。

《彖传》说：需是等待的意思，即有危险在前面。强壮且有阳刚之气就不会陷入危险的境地，因为耐心等待佳机就不会为绝境所困扰。《需卦》：“有诚信、宏大、通达，卜问的结果是大吉大利的”，这时处于“天”的位置，这是正中之位。如此时去渡大河是有利的，积极行动便能建立功业。

《象传》说：《需卦》的卦像是下卦为乾，乾为天；上卦为坎，坎为水，表示水在天上，水汽在天上聚集在一起，便形成了云层，乌云密布，雨还未下，需要耐心等待时机，所称之为《需卦》。此时，君子可以去饮酒作乐，尽情享受，等待适合的时机。

[不休说]

《需卦》中“需”字，意为停留等待。卦辞认为，坎险在前，下卦乾体刚健不冒进以陷于险，有能需之才，以九五一爻而言，阳刚居尊，值当需之时，能建中表正，不欲速邀功，有能需之德。有其才，又有其德，此所以能需而有亨吉涉川之郊。然四阳乾健之险，固能需矣。而四上二阴亦能出穴终吉，困顺知阻能从阳。四顺听九五，上敬顺三阳，故虽需血入穴，而终能出穴获吉，刚德真足贵哉。此卦告诉我们，初遇困难，要耐心等待有利时机，时机一旦成熟便积极行动，一定会有所成就的。所以，人们一方面要谨慎，另一方面要时刻准备出击。

[原文]

初九：需于郊[1]。利用恒[2]，无咎。

《象》曰："需于郊"，不犯难行[3]也。"利于恒，无咎"，未失常[4]也。

[注释]

[1] 需：等待、停留。郊：帛本作"茭"，简本作"蒿"，郊野。指城邑以外的周围地区。《尔雅·释地》："邑外谓之郊。"需于郊：象征人处旷平之境。《正义》："难在于坎，初九去难既远，故待时在于郊；郊者，是境上之地也。"[2] 用：以，于。恒：常，长久。[3] 不犯难行：《需》卦上坎为险。[4] 未失常：程颐曰："君子之需时也，安静自守，志虽有须，而恬然若将终身焉乃能用常也。"常：恒久之理。

[译文]

初九：在郊野等待时机，如果有恒心，这是有利的，没有危险。

《象传》说：在郊野等待时机，不能冒着危险轻率的采取行动。有恒心地等待时机，是吉利的，没有危险，因为没有违背常理。

[不休说]

初九在下，去险最远，而阳德刚健，又能自守，有需于郊之象。然天下有才之人，往往为才所使，倘此心妄动，不能持久，而冒进图功，于事无济，祇取咎耳。故必慎终有始，超然利害之外，确乎若将终身焉，则收身名两全之利，而决不至躁进以取其咎。从卦象看，天下何地无险，何时无险？特患人不明不哲，冥行自犯耳。乃审机明而持志决，自不犯险难而行。夫无位难以图功，而局外不宜生事。初之不犯难行，乃常分，亦常道也。盖圣贤处事，时至事起，愿无可强致之功业，彼不能义命自安，汲汲有为以速戾者，亦未明乎恒之亦耳。这一爻告诉我们，初九爻阳居阳位，位正，并且距离坎险之大川最远，尚未及水边，所以说是"需于郊"。但是，初九阳刚好上进，正所谓初生之犊不怕虎，加上初九与六四柔爻正好相应，如同此险陷的女人正在向他招手诱惑。此时若无安分守己的恒常之德而上行，则受到九二、九三两阳爻之阻击，恐怕会招来灾祸。说明如耐心地等待时机，就不会有危险。

[原文]

九二：需于沙[1]，小有言[2]，终吉。

《象》曰："需于沙"，衍在中[3]也。虽"小有言"，以终吉[4]也。

[注释]

[1] 沙：沙地，难走的地，比喻离险不远。需于沙：象征人处艰难之境。[2] 言：通“愆”，指责难、咎责、诃谴、小麻烦等。《说文》：“言，直言曰言，论难曰语。”[3] 衍：宽裕。中：内，指其人自身。[4] 终吉：今本《象》传吉终作终吉。《校勘记》曰：“石经、岳本、监、毛本作吉终。”《集解》本同。

[译文]

九二：在沙滩上等待，即使会被责难，便不被闲言闲语动摇，最后也是吉祥的。
《象传》说：在沙滩上等待，水流在沙中漫。即使稍有议论，但最后是吉利的。

[不休说]

九二渐近于险，而刚中能需，不肯冒进，有需于沙之象。九二上应九五，出身任事，非若初之超然世外者比，乃亦迟炯却顾，需而不前，不有退懦之讥，必有观望之诮，有小言所不免矣。然二，志存济险，独能观变相时，不为孚议所摇，终成济险之功。何吉如之？九二居于沙，由其刚而居中，居心宽裕，誉不加喜，谤不加忧，故小有言，豪不动念，卒能从容镇定，险济功成，而以吉终。自古豪杰有志济世，急欲图功，往往因一言不平，逞意气于一击，至于奋不顾身。故圣人以小有言警之，使知济天下之险者，当沉其谋，老其识，坚其守，以俟时宜。甚不可因人言而轻动其心，冒昧前进，自贻伊戚也。九二爻刚居阴位，又得中位，象征具有阳刚之才又能刚柔相济，自我忍让的君子。九二、九三、六四组成兑，兑位悦，在前景充满险陷之时能冷静守待。九二虽坎中之九二上行之九三，六四、九五组合成离，为光明。九二心怀诚信，对别人的蓄意攻击，置若罔闻和悦相处，不与计较，这是善处需待得正确表现，虽被人看成懦弱，但最终得吉为安。这一爻为“九二”，比“初九”更接近危险，虽然还没有大的灾难，但贸然迎难而上，很可能会招致灾难。因此我们必须再耐心地等待，等时机成熟才行动，就能成功。

[原文]

九三：需于泥[1]。致寇至[2]。
《象》曰：“需于泥”，灾在外[3]也。自我“致寇”，敬慎不败[4]也。

[注释]

[1] 泥：泥泞的地方。比喻频临危险。简本作“土匚”。坭之省。《集韵》：“坭，通作泥。”《正义》：“泥者，水旁之地，泥溺之处，逼近于难。”朱熹曰：“泥，将险于险矣。”需于泥：象征人处污垢之境，愈陷愈深，寇将乘之。[2] 寇：危害。致：简本作“至”。[3] 灾在外：与“衍在中”对言。《正义》：“泥犹居于水外，即灾在身外之义。”[4] 敬慎不败：谓九三须审慎才不致危害。程颐曰：“需之时，须而后进也。其义在相时而动，非诚其不得进也，直使致慎，毋失其宜耳。”

[译文]

九三：在泥泞中等待，随时可能招来强盗的侵扰。

《象传》说：在泥泞中等待，灾难就在外边，随时都有可能降临。自己招来强盗，要更加谨慎，才不会失败。

[不休说]

九三切近坎体，将陷于险，有需于泥之象。夫水涯之泥善陷，九三需于此，而过刚不中，轻躁妄动，寇害之至。实自致之，将谁尤哉。三之需于泥，则逼于水而祸害已在目前。此即善需犹恐不免，况刚而不中，意气过激，适足以速寇乎！然此总由不知敬慎故耳。若能兢业小心，时时敬慎，庶操心危而虑患身，犹可转危为安，不至祸败。盖天下事未有不成于敬慎而败于疏忽者。这一爻告诉我们，九三处下卦乾体之上，位上下卦接交之外，已近坎之边沿。但他以刚逼难，又与上六可谓阴极之贼寇。说明越接近危险，越要谨慎，不可妄进，以免陷入不可自拔之地。

[原文]

六四：需于血[1]，出自穴[2]。

《象》曰："需于血"，顺以听[3]也。

[注释]

[1] 血：通"洫"，沟洫，心血，元神。谓伤势之重。朱熹曰："血者，杀伤之地也。"需于血：象征立足于血泊之中。[2] 出：走出，脱离。自：自处。穴：古时的住所，依地势挖建而成，下半是在地下挖出的小土穴，上半是在地面搭建的屋顶。朱熹曰："穴者，险陷之所。"[3] 顺以听：顺和听是义近而互文。指六四柔顺而听命于九五。六四处坎之下，坎为耳，故有听之象。《杨氏易传》："六四入险而伤，然不言吉凶何也？能需而退听'出自穴'故也。"

[译文]

六四：在血光凶险之地等待，对手随时有可能从洞穴中出来袭击。

《象传》说：在血光凶险之地等待，顺应天道，等待化险为夷的时机。

[不休说]

六四，人与坎体，是其身当大难之冲进，固不可退，亦不能有需于血之象。幸顺正知阻，持重栝囊，卒能潜身远害，免冒险之祸。又有出自穴之象，则虽未能有济国谋而明哲，亦可以自保矣。四之需于血，而终能出于血者，以其有柔正之德，晦迹韬光，不冒进强争，而顺听乎机会之自然也。然则能敬且顺，又何显难之不可处哉。这一爻告诉我们，已处在非常危险境地，稍有不慎，就会招致大的灾祸。因此，我们不可意气用事，应顺应变化以转危为安。

[原文]

九五：需于酒食[1]，贞吉。

《象》曰："酒食，贞吉"，以中正[2]也。

[注释]

[1] 需于酒食：象征酒足饭饱，酒食有余。酒食：食物之丰富美味，比喻德泽。《周易学说》引王逢曰："酒食，德泽之谓也；九五之君，当天中正，以泽乎民。"[2] 中正：九五居中得正，象人有中正之德。

[译文]

九五：在安闲的饮酒吃饭中等待，占卜的结果是吉祥的。

《象传》说：在安闲的饮酒吃饭中等待，占卜的结果是吉祥的，这是因为虽然在安全中，但仍遵守中正的原则。

[不休说]

九五位乎天位而有刚健中正之德。夫刚健即知险，而中正又善需，是治道至当。需之时闲暇安恬，无系无营，有需于酒食之象。如是则一人养无为之度，天下享宁谧之休，不亦贞而吉乎！凡人主值当需之时而不能需者，皆有无德而求治太急也。自古未有不历艰险而底定天下者，及难大即平，小民甫汤火，急宜安静勿扰，休养生息，三代以前尚矣。汉之文帝承高惠之后，一切更定制度，谦让惟勤，处德位兼隆之时自恭而成化也。九五君爻为一卦之尊，具阳刚之才，又得中且正，刚柔相兼，才能济险，德可服众。君民同德，万众一心，任何艰难困苦都可克服。"九五"阳爻阴位得正，在上卦得中，处于安全的位置。这表明，即使在安全等待时，也要坚持纯正。

[原文]

上六：入于穴[1]，有不速[2]之客三人来，敬之[3]，终吉。

《象》曰："不速之客"来，"敬之终吉"。虽不当位[4]，未大失也。

[注释]

[1] 穴：洞穴，指家中居所，比喻险之极。入于穴：此谓上六阴居卦终，需极转躁，不复需待，故险入坎穴，未能自脱。朱熹曰："阴居险极，无复有需，有陷而入穴之象。"[2] 速：同"召"，请，招。不速：没有邀请。《释文》："速，马云：召也。"《诗·伐木》："以速诸父"。郑《笺》，《仪礼·乡饮酒礼》"主人速宾"郑注，并与马同。不速客：不请自来的客人。三人：指下卦三阳。[3] 敬之：比喻上六敬待下三阳。朱熹曰："柔不能御而能顺之，有'敬之'之象；敬而待之，则得终吉。"[4] 不当位：上六以阴居阴位。高亨疑传文有误。王弼以为："上，为'虚位'，故曰：'处无位之地，不当位者也'。"

[译文]

上六：突然有三位人未经邀请就来到了洞里，热情招待他们，最终会等到吉祥的预兆。

《象传》说：三位不请自来的客人到来了，恭敬、热情地招待他们，终究是吉利的，即使当时处在不合适的位置，但也没有太大的损失。

[不休说]

上六，阴柔无济险之才，又处险极，困穷所不免矣。幸下应九三，九三下二阳同德同体，需极并进，是众贤不用约结，不须号召，合志协谋，竭诚尽礼，敬以待之，借其刚健之才，以拯一时之险，始虽不免困穷，终当济险出穴，而吉可必也。能需固有德，而处险尤须借才。入于穴是以险于险也。上者虽德称位，不善处需，然敬贤自辅，集思广益，犹可出险免患，不至于有大过失。上六处需卦坎体之上，坎为隐伏；上六下临上互离卦，离有洞穴之象。为人，故有“入于穴”之象。夫德不当位，苟知贤犹可获吉，若德与位称，而能需己下贤，其功效更当如何？先贤以需为急切相须之义。欲济天下之险陷、艰难，必须群才相辅。这一爻告诉我们，在处于劣势时，不能硬碰硬，应以退为进，以柔克刚。

总　论

需卦是坎在乾上，是险难在前，时固当需，而以乾之刚健临之，刚则能断，健则知险，既有定识，又有定力，自不肯冒进以陷以险。揆之于义，宜乎其不困穷矣。君子法以治道，值当需之时不宜妄作生事，劳心忧民，凡所以定祸乱而开太平者，即经纶创作于前，此时惟宜恭己，无为饮食宴乐，养其气体，怡其心神，徐以德化之成可也。而时不可有为，则纷更反以致犹，故犹游静镇，诚有不得不需者耳。说明需卦作乾下坎上，以等待义为说，涉及诚信、耐心等质量。等待最重诚信，所以卦辞说“有孚、广亨、贞吉”，又因有耐心，所以也能渡涉大川。同是等待，依其所据以等待之地点，各有吉凶。初九说利于完成恒久之事；九二说易生是非，最终吉利；九三说会招致盗寇来袭，小凶；六四虽艰难困苦，但最终吉利；九五是吉利；上六是通过难关，最终吉利。卦中六爻不论刚柔，各能容忍、守静、敬慎、待时，故不言凶。预示只要能做到大丈夫处事能进能退，能刚能柔，能屈能伸，待时后进，最终必能致通得吉。

讼卦第六

[原文]

讼：[1]有孚窒惕[2]，中吉[3]终凶。利见大人[4]，不利涉大川。

《彖》曰：讼，上刚下险[5]。险而健[6]，讼。“讼：有孚窒惕，中吉”，刚来而得中也[7]。“中凶”，讼不可成[8]也。“利见大人”，尚中正[9]也。“不利涉大川”，入于渊[10]也。

《象》曰：天与水违行[11]，讼。君子以作事谋始[12]。

[注释]

[1] 讼是本卦的标题。讼的意思是争讼、争斗。《说文》：“讼，争也。”《释文》：“讼，争也，言之于公也。”朱熹曰：“讼，争辩也。”[2] 孚：诚信，真实。孚即俘字。有孚：即军队掠夺到敌方人员财物。窒惕：戒惧警惕。帛本作洫宁，简本作“懥”。于省悟曰：“窒惕，乃至易之叚字。至，甚也。”《正义》：“窒，塞也，惕，惧也。”[3] 中：帛本原释“克”，据李学勤说“克”系误字，当释为“衷”。[4] 利见大人：帛本、简本作“利用见大人”。[5] 上刚下险：指《讼》卦上干下坎。[6] 险而健：指《讼》卦下坎为险，上干为健。程颐曰：“若健而不险，不生讼也；险而不建，不能讼也；健而又健，是以讼也。”[7] 刚来而得中：此指《论》九二爻自外卦干而来，居内卦之中，其人刚健而得正中之道。外卦为干，内卦为坎，坎是乾坤交索而得。[8] 讼不可成：指上九争讼，穷极难成。[9] 尚中正：指九五中正决讼而被崇尚。[10] 入于渊：渡河而与人争，则入于渊。王安石曰：“象言乎其才也。‘讼’，‘有孚窒惕，中吉’，此言九二之才也；‘终吉’此言上九之才也；‘利见大人’，言九五之才也；‘不利涉大川’言一卦之才也。”[11] 天与水违行：下坎上干，干为天，坎为水，天气上升，水性润下，故违行。违行：相背而行。《集解》引荀爽曰：“天自西转，水自东流，上下违行，成讼之象也。”《逸周书·武顺》篇：“天道尚左，日月西移。地道尚右，水道东流。”《正义》：“天道西转，水流东注，是天与水相违而行。”程颐曰：“天上水下，相违而行。”[12] 作事谋始：作事之初，当先谋其始。《正义》：“凡斗讼之起，只有初时契要之过。”

[译文]

《讼卦》：有诚信的人要谨防道路被堵塞，途中是吉利的，最后凶险。拜见位尊且德高的人是吉利的，贸然去渡大江大河是不吉利的。

《彖传》说：《讼卦》，是指上面有刚健下面有凶险，就这个而言外表刚强的人可能会遭遇凶险，因为他生性耿直，容易与人发生争斗，这就是《讼卦》。《讼卦》卦辞说：“有诚信，但要谨防道路被堵塞，途中是吉利的”，这刚健的人面临危险还能坚守纯正的原则。“后来有凶险”，表明最终难以成就大业。“有利会见位尊且德高的人”。说明人民崇尚品行中正的人。“不利于涉水渡河”，说明如恃强倚勇，贸然前往，将会坠入深渊。

《象传》说：《讼卦》的乾卦三阳爻位于坎卦之上，坎为水，干为天，天与水各自向相反的方向运动，因此会发生争斗，所以君子在开始做事时，要细细谋划。

［不休说］

《讼卦》之六爻，惟五听讼，惟三不讼，余偕讼者也。然初不永所事，二不克讼，四不克讼而得吉。上以讼受服，遂有终朝之意。皆言讼不可成，而使民无讼之意，盖可见矣。初、三两柔爻皆系以终吉。九二、九四以刚居柔，故皆不克讼。卦辞“有孚得中”指九二，乃卦辞称“吉”而爻辞仅曰“无眚”者，卦辞取其“有孚得中”，爻则兼以自下讼上为义，所取不同也。告诉我们，一个外表刚强、品德端正的人容易与人发生矛盾，一旦与人发生争论，这就会成为他成就大业的阻碍。这就暗示我们，如果不是原则问题，应该退让，尽量与人和谐相处。

［原文］

初六：不永所事[1]，小有言，终吉[2]。

《象》曰：“不永所事”，讼不可长也。虽“小有言”，其辩[3]明也。

［注释］

［1］永：长久，坚持。永所，简本作“出御”。《正义》：“永，长也。”永不所事：从事未久而终止。［2］小有言，终吉：说明初六与九四有应，四阳刚好讼，故以‘言语’犯初；但初能退，则终能辨明是非而获吉。《正义》：“初六应于九四，然九四刚阳，先来非理犯己；初六阴柔，虽不能不讼，是不获已而讼也，故‘小有言，终吉。”小：稍微。言：谴责。言语上的口角之争。［3］辩：谈判。

［译文］

初六：不要为小事与人长久地争吵，即使遭遇到一点责难，最终也是吉利的。

《象传》说：不能长久地在事端中纠缠，说明争斗的时间不能太长。即使遭遇到责难，但还是有利辩明个中的是非。

［不休说］

初六阴居阳位，位不正。表征行为上犯有过错。从系辞上看，凡人自恃刚强，居高挟势，往往逞求胜之心，讼所以终极而为凶也。初六阴柔才弱，本无健讼之资，居下势卑，又无能讼之力，故中心畏惕，虚已让人，不敢终极其事，而讼不至于成。虽有小言，辩不过明，其有孚之窒，而情可以白，理无不伸，有不终吉乎？从卦象看，初之“不永所事”者，非特于才势而已，以理度之，讼非美事，固不可长也。知其不可长，有惭而无遂心，则所发亦易收。“小有言”，说止于微，怨而不敢于大讼，则所争亦易释。其辩即明，终讼何为哉？以是知惕中而能得吉也。夫人处世，贵乎识时势，尤贵乎明理义。体之于己，有自量之心；衡之于物，无好胜之念。此讼之初所以不言事者，翼其不成讼而善其中止之意也如此。总之，初六地位低下，可算是生活在社会底层的劳苦大众，且处于坎卦初爻，本身处境恶劣，又是阴爻，才质柔弱，能享有安宁也即是福了。初六与诸阳爻均能阴阳和合，所以初六根本无心与他人争讼，只是在万不得已的情况下被动的声明一下自己的行为也就算了，对此弱者的恭顺态度，这一爻告诉我们，长期与人为小事争吵是无聊的，是毫无作用的，我们应及时抽身，让时间作出公正的判断。对于个人而言，不要为了满足自己一时的好胜心理，出言不逊，伤了和气。

[原文]

九二：不克讼[1]，归而逋[2]。其邑人三百户[3]，无眚[4]。

《象》曰："不克讼"，归逋，窜[5]也。自下讼上[6]，患至掇[7]也。

[注释]

[1] 克讼：胜诉。《礼记·礼器》："我战则克。"郑注："克，胜也。"王弼曰："以刚处讼，不能下物；自下讼上，宜其不可。"[2] 逋：读赋，简本作"肤"，百简本作"四"，逃跑，退让。《集解》引荀爽曰："逋，逃也。"《说文》："逋，亡也。亡，逃也。"[3] 三百户：小邑。《正义》："三百户者，郑注《礼记》云：'小国，下大夫之制'。"[4] 眚：灾祸，过错。帛本作"省"，简本作"礻眚"。自制的灾祸。《释文》："眚，马云曰：'災也。'"《说文》："眚，目病生翳也。"引申为災义。[5] 窜：逃。陆德明曰："窜，逃也。"《说文》："窜，匿也。从鼠在穴中。"[6] 自下讼上：指九二与九五不相应而争讼。程颐曰："二、五相应之地，而两刚不相应与，相讼者也。"[7] 至：止。《诗·泮水》："鲁侯戾止。"毛《传》："止，至也。"《荀子·礼论》篇："社止于诸侯。"《史记·礼书》作："社至于诸侯。"掇：通"辍"义。朱熹曰："掇，自取也。"《尔雅·释诂》："辍，已也。"《集解》引郑云："辍，止也。"为止。

[译文]

九二：不能在争斗中胜出，回去并逃到有三百户人家的村子里。没有什么灾难。

《象传》说：争斗失败，回到家里，并赶紧逃亡到外地，这是躲避灾祸。因为自己没什么位，与比自己势力强的人进行争斗，很容易招致更大灾祸。

[不休说]

九二据实争讼当有实理，且刚中，亦具争讼之才。但九二屈居阴位，性情柔顺，其才显示出他能审时度势，知进退，居中守正而不妄为。在九五君王面前仅作婉转陈述而不求胜争讼，主动退归封地以自保，自然不会有大的过咎。从西系辞看，九二阳刚而主险，逞其知谋，有能讼之才，又有欲讼之心，但以刚居柔，得下之中，能反躬自审，裁度于理，而且上应九五之尊，屈于势分，不能相敌，则虽欲讼，乌能克胜乎？故幡然退避，自处卑约，不敢于之抗衡，是为"归而逋"。"其邑人三百户"之象，此正能惧而得中，当屈而屈，不至越礼犯分，何眚之有？象说，凡人不肯退让，皆有终讼而求胜。二惟不克，宜其归休而逋窜，能全身以远害也，所以然者，上尊下卑有一定之分。若以下讼上既乖于分而不相安，又于势而不自下，以之树怨贾祸，患之至也，不犹自取之易乎？分争辨讼，非礼不决。礼所以别尊卑、定上下，防患于未然也。若后世争夺相尚，越民分，骎骎乎出于礼入于刑矣。讼之九二严其辨于上下之间，不特止讼，亦维世之深意也夫。这一爻是阳爻阴位，在下卦，在争斗中处于劣势，此时，应采取明智之举－－－－－退避三舍。

［原文］

六三：食旧德[1]，贞厉[2]，终吉。或从王事，无成[3]。

《象》曰："食旧德"，从上吉[4]也。

［注释］

［1］食：通"蚀"，义为损。朱熹曰："食，犹食邑之食，言所享也。"惠栋曰："食，读如日月有食之食。"谓食借为蚀。《说文》："蚀，败创也。"旧德：祖业。指从先生那里继承下来的遗德。［2］历：危险。帛本无"终吉"二字。［3］无成：《折中》引胡瑗曰："无成者，不敢居其成也。"［4］从上吉：六三与上九相应，故六三顺从上九则吉。《尚氏学》："即承乾。"朱熹曰："从上吉，谓随人则吉，明自主事则无成功也。"

［译文］

六三：坚守着祖先传下来的规矩，恪守正道，是遇害危险，但终究得到吉祥；或者顺从九五所推行的德行，争讼不会发生。

《象传》说：坚守着祖先传下来的规矩，最终得到吉兆，说明只要依仗祖先的阴德就可以获得吉祥。

［不休说］

六三是下卦《坎》险的终爻，处于上下卦体交接之处，以柔弱之才居于阳位，本已不当。而且上乘九四，不应九五，正应上九而不交。哪一位上司他都得罪不起，形势危厉至极。从系辞看，六三阴柔，处阴险介二刚之间，非能讼者，但知守其常分，亨所固有而己。足由乎有正理，行所当然而不违，是"食旧德"而能"贞"者也。虽有意外而侵悔，不免于危厉而能泰然自得，众莫能倾，况必无历者乎？"吉"不待言矣。然而守分实难，必若从王之事，事权在握。易逞功能而退逊自处，一无专成之心，此真能守旧居贞而得吉者也。象说，食旧德何以得吉，凡讼皆有上人之心，必非能从人者也。"三"惟委心听命以顺从乎上，则全然自视，退让于人，不敢自主其事，宜其格守素分，居卑处厚而得无讼之吉乎？大抵圣贤学问不外素位而行，分所当得不与人競利，分所不得越不与人競功。盖一有功利之心，即于世相违而不能相从，讼所有作矣。"三"之从上而"吉"者，从则安分而不违，为弭讼之善道也。这一爻告诉我们，作为贫民百姓，如能够安于本分，坚守常规，虽在守住自己的一贯的美德时会遇到危险，但最终是吉利的；如能听从主持公道的人的劝说，也没有危险。

［原文］

九四：不克讼[1]，复即命渝[2]，安贞，吉。

《象》曰："复即命渝，安贞"，不失也。

[注释]

[1] 不克讼：此句说明九四下应初六，先有相犯而争讼，初六能辨，四则败讼，故“不克”。《正义》：“九四是非理陵犯于初，初能分辨道理，故九四讼不胜也。”[2] 复即命，渝：说明九四阳居阴位，刚则能柔，故“不克讼”后，能归就正果，改变初衷，安顺守贞而获吉祥。王引之注：“处上讼下，可以改变者也，故其咎不大。若能反从其理，变前之命，安贞不犯，不失其道，为仁由己，故吉从之。”复：法律用语，指免刑。《汉书·宣帝纪》：“怜曾孙之亡辜，使女徒复作。”颜师古注引孟康曰：“复音服，谓弛刑徒也。”又，云梦秦简《法律·问答》：“邦亡来通钱过万，已复，后来而得，可（何）以论之？以通钱。”即：服从。朱熹曰：“即，就也。”焦循曰：“即，从也。”命渝：命谕，指判决。朱熹曰：“命，正理也。渝，变也。”渝，简本作“愈”，改变。高亨曰：“渝，败也。”《说文》：“渝，变污也。”凡事物有美变恶，由利变害，由成转毁，皆谓之渝。故此渝为败为堕。

[译文]

九四：争斗失败，重新回到原位，改变了策略，决定顺从天命。卜问平安，必然会获得吉祥的预兆。

《象传》说：争斗失败，重新回到原位，改变了策略，决定顺从命，说明安守天道就不会有什么过错。

[不休说]

九四刚而不中，已进入上卦，以刚爻居阴位，实属越理而不当。过于刚健好胜，以强凌弱，不得人心。从系辞看，凡人一有好讼之心，更不思正理所在。本欲讼者幸其居柔，而刚以柔克，知讼不可成，以理自制，故亦为不克，能平情恕物，反其健讼之行，以复就于理，无争事也。且悔过迁善，变其欲讼之心，以安处于正，无争心也。是讼可归于无讼，而得“惕中”之吉者也矣。九四本与九二一样，以刚爻居柔位，但九二能“归而逋”，这给了九四很大启发。九四明白了自己的处境后，终能反悔，改变其好与人争讼的性格。这一爻告诉我们，争斗失败后，应进行深刻的反思，回到正理之上，就不会有大的损失。

[原文]

九五：讼，元吉[1]。

《象》曰：“讼，元吉”，以中正[2]也。

[注释]

[1] 讼，元吉：此谓九五阳刚中正，为“君子”听讼，明断曲直之象。《集解》引王肃曰：“以中正之德，齐乘争之俗，‘元吉’者也。”王弼注：“处得尊位，为讼之主，用其中正，以断枉直，中则不过，正则不邪，刚则不所溺，公则无所偏，故‘讼元吉’。”

元：大。[2] 中正：守中正之道。指九五居中持正。

[译文]

九五：争讼是大吉大利的。

《象传》说：争讼之所以是大吉大利的，是因为内心纯正且遵循了天道。

[不休说]

九五以中正在上，正已物正，是以靡争之化，百辟其刑。以圣德而居天位，所谓“大人”而“利见”者，能以德化生民而使民无讼者也。即有时听讼无不各得其平，使理直见枉者得以上伸，情真受诬者可有上达。有孚不至于见窒，不惟天下无冤民，而且民自不冤矣。非大善而吉者乎？讼何以得元吉？以五之德本中心一于公，则未听之。前已无偏主，五之德本正事得其宜，则既听之后皆能当理。将见刑，清民服，谓之元吉，信矣。圣人论治，必言使民无讼，而此曰“讼，元吉”者，正欲化有讼为无讼也。最险如就二已归逋矣，最健如上九已。其余“复即命”者，“食旧德”者，“不永所事”者，皆已忘险、忘健，无讼可听。此“讼”者所以“利见大人”也。若止以听不偏，断合理，为得听讼之道，一命察之吏能之，岂所望于大人者乎？此讼狱之归大舜、禹芮之质，文王至德之感人深，而化民成俗。斯义得焉耳仅九五得中且正，居君位而能用刚，所以最具有权威性。这说明，在原则问题上，绝对不能退让。

[原文]

上九：或锡之鞶带[1]，终朝三褫之[2]。

《象》曰：以讼受服[3]，亦不足敬[4]也。

[注释]

[1] 或：即使。锡：同“赐”。《集解》引虞翻曰：“锡，谓王之锡命。”高亨曰：“锡借为赐。”《说文》：“赐，予也。”鞶带：皮革做成的大腰带，供身居要职的族佩带，这里借指官位。鞶，帛本作“般”，简本作“擊 ”。[2] 终朝：一整天。褫：剥夺。帛本作“扌虎 ”，简本作“裭”。朱熹曰：“褫，夺也。”《说文》：“褫，夺衣也，读为沱。”郑作拕，借为褫。《淮南子·人间》篇：“拖其衣被。”高亨曰：“拖，夺也。”拖俗拕字，借拕为褫。[3] 服：指古经中的“鞶带”。[4] 足：满足。敌：通“儆”。

[译文]

上九：君王赏赐了他一根精美的腰带，便在一天之内会被人多次索回。

《象传》说：因为斗争得胜而得到赏赐，不值得敬佩。

[不休说]

上九阳爻居阴位，刚而不实，位不正．此乃刚居讼极，以健讼之才而济以必讼之志，诬伪以为真，矫曲以为直，终极其讼以求胜，凶所固然也。即使恃强而获胜，然是非情伪，不逾时而立辨，以讼得之，必且以讼失之，终朝甚暂而夺之者至于三矣。况必无取胜之理而有必败之道乎？甚矣，讼之不可中也；终讼之人虽倖胜而有受服之宠，本非德赏则受之者、非道服之者，不终。纵使受而不褫，亦安足敬哉？而况终朝之褫，俄顷随至矣；讼之不可成也，如此。五服，五章，天之所以命有德也。《礼》曰：君子耻服其服而无其容，况以讼受服，耻孰大焉？亦不足敬，其殆有三褫者乎？此圣人原心之论，所以深愧之而使人自省也。他之所以能获赐，是因为与之对立的六三能安于“食旧德”，柔顺不与之争讼的结果。卦中九二、九四、上九三阳爻所处位置都不当，这一爻告诉我们，与人发生争斗，如果不坚守正道，即使获得了胜利，也不有什么好处。

总 论

讼作坎下乾上，就是说信用，但以因果报应似的效验为主。整体来看，讼卦不算好卦，过程吉利，结果凶险。与人争讼或争斗，胜不足喜，败则足忧，故有警惕之忠告。卦辞提出了治诉三大原则：即信实、公正、互让原则。指出争诉不止必有凶。卦中九五听诉之尊王，以中正、安命、获元吉。其余五爻皆身陷诉事。初六不与人争而获终吉；九二败诉速退而获无眚；六三安分不诉亦获终吉；九四败诉悔悟而获安贞吉；唯上九穷争强诉，虽然赢得官司，最终自取夺赐之辱，被君王和人民所看透，也得不到人心的支持和谅解。所以争诉并非一件好事，世上理无尽理，法无尽法。只有息诉，追求和平安宁，才可以达到祥和与幸福。讼为争辩之义，非人之得已也，惟理直见枉，情真受诬，屈抑而不能自通，是有孚见窒，势不得不出于讼。然所以之之道何如？必也反求在我，心存忧惧而能惕，度于事理，变明即已，而能中则有孚之窒可伸，而讼复于无讼，岂不为吉？若自恃其理，可止不止，终极其讼而不惕中，则尚气以损德，好胜以败业，凶可知矣。且又非自逞其胸臆，能白以翼兔，必利见公明之大人，资其明断，始可据理以获伸。如于“孚”、“窒”之外生事端，嘉虚以求胜，如涉川然，冒险侥幸，不能惕中之甚者矣。虽讼本有理，而好刚自陷，其何能勉乎？此所为不利也。

圣人不贵听讼，而贵无讼。惟使人怀兢惕之所畏惧，所以消弭胜心，而一反于至当之理，故能内自讼者，又为无讼之本也，可不加之意哉。讼之为卦，卦德上乾刚而下坎险。是为上刚以陵其下，下险以伺其上。以一人言，则内险以怀诈，外健以恃强。以二人言，则又已能功彼短，彼健能欺此弱。是以为讼也。夫讼之端，多生于人心之不平，辞所谓有孚见窒，人心所甚不堪者，能惕中而吉，何哉？卦变九自来而居二，“刚”来为“柔”所掩而不能自伸，惟其得中，能以情而不为已甚，以理遣而不欲过求，有争事而无争心，故涣然冰释，得五讼之吉。又言“终凶”者，天下事惟善者可成，讼则德丧而招尤，怨深而招患，揆之于理，断乎不可成也。终则不可成而成，所以凶也。至所谓“利见大人”，卦体九五居卦之中，得阳位之正中，则先事而无偏，主正则临事而决猜疑。所上如此，讼之不中者咸归于中，不正者一般于正，故利也。又也“不利涉大川”，卦象坎为险陷又渊之义焉，乾以刚实承之，是讼者情真反驾虚求胜，自陷其身入于最恶之渊，而不知何利之有？民生有欲，不能无争，欲莫大于饮食，此“讼”之次乎“需”也。若以争济之，则众起兴戒，终为厉价，故又次之以“师”。圣人为世道人心虑，至深远矣；然则处讼之道孰吉孰凶，孰利孰不利，乌可不致审乎哉？天高在上，水流就下，其行相违，此讼之象也。君子体之，以为讼不起于争讼之时，而起于作事之始，其始不快敬慎，少有乖违，始于微而终于著。讼所由起，故不待发声。征色见于云，为当事几之初，必顺乎人情，息是非于未萌；协乎天理，杜利害于未见。不但无违于言，亦且无违于心，讼何由得生乎？作事如此，则始于自讼，终于无讼而中吉，“终凶”，更不必言矣。可见，修德者贵慎初念，图志者贵忧未然。尧舜君臣反复咨，致警于几微之际，凡有兴作，莫不谋始以塞违，又岂独止讼一端为兢兢欤？

师卦第七

[原文]

师[1]。贞[2]，丈人吉[3]。无咎。

《彖》曰："师"众[4]也。"贞"正也。能以众正，可以王矣[5]。刚中而应[6]，行险而顺[7]，以此毒天下[8]，而民从之，吉，又何咎矣[9]！

《象》曰：地中有水，师[10]。君子以容民畜众[11]。

[注释]

[1] 师是本卦的标题，此处指军队。朱熹曰："师，兵众也。"《集解》何晏曰："师者，军旅之名，故《周礼》云：'二千五百人为师'也。"朱熹曰："师，兵众也。"[2] 贞：守正。[3] 丈人：贤明的长者，指军队的总指挥。《集解》引崔憬曰："〈子夏传〉作大人。"吴澄曰："丈字乃大字之伪。"姚配中曰："此当从《子夏传》作大人。"高亨："亦作大人。"《释文》："丈人，庄严之称，郑云：'能以法度长于人。'"《正义》："若不得丈人监临之，众不畏惧，不能齐众，必有咎害。"[4] 众：《师》下坎上坤，坤为众，坎亦为众。《国语·晋语》："坎，水也，众也。"[5] 以：使也。王：读去声。[6] 刚中而应：《师》卦九二为刚处中，初六、六三、六四、六五、上六皆为阴爻，五阴应一阳，五柔应一刚。此指守中正之道，则上下之人皆应和之，而归于正。刚中：指九二。应：指上应六五。[7] 行险而顺：《师》卦下坎为险，上坤为顺。险：指下卦坎。顺：指上卦坤。[8] 毒：《释文》引马融曰："毒，治也。"俞樾以为毒读为"督"，义为治理。《老子》"长之育之，亭之毒之"之"毒"，即是此意。《说文》："厚也，害人之艸，往往而生。"《集解》引干宝曰："毒，荼苦也。"。[9] 矣：王引之以为："矣犹乎也"。[10] 地中有水，师：下坎上坤，坎为水，坤为地。水与土相依，故有亲比之义。《集解》引陆绩曰："坎在坤内，故曰地中有水。师，众也，坤中众者，莫过于水"。[11] 蓄：畜养。《释文》引王肃注："蓄，养也。"朱熹曰："水不外于地，兵不外于民，故能养民则可以得众亦。"

[译文]

《师卦》：做将领的为人中正，是吉利的，没有什么灾难。

《彖传》说：师，表示拥有许多的兵士。贞，表示为人中正，恪守正道。能率领大家恪守正道，就可以成为君王。为人刚强中正，而且又顺应形势，即使途中遇到危险，但最终还是顺利的，以这样的军队去治理天下，老百姓就会跟随他们，理所当然是吉利的，哪里会有灾难发生呢！

《象传》说：《师卦》的卦像是坎下、坤上，坎为水、坤为地，卦象表现为地中有水。即地下面有相当充足的水源，这代表兵源充足的意思，因此把它叫做《师卦》。所以君王应该宽厚待人，保护发众，赢得群众的信任。

[不休说]

《师卦》古时兵农合一，所以师是统领兵众族党，故比卦众在内之意。坤为静，为众。坎为险，为动。聚众据险却外显宁静，可见训练有素，纪律严明，整齐有序，听命于九二主帅，将至险变化隐藏其中，准备行军出征。从爻辞看，一阳之卦得位者师、比而已。先王之制，民无事则为比闾族党，故比卦众在内，一阳在上为之主，君象也。有事则为伍，两卒旅，故师卦众在外，一阳在下为之主，将帅象也。九二，刚中，所谓丈人、长子者也。故卦辞曰："吉无咎"。九二爻辞亦曰："吉无咎"。要之，一本乎"贞"而已。圣人之兵以顺动，犹曰"毒天下"者，盖兵，凶器，战危事也。虽已顺动，犹不免于毒，此圣人之特笔业。六爻中出师、驻师、将兵、将将，与夫奉辞、伐罪、旋师、班赏之道无一不备，后世言兵之书总不出此，而其义光明正大，非后世权谋可比。王者不得已而行师，岂舍此而他求哉？告诉我们，作为统帅应坚守正道，顺应天道，爱护百姓，去打仗就一定能取得胜利的。

[原文]

初六：师出以律[1]，否臧[2]凶。

《象》曰"师出以律"，失律[3]凶也。

[注释]

[1] 师：军队。以：介词，依凭。律：音律，引申为律令法纪。朱熹曰："律，法也。"孔颖达曰："律，法也。[2] 否：不。臧，通"壮"，简本作"壯"壮。臧，壮同声系，古得通用。壮，强也。《左传·僖公二十八年》："师直为壮，曲为老。"《宣公十二年》："楚师为壮。"古代以兵强为师壮。朱熹曰："否臧，谓不善也。"[3] 失律：言有人不遵守纪律。

[译文]

初六：军队出外打仗，要用严明的纪律规范行动，如果没有严明的纪律规范其行动，势必遭遇凶险。

《象传》说：军队出外打仗，要用严明的纪律加以规范，如果没严明的纪律约束将士势必发生凶险。

[不休说]

初六阴居阳位，又处坎险之下位，属于才质柔弱又不归正的基层小兵。在卦之初，为师之始，所以鼓三军之气而慑多士之心，可不谨其始哉；故师旅一行，赏罚必明，则众志始服；队伍必整，则众力始齐。此处师之常道，不可不慎也。若不以律，则号令不足以信服，耳目不能以专一。是为否藏，而丧败随之。不教之兵，以卒予敌，凶岂可免乎？师一出，而国家之存亡、人命之安危皆系焉。其不可不用律者，必然之理。苟一失其律，则众涣心离，一溃而不可收。无制之兵，难免丧师之辱，所谓否藏之凶，可胜信哉；师之有律，犹乐之有律，森民谐协，法至严也。《书》曰：“不于四伐、五伐、六伐、七伐，乃止。”齐焉，所以用律也。若后之兵法所谓以正合以奇胜者，阴谋秘计可谓律乎？故善用兵者，教正而不教齐，犹有律之意存焉。这一爻告诉我们，严明的纪律是打胜仗的有力保证，严明的纪律是更是一个企业在商战中制胜的法宝。

[原文]

九二：在师中，吉[1]，无咎。王三锡命[2]。

《象》曰：“在师中，吉”，承天宠[3]也。“王三锡命”，怀万邦[4]也。

[注释]

[1] 在师中吉：旧解读法，中：当中，守中。[2] 锡命：赐命，指下令嘉奖。《释文》：“锡，郑本作赐。”朱俊声曰：“《周礼》一命受职，二命受服，三命受位。”《曲礼》：“一命受爵，二命受服，三命受车马。”高亨曰：“锡借为赐。”[3] 承：受。宠：爱。天宠：比喻九二与六五有应。《正义》：“正谓承受五之恩宠。”[4] 怀：招来。《尔雅·释诂》：“怀，来也。”怀万邦：程颐曰：“王三锡以恩命，褒其成功，所以怀万邦也。”

[译文]

九二：德才兼备的人在部队中担任主帅，这是吉利的，没有什么坏处。君王多次下达赏赐他的命令。

《象传》说：德才兼备的人在部队中担任主帅，这是吉利的，没有什么坏处，表明顺应天命得到宠信。君王多次赏赐他，说明他胸怀大志，能使天下各国归顺。

[不休说]

九二在下，为众阴所归，有将帅之任，刚而得中，则人义并济，宽猛咸宜，又有将帅之才，卦之所谓丈人也，以此。而在师中，司专阃之命，则勇足以慑众，而奋往常先，恩足以结心，而捍卫不懈，故能计出万全，有战胜之吉而无荼毒之咎矣，且以六五正应在上，委任独隆，殊恩异数，洊加于授之后，又再三锡命焉，则事权归一，赏罚必行，其肤公克奏也，不亦宜乎？自古未有宠任不加而大将能建功于外者。“二”之“在师中吉”，实由上承天宠，得君既专，自宜克效，其心膂尽展，“二”固不得矜之为已功也。亦未有君心不在于天下，而能任将以成功者。“六五”之“锡命”，惟其欲怀保万邦，救民除害。宜其专任必及于有功，宠命 不断于再三，“二”尤不得私之为己宠也。此“吉”且“无咎”为能无愧于丈人哉。人臣无专制之义，故守阃外之寄者，必协乎中道，而适合乎时宜，然后专之可也。又必君命再三，恩礼备至，斯下无专擅之嫌，上无中制之失，志存底定者，其亦善用斯道哉；九二是全卦中唯一的阳爻，为一卦之主，又能守中道，能使群阴归附。九二与六五君王正应，是六五心心相印深信不疑的老臣。九二阳居阴位，过于怀柔，恐友咎。九二能行中道，既尊重六五君王的命令，及时将军情上告给君王，又能当机立断，掌握分寸地处理好军中职权范围内的大事，所以，吉利而无咎。这一爻说明，重用有才德的人，依靠他实现自己的宏伟大业，这是非常可取的。

[原文]

六三：师或舆尸[1]，凶。
《象》曰："师或舆尸"，大无功[2]也。

[注释]

[1] 师：出师。或：通"惑"，或许，可能。此指有时或然之辞。舆尸：用车运送尸体。朱熹曰："舆尸，谓师徒挠败，舆尸而归也。"舆：帛本作"舆"，简本作"轝"，大车。《释文》引卢氏曰："尸在车上，故舆尸凶矣。"王弼注："以阴处阳，以柔乘刚，进则无应，下又乘刚，进则无应，退无所守，以此用师。"梁锡玙曰："古者兵虽败，不忍弃死者，故'载尸'。"[2] 大无功：出师战败，将士死亡，大无功。

[译文]

六三：部队出外打仗回来，如果用车子运载尸体回来，凶险。

《象传》说：部队出外打仗回来，如果用车子运载尸体回来，损失惨重而又没有什么功劳。

[不休说]

六三处于坎体上位，形势十分危险，必须谨慎防守，不能盲目冒进。但六三凌乘于九二主师之上，以柔爻居刚位，才弱志刚，又不行中正之道，违抗军令，轻敌，冒进。凡师之道，必审己之力，量敌之形，可进可退，故能全师而保众也。六三阴柔才弱，居阳，志刚，不中不正。以此用师，则才德俱备。既患师行失律，在己无制胜之方，犯非其分，又疑师无名，在彼无可乘之。有此以战，必致徒众挠败，有"或舆尸"之象。外生敌患，内贻君犹，凶孰甚焉？"三"意本在贪功，不能量力度德，玩敌躁进，致有"舆尸"之凶。膏血涂于原野而残民命，锋镝遍于疆场而损国威。所丧实多而大无功矣，可不戒哉。从国家之患莫大于贪功，师旅之祸莫甚于轻敌。故《兵法》有之曰："知己知彼，百战不殆。"不知彼而知己，一胜一负。不知彼不知己，一胜一负。不知彼，不知己，每战必败。此行师者先为不可败以求可胜，斯无意外矣。这一爻暗示我们，一个人如没有真才实学，即使他体恤下属，也不能担任主帅。

[原文]

六四：师左次[1]，无咎。
《象》曰："左次无咎"，未失常[2]也。

[注释]

[1] 左次：驻扎在左岸，河流左岩一般为高地。程颐曰："左次，退舍也。"《尚氏学》："古人尚右，左次则退也。"朱熹曰："左次，谓退舍也。"左：方位。次：处所。《集解》引荀爽曰："次，舍也。"《尔雅·释诂》："次，舍也。"《左传·庄公三年》："凡

师一宿为舍，再宿为信，过信为次。”[2] 未失常：师左次是得行军之道，故名。常：常道。

[译文]

六四：部队先退下来安扎军营，没有坏处。

《象传》说：部队先退下来安扎军营，没有坏处。这并没有违反兵法的固有规律。

[不休说]

六四，阴柔，不中，无胜敌之才，非能进而克捷者也。但居阴得正，有量敌之智，故自审才力不足以致胜，外度时势未可以成功，即全师而退，远舍以避其锋，坚壁以图其后，有左次之象焉。虽军庸未奏，而为国虑，胜不敢以众士之死生争一人之功伐。其所见者远，所全者大，何咎之有？师以能进为勇，将以得为功。“师左次”，似乎退避而辱国矣，何以得无咎？不知见可而进者自不宜退以示弱，知难而退者又不可轻进以偾事。因时施宜，行师之常道也。“四”能未其常自无“舆尸”“失律”之咎矣。《书》曰：“同力度德，同德度义”，帝王之师贵出万全，当计其得失成败，不当论其进退迟速也。若后之言兵者高坐庙堂之中，逆料境外之事，惟欲其功之速成，而不计其势之可否。岂知当退者易之垂戒，固以昭然较著乎？六四爻阴居阴位，得正。喻六四虽无克敌制胜之才，但未失用兵常法。这一爻告诉我们，在形势非常不利时，先退下来安扎军营是明智之举。

[原文]

六五：田有禽[1]。利执言[2]，无咎。长子[3]帅师，弟子[4]舆尸。贞凶。

《象》曰：“长子帅师”，以中行[5]也。“弟子[6]舆尸”，使不当也。

[注释]

[1] 田：田猎，打猎。《集解》引荀爽曰：“田，猎也。”有：得。禽：鸟兽。《白虎通·田猎》篇：“禽者何，鸟兽之总名，明为人所禽制也。”[2] 执言：执讯。指对所获敌人加以讯问。《诗·小雅·出车》：“执讯获丑，薄言还归。”言疑借为焉，二字古通用。《诗·大东》：“睠言顾之。”《荀子》：“引言作焉。”《说文》：“焉，焉鸟也，黄色，出于江淮。”高亨认为焉鸟不限于江淮。《易经》此言字即借为焉，执焉即扑焉鸟。[3] 长子：犹言刚正长者。指九二。胡炳文曰：“自众尊之则曰‘丈人’，自君称之则曰‘长子’，皆长老之称。”[4] 弟子：次子，犹言小子，与‘长子’相对。弟：《吕氏春秋·原乱》篇：“乱必有弟。”高亨注：“弟，次也，通作第。”《小尔雅·广诂》：“第，次也。”[5] 中行：指六五居中，象人行为中正。中：正。[6] 弟子：即第子，次子也。《小雅·广诂》：“第，次也”。

[译文]

六五：打猎时能得到猎物，打仗时能捉到俘虏，没有什么危险发生。任命德才兼备的有经验的人作为部队的统帅，本将打胜仗，但由于无才无德的小人在军中担任职务，刚愎自用，违背了主帅的作战原则，用车子装载尸体回来，去占卜自然得凶兆。

《象传》说：任命德才兼备的有经验的人作为部队的统帅，是正确的决断。但由于无才无德的小人在军中担任职务，扰乱了主帅的作战部署，结果用车子装载尸体回来，说明用人不当，弄不好会全军覆没。

[不休说]

六五爻居阳位，居中不正，喻示六五君王为怀柔仁德之君，主张和平正义。六五为用师之主，柔顺居中，非喜功好大，擅启兵端者也。如敌加于己，侵害生民，不得已声罪以致讨。犹禽暴我田以伤禾稼，利于执言而博击也。此仁义之师，攻非为暴，取非为贪，何有武之咎乎？然师行不可不正，而任将又不可非人，如刚中之九二，师之所谓丈人，而君之所谓长子也。老谋壮事，位望孚人，既使之帅师矣，又使新进弟子如三四之才德本无足称，得与参谋义，则事权不专，号令不一，至挠败而舆尸，名义虽正而贞，不免丧败而取凶矣。二为长子，而以之帅师，是能以刚中之道而行师，恩以济威，谋以济勇，固能胜任而不添矣。任苟不专一，使非中行者刚柔宽猛违其道，则舆尸致败，是岂弟子之罪哉？由于任使之不当也。可见命将之道不可不审，尤不可不专不审，则使非其人，或至丧师而辱国；得其人而任之不专，则事无统摄，不归于一，亦覆败之所由也。后世如赵盾河曲之战而谋出赵穿，荀林父邲之战而令有先，可为明鉴矣。这一爻告诉我们，本来任用有才德的人做主帅，这是英明的决断，但军营里有小人当道，干扰正确的决策的执行，同样会造成恶果。这就表明要把小人从自己的阵营里清除出去。

[原文]

上六：大君[1]有命，开国承家[2]，小人勿用。

《象》曰："大君有命"，以正[3]功也。"小人勿用"，必乱邦也。

[注释]

[1] 大君：国君。帛本作"大人君"，简本作"大君子"。[2] 开国：分封诸侯。承家：受邑，指分封大夫。帛本作"启国"，楚简本、阜阳本作"启邦"。程颐曰："大君以爵命赏有功也。开国，封之为诸侯也。承家，以为卿大夫也。承，受也。"[3] 正：作动词，犹言评定。

[译文]

上六：伟大的天子有命令，大到开创国家，小到创立家业，都不可以重用无才无能的人。

《象传》说：伟大的天子颁布命令，是为了正确对待有功劳的人。决不可无才无能的人，是因为重用这样的人必然导致国家混乱。

[不休说]

上六位居坤体柔顺极上之处，居师之终，则武功告成，处顺之极，则天下大定。论功行赏正在此时。大君于是有赏功之命，功大者非封国无以酬其勘定之勋，则开拓疆宇，使为诸侯。功小者非承家无以报其捍御之烈，则宁承世业，使为卿大夫。其赏必酬功，报必偿劳，如此。然其中或有余于才、不足于德之小人，则又勿用以预政事、临民上焉。是非坚树国本、保全功臣之要道乎？“大君有命”，所以成功之大小而赏当其功也。故开国而不为滥，承家而不为吝，无偏无私，正以论定其功，自可无侥幸怨望之心矣。然云“小人勿用”？小人力师中，用之奔走，或可以效功，若用之抚底定，则挟功自恃，使以靖乱者，终必至于乱，岂王者怀保万邦之至意乎？六之垂戒深矣，师之为卦，万世论兵之道皆不出乎此。至上六之终于报功之典，寓之权，所以优功臣而隆封建。见圣人待天下之功，远小人而绝祸端，见圣人虑天下之深，后之保邦图治者，尚其深鉴于此哉。上六阴居阴位，《师卦》之终。表示战争结束班师凯旋。这一爻告诉我们，小人是坏酒的药，在哪都不能重用小人。

总　论

师以兴兵动众，非圣人之得已也，可不正乎？必也顺天人，讨乱诛暴，所至若时雨，出于至正而无私，所谓贞也。然将非其人，以国予敌，又必重专征之选，严阃外之寄，使得老成持重，好谋而能惧如丈人者而任焉。斯师出有名，天讨彰而声灵振；兵行有纪，众心服而胜算成。是以有战克攻取之吉，而无穷武之咎，师之道备矣。秦之锐士不敌文之节制，文之节制不敌汤武之仁义。师以仁义为本，又得仁义之将，如黄发之尚父，元老之方叔，故吉且无咎。惟三代之师为然。若后世嬴秦之灭六国，吉矣，而不免于咎；武侯之伐魏，无咎而不能必吉。岂所称出于万全者哉？所谓师者，伍两卒旅之众也。兴师动众，并有仁义张伐，是贞之为言正也。凡行师道，用以伐暴，用以驱害，而不为害，一出于正。而凡不正者，无不输诚向化，于以顺天心，答民望，无敌于天下而外王者之师，不亦然乎？此师之所以贵乎贞，而率师者贵乎丈人，盖有在矣。其在卦体，九二刚中而五应之，是为将者威而能惠，勇而好谋，有丈人之德焉。而且委任既专，事权不患于中阻，是将，固有丈人之德，而君又能任此丈人之将也。卦德坎险而坤顺，兵虽凶器，战虽危事而行乎险道，然以征不义，则判者讨而服者舍，以诛暴慢，则近者悦而远者怀，是险能顺矣。若此者，以刚中之德行顺民之事，当兵所至，见为劳民伤财，不免毒害天下，实则除残救民，东征西怨，民不谓毒而乐从之，将见功成于一举，难靖于四方，是将能顺从乎民，而民心始顺从乎毒者，如功病然，毒药所施非沉疴坚症不可轻用也。然则兵可轻动乎哉？是在率师者以正举以顺动，庶乎可矣。坤地之中而有坎水，犹庶民之中而有兵众，师之象也，君子体之以为师，岂一时所能聚哉？故者，民与众非有二也，于无事时，制田里，谋生聚养之者有定制，足民，正所以足兵也。设学校，明伦序教之者有成法，训民，即所以训兵也。何则？以之容保者，此民；以之畜聚者，亦即此众也。故居常则比闾相居，有事则守望相援，不必征求调发，而桓桓之众即在此元元之民兵矣。以是之藏兵于民，有兵之利而无兵之害。亦犹藏水于地，有水之利而无水之害。君子之善用师也，如此。自井田法废，兵民既分，天下不患无兵，而患在有兵。故出己力以为民，莫若以民卫民之更切。出己财以养民之更易。此管仲作内政以寓军令，为得井田之遗法，其尚有合于容民畜众之义乎。师卦作坎下坤上，主讲出征之事，总体是凶险的。官问则吉，民问则凶。卦中展示了用兵和管理的要旨，概括而言可称为当律、当中、当慎、当退、当进、当用。初六极言纪律的必要性；九二有执行君上之命不妄为的中正之德；六三陈述谨慎行师不至失利的教训；六四指出形势不利时，主动撤退可获无咎；六五申言正义；上六体现论功行赏的法则，将奖赏与封官按德行标准严格区分开来。卦之下体三爻，主帅九二刚健上进，可视为进攻方略；卦之上体三爻，主帅六五慎守，可视为防御战术。充分讲述了为将之道或领导者在决策时所需遵循守正和用贤的两大原则。

比卦第八 ䷇

[原文]

比[1]，吉[2]。原筮[3]。元永贞[4]，无咎。不宁方来[5]，后夫[6]凶。

《彖》曰：比，吉也[7]。比，辅也，下顺从[8]也。“原筮，元永贞，无咎”，以刚中[9]也。“不宁方来”，上下应也。“后夫凶”，其道穷[10]也

《象》曰：地上有水[11]，比。先王以建万国，亲诸侯[12]。

[注释]

[1] 比是本卦的标题。比的本义是亲密，全卦的内容主要讲交往和团结。《说文》：“比，密也，二人为从，反从为比。”《正义》：“比，相亲比。”朱熹曰：“比，亲辅也。”[2] 吉：物能互相亲密比辅，故获吉祥。[3] 原筮：再次占筮。原字，简本作“备”，即“邍”之省。《广雅·释言》：“原，再也。”高亨曰：“原巫者，后人追称旧巫之辞也。”[4] 元：元下疑当有亨字，传写脱去。《左传·昭公七年》十二月：“遇《屯》之《比》以示史朝。”史朝曰：“元亨，又何疑焉。”[5] 不宁方：不安宁的邦国，不愿臣服的邦国，即好乱之邦。王夫之曰：“不宁方，谓不宁之方。宁：安也。方：邦也。”《诗·荡》：“覃及鬼方。”《常武》：“徐方绎骚。”诸方皆为邦字。《周礼·考工记·梓人》：“毋或若女不宁侯，不属于王所，抗而射汝。”《大戴礼·投壶》篇：“鲁命弟子辞曰：‘嗟而不宁侯，为而不朝于王所，故抗而射女。’”《白虎通·乡射》篇：“礼射祝曰：‘嗟而不宁侯，而不朝于王所，以故天下失业，亢而射尔。’”《说文》：“侯，春乡所射侯也。祝曰：‘毋若不宁侯，不朝于王所，故亢而射汝也。’”《仪礼·大射仪》：“量侯道”。郑注：“尊者射之以威不宁侯，不宁之邦谓之不宁方。不宁方或言不廷方，《诗·韩奕》：“不廷方。”是也。宁、庭、廷一声之转也。[6] 后夫：迟到者。夫为语辞。高亨曰：“后夫者，后至之人也。”《国语·鲁语》：“仲尼曰：‘丘闻之，昔禹致群神于会稽之山，防风后至，禹杀而诛之’。”[7] 比，吉也：比，辅。朱熹曰：“比吉也，也字衍。当云‘比吉：比辅，下顺从也。’‘比，辅也’解比字。‘下顺从也’解吉字。”《朱子·语类》王念孙曰：“‘比，吉也’，也字涉下文‘比，辅也’而衍。辅：亲辅。下坤上坎，坤为地，坎为水，水在地上，二者亲密无间，故称之为“辅”。[8] 下顺从：二三四互体也为坤，坤为顺而在下，故曰“下顺从”。《集解》引崔憬曰：“下比于上，是下顺也。”[9] 刚中：九五以阳爻为刚而居卦之中位。上下应：指应上下五阴应九五。[10] 其道穷：上六居卦之上，又乘五阳，物极而反，故曰“其道穷”。《正义》：“他悉亲比，已独来往，比道穷困，无人与亲，故其凶也。”[11] 地上有水：水与土相依，故有亲比之义。《集解》引何晏曰：“水性润下，今在地上，更相浸润，比之义也。”程颐曰：“夫物相亲比而无间者，莫如水在地上，所以为比也。”[12] 建万国，亲诸侯：建国封国以相亲比。程颐曰：“建立万国，所以比民也；亲抚诸侯，所以比天下也。”

[译文]

《比卦》：开始占卜，得到吉祥的预兆。再一次卜筮占问，依然是吉祥的预兆，不会遭遇凶险。因为原先与之为敌的不安分的臣民也归顺了。那些迟迟不愿归顺的顽固分子，将会遭遇灾祸。

《彖传》说：亲和者将得到吉利的预兆。比为辅佐的意思，底下的黎民百姓能顺从上面的执政者。一而再再而三地卜问，得到的都是吉利的预兆，没有凶兆，这是因为君王生性刚强，能长久持正道，不安分的臣民现在也来朝贺，表明上下一致，同心同力。“那些迟迟不愿归顺的顽固分子，将会遭遇灾祸”，这表明那些阻碍国家统一的顽固分子。违背了人民的意愿，违背了天道，将无路可走。

《象传》说：《比卦》的卦像是坤在下面，坎在上面，坤为地，坎象征水，这就表明地上有水。而地与水是相互依附的，所以把它叫做《比卦》。过去的帝王划分疆土，把它分封给有功德的人，建了众多的属国，以此来亲近诸侯。

[不休说]

比之为卦，一阳居尊，而五阴应之。《彖》言“五阴比一阳”，《象》言“五阴比一阳”，以互相发明，“比”之义始尽。凡《彖传》应字多为刚柔两爻相应，此则谓上下五阴应乎五之刚，又一例也。六爻自九五称“显比”外余五爻皆称“比之”，“比之”之词，初比之，无咎，二、四比之，贞吉。皆以其比五也，独三比之匪人而伤，上比之五首而凶，是上三自相为比，而不比五也。自卦言之，群阴皆比于五。自爻言之，或远或近，或来或不来，有未可一律拘者。盖卦以明一统之义，而爻告随其位之所之，所以尽比之变矣。《比卦》表明，作为君王，与臣民形成非常亲密的关系有利于整个国家的发展；作为臣民，应顺应大势，假如和平统一已成为上自统治者下至黎民百姓的共同愿望，应归顺坚守正道的君主。这告诉我们，应以和为贵。

[原文]

初六：有孚比之[1]，无咎。有孚盈缶[2]，终来有它，吉[3]。

《象》曰：《比》之初六，有它吉也。

[注释]

[1] 有孚：得到俘虏，指人。比：亲近，比附。《尔雅·释诂》：“比，俌也。”《说文》：“俌，辅也。”俌即辅佐之辅的本字。[2] 有孚：得到财物，指物，都指有收获。缶：瓦盆。《说文》：“缶，瓦器，所以盛酒浆。”《汉书·五行志中》之下：“季恒子穿井得土缶。”颜注：“缶即今之瓦盆也。”盈：旧解为盈满，疑非是，盈从皿，本义当为容器。盈缶连称，泛指瓦缶灯器皿。盈，简本作“海”。[3] 来：于省悟曰：“来当作未”。有它：有此小麻烦。帛本作“或池”。《说文》：“它，虫也。上古艸居患它，故相问无它乎。重文作蛇。是古人称意外之患曰它。”有它吉：当指有用财物解免，故吉。

[译文]

初六：有诚信，亲近他们，不会有什么过错。有诚信，用瓦罐装着的满满的好酒好菜款待他们。即使发生意外，由于有诚心，最终也是吉祥的。

《象传》说：《比卦》的第一爻位（初六）的地位卑微，要与有地位的人合作，虽说是难的，但由于他有诚心，所以最后还是能得到吉祥。

[不休说]

人臣事君，贵于诚信。初六居比之初，当服官之始，情意尚隔于事分，所恃以进结于君者，惟此孚诚而已。惟内孚之心，外孚之事，无非忠君爱国之念，以此比君可无忝于臣职而无咎。然"有孚"非易言也，必有一念之不诚，无一事之不实，无少亏欠，若盈缶然，则终当感格君心，而宠遇之来，若出意外，"有他吉"焉。孚在比初，即推之至于盈缶，亦止此一念之诚，以此格君，君恩之来自在寻常计之外，宜有他吉也。盖人臣事主，其始进之日，一念之诚伪，终身之邪分焉。始进不以诚，未有能出于诚者也。圣人于比之初六以"有他吉"许之，可以为人臣劝矣。然而，初六柔爻居全卦最下方，地位卑微，远离九五阳刚君位，受六四之欺凌，自不必说。但初六心中对九五充满了诚信，坚贞不渝地想去亲比九五，虽有艰险也不为所动如此一来，终会感动九五而获得意外的吉祥。这一爻说明只要心怀诚心，就能赢得别人的信任，从而以诚相报。

[原文]

六二：比之自内[1]，贞吉[2]。

《象》曰："比之自内"，不自失[3]也。

[注释]

[1] 比之自内：此指六二居内卦，上应外卦的九五，柔顺中正，故获吉祥。朱熹曰："柔顺中正，上应九五；自内比外，而得其正；吉之道也。"内：内部。臣在朝内辅佐其君。[2] 贞吉：楚简本无"贞"字。[3] 不自失：六二阴柔居内卦之中得正，上应九五，不失贞正。朱熹曰："得正则不自失矣。"

[译文]

六二：亲近虽是发自内心的，卜问得到的结果是吉祥的。

《象传》说：亲近别人是发自内心的，就不会有什么过失。

[不休说]

六二居阴位，得中且正，又上与阳刚中正的九五君爻成正应，君臣固守正道，心心相应，精诚团结，其方出而仕也。一本其内之素养者以自靖焉。是进，非苟合而可以得君于比之道，为得其正而吉也，徇人者失己，"比之自内"，则达不离道，不自失也。盖得事君之正矣。可见选择才而用虽在乎上，而以身许国必有于己。二五以中正之道相比，故为得正。若降志辱身，汲汲以求比者，非君子自重之道矣，亦奚赖有若人而用人乎。这一爻告诉我们，真情是解决矛盾的最锋利的武器。

［原文］

六三：比之匪人[1]。
《象》曰："比之匪人"，不亦伤[2]乎！

［注释］

［1］比：阿私，如结党营私。匪人：非其人。《释文》："匪人，王肃本作匪人凶。"高亨曰："有凶字意较备。"比之匪人：指误交了不该结交的朋友。引申为所辅之君不贤。朱熹曰："阴柔不中正，承乘皆阴，所比皆非其人之象。其占大凶，不言可知。"《折中》引赵彦肃曰："初比于五，先出；二，应也；四，承也；六三无是三者之义，将不能比九五矣。"［2］伤：伤害。《集解》引干宝说，释伤为伤害。孔《疏》释伤为悲伤。

［译文］

六三：和最坏的人亲和。
《象传》说：和最坏的人亲和，不也是可悲的吗？

［不休说］

六三阴居阳位，处下体上位，阴柔而不中正。阴柔，则暗昧而无识。不中正，则邪僻而不良，而况上下与应皆阴，则所近举非正。人以三之暗昧邪僻，有不入其流者乎；是所谓非人矣。六二、六四之贞吉，由于所比得人也。六三既比匪人，是暗于择友之明，不惟无益，而反为累矣。人于不善而同恶相济，不亦伤乎？盖甚言匪之必伤也。按初之应四，二之应五，皆为比得其人。惟三居不正之位，乘、承、应皆阴，是比之匪人也。如马援劝器专意东方，而器乃降于蜀，卒至杀身亡宗为天下笑，亦大可伤矣。失正不中，无法与人亲比。这一爻说明要尽量与人亲善，但不是不辨好坏的亲善，而是有鉴别地与人亲善。

［原文］

六四：外比之[1]，贞吉[2]。
《象》曰：外比于贤[3]，以从上[4]也。

［注释］

［1］外比之：在外辅君。如大将出征、大臣出使。［2］贞吉，楚简本作"亡不利"。《集解》引虞翻曰："在外体，故称'外'；得位比贤，故曰'贞吉'。"［3］外比于贤：六四于外卦与九五之贤亲比。［4］从上：六四阴爻为臣，九五阳爻为君，六四在九五之下，象征臣服从君。

［译文］

六四：外边的人乐于亲近他们，去占卜会得到吉祥的预兆。

《象传》说：外边的人亲近他，是因为他们贤能，就好像臣下顺从他们贤明的君王。

[不休说]

六四以柔之柔，外比九五，以柔正之德尔居近君之位，是国而忘家，公而忘私，得所比之正也。自是明良相遇，有以辅君德而成显比之治矣。何吉如之；九五以阳刚居上而得其正，不但有其位，而又有其德，盖贤君也。六四固外比于九五之贤矣，然岂止从其贤而已哉？盖君臣天地之大义无所容逃，臣子忠爱之至性必不可解，故必从之以尽其分也。按四当与内应，乃内无可比而外比于五，舍柔暗而事高明为得其正，此其所以吉欤。六四以柔爻居阴位，当位得正，与初六有应而不交。而且初六忠贞不渝地向往与九五亲比，也不需六四的庇护。六四以正德与九五亲比，放弃小我体系，归融于九五君王的统一旗帜下，这是符合比的正道的。这一爻说明，只要坚守正道，努力完善自身，就会使周围的人因仰慕他的崇高质量而来投奔自己，为自己效力。

[原文]

九五：显比[1]。王用三驱[2]失前禽[3]。邑人不诫[4]，吉。

《象》曰："显比"之吉，位正中[5]也。舍逆取顺[6]，"失前禽[7]"也。"邑人不诫"，上使中[8]也。

[注释]

[1] 显：广泛。指光明、正确。《尔雅·释诂》："显，光也。"《广雅·释诂》："显，明也。"高亨曰："显比者，以光明之辅也。"《说文》："明，头明饰也。"朱熹曰："一阳居尊，刚健中正，卦之群阴，皆来比己，显其比而无私。"[2] 王用三驱：君王田猎时用三面网驱捕。设网捕禽，当用四面网，此用三面，是仁义的做法，与古礼云"天子不合围"，及商汤置一面网的典故类似。三驱：三方驱围，指田猎。[3] 禽：古语鸟兽皆称禽，高亨曰："禽，鸟也。"[4] 诫：警戒，提防。俞樾曰："诫读为骇。"是也。诫、骇古代通用。《周礼·钟师》："《祴夏》"郑注："杜子春云：'祴读为骇。'"《大司马》："鼓皆駴。"《释文》："駴本作骇。"《大仆》："始崩戒鼓"郑注："古书戒作骇。"《说文》："骇，惊也。"[5] 位正中：九五居中得正。[6] 舍逆取顺：狩猎时前天一面，禽向己者为逆，则舍之，背己向前而去者为顺，则取之，故为舍逆取顺。[7] 失前禽：背己而射禽，因而往往失前禽。[8] 使：当读为"吏。"《左传·襄公三十年》："吏走问诸朝。"《释文》吏作使，云："王肃本作吏。"《墨子·备城门》篇："所为吏人各得丌任。"孙诒让曰："吏、使古字矣通。"上使中：九五在上而居中得正，象人有中正之道。

[译文]

九五：非常亲近他人。君王去田野捕获猎物，从三个方向追赶，网开一面，让被追赶的禽兽从网开的一面逃走。村子里的人对君王的狩猎一点也不惊惧，这是吉利的。

《象传》说：非常亲近他的吉利之处在于双方都是自愿的。舍掉不自愿的迎接自愿的，就好像君王捕获猎物一样，让迎面来的落网，让从往前面逃的跑掉。村子里的人对君王的狩猎毫不惊惧。这是因为君王坚守了中正的原则。

[不休说]

九五，一阳居尊，以刚健中正之德为上下五阴所比，是圣人而在天子之位亲比天下，普大公无私之心，而天下之戴之者无一不从王者之化，而忘于不知，如天子之畋围，合三面，前开一路，使之可去，惟取其不出而反而入者，则禽之前去者皆免矣。凡同驱私属之邑人咸晓上意，亦不相警备，以求必得，为“王用三驱失前禽”而“邑人不诫”之象。盖在上之人不必求得，而在下化之亦不求其比得也。凡其皆吉之道也。所谓“先比”之“吉”者，大以五有正中之德，其自心而达之政，皆荡平而无私，故能为天下所归往也。又谓“失前禽”者网开一面，逆我而去者舍之，如后夫不能强之来，则舍之而已。向我而归者则取之，如方来者不能使之去，则取之而已。故听前禽之失也“邑人不诫”者，由王者建中于上，而下以不偏之德应之，有不期而然者若或使之耳。程《传》谓“先比”非唯人君比天下之道，如此臣于君言之，竭其忠诚，致其才力，乃显其比君之道也。用之与否，在君而已，不可奉迎求其比己也。在朋友亦然，修身诚意以待之，亲己与否，在人而不已，不可轻言令色，屈从苟合以求人之比己也。此于“三驱失前禽”之义更为吉祥，可谓读《易》者之法矣。九五爻居阳位，得中且正。即具阳刚之才，又行中正之道，为群阳比附之尊主。这一爻告诉我们，求和的前提是双方自愿，死缠只会讨人嫌，使双方的关系进一步恶化，迁就只会使自己处于被动。

[原文]

上六：比之无首[1]，凶。

《象》曰：“比之无首”，无所终[2]也。

[注释]

[1] 比之无首：帛本、简本等均作“比无首”，疑今本“之”字衍。高亨曰：“比之无首，臣辅其君而遭杀身之祸。”无首：不领先。[2] 终：成。《大戴礼·小辨》篇曰：“乐义曰终。”《国语·周语》曰：“纯明则终。”韦注：“终，成也。”

[译文]

上六：没有头脑地亲近别人是凶险的。

《象传》说：没有头脑地亲近别人，不会有结果的。

[不休说]

上六阴柔居上，无刚健之德以比下，人比有刚中之德，然后可首出庶物而为人所比，为比之“无首”之象。如此则何以为人所此乎？众叛亲离，凶其比免矣。人君为天下所比者，以其德也。比既无首，则不成为比矣，何能保其终以善其后乎？此其所凶也。首对终而言，上六以阴居终不能率先，天下以从君而以险自固，其甘为后夫而自取灭亡者乎。上六柔爻居比卦之终点，又处上卦坎体之极地，以阴凌阳，不愿归顺。这一爻告诉我们，和别人亲近时，要运用自己的聪明才智。

总 论

比卦以阳居尊位而得其正，上下五阴顺而从之。以上之比下言，则以一人而抚万邦。以下之比上言，则以四海而仰一人。比则当为人所亲厚辅助而吉。然民之比我，比于我之有德也。故比在为审察，果有元善好生之德足以长人，而元善之德果永而不至于间断，贞而不失于杂，自无天于作民元后之责而无咎矣。由是仁恩四洽，凡未比而不安宁者方归来未已，彼负固如后夫，只自贻其戚而凶耳，于王者何损哉？比则天下归心，定于统一，虽或顽梗弗率，亦有自外王化之时。然帝王止自修其德，以尽其安内外之实，故虞帝舞干羽于两阶，而有苗自格；南越尉佗自立为帝，汉文以德怀之，而佗遂称臣。则修德又比人之本与；卦名为比者，何所取哉？以比有亲辅之义也。以卦体言之，九五阳刚在上，五阴顺而从之，是在下之臣民莫不倾心向化也，故为比。辞谓“原筮元永贞无咎，何所取哉”，盖君德贵刚，而刚贵乎得中。九五以阳居中，是主之以明作之心，而济之以时措之善，则体仁长人，而为元者，一刚中之德为之，且累世不息而为永，无私不杂而为贞，皆刚中之德为之也。此所以当众之来归而无咎。又谓“不宁方来”者，卦体上下五阴皆应九五，是合上下臣民之众而皆比于一人也。又谓“后夫凶”者，盖九五德足致天下之比，则民心之归已非一日，若后夫自弃德化，以比之道揆之，自当困穷，此其所凶也。盖上下顺从之日，自外王化，理合致穷。然王者之心但问吾之可比不可比，不计彼之来与不来。此大公之道，庶几九五之显比者欤；“地上有水”，水比于地，不容有间，有比之象。先王观比之象，而得比天下之道焉。谓天下可以一人同化，幽隐不得达，制为巡守述职之典以亲诸侯，令其承宣德意，恩泽下流。天子以亲天下者而亲诸侯，诸侯以亲天下者而报天子。如此，则有以比天下而无间矣。人君以一身居九重之上，万国之广，人民之众，安得一一而亲比之？故建国亲侯乃比天下之大权，实比天下之要道也。汉贾谊论众健诸侯，令海内之势如身之使臂，莫不制从其得，比天下之道者哉。比卦作坤下坎上，总体算是好卦，因为亲近人多数情况下会带来吉庆。比是双脚配合行走的象形字。有互相亲近、配合、协助的意思，揭示了人在社会关系中应遵循亲君子远小人的原则。初六充满诚信；六二互相亲近；六三所亲匪人，凶；六四亲近贤人；九五广泛亲善。上六虽亲无主，凶。本卦一阳统帅五阴，九五君爻以阳刚中正之位居尊，首先正己，得天下臣民比辅，获国泰民安之吉象。本卦告诉我们，与人建立亲比、辅助关系时，要努力修养品德，以诚相待，光明磊落。不能结党营私，方可获吉无咎。

小畜卦第九

[原文]

小畜[1]。亨[2]，密云不雨，自我西郊。

《彖》曰：小畜，柔得位[3]而上下应之，曰小畜。健而巽，刚中而志行[4]，乃“亨”。“密云不雨”，尚往[5]也。“自我西郊[6]”，施未行[7]也。

《象》曰：风行天上[8]，小畜。君子以懿[9]文德。

[注释]

[1] 小畜是本卦标题。畜的意思是田地里谷物滋生，草木茂盛。卦像是表示天的“乾”和表示风的“巽”相迭加。小：微小。畜：通“蓄”，积蓄。朱熹曰：“小，阴也。畜，止之之义也。”[2] 亨：物能以小蓄大，以下济上，则有益于刚大者之行，故可亨通。我：卦中以阴为主，故称我。西：古人以为象征“阴方”。郊：帛本作“茭”。[3] 柔得位：《小畜》六四为阴爻，居阴位。柔：指无才德的小人。上下应之：指六四的上下五爻皆为阳爻，所以说是五刚应一柔。[4] 刚中而志行：九二、九五皆以阳爻居中位，故曰“刚中”。刚：指有才德的君子。乾：健。巽：谦虚。密云不雨：乌云密布而不下雨。[5] 尚：通“上”。尚往，指云向上而行。朱熹曰：“尚往，言畜之未极，其气犹上进也。”[6] 自我西郊：指云起自我方西郊。[7] 施未行：指阴阳交合之功方施而后行。施：存施，指乌云密布。

[8] 风行天上：指号令未发以待时，风为号令。[9] 懿：美。文德：指礼乐教化

[译文]

《小畜卦》：亨通顺利。天空布满乌云，但雨还未下来。黑云从西边的郊外压过来。

《彖传》说：《小畜卦》的卦象表明阴柔者处于恰当的位置，阳爻和阴爻相互应和，所以把它称为《小畜卦》。刚健而又谦恭有礼，并守正道，便可以实现自己的志向，亨通顺利。“浓云密布但未下雨”表明水汽正在上升积聚。“黑云从西边的郊外压过来”，这表明阴阳二气还未相交，故雨还未降下来。

《象传》说：《小畜卦》的卦像是干在下、巽在上，干为天、巽为风，这表明风在天上吹着云，由于空气的水的含量还未达到饱和状态，还需要积累水汽才下雨，所以把它叫《小畜卦》。君子看到这情景，就要修身养性。

[不休说]

《小畜卦》以大畜小，以阳畜阴，其常经也。亦然有君子欲行事，而小人得以扰系之，大事之将就而小，故得以邀阻之，皆小畜也。以统体言之，卦为六四一阴，上下五阳皆为所畜。若析言之，下三爻乾体受畜者也，上三爻巽体为畜者也。以一柔下蓄三刚本是难事，以得五与合志而后能畜，至上九则畜道已成，而不雨者变为既雨矣。要之，阴亦岂能

畜阳？惟阳失其道乃为所制。乾体三爻，初、二皆复，三昵于四而不复，小畜亦但能畜九三一爻而已。由三之不能正室自失其道也。四虽畜阳，曰“血”，曰“惕”，有戒辞焉。圣人扶仰之意深矣。卦中上巽下乾，表明柔能制钢，以德畜小可制强。但不可急于求成，正如风行天上，畜云积雾还需时机，方可化成济物之雨。以示，有德君子，应以柔顺之道，团结一切可以团结的力量，广施仁义，方可匡扶天下之正气，压制不息之暴乱。这一卦说明不积跬步，无以至千里；不积小流，无以成江海。

[原文]

初九：复自道[1]，何其咎？吉。

《象》曰：“复自道”，其义[2]吉也。

[注释]

[1] 复：往而重来为复。《说文》：“复，反也。又曰，往来也。”古代但作复。《说文》：“复，行古道也。”道：正路。自复道：《周易浅说》：“下卦乾体纯阳，本在上之物，故自下升上，曰‘复自道’，言由故道也。”指阳爻要回到自己上升的路上。[2] 其：助词。义：读为“宜”。

[译文]

初九：继续做自己还未完成的事业，哪里会有什么过错呢？这是吉利的。

《象传》说：继续做自己还未完成的事业，这样做是有道理的，所以吉利。

[不休说]

初九阳爻居阳位，得正位。但初九毕竟阳气不足，才力过小，资质尚弱，又不得中。进妄行，会受到九二，九三两阳爻的敌视、打击、迫害。初九体乾居下，得正乾，远于阴，虽与四为正应，而能自守以正，不为小人所蓄。夫阳本在上之物，进不为小人所畜而得居所当然居之位，有进“复自道”之象，如是则既无枉道之失，而复有正人之功，自不至于有咎而吉矣。枉者己不能以正人。今初九进“复自道”，则进必以正，不以阴邪所制，上足以正君，而下足以正民。以义揆之，当得吉也。盖君子未尝不欲进，而特恶进非其道。“初”之复，能以道自胜，而不失足于小人，则大节挺然，邪自不得而矣。此正色独立之士，国家而求之，实以其足为朝廷重钦。这一爻暗示我们做事要有恒心。

[原文]

九二：牵复[1]，吉。

《象》曰：“牵复”在中[2]，亦不自失[3]也。

[注释]

[1] 牵复：被人挽引而返。《说文》：“牵，引前也。”《广雅·释诂》：“牵，引也。”《释言》：“牵，挽也。”[2] 中：正。[3] 不自失：指九二不失其德。《折中》引杨万里

曰："初安于复，故为自复；二勉于复，故无牵复。能勉于复，故亦许其‘不自失’。"

［译文］

九二：志同道合的人一起干

还未完成的事业，是大吉大利的。

是因为这一爻阴位，位于下卦正中，即顺应了事情的发展规律，这当然不会有什么过失。

［不休说］

九二阳爻居阴位，资质刚健但能守中，不偏激，又能用柔顺之道。九二亦欲上进，而渐近于阴，似若为阴所畜者，九二有刚中之德，则亦能以正自受，而与初九之刚正者同德而升，不为阴所系。畜有牵复之象，则正气伸而道可行，故吉也。九二与初九"牵复"者，岂无德而能复乎？盖人无自守之德，鲜有不自失者。今九二有刚正之德，自能与初九之刚志合道同，其牵而复也，亦不至于自失矣。君子小人不容并立，然君子之类常孤，小人之党常众。故君子必刚正自守，援同德以俱升，乃不为小人所制，此九二所以贵"牵复"也。不然，小人众而君子孤，漫然以进，而不守其害者鲜矣。这一爻告诉我们，众人拾柴火焰高，有朋友跟自己一道渡难关，哪有克服不了的困难，所以前途是光明的。

［原文］

九三：舆说辐[1]，夫妻反目[2]。

《象》曰："夫妻反目"，不能正室[3]也。

［注释］

［1］舆：车舆，也可代指整车。帛本作"车"。说：通"脱"。《说文》："引作脱，借为挩。解挩也。"说、脱、挩同声系，古代通用。辐：帛本作"緮"，用为"輹"，即车伏兔。《释文》："辐作輹。马云：‘车下缚也。’"《集解》辐作輹。焦循曰："辐当作輹。"《说文》："輹，车轴缚也。"《左传·僖公十五年》："车说其輹。"与此处相同。此处指捆邦车伏兔与车轴的绳索脱去。［2］夫妻反目：九三是阳爻，上面的六四是阴爻。阳指夫，阴指妻，妻子在夫上，造成失和。［3］不能正室：九二阳爻为夫在内卦，六四阴爻为妻在外卦，妻乘凌夫，居在上，夫被制在下，故不能正室。正：作动词，规正。室：妻室，《礼记·曲礼上》："三十曰‘壮’，有室"。郑玄注："有室，有妻也，妻称室。"

［译文］

九三：走到中途，突然车子的轮子脱离了车身，夫妻俩相互仇视。

《象传》说：夫妻俩相互仇视，这表明没有处理好家庭成员间的关系。

［不休说］

九三欲进之心虽与初二同，然刚而不中，迫近于四。不中则无静守之节，近四则有易昵之私，是援结小人以进，卒为所制而不得进，如舆之说辐然。乃三之志刚，不安受其制，失身于始，则阴阳相悦，有如夫妻。究之心不能平而与之争，为夫妻反目之象。夫妻反目，岂皆妻之过哉？夫为妇倡，未有夫不失道而妻能制之者也。由九三刚而不中，自处不以其道，则说辐反目，乃“三”自为之耳，于“四”何有乎？初二皆能复，独三畜于四而不复者，与四相比而悦也。使阳不失道，则阴岂能畜之哉？是可为失身于小人者之大戒也。九三阳爻居阳位，得正而不守中；又居下卦之上体，质刚且实，容易躁进冒险。九三处于上卦体之间，成为各种矛盾的中心。初九，九二同类拖累，上受上九敌应。同时，他上应六四之聚，并且为主而是为从，失去主导地位，难免发生冲突，而大失所望。两个人为实现同一目标努力拼杀，中途由于意见不同，反目成仇，这是因为没有摆正双方的位置。

［原文］

六四：有孚[1]，血去惕出[2]，无咎。

《象》曰：“有孚”，“惕出”，上合志[3]也。

［注释］

［1］孚：读为浮，罚。《小尔雅·广言》：“浮，罚也。”《书·盘庚中》：“以不浮于天下。”《礼记·投壶》：“若是者浮。”《晏子·春秋·内篇》：“请浮晏子。”浮皆罚意。［2］血：通“恤”，意为担优，指流血冲突。《释文》：“血，马云‘当作恤’，忧也。”去：避免，远离。血去：血流而去其身。惕：畏惧、戒惧。焦循曰：“惕，逖也。”《说文》：“逖，远也。”出：引申为解除。高亨注：“出，走也。”惕出：出以警惕。［3］上合志：指符合其心志。《集解》引荀爽曰：“从五，故曰‘上合志也’。”上：尚。

［译文］

六四：有诚信，则能去掉忧恤，解除警惕，没有什么灾难发生。《象传》说：有诚信，消除双方的疑虑和担忧，表明志同道合。

［不休说］

六四以一阴畜众阳，势不相敌本不免于伤害忧惧者，幸其柔顺得正虚中，巽体为能取信于上，一诚所感二阳，亦相信而助之，故外之得以安其身而免于伤害，内之得以安其心而免于忧惧，为“有孚、血去、惕出”之象。如是，则可藉二阳之力以成其畜之功而无咎矣。四之“血去、惕出”虽赖二阳之力，然岂无自而得二阳之助乎？以四有孚固结于上，而上二阳与之合志，故得免于忧患也。六四一爻为畜众阳之主，然以阴柔力弱，而又与五、上二爻同为巽体，故必借助于二阳共成其畜之道。圣人以“有孚”戒之，欲其反而自求，必诚信在中，足以感孚乎人，而后可免意外之灾惧。其此盖深切矣。六四阴居阳位，位正，实为一卦之主。六四何来的“血去”与“惕出”之说呢？这要联系六十四卦之父母乾坤二卦去考虑。两人一起干事业，如果双方都有诚信，心怀坦荡，即使有什么矛盾，也会化解。

[原文]

九五：有孚挛如[1]，富以其邻[2]。

《象》曰："有孚挛如"，不独富也。

[注释]

[1] 孚：俘虏。挛如：连缀、牵系不断的样子。帛本作"䜌"。《说文》："挛，系也。"《释文》引马云："挛，连也。"高亨曰："挛当读为烂，明也。"《文选·西都赋》："登降炤烂。"李注："烂，明也。"《诗·女曰鸡鸣》："明星有烂。"《韩奕》："烂其盈门。"《楚辞·九歌·云中君》："烂昭昭兮未央。"《说文》："烂，熟也。"[2] 富以其邻：义为与其邻相顺服而不相犯也。富：此作动词，阳称富，增富。以：及。此指向外掠夺，得到俘虏和财物。《集解》引虞翻曰："以，及也。"王引之、俞樾并从之。邻：指六四。

[译文]

九五：有诚信就能使大家紧密联系在一起，因为有周围的人帮忙而变富有了。

《象传》说：有诚信之所以能使大家紧密联系在一起，这是因为没有独自享受荣华富贵。

[不休说]

三阳上进，其势正盛，畜之为难。九五巽体居中，而"有孚"处尊而富厚，是其孚诚既足以感人，使上下相为维系，且身处尊位，而富之力又足以屈群力而为我用。盖四与上在五左右，有邻之象。而五之力为能左右之以行己意也。心同而力复同，何三阳之不为所畜哉？九五既"有孚挛如"，是"有孚"乃感召之本，则众志之所以信从者，莫非此孚诚为之也，岂独以其富厚之力使人乎？此卦《彖传》言以一阴畜五阳，而爻辞则言在上之阳与阴合志。朱熹《本义》因为巽体三爻同力畜乾，是下三爻主"阳为阴畜"，而上三爻又主"以上畜下"之义也。《易》理变动不居，一爻各立一义。如此，若以全卦之理论，则四为阴柔，五当合诸阳之力以制之，而乃以四同巽体受其笼络与之合志，非得处畜之正道者。爻虽不言凶悔，而亦无吉占，则圣人言外之意亦可见矣。九五刚爻居中正之君位，既有才德，又居涵养，又得六四柔顺大臣诚信劝谏，自可亲贤臣远小人，避免行为过失。你对周围的人以诚相待，赢得他们的信任，从而使他们报之以诚，这样就会促使你登上成功的宝库。

[原文]

上九：既雨既处[1]。尚德载[2]。妇贞厉。月几望[3]，君子征[4]凶。

《象》曰："既雨既处"，德积载也。"君子征凶"，有所疑[5]也。

[注释]

[1] 既：已经。处：停止。俞樾曰："《说文·几部》：'処，止也。得几而止，从

几。'重文处，曰：'或从虍声。'是处之本意为止，故《诗·江有汜》：'其后也处。'毛《传》曰：'处，止也。'既雨既处者，既雨既止也。止谓雨止。"[2] 尚德：指阳德。尚：上。德：帛本作"得"。《集解》："德作得。"高亨曰："德当读为得。"载：积载。《说文》："载，乘也。"尚德载：《周易尚氏学》："德者，雨泽也。'尚德载，言雨泽下降，乾施坤受，地乃载其泽也。巽为妇，柔之，为道不利远，高处在上，非妇德所宜，故如贞得此爻者，厉也。"[3] 妇贞厉，月几望：妇人守贞防危，当如月将圆不过盈。妇：阴。贞厉：守正防危。几：接近。《释文》："几，荀作既。"望：农历每月十五日月圆时候，叫月望。几望：既望，每月阴历十六日。《集解》："月几望，上变阳，消之坎为凝，故君子征，有所疑也。"[4] 征：《孟子·尽心下》篇："征者，上伐下也。"《尔雅·释言》："征，行也。"[5] 疑：通"凝"。

[译文]

上九：雨下了又停止，就好像快积满功德的男人，妻子去占卜必得凶兆。阴历快到十五日，君子又出远门，一定会遭遇凶险。

《象传》说：雨下了又停止，就好像快积满功德的男人已快到了事业的顶峰，稍不慎，就会走下坡路。君子如果盲目出外远行，一定会发生凶险，是因为他很快就要登上成功的宝座，回望光辉历程，不禁沾沾自喜，往往怀疑别人的点子的正确性。

[不休说]

上九虽阳爻，而居巽体，对下乾爻亦为阴累。上九居畜之极，是阴力已盛，其力足以制阳，而阳亦受制于阴，阳不得不与之和，是向之不雨者今阴阳和而既雨矣。既与之何，是阴能制阳，阳至是而不得不止也。所以然者，以君子尊尚阴德，至于积满而然耳。夫阴之常分本不可以加阳，今乃以阴加阳，如妇之抗夫，虽或得正，而亦不免于危厉。在君子阴未盛尚犹可往，至阴盛如月之几望则往，必受小人之害而凶矣。阳与阴和而既雨既处者，岂君子之得已哉？由阳不能防之于始，尊尚其德，至于盈满，其势不得不与之和他。当此时而征则凶者，阴盛抗阳，动则得咎，自然窒碍而难行矣。君子至此岂可以妄行哉？阴虽极盛，不得有加于阳，阳不失道，岂为阴制？乃以阴畜阳，畜极而阴阳俱为不利，则阴何利于畜阳哉？细玩上九爻辞，固为君子戒，亦深为小人戒矣。上九刚居柔位，位不正，难行中道，以阴险之德胆大妄为，尤如任性的皇太后或皇上宠信的宦官太监居高位，握实权，横行朝野。不但柔顺的六四的大臣难以按常规去蓄止她的言行，就连具有阳刚之德的君子，也不要与其发生正面冲突为宜。一个人在面对困难时，往往会焕发出一种神奇的力量，克服常人难以克服的困难。然而，当快大功告成时，他往往刚愎自用，变得非常愚蠢，或者不能克服最后的困难，导致"功亏一篑"。

总　论

此卦惟六四一阴，上下五阳皆为所畜，是以小畜大也。夫阳之力大，方能畜阴畜。今以巽之柔顺而畜三阳，能系而不能固，则所畜者小矣。夫阳为阴畜，难以得亨。然卦德内健外巽，有能为之才，卦体二五皆阳，有可为之势，在君子犹得安其位以伸其志而亨。但畜未极而施未行，则所极者未厚，而所施者不能及远，如云虽密而不能致雨，徒起自西郊而已。故有“密云不雨，自我西郊”之象焉。云能致雨，今乃密云不雨者何耶？盖东北阳方，西南阴方，阳唱阴和，阴唱故阳不和而不能成雨也，是“密云不雨”以其起自西郊耳。卦明小畜者，盖以卦体六四柔得位而上下应之，上下五阳皆为六四一阴所畜，是一小人处高位，而众君子为其所牵制，有以小畜大之义，故为小畜。夫阳为阴所畜，宜不得亨，而卦辞系曰“亨”者，何哉？盖以卦德内健外巽是其立心，则有不屈之操，处事复有善入之道，其才可以有为。卦体二，五皆阳，是乾二之阳用事于下，而巽五之阳用事于上，则其势又得以有为，此所以不为其所畜而犹可以亨也。又云“密云不雨”者何哉？盖君子以泽及天下为心，若所积未厚，正当其进修之力，奋起向往之功，今则畜未及而向往也。“自我西郊”者，正言德未能以远，及无以兼济万物，润泽生民，施未行于天下也。自乾坤而下，屯、蒙、需、讼、师、比，皆三男阳卦用事，至此方见巽之阴胜乎阳也，如此。“风行天上”，但有气而无质，能畜物而不能久畜，小畜之象也。君子当小畜之时，不能厚积而远施，而德之发见于外者，则不可以不修饰而至谨之。故于威仪则致其美而为君子之容，于文辞则致其美而为君子之辞，使一身之章、观、听之美，无不归于尽善焉。盖细行不矜，终累大德，皆君子之所戒也。由是养盛而为大畜，则所施自不止于淑其身矣。夫君子之文德，所以修身者在是，所以御物者亦在是，故小畜之懿德与大畜之畜德，虽有功力之殊，原无精粗之别，是以君子尤不可不至谨于是也。小畜卦作干下巽上，初九、九二是原路返回及导引返回，均属安全，故吉利；九三夫妻反目，是不吉利之事；六四无咎灾；六五是渐入佳境，德行渐有积累，既有诚信，又有相互牵系联结，所以邻人之间十分和睦；上九是说雨散云收，妇人当处后宫，忌讳走上前台，此时阴乘阳德，妇人在明处，所以危厉。而君子出征当选择月黑风高之夜，如是十五月明，必难奏功，所以凶险。本卦主要揭示的畜积之道，是风云相加，蓄势不发。并非指财富的积蓄，而是泛指人生的各个方面。指出一切事物的成长都有一个巩固基础的过程。每一步的成功都不是偶然的。要思进退，明取舍，晓厉害，不可过度穷奢极乐，在德行和修养上要懂得隐忍。

履卦第十

[原文]

履[1]。履虎尾，不咥[2]人。亨。

《彖》曰：履，柔履刚[3]也。说而应乎乾[4]，是以“履虎尾，不咥人。亨”。刚中正[5]，履帝位而不疚[6]，光明也。

《象》曰：上天下泽[7]，履。君子以辩[8]上下，定[9]民志。

[注释]

[1] 履：本卦标题。履的意思是踩踏，引伸为行为和行为准则。帛本作“礼”。《说文》：“履，足所依也。”《小尔雅·广服》：“在足谓之履。”《诗·生民》：“履帝武敏。”毛《传》：“履，践也。”《论语·乡党》：“行不履阈。”皇《疏》：“履，践也。”履引申意为践。[2] 咥：咬。帛本作“真”。[3] 柔履刚：六三阴爻为柔，正在九二、初九之上，所以说是“柔履刚”。柔：指六三。刚：指上乾为刚。[4] 说而应乎乾：《履》下兑上干，兑为说在下，干刚在上，二者相应。说：即古“悦”字。乾：健，指强者。[5] 刚中正：指九五以阳刚居中得正。[6] 帝位：九五为帝位。履帝位：处帝王之位。疚：指灾害。《释文》引马云：“疚，病也。”[7] 上天下泽：《履》卦下兑上干，兑为泽，乾为天，天气上升而在上，泽水下润而在下，等级分明，象礼制，故为《履》象。[8] 辩：通“辨”，辩别。[9] 定：定正，即规定端正之义。

[译文]

《履卦》用脚踩了老虎的尾巴，老虎没有回过头来咬你，顺畅。

《彖传》说：《履卦》是指阴柔踩到刚健。这好比和颜悦色地与刚正强健者相对，因此卦辞说：“用脚踩了老虎的尾巴，老虎没有回过头来咬你”。“亨通顺利”，登上了帝位而不愧疚，是因为你的行为光明正大。

《象传》说：《履卦》的卦像是兑在下、干在上，兑为泽、干为天，这表明在上的顺应天道泽被在下的黎民百姓，所以叫做《履卦》。君子要分清上下的职责，遵循礼仪，安定民心。

[不休说]

卦辞之“虎尾”主九四言，爻辞之“虎尾”主九五言。以兑说，视乾刚则乾为虎，自乾之三爻视之，惟五以刚居刚，则谓五为虎亦可。凡卦辞以爻为主，则爻辞亦与卦同，如屯之“利建侯”是也。卦辞以上下体言，则爻辞与卦不同，如卦辞“覆虎尾，不咥人”，而六三“咥人”是也。合六爻言之，初、上，覆之始终也，初言往，上言旋，一进一反，而覆之象见矣。中四爻：以刚覆柔者，吉；以柔覆刚者，凶；以刚覆刚者，厉；阳爻居阴位，谦也。此一卦皆以阳处阴为善。《履卦》上下尊卑界定分明，拘守成规的礼节而不可逾越。在下者能取悦尊上者的龙岩是不会有过咎的，即有地位高下之分，又有相互依存的关系。一定要遵守内在的规律。告诉我们，任何人在创业初期都会遇到困难，如果我们因为创业难，而不去做它，将永远不会到达成功的彼岸。所以，我们要敢于冒险。

[原文]

初九：素履[1]，往无咎[2]。

《象》曰："素履"之往[3]，独行愿[4]也。

[注释]

[1] 素履：无文采，质而不饰之象。见于《吕氏春秋·离俗篇》。素帛本作"错"。《周礼·履人》："素履，葛履。"《仪礼·土冠礼》："素積白履。"素：朴素。履：鞋子。[2] 往无咎：王弼曰："处履之初，为履之始，履道恶华，故素无咎。"[3] 素履之往：比喻人以朴素坦白之态度行事。[4] 独行愿：能独行其志愿。指初九无所杂念，专心循礼。程颐曰："独，专也。若欲贵之心，交战于中，岂能安履其素也。"

[译文]

初九：遵循一贯的规矩做事，不会有风险。

《象传》说：一贯穿着朴素，只是单单实现了自己的愿望。

[不休说]

初九，以阳在下，而居覆初，是贤人在下位而当方进之始，不为物迁，而但循其素覆，如是而往，则不至变其初心，何咎之有？初之"素覆"而"往"，是率其素覆而不变塞，其至确然有不可得而移者。其守不可易，其志实不可变耳。是独行一已之愿，而不愿乎其外也。此岂功名爵禄之所动者乎？"素覆"而"往"，是安于贫贱之"素"，而进足以有为者，若欲贵之心与行道之心交战不决，安能无失其守也？初九为阳，阳居阳位，位正。阳刚可以上往。但是初九上与九四无正应，无人提携。其上成的九二，六三的位置都不正，且都处在"虎尾"之处。祖上的规矩是祖先留给我们的财富，是智慧和文明的结晶，它有它的可行之处，遵循它，不会出大乱子。

[原文]

九二：履道坦坦[1]，幽人[2]贞吉。

《象》曰："幽人贞吉"，中不自乱[3]也。

[注释]

[1] 履道坦坦：帛本作"礼道亶亶"。《广雅·释训》："坦坦，平也。"《正义》："履道坦坦者，坦坦，平易之貌也。九二以阳处阴，履于谦退，已能谦退，故履道坦坦者，亦无险难也。"[2] 幽人：被监禁的人。《集解》引虞翻曰："在狱中，故称幽人。"虞释幽为囚。《荀子·王霸》篇："公侯失礼则幽。"扬注："幽，囚也。"《吕氏春秋》："劫而幽

之。”高注：“幽，囚也。”《韩非子·喻老》篇：“是以生幽而死。”《淮南子·人间》篇：“劫而幽之。”幽为囚。《正义》：“幽人贞吉者，既无险难，故在幽隐之人，守正得吉。”[3] 中不自乱：九二阳爻居下卦之中位而心志不自乱。

[译文]

九二：供人行走的大道宽阔平坦，甘于平凡的人去卜问会得到吉利的预兆。

《象传》说：隐居起来不过问政事，去占卜得到吉祥的预兆，这表明为人正直，就不会沾染世俗的污秽习气。

[不休说]

九二刚中，在下有自守之操，且无应于上，则上无汲引之人，盖不得志而独行其道者也。乃居易自得，此心坦坦然，真所谓幽人也。则得洁身之贞，乐道之吉矣。“幽人”守“贞”而“吉”者，以二秉刚中之德，则有确然自守之操，富贵利达不得而乱其心也，岂矫情拒物者哉。大抵坦与险不生于世而生于中之静躁，设以声色货利动其心，爵禄名誉纷其志，则此中先乱，见道必不明，信道必不笃，即有坦者亦变而险矣。古之君子虽遇造次颠沛，而神明宴然，不为摇惑，岂非中有素定者在乎？九二阳居阴位，德行柔顺守中，行为谨慎而不偏激冒进。九二前行，有六三武人和九四近君大臣在先。而且九五君王与己并无正应关系。九二对目前形势洞若观火，头脑十分冷静。这表明如果只愿平平淡淡地过一辈子，那么你的人生之路将是平坦的。

[原文]

六三：眇能视[1]，跛能履[2]。履虎尾，咥人，凶。武人为于大君[3]。

《象》曰：“眇能视”，不足以有明也；“跛能履”，不足以与行也。“咥人”之凶，位不当[4]也。“武人为于大君”，志刚[5]也。

[注释]

[1] 眇：一只眼睛小或作一目瞎。《释文》：“眇，字书云：‘盲也’。”能，通“而”。《集解》：“能字而也。”高亨曰：能读为而。眇能视：无其能而为其事。[2] 履：帛本作“利”，行走。[3] 为：通“伪”欺诈。帛本作“迵”，义为能通。大君：国君。[4] 位不当：六三以阴居阳位，故位不当。[5] 志刚：六三与上九相应，其志向是阳刚。

[译文]

六三：眼睛瞎了却硬说自己能看清东西，腿跛了去硬说自己能走路，不知不觉踩到了老虎的尾巴，老虎咬人，必定会遭遇灾祸。有勇无谋的武士要争夺君王的位置。

《象传》说：眼睛瞎了却硬说自己能看清东西，其实根本没有足够的眼光来识别事物。腿跛了硬要去走路，其实没有足够的脚力以供他行走。老虎咬人是非常凶险的，他处于不适合自己的位置，即踩在老虎尾巴上。有勇无谋的武士同君王比高低，是过于刚强。

[不休说]

六三不中不正，柔而志刚，是才，德俱不足者，乃好为自用，不肯下人，本无见事之明，如眇不能视强自以为能视；本无任事之才，犹不能覆强自以为能覆。以此作事，动与祸随，犹虎在前而覆其尾，必至咥人而凶也。如刚武之人本无能为而乃为大君，以不人而在高位，则得志肆暴，是播其恶于众也，岂能久乎？眇自谓能视，其视能几何哉？实不足以有明也。自谓能覆，其覆能几何哉？实不足以与行也。“咥人凶”者，由其居位不当，本无和说之德，则覆乾必致于伤害矣。“武人为于大君”者，武人无刚中正之德，故为大君则肆其暴，盖柔而志刚也，六三自用自专，与“说而应乎乾”者相反，此其所以见伤耳。三为说体，卦与爻一也。卦和而言之，唯见其说以应乾，爻别而观之，则其见其失于中正以柔，志刚而说体伤矣。爻与卦相反，若是所谓六爻发挥旁通情也。能得此意，则卦、爻相反者，不唯不相悖，而且互相发明，即此爻可以类推矣。一个人要干大事，首先要称称自己有几斤几两，要量力而行，不能莽撞行事。

[原文]

九四：履虎尾[1]，塑塑[2]终吉。

《象》曰：“塑塑终吉”，志行[3]也。

[注释]

[1] 履虎尾：比喻人触犯强暴敌人，踏上危险境地。[2] 愬愬：恐惧的样子。帛本作“朔朔”。《释文》：“愬愬，《子夏传》云：‘愬愬，恐惧也。[3] 志行：志愿得行，目的达到。

[译文]

九四：已踩到了老虎的尾巴，十分恐惧，但小心行事，终究会获得吉利的预兆。《象传》说：十分恐惧，但小心行事，终究会获得吉利的预兆，这表实现了自己的愿望。

[不休说]

九四亦以不中不正覆九五之刚，其初本未有吉者，幸其以刚居柔，则因危知惧，敬慎恪恭，终得以安其位而行其道，为能愬愬戒惧而得终吉，虽覆危机而可以无害矣。人臣事君，唯敬慎斯能感格。所为“愬愬终吉”者，以四心存敬畏，则兢业之虑周。九四近至尊而处多惧之地，能以阳居阴，则刚强而以谨谓行之，所以处危惧而终获其志。文王之小心翼翼，周公之赤舄几几，诚千古人臣事君之极则欤；九四处上体乾之下位，九四位近君大臣，有尾随虎君之后象。九四又处上互体之中位，爻变为阴，又为上体之下。已处于非常危险的境地，内心十分恐惧，但只要行事谨慎，就能化险为夷。

[原文]

九五：夬履[1]，贞厉。

《象》曰："夬履，贞厉"，位正当也。

[注释]

[1] 夬履：为断裂之履，有伤足跌跤的危害。指快步行走。夬：同"快"。《说文》："夬，分决也。"《说文》："決，行流也，从水夬声（行流谓断土使水流）抉，挑也，从手，夬声。（挑谓以手挑之使断）。"《吕氏春秋·分职》篇："今民衣弊不補，履决不组。"《庄子·讓王》篇："纳履而踵决。"高亨曰：二决字并断裂之意。《集解》引干宝曰："夬，决也。居中履正，为履贵主，万方所履，一决于前。恐决失正，恒惧危厉。"

[译文]

九五：为实现自己的梦想，鞋子都走断了，去卜问得知要经历磨难。

《象传》说：为实现自己的梦想鞋子都走断了，去卜问得知要经历艰辛，但身经磨难后，会迎来吉利，这是因为正当其位，即冒险的动机是纯正的，顺应了时势。

[不休说]

九五刚中正，则有能为之才，覆帝位则有可为之势。夫挟可为之才与可为之势，而下又以说应之，则更得以遂其欲为之志，是遇事即行，无复持重却顾之意，为夬决其覆之象。纵使事皆得正，然过于自用，亦有危道，况未必尽处于正乎。所谓"夬覆贞厉"者，以九五之德则刚，中正以位，则覆帝位，位正且当，则必持其夬之才与夬之权。凡所措施，以为唯吾所欲为而莫之能阻。然才常伤于所恃，而危多出于所安，所以虽正而亦危也。古之帝王，明足以照，刚足以绝，势足以专，然而未常不凛凛于自用，则小之戒乃其所以为圣也。是故外宁则思内忧，阳盛则思阴剥。御臣下则恐以愎谏自用而詘忠谋，待小民则恐以恣意妄行而启众怨。如此则久安长治而无危厉之咎矣。若夫扰柔不断者，又当以英果济之。此《洪范》"高明柔克，沉潜则刚"之说，不可执一而论。九五刚爻居阳位又处上卦中位，阳气已盛壮于天。其刚健中正之德已为万民所景仰，其威如虎，足以独断专行。一个人为了建功立业，历尽艰辛，倾其所有，往往还未成功，此时，可千万不要泄气，因为只要正直、善良，顺应了时势，就一定会成功。

[原文]

上九：视履考详[1]，其旋元吉[2]。

《象》曰："元吉"在上，大有庆[3]也。

[注释]

[1] 视：察看，审视。考：考究，考察。考疑当证。《仪礼·士丧礼》："考降无有近悔"郑注："考，证也。"《公羊·隐公五年》经："考仲子之宫。"传："考公者何？考优入室也始祭仲子也。"《国语·周语》："所以修滌百物，考神纳宾也。"韦注："考，合也。"高亨曰：考神谓进于神也。《楚辞·九欢离世》："身憔悴而考旦。"王注："考，终也。"祥：通"详"，祸福吉凶。《释文》："祥，本作详。"《音训》："祥，晁氏曰：'荀、

郑作详。’”详疑借为庠，同声系，古代通用作详。《说文》：“庠，礼官养老，夏曰校，殷曰庠，周曰序。”《礼记·王制》：“有虞氏养国老于上庠，养庶老于下庠，夏后代养国老于东序，养庶老于西序。殷人养国老于上庠，养庶老于右学，养庶老于左学。周人养国老于东胶，养庶老于虞庠。虞庠在国之西郊。”《乡饮·酒义》：“主人拜迎宾于庠门之外。”《孟子·滕文公上》篇：“设为庠序学校以教之。庠者，养也。校者，教也。序者，射也。夏曰校。殷曰序。周曰庠。学则三代共之。”高亨曰：庠者，古代行养老之礼之地也。[2]其：助词。旋：周旋，完备，返回。王弼注：“居极应说，高而不危，是其旋也；履道大成，故元吉也。”[3] 大有庆：指上九之时履道大成，故上下皆有福庆。《集解》引卢氏曰：“王者履礼之上，则万方有庆于下。”

[译文]

上九：回望自己的奋斗历程，从各个方面考察得失，这是大吉大利的。

《象传》说：居于至尊的位置，大吉大利，这是因为有值得庆祝的地方。

[不休说]

上九阳居阴位，居履之终，则所履之事已终，其祥兆当有可考，果所履者事皆尽善，周旋无亏，则得大吉。人情靡不有初，鲜克有终。人事多方，其吉凶之应有久有近。故有一事吉而余未必吉者，或吉之数少者，元吉所最难也。若元吉而得之在上，则自始至终无少欠缺，非常之福自天佑之，不亦大有庆乎？实与天命相流通。故一事不修，即致天行之沴。一时不谨，即干上帝之和。昔之圣王虽履极盛之时，兢兢自考，为大于细，慎终如其始，以迓天体之滋至，而不敢少自怠荒焉。是以万福来同，而庆及于天下后世也哉。谦虚柔顺，德才兼备，回顾反省自己的履行实践，考察自己奋斗历程，总结自己的成功经验和失败教训，用以教育后人，实现人生价值的至臻完备。创业难，守业更难，守业的难点就在你不能超越自我，往往自我陶醉在昔日的辉煌之中，从而迷失了前进的方向。其实，只要你跳出狭小的自我圈子，把创业的历程做一面镜子，认真全面地分析创业过程的每一个细节及促使创业成功的每一个有利条件，并总结经验教训，就一定会迎来另一个辉煌。

总　论

凡人处世，当是非利害之冲，皆危机之所伏，如猛虎在前而人其后，为履虎尾之象。夫虎尾而履之，未有不咥人者，亦甚危矣。然兑以和为义，则温厚和平自有以强暴之心而免伤害之，及有履虎尾不咥人也，以此求进，则从容而得，遂其所欲为，亦何往而不亨通哉？乾体刚健，非专为暴者，而象之以虎，所以极言兑之和说，处至危而无咎也。行于强暴则强暴服，行于患难则患难弭。然君子于此，岂徒务柔媚以取容乎？亦尽其道之当然而已矣。卦之明为履者，盖之卦之二体言之，兑为柔而乾为刚。卦体以体兑之柔履乾之至刚，履非所履，动有危机，故名为履也。夫人之履危，鲜不见伤，乃履危而不伤者，盖卦德说以应乾，则践履从容恭顺而不失其正，所履之善如此，将得遂其进而行无所阻，虽危而不至于危也。故卦辞系曰：“履虎尾不咥人，亨”，故以其德矣，而其所以德“亨”者，卦体五刚正而覆帝位，“刚”则有神谋雄断之资，而“中正”则能善用其刚而不过，是德称其位也。德以位称，则无忝帝位，而其心宁至于有咎乎？夫即有其德而复有其位，以理势度之，其功业著于四方，有极光辉发越之盛者矣。有君若此，而臣以和说应之，此其所以得“亨”也。圣人释《彖》既毕，又指九五之德以推广其义，诚见覆帝位者不刚不足以制天下。不中不正，则刚而过于亢、过于察，一往不顾其所安，虽天下臣民欲和说以应之，而在我未能免愧悔之萌，则在人亦难泯危疑之迹矣。高而能下，贵而益兼，动容周旋，无不中礼，斯为可法可则，而无恶于天下也乎；卦象上天下泽，天在上而泽居下，定分不易，覆之象也。君子以民心所欲无涯，其志因以不定，皆由于上下之分不辨耳。故观覆之象以辨别之，因其定分制为典礼，使尊卑隆杀截然不紊，如天居于上而不嫌于高，泽居于下而不嫌于卑，上下之分秩然不可逾越，则民治由此而定矣。夫上下之分明，然后民志有定，然则辨分定志，岂非帝王世之大权乎？若使等威无辨，上下无章，如贾谊所言富民墙屋被文之美，倡优下贱为贵者之饰，则奢侈不已，民志不定，天下纷然，欲以图治难矣。故曰：礼者所以总一海内而整齐万民也。履卦作兑下干上，就是人应小心循礼而行，犹如行走于虎尾而不被咬伤，虽有危险，谨慎行事，仍然可致亨通。卦中六爻讲述了行履过程中的不同情况：初九鼓励人要有所追求、踏实工作；九二持中不乱，提高修养，固守正道，获吉；六三刚愎自用而操进获凶；九四结局恐惧，可免危险；九五常怀危厉之心，聚智广益而成就大业；上九提倡反思，检查自己的得失，并加以改正，方能继续发展。卦义阐述了制定计划、谨慎从事、注重实践、谦虚吸取、不刚愎自用的人生道理。

泰卦第十一

［原文］

《泰》[1]：小往大来[2]，吉亨。

《彖》曰："泰，小往大来，吉亨"，则是天地交而万物通[3]也；上下交而其志同[4]也。内阳而外阴，内健而外顺。内君子而外小人，君子道长，小人道消也[5]。

《象》曰：天地交，泰[6]。后[7]以财成天地之道[8]，辅相天地之宜[9]，以左右民[10]。

［注释］

［1］泰是本卦的标题。泰的意思是安泰。朱熹曰："泰，通也。"高亨曰："泰与汰同。淘汰也，清洗也。"《说文》："泰，滑也。"《广雅·释诂》："泰，洗也。"卦象为表示的"坤"和表示天的"乾"相迭加，以示阴阳交通和畅。［2］小往大来：失去的小，得到的大。古大、太（泰）同音，故此"大"字，语义双关，兼大、泰（平安）二义。《正义》："阴去故小往，阳长故大来。"小：指渺小之庸人。大：指高大贤人。［3］天地交而万物通：说明天地交合，万物生养畅通之理。《集解》引何妥曰："此明天道泰也，夫泰之为道，本以通万物。若天气上腾，地气下降，各自闭塞，不能相交，则万物无由得生。明万物生由天地交也。"天地交：下乾上坤，乾为天，坤为地，天居下，地居上，象征天阳之气下降，地阴之气上升，故曰"天地交"。［4］上下交：乾为君，坤为众，君居下，而民居上，象上下交心。《集解》引何妥曰："此明人事泰也，上之与下，犹君与臣，君臣相交感，乃可以给养万民也。"［5］内外：下乾上坤，乾为内卦，坤为外卦，乾为阳，其性健，为君子，有"大"之义；坤为阴，其性顺，为小人，有"小"之义。《集解》引何妥曰："顺而阴居外，故曰小往；健而阳在内，故曰大来。"《集解》引崔憬曰："阳为君子，在内健于行事；阴为小人，在外顺以听命。"［6］天地交，泰：《集解》引荀爽曰："坤气上升，以成天道；乾气下降，以成地道。天地二气若时不交，则为闭塞；今即相交，乃通泰。"［7］后：君。《集解》引虞翻曰："后，君也。"《尔雅·释诂》："后，君也。"财：通"裁"。《释文》："财，荀作裁。"《汉书·食货志》引亦作裁。［8］天地之道：指天地之四时变化及生长万物之规律。［9］辅相天地之宜：指雨露霜雪各有宜至之时，山川丘陵愿显各有宜产之物。辅：相助。相：赞助。《集解》引郑玄曰："辅、相，助也。"［10］左右：支配。

［译文］

《泰卦》：阴去阳来，是大吉大利的。

《彖传》说："《泰卦》：阴去阳来，是大吉大利的"，这表明天地相交后，万物生长旺盛，当官的和黎民百姓心意相通，志趣相同。阳在内而阴在外，刚健者在内而柔顺者在外。君子在内而小人在外，君子当道，美好的品德得到发扬光大，小人的奸佞之道正在消失。

《象传》说："《泰卦》的卦象为乾在下、坤在上，乾代表天、坤为地，天地相交后，万物滋生，所以把它叫做《泰卦》。君主看到此情景，应顺天地运行的规律，促成君臣同心，辅佐君王的臣子应抓住这良好的时机，为天下百姓造福。

[不休说]

卦取感通之义，此言消长之机。《易》之阴阳，以天地自然之气言之，则不可相无。以君子小人之象言之，则圣人之意未尝不欲天下之尽为君子，而无小人也。泰、否之象归宿皆在君子、小人之消长，故曰《易》以天道明人事。泰乃吉亨之时，然九三方过中，圣人即以为戒，制治于未乱，保邦于未危也。泰吉生否，圣人于三示启端于上。要其极平陂往复者，天运之不能无；艰贞勿恤者，人事之所当尽。若上居泰极，虽欲艰已无及矣。丰卦当盛大之时，而《彖传》曰："日中则昃月盈则食"，皆圣人思患预防之意也。天相交后，产生了雷雨风电，滋润了万物，有利于万物茁壮成长，这是因为顺应了大自然的客观规律。这就表明，要想保永久的顺畅，必须顺应天道。

[原文]

初九：拔茅茹[1]，以其汇[2]。征吉。

《象》曰："拔茅"、"征吉"，志在外[3]也。

[注释]

[1] 茅茹：一种可作红色染料的草。《说文》："茹，饮马也。从艸，如声。"拔：帛本作"犮"。[2] 汇：种类。帛本作"胃"。《释文》："汇，古文作谓。"《尔雅·释木》："谓榇采薪。"《释文》："谓，舍人本作汇，云：汇者茎也。"高亨曰："汇有草茎之意。汇、蕢古通用。"《说文》："重文作蕢。"《礼记·礼运》："蕢桴而土鼓。"《明堂位》："土鼓蕢桴苇籥。"高亨曰："蕢桴作鼓桴，是蕢以有草茎之意。"[3] 志在外：志在征伐外国。

[译文]

初九：拔起一把草，它们的根相连。即将出征时，看到这迹象，是吉利的。

《象传》说：拔起一把草，其根紧密相连，此时出征进发是吉利的，这表明在朝廷之外的黎民百姓也有此愿。

[不休说]

初九当泰时而有阳刚之德，能与二阳俱进象，犹拔茅其根以类而起者。以此德而征行，则初固足以有为，而二阳皆足以致治，所以成辅泰之功者在是矣，不亦吉乎？所谓"拔茅征吉"者，初九与二阳并进，欲使君为尧舜之君，民为尧舜之民，进而助财成辅相之功，左右斯民之业，志在天下国家，而不在一身也。盖三阳皆同此志，此其所以征行而吉也。从圣王在上，天下之土孰不愿立于其朝乎？来大厦非一木之支，太平非一土之业。上方合志下交，则下自连类并进，这告诉我们，得人心者得天下。

[原文]

九二：包荒[1]，用冯河[2]，不遐遗。朋亡[3]，得尚于中行[4]。

《象》曰："包荒"，"得尚于中行"，以光大也[5]。

[注释]

[1] 包：用作"匏"，指匏瓜。《说文》："匏，瓠也。"荒：空。《释文》："荒，郑读为康。云，虚也。"《集解》："荒作亢。"引翟玄注："亢，虚也。"亢、荒、康古通用。《尔雅·释诂》："漮，虚也。"《释文》："漮，郭云：'本作亢'。"《诗·桑柔》："具赘卒荒。"毛《传》："荒，虚也。"《国语·吴语》："荒成不盟。"韦注："荒，空也。"包荒：将匏瓜挖空，帛本作"枹妄"。[2] 冯：用作"淜"。《说文》："淜，无舟渡河也。从水，朋声。"冯河：徒步过河。《集解》引虞翻曰："冯河，涉河。"《尔雅·释训》："冯河，徒涉也。"毛《传》："徒涉曰冯河。"《吕氏春秋·安死》篇："不敢冯河。"高注："无舟渡河曰冯。"高亨曰："古人冯河，常抒瓠而空之，以为腰舟。"《庄子·逍遥游》篇："今有五石之瓠，何不虑以为大樽，而浮于江湖。"《释文》："马云曰：'樽如酒器，浮之于身，浮于江湖，可以自渡。'"《学问》："中流失船，一壶千金。"陆注："壶，瓠也，佩之可以涉水，南人谓之腰舟。壶即瓠之借字。"《诗·七月》："八月断壶。"毛《传》："壶，瓠也。"陈奂《疏》云："壶，读为瓠。"不遐遗：不因遐荒路远而舍弃。孔《疏》："遗，弃也。"[3] 朋亡：帛本作"弗忘"。[4] 尚：赏赐，说明。中行：中途，半路上。《尔雅·释宫》："行，道也。"[5] 以光大也：以其光明正大，明断无私。

[译文]

九二：凭借被掏空了的葫芦去渡河，不会沉下去。钱财丢了，会失而复得，这是因为他为人光明正大。

《象传》说：凭借被掏空了的葫芦去渡河，不会沉下去。钱财丢了，会失而复得，这表明人们都崇尚品行纯正的人，并使之发扬光大。

[不休说]

九二刚中之德，而上应六五，是主乎泰而得中道者也。其待人也恕，其处事也宽，为能包容荒秽，且贤必进而不肖必退，利必兴而弊必革，能用凭河之勇焉。举及侧陋，图及隐微，不以遐远而有遗，且不昵于近倖之私，不狃于便安之习而朋比是亡。此四者各有中行之道，盖不能含容，非中也；当断而不断，亦非中也；忘远，非中也；泄迩，亦非中也。九二惟中行，故因刚而刚，因柔而柔，或用刚而济之以柔，或用柔而济之以刚皆适合乎天理之当然。人能如是，自合乎九二之中行，而所以治泰者得其道矣。九二之"包荒"得"尚中行"者，何所本哉？盖心之蔽者则不能察乎中。九二之心极其光大，光则明，则足以有照；大则器，足以有容。其得中道而有太也，岂偶然乎？二虽臣位，实主治泰之则者，故必有包容之量，刚断之才，深远之虑，大公之怀，而均合乎天理当然不偏不倚之道，庶几泰可常保，而国家深赖有是人耳。九二刚居阳位，得下卦中位，是刚柔相济的臣。九二与六五相非中也，亦非应，表明君王对其极为诚信，情投意合而不疑；九二阳居阴位，说明他具有谦下之德也能得到下层百姓的支持拥戴；九二居下卦体之中位，公正无私，对同僚朋党以中正之心相处，不徇私情，不护其短。君王有如此中正阳刚之臣辅理国政，何愁天下不安泰？中正大这说明事物能向其对立面转化，但这转化是有条件的，即其心性行为都要光明正大。

[原文]

九三：无平不陂[1]，无往不复[2]。艰贞无咎[3]。勿恤其孚[4]，于食有福[5]。

《象》曰："无往不复"，天地际[6]也。

[注释]

[1] 陂：斜坡。[2] 复：反。[3] 艰贞：占问艰难曲折之事。朱熹曰："将过于中，泰将极而否欲来之时也。"艰贞无咎：此谓九三不可处泰忘忧，宜多诚惕。程颐曰："方泰之时，不敢安逸，常艰危其思虑，正固其施为，如是则可以无咎。"[4] 恤：《说文》："恤，优也。" [5] 食：俸禄。《礼记·坊记》："食浮于人。"郑玄注："食，谓禄也。"福：通畐，祭神的酒。《周礼·膳夫》："凡祭祀之至福者。"郑注："福谓诸臣祭祀，进其馀肉，归胙于王。"《国语·晋语》："必速祠而归福。"韦注："福，胙肉也。"[6] 际：际会。当读为蔡，同声系，古通用。《小尔雅·广诂》："蔡，法也。"《书·禹贡》："二百里蔡。"伪孔《传》："蔡，法也。"具考之，蔡、臬、艺古音相近。《小尔雅广诂》："臬，法也。"《书·康诰》："汝陈时臬。"伪孔《传》："汝当布陈是法。"《左传·昭公十六年》："而共无艺。"杜注："艺，法也。"《左传·昭公二十年》："布当无艺。"杜注："艺，法制也。"《广韵》："际，边际，畔也。"《集解》引宋衷曰："位在乾极，应在坤极。"

[译文]

九三：没有平地哪有陡坡，没有去哪有来。所以卜问艰难的事，卦象并没有显示有危险发生。不要怀疑自己的信仰，幸福的生活自会得以保持。

《象传》说：没有去哪有来，这是天地间不可改变的自然法则。

[不休说]

九三，当泰过中而否欲来之时，盖"天地交泰"，固为世道之幸，然世无安平而不险，陂者无常泰也。"小往大来"，固为君子之庆，然小人无常而不反者，阴当复也。夫治乱之相因，阴阳之相胜，乃天运一定之孚信而当忧恤者也。于此之时，惟艰难守正以处之，有戒惧之心而无怠荒之意。人事既尽，可以无咎。由于不忧恤平陂往复之孚，而太平之福可长享矣。所谓"无往不复"者，以九三所处乃天地否泰之会，阴阳消长之机，正天地泰复为否之交际也。挽回天运全在人事，所以当艰贞守正耳。九三正当泰之时，吉亨之会也。而圣人谆谆告诫者，盖一治一乱，盛衰倚伏，自然之理。惟能灼见之于先，兢兢业业，世运未陂而早防其陂，小人未复而早忧其复，如此用力既省二为功实多。必祸患已成而后图之，则虽竭蹶亦奚济乎？诚保泰者不可不知也。九三阳爻居阳位，正值得志之时。但因其处于天地际遇、阴阳交合的交接点上，所以将会面临许多不可知的变化。矛盾在相互转化时，需要特别的谨慎小心。这一爻告诉我们，事物都是两两相对，没有永远的幸福生活，也没有永远的痛苦生活。只要我们坚守正道，痛苦过后便会迎来更幸福的生活。

［原文］

六四：翩翩[1]，不富，以其邻。不戒以孚[2]。

《象》曰："翩翩，不富"，皆失实[3]也。"不戒以孚"，中心愿[4]也。

［注释］

［1］翩翩：飞行或行走轻快的样子。比喻人在游荡。《释文》作篇篇，云："《子夏传》作翩翩，向本同，古文作偏偏。"篇、翩、偏通用。高亨以为："翩翩借为頨頨。'頨，頭妍也，从页，翩声'。"《集解》引虞翻曰："飞故翩翩。"程颐曰："翩翩，疾飞之貌。"《说文》："翩，疾飞也。"翩借为谝，同声系，古通用。《说文》："谝，便，巧言也。从言，扁声。"《书·秦誓》："惟截截善谝言。"《诗·巷伯》："缉缉翩翩，谋欲谮人。"马瑞辰曰："翩翩即谝谝。"解为游荡。［2］孚：通"浮"，义为罚。［3］实：财物。《说文》："实，富也，从宀，从贯。贯，货贝也。"《左传·文公十八年》："聚敛積实。"杜注："实，财也。"《国语·晋语》："吾有卿之名而无其实。"韦注："实谓财货也。"［4］中心：内心。愿：通"傆"同声系，古通用。《说文》："傆，黠也。"狡猾，圆滑，即孔子所谓乡愿。

［译文］

六四：做事轻浮，说话信口开河，不会发达，将祸及邻居。相互以诚相待，彼此不戒备，以信用为重。

《象传》说：做事轻浮，说话信口开河，因为他们都没有去做实事。相互以诚相待，彼此不戒备，以信用为重，这是人民的共同心愿。

［不休说］

六四阴爻居阴位，位正，又是近君大臣。六四位于上下两体阴阳二气交会之处，是替朝廷选拨贤能的把关之人。六四当泰已过中正，小往而将复之时也。群小至是乃翩翩然来复，不待力致，而其类自从，为"不富以邻"之象，且无事要约告诫，而志无不孚矣！君子可不防哉？三阴飞翔而下，"不待富厚之力二类自从者"，何哉？盖小人居下乃其实位，今在上而居高位，则失其阴分之实。既失其实，则必忧君子之见攻，故不诫以孚，合交以害正道，乃中心之素愿，而何待于戒令哉？君子于此诚不可少踈其防矣！盖小人乘间伺以图进用，其心未尝须忘，特值明盛之朝无所逞其志耳，三为方中，四已过中阴道渐长，彼安得不翩然动乎？一小人倡于上，众小人附于下，牵连比合，遗祸无穷。小人合交以害正道乃其本念。有国家者，可不慎于威哉？这一爻暗示我们，要想保平安，就必须诚心待人。

[原文]

六五：帝乙归妹[1]，以祉[2]元吉。

《象》曰："以祉元吉"，中以行愿[3]也。

[注释]

[1] 归：嫁。《集解》："归，嫁也。"妹：少女。王注："妹，少女之称也。"[2] 祉：福。疑作姪，古音之误。古无姪字，以祉为姪。以祉：有福，得福。[3] 中：正。

[译文]

六五：殷帝乙把女嫁给周文王，因而获得幸福，这是大吉大利的。

《象传》说：得到幸福是大吉大利的，这是因为实现了人民的共同愿望。

[不休说]

六五为泰主虚中而应九二之刚，不以势位自高而谦卑以下，贤如帝乙之妹，至尊贵也。今乃降尊贵以下归庶人而不以为屈，则得贤致治，以此保泰，真天下之福矣，非大善而吉乎？所谓"以祉元吉"者，何哉？盖下贤乃人主之事，而往往不克行者，以不能虚己故也，今六五有柔中之德，虚己以应九二，则下贤也，正以行其所愿耳，其受祉也宜矣。按：五以柔中之德任二刚中之贤，君臣之间不惟以情六五以情相合，而实以道相孚，人自不得间之矣。君之任贤愈专，则贤之任事愈力。一人端拱无为，而群才效职万方，乐业天下，所蒙之福孰非大君之福哉？柔爻居上卦中位，具柔顺中正之德，又居泰卦之尊位，下与九二刚爻正应。上下交通，屈尊下从九二阳刚贤才之所求，将王室公主下嫁贤者。这一爻告诉我们，因顺应人民的共同愿望而获得幸福是可喜可贺的。殷帝乙把女嫁给周文王迎来了人民的安康，全天下人民都为之庆贺。

[原文]

上六：城复于隍[1]。勿用师，自邑告命[2]。贞吝[3]。

《象》曰："城复于隍"，其命乱[4]也。

[注释]

[1] 城：城墙。隍：没有水的护城濠。复：通"覆"，倒塌。隍：城池。《集解》引虞翻曰："隍，城下沟也，无水称隍，有水称池。"《说文》："隍，城池也，有水曰池，无水曰隍。"城复：城墙倾倒。[2] 用师：指发动战争。告命：指安民告示。自邑告命：从邑里传来的命令，勿进兵。[3] 贞吝：指以固守正道来免除鄙吝之灾。[4] 其命乱：指国君用师命令错乱失当。

[译文]

上六：城墙倾倒在干涸的城壕里。这时从城邑中传来命令："停止兴兵打战"。这命令来自邑中，去占卜不得不吉祥的预兆。

《象传》说：城墙倾倒在干涸的城壕里。这时从城邑中传来命令是："停止行动"，这可能是传令有误。

［不休说］

上六阴爻居阴位，位正，但上六已处泰卦之终极，交通以返，泰极否来，虽天运之自然，实人事之所致。"城复于隍"者，盖由久安长治之后，发度政令之命已乱，岂徒天运使然哉？尚能励精奋发，以修其政令，庶人心感动，天亦可回，泰犹可保而不致于终否也。上以阴柔处泰极，不能坚志下交，必致群材解体，成业难支，此内忧非外患也。故不在用师以远求，而在告命以自治。然自强别无他道，唯有进君子退小人，使上下常交，情志常通而已。贤者在位，能者在职，及是时明其政刑，决壅蔽之习，而励明作之气，其在主心一振刷间乎！这一爻告诉我们，处于顺利的形势，而不去调查，妄下断论，必将招来灾祸。

总　论

《易》之大分，阳为大而阴为小。卦体坤"往"居外，乾"来"居内。卦变自归妹来，则六往居四，九来居三，有"小往大来"之象，是小人在外而退听，君子在内而用事。有此阳刚之德而当隆盛之时，凡尽人事以合天道者，无不尽善，真治道与世道并隆之日也，自然吉亨矣。泰之时其在唐虞雍熙之世乎；极盛之世不无小人，尧舜之四凶是也。然禹皋益稷钦亮天功，不害其为唐虞之治。故知圣明在上，自能使众正盈廷。此可见转移世运之大权，端在人君操之于上而已。卦明为泰，而《辞》系以"小往大来，吉亨"者，则是天与地以气交，而化万物之以通，云行雨施，品物流行也。君与臣以心交，而上下之志相接，君明臣良，一德一心也。然泰虽开于天地，成于君臣，而实本于君心、理欲、邪正之辨。盖乾为阳而坤为阴，君心所存者，皆阳明之善而不累于阴暗，是内阳而外阴。君心所发者，皆刚健之德而不即于委靡，是内健而外顺也。君之所用者，"君子在内而用事，小人在外而退听"，是君子在内而小人在外也。内君子，则君子济民利物之道日长。外小人，则小人蠹国害民之道日消，是君子道长小人道消也。君子、小人互相消长，小人进则君子退矣，君子进则小人亦退矣。然欲君子之进，全在上下交而志同。志苟不同，则交以貌不交以心，人君虽欲进君子，而馋邪间之，逸欲荒之，浮论憾之，事变阻之，君子岂可得而进乎？孔子推明所由然，又在内阳而外阴，内健而外顺，内君子而外小人。盖内阳而外阴，则其心内明而外不炫。内健而物外顺，则其心内足以胜私而外顺于理。君志如此，方与君子有相孚之美，而不授小人以迎合之端，是与君子常进而小人常退也。信乎；泰不在气数，而在人君之一心哉。天地之气初交而成气化之盛，此泰之象也。然在天既有时，则在人当有其事，元后于是有致秦之道也焉。如天之道为日月星辰、四时寒暑。然既滞于形气，则其道未免于过也。元后为之治，历明时使分至启闭之不差，春夏秋冬之有序，为之经画井野，使城郭郊原之有制，道理封疆之各定过者，抑而就于中矣。春生秋杀、日晅雨润为天之宜，高黍下稻、渊鱼薮兽为地之宜。然既任其自然，则其宜未免于不及也。元后为之教民播种灌溉，使之顺春秋之序以成其功；鱼猎薪樵，使之随土之宜以尽其用；不及者，辅而进于中矣。夫为元后者，何若是之过计哉？盖天地生物而不能使之遂其生，以其责付之于君，则元后之财成辅相，凡以为斯民也。使民顺天之时，因地之利，各有以养其生耳安其业，是圣人之财成辅相乎天地，正以左右斯民，使民得道。天地之道而宜天地之所宜耳。盖开一代之治运，必在兴一代治功。《虞书》之六府三事，《周礼》之六官所掌，皆载成辅相之实事也。然非当日君臣志同道合，一德一心，决不能致此极盛之治。此泰交之所以不可缓欤；泰卦干下坤上，总体是好卦，因为安泰与吉庆总是相伴。但是世间没有绝对之事，所以小往大来，是令人满意的占卜结果。卦中初九为通泰开始，奠定社会安泰的基础；九二讲述人事制度的原则，是安泰的主要条件；九三讲居安思危，防患未然，才可长治久安；六四讲的是内部团结，相互合作是稳定的重要保证；六五讲的是与周边邻国、外族政权之间的关系，是安泰的外部条件；上六讲的是衰乱之世，不可妄自用兵，宜于改革图强，安抚百姓，以诚相待，思过创新。卦象以上下交通，阴阳应合，以诚信为本，以和为贵，来阐明社会通泰的道理。

否卦第十二

[原文]

《否》[1]：否之匪人[2]，不利君子贞。大往小来[3]。

《彖》曰："否之匪人，不利君子贞。大往小来"，则是天地不交而万物不通也。上下不交而天下无邦也。内阴而外阳，内柔而外刚，内小人而外君子。小人道长，君子道消也[4]。

《象》曰：天地不交[5]，否。君子以俭德辟难[6]，不可荣以禄[7]。

[注释]

[1] 否是本卦标题。否是坏恶，闭塞，不好，与"泰"相反。阴阳阻塞，不相畅通。[2] 否之匪人：帛本作"妇之匪人"。疑"否（妇）"通"匹"，义为匹配。朱熹曰："否，闭塞也。匪人，谓非人道也。"《释文》："否，闭也，塞也。"《集解》引崔憬曰："否，不同。"《释文》王肃云："否，塞也。"《论语·雍也》篇："予所否者，天厌之。"《列子·天瑞》篇："圣有所否。"[3] 君子：指德行高尚的人。大往：指卦中阳爻居外卦。小来：指卦中阴爻居内卦。[4] 彖意：否与泰相反。[5] 天地不交：下坤上乾，天地阴阳不交。[6] 俭德辟难：通过崇尚节俭之德以避免灾难。辟：通"避"。[7] 荣：诱惑。《集解》本作"营"，禄：利禄，禄位。王引之曰："营字是也。"高诱注《吕氏春秋·尊师》篇、《淮南子·原道》篇并曰："营，惑也。"《楚策》曰："好利可营也。"言可得而惑也。《大戴礼·文王官人》篇曰："临之以货利可营也。"言不可得而惑也。《汉书叙传》曰："不营不拔，严平郑真。"应劭曰："爵禄不能营其志，威武不能屈其身。"《韩子·内储说》曰："以荣其意而乱其政。谓营惑其意也。借荣为营，并与此同。"

[译文]

《否卦》小人在中作梗，上下难以沟通，不利于君子保持中正，这将预示事业由兴盛转为衰落。

《彖传》说："小人在中作梗，上下难以沟通，不利于君子保持中正，这将预示事业由兴盛转为衰落"，这是因为天地没有相交，这没有产生雷雨风电，不能滋润万物，促使万物生长，就好像君臣之间不能有效沟通，因此天下分崩离析，邦国中混乱。阴者处在内而阳者居于外，柔顺者居于内而刚健者居于外，小人居于内而君子处于外。这时不当人道，歪风邪气盛行，君子的高尚品行没有得到发扬光大。

《象传》说：《否卦》的卦象为坤在下、干在上，坤为地、干为天，这就表明天在地的上面。天在上面，地在下面，天地阴阳无法相交，因此把它叫做《否卦》。此时君子就俭以养德，来躲开灾祸，要抵挡住功名利禄的诱惑。

[不休说]

《否卦》自乾坤之后始涉人道，经历六坎，险阻备尝，内有所畜，外有所覆，然后致泰。而泰之后，否即继之，以知天下之治，致之难而乱之易。泰先小往大来，而后言吉亨，是以天运推之人事。否先言“匪人不利君子贞”，而后言“大往小来”，是以人事参之天运。泰则归之天，否则责之人，圣人之深意也。九三爻辞曰“有命”，即泰九三“无平不陂，无违不复”之理。泰变为否易，否变为泰难，故于外卦始言之，否泰之变皆天也。乃泰三必无咎，然后食福。否四亦必无咎，然后离祉。故泰之方盛即系艰贞之辞，否之既休尚有其亡之戒。若否泰相仍为一定之数，岂圣人作《易》之旨哉？上经当观否泰，乾下坤上曰泰，上下交而其志通，其斯之谓泰也。下经当观损益，损上益下曰益，自上而下，其道大光，其斯之谓益也。这一卦告诉我们，阳去阴来，天地无法相交，不利于万物生长，处于极不顺畅的阶段。这该怎么办呢？我们在否塞不通时，应多方面地找原因，找出问题的症结所在，然后对症下药。

[原文]

初六：拔茅茹[1]，以其汇[2]。贞吉[3]亨。

《象》曰：“拔茅”，“贞吉”，志在君[4]也。

[注释]

[1] 茅：草。茹：根。[2] 以：及。王引之曰：“以，及也。”汇：帛本作“胃”，类也。[3] 贞：占问。[4] 志在君：《正义》：“所以居而守正者，以其志意在君，不敢怀諂苟进，故得吉祥也。”

[译文]

初六：拔一根茅草。由于其根与其它植物的要紧密连在一起，结果一大把被拔出来了，去卜问将得到的预兆，顺畅。

《象传》说：拔一把茅草，由于根紧密相连一起，结果一大把被拔出来了，去卜问将得到吉祥的预兆，这表明大家都愿意团结在君王的周围，实现君王的意愿。

[不休说]

初与二阴连类并进，有“拔茅连茹”之象。此时在小人之势已不可为，而小人之心尚可回。盖人溺于恶则恶，反于善则善，只在此心一转移之间耳。初之恶未形而犹易变若，使变妨贤害国之意而为用贤利国之谋，则德孚于人，行无不得自吉亨而为君子之徒矣。世道不遂入于否，苍生犹得享其福，此处否之贞道也。所谓“拔茅贞吉”者，盖君子之志常在于君，若小人但知有身而不知有君，今变而为君子，而所为皆出于正，自不虑及于私，而为一身一家之计矣。盖君子小人本无定名，唯正与不正而已，正则为君子，不正则为小人。惟初六之过未形而易于从善，故圣人以正勉之，为小人谋即所以为君子谋乎。初六爻柔居阳位，位不正，象征才质柔弱而争强好胜者。初六在六二阻止下，潜伏爪牙忍受，知时而退，初六又与九四有应，喻示初六与上层权势人物只在。初之有牵连关系。初六才质柔弱，无害于民，又能固执正道，与领导阶层保持一致性积极要求进步，因此初六守正亦可获吉而平安通达。这一爻告诉我们，群众的力量是无穷的，团结就是帮我们跳出困境的法宝。

［原文］

六二：包承[1]。小人吉，大人否[2]亨。
《象》曰："大人否亨"，不乱群[3]也。

［注释］

［1］包：包裹，包容，总括。《广雅·释诂》："包，裹也。"毛《传》："包，裹也。"通"苞"。《礼记·曲礼上》："凡以弓剑苞苴箪笥问人者。"郑注："苞苴，裹鱼肉者也，或以苇，或以茅。"承：奉，捧着。承当读为"胥"。《说文》："胥，馭也。"高亨曰："胥者，祭祀宴请之时所升之肉。"［2］否：帛本作"不"。［3］乱：治。不乱群：区别贵贱上下，使臣民群众各守职位，不相乱。

［译文］

六二：厨房里有肉，对小人而言是吉祥，而对于品德高尚的人来说，并不一定是亨通顺畅的。

《象传》说：品德高尚的人不通泰，是因为品德高尚的人和小人不是同一类的。

［不休说］

六二柔爻居阴位，当位得正。本有伤善之志，而因其所处中正，未忘好善之良，小人中之君子也。为能包容承顺，不纵其毒于君子，此在小人可阴受君子之赐而得吉。而在大人，则彼虽包承乎我，而我不可从入于彼，惟安守其否，则身虽困而道自亨矣。《辞》谓"大人否亨"者，盖君子小人本不可与共事，小人虽包承乎君子，而君子则不枉道以入小人之群，所以安守其分而道亨耳。苟一身其身安则亨哉？盖处否之时，君子固不可泾渭太分，激成小人之祸，亦岂可因卑躬厚貌，受彼之笼络，遂至舍己以徇之乎？孔子之待阳虎、孟子之处王庭，可谓合乎大人之道矣。六二不但上与九五君王有相应关系，而且与三个阳爻有乘上之关系，故谓之"包乘"。这一爻告诉我们，在你最困难的时候，有人给你物质上的帮助，如果你是胸无大志的小人则会感到无比的顺畅，但如果你是个志向远大的人则不一定感到事情已发生转机。

［原文］

六三：包羞[1]。
《象》曰："包羞"，位不当[2]也。

［注释］

［1］包：借为抱，心有所怀谓之抱。羞：通"馐"，指羞耻，羞辱，义为美味。包

羞：帛本作“枹忧”。包裹熟肉，下文同六二一样，也有“小人吉，大人否亨”，所以从略。意为包容小人以致羞辱。《说文》：“羞，进献也。”《周礼·膳夫》：“掌王之食饮膳羞。”郑注：“有滋味者。”又云：“羞用百有二十品。”郑注：“羞出于牲及禽兽，以备滋味，谓之熟羞。”《方言》十二：“羞，熟也。”[2] 位不当：六二以阴居阳位。比喻人之才德不称其位。

[译文]

六三：厨房里有美味佳肴。

《象传》说：小人享用着美味佳肴，感到羞愧，因为才能品行与得到的俸禄不相匹配。

[不休说]

六三以阴居阳，小人有势位而欲害君子，然不中不正而短于才，是小人志于伤善而未能，君子亦幸而免耳，否则鲜有不为其所伤者矣。盖羞恶之心，人皆有之。然君子出之于正，则亦蔽贤窃位为终身之惭。小人发之于邪，则以不能伤善为生平之耻，当其不得有为，畜愤于中，及一旦据得为之地，群小人有才者以佐之，必将无所顾忌，诛锄善类以快其心。为人君者可不洞察而预制乎？六三为阴，阴居阳位，位不正。品行苟且。六三处下体之终，不中不正，奉上欺下之徒。六三与上九有应，因而怀绉奉承于上九，妄作非为，企图借助邪恶权势爬上高位。上九高高在上，中隔九四，九五之阻，与六三居下者阴阳二气不相交汇，此路不通。六三急切上往而求，只能成为单相思而遭拒受辱。这一爻暗示我们，一个人无功而受禄时，应感到羞耻。

[原文]

九四：有命[1]无咎，畴离祉[2]。

《象》曰：“有命无咎”，志行[3]也。

[注释]

[1] 有命：有天命，既人或泰或否，不能自主，所以说有命。听天由命就无咎。此指君王有赏赐的命令。命：天命《师》：“大君有命，开国承家。”[2] 畴：同类。疑借为寿，古代通用。离：通“丽”，附着，依附。《集解》引《九家易》曰：“离，附也。”《诗·渐渐之石》：“月离于毕。”《论衡·说日》篇、《淮南子·原道》篇引离作丽。《仪礼·乡饮酒礼》：“乃歌鱼丽。”《释文》：“丽，离也。”《礼记·王制》：“邮罚丽于事。”郑注：“丽，附也。”祉：福。《集解》引《九家易》：“祉，福也。”《说文》：“祉，福也。”畴离祉：帛本作“梼罗祉齿”。谁受福，听天由命，受到的是泰，受不到的是否。即寿随福而至。[3] 志行：志远得行。

[译文]

九四：顺应天命进行赏赐，没灾祸，把祈求福祉的明堂建在了远离民田的地方。

《象传》说：顺应天命进行赏赐，没有灾祸，这说明君主赏罚分明、臣下尽职尽责，各自的意愿都得到实现。

[不休说]

九四当否已过中，在时将济，是天有转否为泰之命矣。然非处之有道，则善类亦无由而蒙福。九四以阳居阴，其德不极其刚，凡所措施，皆尽善而不为已甚，而人事又无咎焉。此岂独九四之福哉？凡同类之君子皆得丽之获祉矣。人孰无休否之志？所患天时未至，人事未修耳。今天有其时，而人有其事，则道与时合，可以尽展生平之蕴，转否为泰之志，不已得行乎？畴类之获福从可之矣。否泰虽由气化之盛衰，而人事之得失所系尤重。未有人事失而天命降康，亦未有人使得而天命降乱者也。凡人皆可言命，独君相不言命，则政教为无权矣。苟能审察时变，用人行政一专力于其所当为，则人谋既臧，天休自至，彼遇变不省，诿诸气数之厄者，何不思之甚也？九四紧邻九五君王，以刚爻居于阴位，才质刚健而又能用柔，是辅佐君王的得势大臣。九四善用柔顺之道，深得九五君王的信任，因此奉命诏贤的重任更非他莫属了。九四与初六有应，以在上位者恭谦屈尊迎请退隐的贤士，足见其诚信之心，必能感化一大批人。这一爻暗示我们，理应奖赏帮助你成就事业的人，并且要论功行赏，这样各自的心愿都得到实现，将有利于成就大业。

[原文]

九五：休否[1]，大人吉。其亡，其亡[2]！系于苞桑[3]。

《象》曰："大人"之吉，位正当也。

[注释]

[1] 休否：帛本作"俶妇"。俶（淑）。休作怵。《说文》："怵，恐也。"《诗·蟋蟀》三章曰："无已大康，好乐无荒，良士休休。"《尔雅·释训》："休休，警觉存于心也。"陆德明曰："休，美也，息也。"孔颖达曰："休否者，休，美也，休美之事与否塞之时。"[2] 亡：危险，败亡。[3] 苞桑：帛本作："毄于枹桑"。《尔雅·释诂》："苞，丰也。"《晨风》："山有苞棣。"《下泉》："浸彼苞萧。"高亨曰："苞，草木丰茂之意。"

[译文]

九五：在不顺畅时先停止行动，对于胸怀大志的人可以获得吉祥。并时时提醒自己，正处在危险的境地，自己的命运像系于柔软的苞草、桑枝一样危险。

《象传》说：王公贵族可以得到吉祥，是因为正处于适当的位置。

[不休说]

九五阳刚中正，以尊位为能拔乱世而反之正，以休息天下之否，此唯德位兼隆之大人乃能当此而吉也。然祸乱每生于所忽，又常常存戒惧，时切危亡之虑，所以制治者无不至，放乱者无不周。苟能常惧其亡则不至于亡，斯国祚永固有如苞桑之系矣。休时之否，非有德而乘权者不能。九五德位兼隆，则既具休否之资，又有休否之势矣，乃所以吉也。自古理乱所有分，不出敬、怠二者，心苟懈弛，虽已治已安，即见危亡之势；心苟兢业，虽未定未靖，自具昌之基。盖危但九五以刚爻居阳位亡者所安存也，常以危亡为念，则用贤不仁，去邪不疑，兴利必力，除害必勇，尚可祸乱不可勘定，而福祚之不可永赝哉？得上卦中位，处一卦之尊位，是具备阳刚中正之德之大人，其德能足以止息否道，返施否道于小人。至尊君子得位秉政，必定政治开明，开济抑滞，昭雪沉冤，亲君子而远小人。这一爻告诉我们，否至于五，乃否将尽之时也。在自己处于不顺畅时，应停止行动，但不是完全意义上的停止，更不是屈服，而是处于居忧患、警惕状态，这样就能摆正脱否塞不通。

[原文]

上九：倾否[1]，先否后喜[2]。

《象》曰：否终则倾，何可长也？

[注释]

[1] 倾：倾覆。疑读为顷。《说文》："顷，头不正也。"《庄子·秋水》："夫不为顷久推移。"《释文》："顷久犹早晚也。"《荀子·正论》篇："不待顷矣。"《性恶》篇："天下之拨乱而相亡，不待顷矣。"扬注："顷，少顷也。"《战国策》："莅政有顷。"高亨曰："有顷，言未久。"指将否塞倾覆过来变为通泰。[2] 先否后喜：坏事结束，转为喜事。

[译文]

上九：否塞不通已到了极点，这说明不顺畅只是暂时的，没过多久就会顺畅。

《象传》说：否已到了极点，必然向泰转换，这样的不顺畅的日子还会长吗？

[不休说]

上九这位阳居阴位的元老大臣也不再怀柔养奸，而是彻底摆脱否塞局面并加以打碎，使得全局通泰起来。否极有复泰之势，刚阳有可为之才，故能拯济时艰，有如乾坤于再造，倾其否而尽去之。夫未倾之时为否，既倾之后则拨乱反治，不且为世道喜乎？时非否极，虽阳刚英武之才，不能倾其否。惟当否之终，则时有可倾之会，而阳刚又有能倾之才，尽人事以挽天运，正在此时，何可使其长否也？上九与九五虽皆转否为泰，而有难易之不同。九五休否，当否之时而休之，犹似有渐，其为力也难；上九倾否，在否之极而倾之，更无不尽，其为力也易。然非大人兢兢于"其亡"之戒，岂能有否终之喜？先否后喜，其所谓"先天下之忧而忧，后天下之乐而乐"者欤。上九阳刚向上。本与六三小人有相应关系。但上九的方向是上升的，六三的方向是阴下的。六三居阳位，一味厚颜无耻地与上九高攀。这一爻告诉我们，否极泰来，这是不可逆转的客观规律，所以我们在最艰难时，在心情极端痛苦时，只是暂且的失望，但决不绝望。

总 论

坤上乾下则天地不交，二气闭塞而为否。盖泰者人道之常，否则三刚沦，九发，非复人道之常矣。此时于君子正道有不利焉。夫阳为大而阴为小，此卦乾往居外，坤来居内。又卦变自渐来，九往居四，六来居三，有大往小来之义，则是君子敛迹，小人得志之时，岂利于君子之道乎？按否下即系以“匪人”，“匪人”者，致否者也。上下之情否塞不通皆由匪人所致，小人用事则必多方蒙蔽，使上下否隔，而后得以恣肆妄行，其意本欲倾害君子。不知君子去而国亦随之，则其为害宁独善类蒙祸而已乎？圣人之垂切矣。《辞》谓“否之匪人，不利君子贞，大往小来”者，以造化言之，则地自为地，地气不上交；天自为天，天气不下交。天上，上下不交，则情义乖离不相维系，虽有邦与无邦同也。其在君心，则所存者阴暗而无阳明之善，内阴而外阳也。所发者委靡而无刚断之才，内柔而外刚也。所任用者小人盈朝而君子在野，内小人而外君子也。唯内小人，而祸国害民之道日长。唯外君子，而保邦致治之道日消也。宋臣苏轼有言“无邦者亡国之谓”。上下不交，则虽有朝廷君臣，而亡国之形已见矣。原其所以然，皆由小人用事于内，固结其君而尽去君子，使不得与人主相通，斯可以夺其权，固其宠，而为所欲为，国安得而不亡也？可不畏哉；天地不交，二气闭塞，否之象。为小人得志之时，君子遭此，可不思所以自全乎？于是韬光晦迹，收敛其德，不形于外，以辟小人之难，使名誉不彰，而人不得荣之以禄焉。不然声光外见，则人皆得物色之。爵禄之来，祸患之招也，其可轻身以就之哉？先儒言：“致否者，匪人也。益甚其否者，君子之贞也。”东汉党锢之狱，熙宁正士之窜，皆缘矜尚名节太过，激乘清流之害，而世道遂至危。所以君子收敛其德，不行于外，非止为一身免祸，而天下实阴受其富，此其异于常人而终有亨否之用欤；否卦下干上与泰卦相反。总体上不是好卦。选择了错误的配偶，对君子来说，往往就是致命的。所得者少，所失者多。人之不得志往往否运连连，便世间没有绝对之事，于君子固然不吉，对本小人而言，未始不能成为吉卦。初六去否存泰，是吉利亨通；六二、六三是自我封闭，对小人来说是吉利；九四得君命，得福；九五是国君修正否运，一举挽回国运；上九否极生泰，恶运到头。终得喜庆。卦中初六与九四，六二与六五，六三与上九对应却不交合。下体任意两阴与上体一阳可组成“艮”，为山，为止；上体任意两阳亦可与下体任意一阴组合成“巽”为风，为人。人而止，止难人，天地不交，成否塞之象。

同人卦第十三

[原文]

《同人》[1]：同人于野[2]，亨[3]，利涉大川[4]。利君子贞。

《彖》曰：同人[5]，柔得位得中[6]而应乎乾[7]，曰同人。同人曰“同人于野[8]，亨，利涉大川”，乾行也[9]。文明以健[10]，中正而应[11]。君子正也，唯君子为能通天下之志。

《象》曰：天与火[12]，同人。君子以类族辩物[13]。

[注释]

[1] 同人本卦标题，同人就是聚合众人。《说文》：“同，合会也。”《诗·七月》：“我稼既同。”郑注：“既同，言已聚也。”又曰：“同我妇子。”《吉日》：“兽之所同。”郑注：“同，聚也。”[2] 野：郊外。古称邑外为郊，郊外为野。《尔雅·释地》：“邑外谓之郊，郊外谓之牧，牧外谓之野。”毛《传》：“邑外曰郊，郊外曰野。”《说文》：“邑外谓之郊，郊外谓之野。”[3] 亨：亨通，畅行无阻。[4] 涉：涉越。大川：大江大河。[5] 人：仁间义双关。[6] 柔得位得中：六二以阴爻居阴位故曰“柔得位”，象征臣民在适当之位。六二处下卦之中位故曰“得中”。[7] 应乎乾：指六二与外卦乾相应。[8] 同人于野：与郊野之人聚合会同。[9] 乾行：乾道，君道。[10] 文明以健：内卦离为文明，外卦干为刚健。[11] 中正而应：六二与九五居中得正而相应。[12] 天与火：下离上乾，离为火，乾为天，天在上，火炎上，同志而上行。[13] 类：分辨。族：种群。王引之曰：“类族辨物乃对文。类，比类也族，类也（此与类族之类异义）。善恶各有其类，君子法天火之高明，以比类之。”《学记》：“知类通达。”郑注曰：“知类，知事义之比也。”《缁衣》：“义不壹，行无类。”注曰：“类谓比式。”因而比方事物亦谓之类。《乐记》：“律小大之称，比终始之序。”《史记·乐书》：“律作类，类比也。”《左传·襄九年》：“晋君类能而使之。”谓比类才能而使之也。《周语》曰：“象物天地，比类百则。”是类与比同义。《祭法》：“非此族也。”《淮南子·俶真》篇：“万物百族。”郑高注并曰：“族，类也（与类族之类异义）。为善为恶，各如其类，以比类之，则谓之类族。各如其品，以辨别之，则谓之辨物。”

[译文]

《同人卦》：做大事前，大家聚集在郊外统一思想，这是顺畅的。有利于渡过大江大河，有利于君子去占卜。

《彖传》说：《同人卦》，阴柔者处在适当的位置，这就与刚健者的位置相应，因此把它叫做《同人卦》。《同人卦》卦辞说：“做大事前，大家聚集在郊外统一思想，这是顺畅的。有利于渡过大江大河”这说明君主的意愿都能得到实现。君主为事果断，敢于创新，行事坚守纯正的原则，互相配合响应，君主的行为是正义的行为，这说明君子通晓天下的志向，维护正理，能受到百姓的拥护，所以能一统天下。

《象传》说：《同人卦》的卦像是离在下、干在上，离为火、干为天，这里火象征臣民，其卦象表明君主的命令能下达到群众中去，同时老百姓的心愿也能上传给君子，故称为《同人卦》。君子明白物以类聚、人以群分的道理，因此能按类别加以区分。

[不休说]

同人：六二一爻居中得正，上应九五之乾，是卦之得名本由乎二。而爻辞之“吝”异于卦辞之“亨”者，盖同人之道贵以大公、至正、通天下之志，不可稍有偏系。统一卦而论，则有乾行之德，而其同人出于公，故“亨”；就一爻而言，则有偏比之情，而其同人出于私，故“吝”。此卦爻之各有取义也。六爻初未有私主，遂获“无咎”。上居外鲜应，仅能“无悔”。以出门可进于大同，而于郊则失所同也。至二之于五，本为正应，已有所系，则成于宗之“吝”。是所应得正者，尚无所容其比拟之私，况原非正应，强欲求同，其弗克有济也必矣。三之以“伏戎伺敌”，而不能行四之以“乘墉止攻”，而反得吉，此又为失正求同者著戒也。若夫九五同人，其先也，中直无回，如大师相克；其后也，同心无间，致正应之允谐。六二虽得位居中，使非九五之刚毅不惑，克去群邪，何由遂明良喜起之遇乎？故《象》曰：应乾，臣道也。又曰：乾行，君德也。正以文明柔顺之臣，必得刚健独断之主，能堂廉合德，吁咈相成，而臻天下一家之盛治也。《同人卦》认为，人民的共同心愿是实现天下大同。如果你顺应了这一思想，则会赢得广大人民的信任，从而出现政通人和的大好局面。但注意这个大同不是狭隘的宗族团结，更不是拉帮结派，而是老百姓和当政者都抛弃个人私心和一家一族的偏见，以天下为公，同心协力谋求幸福、安康的生活。

[原文]

初九：同人于门[1]，无咎。

《象》曰：出门“同人”，又谁咎也?

[注释]

[1] 门：指王门，宫门。又家的出入关口，门内为家私，门外为公天下。《周礼·大司徒》：“若国有大故，则至万民于王门。”《小司寇》：“掌外朝之政，以致万民而询焉，一曰询国危，二曰询国迁，三曰询立君。其位王南乡，三公及州长百姓北面，群臣西面，群吏东面，小司寇摈以叙进而问焉，以众辅志而弊谋。”高亨曰：“所谓外朝，即王门之外。”

[译文]

初九：聚集在门外统一思想，没有什么灾祸。

《象传》说：君子走出王门和老百姓进行沟通，又有谁能责备他呢？

[不休说]

初九，当同人之初，以刚在下，则在已非有私交，上无下应；则在人又无私与，为

"同人于门"之象。如是则无所私而不失于偏党，可以无咎矣。初九之"同人于门"，是出门而同人也。出门则在外，在外则公之于天下而无私暱之偏，谁能而咎之乎？"出门同人"，诸爻皆然，特于初首发其义，盖人并生天地间，自其异者观之，一身之内多其障碍，安所谓同者乎？自其同者观之，则六合之广，廓然大公，安所谓异者乎？周公曰："于门"，不欲使人自域于门内也。夫子曰："出门"，直不欲使人存一门内之见矣。同人，能去私欲之心，则可与人同心同德。与人同心，其力断金。同心之言，其臭如兰。谓同人之君子能通天下之志也。这一爻告诉我们，在办事前，能与周围的人进行有效沟通，不会犯过错的。

[原文]

六二：同人于宗[1]，吝。

《象》曰："同人于宗"，吝道也。

[注释]

[1] 同人：高亨以为："同人，聚众也。"宗：宗族，同族。朱熹曰："宗，党也。"指建立在结党营私基础上的小团体。《说文》："宗，尊祖庙也。"高亨曰："古人祭祀行赏在宗庙。"《书·甘誓》："用命赏于祖，弗用命戮于社。"高亨曰："古人行赏在宗庙。"《诗·湛露》："厭厭夜饮，在宗载考。"高亨曰："古人宴乡在宗庙。"

[译文]

六二：聚集族人在宗庙里统一思想，将会遭遇凶险。

《象传》说：聚集族人在宗庙里统一思想，将会遭遇凶险，是因为只在宗族中讲团结，思想太狭隘。

[不休说]

六二以柔爻居阳位，当位得正柔中，不但在下位与群众关系和谐，而且与上九五君爻相应。同人贵无私系，六二虽中且正，然既有应于上，则有所系矣。既有系矣，则情必偏向。而于大同之道，有为所感者、私而所应者、狭如同人于宗者然，其致吝也必矣。二五相同，虽曰两相遇则专，然唯合已者是遇，而无至公之心，则其道为已狭矣。盖不能大同，而不专于私系，乃吝之道也。盖君子之于天下，无适无莫，而唯一出于大公，非独不可少徇于私，亦且不可过泥于理。二五本为正应，稍有偏向犹不免吝，况其他乎？人君得此意以为治，赏不遗于仇雠，罚不贷于贵暱。直言虽逆耳而必听，谀言虽悦志而必黜，庶几大道无私之义矣。六二为离卦之中心，象征文明的核心。这一爻告诉我们，我们要团结，但决不是停留在宗族或宗派的和同上。因为人类的最高境界是处处充满光明、温暖、友爱，而且全人类都为之努力，任何与之相违背的行为都是非正义的，都遭到人民的反抗。

[原文]

九三：伏戎于莽[1]。升其高陵[2]，三岁不兴[3]。
《象》曰："伏戎于莽"，敌刚也。"三岁不兴"，安行[4]也。

[注释]

[1] 伏：埋伏，潜伏，欲战而不出。戎：军队。伏戎：把军队隐蔽起来。帛本作"服容"。莽：茂密的树林草丛。[2] 升：帛本作"登"。高陵：高地。[3] 兴：征聚，这里指兴兵作战。[4] 安：何。行：为。

[译文]

九三：将伏兵隐藏在密林中，登上高山瞭望，多年都不敢兴兵打仗。
《象传》说：将伏兵隐藏在密林中，登上高山瞭望，多年都不敢兴兵打仗，说明敌方的力量远远超出我方的力量，怎么敢贸然行动呢？

[不休说]

九三刚而不中，上无正应，欲夺二与之同，然九五在上，九三惧九五之见攻，不敢显发而设戎以备之，象为伏兵于草莽之中而升高陵以窥伺者。然义既不正，势复不敌，虽攻之既久而不合，徒三岁不兴，亦何所施其力哉？孔子释三《象》曰：所谓"伏戎于莽"者，三非攻二所敌者，乃五之刚正，故畏惮而伏戎以备之也。至三岁不兴，则事终不谐，而向之设备以求同者安所行乎？徒取不知量之羞耳。盖天下同所当同，则逸而有功；同所不当同，则劳而无益。不量其理与势而妄求之，虽同人为至易至简之事，而亦有不可行者。故曰：易必知险，简必知阻。不学《易》者，殆不可涉世也夫。九三以刚爻之阳位，过于刚强，又不得中位，有失中道。他贪于与比邻六二自小青梅竹马的私情，企图占据已许配给盟国九五君王和亲公主。但又意识到自己理不直，气不壮。这一爻告诉我们，能团结一部分人在身边固然是好事，但如果与竞争对手的力量悬殊太大，也不能贸然行动。

[原文]

九四：乘其墉[1]，弗克[2]攻，吉。
《象》曰："乘其墉"，义弗克也。其"吉"，则困而反则[3]也。

[注释]

[1] 乘：登。墉：城墙。帛本作"庸"。《说文》："墉，城垣也。"阜阳汉简本作"乘高唐"，唐训为堤，与"墉"训墙垣义近。《淮南子·人间训》："且唐有万穴，塞其一，鱼何遽无由出？"[2] 克：杀。《春秋》："郑伯克段于鄢。"谷梁传："克之者何？杀之也。"[3] 反：返。则：正则，法。

[译文]

九四：占领了敌人的城墙，一时没把城池攻下来。继续攻打，是吉利的。

《象传》说：登上敌人的城墙，最终没把城池攻下来，这符合当时的道义。之所以说它是吉利的，是因为不是正义之战。自然在迷失了前进的方向时及时醒悟重归正道是吉利的。

[不休说]

九四，刚不中正而无应，亦欲同于六二，而为九三所隔，于是隔三以攻之，为“乘墉以攻”之象。幸居柔能自反于理，见其不可攻而弗之攻焉。为能改过而得吉矣。九四既乘墉以攻二，四岂不足于力者哉？二为五之正应，以义断之，不可攻而弗攻耳。既弗克攻，何以为吉？盖四若欲恃力以攻二，二为必得，祸且不免。今乃能以义断，困心衡虑而反于法则，是不但改过，而且能自反者。此与计穷力屈，不得已而退者有异矣。见义能徒诚人情之所难。其得吉也，不亦宜乎？此卦二五为正应，而三四介乎其间，皆欲争之，其不顾义命一也。然三之“伏戎”已见争夺之形，四之“乘墉”，方萌窥伺之意。三之“不兴”，畏势之不能敌。而止四之“弗克”，则深知义之不可攻，自反而退矣。赵盾曰：“非吾力不能纳也，义弗尔克也。”遂举兵而去之。春秋予焉，即周公取四弗克攻之义也哉。九四以刚爻居阴位，位不正，表示行为失正。九四意欲与六二和同，被九三爻所阻隔。九四处九三之上，被可压服九三。但是，九四战胜九三并非最终目的。其最终目的，是要与六二和通。但六二的正应是九五君王，六二可谓之王后。以九四之刚健压服九三本不成问题。但九四毕竟是九五君王的臣下。且九四刚居阴位，亦代表其资质刚健而能柔顺之道。这一爻告诉我们，一个有成功在望时，只要行为是正义的，得到了民众的支持，即使遇到挫折，也应继续奋斗。

[原文]

九五：同人[1]。先号咷[2]而后笑。大师克[3]相遇。

《象》曰：同人之“先”，以中直[4]也。“大师”相遇，言相克也。

[注释]

[1] 同人：聚众。指赞同应和他人。[2] 号咷：大哭。[3] 克：胜。[4] 直：正。王引之曰：“直者，正也。”《说文》：“直，正见也。”《曲礼》：“直而勿有。”《郊特牲》：“直祭祝于主。”郑注：“直，正也。”

[译文]

九五：聚集在一起的将士，先大哭后大笑，是因为刚开始久攻不下，后与增援的大军会合在一起攻克了城池。

《象传》说：聚集在一起的将士，之所以先大哭，是因为上下内心纯正，为不能实现大家的愿望而焦急、痛苦。后大军与援军会合，互相之间说胜利的事。

[不休说]

九五阳爻居刚位得中且正，与六二相应和同，自以为合义理，而且有能力与人合同，信心百倍等待六二前来归附。六二虽有上往之志却无上往之能，他上往的路上既有九三之“伏戎”又有九四“成墉”之危厄。刚断者，其用贤之本与。九五与二中正相应，本同者也，而为三、四所隔，则失其同矣。其始不得与二合，失其所同而悲，终之得与二遇，遂其所同而喜，为“先号咷而后笑”之象。然五之得与二遇，岂偶然哉？贤之用舍在乎君子，使君心稍有不断，则二终不可得而遇矣。惟在君心刚毅，独断如大师焉，则得克去小人而与君子相遇矣。同人之先号后笑者，以五之中应二之中正，义理所同，物不得而间之，其理本直也。“大师相遇”，以邪正无并立之势，三四不克，二五终睽，言必克去三四，然后能与二相遇也。六二以柔中正而应五之刚中正，本同心相应者也，自为三四所隔而不得其同，然二柔正，而三四刚强。柔正者易远，刚强者难去，必然之势也。惟人君见之极明，行之极断，而不牵于庸众人之仪，夫然后得与二遇，而明良交会，上下同孚。否则，思之非不切，念之非不殷，一为物所间阻，遂终而于睽隔而不得同矣。然则，小人不去，则君子不进。这一爻告诉我们，一个人只要内心纯正，虽说遇到困难，但这是暂时的，最终还是会顺利到达成功的彼岸。

［原文］

上九：同人于郊[1]，无悔。

《象》曰：“同人于郊”，志未得[2]也。

［注释］

［1］郊：帛本作“茭”。京城城墙之外谓之郊，意为虽未达到目的地但离心中目标已经不远了。《书·召诰》：“越三日丁巳，用牲于郊，牛二。”《逸周书》：“乃设立丘兆于南郊，以祀上帝。”《礼记·月令》：“立春之日，天子亲帅三公九卿诸侯大夫以迎春于东郊。立夏之日，天子亲帅三公九卿大夫迎夏于南郊。立秋之日，天子亲帅三公九卿诸侯大夫迎秋于西郊。立冬之日，天子亲帅三公九卿大夫，迎冬于北郊。”《吕氏春秋·季夏纪》：“以给郊庙祭祀之服。”高注：“郊，祀天。”［2］志未得：不得志。

［译文］

上九：大家聚集在郊外，没有什么后悔的。

《象传》说：大家聚集在郊外。大家之所以没有悔恨之心，是因为虽说天下大同的愿望还没有实现，但大家团结一心，一定能实现愿望的。

［不休说］

上九阳刚而居阴位，处同人卦终极之地。下与九三敌应。下视六二，亦有心与之和通。但群阳阻隔，内战不已。上下不交，则虽有朝廷君臣，而亡国之形已见矣。原其所以然，皆由小人用事于内，固结其君而尽去君子，使不得与人主相通，斯可以夺其权，故其宠，而为所欲为，国安得而不亡也？可不畏哉。《辞》谓“否之匪人，不利君子贞，大往小来”者，以造化言之，则地自为地，地气不上交；天自为天，天之气不下交。天地不交，万物由此屯塞而不通也。以人事言之，上意不孚于下，下情不达于上，上下不交，则情义乖离不相维系，虽有邦同也。其在君心，则所存者阴暗而无阳明之善，内阴而外阳也。所发者委靡而无刚断之才，内柔而外阳也。所任用者小人盈朝而君子在野，内小人而外君子也。唯内小人，而危国害民之道日长。唯外君子，而保邦致治道日消也。宋臣苏轼有言："无邦者亡国之谓"。这一爻告诉我们，一个只要顺应了大众的愿望，为大众谋福利，就能得到人民的衷心拥护。

总　论

凡人不能无所同，但恐所同之不广。所同不广，则为私同，而非大同也。"同人于野"，则旷远而无私，如处一家一乡，则大同乎；一国天下之人皆大同也，所同无私，则足以致人之亲辅，来人之信从，何举不济？凡事皆亨，虽事之大而难者，如大川之险，亦利于涉矣。然非合于君子之正道，亦不得为大同也。夫君子之道，岂必人人而求与之同哉？亦惟正而已。正也者，人心之公，理不期而自无不同者也。合于君子之贞，乃为于野之公、而亨、且利涉耳。宋欧阳修论君子小人之朋者，谓小人所好者禄利，所贪者财货，当其同利之时暂相当，引以为朋者，伪也。君子则不然，所守者道义，所行者忠信，所惜者名节，以之修身则同道而相益，以之事国则同心而共济。故为人君者，但当退小人之伪朋，则天下治矣。甚矣，修之言有合于同人之义也。卦名为同人者，盖以卦体六二得位而正，得中而中，以柔中正之德应五刚中正之君，上下以中正相应，故曰同人也。《辞》谓"同人于野，亨"而"利涉大川"者，何哉？卦体以乾行而利涉，盖乾之力甚大，凡义理之所在，勇于必为而无一毫懦之意，则"亨"不待言矣。又曰"利君子贞"者，卦德"文明以健"，文明，则能乎正理而明大同之义；刚健，则能行乎正理而尽大同之道。卦体中正而应是，在已既正而无私，所应亦正而无私也。此皆君子之正道也。夫天下之理，正而已矣，苟能顺天理，合人情，是君子之所同者，乃天下人心之公理也。既得乎天下人心之公理，自有通天下之志而亨、利涉矣。自古至治之世，一道同风。夫人各一心，而可以使无弗同者，惟此中正之理而已。是故君子以中正撤天下之畛，即以中正峻天下之防。撤其畛，于人无不可同，而中正者必期于相遇；峻其防，于人有所不苟同，而不中不正者，不能以强合。然卦之二、五，既以中正相应于上，则天下不中不正者，自皆反于中正，如舜举皋陶，汤举伊尹，而不仁者远。则峻天下之防者，正所以撤天下之畛乎；此卦天在上，而火炎上，其性相同，故为同人。然天下有不可皆同之理，若不审其异，则混淆杂乱，反不得其同矣。君子以为天下之不同者莫如族，于是因其族而类之，如六德者均为诸侯，三德者均为大夫。功之大者同于开国，功之小者同于承家。士民工商各业其业而不相混。内有昭穆之辨，外有尊卑之等，如是则族得其类矣。天下之不同者莫如物，于是因物而辨之，如朝廷之上，则五瑞、三帛、二生、一死之贽仪；亲疏之际，则三年、期年，大功、小功之服色。律吕阴阳不同而于正五音，菽粟之类同归于养生，药石之类同归于卫生，律度量衡之必一，章服器用之不差，如是则无得其辨矣。卦取大同之义，而《象》则言类族辩物者，盖致同全在于审异，故法乾，覆之无私，离明之有别。物之情者，因其不同以为耳。若如异端之说必欲比而一之，则是非杂糅，大小混淆，驯必至于乱矣，乌能使之同哉？同人卦离下乾上，总体上是好卦，因为聚合众人，隐含得众心，所以说"利于君子的占问”。卦中六爻，展示了同人之时的各种曲折的状况：初九出门远行，担心找不到同人，有此求友诚意，可获无咎；六二戒劝与人和，同时不可偏狭；九三强同与人，违背中道；九四失正，争强与同人，能改则吉；九五患难见真情，乃须公正无私；上九孤身远遁，同人之穷道。本卦虽然都具有上行的特征，但毕竟是一种克合，是建立在矛盾上的统一。只能在人性上求得共通，不可在事业上求得大同。

大有卦第十四

[原文]

《大有》[1]：元亨[2]。

《彖》曰：大有，柔得尊位，大中[3]而上下应之[4]，曰大有。其德刚健而文明[5]，应乎天而时行，是以“元亨”。

《象》曰：火在天上[6]，大有。君子以遏恶扬善[7]，顺天休命[8]。

[注释]

[1] 大有是本卦标题。大有就是大丰收，盛大富有。朱熹曰：“所有之大也。”《通说》：“古代丰年曰‘有’，大丰年曰‘大有’。”《诗·莆田》：“自古有年。”毛《传》：“岁其有，丰年也。”《春秋·桓公三年》经：“有年”。《宣公十六年》经：“大有年。”《公羊传》：“此其曰有年何？仅有年也。彼其曰大有年何？大丰年也。”《穀梁传》：“五谷皆熟为有年也。五谷大熟为大有年。”[2] 亨：为亨通。[3] 柔得尊位：六五阴爻属柔，居卦之上中，为尊位。大中：六五居上卦中位，故为“大中”。[4] 上下应之，指上下五阳爻皆应之。[5] 刚健而文明：下乾上离，乾为刚健，离为文明。[6] 火在天上：下乾上离，乾为天，离为火，故“火在天上”。[7] 遏恶扬善：遏止恶行宜扬善良。遏：绝。《尔雅·释诂》：“遏，止也。”扬：宣，举。[8] 顺天休命：顺从上天休美之命。《尔雅·释诂》：“休，美也。”

[译文]

《大有卦》：非常吉利。

《彖传》说：《大有卦》六五之爻处于上卦中位，阴柔者处于至尊的位置又安守正道，它周围的阳爻与它相应，就好像一人之下万人之上的丞相为人正直，功绩卓越，因引此把它叫做《大有卦》。由于他有刚健文明的美德，顺应了天的运行规则，获得了丰收，创造了许多财富，所以说“大吉大利”。

《象传》说：《大有卦》的卦像是乾在下，离在上，乾为天，离为火，这就表明火在天上，象征太阳给了万物丰富的能量，所以把它叫做《大有卦》。君子应主持公道，抑制恶的，宣扬善的，顺应天道，见好就休。

[不休说]

大有，取君尊将得众之义。六五一阴在上，五阳从之。“所有”者，大。故曰“大有”。然而成其“有”之“大”者，实本于元后之德。军德不刚，不足以制事；而刚过，则失之严。不明，不足以烛理；而过明，或失之察，必离明。乾健顺时而运，乃能制作，尽善治化，大行是德，以全乎其势也。《彖》故以“元亨”予之，又欲万世君臣膺丰亨豫大庆，励特盈保泰之修，是以诸爻多戒词焉。初则惕以克艰，二则最以任重，三则劝献纳之忠，严小人之辨，四则明分义之大，抑攒逼之嫌，所以儆夫臣者至矣。上必尊贤而不居其有，行顺而昭格于天下，所以儆夫君者至矣。君臣各有当尽之道，而操用人行政之权，辨是非邪正之实，其道又专属乎君，故当大有之朝，含蓄甚众，小人虽为即为君子之害，而刚明之主虑切履霜，昭典礼之雍容，尤以天命天讨，严贤奸之进退。《大有卦》盛大光明，光辉普照，畅行无阻之象。当然作为大有之人，也要内怀刚健之德，自强不息。外行文明之道，恭谦处事待人，使万众归心，成就其旺盛富有的事业。其大有之势，方可亨通永保。告诉我们，顺应了天道就会富有。

［原文］

初九：无交害[1]，匪咎[2]。艰[3]则无咎。

《象》曰：大有初九，无交害也。

［注释］

［1］交："蛟"。《汉书·高帝纪上》："是时雷电晦冥，父太公往视，则见交龙于上。已而有娠，遂产高祖。"交，《史记·高祖本纪》作"蛟"。蛟害即洪灾、水灾，古人以为洪灾是蛟龙所为。无交害：没有互相损害，转到有交利。并且艰难时更加注意克服困难，所以无害。［2］匪：通"非"。［3］艰：艰难困苦。

［译文］

初九：没有相互伤害，不会遭遇危险，如果大家一起艰苦奋斗，就不会有灾难发生。

《象传》说：《大有卦》的初九爻辞说，不要相互伤害。

［不休说］

初九阳爻居阳位，虽资质笃实富有，但居于下位，刚刚在富道上开始起步。处九与九四应敌，与六五富豪无正应之交往，各自不相往来，自然没有什么利益冲突。九二与六五正应，富可敌国。九三富若王公，九四富贵双全近君大臣，一个个都是财大气粗之人，冲撞不得，初九爻与其匹配不上。初九，当大有之时，以阳居下，则刚有守，而好大之志不萌。上无系应，则私未感，而有为之气方锐。是未涉乎骄著之害，本匪有咎者。或以为无咎而以易心处之，未必终于无咎也。盖贵不期骄而自骄，富不期侈而自侈。既骄且侈，鲜不及矣。故必守满，而艰难以处之，然而可以无咎耳。"所以"既大，似有涉害之理。今以大有之初而以九居之，则刚毅之德足以有守，是以得免于害耳。甚矣，处有者之当慎也。盖圣人作《易》，教人以戒，谨恐惧之学，无有以为易而可忽者。故虽天下至易之事，亦必以至难之心处之，庶几时克念，不至以侈肆取咎也哉！这一爻告诉我们，富有了，更要坚守正道，更要顺应天时。

［原文］

九二：大车以载[1]，有攸往[2]，无咎。

《象》曰："大车以载"，积中不败[3]也。

[注释]

[1] 大车以载：负重致远的意思。《荀子·劝学》篇："假舆马者，非利足也，而至千里。"[2] 攸：所。[3] 积中不败：九二积德而居中。《大有》下体三阳曰积，九二居中曰中。败：坏，此就车而言，因车体结实而行中道，故不会败坏。

[译文]

九二：用大车装载着东西，到所去的地方，这不会有什么灾祸。

《象传》说：东西放在大车里装载着，便不会发生灾祸，是因为财物堆积在车中不会发生损失。

[不休说]

九二阳爻刚健而不违中，与上卦中的六五明君心心相印，深得六五最高统治者的信赖。人臣遇君，非才德无以致用，非智用无以见能。九二刚中在下而得应乎上，是才德茂而独为君所委任者，为"大车以载"之象。则既有是德，而又得是君，如是往而任天下之事，自能成功而免责矣，无咎之道也。所谓"大车以载"者，岂徒负载之多乎？以其有"积中"之实德，足以任重而不致于败事也。从象上看，二刚健居中而应五，才德兼隆，得君行道，乃仅得无咎、仅得不败而不曰"吉亨"者，以见"大有"之难，而人臣任事之不易也。古之当此者，伊、傳、周、召其人乎？这一爻告诉我们，能在丰年时把自己的财富妥善地保管起来，等到荒年再用，这是有远见之明。

[原文]

九三：公用亨于天子[1]，小人[2]弗克。

《象》曰："公用亨于天子"，小人害也。

[注释]

[1] 公：公侯。亨：同"享"致贡之义，指享受宴席。帛本作"芳"。《释文》："亨，京云：'献也。'乾云：'亨，宴也。'姚云：'亨，祀也。'"[2] 小人：自私的守财奴、吝啬鬼。

[译文]

九三：公侯能受用天子赐予的恩惠，但小人是承受不起的。

《象传》说：公侯能受用天子赐予的恩惠，让小人积聚财富就会危害国家。

[不休说]

九三居下之上，有刚正之德，公侯中之贤者也。上有六五之君虚中以下之，是以公而朝献于天子，或先事而为"治有"之规，或后事而陈"保有"之道，随其所有以为贡献，而被晋接之，荣为用亨于天子之象。夫三为人君所贤而得朝鲜于君者，以有刚正之德也。

若公侯中之小人则无刚正之德，不能如九三之用亨矣。公之用亨于天子者，以君子则有嘉谟嘉猷之告论，思鲜纳之诚，故能亨于天子。若小人则贡谀容悦，惑君志而祸国家，必至于害。自古诸侯能守臣节而忠顺奉上者，则蕃养其众以为王之屏翰，丰殖其财以待上之征赐。若小人处之，则不可为臣奉上之道。至民柔中之君，众财丰，则反擅其富强而为不顺，故圣人于君子小人之防，严为分别如此。当位得正；又居下卦乾体之上位，拥有国家一半的小天地，是地方势力的政治代表又是执手边关的封疆大吏。九三与六五无直接相应关系和相比关系，具有相对的自主权和独立性。这一爻告诉我们，施舍恩惠要看对象。

[原文]

九四：匪其尪[1]，无咎。

《象》曰："匪其尪，无咎"，明辩哲[2]也。

[注释]

[1] 尪（wāng）：子夏作"旁"，虞作"尪"。当以"尪"为正字，指胸、胫或背等处弯曲残疾之人，古时曾利用他们祈雨。《礼记·檀弓下》："岁旱，穆公召县子而问然曰：'天久不雨，吾欲暴尪而奚若？'"。匪其尪：传文指排斥邪曲之人与邪曲之事。[2] 明：察。《尔雅·释训》："明，察也。"辩：借为辨。《小尔雅·广诂》："辨，别也。"哲：明确。《说文》："哲，昭明也，从日，折声。"朱熹曰："晳，明貌。"明辩哲：指考察辨别明确。

[译文]

九四：不要逼男巫加大声势去求雨，就没有灾祸发生。

《象传》说：不要逼男巫加大声势去求雨，就没有灾祸发生，这表明智者能辨别是非，作出透彻的分析。

[不休说]

九四以刚爻居上卦离体之下位，但是居阴位位不正。九四上承九五，能与九五亲和正比，深得九五君王之信任。并且九四刚柔相济，亦能忠心报效君王。九四一方面能制约九三中的部分邪恶势力，另一方面又能谦虚谨慎，减损自身。不致因功高盖主而招致九五君王之嫌忌。因此得免过咎。大臣当极盛之时，不可无善全之识。九四以刚而近九三以刚爻居阳位，全盛既盛，似有僭偪之嫌。幸其处柔而能深自抑损，权重而不以权自恣，势盛而不以势自矜，是盛而不敢极，其盛为"匪其尪"焉。如是，可免于咎矣。所谓"匪其彭无咎"者，四之所处已挟震主之威，今乃得免于无咎者，深知君尊臣卑之义，亏盈益嫌之理，由明辨之哲而能然而。使明或稍昧，矜功挟权以陵其上，能无凶乎？为大臣者，不可不知此义也。盖人臣位高权隆，苟非于利害之几，应谦之理辨之甚晢，鲜有不侈。然自大以至凶于家害于国者，此在为臣者不可不戒，而人君亦当深思预防，使上下无相偪之嫌。如汉光武不令功臣预征，宋艺祖之解诸将兵权，则抑损之，正所以保全之耳。这一爻告诉我们，在自己富有时，不要再去求取更多的财富，否则，就会因不知足而遭遇灾祸。

[原文]

六五：厥孚交如，威如，吉[1]。

《象》曰“厥孚交如”，信以发志也。“威如”之吉，易而无备[2]也。

[注释]

[1] 爻字名，帛本作：“阙复交如，委如，终吉。”简本作：“厥孚洨，女，吉。”《帛书·二三子》：“卦曰‘绞如委如，吉’。孔子曰：绞，日也；委，老也。”交（绞）通“皎”。厥：其。厥孚：他的诚信。交如：上下交信的样子。易而无备：唯行，简易而无所防备。[2] 发：明。《广雅·释诂》：“发，明也。”《诗·载驱》：“齐子发夕。”《释文》引《韩诗》曰：“发，旦也。”易：平安。《礼记·中庸》：“君子居易以俟命，小人行险以侥幸。”郑注：“易，平安也。”备借为惫，病困。

[译文]

六五：他为人诚实，和人们不但有深切的交往，而且适当施加威力，这是吉利的。

《象传》说：他为人诚实，和人们不但有深切的交往，赢得人们对他的信任，这是因为诚信能使他的志向得以表达。在众人中树立威信的吉祥是由于过分平易近人就让人无戒备。

[不休说]

六五爻为有卦之主爻，阴居阳位。处尊位能又柔守中，足见其待人诚信。六五阴爻以其诚信无私的态度，按守规矩地与众阳爻上下臣民交往，必然会得到臣民的敬重和拥护。六五，当大有之世虚已以应九二之贤，是上以诚信孚于下也。上孚于下，则下孚于上，是由上下归之，谓“厥孚交如”之象，然君道贵刚，太柔则废，故又当济之以威，使恩威兼尽，可以保其所有而不坠，则吉也。所谓“厥孚交如”者，盖上下皆有孚信之志，而推原其本，唯六五在上之孚信有以发之，故能使上下交孚耳。所谓“戚如之吉”者，以君道太柔，则人将玩《易》而无畏备之心，以威济之，则宽厚中仍有刚制之用，庶上下交孚耳无慢易之失也。大抵帝王之治，恩威并济。汉史臣赞宣帝信赏必罚，吏称其职，民安其业。元帝牵制文义，优柔不断，孝宣之业衰焉。此足以见帝王之所尚矣。这一爻告诉我们，一个人在做大事时，以能做到恩威并施，必能成大器。

[原文]

上九：自天祐之[1]。吉，无不利。

《象》曰：大有上吉，自天佑也。

[注释]

[1] 祐：通“右”。《集解》：“祐作右。”子曰：“祐者，助也。”《说文》：“祐，助也。从示右声。”《说文》：“右，助也。”

[译文]

上九：他有上天的保佑，吉利，没有不吉利的地方。

《象传》说：大有卦十分吉利，这是因为这庇护来自上天。

[不休说]

上九，当大有之世，以刚居上而能下从六五，信之极而用之极专，其谦退如此。是以满而不溢，合乎天而自天祐之也。既得天祐，则吉无不利，而得以享其大有之庆矣。大有，在上而得吉者，岂倖致与？盖贤者天之所生，唯尚之盛德有以格天，故能合于天而得天之眷祐也。天岂私祐上九者哉？大有之世，万国皆已来王，四海皆已无虞，正当应满之时，人主处此，必至以泰宁自负，而来简贤慢士之失者。今乃能尚贤如此，诚人主之盛德，帝王之极则也。此爻所以独尽善其辞欤！卦中五阳爻都与六五亲王比有应，但只有上九乘柔与六五亲比，其余四阳爻都乘刚乘柔，说明上九有思顺之义。这一爻告诉我们，只要是按照客观规律办事，就会获得成功。

总　论

卦象火在天，万国九洲皆在其照临之下。所有，为至大也。人主抚有天下，诚出其明健之德以运治，则天下之事各得其理，天下之民各得其所，海宇有熙皞之风，国家有苞桑之固，大有之也可以保之而无虞矣，岂不大善而亨乎？大有之世，天下一统，治化四讫，虽致有，实本于德，而唯德为能治有，岂非王业之盛必由于王道之隆？卦之名为大有者，盖以卦辞“六五一阴居尊”而有大之道，当大有之时而居尊位，则“中”亦非寻常之“中”而为“大中”也。唯大中而五阳应之，是上下五阳皆为六五一阴所有也。故《彖辞》系之曰：大有大有，何以元亨？以其德实，有以致亨耳。刚健则能胜私，文明则能烛理。故得天位而行天道，则天叙有典而惇之以时，天秩有礼而庸之以时，天命有德而张之以时，天讨有罪而刑之以时，洵乎大善而亨也。大有之所以亨者，不以势而以德。盖德之体则刚健文明，德之用则应天时行。尽善尽美如此，是以能成大一统治耳。挂体上离下乾，有火在天上之象。盖火虽明，若在下则明有所蔽，而不能以及远。今在天上，则天下万物皆在所照之中，故为大有。君子于恶者，小则鞭朴之，大则邢窜之，而恶者遏矣。其于善者，岂一己之私哉？盖天命本无恶，故五行五用，天所以讨有罪也，则奉天命以遏之。天命本善，故五服五章，所以命有德也，则奉天命以扬之。天命所固有，正以顺天休美之命耳。盖以赏罚二者，人君统御天下之大权，亦转移人心之大用。君道既贵能明，又贵能断，然后可以法天为治，而享大有之盛也欤！大有卦干下离上以丰收说卦象吉凶。初九说战胜水患，历经艰难而无咎。九二说粮食多得用大车装载的盛况。九三说公侯在丰收之后向天子进贡。九四说遇灾害，求雨的情况。六五说其诚心如白日。上九更得上天的佑助。六爻三吉，三无咎，是难得的好卦，所以卦辞说“元亨”（大为亨通）。阐明了在达到富盛时期，如何善处大有的道理，提出中正、谦恭、诚信、施济可保永吉的论点。

谦卦第十五

[原文]

谦[1]，亨[2]，君子有终[3]。

《彖》曰：谦“亨”。天道下济而光明[4]，地道卑而上行[5]。天道亏盈而益谦[6]，地道变盈而流谦[7]，鬼神害盈而福谦[8]，人道恶盈而好谦[9]。谦尊而光[10]，卑而不可逾[11]，“君子”之“终”[12]也。

《象》曰：地中有山[13]，谦。君子以裒多益寡[14]，称物平施。

[注释]

[1] 谦是本卦标题。谦的意思是谦虚，谦让。谦，帛本作“嗛”。[2] 亨：指谦虚待物，必致亨通。《正义》：“谦者，屈躬下物，先人后己，以此待物，则所在皆通，故曰亨也。”[3] 有终：有好的结果，有所成就。《正义》：“小人行谦，则不能长久，唯君子有终也。” [4] 济：成。《尔雅·释言》：“济，成也。”光明：日月。《正义》：“下济者，谓降下济生万物；光明者，谓三光垂耀而显明也。”[5] 地道卑：地之位置卑下。上行：指地气上升，与天气相交，以生成万物。《正义》：“地体卑柔而气上行，交通于天以生万物。”[6] 亏：损。盈：满。《集解》引崔憬曰：“若日中则昃，月满则亏，损有余以补不足，天之道也。”[7] 变：倾坏，损毁。俞樾曰：“变，毁也。”《吕氏春秋·至忠》：“颜色不变。”高注曰：“变，毁也。”流：流注。《正义》：“流，流布。”《集解》引崔憬曰：“高岸为谷，深谷为陵，是以变盈而流谦，地之道也。”[8] 鬼神害盈而福谦：指骄盈者鬼神所害，谦恭者为鬼神所祐。《集解》引崔憬曰：“朱门之家，鬼阚其室，黍稷非馨，明德唯馨。”福：动词，降福。[9] 人道恶盈而好谦：说明宇宙间的事理无不抑盈扬谦。[10] 尊：孔颖达曰：“尊者有谦而更光明盛大，卑者有谦而不可踰越。”此为尊卑之尊。王引之曰：“尊当读为撙即退让之撙。撙，损也。”《曲礼》曰：“君子恭敬撙节退让以明礼。”刘画《新论诫盈》篇曰：“未有谦尊而不光，骄盈而不毙者也。”《儒行》：“其尊让有如此者。”《乡饮·酒义》：“三揖而后至阶，三让而后升，所以致尊让也。”《聘义》：“三让而后传命，三让而后入庙门，三揖而后至阶，三让而后升，所以致尊让也。”《管子·五辅》篇：“夫人必知礼然后恭敬，恭敬然后尊让，尊让然后少长贵贱不相踰越。”[11] 踰：凌越。《说文》：“踰，越也。”[12] 终：两义，一，君子始终守谦。二，君子终获谦福。[13] 地中有山：下艮上坤，艮为山，坤为地，山本高居地上，而今居地下，故曰：“谦”象。[14] 裒（póu）多益寡：裒取其多，增益其寡。

[译文]

《谦卦》亨通。占卜得此卦，说明君子能有所作为。

《彖传》说：谦卑，亨通、顺畅。上天把能量赐给万物，世界充满了光明。地谦卑地顺应天道，滋润万物使万物茁壮成长。天道是让自满者亏损让谦虚者受益，地道使自满者变得谦虚。鬼神是使自满者受害，让谦虚者亨福。人们形成一种道德规则，就是憎恶自以为是的人，推崇谦虚的人，做高官而不傲慢，使其美德得以发扬光大；处于低微的地位而不自卑，让人仰慕他的美德，这就是君子谦虚将有所作为的原因。

《象传》说：《谦卦》的卦像是艮在下，坤在上，艮为山，坤为地。这表明，高山隐藏在地里，就好像拥有超群的才华和崇高的品德却不向外张扬，因此把它叫做《谦卦》。君子看到这卦象时，应拿多的去弥补少的，估量各种财物的多寡，尽量把它公平分给老百姓。

[不休说]

谦，取退让之义。以山上之高而逊居于地之下，能自屈而不居其盈，其象谦。圣人言君子立德功，于持身接物之间，伐施尽化，恭让交孚，斯无往不亨而身名俱泰，故以“亨”而“有终”予之。且谓君子德以谦著，天下莫能掩其光；望以谦崇，群品莫能加其上。由其秉心抑畏，尽人道而合德于天地，乃为君子之终。而非以退为进、以屈为伸者所可拟也。故合六爻观之，初之善下，二之有闻，三之不有其功，四之撝不为则，五之不挟富有而得众，六之不骛远略而治私。可以济险难，可以宣义问，可以让大美，可以缉臣邻，可以用征伐。为下则罔以宠利居成功，为上则不以崇贵骄天下，宜其无往而不与吉应也。至九三一爻，劳而能谦，天下既仰其丰功，又高其雅量。《象》曰“君子有终”。爻辞亦不复易。盖乾三“君子严夕惕之修”，坤三“有终具含章之美”，皆为谦三之所兼有。孔子特以万民服归之所，以深著其忘矜伐，戒满假，允符乎好谦之人道也。故《象》曰“君子有终”，爻亦曰“君子有终”也。圣人观象系辞之旨，不大可见哉?《谦卦》是大地承托着高山，山仅是大地的一部分，经过雷霆风雨的洗礼之后，最终回归大地。这种动是自上谦下的动，有群阴柔顺的归附，因此可化险为夷。告诉我们，君子应该培养谦虚的美德。

[原文]

初六：谦谦君子。用[1]涉大川，吉。

《象》曰：“谦谦君子[2]”，卑以自牧[3]也。

[注释]

[1] 用：有利，利于。[2] 谦谦：谦而又谦，形容十分谦虚。君子：贵族通称，指有才德的人。[3] 卑以自牧：《谦》初六处卑下，而自养其德。牧：守。王弼曰：“牧，养也。”俞樾曰：“《荀子成相》篇：‘请牧基，贤者思。’杨倞注：‘牧，治也。’”《方言》：“牧，司也。”又曰：“牧，察也。”《说文》：“牧，养牛人也。”

[译文]

初六：有谦虚的美德的人算得上君子。有此美德的人去渡大江大河，是吉利的。

《象传》说：有谦虚的美德的人算得上君子，就是用谦虚的态度来约束自己的行为，可以规范自己的行为，使自己的行为不出轨。

[不休说]

初六，以柔处下，深自抑损，绝无矜才衒能之意，此乃谦之独至，谦而又谦，君子之行也。本此谦谦之道，用以济险，如涉大川之艰亦惑众心之顺助而得吉，况平居乎？所谓“谦谦”之“君子”者非矫饰而然也。夫居已于高，居人于卑者，人之常情。初六以卑下之道自养，而不敢有上人之意。盖蓄于素者，咸退逊之心；斯发于外者，皆谦抑之度，所以成其为“谦谦”之“君子”耳。斯岂致功于旦夕者所可几欤？“涉川”为最险之事，而属之“谦谦君子”者，盖弘济时艰，必非尊已凌物，一往用壮之士所能胜任也。我心果能深自挹损，退然处下，则世虽有桀骜难驯之人，见之必且意尽消沮，缩伏而不敢动矣。有何险之不化为平，而祸之不转为富也耶。初六位处坎卦之下，居阳而用柔，既能认识自己俾下的地位，又能识时务，更能以柔顺之德克制自己事业进程中盲动和冒进，遇险能用谦，自然无往不利，处处获吉。这一爻告诉我们，谦虚可以使你的事业有成。

[原文]

六二：鸣谦[1]，贞吉。

《象》曰：“鸣谦，贞吉”，中心得[2]也。

[注释]

[1] 鸣：有声，指有声望。用作“名”，有名望。《广雅·释诂》：“鸣，名也。”《庄子·大宗师》篇：“子以坚白鸣。”《寓言》篇：“鸣而当律，言而当法。”《列子·仲尼》篇：“子以公孙龙之鸣皆条也。”王弼注：“鸣者，声名闻之谓也。”高亨曰：鸣皆当询名。

[2] 中心得：君子所作所为，皆得诸心，然后发之于外，则无不中于道。

[译文]

六二：谦虚的美名远播，去占卜可得到吉祥的预兆。

《象传》说：谦虚的美名远播时去卜问即可获得吉祥的预兆，这是因为表里如一地坚守正道，赢得了人们的尊敬，其声名越传越远。

[不休说]

六二阴居柔位，得中且正，享有美誉；六二上乘九三阳刚，九三与六四、六五组合成震卦，震为雷鸣；谦卦上体又为坤卦，象征六二谦德必被九三远播，其影响震撼大地。六二谦行蕴积于心，又彰显于外，由于能执守中道，则无过多影响，因而获吉。六二，柔顺中正有谦之资，而又得乎谦之道，由是积主著外，谦而有声闻矣。此非违道义声誉，乃理之所当然而得其正也。由于人皆知之，则行孚而名誉著，上可以得君，下可以得民，何往而非吉乎？六二之谦，推原其心初非欲求闻于外也，乃中心所自得耳。然有是德积于中，则必有是名闻于外，斯岂外袭者哉？朱熹有言，太虚中本无物，事业功劳于我何有？此心体之本然也。能知此意，则禹稷之功名，周公之制作，皆我分内当为之事，何所用其矜伐？然有意为谦，反失之矣。六二中正，适得于心体之本，然其鸣谦也岂以声音笑貌为哉？这一爻告诉我们，一个人的谦虚的美名之所以得到远播，是因为他为人正直，行事遵循中庸之道，位高不张扬，位卑不嫉妒，善于从自身找原因，从而赢得了人民的尊敬、信任。

[原文]

九三：劳谦[1]，君子有终[2]，吉。
《象》曰："劳谦"君子，万民服[3]也。

[注释]

[1] 劳：事功，功劳。《周礼·司动》："事功曰劳。"《礼记·明堂位》："成王以周公为大有劳于天下。"《国语·周语》："平、桓、庄、惠皆受郑劳。"韦注："劳，功也。"[2] 终：好结果。有终：指最终结果。[3] 万民服：指九三居下卦高位，以劳谦服众。

[译文]

九三：辛勤劳作而谦虚的君子，必将有所成就，最终将是吉利的。
《象传》说：辛勤劳作而谦虚的君子，天下臣民都愿意服从他。

[不休说]

九三处下体之极，刚居阳位得正，是谦卦唯一阳爻。本受群阴归附而受尊重，但九三只是六五柔中之君手下的一位大臣，有功劳之时，并不敢妄自尊大，获美誉而不贪得无厌。做厚道之人，行谦让之事。凡为大臣者，皆思健功于天下，而恒不能以谦自处。九三以一阳居下之上，而为上下所归，是当位任之隆德盛业著而有功于天下者也。乃三不自居其劳，而退处于谦，则不矜而天下莫与争能，不伐而天下莫与争功，自能"有终"而"吉"矣。谦固人之所难，若有功劳而能谦，则尤为人之所难。今九三劳而能谦，则丰功有以答天下之心，而雅量有以洽人心之好，此万民之所以咸服也。《系辞》于谦九三曰："劳而不伐，有功而不德，厚之至也。"唯德厚之至，故不自觉其功之盛。自古有功之臣令终者鲜，皆由器小易盈，恃功骄恣所致。故谦则终吉，不谦则终凶。出此人彼，间不容发。《系辞》又曰："致恭遗存其位"，虽赞之，实勉之也夫！这一爻告诉我们，一个人如果有了谦虚的美德，还奋斗不息，则更有利于成就大业。

[原文]

六四：无不利，撝谦[1]。
《象》曰："无不利，撝谦"，不违则[2]也。

[注释]

[1] 撝（huī）：帛本作"讹 "，从简本上看"讹"当是正字，用为"口化 ，为化也"。撝读为"为"。《广雅·释诂》："为，施也。"《礼记·祭统》："是故贤者之祭也，致其诚信，与其忠敬，奉之以物，道之以礼，安之以乐，参之以时，明儶之而巳矣，不求

其为。”高亨曰：不求其为，不求祖先所施于我也。《老子》：“为而不持。”《集解》引荀爽曰：“撝，举也。”惠栋、姚配中、张惠言皆从。王弼曰：“指撝皆谦，不违则也。”陆德明曰：“撝与挥同。”朱熹曰：“撝与挥同。”《说文》：“挥，奋也。”[2] 不违则：程颐曰：“凡人之谦，有所益施，不可过其宜也。”

[译文]

六四：只要发扬谦虚的美德，没有什么不吉利的。

《象传》说：“没有什么不吉利的，只要发扬谦虚的美德，这不违背谦虚使人进步的常理。”

[不休说]

六四以柔爻居阴位，当位得正。引导九三上行与六五、上六相应，这样便可化不利为有利。居上而能自下，如是，则在彼无恶，在邦在家，无所无往而利，故以见其谦矣。然四居九三功臣之上，功不及而位过之，故当本谦之已形，凡见于辞气容貌之际者，一一发挥，以示不敢自安于九三之上。如此，则为之上者嘉其谦，而为之下者服其谦矣。四之“无不利”而“撝谦”者，得无疑“撝谦”之或过乎？不知四居九三功臣之上，推贤让能，庶官乃和，此一个臣之无他技，而天下之有技彦圣，无不在其休休有容之中也。六四与九三不惟无相忌之嫌，而且有相让之美，三代而下，若周勃之于陈平，卢怀慎之于姚崇，其犹有此风乎！这一爻告诉我们，一个人的谦虚的美德如得到发扬，那对他来说，更是如虎添翼。

[原文]

六五：不富[1]以其邻。利用侵伐[2]，无不利。

《象》曰：“利用侵伐”，征不服[3]也。

[注释]

[1] 不富：指六五阴虚失实。[2] 以：因。邻：邻国。侵伐：讨伐敌人。利用侵伐：有利的用战争来对侵略，指抗击敌人。[3] 征不服：指讨伐不服王侯之制度命令、敢于掠夺邻国之财务之人。

[译文]

六五：由于邻国的侵伐，国家不富有，此时发兵侵伐邻国，没有什么不吉利的。

《象传》说：此时发兵侵伐邻国，有利于攻城略地，这是征伐那些不愿顺从大势的国家。

[不休说]

六五爻阴居柔位，为一卦之至尊，作为一国之君，过于优柔寡断，九三阳爻为国家功臣，功可盖主。六五本属阳位，其阳刚尚武之本性，刚柔相济，公平治国，才不失君王之正道。人君驭下虽有崇高之位，不可无谦德以临之，六五以柔居尊，是在上而能谦者，居尊而谦，则从之者必众，为“不富”而能“以其邻”之象。夫六五之谦以临下，则在不宜无不服矣。而设有未服者不“以其邻”之象。夫六五之谦以临下，则在下宜无不服矣。而设有未服者不可已也，盖六五既得众星之归，即用之侵伐以诛暴而去恶，何不利之有？然可已也，盖六五既得众星之归，即用之侵伐也，即用之他事而亦无不利矣。五之“利用侵伐”者，岂观兵以黩武哉？以其冥顽之寇、强暴之敌负固不服而征之耳，非得已而不已。从来兵凶战危，圣王不得已而用之。此爻以征伐为利者，盖师无名谓之黩武，师加不道谓之义兵。为君者能用谦德绥诸侯，而不以力征天下，则师之所至有若时雨，始虽崛强跋扈，终未有不帖然驯服者。舜舞干而格有苗，文因罍而降崇虎，其明证矣。这一爻告诉我们，谦虚不是谦让，更不是退缩、软弱，而是坚守中正。

［原文］

上六：鸣谦[1]。利用行师，征邑国[2]。

《象》曰："鸣谦"，志未得[3]也。可用[4]"行师，征邑国[5]"也。

［注释］

［1］鸣谦：名谦。［2］行师：出兵。邑国：大夫之邑，诸侯之国。《说文》："邑，国也。"《折中》引何楷曰："所征止于邑国，毋敢侵伐，亦谦之象。"［3］志未得：上六位高谦极，足以感化众人；但毕竟还有骄逆不顺者，故其安定天下之志尚未完全实现。《折中》："其志尚未得者，乃未能遂其大同之心。"［4］可用：可以。［5］征邑国：简本作"征邦"，帛本《缪和》引此句为"征国"，均无"邑"字。

［译文］

上六：谦虚的美名远播，这时出兵征服敌人是有利的。

《象传》说："谦虚的美名远播"，这是因为天下大同的愿望还未实现，这便可用"出师征讨"的办法来解决。

［不休说］

上六阴居柔位，又处坤体上方，谦卦之极上之处，谦至无可复谦的地步。此爻乘六五爻义而来，鸣至谦之德于世，以示后发制人，利用行师，征邑国，故无所不利。上六谦德著闻，为人心所乐与，上六之爻，则协力同心，即用谦以行师，而亦之所行，无不利矣。但质柔无位，则才既患其不足，而力又不能以有余，是师之所行，但可征已所治之邑国，而不能以及远也。上六谦德著闻，宜而人无不归矣。以其质柔则不足于才，无位则不足于力，故志独未得而至于行师也。虽可用行师，亦不过足以治其斯邑而以，然岂不足于谦德者哉？谦之功用，不特可以处常，而正可以济变。观初之“用涉大川”，五之“利用侵伐”上之“利用行师”，可见谦道非徒一于卑巽，而用武尤深戒夫振矜。人主临事应变，而能以不骄不亢之德行之，则亦安往而不如意哉？这一爻告诉我们，当一个人的谦虚的美名得到了广大人民的推崇时，他顺应民心去讨伐非正义之师是吉祥的。

总 论

谦者，有德而不以德自居，有功而不以功自居，内则其心收敛而不矜，外则卑以下人而不亢，如是则行无不得，动无所阻，自无不亨。其先也不敢自居其有，强似屈，其究也不能没其所有而必伸。此“君子”之道为“有终”也。六十四卦皆多危惧之辞，即乾坤尚所不免，独系谦《象》《爻》“无不吉、亨者，盖海惟善下为百谷之王，人惟能谦为众祥之本。”《书》云：“满招损，谦受益”。《诗》云：“彼交匪傲，万福来求”，其即“亨”而“有终”之谓乎？卦之名为谦而得“亨”者，盖谦道至大，虽天道有不能违者。天虽在上，而其常下降以济万物，故气一嘘而万物以生，气一缩而万物以成。其道之光明何如是？下济为谦，而光明则亨矣。地道至卑，而能承天时行，以上配乎乾，故物之生虽出于天，不得地以承之，则生物之功不终。物之成虽主于天，不得地以承之，则成物之功不遂。其道之上行为何如是？卑为谦，而上行则亨矣。天地以谦而亨，则人之谦而必亨，不待言矣。试博举而观之，如在地道，盈满者倾变而反陷，卑下者流注而益增，是变盈而流谦也。如鬼神于人，物在人则贪，满者多祸，守约者多福。在物，则茂盛者渐至衰谢，凋落者渐至衰谢，凋落者更见其发生，是祸盈而福谦也。至于人之好恶，则变有可见者，其盈满者必为人之所恶，其谦下者必为人之所好，在人岂有心于好恶哉？亦在已者有以感召其好恶耳。故居尊位而谦，则为人道所好，德因谦而益显；居卑位而谦，亦为人道所好，而人亦莫能过。此皆君子“有终”之道也。天地鬼神不可知，故据其迹之可见者言之；若人，则可知者，故直言其情曰好恶。以其不可知，故常尊而远之；以其与人无以异，则修吾人事而已。志自满，九族乃离；德日新，万邦惟怀。人心之所顺，则天地鬼神亦岂能外是也欤？此卦“地中有山”，是地虽卑人，而中之所蕴则高，有谦之象。君子法之以处世，不可以自高之见，常患有余；自卑之情，常患不足。损其矜高之多，而谦以持已；增益其谦下之寡，而卑以下人。称量于人已之间，而适符其当轻当重之等，则施于人已者，自得其平矣。古之帝王皆有谦德，故尧之允恭克让，舜之温恭允塞，禹之不自满假，皆此意也。故聪明睿智，守之以愚；功被天下，守之以让；勇力振世，受之以怯；富有四海，守之以谦。谦卦作艮下坤上，讲谦虚、谦让之德。吉利随之，有名望，有功劳而谦让，终有好结局，感化他人，服邻人，如此德望只能讨伐小国。从卦象上看，高山都屈止于大地之下，把本该属于自己的高贵地位谦让给了广博的大地，体现了上下界相交的和谐合一。是天、地、人都能和谐相交相容的诸德基础。

豫卦第十六

[原文]

豫[1]，利建侯[2]行师[3]。

《彖》曰：豫，刚应而志行[4]。顺以动[5]，豫。豫顺以动，故天地如[6]之，而况“建侯行师”[7]乎！天地以顺动，故日月不过[8]而四时不忒[9]。圣人以顺动，则刑罚清而民服。豫之时义大矣哉！

《象》曰：雷出地奋[10]，豫。先王以作乐崇德，殷荐之上帝[11]，以配祖考[12]。

[注释]

[1] 豫是本卦标题。豫有喜悦、预计、倦怠等义。帛本作“余”，简本作“余”。朱熹曰：“豫，和乐也。”《尔雅释诂》：“豫，乐也。”[2] 建侯：指君王分封诸侯以政治安定天下。《正义》：“动而众说，故可利建侯也。”[3] 行师：指国家讨伐叛逆，出师兴兵，用武力安定天下。《正义》：“以顺而动，不加无罪，故可以行师也。”[4] 刚应：《豫》卦九四之刚，为上下五个阴爻所应。《集解》引侯果曰：“四为挂主，五阴应之，刚志大行，故曰刚应而志行。”[5] 顺以动：下坤上震，坤为顺震为动。《集解》引崔憬曰：“坤下震上，顺以动也。”[6] 如：从。《说文》：“如，随从也。”《集解》引虞翻曰：“如之者，谓天地亦动以成四时。”[7] 行师：指出兵作战。[8] 过：过误，失度。[9] 忒：差错。《释文》引郑注云：“忒，差也。”《集解》引虞翻曰：“忒，差也。”时：适时，合于时宜。[10] 雷出地奋：下坤上震，震为雷，坤为地，雷在地上动，故曰雷出地奋。奋：动。[11] 殷：盛，大。《说文》：“作乐之盛称殷。”荐：进献，指祭祀。《集解》引郑玄注：“奋，动也。殷，盛也。”朱熹曰：“殷，盛也。”荐，进也。上帝：指五方之帝。《礼记·月令》：“东方其帝大皞，南方其帝炎帝，西方其帝少皞，北方其帝颛顼，中央其帝黄帝。[12] 配祖考：祭祀祖先。配：祭祀，《汉书·艺文志》引作“享”，高亨释“配”为“人持酒以祭祀”《集解》引郑玄曰：“祀天帝以配祖考者，使于天同向其功也。”《孝经》云：“郊祀后稷以配天，宗祀文王于明堂以配上帝。”

[译文]

《豫卦》：对封建诸侯来说，出兵打仗是有利的。

《彖传》说：《豫卦》，是一阳爻和五阴爻相应，这表明柔弱者顺从刚强者，刚强者能使自己的意愿得以推行，即顺着自然规律而动是《豫卦》。《豫卦》顺着自然规律而动，天地的运行尚且遵从自然规律，更何况干大事的封建诸侯出兵打仗呢？天地按照其固有运行规律而动，因此太阳和月亮的运行从来就没有出现过差错，而四季交替循环也从来没有出现过错乱。圣人能够顺应天时而行动，那么在他的统治下政治清明同，奖罚分明，百姓都愿意服从他。《豫卦》所包含的顺应天时而动的意义是多么地大呀！

《象传》说：《豫卦》坤在下、震在上，坤为地、震为雷。这表明，地上有响雷，雷鸣地震，所以被称为《豫卦》。先王看到这景象，制作出乐曲来推崇功德，还举行隆重的仪式，把音乐献给玉皇大帝，请自己的祖先和玉皇大帝一起来欣赏。

[不休说]

豫，取和乐之义。所以致和乐者，由九四一阳统众阴，其志德行，而卦德又顺理以动故也。然“豫”乃万方和乐之征，虽见侯行师而亦利；爻之“豫”不可有。若初恃应而“鸣”，其得意则凶，三援势而溺于九安，则悔。五处尊位，躭乐而致疾。上居动体，纵极而始渝。此皆过于逸乐者也。即四能造天下之豫，恐其治定之后，疑忌易生，故又免之以开诚布公，合聚同德，相与共保其豫焉。但在本爻有说安天下之志，而在五爻涉揽权偪上之嫌，又《易》之因爻起义者也。惟“介石”之二，中正自守无欲而静，绝躭恋之私，炳几先之哲，自能行与吉会，非诸爻之所及也。至于三之“悔”，上之“渝”，皆有可以趋吉之机。圣人亟开以自新之路，惟恐其以佚欲终其垂戒之意切矣。豫卦，阳气潜藏于沉静的地下，最容易失正、失度乃至生悲。作为统治者，应让臣民从内心顺服其指挥调动，国家才能得到治理。这一卦告诉我们，天下老百姓都归顺了自己，此时，应顺应天时而动。

[原文]

初六：鸣豫[1]，凶。

《象》曰：初六“鸣豫”，志穷凶[2]也。

[注释]

[1] 鸣：表达，传播，闻名。豫：《杂卦传》：“豫，怠也。”《尔雅·释诂》：“豫，厌也。”《楚辞·九章·惜诵》：“直而不豫。”王注：“豫，厌也。”[2] 志穷凶：初六阴柔居下失正，故其志困穷而有凶。

[译文]

初六：过于得意忘形，将得凶兆。

《象传》说：《豫卦》初六爻辞说，过于得意忘形，说明他陶醉在昔日的辉煌中，忘记了自己的志向，所以将得凶兆。

[不休说]

初六处《豫》之初，柔居阳位，才质柔弱而刚进，其地位最为低下，因与卦中唯一的九四阳爻有应而沾沾自喜、得意忘形，正所谓小人得宠之象。不但沉迷豫乐之中，而且到处炫耀。自古小人所以自取败亡者，岂有他哉？惟知势位之可恃，而不知盈满之为忧。初六以阴柔小人上应九四之强援，乘时肆志，悦乐之极，至于夸耀骄矜，自鸣得意，一旦势衰，祸不旋踵，凶莫大焉。凡人志不可满，乐不可极。“初六”而至于“鸣豫”者，以有援在上，求无不得，志盈意满，不自敛戢，以取败亡，其为凶也，不亦宜乎？按豫卦得名，本为和乐。然乐同天下则吉，乐专一身则凶。小人附权依势，惟知逞一己之私，肆无忌惮，驯至凶祸而不悟。圣人之垂戒深矣。这一爻告诉我们，过于得意忘形，便会心血来潮，头脑不清醒，容易与凶险相撞。大家都知道喜从悲来，物极必反的辩证道理，我们的生活也不违背这个道理。在《大学》中，古人说："安而后能虑，虑而后能得。"这告诉我们在欢乐中应有警醒、忧虑，便能有所收获。

［原文］

六二：介于石[1]。不终日[2]，贞吉。

《象》曰："不终日，贞吉"，以中正[3]也。

［注释］

［1］介：坚实。耿介正直之状。帛本作"疥"，简本作"砎"《释文》："古文作砎。"《晋书·音义》中引《字林》："吤，坚也。"《说文》：介、吉声系相通。《仪礼·土冠礼》："将冠者采衣紒。"郑注："古文紒为结。"《白虎通·谏诤》篇："引介作石。"于：如，介词。［2］终日：时间长。贞吉：王弼曰："处豫之时，得位履中，安夫贞正，不求苟豫者也。顺不苟从，豫不违中，是以上交不谄，不交不渎。明祸福之所生，故不苟说；辩必然之理，故不改其操。"［3］以中正：六二以阴居阴得中，象人用中正之道。

［译文］

六二：像夹在石缝里那样老老实实地不动，不到一天就会走上正轨，去占卜能居中守正。

《象传》说：不到一天就会走上正轨，占问吉利，是因为内里中正啊。

［不休说］

人情易溺于豫。即若溺豫，则必至反乐而为忧矣。若六二中而得正，独能以德自守，凡世间可喜可慕之事，无一足动其中者，故有"介于石"之象。夫人溺于富贵逸乐，其心易蔽，其神易昏，故事几之来，当前迷眩。以"介石"者处此，静而能明，安而能虑，则凡微彰刚柔之几，一见即决，转移趋避，有"不"待事之"终日"而始知者，良有心中淡然无欲，而得操守之正也，"贞"而获"吉"宜已、六二之"不终日贞吉"者，以二居下卦之中，得阴位之正，中正自守，不溺于豫，静虚之豫，思虑自能精审，所以知几之速六二以柔爻居阴位，处如此也。使其躭乐是从，而心无所主，岂有是"贞"而获"吉"哉？豫六爻，九四外，初之鸣豫，五之贞疾，上之冥豫，皆溺于豫者也。惟二介然守正，操持固而审几决，独贞而且吉。盖常人多欲，其悟也，恒在事后，故咎至而不知至。人无欲，其觉也，恒在几先，故超然而无咎。圣人为处豫者，示之极则如此。下卦中位，得正、居中，且与九四无相应，相比关系。这一爻告诉我们，一个在被胜利冲昏头脑时，应用古训警醒自己，用各种道义制度规范自己，用忧虑意识擦亮自己的眼睛。

［原文］

六三：盱豫[1]，悔，迟[2]有悔[3]。

《象》:"盱豫","有悔",位不当[4]也。

[注释]

[1] 盱豫:指早晨起来即倦怠。盱字,帛本作"木于 ",简本可作"可",阜阳本作"歌"。《释文》:"盱,子夏作纡,京作汙。姚作盱,云:'日始出。'"引《诗》曰:"盱日始旦。"盱正字作旭。《说文》:"盱,张目也。"《集解》引向秀曰:"盱,小人喜悦妄媚之貌也。"[2] 迟:太晚。王弼曰:"迟而不从,豫之极也。"[3] 有:同"又"。悔:过失,错误,悔改,悔恨。朱熹曰:"当速悔,若悔之迟则必有悔也。"《正义》:"居豫之时,若迟停不求于豫,亦有悔也。"[4] 位不当:六三以阴居阳失位不中。

[译文]

六三:睁大眼睛看着别人因有所作为而和悦,后悔不已;若再不行动的话,势必后悔莫及。

《象传》说:睁大眼睛看着别人有所作为而和悦,后悔不已,这是由于六三爻不居正位。

[不休说]

六三爻阴居阳位,才质柔弱,失中不正,反好用刚,已步入坎险之边沿。上乘九四,受人拉拢,沉于豫乐之中,致使年华虚度。素无介之操,惟知凭借势力以取富贵,仰视六四大臣,依阿取宠以恣所欲,宜"有悔"者也。尚能改弦易辙,舍旧图新,犹可自免,若依违寡断,迟久不决,所谓过而不改,是谓过矣。安能免于悔哉?三强近四,亦复何伤?特以不中不正,处位不当,故"盱豫"而"有悔"。可见"豫"非溺人,人自溺耳。盖吉凶倚伏,惟人自取。圣人于六三始则示以致悔之端,终则勉以改过之勇。为小人者,奈何不翻然自省也哉?这一爻告诉我们,我们应办事果断。

[原文]

九四:由豫[1],大有得。勿疑,朋盍簪[2]。

《象》曰:"由豫,大有得",志大行[3]也。

[注释]

[1] 由:通"尤"。帛本作"允",简本作"猷"。《释文》:"由,马作犹。"高亨曰:由疑当读为游,古字通用。《左传·成公十六年》:"养由基。"《后汉书·班彪传》:"养游基。"《文选》阮嗣宗《咏怀诗》:"素质游商声。"沈注:"游应作由,古人字类无定也。"陈孔章《檄吴将校部曲文》:"则将军苏游反为内应。"李注:"游与由同。"马作犹者,犹、游古通用。《周礼·师氏》:"凡国之贵遊子弟学焉。"郑注:"杜子春云:'遊当为犹。'"高亨曰:古人谓田猎之事为遊。《书·无逸》:"文王不敢盘于游田。"《左传·襄公四年》载后羿以游田杀身,《书》伪《五子之歌》载太康以游田失国,《礼记·郊特牲》曰:"好田好女者亡其国。"《国语·越语》载勾践之言曰:"吾年即少,未有恒常,出则

禽荒，入则酒荒，吾百姓之不图，唯舟与车，上天降祸豫越，委制于吴。”［2］朋盍簪：帛本作“傰甲谗”。朋：朋类，同类。盍：会和。疑为嗑。《说文》：“嗑，多言也。”簪：头饰。《释文》：“簪，古文作贷，马作臧，荀作宗，虞作戠。”高亨曰：疑借为譖，譖、簪同声系，古通用。《说文》：“譖，愬也。”《广雅·释诂》：“譖，诲也。”《论语·颜渊》：“浸润之譖。”皇《疏》：“譖，谤也。”《诗·语无正》：“譖言则退。”《巷伯》：“谋欲譖人。”盍簪：是头挨着头，喻聚会。［3］志大行：九四阳居阳位，有五阴顺从，故阳志得行。

［译文］

九四：适当的得意，十分有好处。这样就不会疑心朋友们聚集在一起说不利于此行动的话。

《象传》说：适当的得意，十分有好处，表明其意愿正在大力推行。

［不休说］

九四一阳，居大臣之位，任天下之重。凡君之享和乐于上，民之享和乐于下，皆由我以致之，生平事业无乎不遂，所得孰大焉？然天下之豫固由于己，而所赖共保其豫者，实在乎天下之贤。但天下贤非猜忌嫉妒者之所能致也，必开诚布公，一出于任贤勿贰之志，勿外信而内疑，勿始信而终疑，人亦不疑我，同类之朋咸乐至而为我用，如发之聚于簪焉。众正皆升，一心一德，以成保豫之功，所得不诚大哉？大臣以道济天下为志，苟有一人之未豫，则志必有所歉而弗行矣。今在上在下，莫不由我以致豫，是其夙昔所期为上为德为下为民者，至此“大行”而无遗憾也。爻之系“大有得”者，以此。盖大臣弘济艰难，非一手一足可胜任，故以得人助理为急。然必先具知人之哲，而后贤否不致混淆，邪正不相倾轧，庶几“盍簪”之“朋’皆同道之君子，而不惑于通利之小人。有任人之责者，尚其致慎于聚之之正，而毋溺于谄媚之徒，则几矣。九四以阳，动惊四野，响彻天外，带来了勃勃生机与欢乐。九四上乘六五，是六五的近君大臣，九四以阳爻居阴位，才质刚进而能用柔。这一爻告诉我们，适当的得意就是自信，它能使你勇往直前，大刀阔斧地开创自己的事业。

［原文］

六五：贞疾[1]，恒不死[2]。

《象》曰：六五“贞疾”，乘刚也。“恒不死”，中未亡[3]也。

［注释］

［1］贞疾：守正防疾。［2］恒不死：比喻六五处欢乐之世，柔居君位，下恃九四强臣，有沉乐忘忧之危，故诫其守正防疾，才能恒不死。《折中》引何楷曰：“六五柔居尊位，当豫之时易于沉溺，必战兢畏惕，乃得恒而不死，所谓生于忧患也。”［3］中未亡：说明居中不偏就未必败亡。

[译文]

六五：卜问有小病，能活很长的时间。

《象传》说：《豫卦》的六五爻辞讲卜问有小病，由于六五阴爻处于九四阳爻之止上，这样阴柔就骑在阳刚的头上。但还能活很长时间，由于六五之爻处于上卦中位，其主干还充满了生机。

[不休说]

六五君王以爻居尊位，得中不正，虽行为不当，但依然能守中，能听从九四安排和作好自身心理调节。六五君王能得到九四阳刚贤臣的衷心辅佐。六五当豫之时，以柔居尊，沉溺于豫，固有致疾之理矣。且上下皆应乎四，强臣当国，众心附之，以君而反制于臣，太阿倒持，威权尽失，如负疾之人久而不愈，濒于危亡者然。然以所处得中，先世之流风善政尚有存者，天下有所畏忌而不敢动国脉，犹可以苟延，又为恒不死之象焉。果能一念振作，奋发有为，则未必不去疾而保豫也。“六五”之为“贞疾”者，九四“刚”而不逊，五以柔“乘”其上，权归于下，势孤于上故也。其“恒不死”者，所以处犹“中”，先世之遗泽尚存，故能保其虚位而不至于亡也。豫卦于五专言君之道，不可偏过于柔，盖威福为人君治天下之具，臣下狱窃之者，必先以生色货利荡其主心，然后可为所欲为阴盗其柄而不觉。人君诚知陵替之由皆起于躭乐，兢兢业业，日厉精于上，则清明在躬，志气如神，自可逆折强臣之萌，而主位不至下移矣。这一爻告诉我们，事物没有绝对的对或错，在权衡利弊时，只要总体上是利大于弊，我们就决定去做这件事。

[原文]

上六：冥豫成[1]，有渝[2]无咎。

《象》曰：“冥豫”[3]在上[4]，何可长[5]也？

[注释]

[1] 冥：晚上，昏暗。《说文》：“冥，幽也。”郑《笺》：“冥，夜也。”成：平成、讲和。疑借为城，古通用。《诗·板》：“无俾城坏。”《汉书·诸侯王表》引成作城。《左传·文公十一年》：“王子成父。”《管子·小匡》篇成父作城父。[2] 渝：变故，改变。高亨曰：“渝，败也。”[3] 冥豫：昏冥纵乐。[4] 在上：居上位。[5] 何可长：这种欢乐怎能长久呢？

[译文]

上六：黑暗昏聩到了极点但还心存喜悦，这是因为有成功的希望，不会遭遇凶险。

《象传》说：黑暗昏聩到了极点还得意忘形，像这样的统治者，哪能长久地统治呢？

[不休说]

上六已处豫乐之至极，阴居柔位，柔情似水不忌早晚，已达心智昏迷状态，故爻辞说

“冥豫”。但上六毕竟居于正位。“上六”以阴柔居豫极，是从于匪彝安其危，利其灾而不自觉者，有昏冥于豫之象。幸居动体，翼其能变。若因天理萌动之机，一旦悔悟，痛革前非，事虽成而能有渝，改过不吝，自不罹纵欲败度之愆，何咎之有？“上”之为“冥豫”者，以其昏迷于“豫”而至于如此，何可长久而不知渝变乎？苟能知逸豫之不可长，幡然变其故我，则冥冥者可变昭昭已，人何不自勉焉？“冥豫”与“冥升迷复”同义。圣人不言“冥豫”既断之以“凶甚于初”者，所以其恶也。上六“冥豫”则开之以“无咎恕于终”者，所以诱其善也。可以识处“豫”之道矣。这一爻告诉我们，在你处于极不顺畅时，应对未来充满信心。

总　论

有天下者至于豫。此非常之遇而大有为之时也。盖天下事以得人心为本，使人心未得而妄有作为，鲜克济矣。当豫之时，万众归诚，一人悦豫，所谓乐意天下者也。得天下心，行天下事，以之建侯，则统驭有方，而无强梁跋扈之患；以之行师，则大权在握，而有除残伐暴之威；则其于他事亦无不利，可知矣。建万国，亲诸侯。师卦《象》曰：容民畜众。而豫之《彖辞》兼此二者。虽皆得坤之顺，然师比遇坎犹有险难，若豫，则四方底定，六服永清，固非同屯之不宁而建侯、谦之不服而侵伐也。人主处此，倘以时际宴安，粉饰至治，甚而滥加封爵，赏非其功，广启兵端，罚非其罪，岂保大定功之善术哉？惟深思安不忘危，治不忘乱，则久安长治，永无疆矣已。卦之得名为豫，岂偶然哉？盖人心不应，则吾志不行。而所动不顺，则人心不应。今卦体九四一阳，上下应之。是大臣负天下之望，朝野悦服，而吾志得行矣。卦德坤顺震动，是主豫者顺理而动，随事得宜，而人心协应矣。故其卦名曰豫，然是顺以动也，岂惟人事为然？从来天人感应，无非一理，将见上而阴阳合，其度下而刚柔适。其人心和乐而天地以和乐应之，亦如我之顺而不违矣。何“况健侯行师”无人和之可验者乎？由此推之，彼气机之通，复天地之动也。而顺其常运，则日月往来，晷景长短，无过差也。四时代谢，分至启闭，无愆忒也。而天地不外乎顺动矣，彼征教之张弛，圣人之动也，而顺其常道，则狱讼衰息，民志大畏，无繁刑也。胜残去杀，久道化成，无愆恶也。而圣人不外乎顺动矣，则是豫顺以动天地，圣人且不能违，其为时义，不诚大哉？自豫以后卦、豫、随、旅、遯，言时义；坎、睽、蹇，言时用；颐、大过、解、革，言时，各随卦体赞之。盖未有“有时而无义、有义而无用”者，所以皆谓之大哉，以见其赞叹之无尽也。雷始伏，声于地，郁而未舒。今出地而作声，鼓天地之太和，畅万物之生意，和之至，豫之象也。先王法此，宣之以声，而宫商律吕之俱谐；饰之以容，而羽旄干戚之备具。岂徒美观听已哉？凡以一代之兴，必有一代之德，蕴之为精微之懿，发之为谟烈之隆，惟乐昭明而崇显之至。其用之极盛而，大合众乐，备极九变，达仁人孝子之诚，展荐德歌功之志，而天祖无不来格！乐之洽神人、和上下如此，先王法豫之功何其至哉！昔先儒有言，观上天下泽，而礼定于履；观雷出地奋，而乐作于豫。然礼犹可因时制宜，而乐之作必在治定功成、人心和悦之后。人主当深思豫之为象，而精求作乐之本，岂可徒事于声音文貌之间哉？蔑以加者莫大乎，冬至祭天于圜丘而配以祖，季秋享祭于明堂而配以考豫卦为坤下震下，喜悦，倦怠等说点筮之吉凶，因为懈怠，大抵凶，险居多。利建侯，行师，用“豫”的预备之义，凡乃豫则立，不豫则废，于建侯，行师，尤其如此。初六是有名望而倦怠，故凶险；六二是中正坚定吉利；六三是自我满足生倦意而后悔；九四大有所得；六五喜；上六无咎。从卦象上看：欢乐必须有适时有度的警戒观；统治者与民同乐，民心和顺方至国泰民安；内安天下，外用军兵都合乎民意；上下和顺，步调一致才能胜利。

随卦第十七

[原文]

随[1]，元亨[2]利贞[3]。无咎[4]。

《彖》曰：随，刚来而下柔[5]，动而悦[6]，随。大“亨”，贞“无咎”，而天下随时。随时之义大矣哉！

《象》曰：泽中有雷[7]，随。君子以向晦入宴息[8]。

[注释]

[1] 随是本卦标题。上震下兑，含有内动外悦之义。随有随从，追逐等义项。《集解》引郑玄曰：“震，动也；兑，说也。内动之以德，外说之以言，则天下之人咸慕其行而随从之，故谓之随也。”《说文》：“随，从也。”朱熹曰：“随，从也。”[2] 元：大。亨：通“享”。《正义》：“元亨者，于相随之世必大得亨通，若其不大亨通，则无以相随，逆于时也。”[3] 利贞：《正义》：“利贞者，相随之体，须利在得正，随而不正，则邪僻之道，必须利贞也。”[4] 无咎：孔颖达曰：“无咎者，以苟相随，涉于朋党，故必须四德乃无咎也。”[5] 刚来而下柔：下震上兑，震为刚，兑为柔，刚在柔下。[6] 动而悦：下震为动，兑为说。[7] 泽中有雷：下震上兑，兑为泽，震为雷，泽上雷下，故曰：“泽中有雷”。[8] 向晦入宴息：天将黑而卧寝休息。向：一本作“向”、“乡”。宴息：休息。君子以向晦入宴息：君子早出晚入、于向晚按时休息。程颐曰：“君子昼则自强不息，及向昏悔，则入居豫内，宴息以安其身，起居随时，适其宜也。”《礼》：“君子昼不居内，夜不居外，随时之道也。”

[译文]

《随卦》：非常吉利，有利于去占卜，没有什么灾难。

《彖传》说：《随卦》震居下，兑居上，震代表刚，兑代表柔，这有君主顺应民意的含义，假如此时开始行动，人民大众肯定会服从命令。所以把它叫做《随卦》。非常吉利，去占卜必定得到无灾祸的预兆。而且天下所有事能做成功的关键在于随时而行，顺时而动，所以说《豫卦》的现实意义多么大呀。

《象传》说：《随卦》的卦像是震在下、兑在上，震为雷、兑为泽。这表示泽中有轰隆的雷。泽中响雷，泽随着雷而动，所以把它叫做《随卦》。君子看到此景象，谋事要抓住时机，顺时而动，如同天晚了就要回家休息。

[不休说]

随，取说从之义。卦因“刚来下”，“柔”此“动”彼说得名。盖上有微柔之德，则刚明之臣来而下之。卦变之所谓随也，有振作之才，则亿兆之心说而附之；卦德之所谓随也，大抵物之相随与己能致物之随，以德孚则一于贞，以私合难免乎咎。此《彖辞》所为特致其叮咛，而全卦以利贞为断也。虽卦言“物随”，所指不同，义不外此。六爻：初有所“渝”，则以广大无私为贞；二、三有所“係”，则以远邪能守为贞；四以同德之阳随刚中之主，则以诚积于中、动合于道者，善全其贞；若九五以刚中正之君，应柔中正之臣，是猜嫌泯而嘉会成也；上六以肫笃之极为朕属之本，是神明通而幽遐格也。何一非正而固之实效乎？合而观之，公正开随之始，至诚要随之终，尽乎缔交之道矣。处柔勿昵于宵人，得志必敦乎名节。位极人臣，不以危疑存退避之迹，唯以明哲昭靖献之。尽乎上信又之道矣。至于阳刚之君，孚嘉美之佐，精神攸洽，德业交成，致吉之道无过于此。《象》所谓“大亨贞无咎而天下随”之者，备著乎九五一爻，随之义顾不大哉？德之阳随刚中之主。《随卦》告诉我们，我们的随和是有原则的，要以中正为原则，要顺应人民的意愿。它主张人们顺时而动，抓住机遇，适时进退。它要求人们舍弃一己之见和个人私利，择善而从，善于听取、采纳别人的中肯意见，并时时以大局为重。

[原文]

初九：官有渝[1]，贞吉。出门交有功[2]。

《象》曰：“官有渝”，从正吉[3]也。“出门交有功”，不失[4]也。

[注释]

[1] 官：器官，常指职务或地位。《释文》：“官，蜀才作馆。”《说文》：“官，吏事君也。”官作馆通字。《说文》：“馆，舍也，从食，官声。”《礼记·曲礼下》：“在官言官。”郑注：“官，谓版图文书之处。”《玉藻》：“在官不仪屦。”郑注：“官谓朝廷治事处也。”《汉书·贾谊传》：“学者所学之官也。”《文翁传》：“修起学官于成都市中。”高亨曰：官，指公舍，学舍，馆字之意。渝：通“愈”，义为痊愈，变化。[2] 交：交加，接连。《小尔雅·广言》：“交，俱也。”出门交：出门人互相交往，帮助。[3] 从正吉：初九从上而来，以阳居阳而得正，故“从正吉”。[4] 不失：初阴到上而不失正道。

[译文]

初九：官职有所变动，去占卜得到吉祥的预兆。出门在外和大家进行交流，就会有功绩。

《象传》说：官职有所变动，如果坚守纯正的原则就会吉祥。出门在外和大家进行交流有功绩，是因为不会固执己见而有所失。

[不休说]

初九阳居阳位，当位得正。随卦中之“正”指的是随顺。渝为变，初九之变，由震变成坤，则动变成顺。为震之主，以阳居下，刚来下柔。所谓此动彼说也。卦之为随，皆在于初，初之成卦之主，随之官也。在我既有所随，则有心不若无心之公，有主不若无主之虚，然大公之本怀，未免有所“渝”，变为“观有渝”之象。未私于所固为未善，然亦顾其所随何如耳。若其所随皆王，则无比匪之伤，而有辅仁之益，不亦吉乎？而尤贵广大公溥“出门”以“交”，则己之取于人者无限，人之资于己者靡穷，事无不成，业无不就，其有功更为何如哉？“初”既“官有渝”矣，何以得“吉”？惟“从正”则所与得人而无损友之伤，故吉也。“出门交有功”者，交之既广，则可以友天下之士，而一善必录，无所遗失，此其所以有功也。盖“随”之为义，必以得正为善，而又恐其可者与之、不可者拒之，度量褊浅，取益未宏，故以“出门交有功”。前圣人之示后人者切矣。这一爻告诉我们，一个人在被麻烦缠绕时，只要坚守纯正的原则，积极征求别人的意见，起用贤人，就会解开这个结，就会有所作为。坚守纯正的原则，就不会随波逐流，让假、恶、丑占据上风，而埋没了真、善、美。而积极征求别人的意见，就不会因固执己见作出错误的决策，更不会一意孤行酿成不可逆转的大错。

[原文]

六二：系小子[1]，失丈夫[2]。

《象》曰：“系小子”，弗兼与[3]也。

[注释]

[1] 系：拉拢。《说文》：“系，束也，从人，从系，”小子：指未成年男子。[2] 丈夫：指已成年男子。弗兼与：初九阳刚在下为“小子”，九五在上为“丈夫”，六二依从初九“小子”则会失去九五丈夫。故二者不能兼而并有。[3] 与：并，偕。

[译文]

六二：逮住小奴隶，却失去大奴隶。

《象传》说：逮住奴隶，却失去大奴隶，困为二者不可同时拥有。

[不休说]

六二柔居阴位，资质过于柔弱，缺乏独立性；随意屈从。六二与九五成逆比相交关系。六二与九五有相应不交关系；六二若静待时机与九五相应，当有大吉；六二若不能严守中正之道，而只顾眼前利益，与初九逆比，将成大错。凡随人之道，当以邪正为取舍，不可以远近为亲疏。初阳在下，“小子”之象，虽非正应，而近于二。五阳在上，丈夫之象，虽为正应，而远与二。以理而言，二当唯五之从，乃以阴柔禀性，躁急不能，宁耐自守，反狃于近习而从初，既从于初则不复从于五矣。为“係小子失丈夫”之象。夫从所当舍，舍所当从，失随之正，凶吝何待言哉？人之所随，是非邪正，无两可之道。二既係乎初之小子，则必失乎五之丈夫，其势固不得而兼与也。此君子所以必慎所从，而不可牵于一时之苟合也哉。夫二本柔顺中正，以五应之则为孚嘉，而爻不之许者，以情牵也。情之所牵，必至以私废公，以欲灭理，所得者微而所失者钜矣。推而广之，如见小利则大事不成，或小不忍则乱大谋，或贪近功而忘远害，孰非此一念致之哉？这一爻暗示我们，做每一件事都有得有失。

[原文]

六三：系丈失，失小子[1]。随有求得[2]。利居贞[3]。

《象》曰：“系丈夫”，志舍下[4]也。

[注释]

[1] 失：舍弃。小子：小人，百姓，普通民众，随从。[2] 随有求得：《说文》："随，从也。"《广雅·释诂》："随，逐也。"求：追求。[3] 利居贞：宜于安居守贞。王弼注："应非其正，以系于人，何可以妄？故利居贞也。"[4] 志舍下：意志是舍弃在下小子。

[译文]

六三：逮住大奴隶却丢掉小奴隶。去追回奴隶是有所求得的。因为安守贞正是有利的。

《象传》说：去追回大奴隶，是符合取大弃小的原则。

[不休说]

六三以阴居阳位，资质柔弱又不守正道。六三与初九同处震体，初九已被六二据有。六三为阴物，处于随世难以自立，必然要依从于他人。六三既然已失去初九，又不可能与六二互为依存，但六三与九四刚爻成正比，只要六三追随九四，九四必然会与其亲比，所求必有所得。四阳在上，"丈夫"之象。所当随者。初阳在下，"小子"之象，不当随者。三近四而远初，则唯近之从而不暇及于远，为"係丈夫失小子"之象。夫四阳当任而已随之，何求不获？何欲不遂？然使以有求必得之，故而苟于求，则又岂君子之道义自重者哉？故必利于居贞，不为寅缘苟且以图侥幸之富贵，而致入于邪媚，庶乎其无失矣。三之"係丈夫"，岂独势之弗兼与哉？盖其取舍之极定于中，志在从四，终身以之，其视在下之初，固非所当随者毅然舍之而不随也。不然，乌能决择如此？其有定哉！以六居三，不正也。以九居四，亦不正也。以不正相比，恐其专计弋获，不能以道自处，而遂至于诡随，故圣人以"利居贞"勉之，以见人之失足权门，希图富贵，不过侥幸一时之荣，而身名一玷，千载长羞，孰得孰失，何去何从，不可致辨于此乎？这一爻是说，无论是各有千秋的二选一，还是单一的对错判断，都需要我们作出明智的选择。该怎么办呢？我们在进行取舍时，应遵循取大弃小的原则。

[原文]

九四：随有获[1]，贞凶[2]。有孚在道[3]以明[4]，何咎？

《象》曰："随有获"，其义凶也。"有孚在道"，明功[5]也。

[注释]

[1] 随：追逐。获：通"擭"。《书·费誓》："杜乃擭。"伪孔《传》："擭，捕兽机关。"《周礼·雍氏》："春令为阱擭沟渎之利于民者，秋令塞阱杜擭。"郑注："擭，柞鄂也。"《冥氏》："为阱擭，以攻猛兽。"孔《疏》："擭，谓柞鄂也。"[2] 贞凶：简本作"贞工"。随有获，贞凶：指相随出外经商，有收获，也有争夺，所以凶。[3] 孚：罚。郭沫若说："孚恐是俘。"在：简本作"才"，通"裁"。[4] 以：帛本与简本均称其诚信。

明：通盟，订立盟约，照盟约办，不可以争。于省悟说：“明读为盟。”对神发誓立约。[5] 功：事功。《小尔雅·广诂》：“功，事也。”

[译文]

九四：追逐别人，有所收益，去占卜却得到凶险的预兆，心存诚心，坚持走正道，哪里还有什么危险呢？

《象传》说：追逐别人，有所收益，由于他的行为不符合当时的道义，所以凶险。但只要心存诚信，坚持中正的原则，做人光明正大，就会有所作为，立下功绩。

[不休说]

九四以阳刚之才处近君之地，是其德之盛、位之隆，而奋然大有为于天下，亦何所图而不成？故“随”而“有获”也。然四以人臣建不赏之功，挟震主之势，骎骎上陵于五，虽其所行咸出于正，而疑忌之端决不能免凶可知矣。处此者宜何如？必也内焉殚忠君爱国之孚诚，而无一念之敢欺；外焉尽奉公守法之常道，而无一事之敢攒，以是明哲居之，则此心光洞达君嘉其让而安于上，民服其谦而安于下衣，何咎之有？既“随”而“有获”，则逼上之患易生。以理言之，必得凶也。其所以能“有孚”而“在道”者，由其心实明哲，知危疑之地处之甚难，兢兢焉积诚以事君，秉道以律已，所以能有保身之功也。不然，其何以全上下之交欤！自古人臣宠利最为难居，唯当竭其诚敬，而以成败荣辱听之于天，区区挟智任数以求苟免，讵有幸乎？周公之恐惧居东，王莽之谦恭下士，同一卑退，而一诚一伪，转若天渊，祸福相去亦甚悬觉。居鼎铉之任者，其当惕然于“有孚”之戒矣。九四已进入随卦之上体，是九五君王的近君大臣，本为君王之随从，九四以阳刚才质阴柔之位具有怀柔谦下之物。九四随下可据有六二、六三两阴爻，并且六三自动归附于己，不用远行则有收获，所以爻辞说“随有获”。这一爻告诉我们，放弃原则的随和是有害的。

[原文]

九五：孚于嘉[1]，吉。

《象》曰：“孚于嘉，吉”，位正中[2]也。

[注释]

[1] 孚：通“俘”，罚。指掠夺人口财物。嘉：大捷。《说文》：“嘉，美也。”高亨曰：古喜庆之事为嘉。《周礼·大宗伯》：“以嘉礼亲万民，以饮食之礼亲宗族兄弟，以昏冠之礼亲成男女，以宾射之礼亲故旧朋友，以宴乡之礼亲四方宾客，以脤膰之礼亲兄弟之国，以贺庆之礼亲异姓之国。”嘉礼：“饮食、昏冠、宾射、乡宴、脤膰、贺庆六礼。”高亨曰：嘉，嘉礼。[2] 位得正：九五居中得正。位：立。

[译文]

九五：真诚对待善良者，大吉大利。

《象传》说：真诚对待善良者，大吉大利，这是因为九五爻是阳爻阳位，位于上卦中央的至尊的位置。

[不休说]

九五居中正，故能以我之正而信二之正，以我之中而信二之中，其相孚有如此也。使已无其德，则是非之鉴不明，取舍之权不定，又安能信善而得吉哉？九五居尊，为天下所随，宜于天下之善无不兼收，如出门之初舍下之三，在道之四与维系之上六，无不可与相孚，而独惓惓于六二之嘉者，盖九五位在正中，则必取天下之中者，以立相随之准，故以六二之柔中，配九五之刚中，嘉耦定于是，皇极即建于是。凡属臣民虽欲不随之不可得矣。苟不能推诚任贤，一德一心，以成明良喜起之治。亲者疏而反欲疏者亲，岂有是理哉？九五为随卦之至尊。刚中守正。六二柔顺中正，是臣之嘉美者也。九五以阳刚中正应之，是人君当随之时以同德之与而极信任之至。二之言，嘉言也，吾则听之而不疑；二之谋，嘉谋也，吾则用之而不贰。“孚于嘉”如此，则上下同心，有以植建中表正之体，而天下随之者其在是矣。何吉如之哉？从来为政在人，取人以身。一爻告诉我们，善待本性善良的人民。

[原文]

上六：拘系之[1]，乃从维之[2]。王用亨于西山[3]。

《象》曰：“拘系之”，上穷[4]也。

[注释]

[1] 拘系：强行挽留。拘：囚。乃：又。[2] 从：通“纵”。维：通“遣”，维系，保持。《说文》：“遣，亡也。亡，逃亡。”《左传·襄公三十一年》：“纣囚文王七年，诸侯皆从之囚，纣于是乎拡而归之。”[3] 王：指周文王。西山：岐山。阜阳汉简作“支山”，“支”通“岐”。亨：帛本作“芳”，简本作“卿”。郭沫若说：“《随》上六似言用人牲供祭。人牲是由战争得来的俘虏。六二：‘系小子，失丈夫。’六三：‘系丈夫，失小子。’其所系分明是人。故‘拘系之’与‘从维之’之‘之’，非上文小子即丈夫。”[4] 上：君上。穷：极。朱熹曰：“穷，极也。”

[译文]

上六：把俘虏拘留起来，并用绳子将他捆绑。周文王把他当作人牲囚禁在西山以祭祀神灵。

《象传》说：把俘虏拘留起来，并用绳子将他捆绑，是因为上六爻高居《随卦》是上爻，君王的诚信已施尽。

[不休说]

上爻居随之极，是其所以随者，止此无妄之心合终始而不易，随之固结而不可解者也。故其相知之深、相信之笃，如有物焉。既“上拘係之”，更“从”而“维之”之象。

夫诚信意之极，可通神明，故又有“王亨于西山”之象。明之所以随乎人者以此，幽之所以随乎神者者亦以此。“上六拘係之”者，以其居卦之上，处随之极，无复他往，自然诚意固结而不解，虽欲不如是而不能耳。随之极，言理不言事，不可以一人一事为虽畏匡、阨陈蔡而相依不舍。又如舅犯、赵衰、介子推之徒随晋文出亡十九年，备历艰苦至于返国，患难安乐无不共之，皆由诚意固结，之死靡他，所以为隋之穷也。六为阴，阴居阴位，位正不中，有偏激行为，以阳顺阴，以上顺下。但上六位居随之极端，其下位则是至尊的九五君王。上六穷极则变，由随从转向离散。这一爻告诉我们，如你是对别人以诚相待，最终也不能感化别人，此时，就采取强硬的方法。因为他是顽固不化者，如采用硬碰硬的方法，也许还有转变的余地，即使不能改变，就让他毁灭，至少也不会成为你前进的障碍。

总 论

已有致随之道，而物有来随之应。同心者多，则何事不立？其得大亨固已。然必已之致随者无违道之私，而物之随我者非党同之弊，一出于贞，斯于理为顺，于心为安，无愧于随之义矣，何咎之有？若所随非正，则为非道以相与，虽可致亨，而亦未免有咎也，可以不慎哉？天下之为随不一，莫大乎君臣之随君，尤宜审择天命之所归，人心之所向，必如张良之从汉高，邓禹之从光武，诸葛之从昭烈。应天顺人，功建名立。虽伊尹、太公之业何以加兹？苟不择所随，失身依附，杨雄之臣莽，荀彧之仕魏，甚至冯道之阅历五朝，寡廉鲜耻，丧名败节，岂能免当是之非笑、后世之指摘哉？此不贞之所以取咎也。卦之名随者，于义何所取哉？卦变自困来者，二之九下居初，初之六上居二。又随自噬磕来者，上之九下居五。五之六上居上而自未济来者。兼此二变，柔结自下而上，刚皆自上而下，是刚来下，柔退居阴后也。卦德震动，兑说是此动，而应乎彼，彼说而从乎我，皆有物来随我之义，此其所以为随也。夫当随之时，彼此相通，乐从无强，既元亨矣，又必得正而无咎者何哉？盖正者人心同然之理也。致随之道唯出于正，则一人之心适合乎天下之人心，将见近说远，来无思不服，尽天下而随之。帝之所以为帝，王之所以为王，皆在乎此，非若欢虞小补之治而已。此其“时”义，岂不大哉？“天下随时”，《本义》依王肃释作“天下随之”，诸儒之释又皆以为“随时”盖“正适于时之宜”则“随”乃“尽乎正之利”。细而一语默、一嚬笑、一作息；大而政事之张弛、赏罚之先后、礼乐之质文，各顺乎其时而变通以行其正。是以刚而无虐，柔而不屈，动者不倦，说者无厌，而天下之相随者，相依固结而不可散也。苟泥于正而违乎时，非其时

从有求必应；九四是凶转吉；九五说战胜而有所俘获，吉利；上六是先凶后吉。为官之人要尊重民意，具有屈尊下从的谦和美德。避免个性太强，倔强和固执；狂妄自大，不合群体；随和不可不讲原则。指出处事要随机而动，顺随自然，合乎规律。

蛊卦第十八

[原文]

蛊[1]，元亨。利涉大川。先甲三日，后甲三日[2]。

《彖》曰：蛊，刚上而柔下[3]，巽而止[4]，蛊。蛊“元亨”，而天下治也。“利涉大川”，往有事[5]也。“先甲三日，后甲三日”，终则有始，天行[6]也。

《象》曰：山下有风[7]，蛊。君子以振民育德[8]。

[注释]

[1] 蛊（gǔ）是本卦标题。蛊：通“故”，义为“事”，帛本写作“个”。朱熹曰：“蛊，坏极而有事也。”苏轼释此卦：“天下久安无为而弊生谓之蛊。”[2] 先甲三日，后甲三日：王引之曰：“先甲三日，后甲三日。皆行事之吉日也。《郊特牲》：‘郊之用辛也，周之始郊日以至。’《春秋·宣八年》：‘六月辛巳有事于大庙。’《昭公二十五年》：‘秋七月上辛大雩，季辛又雩。’《夏小正》：‘二月丁亥，万用入学。’《召诰》：‘丁巳用牲于郊。’《春秋·隐三年》：‘冬十有二月，癸未，葬宋穆公。’《庄十二年》：‘春王正月癸丑葬我小君文姜。’葬必卜日，是辛也，丁也，癸也皆行事之吉日。《汉书·武帝纪》：‘诏曰，望见泰一，修天文坛，辛卯夜若有景光，十有二明。《易》曰：“先甲三日，后甲三日。”朕甚念年岁未咸登，斋戒，丁酉拜况于郊。’颜注曰：‘辛夜有光，是先甲三日，丁日拜况，是后甲三日也。’此辛与丁为吉日，而择以行事之明证。西汉时古意犹未亡矣。”程颐曰：“甲，数之首，事之始也。”[3] 刚上而柔下：卦一阳由下而上，故曰：“刚上”，一柔由上而下，故曰：“柔下”。[4] 巽而止：下巽上艮，艮为山。[5] 有：通“又”。[6] 天行：天道。故人以为，天道之运行始于一而终于七，终则又始，往复循环。[7] 山下有风：下巽上艮，艮为山，巽为风。[8]《释文》：“振，济也。”

[译文]

《蛊卦》：十分吉利，有利于渡过大江大河。但必须在事物的转折点的前后起程。

《彖传》说：《蛊卦》，阳刚处于上面，阴柔处于下面，这表明柔顺而静止，因此把它叫做《蛊卦》。‘《蛊卦》，大吉大利’，是因为从严治理天下。“有利于渡过大河”，这表明不怕困难，通往直前，一定能成就大业。“甲前三日为辛日，甲后三日为丁日”，指从辛日至丁日即走到极端便有新的开始。

《象传》说：《蛊卦》下卦为巽，上卦为艮，巽为风，艮为山，这就表示山下起风之象，所以把它叫做《蛊卦》。君子看到此卦象，应去救济万民，施行德教。

[不休说]

“蛊”者，事也。乃既蛊而治之之事也。此见乱极当治，而所以治之，在人之有所事也。卦象所以成蛊卦，才所以治蛊，或从天道说向人事，或从人事说向天道，是教人竭力承天，不可自失机会，皆以责人治蛊也。当蛊之时不可苟安，要必刚柔得中，乃可转祸而为福。刚而不中，则急治而失之。贞柔而不中，则缓而不治，失之裕。君虚中以任贤，贤得中以济世，二五相应，蛊所以不终于蛊也。然失之贞者，犹有拨乱反之治心。失之裕者，中无其弊扶衰之日。盖必有二五治蛊之君臣，乃得全上九之高尚，不然将必出任天下之事，所谓“利涉大川”、“先甲”、“后甲”者，必当引为已责矣。是知有国家者诚宜临变而亟为之图，尤宜危而预为之防。此特盈保泰之善术也夫！这一卦告诉我们，衰败中蕴藏新生，但不是在任意条件下都能获得新生，它是在特定的条件下，这个特定条件需要我们去创造的。所以，我们在这个转型时期，要顺应天时采取行动。这里的顺应天时一指事前防患于未然，二指在遇到麻烦时，应想办法解决麻烦。无论是事前的防范，还是事后的解决，都需要以天道为准则，纠正不合规范的行动。

［原文］

初六：干父之蛊[1]，有子考[2]，无咎，厉[3]终吉。

《象》曰：“干父之蛊”，意承考[4]也。

［注释］

［1］干：作“贯”，义为学习执行，干预，匡正，纠正。《集解》引虞翻曰：“干，正也。”《广雅·释诂》：“干，正也。”朱熹曰：“干，如木之干，枝叶之所附而立者也。”蛊：晦淫之所。《说文》：“蛊，腹中虫也。《春秋传》曰：‘皿虫为蛊。’晦淫之所生也。臬杰死之鬼亦为蛊。从虫从皿。”《左传·昭公元年》：“女惑男谓之蛊。”高亨曰：“食物在器，腐而生虫为蛊，故其字从皿从蛊。用以喻人，淫邪之女亦谓之蛊。”干蛊：指继承父业。此指子匡正其父淫邪之妾。［2］子：继承者。考：作“孝”。［3］厉：警觉危厉。［4］意承考：其意在顺其父。

［译文］

初六：改正父辈的错误，有这样的儿子，父亲一定不会遭遇危险，即使遭遇危险，最终也会获得吉祥。

《象传》说：改正父亲的错误，其真实的意图是继承父辈的大业。

［不休说］

初六本位阳爻之位，现为阴，若将其复原成阳爻，便与下体之九二、九三爻组成乾为父，卦成山天大畜。蛊卦之根源在于上九阳爻位巨阴爻之上，一味不顺下民的利益妄自上行所至。卦有父母之象，诸爻皆其子也。初六，蛊未深而事易济，为子者乘时之易更而善反之，故为有子能尽克家之道，以盖前人之愆，而“考”得以无咎矣。然既谓之蛊，处势甚危，不可以为未深而易心处之，必战兢惕厉，竭其干蛊之力，而使人不知为子之功，始虽危而终得吉也。前人之蛊以坏，无不望其子以掩覆之、更张之，有不可明言之隐志焉。初之为干蛊者，事虽违考意，实承考也。有子如此，非为父者所深愿哉。按干蛊之时，与天下更始，不得不反前人之覆辙，虽改臣改政，有决不容已者，岂可姑息以遂先人之过，贻宗祀之忧乎？大禹八年于外修之功，竟得以配天；蔡仲克盖前愆，复邦于蔡，而蔡叔得以延数百年之祀。其千古臣子之极则欤！这一爻告诉我们，要勇于改正别人的错误。

[原文]

九二：干母之蛊[1]，不可贞[2]。

《象》曰："干母之蛊"，得中道[3]也。

[注释]

[1] 干母之蛊：子不可干涉其母闺房之事。干：除去。蛊：毒虫。比喻小人。[2] 不可：当时父权制时代，故以继承母亲的事业为不可。不可贞：所占问之事不可为。[3] 得中道：应当掌握刚柔适中的方法。

[译文]

九二：改正母亲的错误，但不可以固守中正。

《象传》说：改正母亲的错误，九二处于卦中位，这表明得到的是中庸之道。

[不休说]

九二刚居柔位，又得下卦中位，为刚中之子乘持中正和顺之道。但不当位，说明其办事较为灵活，并非死板教条主义式地过于拘于原则。九二为什么是"干母之蛊"呢？其一，九二与六五成正应关系，有母子之象；其二，所谓"母之蛊"指的是行妇人之仁，过于怀柔，姑息养奸，或因循守旧，消极失控，所造成的弊端。六五柔顺在上，有母象焉。治道太柔则废，丛脞万几，驯致蛊坏，非为子者之责哉。九二以刚中之德起而治蛊，干所当干，固其贞也。但恐以刚承柔，未免坚持拂戾，则于以子事母之道未有尽安，故当周旋委屈巽以入之，不可自为贞而固执之也。"干母之蛊"与"干父之蛊"者不同，二惟刚而得中，自处巽顺，凡事当变革者，有匡救之方，无矫枉之过，得中以行，非为子之善欤？以臣干君，如以子干母，固不可一于柔顺，亦不可一于果决。宋司马光入相，尽变熙宁之法，可谓善矣，而处之太过，遂使奸人藉口改父之道为后报复之端，而众正皆不免于得祸。爻之以不可贞垂戒，象以得中道申之，两圣人深知干蛊之难者乎！这一爻告诉我们，在纠正柔弱者的偏差时，不可言辞过激。

[原文]

九三：干父之蛊[1]，小有悔[2]，无大咎。

《象》曰："干父之蛊"，终无咎也。

[注释]

[1] 干：为。蛊：事。[2] 小有悔：有小小的不幸。

[译文]

九三：改正父亲的错误，即使小有摩擦，后悔一阵儿，也不会有大的灾害。

《象传》说：改正父亲的错误，最终不会有大的灾害。

［不休说］

九三刚居阳位，又处下卦之上位，过于刚强又越离了中道。与上六对应，为干父之蛊，有犯上之嫌，应有悔。但九三居于正位，说明其行为合符正道，并无大的过错。九三居于下体上位，总体上是孝顺父亲的。九居三位，过刚不中，承前人之弊，不惮速于更张，未免施为无渐，振刷太繁，宁无小悔？然幸其巽体得正，巽则可以制其过刚，正则可以救其不中，终于物理人事不甚拂戾，岂有三年无改之嫌终得无咎宜也？何患其有小悔哉？盖人子改父之道，隐衷必介然有所未安，小有悔者。所以原为子之心，然能克盖前非，不显其亲之过，终无咎者。所以策为子之力，传言魏颗不从乱命而殉妾，屈建不从宗老二荐芰，君子嘉之。由此以推，可以得蛊九三之义矣。这一爻告诉我们，为别人改正错误，不是轻描淡写地指出，而是力求真正的纠正，虽说在纠正的过程中产生不愉快，但最终别人会因没了那些坏毛病，将顺利达到目的地。

［原文］

六四：裕父之蛊[1]，往见吝[2]。
《象》曰："裕父之蛊"，往未得[3]也。

［注释］

[1] 裕：帛本作"浴"，宽裕，姑息。《广雅·释诂》："裕，容也。"[2] 吝：羞耻，羞辱。[3] 得：当。《礼记·大学》："虑而后能得。"郑注："得谓得事之宜也。"

［译文］

六四：助长父亲的错误，顺其发展，就会酿成大错。
《象传》说：助长父亲的错误，顺其发展，就会无所得。

［不休说］

六四以阴居阴，不能有为，乐因循而惮改作，若处无事然，有宽裕以治蛊之象。如是以往，则前人之坠绪终无振兴之日，立见羞吝，可不以是为戒哉？始知父之为蛊矣，则虽奋起从事，犹惧或失之。今乃宽裕以往，与奋勇从事者正相反，蛊将日甚一日而不可救，未得干蛊之道者也。三以刚居刚，失之太过。四以柔居柔，失之不及。然过者虽悔而蛊已除，不及者终吝蛊愈亟。权于二者之间，与其为吝，毋宁为悔也哉！六四阴居阴位，资质懦柔，阴柔有余，阳刚不足。六四与上九正应，而上九居上不正，得六四大臣之宽容，是为裕父之蛊。六四位居上体艮卦之初，身近君王，心怀忧惧止步不前，乘阳乘阴，胆战心惊。六四与初六敌应，缺乏群众支持，前事既蛊，为之后者当如拯溺救焚，竭蹶以图，庶几事或有济。这一爻再一次强调要勇于改正别人的错误。

［原文］

六五：干父之蛊，用誉[1]。

《象》曰："干父之蛊，用誉"，承以德也。

[注释]

[1] 用誉：得到赞誉。誉字：帛本作"与"。用：利用。

[译文]

六五：改正父亲的错误，会得到美好的称誉。

《象传》说：改正父亲的错误，会得到美好的称誉，实际上继承了父辈的美德，并使之发扬光大。

[不休说]

六五身居尊位，值国事倾颓之会，当图振兴再造之功，但以其具柔中之德，似难一旦奋然有为者，所赖正应九二，得刚中之臣以辅之，需已尊贤维持不逮，用此式廓前烈为中兴令辟，善继善述之名归焉。声称垂于天壤，鸿号施于穷，干蛊之最善者也。五之"干蛊"而"用誉"者，岂在上独力所能致哉？由其柔中任二，而二承以刚中之德故也。盖委任得人自足以成天下之治，故功在六二而名归六五耳。盖运际艰难，虽英明刚断之君犹不能不望臣邻之助，况六五之柔中在上者乎？太甲之于阿衡成王于公旦，惟其倾心信贤，故能转危为安，易乱而治，古今成善。守成者无以加焉，诚任人之道得耳。六五以柔爻居阳位，才质刚进而能用柔，刚柔并济，得中尊之位，又与九二正应，君臣配合，用德而不用威。这一爻告诉我们，一个人勇于指正别人的错误，会使他获得荣誉。

[原文]

上九：不事王侯[1]，高尚其事[2]。

《象》曰："不事王侯"，志可则[3]也。

[注释]

[1] 不事王侯：不再为王侯之事操劳。[2] 高尚其事：帛本作"高尚其德"凶。[3] 志可则：上九阳刚居卦之上，故其清高之志，可以效法。《尔雅·释诂》："则，法也。"

[译文]

上九：不为王公贵族做事，因为他极为推崇自己的事业。

《象传》说：不为王公贵族做事，这种清高的志趣可以作为模范。

[不休说]

上以阳刚者处乎人为之外，不与诸爻之为子者同任干蛊之责，是有干蛊之能而无蛊之可干矣，不亦可优游事外，理乱不闻而全身以隐遁哉！故有"不事王侯，高尚其事"之象。惟居吾仁、由吾义，以自治其一身，而超然于天下后世而已矣。"上九不事王侯"是不见用于世，而洁清自守，志愿之高足以风厉人群，其功虽不及于一时，而其节实可师乎百代，则裨益其浅鲜哉！盖斯世之蛊必待斯世之治人，有心世道者岂忍坐视污浊而不之救？惟上九之时，上有“用誉”治蛊之君，下有刚中干蛊之臣，而已得以从容无事，自全素尚。如际唐尧之盛，而后标箕颖之风；遇光武之隆，而后全桐江之节，斯足尚耳。否则，甘为避世沮溺丈人之行，又圣人之所不与也，岂得援高尚以自托矣。上九为蛊卦终极之爻，亦为上体艮卦之上爻，艮为静止，表明治蛊已经结束，天下已得到大治。这一爻告诉我们，如果自己的善意的批评，可能引来很大的麻烦，使自己的理想不可能实现，那么就选择离开。

总　论

天下治乱之机，相为倚伏，时至于蛊，败坏已极。天心厌祸，将拔乱而反治。世道之所以得“元亨”，此也。然致亨之道，全在以人事挽天运，自非实有济蛊之力者不能必也。冒险越深，毅然勇往直前，若涉大川然，乃为利耳。涉川何如？如国家之纪纲法度，政令赏罚，其行于夙昔者，前事也。前事过中而将坏，必取先甲之辛以更新之，起弊更化，令来者之必可追，其行于今日者，后事也。后事方起而尚新，更取后甲之丁以丁宁之，思患预防，惩往者之不可谏，兼此二者，前弊可除，后利可久，乃为“利涉”而“元亨”也。蛊之为象，虫聚皿中，势必败坏。天下久安无事，君骄于上，臣谄于下，酿祸生衅，日削月割，底于不可救，此正蛊之象也。卦辞垂训，以先甲救蛊之将成，以后甲策蛊之未至，此正治蛊万全之术。如必待蛊之既极而后图之，恐无及矣。彼汉唐之季，外戚宦官，藩镇盗贼，祸乱已形，而上下泄泄，漫不经心，驯至大坏极弊，徒为他人驱除之姿耳。岂不可畏矣乎？卦之明蛊，岂无蛊哉？盖世道之治，必以君臣交通，励精图治而后成。今卦体艮刚居上，巽柔居下，又卦变自贲来者。初刚居上，二柔居下，自井来者。五刚居下，上柔居下，自既济来者。兼此二变则是上情高亢而不下接，下情退缩而不上交，两情睽隔矣。卦德下巽上止，是在学逡巡畏避而无干为之心，在上因循止息而无必为之治，甘于自弃矣，所以积弊而至于蛊也。然卦辞曰“元亨”者，盖斯世之蛊患在治之无人，当此坏极之际，实有转乱为治之机，时虽未治，而天下之治决于此。治蛊者诚能艰危自矢，如“涉大川”以求必济，是往而有所事，不可此其责也，至治之之道必“先甲三日，后甲三日”者，盖拔乱反正之功，一本倚伏循环之理。时至而时起，天命而人从，有是时即有是事。乱之终，正治之始，夫固天道之运行然耳。甲属天干，周而复始之象，故以天言。要之，治蛊全关人事，使不勉人事之当然，而坐希天运之自至，而非善承天意者矣。岂圣人系蛊旨欤？艮山巽风。此卦巽在艮下，是山下有风也。披靡摧落，扰乱解散，蛊坏之象。君子体此，知蛊之时教化衰微，风俗颓敝，民德之委靡甚矣，非大加振作，使之去恶迁善、革旧染以自新不可。然民德之不振实由己德之昏，故新民之本又在于自新，必持养己德，使天之与我者常存不丧，而后推已及也，斯可得而理也。诚能如此，则成已成物，两极其功。而岂犹有难治者哉？盖世道当积弊之后，斯民陷溺已深，欲以智驱，而威胁之，人不堪命，激而成变，速乱之道也。惟反而自育其德，则无长不仁之心，自有以振民之生；无犯不义之事，自有以振民之行。《尧典》“时雍”于变，而先知以克明《洪范》，有道淫朋比德，而先之以作极。此之谓也。卦以巽下艮上是稍始艰难之卦，但也是有凶有吉。蛊卦尤重择日，所以有先甲三日，后甲三日，总之最重的是看淡一切，事业高洁自守，超然物外，是最高境界。蛊卦的大义在匡正反腐。初六说历经危险，最终吉利；九二说继承母也，古代母亲是无业，一事无成。九三是困后吉利；六四是守父业而穷困，遭人羞辱；六五是广大父业，被人称誉；上九是超然物外，达到最高境界。从卦象上看：治蛊可排除前进的阻力，达到至为亨通的前景；制止不良社会风气，须广泛发动群众，晓谕天下，鉴前诫后，谨始慎终；奉行中正原则，不可过激，亦不可过柔。目的在于激浊扬清，继承善德以开创未来。

临卦第十九

[原文]

临[1]：元亨[2]利贞[3]。至于八月有凶[4]。

《彖》曰：临，刚浸而长[5]，说而顺[6]。刚中而应[7]。大亨以正[8]，天之道也。“至于八月有凶”，消不久也。

《象》曰：泽上有地，临。君子以教思无穷[9]，容保民无疆[10]。

[注释]

[1] 临是本卦的标题。临的意思是从高处往下看，引申为临治。临，帛本作“林”。《说文》：“临，坚也。”《尔雅·释诂》：“临，视也。”《谷梁传·哀公七年》：“有临天下之言焉。”范宁注：“临，抚有之也。”孔颖达曰：“以阳之浸长，其德壮大，可以坚临天下。”朱熹曰：“临，进而陵逼于物也。”[2] 亨：美。[3] 贞：正。[4] 至于八月，有凶：以时令为喻，说明坚临盛极必有衰落的危险。《礼记·月令》秋之月云：“是月也，杀气浸盛，阳气日衰。”《礼记·玉藻》：“至于八月，不雨，君不举。”指旱有旱象，当属另外的占辞。程颐曰：“圣人豫为之诫曰：阳虽方长，至于八月，则其道消，是有凶也。”[5] 刚浸而长：二阳爻居下，有上长趋势。浸：渐。程颐曰：“浸，渐也。”[6] 说而顺：下兑为说，上坤为顺。[7] 刚中：九二阳刚居中位。[8] 以：且。[9] 思：思念，关心。《逸周书·谥法》篇：“大省兆民曰思。”教思：教育民众，关心民众。[10] 容保民：包容民众，保护民众。

[译文]

《临卦》：非常吉利，有利于去占卜。但是到了八月（阳衰阴盛），将会遭遇凶险。

《彖传》说：《临卦》，阳刚增长，态度和悦而顺从，阳刚和阴柔相互应和，而且坚守正道，所以大吉大利，这是顺应了大自然的客观规律。“到了八月将会遭遇凶险”，这是因为阴阳二气是互相消长的，八月阳气渐衰阴气渐盛，离阳的消弱就不会长久了。

《象传》说：《临卦》的卦像是兑在下、坤在上，兑为泽、坤为地，这表明有地在泽上之表像。河流有地位，居高临下，因此把它叫做《临卦》。君子看到此卦象，应包容人民，对其进行思想教育，这样就会使人民安居乐业，立下将恩德普遍。

[不休说]

《临卦》惟二阳遍临四阴，凡阴柔小人皆在所临者也，故为“咸临”。然君子于小人，不恃吾有常胜之势，而恃我有必胜之理。诚能以正自持，固不乱于小人之群，而亦不至为已甚之行，如是而吉又何疑哉？临，一也，而义不同：有“临逼”之临，初、二爻是也；有“咸临”之“临”，三、五上爻是也；有“亲临”之“临”，六四一爻是也。要之皆归于正，则临之道得矣。然独于初云“贞吉”而诸爻不言者，盖二之咸临与初同，不必复言正。三既忧之，则反甘临之不正而于正矣。四、五、上曰“至”、曰“知”、曰“敦”，则正亦在其中矣。独初居临之始，小人众而君子独，非行之以正无以成制邪之功。故卦既戒以“利贞”，而又于此发之也欤。告诉我们，一方面要努力提高自身修养，做到以身作则，使民众从内心服从自己的领导。另一方面要对人民实行德育教育，提高整个民族的素养。

[原文]

初九：咸临[1]，贞吉。

《象》曰：“咸临，贞吉”，志行正[2]也。

[注释]

[1] 咸：用作“感、諴”同声字，古通用。义为感化。帛本作“禁”。王注：“咸，感也。”《集解》引虞翻曰：“咸，感也。”《广雅·释言》：“咸，感也。”《左传·昭公十二年》：“宛则不咸。”《释文》：“咸，本作感。”《说文》：“感，动人心也，从心，咸声。”《说文》：“諴，和也。”《书·召诰》：“其丕諴于小民。”《无逸》：“用咸和万民。”临：指临民。《说文》：“临，监临也。从卧，品声。”《诗·大明》：“上帝临女。”《皇矣》：“皇矣上帝，临下有赫。”高亨曰：上帝之监临下人也。《左传·昭公六年》：“临之以敬。”《论语·为政》：“临之以庄则敬。”《雍也》：“居敬而行简，以临其民。”高亨曰：君上之监临下民也。[2] 志行正：守持正固可获吉祥。

[译文]

初九：对人民实行德育教育，去占卜得到吉祥的预兆。

《象传》说：对人民实行德育教育，去占卜得到吉祥的预兆，这是因为品德端正，人民的意思得到实现。

[不休说]

初九刚而得正，有“贞”之义。其所以为临者，循乎义理之安，而非发于意气之私。自治谨而虑事周，则动出万全，在我无可议之疵，在彼无可乘之隙，小人可去而获吉矣。孔子释初《象》曰：“咸临”以正而得吉者无他，盖自治之严，虑事之密，君子之正也。初九以阳刚之尊，得正位，守贞德吉。上体各爻与初九相感应，表征统治阶层能下临于民众底层，从事教化和管理。初九阳居阳位，当位得正，能秉公办事，又能以受正的美德去感化民众，必能得到民众的拥护。同时激发民心贤士的报国精神，并使他们得到六四近君的大臣的重用和提拔。这一爻告诉我们，一个人在事业处于上升时期，不要忘记推行德育教育。

[原文]

九二：咸临[1]，吉，无不利。

《象》曰：“咸临，吉，无不利”，未顺命[2]也。

[注释]

[1] 咸：通诚，《说文》："诚，和也。"咸临：古本作"咸临"义为以仁德临治天下。《广雅》："咸，德也"。《逸周书·世俘》："则咸刘商王纣。"高亨曰："咸刘犹杀戮也，咸临，刑杀临其民，与威临意相近。"[2] 未顺命：阳刚者当居王，今阳刚居二，且失位故未能顺从天命。

[译文]

九二：对人民施行德育教育，吉祥，没有什么不利的。

《象传》说：对人民施行德育教育，吉祥，没有什么不利。这是因为民众尚未顺天命，还需要进一步的教育。

[不休说]

九二阳居阴位，与之照应的六五君王阳居阳位，所居位置都不得正，表明九二在处理事务的过程中，与六五君王观点并不一致，按理应为不利。初、二皆有咸临之象，初刚得中，而二之势又上进加盛矣。举动合宜，所以临之者，有其道；权势在我，所以临之者，有其机。以是而临小人，则义足以服其心，力足以制其暴，阴邪可尽去，而吾道靡不伸，吉无不利，宜也。二之"咸临，吉无不利"者，何哉？盖君子以正道命令天下，人无不顺而从之，彼小人于君子心术不侔，趋向各异，以阴僻之私排阻挠抑于其间。邪类不诎则正道不伸。君子之临小人正为其未顺命而不得不去之耳。"未顺命"，或以为未顺天命，或以未顺君子之命。要之，君子之天命全乎天理，即天命也。邪正不两立，故小人不顺于君子，而君子必欲屏绝之，正以其悖乎天理耳，岂从一己之同异其见乎？这一爻告诉我们，因为人们还不能洞察天的运行规律，按规律办事，所以我们要对人们进一步推行德育教育。

[原文]

六三：甘临[1]，无攸利。既忧之[2]，无咎。

《象》曰："甘临"，位不当[3]也。"既忧之"，咎不长也。

[注释]

[1] 甘：用作"钳、拑、严"，义为钳制。《说文》："严，教命急也。拑，挟持，从手，甘声。钳，以铁有以劫束也，从金，甘声。"[2] 既：既然。忧：通"优"，义为优裕宇宽缓，反思，后悔。《说文》："优，和之行也。"引《诗》曰："布政优优。"今《诗·长发》："敷政优优。"《尔雅·释言》："优优，和也。"[3] 位不当：六三阴居阳位而不中，故"位不当"。

[译文]

六三：用甜言密语去感化人民，不会有好处。如果能以此为忧而有所醒悟，将不会有什么灾祸。

《象传》说：用甜言蜜语去感化人民，不会有好处，这是因为位置未摆正。但若能以此为忧而有所醒悟，灾祸就不会长久了。

[不休说]

三居下卦之上，临人者也。阴柔不中正，又居说体，无实德以临人，惟虚示甘美之情以临在下之二阳，而不知君子易事难说，知其巧伪无实，谁则信之？宜乎无攸利矣。若能知“甘临”之难以感人忧之，而改行从善焉。则可见容于君子而何咎之有哉？三之“甘临”以其阴柔不中正，而位不当也。己无其德，而善柔成性，邪媚存心，是则小人之咎耳。既知其无益而忧之，则悔悟之下必能去伪存诚，而甘临之咎自长也。六三以甘媚临人而无攸利，见君子之难说也，既忧之无咎，又见君子之易事也。处己严，故不受不正之说；与人宽，故不治既忧之人，爻辞为“六三，开迁善之门”，然亦可见二阳之用心矣。六三位于下体兑卦之下位，又以柔爻居于刚位，当属才质柔弱，又心术不正的卑下小人。六三上与六五对应，下与九二相比，以柔成刚，取悦临民之臣，截止阳刚上往，大为失德悖道之嫌。这一爻说明，德育教育和讨好人民有本质的区别，我们只有洞悉它的本来含义，摆正位置，才能避免遭遇灾祸。

[原文]

六四：至临[1]，无咎。

《象》曰：“至临，无咎”，位当[2]也。

[注释]

[1] 至：疑当读为质。真挚，诚挚。《说文解字注》：“亲，情意恳到曰至。”《小尔雅·广言》：“质，信也。”《左传·襄公九年》：“要盟无质。”服注：“质，诚也。”《大戴礼·卫将军文子》：“子贡以其质告。”虞注：“质由实也。”[2] 位当：六四阴居阴位。比喻人之行为称其职位。

[译文]

六四：亲自去感化人民，没有什么灾难。

《象传》说：亲自去感化人民，没有什么灾难，这是因为六四爻位置摆正了，也就是说君主能以身作则。

[不休说]

六四以柔顺得正，下应初九，阴阳相得，其情密矣。处近君之位，守正而任贤，以亲临于下，情意懇到，自无交踈间隙之咎，宜其为临之至者也。四之“至临无咎”者，由其以柔居柔，处位得当，故能与初情投意洽也。否则貌厚而情踈，乌能切至如此乎？六四坤兑之交，地与泽相临之至，在人事则以顺正之人得正应，而与之宜其相亲爱如琴瑟之和，埙篪之应矣。然止曰“无咎”者，盖取其情意切至而不能大有所为。大约柔爻原未易得吉，但以无咎为幸耳，六四以柔爻居阴位当位得正。这一爻告诉我们，以身作则是最有说服力的教育，是最深刻的教育。

［原文］

六五：知临[1]，大君之宜[2]，吉。

《象》曰："大君之宜"，行中[3]之谓也。

［注释］

［1］知：同"智"，明智。《礼记·中庸》："维天下至圣为能聪明睿知，足以有临也。"［2］大君：指大国之艰君。宜：得当。［3］中：正。行中：其行合乎正道。

［译文］

六五：用智慧和人相处，这是贤明的君主最适宜的态度，这是吉利的。

《象传》说：贤明的君主最适宜的态度，说的就是品行要中正。

［不休说］

六五以柔爻居上卦中位，是具备忠顺之德的君王。六五居坤体之中，地域广大，臣民众多，虽居君位却才质柔弱，不足以匡扶正道。六五与九二正应，比喻六五君王信任刚中的九二贤臣。五以柔中、顺体、居尊位，而下应于二中之臣，倚任以成治功。盖知天下之大，非一人心思所能周，而屈己下贤，资其聪明以广吾之所不及，诚得执简驭繁之要者，此其为临乃知者之事，而大君之所宜也。如是将见不用其聪，而聪无不通，不用其明，而明无不照。君道得而治可成矣。人君劳于求贤而逸于任人，乃天理当然之极，即中道也。世主或聪明自用而不肯下贤，则失之过或昏昧自安，而不知下贤则失之不及。五以柔中应二之刚中，是能任用贤人，不偏不倚，乃行中之谓也。知以高明为德，六五本柔，何以知称？盖人君沾沾自用，岂能周于万事？故自任其知者，适以成其不知。《中庸》称舜大智，惟其好问、好察而约之用中，其得知临之道者欤。又言聪明睿知足以有临，则知自古临天下者，未有不要之于知，而又非一人自用之谓也。可以悟为君之道矣。这一爻告诉我们，要运用自己的智慧和人相处。

［原文］

上六：敦临[1]，吉，无咎。

《象》曰："敦临"之吉，志在内[2]也。

［注释］

［1］敦：考。借为惇。敦厚。惠栋曰："敦，厚也。"焦循曰："敦，厚也。"《说文》："惇，厚也。"［2］志在内：志在邦国。《折中》引张振渊曰："志在内，即万物一体之意，所以能敦；若将天下国家置在度外，虽有小德泽，终是浮浅。"

[译文]

上六：宽厚待人是吉利的，没有什么灾祸。

《象传》说：宽厚待人是吉利的，是因为在内部实现了唯贤是举的意愿。

[不休说]

上六居卦之上，处临之终，与初、二虽非正应，而阴求于阳，乃为至顺。故志在乎从二阳，尊而应卑，高而从下，敦厚之至也。夫亲贤取善，常患其不克终，惟敦临者好德之心出于至诚，始终如一，其为吉而无咎又奚疑乎？内卦二阳，咸临之君子也。上九志于顺阳，念兹释兹专在于是，愈久而愈不忘，是以"敦临吉"也。临之为道蔑以加已！上居坤体，坤厚载物，即法坤之厚以为临坤土也，故于临之上曰"敦临吉"。艮亦土也，故于艮之上曰"敦艮吉"。可见厚于终者，未有不吉而用之以待贤人，尤为得其正也夫！上六以柔居阳位，处坤体上位，得正切柔，有如大地般敦厚之美德。这一爻告诉我们，待人要宽厚，不可刻薄。

总　论

临之为卦，二阳方长于下，阳道向盛之时，已有可为之势，而卦德兑说坤顺，挂体二、五相应，又有善为之道，则是群阴可以尽去，吾道可以大行，当得"元亨"而又"利"于"贞"焉。盖阳刚势盛，故君子昌明之日。然所行不正，则德不合卦而失自处之道矣，又安能得志哉？故不可恃已之盛，忽彼之衰。必以公道存心，正理处事，则无疵可议，无隙可乘，乃可以致亨也。然阳之长固可喜，阳之消又可忧。自临之初爻至遯之二爻，凡八月，刚柔皆变，则阳消而阴又长，故有凶。君子贵未然之防，可不思守正以杜其渐哉？临当二阳浸盛，正君子道长之时，必惕之以凶者。盖祸患之形即伏于方盛之日。狃安富骄侈生，乐舒肆则纲纪坏，是以浸淫而至于不可救也。惟及其盛而戒之，则开元之隆不变为天宝，庆历之治不转为熙宁矣！何患保泰之无术乎？卦名临者，方剥尽复生，阳道甚微，至此二阳并进，骎骎乎有不可籞之势，而小人殆无容足之地矣。所以然者，卦德兑说坤顺，是虽挟刚长之势，而有和说柔顺之德。挂体刚中，而应又有刚柔交济之美，不同于恃壮又罔，而一归于正。人事所至，于天道相符，以此临人临事，莫不大亨而得正也。又曰"至于八月有凶"者，一阳固当方长之日，然其退消，亦只在数月之间，不待于久，君子宜预为之戒，而思患预防，岂可诿之天运之自然哉？盖阴阳之消长，系贤奸之进退。圣人深言消之不久者，以见君子难进而易退，小人难退而易进，故虽正类，盈庭之日而奸邪窥伺其旁，乘间抵隙，不久复炽。为君子者，但当严别邪正，固守其贞，勿使小人得混杂其间，则阳道常亨矣。唐虞之世岂无四凶？惟投之遐荒以籞（yù）魑魅，故四岳、九官、十二牧得久安其位，而万世皆颂尧舜知人明也，可不见哉？兑下坤上，是泽上有地，而地临于泽，有临之象。君子观此，而得居上临下道焉。临下不可无教，而教思有穷，非教之至也，君子于是设之痒序；未已也，而申之孝弟，尤谆谆焉为之辅翼；未已也，而加之振德。其教人之心无所不尽，不与兑泽同其深乎？临下不可无养，而容保有限，非养之至也，君子于是泽及几甸；未已也，外面海隅，亦弗遗焉，惠我四方；未已也，远而要荒，亦勿弃焉。其养人之心无有弗届，不与坤地同其广乎？如是则教施而无一人不安其性，养周而无一人不遂其生。作君作师之道尽于此矣。按《象》言“君子临逼小人”，而《象》以教民、养民为言者，君子欲逼而去之，皆为斯民计也。故圣人养贤以及万民，而皆君子而无小人，道其可以大行矣。不可以证《彖》《象》相发之旨乎？临卦兑下坤上，主要以临治天下的道理说事，临治者居上位，故多无咎。初九说感化政策，吉利；九二说威德临民，吉利；六三说钳制百姓，所以不利；若能以宽松之策，可保平安；六四说诚挚治民，没有灾祸；六五说智慧治民，得天子本分吉利；上六说以宽厚之心治民，吉利。从卦象上看，阳刚下临阴柔，有君王幸临宫妃之象，顺而悦，众宫妃柔顺待临，无不喜悦非常；待临幸之时，只能守正，不可强求取悦。卦中四个阴爻相当于待临的宫女；六四、六五两爻以正应待临；上六敦厚守待，虽无望亦无怨，均可获吉而无咎。

观卦第二十

[原文]

观[1]。盥而不荐[2]。有孚颙若[3]。

《彖》曰：大观在上[4]，顺而巽[5]，中正以观天下[6]。“观。盥而不荐，有孚颙若”，下观而化也。观天之神道，而四时不忒。圣人以神道设教[7]，而天下服矣。

《象》曰：风行地上，观。先王以省方[8]观民设教。

[注释]

[1] 观是本卦标题。观的意思是观察，观看。朱熹曰：“观者，有以中正示人，而为人所养也。”[2] 盥：读“裸”。盥、灌、裸古通用。古代祭祖时用酒灌地以享祭神祇。《释文》马云：“盥，进爵灌地以降神也。”《说文》：“裸，灌祭也。”《书·洛诰》：“王入太室裸。”《诗·文王》：“裸将于京。”荐：献，祭祖时的献牲。《尔雅·释诂》：“荐，进也。”《礼记·郊特牲》：“既灌然后迎牲。迎牲而后献荐。”[3] 颙（yóng）若：壮高大。指肃敬的样子。颙字，帛本作“走耳 ”。《说文》：“颙，大头也。”《诗·六月》：“四牡修广，其大有颙。”毛《传》：“颙，大貌也。”《集解》引马融曰：“以下观上，见其至盛之礼，万民信敬，故云有孚颙若。”[4] 大观在上：《观》卦二阳爻居上，下观四阴爻。[5] 顺而巽：《观》卦下坤上巽，坤为顺，故曰顺而巽。[6] 下观而化：下观而随所感化。高亨认为：《彖》传有三点，一，指出统治者迷信神道，可以感化臣民；二，曲解自然规律，以证明神道之存在；三，力言以神道设教有麻醉人民之功用。[7] 神道：神妙的自然规律。[8] 省：视察。《说文》：“省，视也。”《尔雅·释诂》：“省，察也。”方：邦。

[译文]

《观卦》：祭祀前先把手洗净，在洗完手还未把祭品奉上时，人们怀着诚信之心望着他。

《彖传》说：伟大的《观卦》在上面，它的卦象为坤在下，巽在上，这表明阴柔而顺从。安守正道才能体察民情，因此把它叫做《观卦》。“祭祀前先把手洗净，在洗完手还未把祭品奉上时，人们怀着诚信之心望着他。”这说明人们通过观察礼受到良好的教育和感化。观察天的神奇的变化规律，就会悟出四季交替的规律。圣人就是遵循天的运行规律，推行教育来感化人民的。人民大众都愿意服从。

《象传》说：《观卦》的卦像是坤在下、巽在上，坤为地、巽为风，有风吹动大地万物，所以把它叫做《观卦》。先王看到此卦象，巡游天下，体察民情，推行教化。

[不休说]

观化在民。所以为观者，在已九五居上，四阴仰之，观之位也；内顺外巽，观之德也；以中正示天下，观之道也。然“顺巽”与“中正”实非有二，顺则不假作为，巽则不露形迹，此皆浑然在中不可见者。中与正即此不可见者。隐跃示人于声臭之表，以默成中正之化，观道也，即天道也，故谓所为人观者。天下未有不观天下而必反观诸人者也，故五以君道观天下而自观，则曰生出于我者也。自四观五，则曰光达于国者也。初无二也，若初六之阴柔安于浅近而为童观，六二之闇蔽遗于见闻而为窥观，不惟不能如四之观国之光，亦且远逊三之审于进退，岂得官道者哉？上体统治阶级的道德规范，在下体的臣民百姓顺从效仿。上观下，下亦观上，上行下效，上梁不正下梁歪，中梁不正倒下来。说明作为领导，不但注意自己的德行，而且还要注意体察民情。

[原文]

初六：童观[1]，小人无咎[2]，君子吝[3]。

《象》曰："初六：童观"，小人道[4]也。

[注释]

[1] 童：儿童，指幼稚无知。《释文》："童，郑云稚也。"童观：幼稚之观察。《集解》引王弼曰："失位处下，最远朝美，无所鉴见，故曰童观。"[2] 小人：庶民的统称。[3] 君子：贵族与士大夫通称。吝：难。[4] 小人道：小人认识事物的方法。

[译文]

初六：用幼稚的眼光观察，对一般的百姓来说，没有什么灾难，但对君子来说，就会犯错误。

《象传》说：《观卦》的初六爻讲，用幼稚的观察，这是一般的老百姓所信仰的道义。

[不休说]

"初六童观"而曰"小人无咎"，盖"百姓日用而不知"，乃草野之常分，小人之道固当如此，所以不足咎也。岂君子之所宜哉？按童之象位阳而爻阴，阳则男而阴则穉也。蒙之六五亦曰"童蒙"，但蒙者一听于人受教有地，故吉。观者无识，于已仰德靡由，故吝。义各不同耳。阴居阳位才质柔弱，愚昧。居不正位之位表行为莽撞目光短浅，观看问题缺乏理智。九五以中正示天下，天下所观者也。惟初六阴柔在下，既无自致之资，又处绝远之地，不足以自振拔而观大君道德之光，有如童穉之见不能远及。此在无位之小人不足致咎，若有位之君子当以天下国家为己任，而如是焉可羞吝矣？这一爻告诉我们，如果要成大业，则必须高瞻远瞩。

[原文]

六二：窥观[1]，利女贞。

《象》曰："窥观"，"女贞"，亦可丑也[2]。

[注释]

[1] 窥：窥伺，帛本作"圭　见　　"。从门隙或穴孔中以视。指偷看或侧面观察。

窥观：一孔之见，所见者小。当时认为女子所见者小。[2] 亦可丑也：朱熹曰："在丈夫则为丑也。"

[译文]

六二：从门缝里看人，有利于女人去占卜。
《象传》说：从门缝里看女人，即使没越轨，也是可耻的。

[不休说]

六二以中正柔顺之德与九五至尊相应，故"利女贞"。凡人所见贵乎远大，故虽身居一室，而天地民物之事无不周知，乃大夫之观也。六二以阴柔之质居卦之中，则其见不能及远，天下之事遗乎见闻之外者多矣，故其象为"窥观"，乃女子之贞也。盖妇无外事，则自门内外乃分之常，丈夫得之则非所利矣。"窥观"，特女子之贞耳，若丈夫以四方为志，而乃所见如此，局量褊浅，有负明时，寡见孤闻，丑孰甚焉？大观之主虽以神道设教，然不能必天下之尽知其所为观之道，初之"童观"，二之"窥观"，亦各随其分量所至耳。圣人于"童观"名为小人，于"窥观"名为女子，正欲在上者衡鉴无爽，勿使小人、女子之论进于高位，而在"童观"、"窥观"者亦宜急审自处，而知所励志焉，庶可自立于大观之世矣。六二为阴，阴居阳位，忠守女子之道，以阴柔中正之德居内卦，远距离地从门缝中仰观，是无法全面了解九五君王的全貌的。这一爻告诉我们，观察不可偏狭。

[原文]

六三：观我生进退[1]。
《象》曰："观我生进退"，未失道也。

[注释]

[1] 观：观察。生：产生，作出决定。用为"姓"，指百姓，百官。《书·尧典》："九族既睦，平章百姓，百姓昭明，协和万邦，黎民于变时雍。"伪孔《传》："百姓，百官。"《书》以九族、百姓、万邦、黎民持序而言。《逸周书·商誓》篇："昔及百官里居。"又云："百姓里居。"高亨曰：居皆君字之伪，则百姓既百官益明，古亦以生为之。《伯吉父盘》："其惟诸侯百生。"高亨曰：百生即百姓也，是生姓古今字，原有官义。朱熹曰："我生，我之所行也。"我生：我姓，指我的亲族。观我生：传文指观察自己的庶民。进退：指官员的进用和陟黜。

[译文]

六三：观察自己的行为，从而决定是进还是退。
《象传》说：观察自己的行为，从而决定是进还是退。这样做才不违背正道。

[不休说]

六三爻辞揭示的是一种警戒性质的自审行为。士君子出处之际，既度之人，又度之己。六三居下之上，是其所处在可进可退之间。然则当何所取衷哉？惟反观己之动作施为，能成天下之务，则从而进时，当通而通也；不能成天下之务，则从而退时，当塞而塞也。但取决于己可矣。君子之进退，有道存焉，而要皆视乎我也。苟不度德量时，贸贸然旅进旅退于其间，则失道者多矣。“观我生”以为“进退”，则其进其退，我皆得而主之，何至于有失哉？圣人尝言“乐则行之，忧则违之”。又言“用之则行，舍之则藏”。皆兼进退之义。此全视乎世以为去就者也。若大观之主，在上惟患我之不能用我，故不必问之世，但当问之己，其殆古人量而后人之义乎！士君子出处之间可以知所审矣。但六三环顾左右，见到六二、六四和九五都能受正，终于决定退而据守本位而不违常道。这一爻告诉我们，在谋大事前，要对自己作出正确的评价，才决定做还是不做。

[原文]

六四：观国之光[1]。利用宾于王[2]。

《象》曰：“观国之光”，尚宾[3]也。

[注释]

[1] 国：国都。此指举国上下，大范围内。光：风俗民情。此指礼乐文物。观国：承下文当指王国。国之光：国家政绩风俗等之光辉。[2] 宾：作客。上古掌诸侯朝觐之官，此指朝觐。宾于王：在周王处作客。[3] 尚宾：指王在上，诸侯或其臣位在下，故诸侯或其臣来作王之宾客，称为上宾。《音训》：“尚宾，晁氏曰：‘京、陆绩作上宾。’”姚配中曰：“尚，上也。”

[译文]

六四：对于观看国家的风俗民情的人，用对待贵宾的礼节来招待他是有利的。

《象传》说：对于观看国家的风俗民情的人，用对待贵宾的礼节来招待他，这是因为人民尊敬对治国有帮助的人。

[不休说]

六四以柔爻之阴位，当位得正，近邻九五君王，为近君之忠臣。六四上顺君王下和民意，又能守持正道，以身作则，具备成为君王幕宾辅弼朝政的各项条件。六四于中正为观之九五最为切近。凡大君之盛德发而为邦国之光者，身得亲炙其休，有观光之象焉。夫遭逢圣人，此固一时遇合之盛，而凡豪杰之士，争自奋兴之会也。当斯时也，宜何如哉？已仕者则利于朝觐，以上宾礼之隆。未仕者则利于仕进，以应宾兴之典。皆思乘时委贽而身恐后矣。何其隆乎！六四谓之“观光”者，岂枉道以求合哉？亦尚乎人君宾贤之礼而已。盖君子孰无効用之心？惟在上者无下贤之风，故在下者高不见之节耳。今九五以宾礼接天下之贤，则无论在朝在野，皆感慕兴起，孰肯自外于折节之盛者哉？故者诸侯入为卿士，或朝宗觐遇于王，以宾礼接之，既享以训恭俭，又燕以示慈惠，故《蓼萧》之诗曰：“既见君子，为龙为光”，此所以待已仕者也。乡大夫以三物教万民，而宾兴之献能之书于王，王拜受之，论定然后官之，此所以待未仕者也。而皆有宾之义焉。可见人君未有不以礼而能致天下之贤者，若徒以富贵爵禄，颐指气使，当世之士则所得皆贪冒无耻、尸素保位之人矣。君子其肯为用我乎？这一爻告诉我们，为了更好地体察民情，应礼贤下士。

[原文]

九五：观我生[1]，君子无咎[2]。
《象》曰："观我生"，观民[3]也。

[注释]

[1] 我：指九五君王。生：指臣民百姓，民生或生民。观我生：指既受人观仰又自观其道。此指观民。《集解》引王弼曰："观我生，自观其道也。为众观之主，当宣文化光于四表。上之化下，犹风靡草；百姓有过，在予一人。君子风著，已乃无咎；欲察己道，当观民也。"[2] 君子：指国君。[3] 观我生：指观我的亲族、贵族。观民：程颐曰，"我生，出于己也；人君欲观己之施为善否，当观于民。民俗善，则政化善也。"王弼曰："观民以察己之道也。"

[译文]

九五：关注观察自己的行为，君子就不会犯大的错误。
《象传》说：关注观察自己的行为，就是体察民情。

[不休说]

九五刚阳中正，大观之主巍然在上，其下四阴仰而观之，君子之象也。居是位者必观己之所行，凡出身加民者，阳刚而无委靡之失，中正而无偏颇之累，诚为履天位而不咎之君子焉，则足以观示天下而咎四方之望矣，复何咎哉？五之所以"观我生"者，将以考一身得失也。然欲考所行之当否，但当视民俗之善恶，所谓本身而征民是也。不则徒观诸己而不观诸民，其得其失，遏从而验之乎？九五中正以观天下，圣人系辞何不予之吉亨而仅余额"无咎"？盖人君一日二日有万几，行一事有违宜，必有一物失其所者矣。用一人而不当，必有一方受其害者矣。兢兢然临深履薄，凡水旱之有无，远迩之叛服，行辟之多寡，财富之赢缩，无非观民以"观我生"之事，能如五之"无咎"足矣，敢以吉亨自诩为哉？九五爻阳居阳位，居中且正，与卦中所有阴爻都可成相应关系。九五爻与上下爻巽为风为人，说明九五的风范以深入民心，影响极大，其道德表率作用非常显著。均可组合成这一爻告诉我们，要体察民情，以之看自己行为的得与失。

[原文]

上九：观其生[1]，君子无咎[2]。
《象》曰："观其生"，志未平[3]也。

[注释]

[1] 其：彼。指九五，指他国。生：仅指庶民。观其生：指观察异姓之国的民情。

[2] 君子无咎：指君子可以免遭灾祸。君子：指国君。[3] 平：借为辨，二字古通用。辨明。此指安宁无为。《书·尧典》："平秩东作。"《周礼·冯相氏》郑玄注："平作辨。"《文选·典引》："惇睦辨章之化洽。"蔡邕注："《尚书》曰：'平章百姓。'辨与平古字通。"程颐曰："不可以不在于故，安然放意无所事也。"朱熹曰："言虽不得位，未可忘诫惧也。"

[译文]

上九：观察别人的行为，君子就不会遭遇灾祸。

《象传》说：观察别人的行为，是因为没有辨形势，没有办法作出正确的决定。

[不休说]

上九以刚阳之德处于上，为下之所观而不当事任，是贤人君子不在其位，而道德为世羽仪者也，故必反观其身，果言出而为世，则行成为人师，确乎无忝其生之君子焉，则模范以隆，无负事表之望，而可以无咎矣。"上九"之"观其生"者，盖以人既望之为仪表，即宜自知戒惧，兢兢业业，期无负乎一世之观瞻，岂以不当其位遂晏然放废，而无所事乎？上九所处虽超人位之外，而志未尝不在人与物。盖观惟二阳，为下所观，五当其位，师也。孟子曰："圣人，百世之师。闻伯夷之风者，顽夫廉、懦夫立。闻柳下惠之风者，鄙夫宽、薄夫敦。"谁谓一人之制行，遂不关于斯世斯民之大乎？上九阳居阴位，位在九五管辖之外。他的道德学问亦足以受天下臣民的景仰，甚至受到九五君王的敬重，上九形刚而性柔，谦恭待人又善于观察，他在"九五""观其生"基础上"观我生"。以"九五"为表率。这一爻告诉我们，要观察别人的行为。

总 论

人主以一身莅万物之上，斯世无不尊而仰之。观化者虽在于人，而为观者实在于己。诚能精一执中，无为守正，冲然穆然，端拱于上，无矣制度文为，从事显然之迹，而实德在中，自足见中表正于天下，犹祭者方洗手致洁，酒食未荐孚信在中，然可仰也。盖祭者以诚敬为主，未及于荐则诚敬常存，至既荐之后，礼数繁缛，则人心散而精意不若始洗时矣。夫格神以成不以文，观民以心不以貌。在上者正其仪表以为下民之观，当庄严如始之初，勿使诚意少散，如既荐之后可也。四阳二阴之卦曰大壮，四阴二阳之卦曰观。四阳之为大壮，以阳之盛言也。四阴何不以阴盛言，而独取二阴在上为四阴所观仰？盖扶阳抑阴，圣人固有微意存焉。天下多者必受治于少，况阳实为阴所乐从者乎？但当尽其为观之道耳。舜恭己正南面而天下自治，文王不大声以色而万邦作孚，可以得此卦之义矣。卦名观者，以"正中"示人而为人所仰也。然无位则其道不尊，无德则其道不立，而难达乎天下矣。今卦体九五在上，其下四阴仰之，卦德内顺外巽，而九五以中正示天下焉，则是大观之主，身居上位，而为臣民所具瞻，所以观者，有其位矣，温恭以宅心，而内焉于理无所乖，审察以制事；而外焉于理无所拂，所以为观者，有其德矣。由是自一身以达庶政，一皆大中至正之理。为观之道天下皆而见之，此其所以称大观也。夫观道以中正为极，而中正以民化为征。其下皆服从而化，革面革心，所谓归其有极夜。此其间有不言而喻之机，非天下之至神其孰能之？试观天道无声无臭，气化流行，道何神也！而春夏秋冬不爽其顺序。试观圣人不识不知，民皆顺，则道何神也！而一道同风，不显其德，圣人之神道设教，一如天之神道也。观之为道岂不大哉？中正以观，即圣人之神道以设教也，下观而化，即天下服也。卦辞取象于祭，故揭神道言之，视之弗见，听之弗闻，体物而不遗者，神是也。圣人正身一率下，至诚所孚，非有声音，非有象迹，而应感之机捷与影响，盖所存者神，则所过者化，岂人力之所能为者欤？坤下巽上，是风之行乎地上也，吹嘘披拂，无物不遍，为观之象。先王以身率人，故足以范民于中正之路，然虑天下之大，有难以遽齐者，于是因巡狩之期，举升方之典，遍考其风俗而设教以示之，如国奢示俭，国俭示礼，使之一轨于中正，是其以道观示天下之民，亦犹天之风行而及天下之物矣。圣治之同天者如此。按省方之典，虞、夏、商俱以五载，而周则十二年一巡，有疏数之不同者，盖上古天子之出车，徒省少供应，简略不致劳民动众，至周而其礼渐繁矣。汉武微行，东方且谏；孝成婧出，谷永进规深知万乘之不可轻动也。人主诚能广辟四门，达聪明目，则虽不下堂阶，而自灼见万里之外，亦何必古制之是泥哉？观卦坤下巽上，以观察问题，考察百官说事，多无咎，少吉凶。观有观仰、旁观之意。观仰之道，在于观仰美盛事物从而感化人心。祭祀时，观仰的是最初进爵灌地以降神之礼，而于献飨荐神之礼则并不参与。百姓观仰尊者之盛美，肃然而生信服和崇敬仰慕之心。初六看问题幼稚与小人身份相符，故利小人，不利君子；六二女子之事幽深隐讳，但窥伺则得之，所以利于女？事贞问；六三考察百官，利于进用贤能；六四利于朝见天王；九五同于六三，无咎；上九考察别国的百官，知己知彼，因此没有灾祸。从卦象上看，是说统治者非常注重自身的道德表率作用，上行下效，加强意识形态领域的影响，对社会的管理。说明榜样的力量是无穷的，至今依然具有现实意义，值得深思。

噬嗑卦第二十一

[原文]

噬嗑[1]，亨。利用狱[2]。

《彖》曰：颐中有物[3]，曰噬嗑。“噬嗑”而“亨”[4]，刚柔分，动而明[5]。雷电合而章[6]。柔得中而上行[7]，虽不当位[8]，“利用狱”也。

《象》曰：雷电[9]噬嗑。先王以明罚敕法[10]。

[注释]

[1] 噬嗑（shì hé）是本卦的标题。噬嗑义为吃喝。全卦内容与饮食和刑罚有关。[2] 利用狱：刑法可以除去间隔之物矣。《尚氏学》：“上下之不能相合者，中必有物间之，啮而去其间，则合而通亦；国家之有刑狱，亦复如是。民有梗化者，以刑克之，则顽梗去，而上下通矣，故曰利用狱。”狱：刑罚，案件。[3] 颐：腮。上下颚之间的总称。[4] 噬：啮。以齿咬物为噬。嗑：合口。噬嗑即口中含物而咀嚼之。[5] 刚柔分：刚柔相间，分居于内外卦。动而明：《噬嗑》下震上离，震为动，离为明。而：表并列。[6] 雷电合而章：《噬嗑》下震为雷为动，上离为电，为明。动而明指雷电并起之象，所以叫“合”。《淮南子·坠形》去：“阴阳相薄，为雷，激扬为电”。章：明。[7] 柔得中而上行：六五爻以阴柔居中而往上行。[8] 不当位：六五以阴居阳位，故不当其位。[9] 雷电：《噬嗑》下震上离，震为雷，离为电，朱熹、项安世等人改为“电雷”，熹平石经本也作“电雷”。[10] 明罚敕法：清明刑罚，修整法律。《集解》引侯果曰：“雷所以动物，电所以照物，雷电震照则万物不能怀邪。故先王则之，明罚敕法，以示万物，欲万方一心也。”明：用如动词。敕：正。《释文》：“敕，犹理也。一云，整也。”

[译文]

《噬嗑卦》：尽力排除阻碍达到亨通，有利于去打官司。

《彖传》说：口中有东西在咀嚼，因此把它叫做《噬嗑卦》。《噬嗑卦》的卦辞说尽力排除阻碍达到亨通。是因为上卦和下卦刚柔相济，交相运动而导致道路亨通，这好比雷电相交发出耀眼的光芒。六五相爻是阳爻居中位得正之道，并能奋发向上，虽然其位置未摆正，但刚柔相济，所以说“有利于去打官司”。

《象传》说：《噬嗑卦》的卦像是震居下、离居上，震为雷、离为电，此卦象为雷电相交之象，所以把它叫做《噬嗑卦》。雷具有十分大的威慑力，电能放出光明，先王看到这一现象，应明其刑法以严明政治，正其法令。

[不休说]

《噬嗑卦》象征天地之间万民当亲和合作，服从君王统一领导。执政大臣从中作梗，众诸侯叛乱。而使天下不得和谐，只有产除这一割据势力，使贤明的君王吸取了教训，受到了启发，也懂得了单纯的谦下和仁德统治是不够的。只有采取刚柔相济的措施，加强对地方政权的控制才能长治久安。此见天下事所以不和合者，由谗邪间隔于其间，圣人观噬磕之象推之天下万事，皆使去其间隔而合之，则强梗去而德化行矣。去天下之间在任刑罚，小则惩戒，大则诛以除去之，故卦取用刑为义。象雷以用威，象电以用明。明罚法以使人不敢犯，此去间之大权也。六爻皆言用狱，初过小而在下，为用狱之始；上恶极而终，为用狱之终；中四爻有位俱属用狱之人；二，惟良，折狱者也；三，困于强，御者也；四，有司法之义也；五，人君矜恤之仁也。卦才之刚柔不同，故所噬之难易以异。统而观之，惟四、五能尽治狱之道。《象》以五之柔为主，故利；用独归之爻，以四之刚为主，故吉。独归之四，主柔，而言以仁为治狱之本；主刚，而言以威治狱之用。仁以寓其哀矜，威以惩其奸邪，刚柔并用，而治狱之道得矣。这一卦告诉我们，因为刑法的最终目的是为了帮助人们改正错误，所以刑法不能过于严厉，执法的人要公正严明。

[原文]

初九：屦校灭趾[1]，无咎。

《象》曰："屦校灭趾"，不行也。

[注释]

[1] 屦：通"娄"，义为拖曳、贯。《诗·山有枢》："子有衣裳，弗曳弗娄。"毛《传》："娄，曳也。"《公羊传·昭公二十五年》："且夫牛马维娄。"何注："系马曰维，系牛曰娄。"帛本作"句"。校：古代枷械类刑具的统称。《说文》："校，木囚也。"灭趾：斩左趾。古代肉刑中，斩左趾是轻罚，所以占曰"无咎"。《释文》：趾作止，云："本亦作趾。止是正字，趾是俗字。"

[译文]

初九：足戴脚镣，会伤害脚趾，但没有大的灾祸。

《象传》说：足戴脚镣，会伤害脚趾，但没有大的灾祸，这好比纠正小的错误，稍加惩罚，使其不酿成大错。

[不休说]

初九为阳，阳居刚位，居噬磕卦的初为，为地位卑下的小人，上与九四应敌，又为居下体震卦之初爻，有率众闹事，不服管事。初阳肆恶，罪所当刑。然无知犯法，罪薄过小，但当轻刑以惩，其始为"屦校灭趾"之象。夫人之恶，方形而为惩戒，则悔其既往，慎其将来，自无恶无咎矣。初之"屦校灭趾"者，盖趾在下，乃人之所以行。"灭趾"，则有所警惧而不罹于恶，为不行之象，咎之所自免也。止恶于初，不但小人之幸，即在上者亦易于施法，不致酿成祸患，兴起大狱，殃及无辜。否则，"屦校"不惩，必至"何校"，"灭趾"不戒，必至灭耳。安知罪薄过小人之初，不流为罪大恶极之上乎？这一爻告诉我们，对犯错误的人适当处以刑罚，可以防止再犯或者避免酿成大错。

[原文]

六二：噬肤灭鼻[1]，无咎。

《象》曰："噬肤灭鼻"，乘刚[2]也。

[注释]

[1] 噬：王弼注曰："啮也"。《说文》："噬，啖也。"噬肤灭鼻：传文意为吃肉而掩其鼻。肤：肥肉，指表面。《广雅·释诂》："肤，肉也。"《仪礼·少牢馈食礼》："雍人伦肤九，实于一鼎。"郑注："肤，协革肉。"《聘礼》："肤鲜鱼鲜腊。"郑注："肤，豕肉也。"《礼记·内则》："糜肤鱼抲。"郑注："肤，切肉。"灭：消除，消弱。鼻：突出者，冒尖者，喻指头面人物。[2] 乘刚：六二之阴柔乘凌初九之阳刚。乘：欺凌。

[译文]

六二：吃了嫩肉，鼻子被伤害了，没有什么灾祸。

《象传》说：吃了嫩肉，鼻子被伤害了，这是因为阴柔凌驾于阳刚之上。

[不休说]

六二阴居阳位，处下卦之中，柔顺中正而过弱，属于小国寡民之封邑。以柔成刚，凌乘于初九之上，象征经济落后，依赖邻邦扶持救助；与六五应敌，过分消极，不求上进，不能为国家做出丝毫的贡献，反而成为济民的对象。六二与九四同居阴位，但六二居下卦之中，仰视九四的刚进突出，自愧形秽，过于自卑，也看不到六五君王的宽仁美德。六五君王对六二要采用宽仁政策。六二当用刑之任而居中得正，则听断合宜，以此折狱，信有可以片言折人者，如噬肤之易矣。但以二柔与初刚，强梗弗顺，欲其屈服，未免烦乎行诛，故又有"灭鼻"之象。然当噬磕之时，刑所当刑，而不至骫法以纵恶，何咎之有？"噬肤"而至"灭鼻"者，以乘初阳刚，乃用刑于刚爆之人，不得不为深严以明正其罪，此正柔而得中者也。若偏倚于柔，则不足以断，而萎靡不振，安能免于咎哉？盖国家有法，愿以诘奸惩恶，威克厥爱，胤侯所以治羿党也。刑兹无赦，康叔所以处大憝也。以至公孙弘诛郭解，王猛之诛樊世，皆有合于刚，亦不吐之义。二之"乘刚"而"灭鼻"，此正不得不然。否则，优柔故息，如东汉之于宦官，唐末之于藩镇，明知其恶，畏其强而不敢行诛，为害可胜言乎？这一爻进一步强调要对犯错的人加以适当的刑罚。

[原文]

六三：噬腊肉[1]，遇毒[2]，小吝无咎。

《象》曰："遇毒"，位不当[3]也。

[注释]

[1] 腊（xī）肉：久存的干肉，喻为毫无生机。《集解》："腊作昔。"《说文》："昔，干肉也。"[2] 毒：指酷刑。遇毒：传文指中毒，腐败。[3] 位不当：六三以阴居阳，不

中不正，故“位不当”。指人之行事不称职。

[译文]

六三：吃腊肉，中了毒。这是小灾难，没有大的灾祸。

《象传》说：中毒，这是因为位置没有摆正。

[不休说]

六三爻以柔居阳位，即不当位又处下卦上方，失正不中。以其柔弱之才质，位居群众之上的领导地位，贪佞难抑，作风不正。六三与九四，六五组合成坎卦，有坎险虞；六三又居下体震卦之上爻，有动机之象，质柔处险而妄动。三当用行之任，而阴柔不中正，既无刚断之才，又失用刑之道，以此治狱，是非不决，轻重失平，人自不肯输服，有“噬腊肉遇毒”之象，诚有愧折狱之任，而不免于小吝矣。然时当噬嗑，在我虽有刚明不足之患，在彼实为有罪当刑之人，治所宜治，于义为无咎也。何以“噬腊”而“遇毒”哉？非独治狱之难也，盖以阴柔，刚阳果不足；不中正，则听断或偏，得薄才疏，以致若此者，位不当也。然则治狱须才德兼备之人，岂可不择而后任哉？二之乘刚遇难治狱，难在人也，故曰“灭鼻”。三位不当，无治狱之才，难在我也，故曰“遇毒”。然初虽难治，而二得善处之道，天下无长抗法之人民，是以终无咎也。三虽无才，而有治狱之任，有罪之民亦终当输服，是以小吝而无亦无咎也。皆缘遇噬嗑之时耳。这一爻告诉我们，在对违反了法律制度的人加以处罚时，可能会遇到周折，但最终的结果是好的。

[原文]

九四：噬干胏[1]，得金矢[2]。利艰[2]贞吉。

《象》曰：“利艰贞吉”，未光也。

[注释]

[1] 干胏（zǐ）：带骨头的干肉。《释文》：“胏，马云：‘有骨谓之胏’。”《集解》引陆曰：“肉有骨谓之胏。”[2] 金矢：铜箭头。[3] 艰：艰难曲折。利艰贞：传文指利于艰难中守正。

[译文]

九四：吃带骨头的干肉，遇到了金属箭头。去卜问艰难的事是有利的，它的最终结果是吉利的。

《象传》说：去卜问艰难的事是有利的，它的最终结果是吉利的，这表明目前虽处于艰难之中，但只要艰苦奋斗，未来是光明的。

[不休说]

九四以刚爻居阳位，软硬兼有，如同带骨的干肉。九四与六三、六五组合为坎卦，九四居不正之位，又逞强刚进，铤而走险，实为胆大妄为之亡命之徒。横衡与六二、六三、六五坤众之间，又邻近君位，虽为进君大臣，却阻碍坤众与君王之往来。乘阴，有推翻六五君王取而代之之动机。九四与初九敌应，其所作所为不合民意。六二、六三、九四组合成艮卦，有静止之象四当治狱之任，以刚居柔，是有刚柔相称之道，既不伤于优柔，又不嫌于刚暴，虽顽梗弗率之徒，亦有以得其情而中心输服焉。故有“噬干胏得金矢”之象。然狱者天下之大命，治狱者天下之大事，尤必艰难其心，无所慢易，正固其守，无所偏私，则刑当其罪，能如是，而后吉也。“利艰贞”，固可以得吉矣，然为民上者必使民无噬之主，与三阴同噬初、上者，盖卦言其位，则梗在其中；爻言其才，则刚之，则九四大臣故有折狱之任。然虽听讼得宜，而爻戒以艰贞，《象》惕其未光，周、孔圣人无非慎重民命，即如得其情，衰矜不喜之意云尔。这一爻是说在断案时，如遇到的困难较大，只要你能迎难而上，经过艰苦奋斗，将会逢凶化吉。

[原文]

六五：噬干肉[1]，得黄金[2]。贞厉[3]无咎。

《象》曰：“贞厉无咎”，得当[4]也。

[注释]

[1] 噬干肉：比喻施刑于不服者。王弼注：“干肉，坚也。以阴处阳，以柔乘刚，以噬于物，物亦不服，故曰噬干肉也。”[2] 得黄金：帛本作“遇毒”。据下文占辞“贞厉，无咎”来看，帛本的说法相对合理一点。[3] 贞厉：守正则有危厉。厉：危险。[4] 当：正。得当：六五居刚用柔，而又居中，故噬嗑时得当。

[译文]

六五：咀嚼干肉，得到了许多黄色金属。占卜得到将遇到危险预兆，但最终没有灾祸。

《象传》说：占卜得到将遇到危险预兆，但最终没有灾祸，这是因为六五阴爻居上卦中位，位置摆正了。

[不休说]

六五柔中而居阳，并且上体为离为名，象征这个国家具有悠久的文明历史。而君王在上下刚进之时，却显得过于懦弱，甚至昏庸无能。六五与六二敌应，不为群众所拥护。九四权臣与上九外邦勾结，里应外合而至亡国。五居尊位，天下讼狱之主也，而以柔中居之，则宽而不过，仁而不偏，得用刑之道，以此厉其心而恣睢不萌，庶几刑必当罪，罪不失刑，得用狱之宜而无咎矣。五所以“贞厉无咎”者，盖为治莫大于狱，而难治亦莫甚于狱。惟能贞则断合乎理，能厉则听无不当，所治之大小轻重皆得其宜，乃无咎矣。九四以刚噬，六五以柔噬。以刚噬者，有司之守，惟在于法之中；以柔噬者，大君之仁，时行于法之外也。然犹“贞厉”则“无咎”，如帝舜“钦哉，惟刑之恤!”穆王训诫祥刑，而曰“朕言多惧”。其敬慎之心诚有可为后世法者欤！六五爻以柔居刚位，又居九四与上九两刚爻之中，处噬磕之时，有被噬咬吞咽之象。六五又居上体之君位，君位被噬，亡国之责任在君不在民。这一爻进一步强调，在判案时，只要坚守正道，不畏艰险，就没有什么灾祸。

[原文]

上九：何校灭耳[1]，凶。

《象》曰："何校灭耳"，聪不明[2]也。

[注释]

[1] 何：帛本作"荷"，义为负载。《释文》："何，本亦作荷。王肃曰：'荷，担也。'"朱熹曰："荷，负也。"校（jiào）：指加在肚子上的刑具枷。朱熹曰："灭耳，盖罪其听之不聪也。" [2] 聪不明：受刑所致。《广雅·释诂》："聪，听也。"

[译文]

上九：戴着枷锁伤害了耳朵，凶险。

《象传》说：戴着枷锁伤害了耳朵，凶险，这是因为这人不听忠言，酿成大错，所以面临凶险。

[不休说]

上九爻位不正，才质柔弱而用刚。上九与六三虽然有应，但并不相交。六三属于贪利、妄进、盲动之小人。九四虽与上九勾结，亦是卖主求荣之奸臣。六三、九四、上九均不得正位，偏偏在卦中关系最为密切。初卑而无位，上高而无位，故皆为受刑者。过极之阳，当灭耳之刑？正以罪其听之不聪也，服上刑，有"何校灭耳"之象，"凶"孰甚焉？王者明罚敕法，耸动众听，在人无不共闻，何上之昏迷不聪，乃自陷于大恶上九为阳，正以罪其听之不聪也，于人何尤哉？初、上皆为受刑之象。初则罪之小者，用轻典以治之，小惩大诫也。上则罪之大者，用重典以治之。怙终贼刑也，灭趾于初以使其不进；灭耳于终，以罚其不聪。圣人之于人，勉其始而戒其终，如此总欲消天下之有间，而归于无间耳。阳居阴位，为域外之邦主。这一爻告诉我们，如果刑法不当，不但不能杜绝再犯同样的错误，反而会酿成大错，给大家带来灾难。

总 论

凡天下事未得亨通者，皆有物以间之也。噬而去之，则物无间于我，而凡所措施，推之皆准，动之皆化，亨其宜矣。即如治狱一事，使不得其情，而顽梗未服，犹有物以间之，必利用此噬嗑之道为之别白是非，剖析情伪，则奸恶屏除，庶几刑措不用，而大化可成矣。大抵世虽极治，不能保下无方命之人。奸间我治化者也，则合之以行；寇贼不靖，间我疆圉者也，则合之以兵推之。他事莫不皆然。盖卦有治间之道，而于用狱尤深切著明，故六爻皆以治狱为言，其实"利用狱"者，噬嗑而亨之一端耳。卦名噬嗑者，盖卦上下两阳，中虚，有颐口之象，而九四一阳独间其中，犹颐中有物，必啮去之而后合，故名之为噬磕也。辞曰“噬磕而亨”者，天下惟有间，故不通；噬而磕，则无有强梗以为间者，此其所以得亨也。又曰“利用狱”者，卦体三阴三阳，刚柔中分，则是刚不过暴而存好生之仁，柔不纵而非姑息之爱，得其中也。卦德震动离明，则是可否以断而不屈于势，是非以辨而不惑于虚辞，有威、明之善也。然威、明非特卦德为然，卦象震雷离电合而成章，是威而济之以明，其威益有所施，明而济之以威，其明益有所用，威明相需而不偏也。得中亦非特卦体为然，卦变自益六四之柔上行，以至于五二得其中，是有仁恕之德而不失之委靡，是衰矜之念而不流于姑息，一张一弛之，当其可也。凡此皆具“用狱”之道，故虽六五以阴居阳或失于柔，然众善悉备，则者狱致刑未有不得其理者，而何用狱之不利乎？柔中“虽不当位，而利用狱”者，盖人命至重，死者不可复生，断者不可复续，故折狱之道虽贵刚断，而尤贵柔中。禹之泣罪，汤之解网，王制之三宥，皆柔中之谓。三代盛王卜年久远，而非后世可及者，其皆以忠厚为国之本欤！离象为电，震象为雷，是威、明以去天下之间者，有噬磕之象。先王以为与其有间后合，不若未间而预防。于是因大小之罪，定轻重之罚，一出一入，秩然有条不紊，俾后之用法者有所遵守，而罔敢少踰，如此则国宪昭明于一时，纪纲振肃于万世，庶人知警惧而无或犯矣，兹非去间之权乎？明罚是明剕宫、大辟，以至流宥、鞭扑之类，使罚必当其罪，而后人不疑于所坐，奸吏舞文以出入也。就此卦言之，如罪薄过小，宜罚之何校。恶极罪大，宜罚之以何校。一一彰明而申警之。此往古有读法之制，即今条例中讲读律令一款，当有司丰行不力，视为具文，遂至百姓冥趋犯行日众耳。欲刑期无刑者，可不以先王为法哉？墨噬嗑卦震下离上，指颐中有物，啮而合之。噬嗑又象刑具，象征以刑法治国。故本卦所言，均与啃食及刑罚有关。从刑罚、案件的角度看，“利于诉讼之事”，多无咎，但因受刑，所谓无咎，亦仅免于死亡而已。因此噬嗑卦是凶而不险的卦。初九，被斩左趾；六二，被割了鼻子；六三遭受酷刑；九四，吉利；六险而无灾；上六，被割取耳朵。本卦提倡刚柔相济的统治手段，对国内分裂分子实施打击和约束，对叛乱诸侯要采取平定和巩固统一的兼并战争。目的在于强调、巩固统治者的内因，加强中央对地方的控制，形成上下一心，和合清宁的统一局面。

贲卦第二十二

[原文]

贲[1]，亨。小利有攸往[2]。

《彖》曰：贲“亨”。柔来而文刚[3]，故“亨”；分刚上而文柔，故“小利有攸往”，天文也。文明以止[4]，人文也。观乎天文，以察时变。观乎人文，以化成天下。

《象》曰：山下有火[5]，贲。君子以明庶政[6]，无敢折狱[7]。

[注释]

[1] 贲（bēn）是本标题。贲，义为装饰、文饰，帛本作“蘩”。朱熹曰：“贲，饰也。”《吕氏春秋·壹行》篇：“孔子卜得《賁》。孔子曰：‘不吉。’子贡曰：‘夫贲亦好，何谓不吉乎？’孔子曰：‘夫白而白，黑而黑，夫贲又何好乎！’”《说文》：“贲，饰也。从贝，卉声。”《文选·登徒子·好色赋》：“齿如含贝。”李注：“贝，海螺，其色白。”《尔雅·释鱼》：“玄贝，贻贝。”郭注：“黑色的贝。”《逸周书·王会》：“共人玄贝。”《山海经·西山经》：“溛水其中多黄贝。”《中山经》：“涌涌之水，是多黄贝。”《释鱼》：“馀泉白，黄文。”郭注：“以白为质，白为文点。”高亨曰：取诸色贝以为颈饰，是为贲。[2] 小：阴称小，指柔小。《集解》引虞翻曰：“小，谓六五。”[3] 柔来而文刚：《贲》六二之柔自上来与下刚相杂。[4] 文：指文饰，分为刚内而柔文其外、柔内而刚文其外两种。刚柔交错：原文无，王弼、郭京、孔颖达、朱熹等均认为在“天文”上脱“刚柔交错”一句，据补。文明以止《贲》下离为文明，上艮为止。[5] 山下有火：《贲》卦下离上艮，艮为山，离为火，山下有火，有文饰之义，故为《贲》象。[6] 明：察。庶政：各项政事。[7] 折狱：裁判讼狱。程颐曰：“折狱者，专用情实，有文饰则没有情矣，故无敢用文以折狱也。”

[译文]

《贲卦》亨通。有所行动将得小利。

《彖传》说：《贲卦》，亨通。这是因为用阴柔来装饰阳刚，阴阳交错，因此亨通。刚柔相交，刚居于主导地位，柔居于次要地位，所以说“有所往得小利”。这阴阳交错、刚柔相济之美，正是大自然规律的具体表现。社会制度，风俗民情是社会人文现象。观察大自然的现象，可以发现四季、昼夜变化的规律；观察社会人文现象，可以教化天下百姓，建立一个人人满意的理想社会。

《象传》说：《贲卦》的卦像是离在下，艮在上，离为火，艮为山，这表明山下有火焰。山下的火焰给山上草木染上红色，就好像披上了彩衣，所以把它叫做《贲卦》。君子看到此卦象，应尽力使政务清明，处理案件不敢马虎。

[不休说]

卦变刚柔交错，卦德文明以上，皆有文饰之义。贲虽尚文，然必以质为本，盖人情自质于文也易，自文而返于质也难。文王于贲深虑末流之失，故“亨”之下即继以“小利有攸往”也。全《彖》皆是此意。六爻中得其“贲”，惟二之“贲濡”，而“永贞”之戒已随其后。外此则四之“贲如皤如”固不成“贲”而初之“舍车而徒”，则以幽人之贞贲矣。五之“束帛戋戋”则以“丘园之野”贲矣。上之“白贲”又且以无色贲矣。于贲饰之时而不取不贲之义，何一非文王“小利攸往”之心乎？夫周公制礼作乐，其文郁郁然，皆因天道自然之文，以成人道自然之文，并未尝以己意增饰一事，然后知《周礼》之作犹是取“丘园”、取“白贲”之心也矣。外此则四之这一卦暗示我们，作为一个领导，注重小的礼节，固然是能得小利，但不能过于强调表面的东西，因为只有从里到外地修饰自己，多为老百姓办实事，老百姓才会拥护你。说明过于厚道，则趋于愚蛮，宜于施行开化教育；而过于文质彬彬的表现，则有虚伪不实之嫌。二者必须相存并济，方显和谐统一。

[原文]

初九：贲其趾[1]，舍车而徒[2]。

《象》曰：“舍车而徒”，义[3]弗乘也。

[注释]

[1] 贲：饰以花纹。趾：足。贲其趾：足穿花鞋。文饰他的脚，显示脚装饰后的美，特指年轻人。[2] 舍：借为捨。徒：徒步行走。《说文》：“徒，步行也。”《广雅·释诂》：“徒，袒也。”[3] 义：宜也。

[译文]

初九：把自己的脚装饰的漂漂亮亮，舍弃车子徒步而行。

《象传》说：把自己的脚装饰的漂漂亮亮，舍弃车子徒步而行，这在一般的道义上讲不通。

[不休说]

初九以刚爻居阳位，德行正派而积极向上。初九上与六四有应，因而心中自有向上的目标追求。卦中六二、六四两柔爻均为得正，并且六二与九三合成双轮马车之象，可以成为初九上往与六四交合的有利工具。但初九看到，六二凌乘于已之上，与自己成比和之关系。六二、九三、六四合为坎卦。初九明知路有险，偏向险中行。士君子处世，既贵其有德，尤重其有守。初九以阳居阳，有其德矣。而居明体之，初在贲之下，隐而未章，道以自贲，栖迟草野，安于贫贱，而能有守焉，为“贲其趾”之象。彼其心专以爵自丽，而不以人爵为华，其于世人章服之美毅然去之，岂其恶富贵而逃之哉？顾身在下位，而侈车服之荣，非义也。决于义以定取舍，故宁舍彼而安此，非专尚乎隐以为名高也。初九下为趾，其分至卑而有刚明之德，足以自贲。虽六四应之，欲下求于初，然初为贵德，初求四则为趋势矣。盖在下之刚以安于在下为义，初之贲在德不在车也。人人有贵于己者，令闻广誉施于身，不愿人之膏粱文繍。贲之道岂资非分之车服以自文者乎？这一爻告诉我们，作为一个领导，不要过于注重小的礼节。

[原文]

六二：贲其须[1]。

《象》曰："贲其须"，与上兴[2]也。

[注释]

[1] 须：《说文》："须，面毛也，从页，从彡。"贲其须：指老年人的装饰，六二是阴爻，要依靠九三的阳爻来活动。[2] 与上兴：象六二以臣辅君（九三）。与：助。《吕氏春秋·乐成》篇："孰杀子产，吾其与之。"高注："与，助也。"《老子》："天道无亲，常与善人。"《孟子·梁惠王上》篇："孰能与之。"又曰："天下莫不与也。"上：君上。当位疑：六四当位，但因乘九三之阳，故有疑。

[译文]

六二：把自己的胡须修饰得漂漂亮亮。

《象传》说：把自己的胡须修饰得漂漂亮亮，这是为了迎合上面的意思。

[不休说]

六二为阴，居中守正，六二柔爻上承九三刚爻，两者互相亲比，她与整个上体卦之三爻均无相应关系。二以阴柔居中正，三以阳刚居正，是皆同德相辅，同其相孚，而又俱无应与，则其势孤而求援益切，故二之阴柔才弱，必上附三之阳刚而动，则其一谋一酋，皆仰资乎三以成之，如须之附颐而动也。所谓"贲其须"者，以三才力有余，居二之上，二附之而动，将以兴起有为，则二之与上者，乃相须之殷，而非附势以苟合也。二以阴不足以有明也，得阳而后明；二以柔不足以有立也，得刚而后立；二以不足以有兴也，得上而后兴。此二之所以必须乎三也。然则欲建功烈于当时，垂声名于竹帛，岂独士君子贵有拔茅连茹之风哉。古之盛世，君明臣良，一德一心，君臣相资，用成郅隆之治，则求贤佐理以兴起事功，实有天下者第一要务也。这一爻告诉我们，刻意迎合上司的做法也是不可取的。

[原文]

九三：贲如濡如[1]，永贞吉[2]。

《象》曰："永贞"之"吉"，终莫之陵[3]也。

[注释]

[1] 贲如濡如：帛本作"蘩茹濡茹"。指年老、年轻的人装饰得有文彩，态度柔和。濡：借为嬬。柔和，浸渍、滋润。如：然。[2] 永贞：占问长期之吉凶。[3] 陵：读为凌，侵凌。

[译文]

九三：装饰得光泽柔润。去卜问得到永远吉祥的预兆。

《象传》去卜问得到永远吉祥的预兆，是因为永久坚持正道，使坏的东西不能侵凌自己。

［不休说］

卦中九三爻，刚居阳位得正，但九三被挟于三阴之间，赞美之声不绝于耳，容易致其陶醉而不知自返。九三与上六相应，受上级看重，又与六二，六四合成坎卦，有坎险之虞，九三只有坚守正道才会吉祥平安。九三以一阳居二阴之间，则左右后先咸思殚其才智以效用于我，凡所施为自能集思广益，已成文明之化，为“贲如濡如”之象。然上下皆阴，又非正应，则鲜终不可以不虑。又三处明体之极，或过恃其明。人将饰貌以暱我，而为非道之悦者有之，故必永守其正，而有以起其畏敬，消其不逊，则贲常得其所濡而吉矣。凡人之相陵必起于相。“永贞”之“吉。”三盖永以自处，而不稍开人以玩之端，虽人之伺其色笑者甚众，而刚阳不明阿，无间可乘，终莫得而陵之也。嚬笑不以假人谗谄实能误国，自古君子因小人之暱就不察其诈而近之，卒反为陵者多矣，如孟子于朝暮见而不与言行事，宋璟待杨思在道数月，终未尝通一辞，所谓绝之于始，不恶而严。彼小人者，虽欲侮我，岂可得乎？这一爻告诉我们，要从里到外装饰自己。

［原文］

六四：贲如皤如[1]。白马翰如[2]，匪寇婚媾。

《象》曰：六四当位[3]，疑也。“匪寇婚媾”，终无尤[4]也。

［注释］

［1］皤（pó）：老人头白的样子。《集解》：“皤，老人白也，从白，番声。”朱熹曰：“皤，白也。”［2］翰：马头高昂，指马飞驰的样子。帛本作“干”。《释文》：“翰，董云：‘马举头高印也。’马、荀云：‘高也’”。《尚书·大传》：“取白狐青翰。”郑注：“翰，毛长也。”［3］当位：处于有利的地位。［4］尤：咎。

［译文］

六四：迎亲的队伍装饰得光洁皎皎，雪白的骏马向前飞奔着。不是来抢亲，而是来娶亲。

《象传》说：六四爻虽位置摆正，但心存疑虑。后得知不是来抢亲，而是来娶亲。说明疑虑完全解除，所以最后将没有祸患。

［不休说］

六四为阴，阴居柔位，当位得正，喻示六四行为正派，但六四初人上位，才质柔弱谦和。六四居坎卦之上爻，又止于上体艮卦之初，此时应常怀危厉之心。四与初本为正应，相为贲者，而为九三所隔，遂至心虽相合，迹则相睽，不得其所贲，而为“贲如皤如”之象。然四以柔居阴，本具柔正之德，不肯妄有所应，故其求初之心更为迫切，如白马飞翰之疾者。然九三刚正，本非有害于四，亦欲与四相为亲善以成贲道，而其如四之守正而不妄应，何哉？人之相疑者，位。而相信者，心。四所处之位，远于初而近于三，疑若为所附而动，故来三之求。然位虽近于三，而心实信于初，故确然以正自守，急求于初而不与三贲。虽三亦谅其诚而终不尤四之不我与也，又何他患焉？此爻与屯之六二相似，屯刚柔始交，贲刚柔交错，皆有婚之象。然屯之二“乘马班如”，应五之“心何其缓”；贲之四“白马翰如”，应初之“心何其急”。盖屯二应五，下求上也，故不可以急。贲四应初，上求下也，故不可以缓。时地故有不同焉耳。这一爻告诉我们，一个人去请对自己的事业有帮助的贤人，不但需要适当的礼仪，而且还要用诚心感化对方。

[原文]

六五：贲于丘园[1]，束帛戋戋[2]。吝终吉。
《象》曰：六五之吉，有喜[3]也。

[注释]

[1] 贲：结彩于门。丘园：家园，指女家所居之所。[2] 束：帛五匹为一束。《仪礼·士婚礼》：“纳征玄纁束帛俪皮。”其《记》：“纳征曰某有先人之礼，俪皮束帛，使某也请纳征。”《周礼·媒氏》：“凡嫁子娶妻，入弊纯帛无过五两。”帛：绸。戋（jiān）戋：浅少。纳征：古代婚礼，男女两家在订婚之后，男家择吉日，送聘物于女家。[3] 有喜：指婚姻之喜。

[译文]

六五：装饰山丘园林，献上很少的布帛作聘礼迎亲。看起来显得很寒酸，但最后将获吉祥。

《象传》说：《贲卦》的第五爻位（六五）的吉祥，说明必有喜事临门。

[不休说]

六五爻为君爻，六五以柔爻居刚位，刚柔并济，具有礼贤下士之德。六五上承上九阳爻，成正比。喻示六五得到上九之辅佐，使其事业更加兴旺发达。上九刚爻不在六五君王所辖之内。“六五以柔中居尊，敦本尚实，纯以俭朴居心，而一切繁华之见不得淆其中，虽身履朝廷文物之盛，而不失山林朴素之风，为“贲于丘园”之象。至于束帛虽微，可以享神；求贤礼宜隆渥，而亦戋戋自持。则外此之不事华褥可知已。夫当贲时而俭若此，似不免为鄙为僿之吝。然踵事增华，终不若安于俭素之为善也，故终则吉焉。“六五”之“吉”者，以贲之世，人皆尚文，主世运者深廑溺文灭质之忧，五实能崇尚俭朴为天下先，绝非有所矫饰而然，终能化成天下而得吉利，则可以遂其反扑还淳之志，不有喜乎？贲为文饰之卦，“六五”又人文化成之君，而反取“丘园”之贲者，盖治不可以无文，而文不可以太盛。贲至六五已过中矣，文胜之时也。圣人虑其过而预防之，将驱天下而归之中也。东周之末，礼仪过繁，上下无等。故孔子言礼乐必云“从先进”，而答时人问礼亦以“宁俭”为言。此皆相时敝以立论，其有合于此爻之旨者乎？这一爻告诉我们，只要有诚心，谦恭待人，即使用很少的布帛作为聘礼去聘用贤人，最终也会得到吉利的预兆。

[原文]

上九：白贲[1]，无咎。

《象》曰："白贲，无咎"，上得志[2]也。

[注释]

[1] 白贲：无杂色文彩。指纯洁之德，而加以文饰。《周礼·考工记》："画缋之事，杂五色，东方谓之青，南方谓之赤，西方谓之白，北方谓之黑，天谓之玄，地谓之黄。青与白相次，赤与黑相次，玄与黄相次。青与赤谓之文，赤与白谓之章，白与黑谓之黼，黑与青谓之黻，五采备谓之绣。"又曰："凡画缋之事后素功。"《论语·八佾》："子夏问曰：'素以为绚兮，何谓也。'子曰：'绘事后素。'"高亨曰："此皆谓白贲也。"[2] 上得志：指上九以阳居上而言。

[译文]

上九：不加装饰，只用素色的布帛，没有灾祸。

《象传》说：不加装饰，只用素色的布帛，没有灾祸，这是因为在上的志向得到推行。

[不休说]

上九以阳乘阴与六五成正比，其辅佐六五君王是出于济世救民之善意，并非为了求取君王的赞誉。所以上九在完成辅佐六五君王成就事业之后，并不愿接受君王的嘉奖而悄然隐匿于山林之中。上九居贲之上，处艮体之终，是文之至盛而得所止者也。故能进去浮华，独标真素，为白贲之象，以白为贲，则文尽而反质，又何有文胜灭质之咎乎？上之时致饰而亨尽之时也。故上之志急欲救文而还朴，今白贲而无咎，则人皆向风而上，所以挽回贲道之志遂矣，何不得之有？贲卦曰"亨"曰"小利"，文王所以立文质之防；曰"丘园"，曰"白贲"，周公所以垂救世之论，曰"喜"，曰"得志"，孔子所以决从古之心。三圣人所为存至道于一时，防陵替于奕世，观其辞之谆，复而知意至深远矣。这一爻进一步强调实质重要性。

总 论

文质得中，则行之通达而无弊，文质失序，则仅可粉饰一时，而终有文胜之虞也。如卦变柔来文刚，是能以纯朴为主，而文济之，得其中矣。且离明于内，则制礼作乐，皆斟酌时宜，务求至当，文之四达也，何亨如之！又卦变刚上文柔，是徒以藻为主，而质反辅文，失其序矣。而艮止于外，则布政宣，皆涂饰文具，不能经远，文之可小不可大也，则亦"小利有攸往"而已。自古帝王未有无文而治者，四代之典谟训诰，礼乐刑政，皆治世之文也。然质为本，文为末，末为小。文以辅质，此贲之所以致亨；文以灭质，此利所以为小。故陶唐有忧深思远之风，下禹有克勤克俭之美，伊尹有慎乃俭德之规，孟子有贤君恭俭之训，皆本尚实，而专务于其大者也。若徒事繁文以长浮伪，又岂所以为贲乎？卦之名为贲者，果何以致亨乎？以卦变言之自损来者，损之二本九也，今则三之，六来居之，是以柔文刚也。损之三本六也，今则二之，九上居之，是以刚文柔也。又自既济来者，既济之五本九也，今则上之，六来居之，是亦以柔文刚也。既济之上本六也，今则五之，九上居之，是亦以刚文柔也。以柔文刚，则质为主，而加之以文，达之天下，后世无有不准，故亨。若夫刚上文柔，则文为主而质反辅之，推之天下后世必有其弊，故“小利有攸往”。文王之《系辞》如此，苟明乎贲之所由亨而悟贲之为道，岂徒文已哉？其于天下之理固已兼尽之矣。“刚柔交错”，卦之变也。是即日月之推移，星辰之旋转，其悬象于天，灿然而森布者，非天自然之文乎？“离明”“艮止”，卦之德也。是即五典之所由叙，五礼之所由秩，其昭著于人截然而不可越者，非人固有之文乎？惟交错为天文，则观乎卦中之天文，或刚或柔，时变因之刚来文柔，见时之通而以为春夏也；柔来文刚，见时之复而以为秋冬也，可以察四时之变焉。惟“明止”为人文，则观乎卦中之人文，而为文为止，大化因之，文以联其情，则天下皆有礼以相接而不漓也；止以定其分，则天下皆有分以相守而不渎也，可以化成天下焉。贲道何其大哉！贲之世文象昌明天人之机，至此不得不开，而恐相沿既久，文必胜质，故文王系以“小利”孔子示之“文明以止”其为虑至深远矣。“山下有火”，光被群生，此贲象也。盖山在上，则法有所必守；火居下，则明有所不矜。君子体此，于水火、兵农、钱谷之庶政，而无使少有暗昧，以伤文明之治。至于狱者，民命死生之所系也，衡文析律，则民之失入而死于司刑之刀锯者，盖不知凡几矣。况贲尚文饰，狱贵得情，必先有哀矜慈恤之心，以去其惨刻深文之习，而临狱之时自无敢轻为析也。贲虽以文饰为尚，而贵有实意行乎其间。曰“明庶政”，则后世铺张粉饰之文反若以为陋矣。曰“无敢折狱”，则后世惨苛锻炼之风不知其何以消。昔汉文帝创造之后，躬亲细务，其于食货农桑纤悉不遗，而于治狱一事诏令再三，佩其辞旨，至今令人感颂，此真能体贲之义而无愧于为文者与！此卦离下艮上，内离明而外艮止，是内裕文明之德而外无踰等之弊。又卦变自损、既济二卦而来，柔来文刚，刚上文柔，刚柔相错而文生焉，故名为贲。卦辞言“文”固不可不用，而亦不可过用也。“贲”文饰也。“亨，小利有攸往”，以卦变言。此卦离下艮上，内离明而外艮止，是内裕文明之德而外无踰等之弊。又卦变自损、既济二卦而来，柔来文刚，刚上文柔，刚柔相错而文生焉，故名为贲。卦辞言“文”固不可不用，而亦不可过用也。“贲”文饰也。“亨，小利有攸往”，以卦变言。此卦离下艮上，内离明而外艮止，是内裕文明之德而外无踰等之弊。又卦变自损、既济二卦而来，柔来文刚，刚上文柔，刚柔相错而文生焉，故名为贲。卦辞言“文”固不可不用，而亦不可过用也。“贲”文饰也。“亨，小利有攸往”，以卦变言。贲卦卦画作离下艮上，主要以对身体、丘园等的修饰来说吉凶。总亨通，外出会得小利。初九过度追求文饰，以致到了实施的地步，自然没有好结果；六二，修饰面部胡须，有黑有白，是老人、寿老之征象，吉；九三，适合占问长久之事；六四，大吉；六五，克服重重困难，最终吉利；上九，归于平实，没有灾祸。卦中六爻，阐发了文饰的不同状态，不同的意义。指出了文饰要适宜、适时、适度才会有利的道理。从卦象上看，是提倡良好的外表行为，笃实平淡不图虚名的美德。警戒人们盛名之下，其实难符。要贵有自知之明，保持本质永不变质。

剥卦第二十三

[原文]

剥[1]：不利有攸往。

《彖》曰：剥[2]，剥也，柔变刚[3]也。“不利有攸往”，小人长[4]也。顺而止之[5]，观象[6]也。君子尚消息盈虚[7]，天行[8]也。

《象》曰：山附于地[9]，剥。上以厚下安宅[10]。

[注释]

[1] 剥是本卦标题，剥有击打、剥蚀等含意。全卦主要以睡梦中的击打、剥蚀等为象。《释文》引马云：“剥，落也。”《说文》：“剥，裂也，从刀，录声。”《集解》引郑玄曰：“阴气侵阳，上至于五，万物零落，故谓之剥也。”朱熹曰：“剥，落也。”[2] 剥：剥落、衰变。柔变刚：《剥》卦为五阴爻在下，一阳爻在上，五阴上长，剥落一阳。[3] 变：剥落、倾坏之变，如《彖》释《谦》“地道变盈而流谦”即是此义。[4] 小人：指五阴。长：盛。[5] 顺而止之：下坤上艮，坤为顺，艮为止。[6] 观象：指观察物象，一要顺从，一要止观。[7] 消息：消退与生长。盈虚：盈满与亏虚。[8] 天行：王引之曰：“天行，天道也。”[9] 山附于地：下坤上艮。艮火山，坤为地。山在地上，故曰“山附于地”。《集解》引卢氏曰：“山高绝于地，今附地者，明被剥矣。”[10] 上：君上，指王侯大夫。下：指庶民。宅：居。《集解》引虞氏曰：“宅，居也。”《尔雅·释言》：“宅，居也。”

[译文]

《剥卦》：不利于有所行动。

《彖传》说：剥就是剥落的意思。即阴柔逐渐变盛，进而取代阳刚。“不利于有所行动”，是因为小人正当道，而君子的势力在逐渐削弱。看到这个卦象，应当顺应天时逐渐削弱小人的势力。所以，君子应当推崇这个盈亏消长的规律，因为这顺应了天的运行规律。

《象传》说：《剥卦》的卦像是坤在下，艮在上，坤为地，艮为山，这好像高山遭到侵蚀被逐渐削为平地，因此把它叫做《剥卦》。上层统治者应当宽厚待民，使国家安定，人民生活富足。

[不休说]

剥卦以上九一爻为主，当五阴盛长、一阳消落之时，君子岂可“有所往”？《彖传》释卦辞而系以“顺止”，非终不往，静以观时，有待而往也，为君子谋也。六爻初犹未害君子，二则渐害君子，圣人皆虑及“蔑贞”，而惕之以“凶”。四则“蔑贞”已肆，阴祸切身，不复言“蔑贞”，而直言“凶”，皆所以戒小人也。至于三之应上，五之从上，一系之以“无咎”，一系以“无不利”，其于小人之改邪为正者，又未尝不许之。盖圣人于柔变刚之际，重惕小人之害君子，而必欲其受制于君子，是则拔乱为治，转危为安之深心也。夫事起于微，祸伏于忽，自一柔变刚而为姤，在变为遯，三变为否，四变为观，以至于五变则为剥，是其始也。不过一阴生于下，其势甚微，初若可忽，而其后卒至党羽已成，凶恶日肆为君子害。彼小人亦知己之欲去君子，为名不正言不顺，而乃浸润侵蚀，使之日消月铄而不自知。然则小人之为计狡，而为祸深矣。为君子者不可不防之于早，以杜其恶于未形也哉。《剥卦》象征正气衰败，经济败落，权势被小人或错误路线领导人所操纵，即小人道长，君子道消时的情景。这一卦告诉我们，领导者要从根本上维护人民的利益，应抑制小人的势力，以防其残害忠良，搅乱政治。

[原文]

初六：剥床以足[1]，蔑。贞凶[2]。

《象》曰：“剥床以足”，以灭下[3]也。

[注释]

[1] 剥：毛《传》：“剥，击也。”本卦床字，帛本作“臧”。[2] 蔑：高亨以为通“梦”，蔑贞即梦占。蔑，帛本作“篾”阜阳简作“籛”。《释文》：“梦，本或作蔑。”《尔雅·释地》：“云梦。”《释文》：“梦，或作蒙。”《荀子·劝学》篇：“南方有鸟焉，名曰蒙鸠。”扬注：“蒙当为蔑。”《方言》云：“鷦鷯自关而西谓之桑飞，或谓之蔑雀。”《无羊》：“牧人乃梦，大人占之。”《正月》：“讯之占梦。”《周礼·春官》：“占梦以日月星辰占六梦之吉凶。”剥床以足：传文指剥蚀床先及床足。[3] 以灭下：初六以阴柔居下，以象床足，故剥床“以灭下”。

[译文]

初六：脱落是从床脚开始的，不要去占卜，都知道这是凶兆。

《象传》说：脱落是从床脚开始的，这表明其根基被毁了。

[不休说]

初六为剥卦下卦之最下位，地位卑下，才质柔弱，又不居正位。初六上与六四无应，又与六二不相亲比，孤立无援最易受到侵蚀。阴之剥阳必自下起，初在卦始，其力虽未能去君子夺多其位，然中怀疾害，已岌岌乎执其进而侵其权，犹剥床而先及其足之象。夫初之敢于发难者，彼其心荡然无名教之足畏，而疾正如仇，势必欲消蔑无余而后已，殊不知以邪侵正，以小人消君子，虽君子蒙其祸，而小人亦鲜有倖全者，只自取凶而已。初之剥取床足为象者，以阴侵阳，而阳灭没于下也。祸起自下，恶稔在初，睹其几之微，而知其势之必至于危矣。剥之一阴即姤之一阴，姤之初受制于九二，若羸豕之系于金柅，故急而无咎。剥之初自二、三以上无切近之阳，莫或制之，故其为害始似甚微，而后必至于不可胜穷。可见朝廷之上一日无端人正士，而憸邪遂漫无顾忌，得以恣其所欲为，宜乎小人之汲汲求去君子也哉！这一爻告诉我们，损害了人民大众的利益，肯定会遭遇凶险。

[原文]

六二：剥床以辨[1]，蔑。贞凶。
《象》曰："剥床以辨[2]"，未有与[3]也。

[注释]

[1] 辨：王引之以为是"髌"的假借，俗字作"蹁"，帛本作"辩"通"辨"，指小腿。《集解》引崔憬曰："辨当在第（席）足之间，是床梐也。"床梐即床板。辨当读为牑。辩、牑通用。《礼仪·乡饮酒礼》："众宾辩有脯醢。"郑注："今文辩皆作徧。"《燕礼》："大夫辩受酬。"郑注："今文辩皆作徧。"《公羊传·僖公三十一年》："不崇朝而徧雨乎天下。"辩、牑通用，辨、徧通用。《说文》："牑，床板也。读若边。"《方言》五："床，其上板或曰牑。"《广雅·释器》："牑，版也。"[2] 剥床以辨：高亨认为是床席。[3] 未有与：指二、五不相应和。《集解》引崔憬曰："未有与者，言至三则应，故二未有与也。"

[译文]

六二：脱落是从床脚的上面部分脱落的，不要去占卜，都知道这是凶兆。
《象传》说：脱落是从床脚上面部分脱落的，说明没有人来帮助他。

[不休说]

六二阴居柔位，又居坤体之中，生性柔弱厚道。六二已看到初六受到剥蚀，并且自身也已经受到侵蚀的危害，但因自己才质柔弱，无力摆脱目前困境。六二与初六、六三无亲比关系，又与六五无正应关系。"剥床至辨"较之于初为恶滋甚，幸居卦之下体，党与未盛，君子尚可预自为图，以免害正之嫌，若失此不图将去"辨"，即肤而祸难矣。盖小人欲为不善以害君子，未有不藉党援以相济者。然穽深而机巧，在人主之前多为谨身自媚以使其不觉，及至布置既定，羽翼已成，外廷耳目皆其朋党，肘腋近倖，悉彼私人忠良蒙祸，世道危恶，人主纵觉之，无可如何矣。初、二连进，势已不孤，而《象》以"未有与"为言，犹欲及其未盛而为防之之道。夫群邪得志，在君子不过远引以避之而已，而人主孤立于上，可晏然而不早加省乎？这一爻告诉我们，如那些上传下达的中层次的人已腐败，那么他们将担负不起自己的责任，最高层的领导将因为没有别人的帮助而垮台。

[原文]

六三：剥之，无咎[1]。
《象》曰："剥之，无咎"，失上下[2]也。

[注释]

[1] 剥：割取。剥无之咎：《释文》："一本作剥驻之无咎，非。"帛本、汉石经及敦煌本亦无"之"字，今本"之"字显系衍文。剥之：弃之。[2] 失上下：指三不与六四、

六二为伍，独应上九，潜含阳质，故处剥而无咎。《尚氏学》：“不党于上下二阴，故曰失上下。”

[译文]

六三：虽然整个床脚脱落了，但不会有灾祸。

《象传》说：虽然整个床脚脱落了，但不会有灾祸，这是因为床没了床脚，已经不存在上下之分了。

[不休说]

六三为阴，阴居阳位，外显柔顺而内在刚义。六三居位不正，说明他并非剥道之同党；六三爻与下阶层中的阴柔小人无相比关系，不愿同流合污而独具超世脱俗、刚柔相济之才；六三与上九正应，表明处群阴剥阳之时，六三能追随、暗助上九阳刚之君子。如此弃暗投明，自然无咎。众阴方剥阳之时，而三独居刚以应上之刚。是其心深知君子之不可绝，而去其党以从之，则不惑于朋比之私，而无染于阴邪之祸，在剥之时其义为无咎矣。孔子释三《象》曰：剥之所由无咎者，以三居四阴之中，上下皆阴，而独与一阳相应，则所失阴，是其失乃所以为得也，于处剥之道又何咎之可及乎？诸爻皆阴，唯上九一阳，近阳者最善，六五是也，故可以治剥。圣人于阴之从阳者，未尝不幸之、许之，所以坚其从正之心，而开其补过之路，化小人为君子，尚赖此潜移默转之微权乎！这一爻告诉我们，在你和人民不能进行正常的沟通时，就应该放下架子，深入民众，和人民打成一片。

[原文]

六四：剥床以肤[1]，凶。

《象》曰：“剥床以肤”，切近灾也。

[注释]

[1] 剥：取掉。以：之。肤：指席。繁体作膚。《释文》：“膚，京作簠。”古音相近通用。《集解》引崔憬曰：“床之肤谓荐席，若兽之有皮毛也。”意谓床之有席如兽之有皮肤，故称床之席为肤。高亨曰：“肤当读为薄。”《礼记·曲礼》：“帏薄之外。”《释文》：“薄，簾也。”《庄子·达生》篇：“高门悬薄，无不走也。”《释文》引司马云：“薄，簾也。”簾：草编为平扁长方之形，悬之于门，谓之簾亦谓之薄；铺于床，谓之席，亦谓之薄。

[译文]

六四：床板剥落了，危害到了肌肤，将会得到凶险的预兆。

《象传》说：床板剥落了，危害到了肌肤，是说祸事很快就要来临了。

[不休说]

四以阴居阴，是邪党密布于朝廷，流毒遍加于海内，凡忠臣义士之在位者，靡不亲受残酷，身攖戮辱，为“剥床以肤”之象。剥而及肤，小人之为“蔑贞”计者，盖已至矣。然时虽极剥，而正气未尝不留于天地之间，故不许其“蔑贞”，而直示之以“凶”，以明君子虽危，彼小人者安能独全乎哉？孔子释四《象》曰：“剥床以肤”，则非以足以辨，仅至不安其身而已，直以危亡已至，而切近灾祸也，纵欲远而去之已无及矣。自古小人倾害君子无所不至，而毒螫未极，人恒不知其祸之烈。四居上体，在床之上，为肤，剥而至肤，则君子之贞几为所尽蔑矣。故圣人特危言悚之曰：“何不早为之所，而使至此极也?”此非张小人之势，正深咎为君子者，制御无方而酿成其恶，在已不得辞其责也。六四爻已进入剥卦之上体。六四为阴，阴居阳位，是得位之小人。六四近邻六五君位，向征近君之大臣。六四与上九阳刚正人君子既无应，又无亲比关系。这一爻告诉我们，如果你的亲信也不能担负其重大的责任，甚至成了反叛你的主流，这是危险的。

[原文]

六五：贯鱼以宫人宠[1]，无不利。

《象》曰：“以宫人宠”，终无尤[2]也。

[注释]

[1] 贯：通“惯”，指溺爱，纵容。《释文》：“惯，穿也。”《广雅·释言》：“惯，穿也。”贯鱼：射中鱼。《礼记射义》：“天子将祭，必先司射于泽而后射于宫，射中者得于祭，不中者，不得于祭。”天子射中鱼是因为宫人帮助的缘故，所以那宫人得宠。以：通“似”，用。帛本作“食”，疑帛本讹字。宫人：统治者之嫔妾的总称。指宫中妃妾之属。宠，帛本作“笼”，爱。《周礼·天官冢宰九嫔》：“宫人。”郑玄注：“女御八十一人当九夕；亦十五日而遍云。自望后反之。”可见周内宫礼制是宫人每夕三至九人承侍君王，十五日一反复，其中“后”为最尊，以一人居后，独当一夕。[2] 尤：过。《广雅·释言》：“尤，过也。”

[译文]

六五：宫妃们像贯穿的鱼一样，逐一得到君王的宠幸，没有什么不利。

《象传》说：宫妃们像贯穿的鱼一样，逐一得到君王的宠幸，当然不会有什么过失。

[不休说]

五居群阴之上，又近上之一阳，是其力足以统摄群阴，而又心知害阳非义，故能率其党类而受命于阳，使一旦朝政国柄皆归之君子而受成焉，如贯鱼顺序以宫人承宠于其君之象。夫国有君子不特善类膺福，而亦足以庇膺小人。五能如是，宁有不蒙其利者哉？五之以宫人宠者，群阴剥阳已极，五能翻然悔悟，统率类，顺序听命君子，方嘉与维新，必不咳绳前愆，始虽有尤，终则无尤，廓然而涵濡于君子度量中矣。五为君位不言君，而取象于妃者，盖此卦阴盛，五为众阴之长，又有一阳在上，故别立一义，欲其率先众类俯首以听君子之命也。圣人贵阳贱阴，夬之时，决阴之权在阳，则教阳以制阴之道。剥之时，剥阳之权在阴，则教阴以从阳之道。所以赞化育而参天地者固在于此，而夫夫妇妇，男正外女正内者，亦在乎此矣。六五柔爻承上九刚爻，而成正比，喻示六五君王封建政权还得依赖上九阳刚贤人的辅佐，故六五无心加害上九。这一爻告诉我们，对自己的亲信应逐一地重用。

[原文]

上九：硕果不食[1]。君子得舆[2]，小人剥庐[3]。

《象》曰："君子得舆"，民所载[4]也。"小人剥庐"，终不可用[5]也。

[注释]

[1] 硕：帛本作"石"。硕大。果：指种子、谷米、丝麻、牲畜等物。[2] 君子：指奴隶主。舆：车舆，代指车。《释文》得舆，京作德舆。董作德车。"《集解》："得舆作德车。得与德，舆与车，古并通用。"《说文》："德，升也。"《诗·采菽》："君子来朝，何锡予之，虽无予之，路车乘马。"《崧高》："王遣申伯，路车乘马。"[3] 庐：草房子。帛本作"芦"。《说文》："庐，荠根也。"《说文》："荠，草可食也。"《诗·邶风谷风》曰："谁谓荼苦，其甘如荠。"荠其根名芦，可食。剥庐：击其庐舍而毁之；奴隶剥取荠菜根充饥。[4] 民所载：传文意为得车而载民，就象前面所言，得硕果也分予民。[5] 用：以。王念孙曰："用读为以。"《一切经音义》卷七引《苍颉》篇："用，以也。"《吕刑》："报虐以威。"《论衡·谴告》篇引作："报虐用威。"《大雅·板》篇："勿以为笑。"《荀子·大略》篇引作；"勿以用笑。"《桑柔》篇："逝不以濯。"《墨子·尚贤》篇引作："鲜不用濯。"用读为以，古通用。

[译文]

上九：不吃硕大的果实，君子获得了华丽的车子，小民的破草屋被毁坏了。

《象传》说：君子获得了华丽的车子，这实质上老百姓所负担的。小民居破烂草屋都被毁坏了，这种现象表明这对民的方式不可用。

[不休说]

上九以一阳在上，不为众阴所剥，而励节弥坚，立品弥高，小人自不得而伤之，如硕果不为人所食，将见复生之象。夫当剥极之时，人心思治，尚留此一君子以为邦家之庆，用能保国庇民，民皆载之，如"得舆"者然。是知惟君子能覆盖小人，而小人亦藉君子以庇其身。若小人必欲剥尽君子而后快，则君子亡而家国破，小人亦无所容其身，象如自剥其庐已耳。君子何以得舆？盖以一阳独留，此天意也。天意攸存，即民心所属，君子虽势处甚孤，而系结于民心者更切，相与承事而共载之，谁能剥焉？若小人用尽机谋诡诈以剥君子，终于自剥其庐，夫亦安所用之也？此卦以上九为主，曰"硕果不食"，幸一阳之存也。其五阴则顺乎阳者吉，不顺乎阳者凶。初、二、四取象于床，见君子在下，小人可藉以安身。上爻去象于庐，见君子在上，小人可藉以庇身。君子在上在下，皆有益于小人，如此而小人必欲去之，君子去而危亡立至，载胥及溺，小人亦未尝独免，则害君子正以自害耳。故天下之恶无有甚于小人，天下之愚亦无有甚于小人也！剥卦上体艮为硕果，下体坤为舆。剥卦本为乾宫之五世卦，卦变至五世则剥道已终。乾坤之六个刚爻被剥蚀侵消于五世，仅剩唯一的一个刚爻上九，因受到六五的保护，最终九死一生才幸免于难。这一爻告诉我们，在危急中，过度进行财务积聚是不可取的。

总 论

五阴盛长于下，一阳将尽于上，是小人之势焰处于极盛，而君子之气机欲将绝，此时而再往，必至一阳尽消，而变为纯坤矣。君子于此宜惕然吾之出处甚重，岂可轻于一往以蹈祸机？惟宜晦迹退处，以养其才于不试，故“不利有攸往”。且卦内坤顺而外艮止，宜顺时而止，不可违时而往也。汉唐之世，党锢之祸毒遍海内，然必有一二君子沉几观变，超然于尘磕之外，而不撄其患，所谓得处剥之道也。然君子进退係世道之兴衰，为人君者不能审于是非，而使小人肆虐，致仁人志士不敢一日安于其朝，此岂国家之利、苍生之福哉？卦之名为剥者，卦体一阳在上而将尽，由五阴剥落之也。柔变刚，初而为姤，二而为遯，三而为否，四而为观，五而为剥。盖小人之去君子，原于名义不顺，必阴谋深固，使之日渐消铄，潜移不觉，然后可以肆其排沮之力，而尽变为小人之党也。《辞》谓“不利有攸往”，以小人之势如莠之方长而不可遏之时也。卦德坤顺艮止，有顺而止之之象。君子观其象而悟其理，则不轻攸往政所，以处剥之道也。然君子所以毅然不往者，岂冥冥无所抉择于中，而徒委之无可如何之势乎？盖阳息而盈则天运复，阳消而虚则天运剥，顺之则吉，逆之则凶。君子随时敦尚，运处极剥，知其后之将必至于复，而沉谨自守，以求合乎天行之数而已。大抵平陂倚伏，一定之理。观变不审，徒欲与小人角一日之胜负，既非保身之哲，又重天下之祸，且使维持补救者，反无以施其具也。从来挽回世运，非深心大力，遵时养晦之士不能平，勃之重安汉室，仁杰之复兴唐祚，斯其人矣。卦象山高于地，而反附著于地，颓剥之象也。为人上者思剥之所来必自下起，故防剥之道必先厚固其下，以安其居也。盖上何所宅？唯民所止以为宅。宅苟不安，则上何以宁？下苟不厚，则宅何以安？故必予以安全以厚民生，则下之宅自厚，而上之宅亦安矣。卦爻皆著剥阳之义，惟大《象》独言治剥之道。卦体坤为地，“厚下”以象坤也。艮为土，“安宅”以象艮也。唐太宗曰：“君依于国，国依于民，剋民以奉君，犹割肉以充腹”，是明于“厚下安宅”之理者。人君法此以治剥，其亦“危者使平”之道也欤！剥卦画作坤下艮上，所占之取象，以睡梦中的击打为主，不算好卦，凶多而吉少，尤其不利于出门。梦中出门，当是梦游，故多凶。初六、六二、六四分别用脚，小腿和肩膀击打床，都是指做了噩梦，用于占梦则凶险。六三是随意击打，当是用手，故没有灾祸。六五贯鱼须并头相次，不会杂乱相越，这就像宫人相次受宠一样，轮流当夕，共事一夫，却毫无怨言，所处平凡而无怨无悔，所以无不吉利。上九是指有硕果在面前而不得食之，如此无命，终将生计日窘，连草屋也保不住。从爻象中看，一阳在上群阴追附，亦有嫔妃戏君之象。君王沉溺声色，耗尽阳气。此指根基被分化瓦解，小人得宠。喻示众多小人为一己之欲，贪得无厌而不顾国家大局，危害君王正道，这是一个阴长阳消的质变、渐变的过程。从卦象上看本卦借山石风化剥落设喻，象征正气衰退，经济败落，权势被小人或错误思想所操纵，即小人道长，君子道消。同时，提倡正人君子识时务，灵活动机，主动退守。

复卦第二十四

[原文]

复[1]，亨。出入无疾[2]，朋来无咎[3]。反复其道[4]，七日来复[5]。利有攸往。

《彖》曰：复“亨”，刚反[6]。动而以顺行[7]，是以“出入无疾，朋来无咎”。“反复其道，七日来复[8]”，天行也。“利有攸往”，刚长[9]也。复，其见天地之心乎！

《象》曰：雷在地中[10]，复。先王以至日闭关[11]，商旅不行，后不省方[12]。

[注释]

[1] 复是本卦标题。复的意思是返回，往返，反复。全卦内容是讲旅途返回。《集解》引何妥曰：“复者，归本之名。群阴剥阳，至于几尽；一阳来下，故称反复。阳气复反，而得交通，故云复亨也。”[2] 出入无疾：谓微阳生长，无害之者。出：指阳气外长。入：指阳气内生。无疾：无害。[3] 朋：十贝为朋，指钱财。帛本作“堋”，引申为朋友。王弼注：“朋，谓阳也。”[4] 反：借为返。《说文》：“返，还也。”[5] 复：反。[6] 刚反：《复》卦为一阳爻居五阴爻之下，象阳经阴剥落而复返干初。[7] 动而以顺行：《复》卦下震为动，上坤为顺。[8] 七日来复：以六十甲子去除一年三百六十五日又四分之一，再取其成数，约为七，由一卦主之，每七日循环一次所以叫“七日来复”。[9] 刚长：一阳爻居下，有上长之势。天地之心，指天地运行与化生万物之心。[10] 雷在地中：下震上坤，震为雷在下，坤为地在上。[11] 至日：冬至之日。闭关：关闭城门。至日闭关：刘大均说，古代冬至、夏至二至闭塞关口，冬至日为阴之复，夏至日为阳之复，故二至日有复之象；而依卦气之说，《复》卦正当“冬至”。商旅不行后不省方，《白虎通·诛伐篇》有类似语：“冬至日所以休兵，不举事，闭关，商旅不行，何？此日阳气微弱。王者承天理物，故率天下静，不复行役，扶助微气，成万物也。”[12] 后：君也。省：视察。方：邦。

[译文]

《复卦》：亨通。无论是外出还是居家都不会得小病。朋友来了便可免灾。返回到原来的路上，结过七天就可回归。这是天的运行规则，有所前往，是有利的。

《彖传》说：复有亨通的意思，是由于阳气重新上升。阳刚之气从下往上地活动并能够顺应天时，因此“无论是外出还是居家都不会得小病。朋友来了便可免灾”。“返回到原来的路上，结过七天就可回归”，这是天的运行规律。“有所前往是有利的”，是因为阳刚逐渐变强。《复卦》说明天地运行的规则。

《象传》说：《复卦》的卦像是震在下、坤在上，震为雷、坤为地，这表明雷在地中进行周而复始的活动，所以把它叫做《复卦》。先王在阳气初生的冬至这一天关闭关口，禁止商贾旅客通行，君王自已也不外出巡行。

[不休说]

复，取一阳复生之义。当剥之尽而为坤，阳气已生于下，至此一阳之体成，而来复乃天运循环，理当如此，非人力所能为也。故《卦辞》传以气数言，《彖传》释复之“亨”曰“刚反”，以自剥一阳，当穷上反而下为复也。释“利有攸往”曰“刚长”，以自复一刚，自下进上而为临、泰，以至于乾也。然以阴阳反复之道记之，其消而息、往而反者，乃天行之必然，动而以顺，行亦惟法此而已矣，岂有岐哉？六爻专以人事言，虽期其间功有浅深，德有厚薄，较然不同，然皆与复之义有合焉。独至上六，则私欲锢蔽，善端灭息为迷而不复，圣人极言灾眚以示戒，深著迷复之不可也。合气数、人事观之，可见动静者，天道之复也；善恶者，人道之复也、在天运，有其自然；在人事，宜尽其所当然。必须不远复与休方吉，敦复方无悔，独复亦可以免凶咎，若频复，则虽厉而亦可以无咎，至迷复则凶所必然，而灾眚之来莫可究极矣。此皆人事所致，君子不可不于善端萌动之初，以全“刚、反”之复也。本卦阳刚之气动地惊天，威不可挡，同时他又是顺正道而动，符合自然规律。这一卦暗示我们，犯错误是难免的，如果迷途知返，则可以免灾。

[原文]

初九：不远复。无祇悔[1]，元吉。

《象》曰：“不远”之“复”[2]，以修身也。

[注释]

[1] 祇（qí）：通“祇”，多，大。《集解》引侯果曰：“祇，大也。”古代刻本或作“祇”。悔：较小的不幸。[2] 不远之复：经文原为“不远复”，是指离开不远即返回。

[译文]

初九：没走多远就返回，不致后悔，这是十分吉利的。

《象传》说：没走多远就返回，说明能注意修身养性。

[不休说]

初九为阳，阳居阳位得正位。上应六四柔爻亦为正位，表征初九阳爻行的是正道。初九与六二、六三组成震卦，震为雷为动，为春发，上与大地相应。六二以柔爻凌乘其上，亦应小心谨慎不可冒进而误入歧途。初为卦之一阳，复之主也。又居动体，而在事初，而在事初，未涉物感，则动而即觉，觉而即复，复之最先者也。是“不远”而“复”也。夫人惟过失显形然后思复，未免困心衡虑而有悔，初当意念方萌即自省悟而改图，亦何至于悔乎？复至此则心体粹然不为人欲所累，而适还其天理之本初，大善而吉之道也。孔子释初《象》曰：凡人之妄皆从心起，心过不改则形于外，而为身过矣。善用力者即一念之悟而速反之，省察克治，图之于早，内既直而外自正，此不远之复，所以为修身之要也。《春秋》公孙敖如京师，不至而复，公如晋至河乃复。皆以不极其往为复。复善贵早，故《易》不极其往者言之。善失之远而复，必至有悔。然非初之刚，随时审察而勇于自治者不能，所谓有不善未尝不知，知之未尝复兴，方为不远之复，而元吉者乎！这一爻告诉我们，知错就改有助于你成就大业。一个人不能成就大业的主要原因往往不是他天生弱智，而是他生性固执，不能接受别人的建议，不能迷途知返。

[原文]

六二：休复[1]，吉。

《象》曰："休复"之吉，以下仁[2]也。

[注释]

[1] 休：美善，喜庆，喜悦。《尔雅·释言》："休，庆也。"《广雅·释言》："休，喜也。"高亨曰："休复，欣悦而返也。"[2] 下：让，居其下。仁：仁人。

[译文]

六二：返回来休息，是因为能居于仁德的人之下。

[不休说]

二居震体之中，其心易动，动即离于善矣。幸二柔顺，则能从人，中正则能择善，上无系应，而下近初九之贤，自能以友辅仁，资其切磋之力，优游不迫，日进于善而不知，复之休美者也！乌得不吉哉？孔子释二《象》曰：复之休美而吉者，二去初未远，上无私应而又深信初为克复之仁人，故能降心抑志，从初而复，则其吉也宜矣。天地生物之心曰元，人得天地生物之心以为心曰仁。为仁固由已而不由人，然亦有已未能复礼而资人以辅仁者，初，不远之复，自修之意多。二，修美之复，资人之益多。及其成功一也。夫布衣穷处之士，犹须亲师取友辅成其德，若君天下者而得仁人之助，将尽一世之大，皆可使反剥而为复焉。又岂独一身之克复已哉？六二以柔爻下乘初九阳刚，本为逆比，有不吉之虞。但六二柔居阴位得正且中，具备中正柔顺之德。六二由阴变阳后，卦变为地泽《临》，表征和悦从顺，不战而复，合符阴退阳长的复道规律，因而得吉。这一爻告诉我们，让能者居上是明智之举。

[原文]

六三：频复[1]，厉[2]无咎。

《象》曰："频复"之"厉"，义无咎[3]也。

[注释]

[1] 频：用作"颦"，频繁，屡次，意为皱眉。王注："频，频蹙之貌也。"《释文》："频，马云：'频，优也。'"《集解》引虞翻曰："频，蹙也。"《说文》："频，水厓，人所宾附，频蹙不前而止。从页，从涉。"[2] 厉：危厉不安。[3] 义无咎：改过向善，虽厉无咎。程颐曰："虽为危厉，然复善之义则无咎也。"

[译文]

六三：皱着眉头回来，开始比较艰辛，但不会遭遇灾祸。

《象传》说：皱着眉头回来，开始比较艰辛，但不会遭遇灾祸，这是符合当时的道义的，不会有什么灾祸。

[不休说]

六三以柔爻居阳位，过中失正，六三居下体震卦之上爻，强动不止，摇摆不定，意志不坚。六三之上下邻爻六二和六四均能守正，当阳刚正气逼临六三之时，六三亦能在阳长阴消的强势下勉力复善，卦成地天泰而终至无咎。三曰阴柔，不中正，又处动极，是其天资蒙昧，秉性躁妄，其于天下人理欲之界，见之不真，守之不固，为频复之厉，然三之厉也，在于频，而三之幸也，亦在于频。频而失，亦频而复，与迷而复者又相远矣。倘自省其失而终复之，又何咎焉？孔子释三《象》曰：过而不改，咎乃归焉。六三“频复”，则屡失屡改，固非遂非，而文过亦非。畏难而苟安，虽其心不能免乎危厉，而于义也又何咎哉？先儒谓频失为危，频复非危，圣人危其“频失”，故曰“厉以警之”，开其“频复”，故曰“无咎以劝之”。夫“频复”，固为善补过。倘失多而偶不复，咎将何如？孔子称颜子“不远复”，又云：“得一善则拳拳服膺而弗失之”。惟其弗失，方谓之能复。则劝之者，正所以警之而已矣！这一爻告诉我们，改正错误不是一刻的事，它包括从认识自己的错误、中途的思想斗争到着手改正自己的错误，所以其过程是艰辛的，但由于能及时改正自己的错误，因此其结果是好的。

[原文]

六四：中行独复[1]。

《象》曰：“中行独复”，以从道[2]也。

[注释]

[1] 中行：中途，半路。《尔雅·释宫》：“行，道也。”独：情态动词。[2] 以从道：六四之阴处上体坤之下，得正应初，故可用顺从之道。

[译文]

六四：中途独自返回。

《象传》说：中途独自返回，这是为了顺从道义。

[不休说]

六四居群阴之中，而下应初之阳刚，其志趣高洁，拔乎流俗，与众同行而不与众具靡，是“中行”而“独复”者也。当此之时阳气甚微，而四以阴居柔，其才力不足以有为，然其心独能依附于仁人君子，以复于善真所谓特立行之士也，又奚必较功计利为哉？孔子释四《象》曰：“中行独复”者，四以初抱道在下而去其类以从之，是见道之在初而不见其类也。故其下而从也，非从初也，乃所以从道也，宜见之明而决之勇耳。四之抗志违众，独得其本心，如陈良、楚产而学周孔，夷之墨者而见孟子，以至舍生取义，弃邪从正，一念独惺，万夫莫挠，理所宜然，吉凶弗计，非豪杰之士其能克自振拔如此耶？这一爻进一步强调能迷途知返，就不会遭遇灾祸。即使已走了好远，能及时返回也是吉利的。

[原文]

六五：敦复[1]，无悔。

《象》曰："敦复，无悔"，中以自考[2]也。

[注释]

[1] 敦：高亨释为考察，《象传》亦以"考"释"敦"。《说文》："敦，怒也，诋也，一曰谁何也。"《诗·北门》："王事敦我。"《释文》："《韩诗》云：'敦，迫也。'"敦复：高亨以为指经考察而复返。[2] 考：成。朱熹曰："考，成也。"中以自考：六五居中，故以正道察其过。

[译文]

六五：敦厚的本性促使你迷途知返，不会有什么愧疚的。

《象传》说：敦厚的本性促使你迷途知返，不会有什么愧疚的，是因为由于坚守正道，能够反省考察自己的言行以完善自我。

[不休说]

六五阴居阳位，虽有不当，会有悔吝，但六五居于上体坤卦之中，奉行中道而不固执，又因六五以柔居尊位，其敦厚顺善之德，蓄积极深。六五以中顺之德而居尊位，是其资淳质美，孜孜焉以复善为心，而无一毫浮薄之念得入其中，故其操之也，密毋始勤，而终怠守之也。固毋久毖而暂荒，能敦厚于复也。初虽修身于下，仅可无至于悔而已。若五则私意净尽天理，流行而来复也，皆天地之心，又何悔之有乎？孔子释五《象》曰：五之"敦复无悔"，者，盖人受中以生，原无亏缺。五之功深理熟，所我之所固有者我自成之，浑然一中之初体，天地全而赋之，我自全而凝之矣。此复之所以独美欤。大抵既名为复，未有不由工夫而得者。"敦复无悔"，所谓反之之圣也。六五居至尊之位，纵使天资高妙，励精图治，立志甚坚，而声色逸乐交攻于内，非心易纵而难制也，善事易格而难行也。有道仁人之辅导于下者，易隔而难亲也，苟非朝考夕纠，省察存养，则见于已有铢两之偏，施于世有寻丈之失，岂得云无悔哉？成汤制心制事，而后可建中于民；武王敬胜义胜，而后能作稽中德。有合于此爻之义矣。这一爻暗示我们，为人敦厚的，往往能迷途知返。

[原文]

上六：迷复[1]。凶，有灾眚[2]。用行师[3]，终有大败。以[4]其国君凶。至于十年不克征[5]。

《象》曰："迷复"之凶，反君道也。

[注释]

[1] 迷复：执迷不悟，不知回归正道。迷：失路。[2] 眚（shěng）：灾祸，过错。[3] 用行师：用之以行师的减缩句。用于行军，指行军迷路。[4] 以：以至。[5] 十年：数之终也，征：前行，含振兴发展之义。《尚氏学》："不克争，言不能兴起也。"

[译文]

上六：误入歧途，并不知道怎么返回，这是凶险的预兆，有灾祸。得此兆去行军打仗，终将大败，并且致使君王也遭受凶险。以致十年都攻克不了敌人。

《象传》说：误入歧途，而且不知道怎么返回，之所以凶险，这是由于违背君子正道的缘故。

[不休说]

上以阴柔居复之终，既无复善之德，又远仁贤之助，蔽锢已深，善端灭绝，迷而不复，其凶可知。夫灾自外来，眚由己作。天之所厌，已则招之。迷复如此，无施而可，以是行师，必终有大败，不惟祸萃其身，而且及其国君，虽至十年之久，终于不克征，以雪其耻也。岂不可畏哉？孔子释上《象》曰："迷复"之"凶"者，谓"复"则合道。既迷于复，则与道相反也，虽君行之，犹为反君之道，况其下者乎？甚矣，"迷复"之凶也！卦之六爻，初之"不远复"，贤而希圣者也。五之"敦复"，圣而希天者也。二之"下仁"，其亲贤取友以成其德者乎？四之"独复"，其弃邪从正而不牵于流俗者乎？三之"频复"，其犹日月之一至焉者乎？皆合于复之义者也。惟上之"迷复"，害于身，凶于国，有不可胜言者。故圣人于三犹曰"无咎"，而上则曰"灾眚"、曰"大败"，其重改过而恶终者，何切也！上六以柔爻居阴位，得正，居复道之时，若固守阴位不变，可看作为守正。这一爻从反面告诉我们要迷途知返。

总　论

卦体君子既往而复来。卦德震动而坤顺。既有可为之时，而又有可为之才，宜其亨也。虽君子之势甚微而气机昌遂，其一出一入，宽然无复又沮害之者，以至朋类相孚，翩然而来，亦会其时之可亨，而无催抑之咎。亨在已，既信其有独复之机；亨在人，又验其有浸长之势。此岂人力之所能为哉？进稽阴阳反复之道，自姤以阴始生，厉二阳之遯、三阴之否、四阴之观、五阴之剥、纯阴之坤，以至一阳之复，凡更七爻，为期七日，天运循环，无往不复，则刚德方长，自此进而为二阳之临，三阳之泰、四阳之大壮、五阳之夬，以至纯阳之乾，理势有必然者，又何道之不可行，而功之不可建哉？"利有攸往"，复之所为必亨也。临"八月有凶"。不言日，而言月，恶阴之浸长而迟之也。复言"七日来复"，天道之复乃运之自然，人道之复饥饿行事之所致。夫使气运将复而行事无自复之道，则其复必不固。所以古之圣王当天命既属，而修德益谨，行善益力，自此群刚相继，同德协心，往无不利，大勋毕集，庶几来复之权在我，而不在造化矣。"复"何以"亨"，卦体刚复生于下，如往而复反，是贤人君子久遭凋落之后，而复遘登庸之日，将见一贤初进，而群才来附也，何亨如之？然君子于此，上凛乎天命之靡常，而下虑夫人情之难合，故不敢久郁乍伸，逞其锐进之气，惟不经于动也。而“顺”以“行”之，则出入皆自复之道。而朋类之来，亦附我之“顺动”以牵复矣。是以已得无疾，而人亦得无咎。《卦辞》谓“反复其道，七日来复”者，天行以七日为期，复之速也。君子以“顺动”，之道，密审于“天行”之数，而知天行无消而不息之理，君子之“顺动”亦有转乱而为治之才，则善于顺动，乃所以顺承天行也。“利有攸往”者，一阳既生于下，其势自不容御，必至骎骎盛长，吾道大行而无往不利矣。观复于世道，固足以见阳德之亨，而观复于造化，其不有以见天地之心乎？盖天地无心，生生不息乃其心也。纯坤之时生意灭息，天地生物之心几于蔽塞矣。夫一阳既动，则无中含有。而“乾元资始”者于此露其机，贞下起元，而“坤元资生”者于此呈其朕，生物之心虽非至此而始有，实乃至此而始见。虽在积阴之下，而昭然发露者孰得而掩之哉？阴阳之理以天行为开复之数，而复之君子以顺行为保复之机，故必“出入无疾”而后“朋来无咎”。“朋来无咎”而后“利有攸往”。苟徒冀“天行有常”而不以“顺行”，将终于“灭息”而已，则所为尽修能以符气化，非君子之责而谁乎？“雷在地中”，静极而动，复之象也。一阳初生于下，其气甚微，当静以俟之不可忧也。先王顺承天道，冬至之日，举凡政事云为之间可以休养微阳者，靡不垂为令典，以著裁成之用，故“关”所以掌道路也，而“闭”之商旅出诸涂也而不行，使之外不得人，而无有客之者矣。古者岁十一月朔巡守，而后于是日则不省方，使之内不得出而无有泄之者矣。盖天地生物之心主于动，而先王参赞之功主于静，何以成之，而所以保护微阳者，固已至也。微阳之气，天地之根，而万物之母也。气方息而遂泄之，故夏有愆阳，冬有伏阴，未聚而先发之，故人多夭扎，物多疵疠，此复之所以贵安静也。夫寂者感之君，翕者辟之本。冬藏为一岁之复，夜息为一日之复，喜怒哀乐未发为须臾之复。诚能奉若天道，深潜完密，主静以立其极，用之于国则宁谧而不劳，用之于躬则冲和而不竭，寿身寿世之道孰有外焉者乎？复卦卦画作震下坤上，卦象纯粹，六爻所说都是行旅复返的道理。回家，多数情况下是回归安宁，所以此卦吉多而凶少，利于出门。卦辞总括性很强：“亨”是说复归即亨通，“出入无疾”指进出家门均无疾，“朋来无咎”指结伴而回则无灾，“大道循环往复，七天回归正道”，这是总结“复”的规律，“利有所往”，说明复吉，往亦吉，往复皆吉。初九，离家不远就返回，不会有多少悔恨，所以大吉；六二，欣悦而返，出门有所得而归，所以吉利；六三，愁苦而回，出门有险，知难而返，故无祸；六四，中途独自返回，还算吉利；六五是经考察之后，知此行不义不利，返回，自然无悔；上六，等到迷路才想到返回，所以凶险重重，将有灾难。卦中六爻，初九、六二、六四、六五或得正，或得中，均能获吉。六三若能改邪归正，亦可无咎。但上六因执迷不悟处阴柔之极而不知返，终至灾凶。本卦劝解人们要守中、守正、不过极。要认真总结经验教训，在受到挫折时要树立必胜的信念，继续前进。

无妄卦第二十五

[原文]

无妄[1]，元亨利贞。其匪正，有眚[2]，不利有攸往。

《彖》曰：无妄，刚自外来而为主于内[3]。动而健[4]，刚中而应[5]，大亨以正，天之命也。“其匪正，有眚，不利有攸往”，无妄之往，何之矣[6]？天命不佑，行矣哉[7]！

《象》曰：天下雷行[8]，物与无妄[9]。先王以茂对时，育万物[10]。

[注释]

[1] 无妄是本卦的标题。妄指妄想，无妄，指不存妄想或意想不到。妄，帛本作“孟”，简本作“忘”阜阳本作“亡”。[2] 其匪正有眚（shěng）：帛本作“非正有生省”简本作“其非复有禬”。不正确，即妄想妄行有灾祸。《正义》：“物既无妄，当以正道行之；若其匪依正道，则有眚灾，不利有所往也。”[3] 刚自外来而为主于内：初九之刚是从外卦《乾》援引而来，从而为内卦之主。刚：指初九。外：外卦，无妄之外卦为乾。内：内卦。[4] 动而健：下震上乾，震为动，乾为健。[5] 刚中而应：九五之刚居中，而有六二爻与之相应。[6] 何之：何往。矣：句末助词。表疑问，见《词诠》卷七“矣”字条。[7] 行矣哉：疑问句，指岂敢行。[8] 天下雷行：下震上乾，震为雷在下，乾为天在上。[9] 无妄：汉人解作“无望（无所希望）”，此解于传文卦义较它解为胜。物与：物类。与：高亨读为“舒”，义为伸展。《说文》：“舒，伸也。”《小尔雅·广诂》：“舒，展也。”《仪礼·乡饮酒礼》：“宾介不与。”郑玄注：“古文与为预。”《士昏礼》记：“我与在。”郑注：“古文与为豫。”《广雅·释诂》：“与，生也。”[10] 茂：借为懋，训勉。《尔雅·释诂》：“茂，勉也。”《说文》：“懋，勉也。”《书·皋陶谟》：“懋哉懋哉。”《汉书·董仲舒传》引懋作茂。茂对：茂盛，指建立大功业。《汉书·韦贤传》：“成王成二圣之业，制礼作乐，功德茂盛。”對（对）为“薱”的古字，义茂盛。章炳麟《小学答问》注本条：“对，当为草木棽俪之谊……《高唐赋》：‘□ 對茂貌’。《广雅》：‘薱薱，茂也。’古字当祇作‘对’。”时育万物：种植、长育万物。时通“莳”种植。

[译文]

《无妄卦》：十分吉利，有利于去占卜。如不坚守中正，则有灾祸，不利于有所行动。

《彖传》说：《无妄卦》，阳刚从外面进来，并且在内居于主导地位。行动迅速，刚强而有力，刚健居中位而与阴柔相应。弘大、亨通从而守正道，这是顺应了天命。“若不守正道，则有灾祸，不利于有所行动。”这表明顺应天道而贸然行事，就不知道要往哪里去。上天不保佑他，又怎么能够行得通呢？

《象传》说：《无妄卦》的卦像是震在下、干在上，震为雷、干为天，这好像高空响雷，雷声阵阵，万物茁壮成长，所以把它叫做《无妄卦》。先王看到此卦象，应顺应天时，尽力促进万物的生长。

[不休说]

无妄之谓诚，以天道言，实理之自然也。“震”者，动也。动以天为无妄，动以人则妄矣。《象传》释《卦辞》曰：刚自外来而为主于内，刚德在内心不妄也。为振主动不妄也。动而健则勇于义，而不屈于物欲。九五以刚居中，在已正也；下应六二，柔顺中正，所应正也。正则天命当然也。匪正则违于天命之正，而不可以有行矣。对时育物，先王亦顺天时而已，何有妄焉？初之“吉”二之“利”，其无妄也，一时也。三之“灾”、四之“贞”、五之“疾”、上之“眚”，亦非有妄以致之也，亦一时也。时当动而动，不当动而不动，所谓动以天也。所谓正也，《象辞》于“利贞”之下即系以“匪正有眚，不利有攸利”，明无妄之不可不出于正也。爻辞于无妄之极亦系以“无妄，行有眚，无攸利”，明执一变者即匪正而妄也。然则《象》言全体，爻言一节，其无不以正垂训也。意深切矣，有无妄之实心者，可不审时以趋于正也欤？无妄是强调主观符合现实，不可利欲熏心野心过大，不切实际和异想天开。劝诫人们要至诚守正，言行举止依天理合人情，不要以一己私利来影响自己的意志和行为。强调只有心正才会行正，行正才会有好结果。这一卦告诉我们，只要坚守中正，顺应一直在道行事，就不会有灾祸。

[原文]

初九：无妄[1]，往吉。
《象》曰：“无妄”之往，得志[2]也。

[注释]

[1] 无妄：无望，不预设希望。《说文》：“妄，乱也。”《尔雅·释诂》：“妄，乱也。”[2] 得志：初九以阴爻处卦之下而得正，故曰得志。

[译文]

初九：在行动时没有邪妄，不虚伪，这是吉利的。
《象传》说：在行动时不虚伪，是说行为能受到正确的意愿的控制。

[不休说]

初九爻刚居阳位，当位得正，表征初九在事业发展初期能固守正道，合符规律的循序渐进。初九阳刚为实，往而不虚。初九居下体震卦之道，其动刚进有力，无须求助于他人，所以往吉。刚自外来，而为主于内，是其中心诚实，遏人欲之萌，存天命之正，而又在卦初，上合九四，两刚相遇，不牵于系应之私，无妄者也。但居动体之下，理无不往，然初非有心于往也。至诚所感，而物我交通，此以诚求，彼以成应，何吉如之！孔子释初《象》曰：所谓“无妄之往”者，盖天下惟诚能动物。初志存于无妄，以之处事，则顺而祥；以之临人，则感而化。又何往而不得其志哉？大抵身世之扞格，皆由私见之未除。无妄，则一实理相感召，所谓至诚而不动者未之有也。圣贤之待物，帝王之御世，总不出一诚而已矣！这一爻告诉我们，在行动时没有邪妄、不虚伪，前途就吉祥。

[原文]

六二：不耕获[1]；不菑畬[2]。则利有攸往。
《象》曰："不耕获"，未富[3]也。

[注释]

[1] 耕获：简本耕字从井从争，获（获）字从禾从隻。[2] 不菑畬（zī yú）：帛本作"不畜之餘"，简本作"不畜之□"陈剑解为"不积蓄也可生产盈余"。菑：新开垦的荒地。《说文》："菑，不耕田也。"畬：耕种了三年的熟地。《释文》："菑，马云：'田一岁也'。畬，马云：'田三岁也'。"帛本无"则"字，疑"则"字衍文。[3] 未富：示致富。六二虽居中得正，但二为阴爻，故虚而不实，而不富有。刘大均指出，《周易》多以阳为富，阴为不富，如《小畜》九五"富以其邻"，《泰》六四与《谦》六四之"不富以其邻"及《象》释《升》上六"消不富也"等。

[译文]

六二：如果不耕作就能有所收获，不开荒就有熟地，那么有所行动就有利。
《象传》说：不耕作就有所收获，但这不能给你带来真正的富裕。

[不休说]

六二柔居阴位，又居下体中位，得中且正，表征六二顺符正道而不妄为：六二、六三、九四三爻组成艮为山。九四本为阴爻之位现为阳爻。若将九四还原于阴爻则卦变为坤地，由"山"变为"地"，则需要"耕"。但这里的"山"只是计划中的"地"，并非现实中的"地"。所以爻卦辞有"不耕获，不菑畬"之说。凡理之自然而然者非妄也。心之有为而为者乃妄也。二柔顺中正，又上应五之中正，居动体而能顺乎中正，实能无妄者也。其于天命之正所宜尽者，纯其心于无间，而绝无求得于外之心，辟之耕获菑畬，皆求得于外者也。去其耕获菑畬之心，而后可还其无妄之本体，故有不耕获，不菑畬之象。然有无妄之心，亦有无妄之福。二能如此福泽自至，则有所往而自无不利矣。孔子释二《象》曰："不耕获"者，二之立志淡漠，泊乎无营，绝不念及于利而为之，则无妄之心一如未富之心也。汉儒董仲舒曰："正其谊不谋其利，明其道不计其功。人但尽其所当为而已，利害得失岂足营心乎？然不正谊则已，正谊则利必归焉；不明道则已，利害得失岂足营心乎？然不正谊则已，正谊则利必归焉；不明道则已，明道则功必集焉。"以此在上，则大舜之"有天下不与，而禄位名寿之必得。"此六二"利有攸往"之旨也。这一爻告诉我们，当客观条件已具备时，我们应该有所行动。

[原文]

六三：无妄之灾[1]，或系之牛[2]，行人之得，邑[3]人之灾。
《象》曰："行人"得牛，"邑人"灾也。

[注释]

[1] 无妄：意料之外。灾：作“兹”。《说文》：“灾，天火也。”无妄之灾：不妄行所得的祸，即意外之祸。[2] 或：有人，某人，指邑主。系：帛本作“毄”。之：同“其”。[3] 邑：指村镇。

[译文]

六三：没有邪妄，不虚伪的人也遭灾。有人把牛拴在道边，牛跑了，对路人来讲是意外的收获，对丢牛的人来说，是灾难。

《象传》说：行人顺手把跑来的牛牵走而得到意外的收获，对丢掉牛的人来说，是飞来的横祸。

[不休说]

六三柔居阳位，才质柔弱而行为不正，上应上九阳刚之爻，身处阳刚之位，又处震卦之上爻，在上下卦体交合之际难安现状，妄动必有凶灾。在六二爻时已分析过卦象六二、六三、九四的关系。六二与九五正应，合天道，可以实施这一计划了。到了六二，就已着手于耕了。三阳阴居阳，不中不正，处下之上，则居非其地；应上之刚，则遇非其人。是无妄而有灾者也。然天下事有失责有得，乃三处得失之外而独撄其灾，此盖出于寻常意计之外者象。犹或系之牛，行人牵之以去，而居者反遭诘辅之忧也。君子于此，亦惟听之适然之遭，以顺受乎天命之正已尔。孔子释三《象》曰：得之所在，灾亦及之，此人所及防也。“行人得”而“邑人灾”，此盖有不及防者。君子于此惟有顺以听之，而安能预为避患之计乎？六二得位而有无妄之福，六三失位而有无妄之灾，皆时为之也。如李泌周旋肃代之朝，深为小人所忌，而得以功名此无妄之福也。陆贽竭知尽忠，济其君于险难，卒以被谗而斥逐，此无妄之灾也。君子亦惟尽其在我，而祸福不以动其心，庶全乎之正命矣。这一爻告诉我们，坚守中正的可能遭遇灾祸，不坚守中正的也可能得到意外的收获。

[原文]

九四：可贞[1]，无咎。

《象》曰：“可贞，无咎”，固有之[2]也。

[注释]

[1] 可贞：所占问之事可行。可：能够。贞：贞固守信。[2] 固有之：九四之阳失位，但兴要贞固有所执守，可以无咎。此是释“可贞无咎”传文以“固”释“贞”。朱熹曰：“有，守也。”

[译文]

九四：可以去占卜，没有什么灾祸。

《象传》说：能够坚守中正，没有什么灾祸，这是理所当然的。

[不休说]

九四以刚爻居阴位，已经填虚为实，再实则溢，不宜增进；初九与九四敌应，初九处无妄之初，往吉，九四已入上体乾卦，纯阳盈满，应停止刚进，固守不动；其三，九四乘阴承阳与九五君爻无亲比关系。四德乾体之刚，下无系应，是天德为主于中，而物交不引于外，无妄不待言矣。然刚则思动，动则离于咎。幸以九居四，绝无过恃其刚之心，故可坚守其刚，而事变云为皆不为之动，则天德在我而命亦祐之，又何咎之有？孔子释四《象》曰：四之“可贞无咎”者，盖以无妄之理去与来，其几甚微也，稍懈即妄矣。故必固守而勿失之，然后可免于咎耳。诸卦有以九居四为不正者，为其以刚居柔而损刚正之德。有以九居四为可贞者，为其以刚居柔则不过乎刚，而有可贞之道。大抵刚不足则以居阴为戒，刚有余则以居柔为美。无妄震动在下，乾刚在上。此刚有余者必固守之而后无咎，其亦刚柔相济之义！这一爻告诉我们，能够坚守中正，不会遭遇灾祸，这是必然的。

[原文]

九五：无妄之疾[1]，勿药[2]有喜。

《象》曰：“无妄”之药[3]，不可试[4]也。

[注释]

[1] 疾：危害。[2] 药：医治。喜：简本作“菜”。有喜：古语病愈为有喜。[3] 无妄之药：指对证之药。[4] 试：用。陆德明曰：“试，用也。”朱熹曰：“式，谓少尝也。”

[译文]

九五：不虚伪的人得了小病，他不吃药，就是令人高兴的事。

《象传》说：不虚伪的人得了小病，不能随便吃药。

[不休说]

五以中正居尊位，二复以正应之，是君臣道合，政治修明，无妄之至者也。然世变无常，人心叵测，或远人不服而外侮堪深愈不可治，故必镇静以俟之，彼将自然消弭尔底于宁晏，为勿药有喜象。所谓不治，正所以治之也。孔子释五象曰：人之有妄，乃宜治之。既无妄矣，服药以之，必至伤损国脉，大削元气，而妄反生矣，药其可轻试乎？盖邪不能胜正，而德可以动天。元气固则疾自平，内自修则敌必服。虞苗之格，格于舞羽，非格于誓师也。周顽之化，化于保釐，非化于忿疾也。彼躁妄而动，动即招尤。汉武马邑之师，太宗征辽之役，岂不可以为鉴哉？九五君爻刚居阳位，才质刚健自强。刚中仁和，下应六二之柔中，谦和而仁下。道正且中行，得无妄之至义。这一爻告诉我们，不能因自己坚守中正也遭遇小的灾祸，而胡乱请人指点。

[原文]

上九：无妄行有眚[1]，无攸利。

《象》曰："无妄"之行，穷之灾[2]也。

［注释］

［1］无妄行有眚：读作"无妄行，妄行有眚"。［2］穷：不通。穷之灾：上九居卦之上而穷极，必会有灾。

［译文］

上九：没有邪念地行动，招致灾祸，没有任何利益。

《象传》说：没有邪念地行动，招致灾祸，这是无路可退的灾难。

［不休说］

上九以阳居卦之终，刚爻爻居于阴位，其位不正；中之刚凌乘于九五君爻之上，并唆使六三不行正道，其心不正；无妄终极之时，迷途不返仍然刚进不止，其行不正。无妄而处时之极者也。极而不知变，将自恃其无妄不可行而行，必至有过情越理之失，而乖乎天命之正矣，眚必及之而又何利焉？孔子释上《象》曰：所谓"无妄"之"行"者，特以势处于穷，决不可有所行耳，行则与灾会矣。三，犹可委其灾于人；上，直自其灾于已耳。此卦六爻皆无妄，初得位而为震动之主，时之方来，故无妄往，吉。上失位，而居乾体之极，时之已去，故其行虽无妄而有眚无利。是故善学《易》者贵识时，初与二之可动而动，时也。三、四、五、上之不当动而静，矣时也。理无不可行，而时或有所尼，君子不得不顺时以听焉。此《洪范》之"稽疑"。所以亦云："用静，吉；用作，凶"也。这一爻告诉我们，没有邪念地行动，途中遭遇灾难，这不能归咎于自己，这是天意，没有解救的办法。

总　论

此卦震下乾上，本天而动，动而不妄，故为无妄。卦辞言心出于正，则随感而皆通，稍涉于妄，则往行而有碍也。"无妄"，实理自然之谓。"匪正"，谓不合正道也。文王系无妄《彖辞》曰：盈天地间惟此真实之理而已。卦变刚来而为震主其心，纯乎天理，动而皆实，卦德震动乾健，卦体刚中而应，则德既纯一，而诚能动物，此无妄之所以亨也。然其所以亨者，利于至正耳。若知有未至，理有未穷，而以偏倚之见行之，则自信为正者，政匪正之所伏也，虽无妄心，而不合于自然之理，即匪正矣。匪正，则灾眚随之，以之处事应物，徒有分忧之患，而安能"利有所往"哉？无妄即所谓诚，诚则自无不正，而又勉以利贞何也？盖人无格物致知、学问思辨之功，则有志在祛妄而反堕于妄，本欲从正而反悖于正者，以此自治，必有言伪而辨、行僻而坚之失，而受病在一身。以此治人，必有不谙物情、不识时之弊，而受病在天下。从来妄之溺于利欲者易见，妄之溺于意见之偏、学术之误者难知，是以果于自用，轻试之世道、民物，而贻害无穷也。宜圣人极论而深戒之欤！卦之名为无妄者，以卦变自讼之二来而居初，则天德之刚不驰于外，而还为一心之主，此中浑然一无妄也。卦德震动乾健，既有震动之才，而不屈于物欲之忧，所主之刚不因动而移也。卦体五之刚中，下应于二，既有实意之孚，而不涉形迹之伪，所主之刚，不因应而私也。无妄如是，理宜“大亨”，而必利于“以正”者。盖以天之赋命于人，本无不正之理，而人之受命于天，必尽去邪妄之私，斯人之妄去而“天之命”见矣。所谓“其匪正有眚，不利有攸往”者，“以正”则可行，而“匪正”则不可行，乃犹自以为无妄而往焉，动而辄阻，又“何之”矣？失其所主之刚而悖乎天命之正，其何以获祐而行之哉？盖天人无二理，总不出于一诚，所以惟命不于常，惟德为有常。若无无妄之实而逞其私智，妄意天命可冀，其不流于后世图文之说，几希矣。圣人之书不且为奸雄嚆矢哉？卦体乾上震下，为天下雷行之象。雷行于天下，阴阳交和，相薄而成声，正发生万物之时。天所赋与洪纤高下，各正其性命，无有渗漏，是随物而皆与以无妄之理。先王法天理物，以为天之无妄不可见，其可见者，时也。受天之无妄以成形者，物也。本至诚充积之衷以对天时，而顺序布和以育万物，而省刑弛禁，则时与物皆归无妄之中，而先王亦惟顺承夫天命而已矣。《尚书》有“羲和之命”，《周礼》重教养之条，皆本无妄之念以对时育物，使各得其性而已。若稍涉妄念，如汉武之封禅，梁帝制戒杀，又奚足法焉？为人君者，其务以圣帝贤王为则哉！无妄卦卦画作震下乾上，雷动天下，阴阳交合。威力无比。初九是不存在妄想故吉；六二是天生富贵；六三是发生意外火灾，又丢了牛，邑人受灾；九四也是不妄想，故占问之事可行；九五是经历曲折之吉利，得了意想不到的疾病，不吃药就能痊愈，心病；上九是告诫不要乱来。从卦义上看是大为亨通之卦，利于占问，但个别爻不利，非正爻者有灾祸，不利外出。强调只有心正才会行正，行正才会有好结果。强调立足现实，丢掉幻想。

大畜卦第二十六

[原文]

大畜[1]：利贞。不家食[2]，吉。利涉大川[3]。

《彖》曰：大畜，刚健笃实[4]辉光，日新其德[5]，刚上而尚贤[6]，能止健[7]，大正也。“不家食，吉”，养贤[8]也。“利涉大川”，应乎天[9]也。

《象》曰：天在山中[10]，大畜。君子以多识前言往行[11]，以畜其德。

[注释]

[1] 大畜是本卦的标题。朱熹曰：“大，阳也。”畜，义为积蓄，大畜就是积蓄很多，但本卦更多是说家畜，只隐含积蓄之道。[2] 不家食：简本作“不家而食”，通“稼”，指耕作。《正义》：“已有大蓄之资，当须养贤人，不使贤人在家自食，如此乃吉也。”《本义》：“食禄于朝，不食禄于家也。”[3] 利涉大川：若能守正蓄贤，必利于涉难。《本义》：“丰则养贤，应于天道，不忧险难，故利涉大川。”[4] 刚健笃实：下乾上艮，乾为刚健，艮山为笃实。《尔雅·释诂》：“笃，厚也。”[5] 辉光：朝日为辉，日中为光。辉：《释文》、《石经》并作“煇”，《说文》亦无“煇”字。其德：卦德，即卦象。[6] 刚上：一阳刚居上。[7] 能止健：下乾上艮，乾为健，艮为止。《集解》本作“能健止”，高亨以为当作“健能止”，“能”读为“而”。[8] 养贤：与前“尚贤”义相同。[9] 应乎天：指六五应乎乾，《大畜》内卦为乾。[10] 天在山中：下乾上艮，艮为山，乾为天。[11] 多识前言行：广泛学习记忆前人言行。识：记识，记忆。往行：指前人的行为品行、德行。

[译文]

《大畜卦》：有利于去占卜。不在家里吃饭，将得到吉利的预兆。去渡大江大河将是吉利的。

《彖传》说：《大畜卦》，刚健笃实，第天散发出辉煌的光芒，呈现一片新气象。阳刚在上位又能够崇尚贤能之士，有能力又懂得节制，这是最大的正道。“不在家里吃饭，将得到吉祥的预兆”，这是说国家用丰厚的待遇来蓄养贤人。“有利于过大江大河”，是说能够顺应天道涉江渡河。

《象传》说：《大畜卦》的卦像是干在下、艮在上，干为天、艮为山，就好像阳光照耀山上的万物，雨露滋润万物，万物壮成，所以把它叫做《大畜卦》。君子看到这一卦象，一方面应当努力地学习前代圣人君子的言论，领悟其中的含义；另一方面应通过看前人的行为的得与失来提高自己的决策能力，从而使自己的德行更加美好，学识更丰富。

[不休说]

大畜之义有二：一止畜，畜，乾也。一蕴畜，畜，德也。《彖传》兼此二义。《象传》

专以“畜德”言，六爻专以“畜止”之义言。六爻中，下三爻乾体皆受畜者也，上三爻艮体皆畜下者也。然受畜者贵止而不进，故初、二皆止，三利艰贞。但初与二已为四、五二阴所畜，至三为畜极，而通之时又与上皆阳爻，不相畜而俱进，则“良马”之“逐”自与初、二不同矣。畜下者贵防于未然，故四能止初于未形而得元吉。五则于阳之已进而止之，虽言吉而不如四之元吉也。至上则畜极，而通之时强暴尽除，反侧尽平，而治化洋洋乎四海，则天衢之亨又与四、五不同矣。合而观之，凡畜德者非有刚健笃实、辉光之盛不能成日新之德。畜恶者非有德礼潜移、默化之机不能臻荡平之治。天德王道，圣人于大畜一卦已尽发明，则观大畜之象，玩大畜之辞，天下之道可以旁通而无遗矣。《大畜卦》告诉我们，要干大事，就要做到：一要努力学习，增强自己的本领，培养自己美好的品德；二要培养和招聘贤人，并使用好贤人；三要等待时机。

［原文］

初九：有厉[1]，利已[2]。

《象》曰：“有厉，利已”，不犯灾[3]也。

［注释］

［1］厉：危险。［2］已：“巳”的误字，通“祀”，祭祀。帛本、简本均作“巳”。［3］不犯灾：不可冒着灾祸前行。

［译文］

初九：前进有危险，停止行动则是有利的。

《象传》说：行动有艰辛，停止行动则是有利的，这是因为没用触及灾祸。

［不休说］

初九为阳，阳居刚位，初生之犊不怕虎，积极进取的精神值得赞扬，但羽毛未丰，躁动冒进，必有危厉；初九居下体坤卦之处爻，理应“潜龙勿用”畜以待时。与六四成正应关系，六四近君大臣能畜而直进，故“利已”。初九为六四所畜，而又以阳刚居乾体之下，刚锐喜进，久为小人所侧目，宜有厉者也。倘复冒昧以往，必蹈危机，厉其能免乎？惟健而能止，则沉几观变，安乎义命之常，以为时未可为，不防藏器以有待叶。全身远害，何利如之？孔子释初《象》曰：灾自外至者也，人自犯之耳。苟身履危困而诿为命之，不犹晚矣！若初之知有厉而能已，是其委蛇顺时，不至犯小人催抑之灾也。君子出处，不可不审，非独为小人所畜，当止而不进，即为小人所引；而轻身就之，终必有害。盖一有急于用世之念，往往忘虑患持难之心也。先儒谓乾阳上进不有以止之，则其神不定，其守不粹，故皆以止为义。大畜之初九，其即乾之潜龙乎！这一爻告诉我们，明知有危险，还是贸然前进，这是不可取的。

［原文］

九二：舆说輹[1]。

《象》曰：“舆说輹”，中无尤[2]也。

［注释］

［1］说：通“脱”。輹（fù）：车伏兔。帛本作“緮”，简本作“复”。《说文》：“輹，车轴缚也。”指车厢下钩住大车轮轴的木质器件。《左传·僖公十五年》：“车说其輹。”杜预注：“輹，车下缚也。”［2］中：正，指过程。无尤：九二居中，有刚中之德，故无过尤。尤：过。

［译文］

九二：车轮脱离了车身。

《象传》说：车轮脱离了车身，这因为九二爻即阳爻阴位，居下卦中位，没什么可担心的。

［不休说］

九二刚爻居于阴位，位不正，表明九二刚进不合时宜，不符正理，不可妄自前行。九二虽有意上行，却与九三成逆比而受阻。同时，大畜卦上体为艮为止。所以九二目前上往还不到时候。九二位居下卦中位，刚柔相济，能恪守中道，审时局，知进退，冷静放弃暂时的进取计划和平环境蓄积力量，如同卸下车轮保养车子以待时机。九二阳刚，其才足以有行者，特为六五所畜而未可以进二，则能以中道自载，审时揆势，止而不行，脱然于驰逐之场，而无妄动之虞，为“舆说輹”而不行者，二有中道，故能察乎时之盛衰、势之强弱，则进退不失其正，而躁动之尤何自而至乎？“舆”者，行之具。二已在舆，是势在必行，而自“说”其“輹”则遂止而不行矣。凡“尤”者，咎自外来，当不可之时而强为天下任事，则偾辕之患将欲谁诿？二能“说輹”以审，非万全勿动也，人何“尤”焉？其殆审几达务之君子乎！这一爻告诉我们，一个人根据客观条件停止行动时，更要坚守正道。

［原文］

九三：良马逐[1]，利艰贞。曰闲舆卫[2]，利有攸往。

《象》曰：“利有攸往”，上合志[3]也。

［注释］

［1］良，通“两”。逐：马在交配时要奔跑追逐。帛本讹作“遂”，简本作“由”。《释文》：“逐，郑本作逐逐，云：‘两马走也。’姚云：‘逐逐，疾并驱之貌也’”《颜氏家训·书证》篇引亦：“作逐逐。”《说文》：“逐，追也。”高亨亦当作四，形近而伪，四借为驷，周初无驷字，四是驷古今字。《说文》：“驷，马一乘也。”《诗·清人》：“驷介旁旁。”《礼记·三年问》：“若驷之过隙。”《论语·颜渊》：“驷不及舌。”高亨曰：皆用一驷字作四马之意。　　　　［2］曰：爰、于是。闲：通“娴”，义为熟练、熟悉。《释文》：“闲，马郑云：‘习也。’”《尔雅·释诂》：“闲，习也。”《车攻》：“四牡既佶，既佶且闲。”《卷阿》：“君子之马，既闲且驰。”舆卫：车战中的防卫。曰闲舆卫，帛本作

“曰阑车卫”，简本作“曰班车”。《淮南子·原道》：“弯纂卫之箭。”高亨注：“卫，嘉也。嘉，善也。”[3] 上：通“尚”。

[译文]

九三：骑着良马奔驰。有利于卜问艰难的事。每天练习驾驽的技术，演习防卫的战术，有利于有所行动。

《象传》说：有利于有所行动，是因为在上的和在下的意愿相同。

[不休说]

九三为阳，阳居阳位得正。九三上应上九，两爻均为阳，不相畜止而成竞争对手，如同良马劲逐一般。九三位居下卦之阳位，过于刚进，不顾一切，易招致过失，其上行途中经历六四近君老臣和六五君王的审察，因而爻辞告诫要“利艰贞”来修养心性，还要娴熟地掌握专业技术知识，才会前往有所作为。三居健体之极，又遇上九以阳处畜之极，志同德孚，乃不相畜，而与上共进以驰驱乎王事，有良马逐之象。然三不虑其不进，但虑其恃刚过锐，而无周慎贞固之力，则必有欲轻动之咎，故利于艰难其事，而贞固其守，如舆所载以行也。而“卫”所以防行之具，必日日闲习之，使手与器相习，而心与身交慎，则出也不苟，而进也有为，“攸往之利”于三见之矣。孔子释三《象》曰：初则“利已”，二则“说輹”，而三独“利有攸往”者，以乾阳本欲上进，但恐在上无合志之人，不能展其素具，今三与上皆阳，刚上之合乎三之志，而同类感通，相为汲引，又何嫌、何疑而有不幡然并进者乎？三负良马之才，可以驰骋天衢，因其过不中，故有“艰贞”之戒，而教之“曰闲舆位”，可见君子出任天下之重，必临事而惧，如弗克济，然后可遗大投艰而无患。不然，恃才以骋而颠蹶失防，一己之身名不足道矣，而悮人家国之托，其罪岂可赎哉？九三爻为内卦之终极。这一爻告诉我们，一人处在困难之中，应注意积蓄力量。这里的积蓄力量，是指提高领导能力，从而在整体上增加力量，给他们指明方向。因为一个具有强大的力量的团队顺应天时而战，能战无不胜，攻无不克。

[原文]

六四：童牛之牿[1]，元吉[2]。

《象》曰：六四“元吉”，有喜[3]也。

[注释]

[1] 童牛：无角之牛、小牛。《释文》：“童牛，无角牛也。”牿（gù）：牛角上的木架。《释文》引九家本以及《集解》本均作“告”，《说文》：“告，牛触人，角箸横木，所以告也。” [2] 元：最大。[3] 有喜：六四畜初九之阳于初，故有“喜”。

[译文]

六四：小牛长牛角，大吉大利。

《象传》说：《大畜卦》的第四爻是阴爻阴位，这是大吉大利的，将有喜庆的事发生。

[不休说]

六四以柔爻居阴位，当位得正，又临六五仁厚的君王。六四与初九成正应关系，极注重人才的自幼德能培养和智力开发，这是难能可贵的卓识远见。所以大为吉利。六四艮体，而与初相应，畜初者也。初居最下，阳之微者，微则其恶未形，制之甚易，潜消默化，有牛未角而牿，以防其触之象。夫人之恶当既著而后禁，则扞格而难胜，及其初而预防，则人自不为恶，而并泯其禁之之迹矣。所谓以礼教，不烦刑诛，大善而吉之道也。孔子释四《象》曰：恶已彰而治之，虽亦足以禁奸戢暴，而不免于刑戮之惨，其于心当有所大拂也。四之止恶，未形而元吉，盖豫教而民自服，无为而物自化。四之心，盖有所深喜乎，此也！《记》有之：禁于未发之谓豫。人未有争心而设礼乐以教，其让人未有欲心；而悬法制以禁其邪，开其向善之端，而杜其为恶之路，此所谓豫也。四与五皆以止下之恶论成功之广狭，四不如五之广，故五曰有庆，而四曰有喜。论用力之难易，五不如四之易，故无曰吉，而四曰元吉。五不如四之易者，其时不同；而四不如五之广者，其位不同乎！这一爻告诉我们，一个人精心培育他的部下，他的部下变得聪明、能干，能胜任他所分派的工作，这是十分吉利的。

[原文]

六五：豮豕之牙[1]，吉。

《象》曰：六五之“吉”，有庆[2]也。

[注释]

[1] 豮豕（fén shǐ）：去势之猪。豮：帛本讹作“哭”，简本作“芬”，指阉割手术。豕：俞正燮《癸巳存稿》既公猪。牙：指公猪的睾丸，所以公猪也叫“牙猪”。《释文》：“郑读为互。”指交木为阑以闲豕。之：用为动词，之互，就是使猪进入围栏中。《周礼·牛人》：“凡祭祀共其牛牲之互。”郑注：“郑司农云：‘互谓畐衡之属。’玄谓互若今屠家县肉格。”[2] 有庆：六五居中，畜九二于渐长之中，故“有庆”。

[译文]

六五：把野猪的牙齿拔出来，这是吉利的。

《象传》说：《大畜卦》第五爻位阴爻阳位，之所以吉祥，是因为有值得庆祝的事。

[不休说]

六五柔爻居中且正，象征有德之君，九二刚居柔位，行为不正持才自傲，有敌视六五之谦。六五处尊位，为大畜之主，以柔制健，禁暴抑盛，采取行之有效的措施，使九二“豮豕之牙”无形中自然蜕化而得以驯服。五居君位而畜二，二之刚已进而欲止之，是其恶已形而劳于制矣。幸五以柔居尊，操之有其要，而御之得其术，使之知廉耻、黜奇邪，而自回心革面，如患豕牙之刚，不制其牙，而豮去其势，有牙虽存而刚自止之象。如是则用力不劳，而刑清明服，何吉如之！孔子释五《象》曰：为民上者，不知止恶之方，而惟淫刑以逞恶，未能制而天下已受其害矣。“六五之吉”，盖知其本而之有道，不必徒事禁防，而风移俗易，福庆被于生民矣。汉之赵张设锯钜捕盗贼，岂不能使奸人屏迹？君子以为不如颍川之教化、渤海之劝谕。秦之商君刑弃灰制连坐，岂不足戢为恶之志？君子以为不若虞之化谗说、周之感顽民，赵张之于牛，不牿之以童，而惟治其触，商君之于豕不去其势，而欲制其牙故也。这一爻告诉我们使得以驯服。部下具有十分强的能力，但他伶牙俐齿，老伤害同伴，应帮他改正这一缺点。

［原文］

上九：何天之衢[1]，亨。

《象》曰："何天之衢"，道大行也。

［注释］

［1］何：清于鬯读何为合，引《说文·门部》："合，大开也"。何天之衢（xiū）：义为开启天之大道。何字，简本从力从可。衢：大路。衢字，帛本作"瞿"，简本作"休"。《说文》："休，息止也从人依木。"

［译文］

上九：受上天的保护，亨通。

《象传》说：受上天的保护，正道被大大地推行。

［不休说］

上以阳刚处畜极而通之时，是阳气久郁而伸，阴气久凝而散，奸回尽殄，反侧尽平，皇路廓清，绝无阻碍，有"何天之衢"之象。当此之时，不必制恶而自无恶可制，治化翔洽而颂声丕应，"亨"莫加于此矣。孔子释上《象》曰：所谓"何天之衢"者，以时与道合也。天运无处不昌，王化无处不浃，盖政教四达而治，于此观成矣。其道之大行也何如哉？大畜上三爻所以畜下三爻者也。四之"牛牿其角"，五之"豕豮其牙"，虽所畜有难有易，而皆不能不用其力。至上畜极而通，则无藉刑驱势，禁而为恶者，自相感而化，刚明之臣遇尚贤之主可共济天下之险，而坐收涉川之功矣。故曰"何天之衢"。讶之也，实喜之也。夫不言其难，不见畜之之力。不言其易，不见畜之之成。所谓"荡荡平平，无反无侧，至治之盛"，其在是乎！上下卦体相辅相称，成为对立统一体。畜道已成，到达完美终极点，至极则通。这一爻告诉我们，一个人如果已积聚了大量的力量，又顺应天时，那么一定顺利到达目的地。

总　论

道之所贵者正，君子为畜之道而可苟哉？必精以择之，一以守之，使吾之所畜，莫非天德王道之精，而不杂于异端霸术之陋，则不徒畜之大，而且畜之正矣。然徒畜而不知所以适用，是自私也，而可乎？故必舍其家食之贱，以膺天禄之尊，则所畜得以显其施，而"利贞"之守以达矣，何吉如之！然徒出而不能有以自见，是苟禄也，而可乎？故必当天下之大难，以成天下之大功，则"利贞"之效大彰矣，何利如之！夫大畜利贞体之所以立也；"不家食”、“涉大川”，用之所以行也。必有其体，而后有其用，信乎！畜之贵，大而正也。此卦有止畜、蕴畜二义。六爻中下三爻以君子为小人所畜言，上三爻以君子畜小人言，此畜止之义也。《大象传》以“多识前言往行”言，此蕴畜之义也。《彖》言人必有大蕴畜，方有大设施，故推其所畜之正者，以之食禄于朝，则吾道藉以大行，以之匡济时艰，则世道赖以安奠，似亦专主蕴畜而言。然《彖传》又以艮畜乾为能“止健”，则未尝不兼畜止之义，当是具此二说。故圣人谓智者观其《彖辞》，思过半矣。以见《彖》之无所不统也。卦何以名大畜哉？盖德具于心而见于事者也。卦德内乾是主于内者，天理精纯而不杂，德性常用而不挠，何如其刚健也！外艮，是见于外者，躬行恳切，践履真挚，而自然光华发越，何如其笃实辉光也！夫内有无私之本体，而外有实践之光辉，所养者日益精明，所行者日益坚固，德之蕴畜，时乃日新，而德为天下之至德矣。此大畜之所由名也。《辞》何取于“利贞”哉？卦变自需来，九自五而上，是贤者正居臣位也。卦体六五尊而尚之，是人君能尊贤礼士也。卦德以艮畜乾，是又能禁戢强暴，使不为恶也。“刚上”而不以正，则为枉道徇人。“尚贤”而不以正，则为恭敬无实。“止健”而二不以正，则为化导无方而人不服。三者皆非大正，不能然，则畜德者可不以正乎？此“利贞”之所由取也。《辞》言“不家食吉”者，盖“大畜利贞”既为可尚之贤，而六五又有“尚贤”之象，是人君共以天禄，养以大烹，而贤者得食于朝廷之上矣。其“不家食吉”，宜也。《辞》言“利涉大川”者，盖“大畜利贞”，既具应用之本，而六五下应于乾，又有应天之义，是“不先时有为”而拂乎天，亦“不后时不为”而逆乎天，操纵阖辟，不失时行之道矣。其“利涉大川”，宜也。《易》之一书，以贞为主。乾之大，大于利贞。坤之大，大于永贞。畜之大，亦大以贞。故不徒曰“正”，而曰“大正”。不正，则蕴畜之德不大，在吾已非贤矣，欲其君尚而养之，不可得也。不正，则畜止之，得亦不大，虽有止健之才，欲其应天而济变，不可得也。或谓圣人之道神妙莫测，在于权而不在于正，不知行权正以求得夫正耳。岂正之外复有权乎？乾，天也。艮，山也。天体至大而在山中，是大畜之象也。君子观象而知畜德方焉。盖古人由畜德之盛而时发于言行之间，则前言之毕存非繁文也，是德之精华也。往行之具载非陈迹也，是德之实体也。君子于是多识前言往行以畜其德焉。得古人之言行，即得古人之心；得古人之心、之理，即得吾心之理，其所畜不亦大哉？多识前言行，或以为近于口耳之学，未免玩物丧志，不知本末精粗。道原一贯，言行在外而其理根于心；心得在内而其实寓于言行。故为学者必居敬涵养以为主，而又博闻广见以为资，师心而不师古，好悟而不好学，岂善畜德者乎？《书》曰：“人求多闻，时惟建事。学于古训，乃有获。”帝王圣贤无二学也。大畜卦卦画作乾下艮上，总体是十分吉利的卦，利于占卜。卦辞说，不必耕作就有饭吃，指的是畜积已经足够。初九是积蓄之初，所以还有危险；九二车体散架，自然不吉；九三是实力与敌人有差距，故利于占问艰难曲折之事；六四是小牛长成大牛，是大有作为，吉利；六五是大蓄；上九是蓄极而忽通，所以吉利。从卦象上看，以艮蓄乾，大者莫过于天，能者莫过于人。表明必须竭力蓄聚刚健正气的贤士良才。卦中相应爻位皆有互蓄的关系。所以利有所往，至为亨通。本卦进一步阐述了行为方面的问题，指出在人的德行学问修养方面，不但要克制轻浮娇妄，而且提倡和鼓励向先贤、大家学习。积小成大，虚怀若谷，日益精进。作为长者也要以上蓄下，扶持引导后进，以成大气也。

颐卦第二十七

［原文］

颐[1]：贞吉。观颐[2]，自求口实[3]。

《彖》曰：颐“贞吉”，养正则吉也[4]。“观颐”，观其所养也。“自求口实[5]”，观其自养[6]也。天地养万物，圣人养贤以及万民。颐之时大矣哉[7]。

《象》曰：山下有雷[8]，颐。君子以慎言语，节饮食。

［注释］

［1］颐（yí）是本卦的标题。颐有腮部、颐养等义。朱熹曰：“颐，口旁也。口食物以自养，故为养义。”《说文》：“臣，颐也，象形。”《尔雅·释诂》：“颐，养也。”《汉书·食货志》：“酒者，天之美禄也，帝王所以颐养天下，享祀祈福，扶衰养疾。”［2］观：观察、考察。［3］自：自然。口实：口中充满食物，指有口福。刘大均以为此卦恐记录周人相面之卦。［4］颐：本指两腮，此引申为颐养，《序卦》：“颐，养也”。养正则吉也：《集解》引宋衷曰：“君子割不正不食，况非其食乎？是故所养必得贤明，自求口实必得体宜，是谓养正也。”管子：“王者以民为天，民以食为天。”［5］自求口实：自求食物，以充其口。［6］自养：自己养活自己。［7］时：善，美。《诗·小雅·支页　弁》：“尔酒既旨，尔殺既时”。毛传：“时，善也”。［8］山下有雷：下震上艮，艮为山在上，震为雷在下。故曰“山下有雷”。

［译文］

《颐卦》：去占卜得到吉利的预兆，观察别人的养生之道，是打算自己寻找口中食。

《彖传》说：《颐卦》说去占卜获得吉利的预兆，这表明如果用正道培养他人和保养自己，那么就获得吉祥。“观察别人的养生之道”，就是要观察一个人是怎样养育他人的。“自己寻找口中食”，就是要观察一个人是有什么办法养活自己的。天地养活万物，圣人培养贤人是为了泽被天下百姓。多么伟大呀，顺应颐养的正道为天下三好生造福。

《象传》说：《颐卦》的卦象为震在下、艮在上，震为雷、艮为山。这表明山下有响雷，雨马上就要降临，滋润万物，因此把它叫做《颐卦》。君子看到这一卦象，说话要谨慎，饮食要有所节制。

［不休说］

颐，取养之义。《彖辞》言养德、养身，皆出于正则吉。《彖传》既释养正之义，复极言养道之大，而《象传》又举养德身之切务以示人也。六爻上止下动，故下三爻为自养，上三爻为养。震性动，动皆累，于欲不能自求所养，而求人以养己，失养之道矣。故下三爻皆凶。艮性静，静则得其正，求于人而养其下，虽不免于颠拂，而于养道无失。故上三爻皆吉，此《彖辞》之所言“利贞”也。天地以时养万物，圣人得时则养贤以及万民，利天下而非以自私也。故言颐之时大矣哉！君子之自养也，知弃我良贵、悖理求禄之匪正，则知砥节砺之为正矣。知下媚上、援干求非类之匪正，则知不渎不谄之为正矣。知渎不饰、纵欲败度之匪正，则知静俭节制之为正矣。此自养之道当如是也。若夫以上下下，诚信任贤，人臣之吉也。养贤及民，民被其福，人君之贞也。任大责重，饥溺由已，有相之道也。此又养人之得其正者也。故动不自动，而止其所止，则颐之道尽矣。《颐卦》是揭示君子济世济民问题。强调养生要守正，要自立自为，主张自养和养人，反对求养于人。告诉我们，要顺应颐养的正道。

［原文］

初九：舍尔灵龟[1]，观我朵颐[2]，凶。

《象》曰："观我朵颐"，亦不足贵[3]也。

［注释］

［1］舍：放置。简本作"捨"。灵龟：用于占卜，亦可食用。　［2］朵：动。帛本作"掓"，通"朵"；简本作"揣"，即今"美"字。朵颐：鼓腮嚼食，本指饮食之事，清姚配中《周易·姚氏学》解为动颊而谈。《说文》："朵，树木花朵朵也。"王注："朵颐，嚼也。"《释文》："朵，京作揣。"揣借为穗。《广雅·释诂》："揣，动也。"《礼记·杂记上》："载以輲车。"郑注："輲或为槫。"《礼仪·既夕礼》郑注引輲作团。《公羊传·庄公十九年》："则专之可以。"《汉书·冯世传》引专作颛。《说文》："颛读作专。"《文选·鹏鸟赋》："何足控抟。"李注引如淳曰："抟或作揣。"《长笛赋》："冬雪揣封乎其枝。"李注："揣与团古字通。"朱熹曰："朵，垂也。"［3］不足贵：不值得尊重。

［译文］

初九：舍弃你的财宝，眼睛盯着我鼓起两颊咀嚼食物，这会致凶险。

《象传》说：眼睛盯着别人鼓起两颊咀嚼食物，这是不值得称赞的。

［不休说］

初九阴居阳位，得正，以一阳伏于四阴之下，如同灵龟，足以自养。但初九上应于四爻，亦即求养于六四上体。以其阳刚之实，求养于阴柔之虚，并且贪慕上九能养人之才，却不自行努力奋斗，故凶。初以阳居下，本有刚明之德，养息深静而无外慕者。但居动体，上应六四，不能以刚自守，而反上从四之柔，则私欲熏其心，爵禄婴其虑，而本体之灵弃之若罔恤焉。犹舍尔以气自养之灵龟观我而朵其颐之象也。如是则失其静养之道而溺于动养之欲，沉迷不反，何所不至？其凶可知已。孔子释初《象》曰：所谓"观我朵颐"者，以初之刚本为可贵，而累于动体，从欲而动，则将沦于污贱而可羞矣！亦何足贵哉？盖士君子立身于理欲之介，不可不慎。故有以一朝之失足，而遂遗千载之恨者矣。此无他，物重而我轻也。孟子曰："人人有贵于己者，弗思耳。"诚知在己者有甚贵，而世间之利欲岂足动心乎？这一爻告诉我们，与其把时间浪费在羡慕别人享用劳动所得上，不如充分发挥自己的聪明才智去创造财富。

[原文]

六二：颠颐[1]，拂经[2]于丘颐[3]。征凶。
《象》曰：六二“征凶”，行失类[4]也。

[注释]

[1] 颠：鼓动、振动。焦循曰：“颠，读为颠实之颠，填也。”《说文》：“填，塞也。从土，真声。”上“颐”字，用本义“腮”，下“颐”字，义为颐养。颠颐：帛本、简本均作“曰颠颐”。传文意为填满两腮。[2] 拂：逆。《说文》：“拂，过击也。”经：疑当读为“颈”，借为胫，同声系，古通用。《论语·宪问》：“以杖叩其胫。”高亨曰：“拂经、拂胫、叩胫同意。”[3] 丘：讹字。帛本、简本均作“北”，阜阳本均作“丘”，疑此字本作“北”，先讹为“北”，再转写为“丘”。朱熹曰：“丘，土之高者，上之象也。”[4] 类：法则。

[译文]

六二：口中充满了食物，却违背常理到山坡上，去侵略、抢劫他人的财富，这将遭遇凶险。

《象传》说：六二是《颐卦》的第二爻位即阴爻阴位，说靠侵略、抢劫他人养活自己是凶险的，这是因为这种行为不符合正道。

[不休说]

六二阴居阳位，得中且正。六二与六五同位阴爻，又无法应和，只好求养于上九阴爻，这也违背了无应而求的正理，并且六二上行至上九，中有三阴爻阻隔，征途艰险重重，加之上九本身位置不处中位，是否可以信赖还说不准。六二如此依赖别人而不求自养，一味执意前行，会有凶险。然则人可不自重哉？阳刚，养人者也。阴柔，养于人者也。二以阴柔不能自养，必求养于阳刚，若下求于初，是在已乏资身之术，而俛首豢养于卑贱之流，则“颠颐”于下，而拂以上养下之常道矣。若求养于上，又非正应，是才不足以自养，见上之权力足以养人，而奔走趋附以从之，则彼有丘陵之势，而我徒遭摧压之凶矣。是一则于理有所不可，一则于势有所不行，故均不能有济也。孔子释二《象》曰：六二不得于初而往从，夫上亦复得凶者，以二处非其地，上下皆非应与，但宜止而弗行也，行则皆失其类得凶，宜矣。《程传》谓“女不能自处必从男，阴不能独立必从阳。”二阴柔不能自养，待养于人，固天地间之定理。然去就之正，不正则已得而自主者也。夫上而事君，下而交友，倘以利禄萦心而希图仕进，餔啜为志而攀附交游，则中君羞以为臣，中士羞以为友矣。这一爻说明了人不能太贪心，特别是不能因贪心而去害他人。

[原文]

六三：拂颐[1]，贞凶，十年勿用[2]，无攸利。
《象》曰：“十年勿用”，道大悖[3]也。

[注释]

[1] 拂：汉简作“弗”，掠取，违背，批击。颐：养。拂颐：违反养人之道。《韩非子愿学》篇曰：“所养者非所用。所用者非所养。”[2] 贞凶：守正防凶。十年勿用：终不可用。十：为终数。[3] 道大悖：正道大相违逆。

[译文]

六三：违背求食的常理，去占卜将得到的凶兆。十年都不能这么做，没有什么好处。

《象传》说：十年都不能这么做，是因为它违反求食的常理，大大违背了培养他人的和保养自己的原则和方法。

[不休说]

六三阴居阳位，不中不正，又居下卦震之最上位，柔邪不正又动之至极，六三上应上九，贪图捷径，不惜一切手段求养于上九。六三应调整自己的心态，静意正心，安居不动，依靠自己的主观努力和正当办法与渠道来解决养生问题，而不是用不正当手段求养于人。阴柔不中正，又居动体之极。人皆求颐于上，三独拂之而随下体之动，是性既昏迷，动复躁妄。其所为颐者，不过沉湎于嗜欲，方恣于口体，而拂乎养之常道矣。虽饮食亦日用之正，犹不免于凶，必至没身沉溺而声名俱丧，十年之久终不可用，无所往而利也。孔子释三《象》曰：所谓“十年勿用”者，以颐道贵静，动则悖；三处动极，则大悖矣。任情灭理，终身不悔莫恤也夫。盖贫贱不滥，富贵不淫，乃得颐养之道。二处贫贱而不知守约而滥者也，三处富贵而不知节乐而淫者也。夫吾心不能以义命自主而随境转移，岂得云养正之大人乎？这一爻告诉我们，求取口中食必须采取正当的手段。

[原文]

六四：颠颐[1]，吉。虎视眈眈[2]，其欲逐逐[3]，无咎。

《象》曰：“颠颐”之“吉”，上施光[4]也。

[注释]

[1] 颠：借为填，塞也，颠倒。[2] 虎视：虎是相对龟而言，龟为自养而内之物，虎则为求养于外之物。眈眈：威视、注视的样子。《释文》：“眈眈，马云：‘虎下视也。’”《说文》：“眈，视近而志远也。”《广雅·释训》：“眈眈，视也。”逐逐：急于得利的样子。《释文》：“逐逐，《子夏传》作攸攸，荀作悠悠，云：‘远也’。”《诗·载驰》：“驱马悠悠。”毛《传》：“悠悠，远貌。”《诗·雄雉》：“悠悠我思。”《说苑·辨物》：“篇引悠悠作遥遥。[3] 其欲逐逐：帛本作“元容笛笛”，简本作“ 猷攸攸 ”。[4] 上施光：六四在上体而得正，又得初之刚应，故在上而德施广大。光：通“广”。

[译文]

六四：口中填满了食物，这是吉利的。虎视眈眈，说明他小心谨慎，能提防别人的侵犯，没有什么灾祸。

《象传》说：践行自己养活自己的养生之道，之所以吉利，是因为君主施舍宽广，做人光明磊落。

［不休说］

四以柔居中，而下应初之刚正，是居上而不能信乎下者也。然阴柔不足以及物，必藉初之贤以成功，则养人者初也，而任贤以养人者惟四，故为“颠颐”而言也。是四之于初固已能下之、能求之矣。第患下之不专，则贤者生疑；而养之道未弘，求之不继，则施为未竟，而养之功易竭。必能诚信不二专，始终无间而继，如虎之视眈眈，而欲逐逐焉，则求贤养民之责无忝矣，而又何咎之有乎？四之“颠颐”而得“吉”，何也？盖上之于下，不必恩自己出，然后谓之能养也，今能任初之贤以养民焉，则初之施即四之施，而恩膏所及昭然其光显矣。此其所以为吉欤！四居大臣之位，有养民之责，然一身不能独理，必分其任于庶司百职，而后可共治功。此其虚心下贤，深合乎以人事君之道也。或谓“上施之”，上之五而言。盖人臣承流布化，无非奉行朝廷之德意，譬诸日月之照临，雷霆之鼓动，雨露之滋润，寒暑之成实，无非为天地养万物而已。谓初之施即四之施可也，谓四之施即五之施，又何不可哉？六四已位居颐卦上体，艮体之初，六四柔居阴位，得正，又为近君正德大臣，肩负着经世济民，安邦定国之重任。这一爻告诉我们，要小心保护自己的权益。

［原文］

六五：拂经[1]，居贞吉[2]，不可涉大川。

《象》曰：“居贞”之吉，顺以从上[3]也。

［注释］

[1] 拂经：违背常理。拂：汉简作“不”。[2] 贞：为正。居贞：居守正道。[3] 顺以从上：六五无应于下，以柔顺可以服从上九之阳。

［译文］

六五：违背常理跑到山岳上，开荒种地，养家糊口，去占卜将得到吉祥的预兆。不可去渡大江大河。

《象传》说：居守中正，获得吉祥，是因为能够顺从君主。

［不休说］

六五阴居阳位，得中而不正，六五与六二亦无正应关系。表明六五君王虽居君位却不能养天下万民，只好信赖上九阳刚才能维持天下。五以阴柔居尊位，才不足以养人，上有阳刚之德，五赖其贤以养之。夫君以养人，颐之经也，反赖上之养以养之，是拂于经矣。既以已之不足而求养于上，必居守贞固，笃于信任，斯惠泽常流而得吉也。若不能审己度力，或以拂颐为嫌而冒昧以图功，自用以求济，是犹涉大川而无操楫之任，何由而克涉哉？“居贞”之“吉”者，谓五不恃其尊，能顺从上九之贤而毫无勉强，此诚得养贤以及万民之道，故“居贞”而“吉”也。君道贵刚，柔所不尚，然柔而能任刚明之贤，则不独资以自养，而天下亦赖之，如太甲成王虽不及汤之锡勇武之执竞，而能信任周召之贤，则未始不可成功也。至若汉元优柔不断，之萧望之、周堪之忠而不能用，知弘恭、石贤之恶而不敢去，进贤如转石，去如拔山，是其柔也，必至莫救矣。故曰君道以进贤退不肖为大。这一爻告诉我们，在前期的积累阶段，避开激烈竞争的环境，找一个荒凉的地方定居下来，是明智之举，但不能有大的行动。因为在前期进行开辟时，需要投入虽说不多，但产出的也相当少，如果进行大的行动，就会因实力不足而半途而废。

[原文]

上九：由颐[1]，厉吉[2]。利涉大川。

《象》曰：“由颐，厉吉”，大有庆也。

[注释]

[1] 由：辅佐、匡正。帛本作“繇”。《说文》读为“逐”，追也。《孟子·万章下》：“由由然不忍去也。”《韩诗·外传》引由由作愉愉。《方言》六：“由，辅也。”《广雅释诂》：“由，助也。”由颐：指“由之以得其养”的减缩语。[2] 厉：指危厉戒惧之事。

[译文]

上九：奉行颐养的正道，开始遇到困难但最终获得吉祥。有利于去渡大江大河。

《象传》说：奉行颐养的正道，开始遇到困难但最终获得吉祥，有十分值得庆祝的事。

[不休说]

上九阳爻居于阴位，颐道已经大成，仍谦恭济物，养己养人。上九与六五居爻成正比关系，位居太傅之位，又得六五仁厚君王的信赖，可以大施济世之才。六五赖上九之养以养人，是上以有相之道而致群黎康之休。民生未遂，由以遂之，民性未复，由以复之，有由颐之象。臣而若此，则位高权重，宁可以易心处之乎？故当皇皇惕虑，惟恐上孤君心，下失民望，乃能胜其任而得吉也。然以上九阳刚则有能为之才，在上则有得为之势，乘其势运其才虽养民极天下之大事，自可一身弘济之而有余，而不负君上之倚矣。夫何“涉大川”之不利哉？养民者以泽被天下为庆，以上之躬膺大任，果能宅心兢畏以养民之功，则一时受其利，万世蒙其泽，而功之所被者矣，非大有庆乎？豫九四曰“由豫”，由豫在四犹下五也，而已有可疑之迹，若颐上九曰“由颐”，上之所处过中，而以仁德于不安，其可不存兢惕之心哉？然艮止之性，必无暴以招凶，自以仁德而致庆，故虽厉而得吉。为人臣者，投艰遗大，则以身肩任之，及事定功而威福还诸朝廷，功名归于人主，斯有誉而无咎矣。这一爻告诉我们，只要始终坚守颐养的正道，就能成就大业。

总 论

颐之为言养也。为卦：震，动在内；艮，止在外。恐内之，或动于情伪之感，而心之养不得其正；外之，或止于嗜欲之安，而身之养不得其正。惟得正，则身心皆得其养而吉。然出于正即入于不正，危微之几介于毫发。故善养者必静观而内求之，其养德也，果合于圣贤之道而无异端以淆之，则心正而颐正矣。其养身也，果当于义理之节而无饥渴以害之，则身正而口实亦正矣。盖正则得吉，不正则不得吉，颐之所为必出于正也。《程传》谓“观颐”为观所养之人。“自求口实”，为自求养身之道。盖下体三爻皆主自养者，上体三爻皆主养人。上体则观其养人者，得正则吉；下体则观其自养者，得正则吉也，与《本义》专主养德、养身不同。其实自养为养人之本，未有自养不正而能养人者。真德秀云：“已得其养则吾身先成，然后可推而达之天下是也。”本义专言其体，《程传》兼明其用。解虽各异，义实相通，总以见《易》道之无不该而已。颐以贞而吉者，盖养必以正在心，常获天理之安在身，无复物欲之忧，则吉也，稍不正则不得吉矣。《辞》谓“观颐”者，“观其所养”之道，其于性命之正，纯然无杂，而浩然之气不为之挠，则德得正而吉也。《辞》谓“自求口实”者，在即所养之道以观其自养之术，其于义理之正凝然不扰，而口体之奉不为之动，则身得正而吉也。养正之道如此，推之而天地圣人，宁外于是哉？夫天地本以养万物者也，苟失其正必至气候适宜，疵厉横行而物有不遂其生者矣。圣人本以养民者也，苟失其正必至贤奸混杂，举措失当而民有不安其命者矣。故“天地养万物”，圣人体天地养物之心养贤以及万民，而皆出之以正，则颐之时讵不大矣哉？从来养万物者天地，而代天地养万物者必属之圣人。然圣人欲养民非先贤势不能遍，故不直曰养万民，而必曰养贤以及万民也。唐虞之廷禹平水土，稷降播种，契敷教陶明刑九官十二牧，亦止完一养民之事而已，仁者无不爱也。急亲贤之为务，岂不信哉？此卦震在艮下，是“山下有雷”，震动发生，物由此养，颐之象也。君子观象以求养正之道，而知德之不正由言语以为之階，慎之而言必当理，语必合义，是言语皆养德之具，而无妄出而招祸矣。身之不正，由饮食以乱其性，节之而饮必德，降食必正味，是饮食皆义身物，而无妄入以致疾矣。养正之道不于颐备之哉？推之有天下者，命令、政教皆由言语，资用、货财无非饮食之事，其养德、养身者愈大，则慎之节之者愈难。所以古之君子诵白之什，识金人之铭，旨酒必恶，饮食必菲，兢兢乎谨小慎微，无一端不合夫养之正，而后可为天下后世之观法也夫！颐卦卦画作震下艮上，是吉凶参半之卦。卦辞很像是看面相，观其腮部，观其饮食、言语、辅颊等行为动作以判断吉凶。颐是颐养，宜静不宜动，所以动辄得凶。初九信空谈，所以凶险；六二不能冒险出征，所以颐养；六三是被人打了脸，凶险；六四是由危转安，吉利无灾祸；侧转移位是安全的，吉利；上九是先危后吉。从而看出，是自养还是养人，都必须守持正道才能吉祥。颐养正道是自求口实，自力更生。反对求养于人，提倡克己奉公，为民造福。从卦象看：内卦三爻，倡导的是一种尚力思想；外卦三爻，倡导的是一种利民的廉政思想

大过卦第二十八

[原文]

大过[1]：栋桡。利有攸往[2]，亨。

《彖》曰："大过[3]"，大者过也。"栋桡[4]"本末弱[5]也。刚过而中[6]，巽而说[7]行。"利有攸往"乃"亨"。大过之时大矣哉。

《象》曰：泽灭木[8]，大过。君子以独立不惧，遁世无闷。

[注释]

[1] 大过卦是本卦的标题。大的意思是太，大过就是太过。依《系辞》义，则大过指人死。[2] 桡（náo）：高亨以为"桡"是"隆"的讹字，证之帛本从龙从车，高说是，据以改释。《校勘记》曰："桡，各本作挠。"《释文》："桡，曲折也。"《说文》："桡，曲木。"利有攸往：正梁弯曲是危房，不走有被压的危险，所以走开有利。[3] 大：指阳而言，阳为大。过：有越、差、误、超过等义。[4] 栋桡：栋梁坚刚或弯曲。[5] 本末弱：《大过》初上两爻为阴爻，初为本，上为末，阴爻为柔弱，故"本末弱"。本末：首尾两端。[6] 刚而过中：《大过》虽阳爻太过，但二五两阳爻居中，尚得正。[7] 巽而说：《大过》下巽上兑，兑为说。[8] 泽灭木：下巽上兑，兑为泽在上，巽为水在下，故有以泽灭木之象。《荀子·王制》篇引《传》曰："君者，舟也。庶人者，水也。水则载舟。水则覆舟。"李鼎祚曰："灭，漫也。凡木生水近者……遇泽太过，木则漫灭焉。"

[译文]

《大过卦》：房屋的栋梁受重压而弯曲。有利于有所行动，顺畅。

《彖传》说：《大过卦》，它有阳刚之气过盛而产生动荡不安的意思。"房屋的栋梁受重压而弯曲"，是说栋梁的两端太细，不能承担重负，致使栋梁受压而弯曲。阳刚过于旺盛，应坚守中正的原则，谦恭而和悦。此时的行动是"有利于有所行动"的行动，于是"顺畅"。《大过卦》有多么伟大的现实意义。

《象传》说：《大过卦》巽在下、兑在上。巽为木、兑为泽，这有水淹没了树木之象，所以把它叫做《大过卦》。君子看到些卦象，就应当坚持自已的下道，不必害怕和畏惧别人的非议，即使因此逃到世外也没有什么苦闷的。

[不休说]

卦以四阳过盛而名大过。处过之时，贵有救过之道，必刚而得中，内巽外说，则可以抑中强之弊而扶本末之弱，虽过而不过矣。六爻相对而实相反，三、四居全卦之中，皆有栋象，上则隆，下则桡也。二近初，阴五近上，阴皆有枯杨之象，上则华，下则稊也。初过于敬慎，而又藉用白茅之安。上过于有为，而有过涉灭顶之凶，一承刚，一乘刚也。就四阳而言，二、四以刚居柔，处过而不过者也，故一吉而一利。三、五以刚居刚，处过而太过者也，故一凶而一可丑。司马光云：“大过，刚已过矣，止可济之以柔，不可济之以刚也”。故大过之阳皆以居阴为吉，不以得位为美，其道主于默运转移，而不在于輘踔骏厉，盖过柔固不足以有为，而过刚亦甚足以偾事。自古立非常之大事，兴不世之大功，皆时势所迫，出于万不得以起而挽回补救，非小心翼翼者不能。故卦于阴阳之盛也有危辞，而六爻亦无全吉者，惟初以慎之至乃得无咎。《象辞》则言救过之道而即叹其大，皆圣人之慎之言也。《大过卦》告诉我们，在动荡的年代，不要盲目采取过激或鲁莽的行动，但只要遵循正道，就有利于有所行动。

[原文]

初六：藉用白茅[1]，无咎。

《象》曰：“藉用白茅”，柔在下[2]也。

[注释]

[1] 藉（jiè）：衬垫。古代祭祀朝聘时陈列礼品的草垫。《释文》引马融曰：“藉，在下曰藉。”《说文》：“藉，祭藉也。”白茅：一种柔软洁白，较贵重的草。毛《传》：“白茅，取洁清也。”《集解》引侯果曰：“以柔处下，履非不正，咎也。苟能竭诚肃恭不怠，虽置羞于地可以荐奉；况藉用白茅，重慎之至，何咎之有。”[2] 柔在下：初六以阴柔居卦之下。

[译文]

初六：祭祀时用白色的茅草垫在祭品的下面，这样做不会有什么灾祸。

《象传》说：祭祀时用白色的茅草垫在祭品的下面，就好像初六代表阴柔的阴爻居下位。

[不休说]

初以阴柔居巽之下，过于畏慎者。凡图事济时，处直至案而常怀不安之虑；居之甚全而恒廑不全之心，犹物之错于地而必藉以白茅者然。夫“茅”之为质最柔，“白”之取义至洁。义柔顺居其德，而以精白励其心。慎斯术也，以“往”可以常保其安而无过至咎，何由及之哉？初之“藉用白茅”者，以阴柔在下，上承四刚，势不得不过于慎，幸其能柔，则无矫率豪纵之气。在下则有沉潜精入之思，此诚慎而不失于过者也。《象》言“独立”“遯世”，非过亢也。见君子植节之伟，初言“藉用白茅”，非过谨也，见君子虑事之周。盖天下莫不败于轻忽，成于兢业。诚能心存畏慎，一举一动，必思出于完全，则何险难之不可平而纷错之不可理？可见欲建天下之伟节，未有不极天下之小心者也。初六柔居阳位，刚柔相济，表明既有巽顺之德，又具一定的刚阳之才。初六上承四个刚爻，阳刚过盛，小民易受侵暴，必须十分谨慎，诚惶诚恐。

[原文]

九二：枯杨生稊[1]，老夫得其女妻，无不利。

《象》曰："老夫""女妻[2]"，过以相与[3]也。

[注释]

[1] 稊（tí）：用作"荑"，义为草木新生、发芽。王注："稊者，杨之秀也。"《集解》引虞翻曰："稊，稚也，杨叶未舒称稊。"《大戴礼·夏小正》："正月柳稊。"《传》："稊也者，发孚也。"《释文》："稊，郑作荑。"《诗·静女》："自牧归荑。"毛《传》："荑，茅之始生也。"《诗·硕人》："手如茅荑。"孔《疏》："荑，叶之新生者。"[2] 老夫女妻：爻辞称"老夫得其女妻"，女妻，小娇妻。[3] 过：错。过失。相与：二人共处为与，故相与为相配。

[译文]

九二：枯萎的杨树生出新的嫩芽，老头子娶了一位年轻的女子做妻子，这没有什么不利的。

《象传》说：老年男子娶年轻的女子做妻子，两人年龄差距十分大，但这意味着老年男子老当益壮，年轻女子少年老成，成以这超过一般的婚姻。

[不休说]

九二阳居阴位，又处中位，尚能刚柔相济，奉行中和之道，不过越常规，犹如杨木，封中九二阳爻与初六阴爻成亲比关系。上行大过阳刚不利，那么下行亲比，刚得柔济。当阳过之始，其雄心壮气常足以偾事而有余，幸居得中，无应于上，而下比初六资助之柔以济其刚，自能固本而不拔，补偏而不废，以图事于有济者也。《象》之物则为"枯杨生稊"，而发生之有机；《象》之人则为"老夫女妻"，而生育之有赖枯而复荣，老二资少，过而不过者也，"大过之时"，患人之不我于耳。今二之于初，如老夫之悦少女，少女之顺老夫，阴阳相与，何事不谐？岂复患刚之太过而不能成相济之功乎？四阳居中，用事力厚势强，而不知太盛则阴竭，阴竭则不能以资阳。九二阳过之始，而初阴承之，相比亲切，犹可以济其偏而补其弊。为治者诚知此义，勿徒专事恢廓，恃其外之挥霍有余而虚怀，下人以求助其所不足，则可以集天下之益，而收天下之功矣。这一爻告诉我们，要想在一个动荡的年代获得新生，就必须突破常规地用人。

[原文]

九三：栋桡[1]，凶。

《象》曰："栋桡"之"凶"，不可以有辅[2]也。

[注释]

[1] 栋桡：屋栋桡曲，指屋坏。《集解》引虞翻曰："本末弱，故桡。"程颐曰："以过甚之刚，动则违于中和，而拂于众心，安能当大过之任乎？故不胜其任，如栋之桡，倾败其室，是以凶也。"[2] 不可以有辅：说明九三不可应上；若得应于上六，刚势获助益烈，则栋桡益甚。《集解》引虞翻曰："辅之益桡，故不可有辅。阳以阴为辅也。"

辅：助。

［译文］

九三：房屋的栋梁受重压而弯曲，凶兆。

《象传》说：房屋的栋梁受重压而弯曲，预示将有凶险发生，这表明大梁弯曲房屋倾斜而无法用一根副梁代替支撑。

［不休说］

九三以刚居刚而不得中，刚之过甚者也。以过甚之刚而当大过之任，是刚愎自用而违时拂众，必致倾败而一无所济，故为"栋桡"之象而凶也。所谓"栋桡"之"凶"者，以三刚强自用，视天下皆无可辅之人，人亦不乐进而辅之，盖知其势之必至于覆坏而不可以有辅也。按卦辞以二人阴不能重，故曰"栋桡"。九三过乎阳而仍"栋桡"之象，且加以凶者何也？卦之"栋"以阴不足而"桡"，三之"栋"以阳太过而"桡"，不足者犹可辅，故不厌"凶"。大过者难为助，其凶必矣。宁赢论阳处父曰："刚而主能，怨之所聚"，夫刚则难亲矣，而又主能焉，是"訑訑之声颜色拒人千里之外"，忠良，谗谄之人日进，未有不凶于家害于国者也，是可为深戒矣。四个阳爻刚强过盛，上行两个阴爻过于柔弱，并且九三爻尚未进入卦之上体，表明其能量还难当重任，以其情刚性刚，必然会致凶。这一爻告诉我们，在一个动荡不安的年代，栋梁之才所担负的责任非常重大，能力非常强，他的助手不能取代他的位置。所以栋梁被压弯是凶险的预兆。

［原文］

九四：栋隆[1]吉。有它[2]吝[3]。

《象》曰："栋隆"之"吉"，不桡乎下[4]也。

［注释］

[1] 隆：高大。《小尔雅·广言》："隆，高也"。朱熹曰："以阳居阴，过而不过，故其象隆而占吉。"栋梁：正梁高起，即挺拔牢固。[2] 它：指些小麻烦。有它：有别的变故，还是可危。[3] 吝：难。[4] 不桡乎下：使栋梁不再往下曲折弯桡。

［译文］

九四：房梁高高隆起吉利。但一旦塌陷，后果不堪设想。

《象传》说：房屋高高隆起吉利，是因为房梁不再向下弯曲而房屋也不会塌陷。

［不休说］

九四爻刚居阴位，刚柔适中，既具阳刚之才，又有柔顺之德。九四居近君之地，当大过之任，以阳居阴，刚柔合德，而又处兑下，是能和悦君心，柔怀亿兆，何事不可为？何功不可建？如栋之隆起而得吉也。但济大过以刚为主，过刚而济以柔则可。今九四非过刚者，而下与初应，复以柔济之，则反过乎柔，不足以成天下之事，而为有它之吝矣。四之

“栋隆吉”者，盖太刚则折，斯不足以任重，而桡乎下者有之。今四以刚居柔，过而不过，所以能重任，不致桡败而吉也。九二比初则无不利，九四应初戒之以吝者，盖刚固不能不资柔以相济，亦不可牵系于柔而害其刚，故于二既明其相济之利，而于四复著其牵系之害也。夫所贵大臣者，以其正色立朝，不可攀援，而后能仔肩天下之重。苟悦小人之柔媚而亲比之，其不为所连累而自损功名者罕矣！可不戒欤？九四爻已进入卦之上体，为近君臣大臣。这一爻告诉我们，在非常时期，不能让一个人帮自己主持全面的工作。

[原文]

九五：枯杨生华，老妇得其士[1]夫，无咎无誉。

《象》曰：“枯杨生华”，何可久[2]也？“老妇”、“士夫”，亦可丑[3]也。

[注释]

[1] 士：《荀子·非相》篇：“处女莫不愿得以为士。”杨注：“士者，未娶妻之称。”[2] 何可久：生机怎能长久。[3] 亦可丑：这样的情状太可羞丑。

[译文]

九五：枯萎了的杨树一反常态开起了花，老妇人得到年轻男子做丈夫，这既没有灾难，也不值得称道。

《象传》说：枯萎的杨树重新开花，但花能长久地开着不凋谢吗？衰老的女人得到年轻的男子做丈夫，这也不是正大光明的事。

[不休说]

九五阳居刚位，得正切中，又处尊位，德才兼备，实权在握。九四下应初六会“有他吝”，那么，九五亦应吸取教训，无需考虑与上六的关系。虽然听取上六的建议“无咎”、“无誉”，然而出大过之时，九五采取非常之举，即使“无誉”也会“无咎”。五以阳刚中正而居尊位，宜足以胜大过之任矣。然下无正应，无与共成大过之功；而上比过极之阴，其所近者皆庸懦之臣，柔弱之士，其不能相济以有为。可知《象》如“枯杨生华”，上虽华秀，无益于枯也。老妇士夫，非其匹偶，终不能育也。虽一时无桡败之咎，而当大过之时，君亢于上，臣靡于下，以是为济过之道，宁有誉乎？枯杨不生稊而生华，旋复枯矣，安能久乎？是不能实心任事，而国本先摇也。老妇而得士夫，生育无基，宁不可丑？是将见阿谀成风而终于可羞也。君之有贤臣，如车之有轮、鸟之有翼。车无轮不可行远，鸟无翼不可高飞，君无贤臣何以建不拔之基、流无穷之誉乎？大过九五专为有君臣而言，自古为治未有借才异代者，亦顾用之何如耳？知之极其明，位之极其当，循名责实以考成，信赏必罚以鼓其气，则人人兴事赴功，贤者以奋，不肖者以勉，苟有一长，莫不乐为朝廷之用，而何至有乏才之叹哉？这一爻告诉我们，在非常时期为了正义采取了有悖当时政策的非常措施，既不会招致灾难，也不值得称道。

[原文]

上六：过涉灭顶[1]，凶。无咎[2]。

《象》曰：“过涉”之“凶”，不可咎也。

［注释］

［1］过：渡过。《书·禹贡》：“北过降水，至于大陆。”过涉指徙步渡河。《广雅·释诂》：“过，误也。”灭顶：水淹过头顶。顶，帛本作“釘”。［2］无咎：古本无“无咎”二字，无：毋。咎：谴责。《方言》十三：“咎，谤也。”《论语八佾》：“成事不说，遂事不谏，既往不咎。”

［译文］

上六：在涨水时去渡河，淹没了头顶，凶险，但他本身没有过失。

《象传》说：在涨水时去渡河，淹没了头顶，凶险，但不可以归咎于他。

［不休说］

上以阴柔而处过极之地，是当国事艰难之秋，既不可委于时势之不可为，又不能量其才力之不能济，真所谓竭忠尽智以死继之者也。《象》如勇于涉水至灭顶而不悔焉。此殆以身殉天下之事而有凶矣。然其心存効节，志在成仁，无愧于见危授命之义，又何咎焉？君子幸而成天下之事，当论其功；不幸而殉天下之事，当谅其心。上六“过涉”之“凶”，事虽不济，而其心则已尽矣。后之尚论者，宁可以其不能济而追咎之乎？盖大过之极，非有大过人之才不克济。上以柔正之德而遇极否之时，任过其力，至鞠躬尽瘁之死而靡悔，于事则凶，于义则无咎也。夫大过本行权之事，而圣人特发守经之义于上六，此义明而孔光，冯道之徒不得借明哲保身之说，以文其偷生卖过之奸矣。上六阴居阴位，当位得正。但上六才质柔弱又不得中，下乘四个阳刚之爻，凶险明显可见。上六位居坎卦上位，又处大过的终极，物极必反。上六的行为合乎正道，但却不合时宜，尚正而不得吉。这一爻告诉我们，在混乱的年代，当非正义如潮水般汹涌而来时，我们应迎刃而上，即使遭遇不测，也无悔，更不觉得自己有过失。

总　论

卦体四阳居中，栋之象也。上下两阴柔而无力，不胜其重，则委靡之才不克担当大事，有“栋桡”之象。必如卦之刚中，而巽悦善用其刚而不过，以是而往，则以大过人之才行大过人之事，必能通其时之变而克胜大过之任者矣，故“利有攸往”而得“亨”也。盖人君之保邦，犹大匠之作室。大匠必得楩楠、杞梓之材而后可成巨构，人君必得丹楫盐梅之佐而后可建大功。否则，用违其量，以杙为盈，以蒿代柱，将见栋折榱崩，覆压是惧，何以亨芫箪之安乎？故曰：有非常之乃有非常之事，荷重任者亦勉之而已！卦名大过者，《易》以太阳为大。今四阳居中过盛，则世道有盛极将衰之渐，故为“大者过也”。《辞》曰“栋桡”者，何哉？盖“大过之时”以一身任天下之重，犹屋之栋。然必赖阳刚之力足以维持之，而后无倾败之患。卦体初、上二阴本末皆弱，既不能自强其德以固其本，又不能力挽其失以扶其末，此其所以桡也。又曰“利有攸往，亨”者，何哉？盖天下无不可为之事，惟患人无善为之道。卦体四阳虽过，而二、五得中，是强毅过人，固足以干事矣。而又出以时，措之宜，卦德内巽外悦，是思虑严审，固足以变通矣。而又行以和顺之美，卦有大过人才如此，以是济时之过，则经纶有方，可以长保其盛而不至于衰，此其所以亨也。夫惟有刚中巽悦之才，然后“利往”而得“亨”。可见非常之时必有非常之人，方能处之而有济。“大过之时”岂不“大矣哉”？夫“大过之时”，何时也？正天地平陂之会，帝王升降之关，所谓弥纶经纬。古今极大事业如尧舜之揖让，汤武之征诛，然亦不过顺时而为之，并未于时外创造一事，否则宁传子不传贤矣，宁守节不达节矣。后世君臣喜功好大，但见外之有余，而不量中之不足，庶民才而不惜，竭民力而不止，以至倾败而不可救。此秦皇汉武之贻贿无穷也，当斯任者其可漫然处之哉？泽本可以润木，乃至浸灭乎木。泽，水之大过也，故为大过之象。君子体之，而有大过人之行焉。彼独立而不我辅，人多惧心。君子当为则为，虽一国非之而不顾，天下非之而不顾，又何惧焉？不惧则过人矣！“遯世”而人不我知，人多闷心。君子以道自乐，不以非分之富贵易我不去之贫贱，又何闷焉？无闷则过人矣！此非见之甚真，守之甚定，学术操守卓绝乎人者不能，君子之异于人若此。昔人谓独立不惧，巽木之象，周公、颜子非强致而然。周公之处常也，然存恭敬之心，故遇变也，几几然无祸患之虑，惟其之惧而后能不惧也。颜子之居心也，不以箪瓢改其乐，故处遇也，不以屡空动其中，惟其乐天而后能无闷也。是以君子不治境而治心，不求世求己。大过卦卦画作巽下兑上，主要是以一些过了头的事为说，论人世吉凶。卦辞说，屋梁高大，利于有秘往。凡事亨通。初六虽浪费，但可以理解，所以无灾祸；九二老树发新芽，老头取小媳，所以无不吉利；九三是屋梁弯曲，凶险；九四财大招贼，所以吝；老妇少夫，不为辱，也不为荣；九五与九二同；上六是溺水得救，无灾祸。从卦象上看，下巽为木，上兑为水。按五行论，水生木，水多则木漂，反为涝渍所害，是为大过。卦中中间四爻过于集中，上下两阴爻过于柔弱，且当位不正，须整顿调和，刚柔相济，才可获吉，亨通。

坎卦第二十九

[原文]

习坎[1]，有孚[2]。维心[3]亨，行有尚[4]。

《彖》曰：习坎，重险[5]也。水流而不盈[6]，行险而不失其信[7]。“维心亨[8]”，乃以刚中[9]也。“行有尚[10]”，往有功也。天险，不可升也。地险，山川丘陵[11]也。王公设险以守其国。坎之时用大矣哉！

《象》曰：水洊至[12]，习坎。君子以常[13]德行，习教事。

[注释]

[1] 坎是本卦的标题。坎的意思是坑、陷阱，帛本作“赣”。习坎的意思是重坎，是说卦象为两个坎卦相叠加。标题省去习字是为了方便称呼。朱熹曰：“习，重习也。坎，险陷也。”[2] 孚：俘虏。[3] 维心：维系他的心，使他不逃跑。[4] 尚：帮助。[5] 重险：上下皆坎，坎为险，故有两险相重之义。习：借为袭，重也，故曰重险。《集解》引陆绩曰：“习，重也。”《尔雅·释诂》：“袭，重也。”[6] 水流而不盈：本卦卦象是水相接而流，不满其坎。[7] 不失其信：这是解释卦辞“有孚”。[8] 维心亨：经文原文是“有孚维心亨”，指有诚系之于心，所以亨通。[9] 刚中：九二、九五均以阳爻居下卦和上卦之中位。[10] 尚：赏。[11] 陵：岭。岭与陵古今语之转。[12] 水洊（jiàn）至：下坎上坎，坎为水，下坎水方至，上坎水再至，水流不息之象。洊，一本作“臻”，又作“荐”，习、重之义。《集解》引陆绩曰：“洊，再也。”《释文》引《尔雅》云：“洊，再也。”[13] 常：通“尚”。

[译文]

《习坎卦》：有了诚信，就能赢得人心，顺畅。出行肯定能获得帮助。

《彖传》说：《习坎卦》，有凶险重迭的意思。水长时间地流，但不溢出来，面临危险，但不失去诚信，赢得了人心，往前走一定能亨通。这是因为具有阳刚之气而又坚守中正。出行肯定能赢得帮助，这是因为获得了人民的支持，就会克服重重险阻，获得成功。天的险阻在于人民无法攀登。地的险阻在于有由高山、河流、丘陵组成的高低不平的地形，人们难以顺利前行。王公贵族设置险阻以保家卫国。由此可见，学会怎样突破险阻和设置险阻的意义十分重大。

《象传》说：《习坎卦》的卦象是上下都是坎，坎为水，这是水流之象。水流长久地流而不停止，所以把它叫做《习坎卦》。君子看到此卦象，要长久保持崇高的品行、熟练教诲人的事业。

[不休说]

坎以一阳陷二阳之中，是为坎陷之义。凡阳居阴之中者为陷。“坎”，水也。陷者，水之体也。坎为险难之象，所谓时值艰危，虽圣人亦处无可如何之势，其能自必者唯心耳。《象传》所言“刚中有功”乃教天下以存心诚信为出险之法也。六爻中如二爻之“小有得”，则尽其道而不遇其时者也。四以“忠信善道结于君心，臣之能竭诚以勤于下者也。五以阳德居尊而时将出险，君之能刚中而运于上者也。若夫初之深入于险，三陷于两坎，上之终极于险，是时势既值其穷，而才德又不足以济，欲以平大难而救大艰险有济乎？盖天下不能无险阻之时，圣人贵有出险之用，惟秉阳刚中正之德因时措宜，天下有事则定密策、决众疑，以成拨乱反正之功。此所以坎卦至险，而卦辞必言出险道欤。《习坎卦》告诉我们，长期处在不顺利、不得志的情况下，不但需要有坚定的信念，勇往直前，而且要随机应变，谨慎行事。

[原文]

初六：习坎[1]，入于坎窞[2]，凶。

《象》曰：“习坎”入坎，失道凶[3]也。

[注释]

[1] 习坎：既袭坎，坎中又有坎。习：重《释文》，佚。一说，通“袭”，人也《类纂》。《象传》：“习坎，重险也。”《集解》引陆绩曰：“习，重也。”《周礼·胥师》：“袭其不正者。”郑注：“故书袭为习。”《老子》：“是谓习常。”高亨曰：“习作袭。”《广雅·释诂》：“袭，重也。”《尔雅·释山》：“山三袭。”郭注：“袭亦重也。”《管子·轻重丁》篇：“使其墙三重而门九袭。”尹注：“袭，重也。”[2] 窞：当读为臽，指坑，有陷入之意。《说文》：“臽，小阱也。”《类纂》云：坎窞为叠韵连语，犹窖牢，古时系人之狱，凿地为之。双重坎坑。[3] 失道凶：违失履险之道必有凶险。

[译文]

初六：重重迭迭的险阻，陷入进去，凶险。

《象传》说：重重险阻，坠入这充满险阻的深渊的原因是没有坚守正道。

[不休说]

初六爻阴居阳位，位不正，喻示涉世不深，不识天高地厚，盲目刚进妄动，陷入坎险而不能自拔，反而越陷越深，迷途不知自返，结果自然会凶。初本阴柔之质，无济险之才，处重险之下，无济险之势，上无应援，无济险之人，是其志气昏愚，所为拂乱，非徒不能出乎险也，惟益陷于深陷耳。为在习坎之中，而又入于坎险之象，如是则坠于重渊，载胥及溺而已，其凶可知。惟阳刚乃可以出险。初以阴柔而居习坎之下，是失其阳刚之道，而其陷益深矣，所以有“入于坎险”之凶也。盖平陂之形虽在于世，而趋避之方则操乎我。故最凶莫如坎之初，而圣人示之曰“失道”。可见虽在重险之下，非无出险之道，乃人自失其道而后至于凶，此君子所为恶居下流也。这一爻告诉我们，面临重重险阻，是非常危险的，如果不遵守正道，就会招致灾祸。

［原文］

九二：坎[1]有险[2]，求小得[3]。

《象》曰："求小得"，未出[4]中[5]也。

［注释］

［1］坎：这里指周折，困境。［2］险：《说文》："险，阻难也。"［3］求：主动寻求办法。小：帛本作"少"。小得：《周易通义》："大概坎中有鱼，所以入坎打鱼，为求小得。"［4］出：离去。［5］中：正。未出中：此时尚未脱离危险。

［译文］

九二：处在重重迭迭的险阻中，肯定有凶险，此时只能求得小的收获。

《象传》说：求得小的收获，因为九二这爻居于坎卦的中位，就好像人能坚守正确的道路。

［不休说］

"二"当坎险之时，陷于上下二阴之中，乃至险之地，有险者也。幸以刚居中，是有孚心亨之人兼济险之任，宜若可出险而无难，然处势艰难，人情阻拂，当此者仅可小有所得以为出险之地，若欲剧进以求，出乎险则将至于三之往来皆险，而入于坎险而已。所谓"小有得"者，非"二"之才德不足以济险也，以一阳方为二阴所险之地，是时尚未能出乎险中而不可大有德也。大抵气数一定，虽圣人不能与之争，然具刚中之德，处险阻而得其道，则气数亦不得而终困之。曰"小有得"者，非贪苟安而已，遵时养晦，见可而进，其亦有不得不然者乎？九二爻一阳陷入两阳之中，上行六四及上六仍属险陷之地，前景堪忧。而且九二与九五敌应，双方均在坎险之中，难以相互济险，九二以刚阳之才又居中位，以其才德可以济险渡难。这一爻告诉我们，处在重重迭迭的危险中，只能求得小的成绩。

［原文］

六三：来之坎坎[1]，险且枕[2]。入于坎窞，勿用。

《象》曰："来之坎坎[3]"，终无功也。

［注释］

［1］来：作"进"讲。之：作"去"讲，往、至。［2］枕：用作"沈"，意思就是深。朱熹曰："枕，倚着未安之意。"《释文》引司马注曰："沈，深也。"［3］坎坎：王弼曰："坎坎，两坎之间。"朱骏声曰："上下皆坎。"

［译文］

六三：危机四伏，这里的险阻有险要的高山和深不可测的水流，陷入这样的凶险中，不可轻举妄动。

《象传》说：危机四伏，最终难以成功。

[不休说]

六三柔爻，阴居阳位，位不正，又失中。六三居于下体坎险之极，上下皆坎。下与九二爻是以柔乘刚之关系，上与上六应敌，又受六四阻隔，进退皆不得宜，凶险可想而知。六三唯一的希望在于九五的救援，但九五与六三无正应关系，所以只好静待时机暂求安固休息。“三”以阴柔不中正而履重险之间，是以委靡之质而当大难之极，其进与退，皆无足据者也。来亦遇坎，之亦遇坎；来下则入乎险之中，之上则如枕重险焉。所处如此，则前后皆险，举足蹈危，必入于坎中之险而不能出也。祸患已深，虽“来”与“之”，安所用哉？所谓“来之坎坎”者，“三”之心岂肯终于坎哉？特以其阴柔不中正，虽处平易难克济，况履险乎？徒见其撞撞往来而终无出险之功也。险为陷人者也，而“三”之阴自陷险中，至于局天蹐地，进退维谷。乎！阳之陷也，犹可小得既平；阴之陷也，一败涂地而已矣。彼陷人者徒自陷耳！可不惧哉？这一爻告诉我们，当处在危机四伏的境地中，我们要小心谨慎。

[原文]

六四：樽[1]酒簋贰[2]用缶[3]，纳约自牖[4]，终无咎。

《象》曰：“樽酒簋贰”，刚柔际[5]也。

[注释]

[1] 樽：杯，装酒的器皿。[2] 簋（guǐ）：装饭的器皿。《说文》：“簋，黍稷方器也。”《诗·伐木》：“陈馈八簋。”毛《传》：“圆曰簋。”《周礼·舍人》：“凡祭祀共簠簋。”郑注：“方曰簠，圆曰簋，盛黍稷稻粱器。”贰：副益，增益。《集解》引虞翻曰：“贰，副也。”《诗·宛丘》孔《疏》引郑注：“贰，副也。”惠栋曰：“贰，副也。”《周礼·酒正》云：“大祭三贰，中祭再贰，小祭壹贰。’”郑注云：“贰，副益也。”簋贰：二碗饭。[3] 缶：陶制的器皿。王引之注：“《礼器》曰：“五献之尊，门外缶，门内壶。是缶可为尊也。”又曰：“夫尊者，老妇之祭也，盛于盆，尊于瓶。”《正义》：“盛食于盆。盆谓缶也。”《尔雅》：“盎谓之缶。”郭注：“缶，盆也。用缶：用瓦器。”[4] 约：绳索。纳约：帛本作“入药”。《礼记·昏义》：“古者妇人先嫁三月，祖庙未毁，教于公宫，祖庙既毁，教于宗室，教以妇德、妇言、妇容、妇功，教成祭之，牲用鱼，芼以蘋藻，所以成妇顺也。”《诗·采蘋》曰：“于以采蘋，南涧之滨。于以采蘋，于彼行潦，于以盛之，维筐及筥，于以湘之，维錡及斧。于以奠之，宗室牖下。谁其尸之，有以蘋藻。”牖（yǒu）：《广雅》：“牖，狱犴也。”或以为通“羑”，即羑里，殷纣囚禁周文王之所在。《诗》云：“奠之牖下者。”郑《笺》：“牖下，户牖间之前，祭不于室中者，凡婚事于女礼设几筛于户外，此其义也。”高亨曰：“古礼通例，家祭在室中，外祭在室外，嫁女之祭，乃女为祭主，女将归外姓，是外祭也，故在室外牖下也。”[5] 刚柔际：六四之柔与九五之刚相比而交接。刚：统治者，此指官吏。柔：被统治者，此指囚人。际：交接。

[译文]

六四：用瓦缶盛着醇酒，用竹盒盛着饭菜，十分简约地从窗户递进来。最终没有什么灾祸。

《象传》说：用瓦缶盛着醇酒，用竹盒盛着饭菜，十分简约地从窗户递进来，没有灾祸，这是因为在困境中能简约程序，不分尊卑地交谈，以致刚柔相济，自然能免灾。

[不休说]

六四已进入坎之上体，但阴居阴位，当位得正，六四得正成阳，与陷入困境中的九五至尊为邻，并与九五刚柔相济，上下合志，必能挣脱险境，而免除咎殃。“四”以阴居柔下，无应援，非能济天下之险者。但以其身居大臣之地，而当险之日，则上之倚之亦于已者倍切于常时，故必去虚文，捐行迹，惟益励其忠实之心以为事君之本，而其进结于君也。又必因君之所明以袪其所蔽，庶不至任质而疑也。如是则君必信吾心而用吾言，以济其险也。夫岂有悾悾为忠益而反以为咎乎？终必无之矣。盖以险难之时，非诚实不足以固其君臣之交，故“五”以刚而下交乎臣，“四”以柔而上交乎君。则精神相通，形迹俱捐，刚柔自是相际而成济险之功矣。君臣相遇自古为难，而“四”与“五”，不事多仪，即可交合者，盖时当无事势分之相隔，故君臣之合，常见其难，运值多艰，缓急之相须，故君臣之合偏觉其易。“四”与“五”在险难之中，刚柔相济，臣固且于上交，君臣勤于下接，宜其作合之易也。方之在昔，肃宗之于李泌，德宗之于陆贽，庶几似之。然贽从其君于多难之日，计无不从，及祸患寖平，一抗直言而剧罹斥逐，岂有乖“纳约自牖”之道乎？信乎，君臣之合似易而实难也。人主诚深念乎此，则臣自不至信而被谤，忠而见疑矣！这一爻告诉我们，当被危险重重包围时，只要下属有诚心，所有的繁文缛节都可省略。

[原文]

九五：坎不盈，祇既平[1]，无咎。

《象》曰：“坎不盈”，中未大[2]也。

[注释]

[1] 祇：用作“坻”，义为小山丘。帛本作“堤”。《石经》：“岳本祇作坻，是也。”《释文》：“只，郑云：‘当为坻，小丘也。’京作禔。”《说文》：“坻，小渚也。”《尔雅·释水》：“水中可居者曰洲，小洲曰陼，小陼曰沚，小沚曰坻。”《方言》：“坻，场也。蚍蜉其场谓之坻。”平：平满。[2] 中未大：九五之刚居中，但陷于两阴之中，故未能广大而出险。

[译文]

九五：水还未溢出来，小丘的土已经铲平，不会有灾祸。

《象传》说：水还未溢出来，这表明九五的中正之道还未发挥到最大的效用，所以，还有迎接困难的潜力。

[不休说]

九五刚居阳位，位极至尊，最具济险之才。九五得上卦之中位，刚柔相济而不自满，刚进而不偏激，谦下而又人厚。下与六四亲比承乘，表征上下同心，能得到德正行柔之六四近君之臣的倾力辅佐。“五”在坎之中，未离乎险者也。然以刚中之才而居尊位，其才其势，俱足以济险而又时将出险，则有可济之会，是以“有孚心亨”之君而肩济险之责，必渐至于险者使易，危者使平，犹坎陷之中虽未至盈而出，然已至于平而将盈矣。夫险患其不平耳，既平则险必可济，又何咎之有哉？天下之险一日未去，则人君之德一日未大。“五”之坎尚不盈，时为之也。其未大者，乃时之掩乎中，而非中之不足济乎时也。“二”“五”皆有刚中之德，可以出险，而“在下坎有险”，德虽具而位未隆，是以犹为重险所困也。“二”在上坎之中，德位俱隆，而时亦将出重险之外矣。要之，时不可必，而道当自尽，此所以必“有孚心亨”而后行有尚也。可不勉欤！这一爻告诉我们，在迎接重重困难时，应善于从多方的压力中找出相对立的压力，让他们相互抵消，而自己坐收渔翁之利。

[原文]

上六：系用徽纆[1]，置于丛棘[2]，三岁不得，凶。
《象》曰：上六失道[3]，凶“三岁”也。

[注释]

[1] 系：捆绑。徽纆（mò）：绳索。三股叫徽，两股叫纆。[2] 置：《说文》：“置，赦也，从网直。”《华严音义》上引《广雅》：“置，舍也。”《史记·吴王濞列传》：“皆杀之，无有所置。”《正义》：“置，释放也。”丛棘：指监狱。古代监狱外面围上荆棘，以防犯人逃跑，所以用“丛棘”代指监狱。[3] 上六失道：上六阴柔居坎之终而失其正道。

[译文]

上六：如果被别人用绳索牢牢捆住，放在荆棘丛生的林中，多年不得逃脱，非常凶险。
《象传》说：《习坎卦》的上交多位表示如果不能顺应天道，将多年处在险境中。

[不休说]

上以阴柔而居险极，是其才不足以济险，而又当存亡危急之秋，身在险中为险所陷，而终无出险之日者也。为“系用徽纆，置于丛棘”之象。所处之困迫何如而至于三岁之久犹不得免，则陷溺之深，而凶可知矣。上六所谓“凶三岁”者，何哉？盖出险以阳刚为道，今以阳居柔，才弱莫济，全失其处险之道矣，宜其久而终至于凶也。初、上二爻包坎体，四爻之外是六爻中陷坎之最甚者。然圣人视此，不以为天运之适然，而必责以人事之当然，故始终以失道儆之。若险未尝陷人，而人自陷，夫险者其勉人以自强之心可谓切矣。上六以柔爻居守阴位，已处于坎险之，又阻碍九五出险，违背了经济的正道。“六”不同于未涉世面的初六，而终极，仍然执迷不悟，不但不主动寻求脱险的途径，反而与九五成逆比之势，又与六三敌应，即得不到别人的帮助，但上六不同于未涉世面的初六，而是顽固不化的阴险小人，所以定有凶险结果。这一爻告诉我们，如果被困难一层又一层地包围，就好比被人用粗的绳索捆了一道又一道，难以逃脱。

总　论

人当重险之来，是身已入乎险中而不得免者也。所可得而自主者，心耳。卦体阳实在中，为“有孚”、“心亨”之象，则中有孚信，而于坎险之内炯炯不昧者唯此一心，是心之实处即是心之同处，祸至而不摇，变来而若失，而心亨矣。夫心既亨通，则险阻之境皆吾顺行之境，而何险之不可出哉？是在险而尚于行，而不至终于险中也。《周易》上经以乾坤始，以坎离终，坎得乾之中爻，故中实而为诚。诚则心有定主，而利害得丧不得而入之。明则内无偏执，而是非毁誉不得而为之。故中实者坎之用，中虚者离之用也。体《易》者阴坎离之中而悟识诚明之妙用，古圣人之心学实在于此，徒为出险云乎哉？卦之名为“习坎”者，以卦体上下皆坎，是为重险。险不重则彼此平，人情尚可趋避，“习坎”则远近无可避之地，智愚无自脱之人，而圣贤之作用见焉。卦辞所谓“有孚”者，以坎象为水，水体内实而有常，故其流也，足此通彼，不至盈溢妄行，此即其信也。其信无论行于地之，有常而不变，即至行乎险阻而不盈如故初，何失焉？彼人之处险而信义不失者，何以如此？故曰“有孚”也。“维心亨”者，以其刚中，则刚实无伪心，有主宰，自能通达无碍而亨也。“行有尚”者，以其刚中之才而往，则至诚感孚，行无不达，自当能除大难而有功也。夫处险则思出险之方，用险还为险之道。天之险高不可升是也，有无形之险矣。地之险山川丘陵是也，有有形之险矣。王公法天险之无形，设为法令制度，以防其未然。法地险之有形，设为城郭沟池，以制其已然，而以守则固，国是以宁。皆因险之用也，顾不大矣哉。信与刚中，是明处险之道。设险守国，是明用险之方。处险有其道，则义命自安，虽居患难之中无入而不自得。用险有其方，则行便已据，虽有卒然之虞，预备而可无患。然山川城池特设险之一端耳。若夫尊卑之等，贵贱之分，凡所以杜绝陵替，限隔上下者，此诚体险之大用，而所谓地利不如人和也。用险者尤宜留意欤！“水流洊至”，两坎相习之象。君子体之，取水之有常，“以常德行”，必思所以茂正三德，崇修六行，而学之不厌，则理义熟于身心，而治已之功备矣。取水之洊习以“习教事”，必先使之既安其教，又服其事，而诲之不倦，则政令熟于观听，而治人之道毕矣。皆洊习之意也。从来险难皆起于人事，古治以治人为有天下之要务。德行不常，则有初鲜终，私欲横起，遇险而不能自持者有之矣。教事不习，则始勤终怠，奸孽萌生，当险而不能肆应者有之矣。然人君必先修于上，日就月将，而后海内回心向道，风移俗易，不待势制威禁，自然相观而化，则治己又为治人之本也。设坎卦卦画作坎下坎上，主要以坎坑及类似于坎坑的监狱为取象来说吉凶。重坎本是险境，卦辞点出脱险的关键在于有诚信、能笼络人心，从而虽处险而得佑助。初六，不但有重重坎险，还掉入陷坑之中，自然凶险；九二是有险不大，还会有小的收获；六三处处是险，最好不行动；六四囚后被救，最终没有灾祸；九五是以多益寡，自然没有灾祸；上六是入狱，所以凶险。卦中六爻皆不言吉，只有二、五两个阳爻为排难之希望所在。六四守正承阳，慎处而获无咎。其余三阴爻，失中、失正，而又缺乏才智，故而至凶。全卦在于喻示谨慎行险的道理。

离卦第三十

［原文］

离[1]，利贞，亨。畜牝牛吉[2]。

《象》曰：离，丽[3]也。日月丽乎天，百谷草木丽乎土[4]。重明以丽乎正[5]，乃化成天下。柔丽乎中正[6]，故“亨”。是以“畜牝牛吉”也。

《象》曰：明两作[7]，离。大人以继明[8]照于四方。

［注释］

［1］离是本卦标题。离通“罹”，即遭遇灾祸，又有火光、迷离、离散等义项。离，帛本作“罗”。朱熹曰：“离，丽也。”［2］畜牝牛吉：古时祭祀之牲必占卜后特畜之。《周礼·充人》：“掌系祭祀之牲牷，祀五帝则系于牢，刍之三月，享先王亦如之，凡散祭祀之牲，系于国门，使养之。”《墨子·明鬼》篇：“牺牲不与昔聚群。”《礼记·祭义》：“君召牛纳而视之，择其毛而卜之，吉然后养之。”［3］丽：依附。［4］土：王肃本作“地”。《说文》引亦作地。［5］丽：附著。王弼曰：“丽犹著也。”《尔雅》：“丽，附也。”重明以丽乎正：上下皆为离，离为明，故曰“重明”；内卦三爻皆得正位，故曰正。此说外卦重明依附于内卦之正。［6］柔丽乎中正：六二、六五居下卦和上卦之中位。［7］明两作：上下皆离。离为明，故“明两作”。即《象》所谓“重明”，今按此当指日食现象，即史书所记“天再旦”现象。作：起。［8］继明：连续不绝的光明。

［译文］

《离卦》：有利于去占卜，顺畅。像母牛一样顺从，十分吉利。

《象传》说：离，即附丽，也就是附着的意思；就好像日月要附在天空上，百谷草木要附在大地上。日月大放光明并且依附正道，于是造化万物。柔顺依附正道，所以顺畅。因此卦辞说：“像母牛一样顺从，吉利”。

《象传》说：《离卦》的卦象为上下都是离，离为火，有光明接连升起之象。太阳早升起，月亮晚上出现，给人类带来光明，所以把它叫做《离卦》。君主应接连不断地施恩于民。

［不休说］

离，丽也，以其一阴附丽于二阳也。又明也，以其中虚则明也。离为火，以火体本虚，丽于物，而始明也。《象传》释卦辞，惟在正以出之，而顺以成之，故成炳照万物之功。六爻之中惟九三盛极将衰，有不能知止之戒。初爻持之以敬，则无咎。六二则言臣道之能将顺也。四爻迫之以刚，则终凶。所以敬胜者吉，而太刚者折也。至于五爻能以忧危之心收大权而保天禄，此尧舜所以吁咈，而汤武所以晶铭诰钦。文王序上经，始之以乾坤，而终之以坎离者，以坎得乾之中画，离得坤之中画，故坎离者天地之心也。坎藏天之阳，著明为月；离丽地之阴，含明为日。坎水主北方而司寒，离火主南方而司暑。月则司夜，日则司昼。自太极既判，两仪化育以后，凡水火日月之用，寒暑昼夜之所包蕴，帝王体之以治天下，则载成辅相之道以立。圣贤体之以治一身，则动静通复之理以明。洵乎易道之微，为能范围天地而不过矣。这一卦告诉我们，在自己乱了方寸时，可以借助外力脱离危险，但要遵循正道。

［原文］

初九：履错然[1]，敬之无咎。

《象》曰："履错"之"敬"，以辟咎[2]也。

［注释］

［1］履：帛本作"礼"，指行礼。错：闻一多读为"立昔　"，《说文》："立昔　，惊貌。"错然：惊惧敬慎的样子。"错"字，帛本作"昔"。《说文》："错，金涂也，从金，昔声。"《晏子·春秋内篇·谏下》："景公为履，黄金之綦。"［2］辟：避。辟咎：避免咎害。

［译文］

初九：脚步错乱，但能谨慎小心，就没有什么过失。

《象传》说：步履错乱，但能谨慎从事且未轻举妄动，是要防患于未然。

［不休说］

初九为阳，阳居刚位得正，本和正道。但是由于初九尚处离卦下体之初始，表征事务起步之初，仍处试行阶段，各种旧势力依然纷杂交错并存，绝不可以贸然冒进行事，而应谨慎相待，依计而行。初以刚在下而处离体。刚德好动，则果于任事；离性炎上，则喜于丽人。是其急于所履而不顾事机之纷错者也，故有"履错然"之象。夫初在下而迹已动，动则失在下之宜而有咎也。然其刚明之才，若知其义而敬慎之，则心有主而动不妄，履错之咎何自而至矣？"履错然"欲动，而必以敬者，盖以初离始，所履之善恶邪正纷错交进，莫知适从。敬则可以慎其所履而避咎耳。苟其敬之，虽"履错然"，庸何咎乎？盖天下是非得失，本属一定之理。然有平时见之甚明，而临事忽迷者，此非不明之咎，盖明而不敬之咎也。圣人于未明者教之以明，于已明者教之以敬。假使致知、明善以后，不加以谨几慎独之功，则高明者之失足与卑暗者之妄行，何异乎？敬之一言通于六位，而特举初以概之，所谓必敬其初而后能敬其终也。这一爻告诉我们，在已经乱了方寸时，切不可心慌意乱，要设法使自己冷静下来，做到谨慎行事，就不会有什么过失。

［原文］

六二：黄离[1]，元吉。

《象》曰："黄离，元吉"，得中道[2]也。

[注释]

[1] 黄：黄色属土，居中，亦为中和。离：指日光。《易·说卦》：“离为火，为日。”帛本作“罗”。《说文》：“离，山神兽也，从禽头，从中。欧阳乔说：离，猛兽也。”许云：“离，山神兽”。《文选·西京赋》李注引作山神兽形。《左传·宣公三年》：“昔夏之方有德也，远方图物，贡金九牧，铸鼎象物，百物而为之备，使民知神姦，故民入川泽之林，不逢不若，螭魅罔两，莫能逢之。”服注：“螭，山神兽形。”黄离：传文此处当指黄色附丽。[2] 得中道：六二居中得正，故“得中道”。

[译文]

六二：穿黄色的衣服，十分吉利。

《象传》说：穿黄色的衣服，十分吉利，是因为六二之爻居下卦中位，就好比人坚守正道。

[不休说]

“二”以文明中正之德而上丽于文明中顺之君，是人臣之丽君也。将顺而济以匡救，浑厚而出以精明，所称臣道之最中者矣，故为“黄离”之象。绝无功烈之可见，而继明之主，德自昭化，成之美俗，自洽君，都臣俞，而四海从欲响风，大善而吉之道也。所谓“黄离元吉”者，盖黄中色也。“二”居中而丽五，是其所以事君者皆得中道，而无过不及之差者也。惟其为道也能合乎中道，故其为离也有取于黄离而无吉之效，诚非幸致矣。六二之离，则其明也；黄，则其文也。文明由中道而发，则其明非一偏之见，其文皆至德之光，所谓美在其中，而畅四肢、发事业者也。重明之主将以明照四方，化成天下，必有文明中正之臣为之宣布于下，非如六二者克胜其任乎？这一爻告诉我们，如果我们在行动中始终依附正道，且有贵人相助，则会获得吉祥。

[不休说]

六二阴居柔位，得中且正，象征文明鼎盛。太阳当中，可普照万物，所忌者过烈。六二如同春天和煦之阳，又温暖得宜。正如《彖传》中说的“柔丽乎中正”的意思。因而可得“元吉”。

[原文]

九三：日昃之离[1]。不鼓缶[2]而歌，则大耋之嗟[3]，凶。

《象》曰：“日昃之离”，何可久也！

[注释]

[1] 昃（zè）：太阳偏西。帛本作“稷”。日昃：日偏西，指日将落，如不鼓缶而歌，及时行乐，悔将无及，故凶。[2] 缶：陶制的乐器。[3] 耋（dié）：《释文》引京本作“絰”（帛本亦作“絰”），蜀才本作“眰”。闻一多以为，字当为“跮”，即“跌”。《太玄

差次六》有“大跌”之语。《释文》：“王肃云：‘八十曰耋。’”《说文》：“耋，八十曰耋。”《尔雅·释言》：“耋，老也。”郭注：“八十曰耋。”《方言》：“耋，老也。宋、卫、兖、豫之内曰耋。”《释文》又曰：“马云：‘七十曰耋。’”《左传·僖公九年》：“以伯舅耋老。”杜注：“七十曰耋。”《公羊传·宣公十二年》：“使率一二耋老而妥焉。”何注：“六十称耋。”之：而。嗟：通“蹉”。古人迷信，以日离为天如之灾变，担心太阳蹉跌而下，必鼓缶哀歌，以诉于神灵而救之。嗟，哀叹。

［译文］

九三：夕阳西下时的光辉，不击瓦器而唱歌，这是八十岁老人的嗟叹，这样必然遭遇凶险。

《象传》说：夕阳西下，映红西天，怎么能长久呢！

［不休说］

九三刚居阳位，过刚失中，又处离卦下体之终，刚进而不适时，凶象已现。九三位于新旧更替交接之际，不可一味逞强激进，更不可怀极端狭隘的个人英雄主义私心。以理言之，盛必有衰；以数言之，生必有死。此人之大常也。“三”居下体之终，是前明将尽，盛极将衰之候，故为日昃之离。当此时也，智力既无足恃，时会亦难强争，倘不安气数之常以自适，而戚戚于危亡之忧，以为旦夕莫保之计，如不鼓而歌，则徒“大耋之嗟”，然竟何益哉？则盛极将衰，何可久也？明者知其然，安常处顺，岂足以为凶乎？有德则乐，乐则能久。孔子发愤忘食，乐以忘忧，不知老之将至。圣贤以及时闻道为乐，以永不闻道为忧。岂有教人以时数将尽，以乐消日之理乎？此爻之旨，亦言人之道德功业，反诸己者无憾，然后可居易听其自然，所谓修俟之耳。非一无所用心，而徒委诸气数之谓也。这一爻告诉我们，如果在自己乱了方寸时悲观丧气，那么必将招致凶险。

［原文］

九四：突如其来如[1]。焚如[2]，死如，弃如。

《象》曰：“突如其来如”，无所容也。

［注释］

［1］突：京本、郑本俱作“㐬”。突如其来如，帛本作“出如来如”，阜阳本作“其出如其来如”。［2］焚：通“纷”，帛本作“纷”。《周礼·掌戮》：“凡杀其亲者焚之。”郑注：“焚，烧也。”孔《疏》引郑氏《易注》曰：“不孝之罪，五刑莫大焉，得用议贵之辟刑之，若如所犯之罪，焚如，杀其亲之刑，死如，杀人之刑，弃如，流宥之刑。”《汉书·匈奴传》：“莽作焚如之刑。”颜注：“如淳曰：‘焚如、死如、弃如者，谓不孝子也，不畜于父母，不容于朋友，故烧杀弃之，莽以此作刑名也。’”《吕氏春秋·孝行览》篇引《商书》曰：“刑三百，罪莫重于不孝。”曾宪通《周易离卦卦辞及九四爻辞新诠》认为是生子及弃之的整个过程（“突”为倒生）。

[译文]

九四：依附者突然得意扬扬地来了，烧死他，杀死他，抛弃他。

《象传》说：依附者突然得意扬扬地来了，他将没有容身的地方。

[不休说]

九四当后明将继，正天命重回之会，人心始向之秋，宜以顺而动，徐以定之可耳，而乃以刚迫之挟陋，前人之规，尽行一己之志，则激而生变，而厉阶之作，灾必逮夫身矣。是固以刚自败者，其诸以火自焚者乎？焚则死，死则弃矣。“突如其来如者”，“四”之过刚太锐，犯顺已极，宜其不戢而自焚，受祸既酷，而公论不予，天下之所不容也。刚所以持正也。刚而犯上，不正莫大焉。居大臣之位而不避僭逼之嫌，其能逭不敬之诛乎？汉景帝谓周亚夫“意怏怏非少主臣”。史称霍光之祸萌于骖乘。此二臣者，德出众，功冠一时，然皆不免突如之戒，以至殒身灭宗。为人者，尤当三复也。九四处于离卦上体初始，有继承王位之象。但尚未达到王位，只是近及六五怀柔之君。九四是否能以谦谨之态继承先王怀柔之德，这是其未来事业成败之关键。九四刚居阴位，恃才傲君，失中不正，如同到王位，大有凌上欺君之势。这一爻告诉我们，依附者不能太嚣张。

[原文]

六五：出涕沱若[1]，戚嗟若[2]。吉。

《象》曰：六五之吉，离[3]王公也。

[注释]

[1] 涕：《广雅·释言》：“涕，眼泪。”沱若：泪如雨下的样子。《诗·泽陂》：“涕泗滂沱。”《渐渐之石》：“月离于毕，俾滂沱矣。”[2] 戚：忧伤。《广雅·释诂》：“戚，悲伤也。”嗟：叹息。[3] 离：附丽。

[译文]

六五：人们痛哭流涕，悲哀地叹息不已，这是吉利的。

《象传》说：《离卦》的六五之爻之所以能够得到吉利的预兆，这是因为他依附于王公贵族，受到了他们的庇佑。

[不休说]

六五柔爻居刚位，刚柔相济，又处上卦中位。表明六五新君内怀仁德之心又具阳刚之志，且能行中道。得其位，谋其政，合天道得民心。六五承阳乘刚，居尊而慎微，辨忠奸，识贤愚。九四与上九两位阳刚内外大臣的任用与防范，早已心知肚明，成竹在胸。六五能常怀危害警惧之心治理天下，所以能获吉。五以柔居尊，而丽乎中，有文明之德，可谓继明之善者矣。然处不得其正，而迫于上下之两阳，是主权将至下移，而国柄虑其倒持者也。幸明德在中，故能反躬自治，而忧深虑远，既出涕沱若，而忧闻于声。谨谓如是，庶君德克昭，奸萌潜杜，收主权而固天位，亦殆矣。而言吉者，以其存忧畏之心，有以丽于公主之位而永保天禄也。多难可以兴邦，殷忧所以启圣。古之明主惕心危虑，兢兢若不自保，而卒能抑奸暴之志，收天下之权，皆自此一念致之也。不然六五为离明之主，何由至于出涕戚磋乎？继明而戚与方蹶而泄，其得失正。这一爻告诉我们，即使依附于至尊的人，也知忧惧，将是吉利的。

［原文］

上九：王用出征[1]，有嘉折首[2]。获匪其丑[3]，无咎。

《象》曰："王用出征"，以正邦[4]也。

［注释］

［1］王用出征：帛本作"王出正"。用：实施。［2］嘉：嘉奖，《说文》作美，又，嘉或为方国、地名，参《随·九五》："孚于嘉，吉。"有嘉：有喜。折首：斩首。折：《说文》作断。［3］匪：通"彼"，同"非"，反对，《诗经》多见。丑：众，这里指敌方。匪其丑：帛本作"壽　　戈　　"。［4］以正邦：《释文》引王肃本在"以正邦也"下有"获匪其丑，大有功也"。《吕氏春秋·顺民》："汤克夏而正天下。"

［译文］

上九：遵循天命出征伐尚未依附的异己，取得胜利，斩杀敌方首领，俘虏他的同党，这样就不会遭遇灾祸。

《象传》说："遵循天命出征伐尚未依附的异己"，是为了安邦定国。

［不休说］

上九爻刚居柔位，下乘六五柔顺之君。表明上九本身具有刚柔相济之才，又得到六五君王之信赖。上九位处离体之终极，象征君王之德政所影响的最远的地方。上九贤臣受君王之托，在此宣扬国威，昭明仁德，极力争取民心的归顺。上九以阳居上，在离之极，刚明之至者也。惟刚明则可及远，故王者用此出征，则能戡乱止暴，以享有嘉美之功。然刚极则无所纵舍，明极则无所掩匿，苟不约之以中，则刚而失于过严，明而病于过察矣。故其出征也，但折取其首恶之人而威自震，获匪其从乱之类，而刑不滥。既不至养奸以乱，又不至纵暴而寡恩。群心倾服，而共臻化成之治，又何咎焉？"王用出征"，诚念邦之不正，由寇贼乱之乱耳。一出征而除暴止刑，乃所以正其邦国也。继体之君尤重征伐之事。商奄淮徐之征，成王所以继武也。召公告康王亦曰："张惶六师，无坏我刚祖寡命"。盖不如是不足以奋扬威武而救陵迟之渐。此正邦之王必以出征为急也。后世上下苟安，口不言兵甚，武备废弛，外宁遂忘内忧者，亦独何哉？这一爻告诉我们，在以坚守正道为前提下，遵循自己所依附的至尊的人的命令去讨伐异已，这是可取的。

总　论

凡人莫不有所附丽，未附丽之先交，不可妄投；既附丽之后，情不可乖隔，故遇合之始，必出之以正而利于贞焉，则道德可以相赞，功业可以相资，何亨如之！然正者必谦卑以自牧，柔逊以相先，而处其至顺，庶几在无违，在人无拂，而得吉矣。此可见贞而能顺，则贞不失之激，顺而能贞，则顺不留于谀，此附丽之善道也。离之为卦，一阴丽乎二阳。阳者，君道；阴者，臣道。故多主臣丽君而言。臣可以上丽乎君，君亦可下丽乎臣。为君者，黜邪、登忠良，慎之于始矣；而既得贤臣，则卑躬以隆其体，虚怀以尽其情，又极廷揽之诚焉。此君之善乎丽臣也。为臣者，进以礼、退以义，谨之于初矣；而既事圣主，则将顺以昭其美，委曲以殚其沈，又极纳之道焉。此臣之善乎丽君也。三代以下，人主巍巍于上，百僚唯唯于下，盈庭工谀媚之习，知此者鲜矣！欲求合夫丽之义，必交尽其正且顺而可哉！卦名离者，附丽之义也。推之人物，莫不各有所丽。故“日月丽乎天”，是物之成象者有以丽而明也。“百谷草木丽乎土”，是物之成形者有以丽而生也。大君者，位天地之中，而为天下之主，岂无所丽乎？将见人君智周万物，而行所无事，推见至隐，而不尚苛察，是重明以丽乎正也。由是一明无不明，一正无不正，百度惟贞，庶绩咸熙，乃化成于天下矣。是君之出治有以丽而成也。三才之各所丽如此，此离之各所由取也。《辞》曰：“丽，贞亨。盖人君以重明之德作之于上，人臣当以中顺之德附之于下。卦之六二“柔丽乎中正”，则是人臣丽重明之君也，不骄不亢，有恭敬之美，而又载之以中正，不流卑谀之私，惟中正也，则有贞之义矣，故亨。惟柔也，则有“畜牛”之义矣，故吉。盖惟君之重明，而后可以配天地。惟臣之柔正，而后能佐人君。此上下之相与有成也欤！《程传》以重明丽正、柔丽中正，皆谦君臣言。窃谓重明即大人之继明，岂有臣之明而敢与君之明亢者？且二、五虽皆柔中，而五所居未正。二正而且中，则柔丽中正以专指黄离之臣为得也。盖人君一日万几，非重明不足以辩忠，非居正不足以式臣民，故专属之君。人臣仰事一人，非柔则失之专，而必至分君之明，非中正则失之谄，而不足以承君之明。顾专属之臣如是，则明良会合心志一而功业成矣。上下皆离，明而重，两相相继而起，重离之象也。大人法离，明相继之义，以缉熙厥德，则本体有纯一之休，以覃敷厥世之气，在大人止自继其耳。文明之化所以照于四方者，已具足于大人明量中矣。离明之学，非大人孰能与于斯？易卦大象或君子，或称先生，或称后，惟离称大人。盖明明德者，大人之学也。继明，即明明德之义。此千古圣学相传之大原也。然离之所以继明者，由乾在索于坤，而得其中画六二，敬以直内，义以方外，则体用无不明矣。六五黄中通理，正位居体，则表里无不明矣。则已之德明而即可明明德于天下，光辉所发无远不届，其照四方也宜哉！离卦卦画作离下离上，是吉凶参半之卦。卦辞说利于畜养母牛，是以离卦二阴居中，柔顺善养，生生不息，所以吉利。从卦象上看，初九处下谨慎，无咎；二、五柔中获吉；三、四阳刚过中或失正皆凶；上九讨逆评判，主次分明，攻守有度，合乎正道，可获无咎。下体三爻为日出、日中、日落，象征开始、创业、鼎盛以及衰老；上体三爻，论述守业需要遵循的原则。

下 经

咸卦第三十一

[原文]

咸[1]，亨，利贞。取[2]女吉。

《彖》曰：咸，感[3]也。柔上而刚下[4]，二气感应以相与[5]，止而说[6]，男下女[7]，是以“亨，利贞。取女吉”也。天地感而万物化生，圣人感人心而天下和平。观其所感，而天地万物之情可见矣！

《象》曰：山上有泽[8]，咸。君子以虚受人[9]。

[注释]

[1] 咸是本卦的标题。咸字通“感”，有感应、触动等义。帛本、简本均作“钦”。《说文通训定声临部》：“咸，啮也。从口从戌，会意。戌，伤也。”《正义》：“此卦明人伦之始，夫妇之义，必须男女共相感应，方成夫妇。”朱熹曰：“咸，交感也。” [2] 取女吉：娶此女则有吉。取：通“娶”。[3] 感：感应。[4] 柔上而刚下：以内外卦来看，《咸》下艮上兑，艮为刚，兑为柔，柔在上，刚在下。从爻画看，《咸》上六之柔自下而上，故曰柔上。九三之刚自上而下，故曰刚下。[5] 与：亲比。[6] 止而说：下艮为止，上兑为说。[7] 男下女：即男处女下，艮为少男在下，兑为少女在上，古代男尊女卑，只有聘士、亲迎等场合则男下于女。男下女即男先示卑下，揖让于女。《礼记·郊特牲》：“男子迎亲，男先于女，刚柔之义也。” [8] 山上有泽：下艮上兑，兑为泽，艮为山，山高而在下，泽卑而在上。泽水下润，山虚以受，天池也，有山泽二气相通感应之象，故为咸。[9] 以虚受人：以谦虚之心容受他人。

[译文]

《咸卦》：顺畅，有利于去占卜。迎娶女子，吉利。

《彖传》说：咸有相互感应的意思。就好像阴柔在上面而阳刚在下面，因此阴阳二气能相互感应而相交，阳刚能克制自己的行动，阴柔能欣赏阳刚，就好像男子能屈尊向女子求婚，所以说“顺畅，有利于去占卜。迎娶女子，吉利。天地相互感应，产生雷雨风电，就促成万物发育生长，圣人以其德行感化百姓就会使天下太平。通过观察男女之间的爱慕之情，以小见大，我们就发现天地万物的真情了！

《象传》说：《咸卦》艮在下、兑在上，卦象表现为山供养泽，即上方的沙泽滋润山，下面的山体承托上方的水泽并吸收其水分的形象，所以把它叫做《咸卦》。君子效法山水相连这一现象，谦虚地听取他人的意见。

[不休说]

咸，取义于感。感之深者，莫如夫妇。故上经首乾坤者，天地感而后有万物，下经首咸恒者，夫妇感而后有人伦也。咸卦二少相交，夫妇之始。恒卦二长相承，夫妇之终。所谓家齐而后国治天下平也。咸以为感为主，而其道则乃取乎以正相悦。《彖传》极言感通之理，推而至于天地，圣人无不条贯而所以得亨者，则全在虚中无我，一本于人心天理之所固然。以我感人，而不存一感之念；以人应我，而不见一应之迹，斯感之正也。六爻皆取象于身，如初之咸姆，二之咸腓，三之咸股，六之咸辅颊，皆躁于感者，戒人之逐物而驰也。五之咸姆，则又无意于感者，戒人之绝物而处也。若四当心之位，为感之主，似乎可以感矣，然必守正则得其理，徇私则失其道，益可见感知不可有意以求矣。天下之理本有自然之感应，惟至诚乃可以服物。《系辞》所云“寂然不动，感而遂通”，天下之故也。苟我无感人之诚，而即求人之应我，必致有违道干誉，闻动众之弊。是以为治之要，在于以实心行实政，而不徒尚仁言仁之名，为学之要在于以实学励实行，而不可蹈虚誉过情之失也。这一卦告诉我们，男女之间的情爱是相互的，不可强求。从这可推知，感应应是相互的，均不可强求。

[原文]

初六：咸其拇[1]。
《象》曰：“咸其拇”，志在外[2]也。

[注释]

[1] 咸：读为“憾”或“感”，动。《说文》：“咸，皆也，悉也。从口，从戌。戌，灭也。”《说文》：“感，动人心也。”《尔雅释诂》曰：“感，动也。”拇：指大脚趾。朱熹曰：“拇，足大指也。”《释文》：“拇，马、郑、薛云：‘足大指也。’荀作母。”《集解》：“拇作母，引虞翻曰：‘母，足大指也。’”《说文》：“拇，将指也，从手，母声。”《庄子·骈拇》：“骈拇枝指，出乎性哉。”又云：“骈于足者，连无用之肉也。枝于手者，树无用之指也。”咸其拇：传文指脚大趾感应。[2] 外：指出去谋事。

[译文]

初六：感应到大脚趾。
《象传》说：感应到大脚趾，说明想在外发展。

[不休说]

“初六”处之初，感于最下，事物未接而意见先萌，不能以虚受人，而有意于感者也，为咸其拇之象。虽所感尚浅，未着于形迹，然躁动之念所不免矣。“初六”所“咸其拇”者，何哉？有志者，感之主也；感者，心之累也。初之志主于感，是心驰于外，而不专主于内，所谓之“咸拇”也。君子之心然大公，物来顺应，苟事未至，而预动一将迎之念，则在我先为物役，安能临事而不失其主宰，免于悔吝之乘乎？初之咸拇感虽未深，而志在卦之九四，见利者心忘义，徇人者必失己。圣人虽不着其占而咎固在言外矣。初六爻阴居位为不正，但与“九四”相感应，是阴阳交感的初始。这一爻暗示在初次和别人交往时，受到别人的鼓动想去做某事，但由于不知凶吉，必须谨慎行事。

[原文]

六二：咸其腓[1]，凶，居吉。

《象》曰：虽“凶，居吉”，顺不害[2]也。

[注释]

[1] 咸：感。腓：小腿肚子。《释文》：“腓，郑云：‘膊肠也。’荀作：肥。”朱熹曰：“腓，足肚也。”《说文》：“腓，胫腸也。”《庄子·天下》篇：“腓无胈，胫无毛。”[2] 顺不害：六二居中得正，谨慎则不会有害。顺：慎。

[译文]

六二：感应到小腿肚，这是凶险的事情。安居静处，是吉利的。

《象传》说：即使发生危险的事情，但是只要安居静处，便是吉利的。顺从占卜的预兆，就不会遭遇灾祸。

[不休说]

六二柔爻居阴位得正，上与九五君爻正应，表明上下感应。六二位居下体中位，以守中为正，只能等待九五上体求贤提拔才能获吉。“六二”，阴性，躁动是方感之时，不能物来顺应，而心即驰于物，如咸其腓之象。而处事将不胜其错乱矣，何凶如之？然幸有中正之德，本体未泯，若能反躁而居以静，则时行而行，时止而止，心无私系，而天下之事物不亦应之而有余乎？“六二”之“凶”而“居”则吉者，天下感应之理本自然之妙。我惟反躁为静，顺其理之自然，而无所容心，则静固静，动亦静矣。不为事感所害，吉孰大焉？正乎理而不迁曰居，从乎理而不拂曰顺。居非不动，不妄动也。心存乎理，虽万变，而其居自若也。顺非从外，不苟从也。心主乎理，虽独立不顾，而其顺自若也夫！然乃不失乎贞，不害乎感，而作止语默，莫非天理之流行矣。这一爻进一步强调，不应操之过急，而应安居待时。

[原文]

九三：咸其股[1]，执其随[2]，往吝[3]。

《象》曰：“咸其股”，亦不处[4]也。志在随人，所执下[5]也。

[注释]

[1] 股：今本“股”字似误，当作“腓”，《说文》作大腿。咸其股：传文大腿感应。[2] 执：执持。随：俞樾以为通“骽”，即腿的本字。《说文》：“随，裂肉也。”[3] 往吝：帛本、简本均无“往”字，今本“往”字衍。[4] 处：止，安居。[5] 下：指自

下于人。

[译文]

九三：感应到大腿上，执意要随着别人而行动。这样做，往往会有过失。

《象传》说：感应到他的大腿，这表明九三爻要采取行动。但他的志向的实质是追随他人，他执意跟随，显得卑下。

[不休说]

九三居咸卦之下体上位，九三阳居阳位，阳为刚进，又与上六正应，执意向上，本无可非议。六二正应九五，九三正应上六。上上下下的各种关系还得照顾。“初”、“二”阴躁，皆欲动者也。“三”以阳刚之德，固宜其定性之学有独至者矣，乃不能自守，而亦随之以动，心无定主，专于随人，为“咸其股，执其随”之象。如是而往，则中无所主，而以身为天下役，本原之地所丧多矣。吝孰甚焉？“初”之“咸拇”，“二”之“咸腓”，其以阴躁而皆不处也，固亦所望者惟“三”之刚耳。今乃“咸其股”与之俱动，亦不能静守而处也，是可惜也。夫君子立志，其所执当超然自命，不与众动俱逐，而今乃志在随，人品之最卑者也，所执不亦下乎？此又可鄙之甚矣。随之义，有以阴随阳随之，六三上从九四，而随有求得者是也。有以阳随阴者，咸之九三下从六二，而执其随者是也。以阴随阳则获上而得其志，理之正也。以阳随阴，是舍高而就卑，弃贵而从贱，志降身辱，其愆于理不已甚乎？然则君子处事，可以知其自审矣。这一爻告诉我们，应有主见，不应盲目地跟随他人行动。

[原文]

九四：贞吉悔亡[1]。憧憧往来[2]，朋从尔思[3]。

《象》曰：“贞吉悔亡”，未感害[4]也。“憧憧往来”，未光大[5]也。

[注释]

[1] 贞吉：传文指志行贞正则吉。悔亡：简本作“亡悔”。[2] 憧憧：即童童，往来不绝的样子。《释文》：“憧憧，马云：‘行貌。’王肃曰：‘往来不绝貌也。’”《广雅·释训》：“憧憧，往来也。”憧憧往来：传文义为往来心意不定。[3] 朋从：闻一多以为即崩从，言即走而就之也。思：句尾虚词，无义。《诗·汉广》：“汉有游女，不可求思。”毛《传》：“思，辞也。”[4] 未感害：九四与初六皆失正，只有得正才无感应之害。[5] 未光大：九四失正，故其感不能广大。

[译文]

九四：去占卜得到吉祥的预兆，后悔自己没有坚守正道。人们来来往往不断，朋友会顺从你的意思。

《象传》说：去占卜得到吉祥的预兆，后悔自己没有坚守正道，这表明没有因受感应而去做不利于自己的事。与朋友交往频繁，这表明交往不广。

[不休说]

九四位居上体初爻，如同人体心的位置，指心灵之交，九四与初六正应，虽然阳居阴位不中不正，但九四心诚志坚，以上应下，恭谦礼下；九四与九五逆比，表明九五反对九四与初六交往。四之在咸，当心之位，感之主也。心之感物，贵于得正，而以九居四，嫌于不正，宜有悔矣。苟能虚中无我，大公顺应，非无感也。感而不役于感，非无应也。应而不系于应，是之谓贞也。由是事得其理，物得其序，何吉不可得？而悔之不可亡乎？如不以理处物，而常以物役心，其感也，庸心于感也；其应也，庸心于应也。是之谓“憧憧往来”也。则心有所系累，而情有所偏主，即凡朋类之从者，仅为思虑之所及。而举天下万事万变，其遗于思虑之外者多矣，安能以及达哉？天下惟不正而感，感斯所害。若贞则感于无心，意必固我，毫不为累，未有私感之害也。至于“憧憧往来”，不正孰甚焉？私意梗于中，则心既为所蔽，而暗昧又为所蔽而狭小，岂得云光明广大乎？按咸六爻皆以人取象，拇也，腓也，故也，晦也，辅颊舌也，各得其一体。惟九四当心位，至虚至公，无所不感，无所不通。苟失其虚且公者，而“憧憧”狃于朋从，则心虽有百体之名，其实亦块然一物耳，安在其能光大哉？先儒心犹镜然，居其所而物以形来，则所鉴自广。若执镜随物以度其形，为照几何？所以古今推大智者，必以先觉为贤。而小聪小察，或反至招欺而受蔽，殆以此夫。这一爻告诉我们，在说服别人做某事时，能勇于承认自己的过失，往往能赢得别人的信任。

[原文]

九五：咸其脢[1]，无悔。

《象》曰：“咸其脢”，志末[2]也。

[注释]

[1] 脢：脊肉，背。帛本作“股”。《释文》：“脢，郑云：‘背脊肉也。’”《集解》引虞翻曰：“脢，夹脊肉也。”《说文》：“脢，背肌肉也。”咸其脢：传文指脊背肉感应而动。

[2] 末：指微末之事。

[译文]

九五：感应到脊背上，没有什么后悔的。

《象传》说：感应到脊背上，这表明想感应对方的意愿还没有实现。

[不休说]

九五为君爻，阳居阳位得中切中，刚柔相济兼行中道，下应中正之六二，此乃涵养厚博之君子行为。君子之交上下皆宜，内外深广，不计较个人得失。人身五官四肢皆听于心，独拇与心相背而不能感。今九五适当其处，是乃有心绝物，而一无所感者，为“咸其拇”之象。如此虽不能感物，无九四之贞吉，而未有私感，亦无“咸腓”之“凶”，“执随”之“吝”，仅免于悔而已。心之本体以天地万物为量，五乃一心绝物，而以无悔为足，则置心于寂灭之地，失其能感之本体，其志抑末耳，何不进之于贞乎？诸爻动而无静，惟九五静而无动，皆非心之正也。心体灵明，不可胶之使有，亦不可绝之使无。若专于绝物，而以无悔自足，则必流于释老之教，清静寂灭而后已，将经纶参赞之功皆可不设，而圣君贤相无所庸心于其间矣。其为世道之害可胜言乎？《象》曰："志未正欲人，反而求之本也。"然则其本安在？曰："贞而已。"这一爻告诉我们，如我们再三地说服别人，但别人一直无动于衷，我们应暂且不说。

[原文]

上六：咸其辅颊舌[1]。

《象》曰："咸其辅颊舌"，滕口说[2]也。

[注释]

[1] 辅：《释文》："虞作酺"。《说文》："酺，颊也。"帛本从父从肉，简本从父从页。颊：帛本作"陕"（"狭"之古字），简本作"夹"。[2] 滕口说：放纵其口谈，即所谓口若悬河。滕，一本作"媵"或作"腾"。《传文》："滕，水超涌也。"

[译文]

上六：感应到腮帮、两颊、舌头。

《象传》说：感应到腮帮、两颊、舌头，说明其只会夸夸其谈。

[不休说]

上六阴居阴位位正，但以成极地，上六与九三正应，九三阳刚而好动不能守持中道，躁动失征，但上六与九五是以阴乘阳的交通关系，九三与上六为敌，也与九四、九五交通，所以上六当以守正、谦谨为正理。上六处兑之上，既工于媚悦而居感之極，又专于私感，不能积诚动物，但以便信口取悦于人，为咸其辅、颊、舌之象。夫有心于感非矣，况以言乎？感人以言非矣，况无实乎？凶咎不言可知矣。人之相感，贵于心志之诚，而不贵于言语之浅。今"咸其辅、颊、舌"，是至诚不足，徒腾杨口说以悦人，实德衰矣。如之何能感人乎？言行君子之良机，辞说岂可偏废？但言不由中而务为巧舌，以求悦世俗，则其辞愈工，其诚愈漓耳。然截截谝言之徒，虽不能以感人，而常足以感人，往往颠倒是非，变置黑白，君臣父子、夫妇朋友之间，一受其欺，害有不可胜言者。此圣人之深恶夫利口也欤！这一爻再一次强调，感应别人应适可而止。

总 论

君子通天下之志，必有所感，则精神往来，彼此交通，毫无间隔，故感则必亨。然所谓感者，又必自然而然，一出夫天命人心之正，勿杂乎情欲，而利于贞焉。如取女者备六礼，无一端之非正，则非感以情，而实感以理，故吉也。夫上经首乾坤，下经首咸恒，以男女之交，配天地之大义，为人伦之首，万化之原也。凡人处事，自一室至于天下，何所不感？何所不应？要其则人之所同耻。此生万民秉性，即天地万物之情也。尧之试舜，不先于五典、百揆、宾门、大麓，而必观厥刑于二女，以为家难而天下易。观其难者，处之得吉，其易者可知也。孟子曰："身不行道，不行于妻子。"孔子曰："人而不为《周南》《召南》，其犹正墙面而立也与。"知此以得取女吉之旨矣。卦名咸者，天地之间，无独必有对，有对斯有感，有感斯有应。咸也者，取其交相感之义也。"亨利贞，取女吉"者，卦体兑柔在上，艮刚在下，是刚之气下感乎柔，而柔以气而应乎刚，二气感应以相与，此非造化感通之得其正乎？卦德艮止兑悦，是我之感者专一而不他，彼之应者乐从而无强，此非人己感通之得其正乎？卦象艮以少男下于兑之少女，既不越分，而以少配少又不过时，此非男女感通之得其正乎？三者皆感无不通，亦无不正，所以"亨"而"利贞"，如取女则吉也。试以感之理极言之，虽天地圣人亦有然者。夫天地者，物之祖也。天地以气感万物，阳嘘阴吸，默运其鼓舞之机，而物之同受气者，或以气化，或以形生，举囿于乾始坤成之中矣。圣人者，万民之寄也。圣人以心感万民，神道设教，触发其固有之良，而民之同有是心者，无有反则，荡荡乎有和平之气象矣。夫天地感，感以正也，而天下和平，非感而通乎？不特此也，观此感，通于造化，则一施一受，可以见天地之情；观此感，通于万物，则相应相求，可以见万物之情。宇宙间无一非阴阳之迹，无一非感通之理，真情所达，殆昭昭然为天下之所共见矣。然则感之道不其大哉？此见天地之感浦万物而无心，圣人之感顺万物而无为，万物化生和平，即在天地人心；和平化生，即在圣人。养其太虚，无我之衷，则喜怒哀乐自然发皆中节，礼乐政刑自然施无不当位，天地育万物，一心感之而有余矣。"山上有泽"，山之虚，受泽之润，有咸之象焉，人心不虚，乌呼受哉？故君子其性于大公之天，随其所感，惟本吾心之虚以受之，亦如山之以虚而受泽也。其感通之妙，岂有二乎？夫《彖》言感，而《象》言受。此见感应之理，惟在我心之能虚。然所谓虚者，循乎天理，而中绝意必固我之私，如无适无莫。而义知与比，不必信果，而惟义所在。《象》之虚，即《彖》之贞也。若舍贞而言虚。则是不以礼为权衡，而此心漫无所主，必至熏莸杂陈，是非莫辩，未获受善之益，而先受不善之害矣。夫岂所以总一庶类，裁制万事之道乎？咸卦卦画作艮下兑上，似以男女交感为说（廖名春也持这种说法）。初六，触动脚大拇趾，这是挑逗的开始，《水浒》所描写的西门庆挑逗潘金莲即从捏足入手。动脚拇指是安全的，所以吉利；六二小腿是人的支撑腿，所以占问居所吉利，冒险则凶险；九三进一步握住了腿，在往上可能会遇到困难；九四已心悦诚服，很吉利；九五继续亲昵动作，没有悔恨；上六男女交感完成。从卦象上看，三阴三阳皆相正应，强调守正交感获吉。

恒卦第三十二

[原文]

恒[1]，亨。无咎，利贞。利有攸往[2]。

《彖》曰：恒，久也。刚上而柔下[3]，雷风相与[4]，巽而动[5]；刚柔皆应[6]，恒。“恒，亨。无咎，利贞”，久于其道[7]也。天地之道，恒久而不已[8]也。“利有攸往”，终则有始也。日月得天而能久照，四时变化而能久成。圣人久于其道，而天下化成。观其所恒，而天地万物之情可见矣。

《象》曰：雷风[9]恒。君子以立不易方[10]。

[注释]

[1] 恒是本卦标题。恒的意思是恒久、持久、经久。朱熹曰：“恒，常久也。”[2] 无咎利贞利有攸往：此八字，楚简本作四字：“利贞无咎”。[3] 刚上而柔下：从内外卦看：下巽上震，震为刚在上，巽为柔在下。从爻画上看，九四之刚自下而上，初六之柔自上而下。故曰“刚上而柔下”。[4] 雷风相与：上震为雷，下巽为风，雷风相得。[5] 巽而动：《咸》下巽上震，震为动。[6] 刚柔皆应：《恒》卦初与四、二与五、三与六之刚柔相应。[7] 久于其道：长久保持恒道。[8] 已：止。[9] 雷风：下巽上震，震为雷，巽为风。[10] 立不易方：立于其道而不改。《正义》：“君子立身，得其恒久之道，故不改易其方。”方：道。

[译文]

《恒卦》：顺畅，将不会招致灾祸，有利于去占卜，有所行动则有利。

《彖传》说：恒，有恒久的意思。阳刚处在上，阴柔处在下。雷与风相互感应推进事物发展，做到谦恭而相互顺从地行动，刚柔相济，所以把它叫做《恒卦》。《恒卦》卦辞说“顺畅，将不会招致灾祸，有利于去占卜”，是说长久地坚持正道。大自然固有的客观规律是恒定不变的，而且贯穿于事物发展的始终。“有所行动则有利”，是说事物变化发展的规律是周而复始的。太阳月亮遵循大自然固有的客观规律就能长久地普照万物，四季交替变化能使作物茁壮成长，圣人长久地坚守正道进行教化，就能达到治理天下的目的。通过观察研究亘久之道，我们就不难发现天地万物瞬息万变的规律。

《象传》说：《恒卦》是巽在下，震在上，巽为风，震为雷，此卦象为风雷交加，二者相辅相成长久地哺育万物，所以把它叫做《恒卦》。君子应当长久地坚守正道。

[不休说]

恒与咸相次。咸卦上少女下少男，以男下女为夫妇相感之始。恒卦上长男而下长女，男尊女卑，乃夫妇居室之正也。《彖传》则推其象而极言之，本诸天地，扩之于四日月，验之于圣人，无非贞也，无非恒也。“恒”固以贞久为义，然必极其变化乃可以久。盖天地间之气运循环古今，来之随时制宜，惟有变化无穷之用，故能垂为万古经常之道。如胶执一定而以为可久几何，不至窒而不可行哉。初爻执其常而不审其变，则持守未定，正而不恒。“四”则久非其道，恒而不正。“五”顺从而寡断，“六”过动而纷更，要皆不免于凶也。惟“二”以阳居下体之中，似当有悔而克内自省，察上应于“五”，故成久中之德，而悔不终悔，其即所为久于其道者欤。盖恒之中有不易、不已二义，自其不易者论之，则穷天地万古而不可变也。自其不已者论之，则寒暑错行，日月代明，而其变未尝已。君子体其不易，则確焉有以自守而厉其介石之心。体其不已，则奋焉有日新，其迁善之益。斯恒道之所由立欤。《恒卦》教导人们处事要有恒心。但这里的“恒”并不是一成不变的意思，而是恒中应有变，变中要有恒，是恒是变，应根据实际情况而定。

[原文]

初六：浚恒[1]，贞凶，无攸利。

《象》曰：“浚恒”之凶，始[2]求深也。

[注释]

[1] 浚：疏浚、掘深。帛本作“夐”，简本作“叡”（通“濬”），深（《释文》），挖之使深，常指疏浚河床或井床。恒：久（《解集》引侯）。浚恒：指掘深掘得太久，怕有塌方压人，故凶。[2] 始：疑借为殆。《说文》：“殆，危也。”《诗·七月》：“殆及公子同归。”毛《传》：“殆，始也。”

[译文]

初六：过分地追求恒久，去占卜得到凶险的预兆，没有什么好处。

《象传》说：过分地追求恒久，去占卜得到凶险的预兆，是因为开始就求深入。

[不休说]

初六柔爻居于阳位，材资弱却心志刚强，上应九四，却要经受九二、九三的重重阻碍。卦的上体为夫，下体为妇。妇道尚顺从，应当是以下顺上，而不宜以下主动求欢娱才对。初六女子尽管能以温柔之性，礼应九四，毕竟急于求成，缺乏自制的理智和内涵。天下有理本正，而势不可行者，当审势以自止。如“初”与“四”为正应，固理之常。然自“初”言之，情分间隔，未可深有所求；自“四”言之。好高不下，难以有所合。今初六阴居巽下，柔暗不自度量，而疏远莫信，嫌隙易生，其凶宜矣，又何利之有？“浚恒”之“凶”者，盖“初”相遇之始，交浅，不可以言深，而以深相求，必欲其谏从计听，只以取辱而已，此所为凶也。盖凡人既以正道自居，尤贵相时度势以行之，故必相遇既孚，同心一德，然后徐进吾言，则言者不觉迂疏，听者自能虚受。位卑言离，即使辞义剀切，非惟无益，而只以取咎，虽一身之荣辱得丧不足恤，亦非君子信而后谏之道也。人亦鉴于“浚恒之凶”，而以至诚动之可矣。这一爻告诉我们，追求恒久，没错，但过分追求恒久，就成了强迫别人做事，就会给自己带来凶险。

［原文］

九二：悔亡[1]。
《象》曰：九二“悔亡”，能久中[2]也。

［注释］

［1］悔亡：指九二阳居阴位，本有失正之悔；但能恒久守中不偏，遂获悔亡。王弼注：“虽失其位，恒位于中，可以消悔也。”［2］能久中：九二居中，故能恒久行中道。

［译文］

九二：后悔自己没有坚守正道。
《象传》说：《恒卦》的九二爻说后悔自己没有坚守正道，恰恰是因为它能够长久地坚守中正。

［不休说］

九二以阳居阴，本不正而有悔者，然幸其所居得中，是存心有常，本体不亏，即偶不出于正，特一时一事之过耳，终能善反以为功，因中以求正，自然内省不疚，无恶于志，悔不终悔而亡也。“九二”宜“悔”而“亡”者，何哉？以其中而能久，是恒性常在，而本体之明有未尝息者，故能觉悟其非，而一反之于正，小疚不足嚄以累其心矣，何悔之不亡乎？贞者，恒之道也。此爻不言而言中者，盖恒之所贵者贞，贞之所贵者中。恒而非贞则失其恒，故四以久非其位而失恒，上以振恒而大无功。贞而非中，则失其贞，故“初”之“浚恒”以贞而凶，“三”之“承羞”而吝，“五”之“恒其德”以贞而有“从妇”之凶。惟“九二”能久中，则无过不及弊。中之所在，即正之所在也。程颐亦曰“中重于正，中则正矣，正不必中。”欲求“悔亡”之道，其可不勉于此哉？九二爻阳居中位上应尊位，恒卦下体的巽为长女。九二爻表示该女子的才能突出，争强好胜，反观尊位之六五，过于优柔寡断，性情懦弱。九二女子对丈夫有妻管严之嫌。但该女子能恒守夫妻之情，虽然平时生活中对丈夫有些违逆不敬的现象，本质上却忠于丈夫，并无悖德行为发生。这一爻告诉我们，做错事能有所醒悟，恰恰反映了自己能长久地坚守正道。“人非圣贤，孰能无过”就告诉我们犯错误是不可避免的，所以，能及时改正错误正是坚持正道的表现。

［原文］

九三：不恒其德[1]，或承之羞[2]。贞吝[3]。
《象》曰：“不恒其德”，无所容[4]也。

［注释］

［1］恒：久。德：德行。［2］或：有，代词。承之羞：因此而蒙受耻辱。承：简本

作“丞”。《说文》：“作受也。”之，代词，楚简作“其”。羞：《广雅·释诂》：“作耻、辱也。”《论语·子路》篇：“子路曰：‘南人有言曰，人而无恒，不可以作巫医，善夫，不恒其德，或承之羞。’子曰：‘不占而已矣。’”［3］吝：困难，不顺利。贞吝：占问则行事艰难。［4］无所容：进退失据，故无所容身

［译文］

九三：不能长久地保持美好的德行，就要承受羞辱，卜问有灾祸。

《象传》说：不能长久保持美好的德行，这表明贪功冒进，没有恒心，结果不为人民所容。

［不休说］

九三刚居阳位，处下卦上位，处下卦上方，虽然当位，但刚愎自用，违背中道，是位泼妇严妻。与九三对应的上六，位居震长男之极，可见也是位临险好动，不学无术的男子。以九三说不定还会是一个作奸犯科的淫妇，偷鸡狐狸不改性。九三居得其正，固本有其德者。然有德而能有恒，则所存者正所操者纯矣。乃过刚不中，志从于上，见富贵功名而变易其守，是固执之功未深，不能久于其道，一节或亏，尽丧其生平，人皆贱恶羞之者众，贞而不恒可吝莫胜于此矣。“三”有其德而不能有恒，则内愧于己，外愧于人；既为君子所必弃，又为众议所难逃，亦何所容于世乎？要必以贞固不移者立其志，纯一无间者致其功，而后取舍以明，存养以密，不至见异而或迁，故无羡畔援之心，而道岸可登也。有圣敬日跻之学，而昭假能久也。若夫内多欲而外施仁义，亦未体于有德有恒之义者乎！这一爻告诉我们，要长久地坚持美好的德行。

［原文］

九四：田无禽[1]。

《象》曰：久非其位[2]，安[3]得禽也！

［注释］

［1］田：猎，指打猎。禽：鸟兽之总名。田无禽：打猎不能捕获禽兽。指恒居不当之位，徒劳无益。王弼注：“恒于非位，虽劳无获也。”《正义》：“田者，田猎也，以譬有事也；无禽者，田猎不获也。以喻有事无功也。”［2］久非其位：九四以阳居阴，处《恒》时而失位，故曰“久非其位”。位：环境。［3］安：何。

［译文］

九四：打猎归来，见不到捕获的猎物。

《象传》说：长期处在不适当的位置，怎么能捕到猎物呢？

［不休说］

九四以刚居阴位，失位不中，怀才不遇，穷困潦倒，一无所获，难以供养初婚的女

子。反观初六之爻，可知，初六女子“浚恒”。他们的婚姻缺乏理智的相互了解，是一种草率的结合。凡人必久于正道，斯内可以成己，外可以成物，恒而有益于得也。九四以阳居阴，是所久者皆异端曲之私，非圣贤中正之道。反之身心而无益，推之事物而无功，犹田于无禽之地，其所得者盖鲜矣。九四所以取象于“无禽”，何也？盖为期于成功，犹田期于得禽也。今四久非其位，是不知所择，而恒非所当。恒于无禽之地而田猎，欲有所获，安可得乎？夫“三”当“恒”而不“恒”，是以可用之心不用于宜用之地，则移于外诱，遂失吾心之正，此所以鲜有终也。“四”不当“恒”而“恒”，是以用之心竟用于无用之地，则偏于意见。究踰大道之闲，尤为重可惜也。故学术之要，必以中正为归而久于其道。圣人之恒于天地配，良有以夫！这一爻暗示我们，执恒不要太机械、太执着了。

[原文]

六五：恒其德。贞，妇人吉，夫子[1]凶。

《象》曰：“妇人”贞吉，从一而终[2]也。“夫子”制义，从妇凶[3]也。

[注释]

[1] 德：这里指顺从。古代以妇女顺从丈夫为德。所以妇人顺从丈夫为吉，丈夫顺从妇人为凶，这里反映当时男权社会，妇人受压制。夫子：指男士。[2] 从一而终：古代礼制对妇女的制约。《礼记·郊特牲》：“壹于之齐，终身不改，故夫死不嫁。”从一：从夫。[3]“夫子”制义，从妇凶：《来氏易注》：“制者，裁制也；从妇者，从妇人顺从之道也。夫子刚果独断，以义制事；若妇人之顺从，委靡甚矣，岂其所宜？故凶。”《孟子·滕文公下》：“必敬必戒，无违夫子，以顺为正者，妾妇之道也。”又曰：“是焉得为大丈夫乎。”夫子：丈夫。制义：因事制义。从妇：指遵循妇人的顺从之道。

[译文]

六五：始终保持美好的德行。去占卜，妇人可以得到吉祥的预兆，丈夫则遭遇灾祸。

《象传》说：女人贞洁守道可以获得吉祥，是说女人一生只应该嫁一夫。男人处理事务应果断，顺从妇女就会遭遇凶险。

[不休说]

六五以柔中应九二之刚中，知上以任行为德，易于轻信其下，守之不易，是恒其顺从之德，而贞固不变者也。不知顺者乃妇人之道，故在妇人犹可获吉，至于天子正位乎外，当以果决行之，若徒以顺从为恒，则五爻为尊君之爻，居恒卦上体震卦之中位，所行的应是丈夫之道。能“固守中道而不移”，对任何人而言都是一种美德。但是六五以柔爻居阳位，下与九二正应，属于尊上者顺从卑下。若为妇人，六五下应九二，可看作是从子之象，妇人恒守三从四德自然可获吉祥，但六五若为男子的话，就显得过于优柔寡断。男子无性，钝铁无刚。志阻于逡巡，而事败于巽懦，凶莫甚于此矣！“五”言“妇人贞吉”者，盖妇人无专制之义，从“夫子”以终身，故以顺从为正而吉。若夫子则举宇宙四方之事，皆吾分内之事，而确然以义为断制，始无萎靡不振之讥，使亦如妇人之从人，是以丈夫从妾妇之道也，其凶不亦宜乎？盖臣道犹妇道也，忠顺以事一人可也。君道犹夫道也，自当乾刚独揽而不可下移者也。苟徒以任臣为德，则偏信生奸，必致大害。如汉元之委任王凤兄弟，明皇之听信林甫、国忠是也。夫自古英君谊辟，非不勇于任人，而必独断之德，以神其不测之权。其待庶撩也，既不可失于过严，使臣下无靖献之路；其御贵臣也，有不可失于太宽，使国枋有废之犹，则刚柔合宜，而“贞”“恒”之道得矣。这一爻告诉我们，既要恪守一般的道德，又应当各有其序。即我们做事要因时、因地、因人而异。

[原文]

上六：振恒[1]，凶[2]。

《象》曰：“振恒”在上[3]，大无功也。

[注释]

[1] 振：振动。《释文》：“张作震，马云：‘振，动也。’”朱熹曰：“振者，动之速也。”《集解》亦作“震”。《说文》引《易》曰：“木耆恒凶。”“振”作“木耆”。帛本作“夐”简本作“叡”，与初六同。振恒：指雷雨太久成灾，《集解》作“震恒”。[2] 凶：简本作“贞凶”。[3] 在上：指统治者居于上位。

[译文]

上六：犹豫不决，遭遇凶险。

《象传》说：统治者经常更改政策，结果终将一无所成，不会有所建树。

[不休说]

六以柔爻居阴位，资质柔弱又好动不止，无力固恒。又身临卦之极地，偏离了中道。并且上六下应“不恒其德”的九三，双双推波助澜，铤而走险，更是好变不能守恒，所以致凶。上六居恒之极，极则不常，又处震之终，终则过动。且阴柔不能固守，居上非其所安，忘贞正之德，而易生外欲之累，好为变迁，以振动为恒，则纷更反常，凶可知矣。上六以振恒而在上，性以逐物而亡，既不能有裨於身心，又不能有益於家国，不止無功，而且大上無功矣。夫天下時至而业起，物来而已应，豈有无故而自滋，以为常行之道乎？振而不恒，尤为一时之失；振恒而不在上，不过一身之害；此用人者当深察也。这一爻告诉我们，作为统治者，办事要果断，立场要坚定。

总 论

天下之理惟积久则能贯通，见异而迁，则事多捍格矣。人能守其恒心，笃信力行，则功之纯者理必得，居之安者动必藏，亨而无咎，固其宜也。然所谓恒者，非徒苟焉以守之而已，又必择其是非，辨其邪正，使其所久者皆天命人心之公、圣贤中正之道，而偏端曲学不得参其间焉。然后以天下之正理成天下之正功，本体既端，发用自裕，经纶参赞，无往而不利矣。维皇降衷，若有恒性，即所谓贞也。自气质拘之于前，物欲蔽之于后，于是失其贞性而误用。夫心恒者有之矣，如杨墨佛老守“为我、兼爱、清净寂寞”之说以终其身，可谓之贞乎？不可谓之贞，岂可谓之恒乎？是以君子为学，必恒以致其功，尤必贞以立其体，未有不贞而能恒者。先择善而后固执焉，可矣。卦之为“恒”者，以有常道而可久也。盖卦体刚上柔下，高卑已定，名分之常也。卦象震雷巽风，动散相承，气化之常也。卦德巽顺震动，各极其用，人事之常也。又卦体六画刚柔相应，彼此相资，人情之常也。此“恒”之所以名也。夫曰“恒”，固知其“亨无咎”矣。而又曰“利贞”者，言必利于正，乃为“久于其道”，离正，不可以言道也。不观诸天地乎？于穆不已，覆载无私，天地亦惟此经常不易之道，故恒久而不已，而况于人乎？以此见“恒”之必利于贞也。夫能贞，故知其久道矣。又曰“利有攸往”者，何哉？盖天下有未体而不足以利用者。又不观诸天地乎？造化之理，动静妙于相生而会聚之极者，必禅之以发散之用，岂有终焉而不始者哉？夫天地之运，终则有始。如此况人道之贞，而安有弗利乎？此“贞”之后而必继以“利往”也。是可见恒者，道之常。而“贞”者，恒之道，夫固具于卦而显于辞者也。然岂止于是而已哉？以“恒”之道而极言之，秉阴阳之精者，日月也。丽天以垂象，运行代明而不失其照之常，非“恒”之见于日月？分阴阳之气者，四时也。循序以错行，寒暑往来而不失其岁之常，非“恒”之见于四时乎？若夫圣人至诚无息，而治功悠久，天下化于其道而成俗，虽经权互用而总不失其道之常，非“恒”之见于圣人乎？即是恒久之道而观诸天地，则生成化育常理不忒，而天地之情可见矣。即是恒久之道而观诸万物，则飞潜动植，常性不易，而万物之情可见矣。然则日月也，四时也，圣人也，其功不同，而同归于恒。天地也，万物也，其情不同，而同见夫恒。恒道其大矣哉！按天地得一以清宁，圣人得一以为天下贞。一者恒也，即贞也。天地一而不贰，则悠久无疆，化育万物。圣人一而不贰，则纯亦不已，配合天地。然圣人者，又三才之主也，故阴阳愆伏，民物偶失其常，而圣人皆引为一身之咎，其必极中和之量，尽参赞之功，而后为久道化成之极致乎！“雷风”至变也而相遇，万古不易。至变而有不变者存焉，恒之象也。君子体之，而有确然不易之道，即所谓“方”也。但常人始则柔懦不振，知之未必能立；继则持守不固，立之未必能久。惟君子择之极其精，而执之极其笃，虽日用化裁之，宜非拘守者可比，而中有定见，任万物之迁移不能夺其所主宰，与雷风之变而不变者一矣。天下之至静者莫如风雷，而以为恒，可见变化无端者正其感而遂通者也。天下之至变者莫如风雷，而以为恒，可见变化无端者正常久不已者也。君子立此“不易方”之理，以化裁利用，恒非胶执，方为通方。人主诚能法雷风之象，虽万变，随时变易以从道，而中之所立，毅然有以自主，则刚柔协应，何难久道化成乎？恒卦卦画作巽下震上，震为长男，巽为长女，男上女下，上刚下柔，上动下静，是夫妻行房作爱时的表现。夫妻恒久的情爱关系是建立在性爱基础之上的。从卦象上看，上体为雷，下体为风，雷厉风行阴阳互助，是天道恒常的现象；外卦长男，论为夫之道；内卦长女，论为妇之道；男主外，女主内，夫唱妇随，体现了男权妇德思想。恒卦借喻此象，阐述人们交往合作关系。以各种恒久之事如疏浚、振动、田猎、道德等讨论吉凶，多指恒久绵延而无功，故凶、吝居多。卦辞只说亨通、无灾祸、利占问、利出行，其实是隐含“用恒”的。本卦以守正、守中、守常的原则，用发展的眼光看待发展中的关系。

遁卦第三十三

[原文]

遯[1]，亨[2]，小利贞[3]。

《彖》曰：遁“亨”，遁而亨也。刚当位而应[4]，与时行[5]也。“小利贞”，浸而长[6]也。遁之时义[7]大矣哉。

《象》曰：天下有山[8]，遁。君子以远小人，不恶而严[9]。

[注释]

[1] 遯是本卦的标题。遯字今简化作“遁”，但遯的含义有小猪、逃遁、隐退等，故仍用古字。[2] 亨：指遯之时，阴渐长而阳渐衰，君子退而后能亨。《正义》：“小人方用，君子日消，君子当此之时，若不能隐遁避世，即受其害，须遯然后得通，故曰遯亨。”[3] 小利贞：柔小者利于守持正固。[4] 刚当位而应：九五得位居中而与六二相应。《集解》引虞翻曰：“刚谓五而应二。”[5] 与时行：指顺时退避。与时：随顺时势。[6] 浸而长：二阴居四阳之下，有浸润渐长之势。浸：通“寖”，寖润，逐渐。[7] 时义：指当“浸而长”之际，应及时隐退，方合遯之义。[8] 天下有山：下艮上乾，乾天在上，艮山在下，故“天下有山”。《集解》引崔憬曰：“天喻君子，山比小人。小人浸长，若山之侵天；君子遯避，若天之远山。”[9] 君子以远小人，不恶而严：不冒犯但有威严。《集解》引侯果曰：“群小浸盛，刚德殒削，故君子避之，高尚林野，但矜言于外，亦不憎恶于内，所谓吾家耄逊于荒也。”《纂疏》：“吾家耄逊于荒。”（《书·微子》文）。言吾家老成之人，皆逃遁于荒郊之外。恶：凶恶。严：严厉。

[译文]

《遁卦》：顺畅。去占卜有小利。

《彖传》说：《遁卦》之所以亨通，说明只有逃跑隐藏起来，才能顺畅。刚强者处于适当的位置和阴柔者相应，随时势的变化而变化。“去占卜有小利”，这表明君子及时退隐，有利于保全自身，但促使小人逐渐得势。所以《遁卦》所揭示的及时隐退意义是多么重大呀。

《象传》说：《遁卦》是艮在下，干在上，艮为山，干为天，这上有天下有山，天高山远之象，所以把它叫做《遁卦》。君子应疏远小人，虽不凶恶，但能震慑住小人。

[不休说]

遯为阴长之卦，二阴生于下，阴长将盛，阳消而退，当遯之时也。能与时行，而适得其宜，处遯之义也。《彖辞》统言四阳，《彖传》专言九五者，以五为四阳之统，善用其遯，而有致亨之道也。“遯”而后“亨”，所以戒君子。“小”必“利亨”，所以戒小人。正所以全君子也。六爻惟四阳当遯，其下“初”与“二”本属阴爻，而爻辞仍主阳，而言“初”、言遯之几，贵早见。“二”言遯之志宜固守，与四阳同义，何哉？此见圣人于阴长阳消之际，为君子谋者至切也。至九五一爻，《程传》以为遯非人君之事，故不主君言。然古来智深勇沉，能深藏其用，为除奸反正之君，皆嘉遯而贞吉者也。遯之时义所以为大，不益可见乎？《遁卦》告诉我们，要及时退避。

[原文]

初六：遯尾[1]，厉，勿用有攸往。

《象》曰：“遯尾”之“厉”，不往何灾[2]也。

[注释]

[1] 遯：逃遁、隐遯、隐退。帛本、阜阳本作“掾”，简本作“豚”。借为豚，小猪。尾：简本作“丌尾”，后（《广雅·释诂》），随后。通“微”。《书·尧典》：“鸟兽孳尾。”《史记·五帝本纪》尾作微。《论语·公冶长》篇：“微生高。”《汉书·古今人表》作尾生高。《左传·襄公十九年》：“崔杼微逆光。”服注：“微，匿也。”《左传·哀公十六年》：“白公奔上而缢，其徒微之。”杜注：“微，匿也。”《广雅·释诂》：“匿，藏也。”遁尾：割断尾巴，因猪割断尾巴易肥。此处比喻作他人之尾巴，有被断之危险。《集解》引陆绩曰：“阴气已至于六二，而初六在其后，故曰‘遁尾’也。”厉：逃难当在前面而在后，故厉。[2] 不往何灾：不往前进取则又有什么灾祸呢？

[译文]

初六：最后才想到逃跑隐藏，非常危险。不能有所行动。

《象传》说：最后才能想逃跑隐藏，非常危险，干脆不行动又哪里有灾难呢？

[不休说]

初六为阴爻，柔居阳位，表明优柔寡断，办事迟疑不决，没有事先预知危机的能力。君子与时偕行，时当可遯，即以早遯为贵。今“初”居卦下，在遯为尾，众皆决去，彼独迟留，失事机之宜，而贾中伤之祸，危且不免矣，况欲往而有所为乎。惟奉身以退，静以待时可也。遯之机贵先不贵后，遯之理宜守不宜进，“遯尾之厉”以不能早遯而妄欲往耳。若能早以晦自处而不往，则我不取灾，而灾何由至乎？此见君子当小人道长、职居下位时，既不可往而势又不能往，惟危行言逊，而静处以俟之，则藏其用于有待；既以得嘉遯之贞，处其身于无危，且以获肥遯之利。奈何甘为“遯尾”，率意躁进，以蹈“攸往”之灾也乎？这一爻告诉我们，与其等到大家都逃跑隐藏好了才开始逃跑，不如不采取行动。

[原文]

六二：执之用黄牛之革[1]，莫之胜说[2]。

《象》曰：执“用黄牛”，固志[3]也。

[注释]

[1] 执：通“槷”(《新证》)捆邦；《诗·小雅·白驹》：槷之维之；《释文》：“蔡本作槷”；帛本作“共”，通“拘”；简本作“饰”，指马衔，义为拘饰。之：指什么没有点明，可能指俘虏、家禽或捕获的野兽。革：通“勒”，帛本作“勒”，勒是带嚼子的马络头；革是去毛的兽皮（见《说文》）此指皮绳。[2] 胜：能够承受，禁是起。说：通“脱”或“捝”(《今注》)。胜说：帛本作“胜夺”，简本作“乘力”。[3] 志：疑当作“之”。古书之、志二字相乱。《墨子·天志上》篇：“子墨子之有天之，辟支无以异乎轮人之有规，匠人之有矩也。”天之即天志。《号令》篇：“为人下者常司上之。”上之即上志。

[译文]

六二：执有这个信念，就好像用黄牛皮把他捆绑在自己身上，没有人能说动他改变这个想法。

《象传》说：执有这个信念，就好像用黄牛皮把他捆绑在自己身上，这是因为意志坚定。

[不休说]

六二柔爻居阴位，又得下体艮卦静止的中位，执行守正，谨守静止之道。六二又上应九五君爻，不为中正之道，志坚韧又有远见。“六二”，时值当遯，遂因时而退藏，守其中顺之德，决于必遯，执持甚固而人莫能解。犹执物者用黄牛之皮而莫之能说也。遯不以迹而以志，所志未固，则韬晦不深，系吝之私所不免矣。今“二”之志确然不易，沉潜中顺，虽万钟于我无加；含章守贞，即三公不易其介。故爻言“执用黄牛”者，固守其与时偕止之志而不转移于外也。盖君子处当遯之时，此身既已敛藏，此心尤宜坚忍。苟挟持未密尔意气或行，此志遂为小人所窥，正恐执之者不坚，说之者纷至耳。诚能识坚力固，确不可移，则中顺之德在我，自有所以遯之之理；而固志之学在小人并不见以遯之之迹。此其所为“不恶而严”也欤！这一爻告诉我们，在形势对自己不利时，要坚持“逃跑”的策略，不要轻易改变。

[原文]

九三：系遁[1]，有疾厉。畜臣妾[2]吉。

《象》曰：“系遁”之厉，有疾惫[3]也。“畜臣妾吉”，不可大事[4]也。

[注释]

[1] 系：拘系，《释文》：“本或作繫。”帛本作“为”，“为”字本义为“执象”，故有执义。系遁：牵系隐遁者，不让他去隐遁，所以象有疾的苦恼。[2] 畜：豢养，《广雅·释诂》作养。臣妾：家奴，《书·费誓》：“臣妾逋逃。”孔传：“役人贱者，男曰臣，女曰妾。”简本作“臣妾”，帛本作“仆妾”。畜臣妾：畜养男女奴隶，不让他们

走，是吉利的。当时男奴隶为臣，女奴隶为妾。[3] 惫：困。《释文》引郑云："惫，困也。"《一切经音义》七引《通俗文》曰："疲极曰惫。"[4] 不可大事：不可施行治国大事。

[译文]

九三：由于受拖累而难以逃跑隐藏，就像有疾病缠身一样，危险。此时，蓄养仆人和侍妾，这是吉利的。

《象传》说：由于受拖累而难以逃跑隐藏，危险，就像有疾病缠身那样使人疲惫不堪。蓄养仆人和侍妾将会获得吉祥，但不可干大事。

[不休说]

九三刚居阳位得正不中，与上九相敌无应，又居九四、九五逆比，下与六二、初六亲比，可谓亲小人远君子之流。初六、六二两阴爻气势嚣张，不断侵蚀阳刚，九三面临腐蚀，很快会有变质堕落之危，但九三位居艮上体，艮为静止，极尽沉稳，又能持刚守正，若能畜止住小人侵上之行为，可获吉祥。九三当遯之时，下比二阴，是危邦已不可人，乱邦已不可居，而犹恋恋于利禄而不忍释也。为系遯之象。以理之得失而言，有欲而不能克，此行之疵也，其疾宜也。以势之利害而言，遇患而不能去，此危之道也，其厉宜也。夫系恋之私，断非君子立身之大道，或用此"畜臣妾"，庶不嫌于比昵可得其欢心耳。若以之当进退去就之间，如之何其可也？"九三系遯之厉"者，言其有所系恋而不能遯，则阴害中之，必有疾惫也。然以之"畜臣妾"，则"吉"者，盖女子，小人。彼之事人者，原不过以阿谀取容；则我之结彼者，亦不过以私恩相畜。系与不系，无足重轻。若遯，则出处大事，千古之名节攸关，一身之利所系，岂可以"畜臣妾"之道而处之乎？盖士君子一进一退，原有不可踰之大闲，稍识义理者皆能辨之，而身当其际往往濡而不决。此无他，其始也，鲜刚正之德，几先之哲；其继也，有因循之心，贻身名之羞，致祸患之及。皆此"系"之一念累之也，可毋戒欤？这一爻告诉我们，在该急流勇退时，不可受牵制，应当机立断；如受到了牵制，应该沉溺于享受。总而言之，就是要消除对方的疑虑。

[原文]

九四：好遁[1]，君子吉，小人否[2]。

《象》曰：君子"好遁"，"小人否"[3]也。

[注释]

[1] 好：馈赠，孔。《玉篇》作爱好。《尔雅·释器》："肉倍好谓之璧。"郭璞注："肉，边；好，孔。"此处用为动词，意为穿孔。《周礼·大宰》："九曰好用之式。"郑注："好用，燕好所赐予。"《玉府》："凡王之好赐，共有货贿。"《内府》："凡王之好赐予则共之。"《左传·昭公五年》："宴有好货。"杜注："宴饮以货为好。"《诗·巷伯》："骄人好好。"《尔雅·释训》："好好作旭旭。"君子好遯。[2] 君子吉，小人否：君子爱好隐

退，而小人则知进不知退。指贵族可以隐退故吉，小民靠劳动过活，不能隐退，故否。[3] 小人否：小人无法办到。

[译文]

九四：喜爱逃跑隐藏，对君子来说，是吉利的，对小人来说，是坏事。

《象传》说：君子喜爱逃跑隐藏是吉利的，是因为君子能做到该退就退，从容自如，而小人却做不到这一点。

[不休说]

九四阳爻居阴位，下与初六正应。当阴长阳消之时，九四之阳退变为阴，急流勇退，是为回归正道。又能趋吉避凶，这对九四而言，适时遁隐是十分有利的。九四位处遁之上体乾卦之初，前为刚进、为果决。九四因九三能得大好遁退时机。九四下应初六，本有富贵之好，然其体刚健，能有以胜意念之私，而绝之以遯焉。此惟以理制欲之君子，外不慕于纷华，内惟存乎道义，得遂其洁身之美，吉如何焉？若小人值之，则徇欲忘返，日役役于所好，而必不能遯也。"九四"言"君子吉，小人否"者，盖营私之念尽人之所同，而制欲之功君子之所独。惟君子明于时之不可为，能绝所好而必遯；小人则牵于私情，何能以果遯乎？夫君子小人，所异者其心，所辨者其义利邪正之介。故君子之好遯，必心性明，决机先，有坐照之神，而气节刚方，临事无依回之念，然后超然物类之表，所谓人各有志，不可以好爵縻，不能以荣名絷者也。人亦审于吉凶之际而勉为君子可矣。这一爻告诉我们，急流勇退对君子来说，是吉利的，但对小人来说，是坏事。

[原文]

九五：嘉遁[1]，贞吉。

《象》曰："嘉遁，贞吉"，以正志[2]也。

[注释]

[1] 嘉：嘉礼，喜庆。《正义》作美，此指称许。《书·大禹谟》："嘉乃丕绩"。嘉遯：传文此处指受到赞美而退去。[2] 以正志：能够端正退避的心志。

[译文]

九五：在适当的时机逃跑隐藏，值得赞美，去占卜得到吉利的预兆。

《象传》说：在适当的时机逃跑隐藏，值得赞美，去占卜得到吉利的预兆，是因为坚定了自己的信念和志向。

[不休说]

九五阳刚中正，而行应亦柔顺，似犹有可为而不必遯。然时有当遯而有不得不遯者，惟能灼于几先，与时偕行，是遯之至嘉者，乃为得处遯之贞，而所处皆吉也。时当可遯，而或役志于功名，此心已为外物所移，志必不能正。然身处于遯，而或稍存其形迹，则此志必为小人所忌，遯亦不能嘉。今五之“嘉遯贞吉”者，以其先几而动，不蹈“遯尾”之灾，与时而行，自免系遯之厉，且可去即去凝然在中，而若不见其所守也。可速则速，而并不见其所好也，盖能自正其志，则富贵功名不能动其念，故为嘉遯之贞吉耳。阳刚以守道为要，故身退则亨。九五以扶阳为贵，故嘉遯则吉。君子诚能内存正志，而外与时宜，则匪独身名两全，而关于世道亦大矣。九五刚爻居阳位又处上卦之中，居有九五之尊的阳刚中正美德。九五下应六二，刚柔相应。又难持中守正，德行嘉美，被人称一个人即使身居高位，又有贤明的人帮助他，他也应顺应时势退避。

[原文]

上九：肥遁[1]，无不利。

《象》曰：“肥遁，无不利”，无所疑[2]也。

[注释]

[1] 肥遯：传文指小猪被养肥。肥：通“飞”本或作“飞”（李富孙《易经异文释》引陆希声本）。张衡《思玄赋》：“利飞遁以保明。”《说文》：“肥，多肉也。”此用其本义。《音训》引晁氏曰：“肥，陆希声云：‘本作飞’。”《文选》张衡《思玄赋》：“欲飞遯以保名。”曹植《七启》：“飞遯离俗。”李善注并引《易》肥作飞。[2] 无所疑：《集解》引侯果曰：“最处外极，无应于内；心无疑恋，超世高举；果行育德，安时无闷。”疑：疑虑，留恋。

[译文]

上九：逃得远远的，没有什么不利。

《象传》说：逃得远远的，没有什么不利，就在于遁逃者不会引起别人怀疑他还会回来抢夺胜利果实。

[不休说]

上九刚居柔位，勇于退避。而且，上九处上体乾之上爻，乾为天，远遁天边，是天高皇帝远，超然世欲之逍遥之地。明决不足者，当遯而不知遯。物欲系念者，可遯而不能遯。今上九阳刚有必遯之志，而又居外无应，不为世累故遯。自裕如有肥遯之象，处进退之间，随身皆优游之境也。历宠辱之交无人，非自得之机也，合不利之有哉？“上九肥遯无不利”者，其心不为物累，无所疑虑故也。盖人心所疑于中，即不能决于外，而利害祸福之念撄之，斯进退出处之道失矣。此上九之无疑不同于九三之系遯，并不同于九四之好遯耳。大约士君子出处之道，必视其所际之时与所处之位，不宜有一毫偏颇之心，可行则行，可止则止。上九之肥遯，亦顺其时与位之当然，如舜处深山之中于木石居，与鹿豕游，浩浩落落，其胸中之经纶自在天地间也。此所谓肥遯者哉！这一爻告诉我们，为了躲避由于对方的疑虑而引起的灾难，逃得越远越好。

总 论

君子之不能违者，时也。小人之不可越者，理也。此卦九五当位，而六二应之，似犹可以有为，但二阴浸长于下，有小人胜君子之渐，苟不稍为隐藏，则必身中其祸，故宜善自退避。形于外者，不使嫌隙之或乘，默为维持；主于中者，自得吾道之不屈。盖遯则能亨，不遯则尔不亨也。若小人凭浸长之势凌君子，虽一时若可得志，然终非小人之福。惟利正以自守，而勿侵迫于阳，乃得保其贞而无不利。斯为小人计当如此耳。自古君子小人互为消长，君子往往以疾恶过严而不知遯，小人往往以此匪害正不能贞，卒之君子既罹其灾，小人终亦不能自保，以至于两败。今卦象二阴已见，犹未及盛而偪阳；君子虽不可遽求退避坐观阴长，然匡济之术固宜默运，而形迹之间尤贵善藏，使不至小人之忌，而潜消其捍然害正之心，庶几上可以安国家，而不可以明哲保身也哉！卦名遯，而辞言亨者，盖时当遯而后能亨也。卦体九五刚当其位，而二应之。君子尚可为之势，小人犹有顺承之心，似不必过为引避。然君子见几于未萌，通乎防患于未然，当此时而退逊，自守正其志而不降志，全其身而不辱身，迹不示异，心不求同，通乎时之运，用而与之偕行，所以亨也。又曰“小利贞”者，二阴浸长于下，其气日盛，必至凌逼君子，为害国家，不利不贞孰甚焉？故以利贞戒之也。夫以九五当位，若可不遯，而在二阴浸长，又不可不遯，固非忠爱之初心显与抗衡，又惧危机之自蹈必因时而顺，应守义以化裁，进退绰然，亨其道而并以亨其身，此其时义岂不大矣哉！夫天地之不穷于“剥”，以其剥而能“复”也。世道之不穷于“否”，以其“否”而能“泰”也。君子之不穷于小人，以其“遯”而能“亨”也。惟“遯”故“亨”，此君子所以贵审时耳。盖“遯”者，“临”之反对也，二阳为“临”，则曰“刚浸而长”，二阴为“遯”，不曰“柔浸而长”，而止曰“浸而长”，诚以“刚长”可言，而“柔长”不可言也。圣人为世道计，为君子谋，至深且切矣！“时义”者，“时”在天，“义”在我，善自韬藏以俟时会，既“遯”则必“壮”，非达权而知变者孰能与斯乎？此卦上乾为天，下艮为山。天体无穷，山高有限，若将远而去之者，遯之象也。君子体之，而得远小人之道焉。君子之与小人不柔并立，然其所以远之之道，初非过为恶厉以深拒之，惟言于自治，以礼义廉耻为立身之大防，以正大光明为处事之大本，毫厘不苟，尺寸不移，则一正足却百邪，小人自远退而不敢近矣。此“不恶而严”乃所以为真严也。夫峻以绝人之谓恶，庄以持己之谓严。惟严则德威可畏而人敬之；不恶则乐易可亲，而小人亦自感化。君子精义之学与时偕行，有遯之用而不见其遯之形，虽日与小人周旋而不害其为遯也。如谓耻与小人并立而必以远遯为高，则正人尽去，人君孰与相助为理乎？遯卦卦画作艮下乾上，以小猪、逃遁为象。卦辞说，遯，亨通，占问略有小利。此遯指逃遯且逃脱，原因有两种，一，情况于己不利，受到某种压力，不得不逃退；二，自己处于事业巅峰状态，但已年迈力衰，只能让贤。卦中六爻，下三爻主于静止，以贞定自守不图大事为宜；上三爻阳刚在外，识时遯退，以不恋私好，毅然远去为美。初六是前往是非之地，自然很危险；六二虽属小题大做，终吉；九三是先险后吉；九四是为了便于控制，君子是控制者故吉利，小人是被控制者故不利；九五吉利；有利。从卦象上看，本卦讲求人性的和善下处，适时进退，体现了君子广阔的胸怀。适时遯让，是人生最难得的一种美好而又高尚的处事行为。

大壮卦第三十四

[原文]

大壮[1]，利贞[2]。

《彖》曰：大壮，大者壮[3]也。刚以动[4]，故壮。大壮“利贞”，大者正[5]也。正大而天地之情可见矣[6]。

《象》曰：雷在天上[7]，大壮。君子以非礼弗履[8]。

[注释]

[1] 大壮是本卦标题。壮的意思是强健、戕伤。《释文》引郑玄注：“壮，气力浸强之名。”《正义》：“壮者，强盛之名；以阳称大。阳长既多，是大者盛壮，故曰大壮。”朱熹曰：“大，谓阳也。”[2] 利贞：利于守正。程颐曰：“大壮之道，利于贞正也；大壮而不得其正，强猛之为耳，非君子之道壮盛也。”[3] 大者壮：指阳刚强壮。阳大阴小，故称大者强盛，《正义》：“阳爻浸长已至于四，是大者盛壮。”[4] 刚以动：下乾上震，乾为刚，震为动。《集解》引荀爽曰：“乾刚震动，阳从下升，阳气大动，故壮也。”[5] 正：解释《大壮》卦辞“贞”。大者正：指天道正，则万物正。君道正，则臣民正。父道正，则家人正。《正义》：“大者获正，故得利贞。”[6] 正大而天地之情可见矣：古人以为天地既大且正，生生万物而不偏，故谓正大即可见天地之情。王注：“天地之情，正大而矣。弘正极大，则天地之情可见矣。”[7] 雷在天上：十乾上震，震为雷在上，乾为天在下，故曰：“雷在天上”。《正义》：“雷震为威动，乾天为刚健；雷在天上，是刚以动也。”[8] 非礼弗履：强盛之时必须守正履礼。王注：“壮而违礼则凶，凶则失壮也。故君子以大壮而顺礼也。”《正义》：“盛极之时，好生骄益。故于大壮，诫以非礼勿履也。”履：践。

[译文]

《大壮卦》：有利于去占卜。

《彖传》说：《大壮卦》，有大而强壮的意思。阳刚之气充沛而有所行动，因此把它叫做《大壮卦》。辞说：“有利于去占卜”，是因为大而强壮的人能坚守正道。正道得以发扬光大，那么天地万物中的各种情况都可以观察到。

《象传》说：《大壮卦》的卦像是干在下，震在上，干为天，震为雷，这有雷声响彻天空之象，所以把它叫做《大壮卦》。君子应该严于律己，不能做不符合礼仪的事。

[不休说]

大壮以阳长为义，卦体四阳长盛，故为大壮。卦德内刚外动，则又所以为壮也。《彖辞》恐其恃壮而不正，为处之人言；《彖传》因大而许之以正，本致壮德言。义相发明，总不外于一正，此利贞所以为善用其壮之道也。以六爻言之，初与三皆以阳居阳，而不可为正者，好进而过于刚者也。五柔居中不能进，而失其壮之终，不能壮者，而亦终用壮焉，皆非得其正者也。求其善者，惟二、四之贞乎夫。二与四皆以阳居阴，已不得其正，而以为“贞吉”，何也？二所处得中，能不失其宜，是因中以求正也。四惟以阳居阴，为不极其刚，是虽不正，而有可以得正之理，故均之为吉而悔亡也。审时，可以知用壮之道矣。《大壮卦》暗示我们，一个人即使十分强大，也不能莽撞行事。

[原文]

初九：壮[1]于趾。征[2]凶有孚[3]。

《象》曰：“壮于趾”，其“孚”[4]穷也。

[注释]

[1] 壮：通“戕”，意为伤。《释文》：“壮，马云：‘伤也。’”《集解》引虞翻曰：“壮，伤也。”《说文》：“戕，枪也。他国臣来弑君曰戕。”《国语·晋语》：“可以小戕。”韦注：“戕，伤也。”[2] 征：远行或征伐。[3] 有孚：帛本、简本均作“有复”。[4] 孚：通“复”。高亨曰：“读为浮，罚也。”复：返回。孚穷：诚信自守以处穷困。《来氏易注》：“既无应授，又卑下无位，故曰‘穷’；当壮进之时，有其德而不能进，进则必凶，乃初穷之时矣。故惟自信其德，以自守可也。”

[译文]

初九：脚趾强壮有力。这时如果出兵，即使有诚信，也会招来灾祸。

《象传》说：脚趾强壮有力时去侵略他国，招来灾祸，是因为他的诚信被他的莽撞行动淹没了。

[不休说]

初九爻，刚居阳位，虽然得正，但是与九四敌应，又与九二、九五逆比。其元阳刚之气尚未蓄积就急于上行，这是一种冒进行为，定然有凶。初九以阳刚居下位，虽时当大壮，而全不我操，正宜静以自持，相时而动。若率意锐进，遽欲有所作为，犹趾在下而妄动者然，以是而往，交浅言深，上必见疑于天子；位卑言高，下必取忌于大臣。计未行，谋未听，而祸已随之，其凶有必然矣。凡人在下，则循其分之得为者而为之，宜也。今初九居下而当壮时，恃刚躁动，不安其分，于理逆，于势拂，即此始动之时，已知其必至于困穷也。盖君子建业立功，亦必度德量力，或时有可为而势不能为，或才足有为而分不当为，惟当守已待时，无喜功而过举，无好事以矜高，则体用咸宜，自有审时济物之业。经权合度，乃为沉几达变之才。苟或事权不属，而轻举妄动，岂能免“壮趾孚穷”之害乎？这一爻告诉我们，即使再勇武有力，而且又有诚信，也不能莽撞行事。

[原文]

九二：贞吉[1]。

《象》曰：九二“贞吉”，以中[2]也。

[注释]

[1] 吉：占问，吉利。王注：“居得中位，以阳居阴，履谦不亢，是以贞吉。”[2] 以中：用中，九二居下卦之中，故“以中”。

[译文]

九二：去占卜获得吉祥的预兆。

《象传》说：《大壮卦》的九二占卜获得吉利的预兆，是因为九二爻虽是阳爻阴位，但它居于下卦的中位，这表明能够坚守正道。

[不休说]

九二刚居阴位，又得下体乾卦中位，健而得中，表征刚柔相济，又能守持中道，上与六五仁德君子上下呼应，不至失于过壮因而获吉。处壮之时，所利者“贞”而已。九二爻阳居阴，有恃壮妄动之意。犹幸心本无私，一觉其失，即有以抑其血气之刚，而反于至正之道。则谦以飭躬，既不任刚而召衅；礼以御物，自能善俗而宜民。其吉也，不亦宜乎？“九二”之“贞”何以得“吉”哉？盖人心一有所偏，则内失其贞，而外多过，举事未发而悔吝已随之。今九二以“贞”自守，心既得乎中，则所行自无不吉也。夫由二而上三，则有羸角之愆；由二而下初，则有壮趾之失。惟二以中获吉，不偏不倚，不激不随。彼小人之奸谋，既不能中我，而在我之正道自无不可行。其有合于利贞之旨哉！这一爻再一次强调，壮大者不莽撞行事，坚持纯正，就能获得吉祥。

[原文]

九三，小人用壮[1]，君子用罔[2]。贞厉。羝羊触藩[3]，羸其角[4]。

《象》曰：“小人用壮”，君子罔[5]也。

[注释]

[1] 用：以；凭借，依恃。壮：《广雅·释诂》：“健，多力也。”小人用壮：小人用强力相争，容易犯禁。[2] 罔：通“惘”，迷惘；《释文》：“引马、王，表否定，作‘无’，君子用罔，犹言‘君子否’。”帛本作“亡”，义同。《文选·神女赋》：“罔兮不乐。”李注：“罔，尢也。”君子用罔：贵族用法罔相争，称对方犯法，用来陷害对方，这样都有危险，故占问有危险。[3] 羝羊：公羊。藩：篱笆。《广雅·释室》：“藩，篱也。”《释文》：“藩，马云：‘篱落也。’”[4] 羸：通“累（缧）”，指用绳子捆住。《释文》：“羸，马云：‘大索也’。王肃作缧，郑、虞作纍，蜀才作累，张作纍。”《说文》：“纍，大索也。”《左传·成公三年》：“两释纍囚。”杜注：“纍，系也。”[5] 君子罔：君子虽强不用。

[译文]

九三：小人捕获猎物用力气，君子捕获猎物用网围。去占卜得到危险的预兆。公羊只会用角去顶触篱笆，结果把角卡在篱笆中而难以脱身。

《象传》说：小人捕获猎物用力气，君子捕获猎物则讲求方法用网围。

[不休说]

九三，刚居阳位，又为乾天之首，与上六相应，目空一切，过越中道。上不顾六五之君，下无视九二刚中之臣。九三处盛壮之时，过于自负。不能自制。九三恃强妄行，与九四刚爻逆比。九四如同藩篱，挡住其前行之道，用不着六五君王动手，九三便已被困住。成天下之大业者，必有忍人所不能忍之德性，而后有为人所不能为之事功。今“三”过刚不中，而恃壮妄为，此在小人任血气之强，不自度量，任意纷更，方抱其忿忿之私而用壮，君子于此须善厥裁度，深虑过防，克济其事。乃亦恃刚妄动，疾恶过严，不以小人为意而蔑视之，虽举动未尝违理，而一念轻忽，遂为用罔。即自以为贞，而不知适滋厉阶耳。夫小人方设机以自固，君子不察，以刚气乘之，我方恃壮而行，彼亦阴为盘结，势必罹其网罗，如触藩之羝羊，而适自羸其角也。小人血气未除，其用壮而失，固无足责。乃号为君子正当理御势，而乃亦以罔闻也，厉可言哉！盖壮者，本君子之道，罔者，本小人之私。今小人反曰用壮，正由君子不能审几度势，轻用其壮，而使小人得阴自为防。则小人之用壮，实君子之用罔，有以使之然也。夫君子之壮，至为小人所窃用，为君子者又不知慎重，而复罔以乘之，盈庭之排斥方严，而宵小之藩篱愈固，卒致蹈触藩之愆，甚而遭反噬之祸矣。可毋戒欤！这一爻告诉我们，不可利用壮大，逞强任性。

[原文]

九四：贞吉悔亡。藩决不羸[1]，壮于大舆之輹[2]。

《象》曰：“藩决不羸[3]”，尚往[4]也。

[注释]

[1] 藩：篱。决：破，《本义》、《今注》开裂。[2] 舆：帛本作“车”。輹：同“辐”[3] 羸：縏。闻一多曰：“羸疑当读为儡。《说文》：‘儡，相败也。’‘儡其角’即败坏其角。‘藩决不儡’犹言藩决而角不败坏也。”[4] 尚往：上往。

[译文]

九四：去占卜得到吉祥的预兆，悔恨消除。因为公羊冲撞篱笆，篱笆被撞坏了，羊角得以解脱，它强壮得像大车轮一样结实。

《象传》说：冲破篱笆，羊得以解脱，这表明还可以有所行动。

[不休说]

九四阳居阴位，本有躁进之悔。若恃刚以进，而小人即有以摧阻其间矣。乃四不用“罔”，而“贞”以自处，则动无不臧，何吉如之？夫吉凶悔吝生乎动，如三之用“罔”，“触藩”则不免于悔。今以理自胜，而小人无隙可乘，吾道得以因时表见，又何悔之不可亡乎？盖小人之设备以倾陷君子者，本有君子之排斥过严，不得不阴为藩蔽也。诚从容审处默夺潜消，彼且服我之宽大而释其猜疑，我何不可坦示其公忠，而毅然长往乎？故取象于羊，则藩篱已决，而不至于羸；取象于车，则大舆輹壮，而进有其具也。“四”惟不极其刚而贞，则反有举动，无乖于事势，天下自然咸服。小人虽设其藩，安得而阻拒？吾道大行，攸往咸宜也。此见君子任国家之事，不可轻意妄动，必使经济在我，运用不穷。威仪表德，隅而实无棱角之可见；本道德以为蹈履，而自有坦途之可行。则群小岂惟不敢抑挠，必且俯首听命，惟我所欲为，下引同德之阳，上辅柔中之主，功无不成而志无不遂，其“九四”之谓乎？九四刚爻居于阴位，刚柔相济。阳长阴消之时，九四能顺应发展潮流，率先实现自身优由柔至刚的转变，但又不失于“过壮”。则可免于有悔，这就是“贞吉悔亡”；九四上方的六五和上六是两个柔爻，不会对九四的前行构成藩篱之阻力，这就是“藩决不羸”之象。九四位于大壮卦之上体，《震》之初爻。震为动，其下三个阳爻为乾、为刚健。这一爻告诉我们，如果我们非常强壮，并采取了莽撞的正义行动，就不能退缩。

[原文]

六五：丧羊于易[1]，无悔。

《象》曰：“丧羊于易”，位不当[2]也。

[注释]

[1] 丧：失；帛本作“亡”，《说文》逃也。易：指有易氏。有易是商代古部族名。《古本竹书纪年》：“殷王子亥于有易用而淫焉，有易之君绵臣杀而放之。是故殷主甲微假师于河伯，以伐有易，克之，遂杀其君绵臣也。”《山海经·大荒东经》：“王亥托于有易，河伯仆牛，有易杀王亥，取仆牛。河（伯）念前易，有易潜山，为国于兽……。”又《楚辞·天问》“昏微遵迹，有狄不宁”，“有狄”即“有易”。下文旅卦有“丧牛于易”。[2] 位不当：六五以阴爻居阳位，其位不当，象人所处环境不合适。

[译文]

六五：公羊在疆声丧失了他的刚猛，没什么后悔的。

《象传》说：公羊在疆声丧失了他的刚猛，这是因为虽说六五爻位置不当，但它居上卦的中位，能坚守正道。

[不休说]

六五柔居于阳位，位不正，但六五处震之中位，不用刚而用柔，持中而行柔顺之道。下与四个阳刚之爻一一相应，更得九二刚中之忠臣的辅应。所以，六五对阳长阴消之发展趋势，早有洞悉。气危及六五之时，六五能放弃自己至尊的权威，而顺从时势的变易潮流，以柔制刚，无触之历，所以“无悔”。阳壮以刚为体，今五以柔居中，而刚壮之威忽然委靡，为“丧羊于易”之象。此阴柔不振，不能奋威以御众，仅免于悔而已。盖有藩者羸其角，亡羊则不至羸。羸角者无攸利，不羸则自无悔。虽曰无悔，其如失刚德何哉？“六五”言“丧羊于易”者，处当刚之地以阴居阳，柔其所不必柔，盖由位之不当，失其壮而不能进故有此象也。此见人君乘乾御世，贵去优柔不决之心，而存刚毅明决之德。用人则立贤无方，不以世类而拘去奸，不以狎昵而恕，则乾刚在我，而当阳刚之纲纪华张矣。或谓六五当四在下，其势强盛，惟柔顺和易可以调伏之，使帖然相安。正汉光武所云："吾治天下，欲以柔道行之者。"然此乃帝王笼络一世妙用，外浑厚而内精明，故能因时制宜，操纵全在乎我。岂当断不断，养乱长奸，优游岁月以无事者可比哉？这一爻告诉我们，如果自己的行为是非正义的，就顺应正义之声，及时撤退。

[原文]

上六：羝羊触藩，不能退，不能遂[1]。无攸利，艰[2]则吉。

《象》曰："不能退，不能遂[3]"，不详[4]也。"艰则吉[5]"，咎不长也。

[注释]

[1] 遂：(《集解》引虞) 进。[2] 艰：艰难之事。[3] 不能遂：不能进。遂：前进，前往。[4] 详：通"祥"。《释文》："详，详审也。"[5] 艰则吉：艰难中守正则吉。

[译文]

上六：公羊因用角顶触篱笆而被卡在篱笆中，不能退，也不能进，没有什么利益。但是挺过难关，就会获得吉祥。

《象传》说：处于不能退、不能进的境地，是因为考虑不周。挺过难关，就会获得吉祥，这表明只要坚持忍耐，灾祸是不会长久的。

[不休说]

上六柔爻居于阴位，位正而不中，过于保守不善权变，属于极端顽固的守旧人物，上六与六五逆比，当阳长阴消之时，六五能顺应历史潮流转变自己的观念，却遭到上六的指责和反对。上六下应九三，表明上六这位已卸任的太上皇，与刚暴而藐视君王主的九三，遥相呼应，反对改革旧征。上六处于震体之终极，动极则转化为静止。壮终动极，志之刚也。故恃壮而动，无所顾虑。然其质本柔，才之弱也，故临事而疎，莫知所措，如"羝羊"之"触藩"，既不能退，而又不能遂其进，亦何所利哉？要其所然以躁动而失之轻易耳。犹幸其不刚，庶不终于恃壮者。若能详慎于事几，酌量于时势，艰难持重而出之，则天下之事可以徐观其宜而善为之图，终得遂其进而吉矣。上六不能退不能遂者，由其但知用壮处之不详慎也。然"艰则吉"者，言能不恃其刚而存克艰之念，则所谋自能如意，而不遂之，咎不长矣，故能吉也。盖人心之躁进皆起于不知艰，而刚德之纯全必由于能详慎，故爻言"艰"，而《象》言"不详"，皆所以抑其躁进之心而善其刚德也。然则君子处方壮之时，据得为之势，必以贞为壮之本，以中贞之用，以礼为贞之表，周详敬慎，不亢不激，则天德在我，既有以自胜，即有以胜人。倘若不能知艰轻于一击，是犹非时而震之雷，适以泄天道之和气而滋其乖矣，亦何济于事哉？这一爻告诉我们，如处于进退两难的境地，就要坚持忍耐。

总　论

从卦上看四阳盛长，正君子得大行其道之时。然君之所恃以壮者，以理之正，非势之强也。苟或自恃其壮，徇时妄动，既有以起人心之争，挟势自矜，更无以济天下之变，而小人反得乘间以中伤之，故必利于“守贞”。凡存心制事之间，一出夫礼仪之正，然后得处壮之道，而可常保其终也。复、临、泰，阳长于内，皆言“亨”。大壮阳自内而达于外，不言“亨”而言“利贞”者，圣人既深喜阳道之盛，而又恐恃其盛或至轻动以取咎，故谆谆戒之以贞也。君子当此以刚正为立身之节，以敬畏为存心之要，言必之规，行必合矩，勿因亢激而失事机之会，勿执意见而伤众论之同，于以处盛势治休时，不亦协恭和衷，上下同心哉！卦名大壮者，卦体四阳盛长，气运方隆，君子则得时而行道焉，故大者壮也。然壮有盛势，而所以致壮则以德，卦德乾刚震动，是君子本德之刚以动，毅然明道谊，立名节，既不屈于欲，又不靡于气，声势日昌，功业日盛，所以壮也，故名大壮。然又曰“利贞”者，何哉？盖天下之道，阳正阴邪，阳大阴小，未有大而不正者也。君子既有其大，则所存者正，自不涉于偏私；所发者弘，莫不本乎义理。大者自正，不正不可言大也。如是而君子之正大，固秉于天地，天地之正大实同于君子矣。天无所不覆，地无所不载，惟覆载无私而见其正，乃能覆载广被而成其大，故正大而天地之情可见矣。“大者壮”，以气言。“大者正”，以理言。惟有此理以宰此气，则无往而不得其正。君子本天德以为本，秉礼义以为用，则其气自可以配道义，塞天地。我之正可通于天地之正，而我之大可通于天地之大矣。于以辅世长民，经纶参赞，孰非此阳刚之德为之哉？此卦上震下乾，雷行天上，声势震动，故名大壮。君子体之，亦如天雷之象，严毅以持其志，明决以审其几。存于心者，道以御情，不敢或役于偏私；体于身者，理以制欲，尤必于中正；则刚德常存，礼仪在我。天下之壮，孰大于此？盖德性本刚，惟一为私累，则不壮。故非几之渐每发于意念之不及持，而闲邪之功贵操于隐微之所。独觉君子制防极其严，稍镕极其净，时时有以自胜，而非礼之私决之于中，不使覆之于外，则心存而理得，以正而气伸，然不可犯，天下孰得而犯之？此曾子之大勇，惟其自反而缩也。学者岂可任矜气之为，而忘克已之功哉！大壮卦卦画作乾下震上，震雷发动于乾天之上，其声猛烈，颇为壮观，是为大壮。卦中六爻，阳长阴消，四阳爻已越中太过，有持强用壮之嫌。是过于强悍，因而会伤，自然不算好卦。卦辞说利贞，是就强健意义上而言。初九是伤了脚趾，行动不便昨利，又与四爻无应，所以出征凶险；六五居尊，下应四阳，有柔中谦下之利；上六以柔居阴位，下应九三为正应，故而当阳长阴消之时，只能持中守正，便可以免于凶灾。从卦象上看，阴阳二气突破平衡时，如何把握规律，善保其壮，阳刚君子得道之时怎样伸张正义的道理。

晋卦第三十五

[原文]

晋[1]，康侯用锡马蕃庶[2]，昼日三接[3]。

《彖》曰：晋，进也。明出地上[4]，顺而丽乎大明[5]。柔进而上行[6]，是以“康侯用锡马蕃庶，昼日三接”也。

《象》曰：“明出地上[7]”，晋。君子以自昭明德[8]。

[注释]

[1] 晋是本卦的标题。晋的意思是前进，主要指作战中的进攻。朱熹曰：“晋，进也。”[2] 康侯：指周武王的弟弟康叔封。《正义》：“康者，美之名也；侯，谓之升进之臣也。”《书·康诰》：“王若曰，孟侯，朕其弟，小子封。”伪孔《传》：“封，康叔名。”《左传·定公四年》：“武王之母弟八人，周公为太宰，康叔为司寇，五叔无官。”《康侯鼎铭》曰：“康侯丰作宝鼎。”丰与封通用，据此康叔名封，武王之弟，为周司寇，初封于康，徒封于卫，故称康叔，亦称康侯。锡：通“赐”，意为赐予。《书·禹贡》：“九江入锡大龜。”又曰：“禹锡玄珪，告厥成功。”《召诰》：“大保乃以庶邦冢君出，取币，乃复去，锡周公。”高亨曰：“锡，献。”古代上赏下曰锡，下贡上亦曰锡，犹之予曰受，取之予亦曰受，卖曰沽，买亦曰沽。蕃庶：繁育，繁殖。《正义》：“晋之为义，进长之名；此卦明臣之升进，故谓之晋。臣既柔进，天子美之，赐以车马蕃多而众庶，故。康侯用锡马蕃庶也。”[3] 昼日：终日，一整天。三接：三次交配。《释文》：“接，郑音捷，胜也。”《左传·庄公十二年》：“宋万杀其君捷。”《左传·僖公三十二年》经：“郑伯捷卒。”《公羊传》：“捷并作接。”《礼记·内则》：“接以大牢。”郑注：“接读为捷。”《庄子·则阳》篇：“接子。”《汉书·古今人表》作捷子。《诗·采微》：“一日三捷。”毛《传》：“捷，胜也。”[4] 明出地上：下坤上离，坤为地，离为明。明：指日。[5] 顺而丽乎大明：《晋》下坤为顺，上离为日，日为大明。丽：附丽。[6] 柔进而上行：指初爻上升至二、三、五爻，故称“上行”。[7] 明出地上：下坤上离，离为明在上，坤为地在下。故“明出地上”。《纂疏》：“日出于地，进于天以照地，故曰‘明出地上’。”[8] 昭：动词，义为显明、昭著。明：形容词，光明。朱熹曰：“昭，明之也。”

[译文]

《晋卦》：康侯蒙受成王的赏赐，得到众多良马，并在一天之内多次得到成王的接见。

《彖传》说：晋就是进取、晋升的意思。就好像太阳从地平线升起，做臣子的坦然顺从地依附君主的光明伟大，以柔顺之道头前进，从而步步高升。因此卦辞说“康侯蒙受成王的赏赐，得到众多良马，并在一天之内多次得到成王的接见”。

《象传》说：《晋卦》的卦像是坤在下，离在上，坤为地，离为火，这代表太阳从地面升起，所以把它叫做《晋卦》。君子应该充分发挥自己的才能，使自己的美好的德行得以发扬。

[不休说]

晋，卦象明出地上，当明盛而有可进之时也。然必有致主之德，又遇虚中纳贤之主，方可以善成其功。故言卦变则柔进上行。臣秉顺节以事主，君执柔道以报功。此君臣一德相成，世道所以日盛而有是宠光也。六爻四柔二刚，六五一柔为晋之主六，自四而上升已进者也，故往吉无不利。下坤三柔，皆欲进者，而九四不中不正，窃位畏人，故有鼫鼠之象。三与五进，下接二柔，志在上行。三阴同志而四莫能间，故曰众允悔亡。二在下卦之中，去五渐远，则忧其欲进不得进，故“晋如愁如”也。远于五，当进之始，上与四应而四不中不正，反为所抑，故“晋如摧如”也。上以刚居一卦之终，而前无可进，故有“晋其角”之象。诸爻所处不同，圣人教人以善进之道如此。《晋卦》说明，要想使事业发展壮大，必须是坚守正道。

[原文]

初六：晋如摧如[1]，贞吉。罔孚，裕[2]无咎。

《象》曰：“晋如摧如[3]”，独行正也。“裕无咎[4]”。未受命[5]也。

[注释]

[1] 晋：抑制，按捺。《周礼·夏官·田仆》：“王提马而走，诸侯晋，大夫驰。”郑玄注：“提犹举也，晋犹抑也。”摧：退，抑制。[2] 罔孚裕：《说文》“裕”下引此作“有孚裕”，帛书本作“悔亡復浴”，今本“罔”字误。孚：诚信，信用。高亨曰：“孚既俘，虏得敌方人员财物谓之俘。”裕：优裕。[3] 晋如推如：传文意为进军摧折敌锋。[4] 裕无咎：优容自如则无咎。[5] 未受命：目前尚未受到任命。《尚氏学》：“言初居勿用之位，尚未膺官守之命也。”

[译文]

初六：在前进之初就遭受挫折，去占卜得到吉利的预兆。这表明如果在前进之初没有得到别人的信任，还宽厚待人，将没有什么过失。

《象传》说：在前进之初就遭受挫折，却得到吉祥的预兆，这是因为能遵循正道。宽厚待人是没有什么过失的，之所以遭受挫折，是因为别人还没有得到上天的命令——相信他。

[不休说]

初六，阴性，躁妄，必有不安于下而欲进者。应不中正，上遇妨贤病国之人，而违之俾不通。故其进也，若或尼之，而不免为见摧矣。然出处大道岂可因人之摧抑而易厥守乎？惟尽其义之在我，而不失其正，则终必见信于上，得遂其进而吉。盖“贞”虽所以自持，非欲求信于人，然“贞”则未有不吉者，固其常也。设若守正而犹未孚，亦当宽裕以俟之，从容于义命，益殚其守贞之道，而不以用舍累其心，如是而后无自失之咎耳。否则，冒进之患生，而宁免枉道之讥哉！当“晋”之时人皆欲进而忽见摧，未有不丧其所守者。“初”独能守正以待时，不汲汲以徇于私，不悻悻以伤于义，此所以退，故裕以处之而得无咎。若既已受命，则当有必然之道。一不见信，则志不行而职莫尽矣。此见君子有守正不阿之操，乃有随时行道之妙；有安分自得之乐，乃见雍容进退之宜。若枉已求人，而且怨尤不绝，于念，则有流于依阿奔竟，大节或亏者矣。安能全无咎之学而建命世之功哉？初六以柔爻居阳位，其位不正，又不得中位，才质柔弱外显阳刚。初六上应九四，一心指望能得到九四大臣的提拔，但初六与六二爻逆比。六二居坤卦之中位，能坚守中正之道。这一爻告诉我们，在前进之初，即使因别人不相信自己而遭遇挫折，也要宽厚待人。

[原文]

六二：晋如愁如[1]。贞吉。受兹介福[2]，于其王母[3]。

《象》曰：“受兹介福”，以中正[4]也。

[注释]

[1] 愁：变色貌（《释文》引郑），《说文》作忧也，通“揫”，意为敛束。疑借为遒。《诗·长发》：“百禄是遒。”《说文》：“遒作揫。”《周礼·目录》：“秋者遒也。”《广雅·释诂》：“遒，迫也。”《诗·破斧》：“周公东征，四国是遒。”高亨曰：“遒，谓被胁迫而屈服。”[2] 兹：此。介：大（《集解）引虞》）；“大福，谓马与蕃庶之物是也”。[3] 王母：祖母（见《尔雅·释亲》），既文王之母大任（《今注》）。一说指母亲；王，尊大之称（《新证》）。《通义》：“这里说的似是武王克商，进攻并迫使商人投降之后，武王的祖母、母亲都是商女，所以克商后是对王母特祭。”[4] 以中正：六二居下卦之中得正，故“以中正”。

[译文]

六二：在前进之初就愁苦，卜问得吉祥。因为有他的祖母赐福分给他。

《象传》说：之所以得到这样大的福气，是因为它位置适当，坚守正道。

[不休说]

六二有可进之德，而无汲引之人。欲进未能，则得君行道之心阻矣。有“晋如愁如”之象。然不可因是而变其节也，必直己守正以俟时，而德足孚人，终当得遂其进而吉。且上有柔中之君重道宠贤，必将知遇极其厚，宠任极其隆，不犹“受兹大福，于其王母”乎？此惟“二”之自守其“贞”，故有必得之孚也。“二”之“受兹介福”者，盖以下之中得柔之正，则是守其中于有素而卓然不倚，有以慰人君行中之愿矣。存其正于偏而凝然不阿，有以动人君从正之思矣，故能见知于五而“介福”之所以“受”也，岂“二”之倖致哉？盖君子于天下行道济世者、其心持己中正者、其学学以自修，而大心以内固而纯，不必求孚于人而未有不孚六二柔爻居阴位，处下体坤卦之中位，得中且正，其有中正柔顺之美德。六二与六五无正应关系，无法急速上进，加上六二若行刚进的话，以六二转换成九二，坤变为坎，会有险陷，故而愁绪郁郁。但六二得坤老母之本性，与六五柔德之君归本同源，君恩浩荡必会于人者。望人教人以修德，进身之义切矣！加惠于祖母家人。故有“受兹介福，与其王母”之说。这一爻告诉我们，不能前进，不必愁苦，只要坚守正道，就能迎来成功。

[原文]

六三：众允[1]，悔亡[2]。
《象》曰：“众允”之志，上行也。

[注释]

[1] 允：信《集解》引虞翻曰：“允，信也。”《本义》：句谓“为众所信”。亦通。《说文》：“允，信也。”《尔雅·释诂》：“允，信也。”众允：众人相信，得以合力。[2] 悔亡：是悔可去也。

[译文]

六三：得到群众的信任，没有什么悔恨。
《象传》说：得到群众的信任，没有悔恨，是因为意愿得到推行。

[不休说]

六三以柔爻居于阳位，越中且不当位，应当有过悔才是。但六二居下体坤之上方，柔顺至极，又为坤众之首，有广泛的群众基础。六三至柔，顺从上位大人，必能获得上位者的信任和重用。六三不中不正，宜不得进而有“悔”矣。然居坤体之极与二阴皆欲上进，是以道同治合，为众所言，相引以进，得遂其商往之心，而无“摧如愁如”之患，“悔”可“亡”矣。六三所以为“众”所“允”者，盖士君子出处有二途，而从违惟一道，使人皆欲进，而我独矫之以退，则同进者忌；人皆欲退，而吾独矫之以进，则异己者疑。众莫之允矣。惟三上进之志与初、二同，故其志相孚而不觉相信之深也。此见当晋之世，以顺丽为上进之道，既可孚于同群，即可通于主志。其守也，不苟其进也，非倖所谓信乎朋友，而后获乎上之义也。若夫不以正道为“众允”之本，而止以“众允”为上进之阶，则无忠君爱国之诚，而反属偕世求荣之计，亦安能见信于众而上丽乎君也哉？这一爻告诉我们，前进要以获得群众的信任为前提。

[原文]

九四：晋如鼫鼠[1]，贞厉。
《象》曰：“鼫鼠，贞厉”，位不当[2]也。

[注释]

[1] 晋：进攻。如：像，似，动词。鼫（shí）鼠：一名田鼠，俗名豆鼠，常在田野

中，食禾稼。畏人，出没无常，往往被人击毙。《释文》："子夏传作硕鼠。"硕鼠见于诗经，即今食稼之田鼠。鼫：帛本作"炙"。[2] 位不当：九四以阳居阴，象硕鼠所处位不当。

[译文]

九四：前进时十分贪心，就好像偷吃的大老鼠，去占卜得到凶兆。

《象传》说：前进时十分贪心，就好像偷吃的大老鼠，去占卜得到凶兆，是因为它所在的位置不对。

[不休说]

九四以刚爻居于阴位，处上卦下方，失中不正，却窃据近君之高位。九四既乘阴又承阴，属于阳奉阴违，欺下瞒上之小人。四不中正，居下体之上，是以无德而据高位者。上畏六五之疑，下畏三阴之忌，有"晋如鼫鼠"之象。虽位出于君之所与，得之未为不正。然德之不称，终必失之，厉亦甚矣。吾是以知德薄位高之不可，而贪进忘退，非人臣之福也。四所谓"鼫鼠贞厉"者，盖当晋之世，主圣臣贤，位必配德。彼不中不正，居位不当，虽正亦危，宜其厉也。《诗》以硕鼠刺贪，"晋"以鼫鼠象四。总之无德而贪于进，即身处高位，其患得患失之心，畏人攘而夺之，有类于鼠之昼伏夜行也。夫晋之时，上辅离明之君，下建安国之绩，岂容此不中不正者久于其位乎？故小人之恋位固宠，终为无益；而大君之命爵任人，必审其当可耳。九四爻论述的是为官者要注重官德。这一爻告诉我们，在前进时贪心，危险。

[原文]

六五：悔亡，矢得勿恤[1]。往吉，无不利。

《象》曰："矢得勿恤[2]"，往有庆也。

[注释]

[1] 矢得：孟本、马本、荀本、虞本、王肃本均作"矢得"（帛书本同）。"矢得"见前注，指官司胜诉而赢回束矢。恤：担忧，气馁。《说文》："恤，忧也。"[2] 矢得勿恤：传文指失而复得，勿忧虑。朱熹曰："一切去其计功谋利之心。

[译文]

六五：悔恨已经消失，不用担心得与失。前进就会吉祥，没有什么不利。

《象传》说：不用担心得与失，勇往直前，一定会吉祥如意的。

[不休说]

六五以阴居阳，柔爻居尊位，未得其正，似不免于悔者。惟其处离明之中，坤以顺承之，为明在上，而下皆顺从，故进居尊位而"悔"可亡也。然明不明在我，从不从在人。狃于近效而有计功谋利之念，则反失之矣。今五自修其德，以纯心行纯政，但忧我道之未尽，不虑心之未服。天下戴己吾弗知也，天下未戴己吾亦弗知也。失与得皆不以为恤，如是则德盛而化日恰，治隆而民益孚，其往也吉无不利矣。天下之治以有心致之，皆属小补之功。六五“失德勿恤”，勿期其效而为效益宏。上以大公感下，（下）以大顺应着，无方之德化建无外之神功，往而有庆，即吉无不利也。盖人主求治之心不可以稍宽，亦不可以过急。稍宽则有因循不断之忧，过急则又有好大喜功之患。惟端其心为出治之原，而懋作孚之本，若舜之恭己无为而天下化之，汤之敷政优优而百禄，其即“失德勿恤”之义，“往而有庆”之验乎！自己资质柔弱，而放心不下刚正大臣。但六五居离体中位，离为光明，象征六五是位仁爱的明君，众心归顺，又能守中不偏激。六五既乘阳又承阳，故能对左右各派力量进行有效的调控。卦中六三曾因见信于众而“悔亡”，那么六五更得坤众敬仰，用不着瞻前顾后，必能获吉无所不利。这一爻是阴爻阳位，处在上卦至尊的中位，这表明还有进取的余地，所以前进时不要患得患失，应勇往直前。

[原文]

上九：晋其角[1]，维用伐邑[2]。厉吉[3]无咎，贞吝。

《象》曰：“维用伐邑”，道未光[4]也。

[注释]

[1] 角：指车战队形之“角”，“晋其角”即以角的队形进军。[2] 维：考虑。[3] 厉吉：进攻必须较量敌我双方的力量，考虑是否攻城伐邑。作战要考虑各方面复杂的情况，有坏的和有利的方面，也有比较好的和相当困难的方面。[4] 道未光：说明晋升之道未曾光大。《尚氏学》：“离为光明，至上光将熄矣，夫王道大光，则无用征伐；用征伐必未光也。”

[译文]

上九：前进已到了极点，此时去攻打别人的城邑。是凶险，是吉利，还是过失，卜问困难。

《象传》说：考虑攻击对方的城邑，说明正道没有得到发扬光大。

[不休说]

“维用伐邑”，道未光也。此一爻是言过于刚者之无所利也。“角”，刚锐之象。“维”，独也。阳刚不可为物先，上九刚进之极，纯以刚用事而略无宽和之意，为“晋其角”之象。若是者，固无往而可也。惟以之治其不服之私邑，虽兵凶战危不免于“厉”；而师尚威武犹可以责其成功，庶乎吉而无咎以也。然以极刚治小邑，即治所当治，而过于威猛，亦可羞矣。夫以刚进之极，用之治邑，犹不免吝，然则“晋角”者果何适而可耶？上九谓之“维用伐邑”，则其功不足以及远，威不足以服众，其于道犹未光也。若能以明德照四方，将无所私而不服，岂特私邑而已哉？信乎！极刚之无所用也。晋卦离明在上，万物普照为极盛，而上下皆欲进之时，圣人之意谓天下事非徒不进者之足患，而惟躁进者之足忧。下之附上，急于求其信，非正也。上之进下，急于求其附，则贪也。故下欲其“罔孚裕无咎”，至“三”而“众允”，则无不孚矣，顺之至也；上欲其“失德勿恤”，至“上”而“伐邑”为自治，主克去已私而言。夫既自治有功，乃合于贞正之道，何以反谓之吝乎？此《本义》所以不取耳。上九晋升至极点，已到达进无可进的地步了，以至于给中央王权带来威胁。晋之上九爻论述的是晋升过程中要知进退，适可而止，功成名就的极权人物宜于守正道。“晋”之上九阳居阴位，晋极刚亢，居位不当，且不安分，有失柔顺中正之道。这一爻暗示我们，在前进已到了极点，到底要不要向外扩展，寻求更广阔的发展空间，这必须慎重考虑。

总 论

人臣立大功于天下，必有可为之时，能为之德，而遇有为之君，乃可进而建不世之勋。君子有此三者而为治国安民之康侯，功在社稷，泽被苍生，丰功伟烈，既昭辅佐之隆休，一德同心，自荷宠荣之大典，故不特“锡马”，而又加以“蕃庶”，礼何厚也！不特“昼”接，而且加以“三接”，情何殷也！盖以非常之功受非常之宠，有不可以待下之常礼拘者。如此，自古为君者不可忘臣下之功，为臣者不可恃人主之宠。忘臣下之功，则有德不酬，有劳不报，激劝之典废所以待功臣矣；恃人主之宠，则贵必生骄，禄必生侈，明哲之义乖而非功臣之所以自处矣。此真三代以上君明臣良之盛，而非后世可几也。卦名为晋者，盖言君子负经济之才，由草野而升诸廊庙，有进之义也。夫君子当上进之会，固可以立安国之功矣。然立功在已，而报功在人，已所难必，卦辞何以曰“康侯用锡马蕃庶，昼日三接”哉？盖人臣出身而士，禄功者时也，居功者德也，报功者君也。今卦象“明出地上”，是世道维新，赏罚攸当，其帝不蔽之日乎！所以禄功者有其时矣。卦德“顺利大明”，是以微柔懿恭之臣事聪明睿智之主，其劳谦君子之美乎！所以居功者有其德矣。卦变自观来，四之六上居五，柔进上行，是人君秉温恭之度，而不挟势以自高，其崇德尚贤之主乎！所以报功者有其君矣。夫有德则可以善处其功，有君有时则可以不掩其功，故“康侯”遭此殊遇，“锡马蕃庶”之隆其赐，“昼日三接”之厚其情也。大抵人臣不难于建功之先，而难于建功之后。人君不难于待功臣之体，而难于待功臣之心。盖遭时地位，坚立奇勋，而一念偶泰，则猜忌之嫌必开；一节偶踈，则恪恭之道遂失。主知未易结宠遇未易保也。然即使臣克尽，而非在上有仁明之主，推心置腹，至诚相孚，亦岂能赏赉繁多，接见频数，同心同德之盛哉？此孔子告鲁君礼与忠二者，为千古事君使臣不易经也。“离明”出于坤地之上，有进而上行之象，君子体之，以吾德本明，因蔽于物欲，有时而昏然，其或昏或昭之几，皆在于我，不从外得也。亦惟内自省察，致其夙夜有密之功。不使已少宽假而昧其昭明之体。则进进不已，而至德无亏，亦如日之光明不息焉。君子自进之学如此。夫此心也，即汤之懋昭文之敬止也。盖勤则生敬，敬则生明。圣人心学相接，不外日新又新，缉熙无斁者以复明德之本。然私欲尽而天理昭，皆于自心致之，无事于他求也。故乾曰“君子以自强不息”，晋曰“君子以自昭明德”，正以至健莫如天，以之自强，我用我之强也；至明莫如日，以之自昭，我用我之明也。此固其微旨也欤！晋卦卦画作坤下离上，上体为离、为日；下体为坤，为大地。太阳从地平线上升起，又落回大地；下体三个阴爻与上体六五，回光返照。卦中四柔爻皆获吉，二刚爻刚进危厉至晋途受阻，六五爻为主爻，柔中而去刚烈。又晋字从二矢，所以也兼用“矢得”作解。主要以进军的各种情形来说吉凶。卦辞说，康侯用成王所赐良马繁殖，一日配种三次。这是蓄养马匹，为进军做准备。在车战时代，养马关系胜负，所以晋卦总体是很吉利的卦。

明夷卦第三十六

［原文］

《明夷》：利艰贞[1]。

《彖》曰：明入地中[2]，“明夷”[3]。内文明而外柔顺[4]，以蒙大难[5]，文王以之[6]。“利艰贞”，晦其明也[7]，内难而能正其志[8]，箕子以之[9]。

《象》曰：明入地中[10]，“明夷”[11]。君子以莅众[12]，用晦而明[13]。

［注释］

［1］明夷卦是本卦的标题。明夷在卦中有三种意思：一指鸣，即叫着的鹈鹕；二指鸣响的弓；三指太阳落下。朱熹曰：“夷，伤也。”全卦内容讲出行狩猎和隐退守洁。《集解》引郑玄曰：“日之明伤，犹圣人君子有明德而遭乱世，抑在下位，则宜自艰，无幹事政，以避小人以无害也。”［2］明入地中：下离上坤，离为日，为明，坤为地。明隐没于地中而伤，故为明夷。［3］夷：伤。《广雅·释诂》：“夷，灭也。”《小尔雅·广诂》：“灭，没也。”［4］内文而外柔顺：《明夷》内卦离为文明，外卦坤为柔顺。［5］蒙：遭受，承受。大难：指大的灾难。此指文王遭囚禁。［6］以：通“似”。《释文》：“以之，郑，荀，向作‘似之’”。［7］晦其明：《明夷》上坤为晦，下离为明。《正义》：“明在地中，是悔其明也；既处明夷之世，外悔其明，恐陷于邪道，故利在艰固其贞，不失其正；言所以利贞者，用悔其明也。”［8］内难而正其志：纣王昏暗，箕子被囚、为奴、佯狂，故曰内难。《明夷》离日在内，且离三爻各得其正，故曰正其志。［9］箕子以之：箕子有光明之德，而被纣王贬为奴隶，又囚于牢狱。《论语·微子》篇曰：“微子去之。箕子为奴。比幹谏死。”《庄子·大宗伯》篇《释文》引《尸子》曰：“箕子胥余漆体而为厉，披发为狂。”《史记·殷本纪》：“纣剖比幹，箕子惧，乃详狂为奴，纣又囚之。”［10］明入地中：《明夷》下离上坤，离为明在下，坤为地在上，故“明入地中”。明入地中，以示光明被遮而受伤。故为明夷。《集解》引郑玄曰：“日出地上，其明乃光；至其入地，明则伤矣，故谓之明夷。”［11］夷：伤。莅：治理，使用。《孟子·梁惠王上》篇：“莅中国。”赵注：“莅，临也。”［12］莅众：莅临众人。［13］用晦而明：用其晦，而使明处更明。

［译文］

《明夷卦》：有利去卜问艰难之事。

《彖传》说：太阳已沉入地中，所以把它叫做明夷卦。如果内有文明，在外就会表现忍让、克制和顺从，这样就能够承受巨大的灾难，周文王就是这样做的。“有利去卜问艰难之事”，就好像太阳隐藏它有光明，但总会再次得放光明，明亮耀眼。因此，内有超人的才智、高尚的品德，虽然处在困难中，但能坚守自己的正确的志向，就像处在殷纣王黑暗统治中的箕子那样。

《象传》说：《明夷卦》的卦像是离在下，坤在上，离为火，坤为地，这代表太阳沉入地下，天地昏暗，所以把它叫做《明夷卦》。君子要能遵循这个道理去管理民众，看似胡涂，实则政治清明。

[不休说]

明夷，以明而见伤为夷，日入地中，明伤昏暗之时，非处顺安常之日也。所以他卦多言“利贞”，而此独曰“利艰贞”者，虽守正亦不得直遂其正，故当艰难以守正也。卦辞止言其理，《彖传》既释其义，复举其人以明之，如文王、箕子俱当明夷之时，但所居之位远近，故所处之道有难易，此《彖传》独以箕子当六五一爻而系以“利艰贞”之义也。下三爻离体，明也。上三爻坤体，暗也。上六暗极，为明夷之主，自五而下皆受伤者也。初明虽伤，去上最远，垂翼而已。二视初虽近，去上犹远，虽见伤而未切，亦在速拯之耳。三则与上为正应，可以南狩而获其大首矣。四入坤晦之门庭，其暗尚浅，有可去之道。惟五则近于难，义不可去，亦难艰贞自晦其明而已。圣人处明夷之道，浅深远近各有不同，于此可见矣。《明夷卦》告诉我们，一个人陷于困境，既要坚守自己的节操，又要顺应时势保护好自己。

[原文]

初九：明夷[1]，于飞垂其翼[2]。君子于行，三日不食。有攸往[3]，主人有言[4]。

《象》曰：“君子于行”[5]，义不食也。

[注释]

[1] 明夷：用作“鸣夷”，意思是叫着的鹈鹕。鹈鹕是一种水鸟，俗名淘河。明疑借为鸣，古通用。陆机《乐府·长安有狭邪行》：“裕鸣当及晨。”李注：“《春秋·考异记》曰：‘鸡应旦明。’明与鸣同，古通用。”《拟今日良宴会》：“譬彼伺晨鸟，扬声当其旦。”[2] 垂其翼：帛本作“垂其左翼”。[3] 攸：所。[4] 言：咎责，谴责，小困难。[5] 于行：有所行。

[译文]

初九：光明沉没，就好像鸟在黑暗中飞行，低垂着受伤的翅膀。君子从家里往外出行，多日没有吃东西，有所行动，则必遭主人的斥责。

《象传》说：君子离家出行，从道义上说，不能蒙羞受食。

[不休说]

初九刚居阳位，又居离之处爻。离中虚，又为大腹，空腹不食之大象；离又为三数，为日，故曰三日不食。君子得时行道，如鸟奋翼而飞。今初九阳明在下，明夷之初，患虽未及，而谏不行，言不听，道已难行，为“于飞垂翼”之象。君子处此，惟有早去而已。

纵所值之困不能安其身，至于“三日不食”，吾不得辞也。纵所如不合，动而得咎，至于“主人有言”，吾亦不暇避也。盖君子而行，虽不免困穷，言语之伤，而吾晦其明者，犹可以自全；君子不行，即或免一时之谤，而祸乱既至，欲晦其明而不可得，终于见伤而已。此处明夷之时者宜早为之图也。君子几远去，可以速则速，则初九之于行，岂迫于势而不得食哉？直断之于义耳。义当早去，则爱其道更甚于爱其身，虽至不食，又何足惜？甚矣，去就之宜决也。“君子见几而作，不俟终日。”故“几”者，动之微，吉凶之先见，而非众人所能识也。士不幸值颓敝之世，自当揆乎义理之宜，决乎出处之介，高蹈远引，以全身名，岂得隐忍迟疑而陷身不测乎？此薛方所为保身而自全，杨雄所为投阁而不免也。吁，可慨哉！这一爻的爻辞说在黑暗中应学会自保，而不是有所行动。

[原文]

六二：明夷（夷）于左股[1]，用拯马壮[2]，吉。

《象》曰：六二之“吉”，顺以则[3]也。

[注释]

[1] 明：指太阳。夷：低平。明夷就是太阳下山。夷：通“痍”，受伤。《小尔雅·广言》：“夷，伤也。”[2] 拯：《释文》：“子夏传作抍。”《音训》拯作“承”，帛本作“撜”，此处并当读为“騬”。拯马：騬马、骟马，即去势之马。壮：帛本作状。[3] 顺以则：柔顺而有法则。以：表并列。则：动词，有则，法则。指马驾车守驰驱之法则。《诗·六月》：“此物四驪，闲之维则。”

[译文]

六二：在黑暗中行走，君子左腿负伤，用强壮的马帮助行走。这是吉利的。

《象传》说：六二爻讲之所以能够得到吉祥，是因为马天性柔顺，以至于听主人的话。

[不休说]

六二以刚爻居阴位，守中得正，如同忠君之大臣，又为光明之中心。六二与六五无应，又与上六逆比，其中正之心，不为当权者所名察。明夷之时，皂白不分，忠奸难辩。柔顺中正之人，更是容易蒙受不白之冤。忠良尽失，世道将更为昏暗。由于六二才质过于柔弱，需要阳刚君子用强有力手段来维护。若六二爻变为九二爻，则下体离卦变为乾卦。君子得位行道，固欲彰其有为之才，亦必一德同心，方可展其救时之用。今六二以明德初暗地，较之初，则为已近君。然志欲于飞，而事多肘之用。如伤其左股之象。当此时而不去，必且身中危机；即去而不速，亦恐祸患寻至。故为“二”计，当速于决去，如用马壮之速以救之，则可以全身免祸而吉矣。六二所处较近于初而乃得吉者何哉？盖知祸将及时可去，而不违其时，顺也。去而适合乎当然之理，顺以则也。惟顺故能合则，亦惟顺以则，故能得吉。苟或不当去而去，而徒以苟免为心，则揆之于时既不能顺，揆之于理又失其则，何吉之有哉？大抵人臣之遭逢既殊，则此身之去就亦异。可以九则久，晦明蒙难，文王箕子，利在于艰难；可以速则速，接淅而行，孔子去齐吉，因乎顺则。固各有其道也。宋儒苏轼释此爻，独以二本在朝之臣，岂可如居下之“初”洁身远去？所谓“用拯马壮”者，竭忠尽智，弥缝其阙，匡救其灾，要在有济国事于万一尔。此言亦有合于为臣之义，故附录之。这一爻告诉我们，一个人处在困境中，难以自拔，如有一个性格柔顺，且非常有能力的助手来帮他，则是吉利的。

[原文]

九三：明夷于南狩[1]，得其大首[2]，不可疾贞[3]。

《象》曰：“南狩”之志，乃得大[4]也。

[注释]

[1] 明夷：鸣弓，指拉弓发射。帛本作“明夷夷”。狩：帛本作“守”，打猎；又可指征伐（《正义》），《史记·周本纪》：“昭王南巡狩不反，卒于江上。”《左传·僖二年》：“昭王南征而不复。”。[2] 大首：于以为是四蹄皆白之大马。引《尔雅·释畜》：“四蹄皆白，首”。一说，首通“道”（《平议》）。俞樾曰：“首当读为道。古道首通用。《周书·芮良夫》篇：‘予小臣良夫稽道。’《群书治要》作稽首。《史记·秦始皇本纪》：‘追首高明。’《索隐》曰：‘会稽刻石首作道。’并其证也。得其大首，犹云得其大道也。”[3] 可：利。[4] 乃大得：指获大首。

[译文]

九三：在黑暗中向南征伐，可以俘虏其首领，但不能急躁冒进，须等待时机。

《象传》说：有到南方征伐的志向，一定大有收获的。

[不休说]

九三爻刚居阳位，又居离之上位，举止光明正大。离又为戈兵，离卦刚夹一柔，象“网”而往南，故有南狩之象。九三与上六正应，正好用九三之至明去除上六之至暗。这就是：“明夷于南狩，得其大首”的卦象。但九三刚居阳位，易于躁动，以下位者去讨伐上位者，成谨慎为妥。九三以刚明之德负天下之望，而适处暴虐之时，其势不能不除残以安民。为“南狩得大首”之象。然放伐大事，以德伐暴，其事虽贞，必当审慎于其际，上观天命，下察人心，以不得已之衷行不得已之事，然后人不以我为利天下，而以我为安天下，岂可以除暴为贞而亟于为之耶？上下之分，无所逃于天地之间者也。九三有除暴安民之志，而非富天下为心者乃能行此非常之事，而为伐罪之举，成大功而得天下也。苟志不在“南狩”，则是古今一罪人耳。夫岂所云“大得者”乎？从来建非常之事，必先问其志之所存。故志者，公私之分界也。志之所存，与日月同其光明，天人同其运会，毫无自私自利之念，而天下始有以谅其衷而成其功。以成汤之圣而犹虑后世以为口实，则岂奸雄乱贼之所可假托哉？圣人系此爻固为人君示其警戒，而实以严千古臣心之不轨者。这一爻告诉我们此爻是阳爻阴位，最上位，这表明到南方征伐暴君的志向是正确的，但这是非常行动，所以要谨慎行事。

[原文]

六四：入于左腹[1]，获明夷之心[2]，于出门庭[3]。

《象》曰："入于左腹"，获心意也。

[注释]

[1] 腹：古代半地下式房屋的复室。左腹就是左室。入于左腹，帛本作"明夷夷于左腹"。从帛本来看，"入"也可能是"夷"的讹字。[2] 获：射中。《仪礼·乡射礼》郑玄注："射者中则大言'获'。获，得也。"。明夷：大弓。心，李镜池以为是心木，又叫朱或柘，是一种质地坚硬的上等制弓材料。《诗·正月》："哀我小心。"《小宛》："惴惴小心，如临于谷。"《大明》："维此文王，小心翼翼。"《烝民》："小心翼翼，古训是式。"[3] 门庭：宅院门。庭，堂阶前（《玉篇》）。

[译文]

六四：在黑暗之中，得知小人之心，便离家远逃，避免受到伤害。

《象传》说：回到深山里，实现退隐的愿望。

[不休说]

坤为"腹"，"左"者，阴僻之所。进六四居坤之下，是已入暗地。身处昏朝，而道无由明，与其抗节以死，初无益于国家，不如脱身而行，犹不失明哲。故飘然远引，遂其嘉遯之初怀，为能获明夷之心，虽出门庭，长往而不悔也。"六四入于左腹"，而尚能"获明夷之心"者，盖人臣之心苟非万不得已，亦何忍舍其君父而慕然远去？今幸居暗地尚浅，犹未深受其害，外度之势，内度之心，诚有不得不去者，于是洁身而出，得获其远害之心意而超然无累也。夫"六二"之"夷于左股"，其受患也浅，故"用拯马壮"决去而不违其则也。六四之"入于左腹"，其操心也危，故出于门庭脱身，而适获其心也。观于比干之谏厉疾，即起于门庭，而行遯之举，心意获全于左腹。古仁人之用心，夫亦各揆义之所是，各遂其志之所安而已。六四柔爻居于阴位，六四位于上体之下位，又近君位，已进入上层统治集团的内部，对其内情有了解。六四又与下体离卦是近邻。特别是与九三成承乘之关系。六四与九三、六二组合成坎卦，而且，六四居坎之极位。在光明与黑暗之决斗时，首当其冲的应是六四。六四又居上互震之中位，震为足、为动。六四用柔而不用刚，所以，六四选择"出门庭"一走了之以避祸的道路。这一爻告诉我们一个人深处黑暗中，如不能与小人相抗衡，那么走就为上计。

[原文]

六五：箕子之明夷[1]，利贞。

《象》曰："箕子"之贞，明不可息[2]也。

[注释]

[1] 箕子：殷纣王的叔叔。《集解》引马融曰："箕子，纣之诸父。"明夷：日落，喻隐退，避难。[2] 息：通"熄"。《正义》："息，灭也。"

[译文]

六五：箕子处于黑暗的时候，保持中正是有利的。

《象传》说：箕子处于黑暗的时候，保持中正是有利的，他的高风亮节千古不灭。

[不休说]

六五柔爻居于刚位，得中不正，下与六二无应，表明六五才智过于柔弱，难以拨乱反正，重视光明。六五居上体坤卦之中位，与六四、上六均成逆比，表明六五优柔寡断，受制于上六之欺凌，又不敢依从下位者的反抗斗争。处于左右为难之中，只好一味忍辱守持。六五地处至暗，乃贵戚之卿处王家之难，此时谏既不可回，义又无可去，惟以柔中之德，不徇君之非，正志而不乱，亦不失臣之节，委曲而不激，如"箕子"之守正而"贞"焉，乃为"利"也。箕子当内难而能正其志，外固晦其明矣。然其本体之明自存，不可得而灭息也。使明与时息，则佯狂何以称仁人之名，作《範》安能叙论之道耶？盖明不可息者，正晦其明而利艰贞也。处箕子之地，当箕子之时，非艰无可为贞，非晦无可未明。盖箕子之明虽晦，而箕子之志不可移。志不移则明不息，明不息而后可以为感悟君子心之地矣。故志愈苦者守不渝，迹愈敛者几不昧。外虽不露其明，而精忠炯炯于艰难之中，未尝一念回互，一念间断，即运数难挽，成败难期，而此心昭然，固可千古矣。惜乎！当日之不谅其心也。这一爻告诉我们，一个人处在黑暗中，必须保持中正。

[原文]

上六：不明，晦[1]，初登于天，后入于地。

《象》曰："初登于天"，照四国也；"后入天地"，失则也。

[注释]

[1] 晦：帛本写作"海"。疑当作悔。登：见《尔雅·释诂》、《说文》段注作升进。地当作渊。《诗·鹤鸣》："鹤鸣于九皋，声闻于天。鱼在于渚，或潜在渊。"

[译文]

上六：太阳下山，灰暗。开始如登天一般地得高位，光芒四射，而后又沉入地中。

《象传》说：次日清晨太阳再次升起，这表明它的光明能够普照四方各国。而后又沉入地中，这表明它失去了正确的原则。

[不休说]

上六柔爻居阴位，为阴之至极。易经中阳为光明，阴为昏暗。表明上六已是昏暗之至极，而不知权变。上六若知权变，则卦成山火贲。上六阴柔而居坤之极，乃昏暗之甚者，不能自明其德，以至于晦而下之，受伤者众矣。然伤人之明已亦不免，故始虽居高位而终必自伤，如日之初登于天后入于地也。惟命不于常，可不戒乎！六之昏暗陷溺，初亦俨居尊位，有照临四国之权。而纵欲败度，失统御万方之则，所以致入地之伤而不明之晦也。盖为君者必法天以行健，象日以照幽，俾海内时雍臣民，式化而仰钦明之至治焉。斯为泰之世矣。苟或不然，必致失则之咎。此圣人所以垂戒于明夷之上六也。这告诉我们，在身居高位时，更要坚守正道。

总 论

君子遭逢盛世，君明臣良，斯可危言危行，遂其有为之志。今卦象离居坤下，明体见伤时，固不可为，而势亦无能为矣。然君子处患难之道，不外于一正自持，惟委曲尽忠而行其艰难之贞焉。既不能诺以狗俗，亦不激亢以伤时，处乱之道惟此乃为利也。盖人臣谋人家国之际，其道莫艰于处晦以全忠。如使枉道而狥物，则将顺迎之罪，固已非贞；而欲抗志以匡时，则祸患耻辱之来，又多不利。曰”利艰贞”者，贞由艰出，而因艰以行其贞于委曲补救之中，而不失其自靖自献之节，此非学问既深而涵养裕如者不能。故孔子释《彖》以文王。箕子当之也。卦象离为日，坤为地，以离在坤下，明入地中，有似明之见伤于地者，故名“明夷”。

夫“明入地中”固有取于明夷之明矣。乃观诸卦德，“内文明而外柔顺”，则是睿知中涵素具。夫烛照之明，而谦恭外昭，克笃夫忠顺之守。而蒙犯大难焉。辞曰“利艰贞”者，观诸卦体，六五一爻居暗地而近上六，则是虽有柔中之德，本之以昭昭，而被暗主之伤；处之以汶汶，自晦其明。正艰贞之义也。夫身为至亲，处势甚近，有不可避之难，而周旋委曲以行其正。古之人有用此道者，其箕之居之朝乎？盖箕子为殷宗亲，在其国内而狂之辱不逃，贞明之志不乱，故虽肆虐于家，而箕子得以保其身，是处明夷以一爻之道者，箕子也。此可见“文明柔顺”，本立身之大防；而“正志艰贞”，尤处患之善术。人臣当患之来，各视其一时之所处。若夫义既不可避，谊又无所逃，与其显而抗志，徒自蹈于危亡，审其几于权变？古之人操心危虑患深，诚有愈艰而心益贞者。迄今读圣明之《操麦秀》之歌，其柔顺晦明为何如哉？日入地中，明而见伤，明夷之象也。君子当明夷之时，非明无以审事物之理，度时事之宜，将伥伥莫知所之矣。然一自暴露其明，则又触乎物之忌，而惧反为明之累。故其临众也，必“用晦而明”。见虽足以察于几微，而不以苛核失含弘之度；智虽足以烛于隐伏，而惟以端默弘坐照之神，盖不以明为明，而以晦为明者也。以是而往，则内不失己，外不失人，处明夷之道，孰有善于此者乎？昔人云：自治用昭，去恶乃尽；是故日无明暗之分，言其体也。而有昼夜之别，象其用也。君子于此宜三致意焉，又岂独处明夷之时为然哉？

明夷卦卦画作离下坤上，取象较杂，涉及鹈鹕、鸣弓和落日等。卦辞说，利艰贞，说明所占之事多有曲折。初九是受伤之象，不利；六二是伤势即痊愈，吉利；九三是获得受伤的白马，所以不利于占问疾病。六四是吉利；六五是隐退，有利；上六是先升后降，先明后暗，先得后失，大不吉利。卦中上六为昏暗之君，其余五爻都喻指受迫害的对象，揭示了君子在遭受打击时可供选择的三个途径：一是消极逃避；二是积极反抗；三是忍辱待时。宜于根据不同时机选择不同的方法来保护自己。

家人卦第三十七

[原文]

《家人[1]》：利女贞[1]。

《彖》曰：家人，女正位乎内，男正位乎外[1]。男女正，天地之大义[1]也。家人有严君[1]焉，父母之谓也。父父，子子，兄兄，弟弟，夫夫，妇妇，而家道正。正家而天下定矣[1]。

《象》曰：风自火出[1]，家人。君子以言有物而行有恒。

[注释]

[1] 家人是本卦的标题。全卦讲家庭中的事。《释文》："人之所居称家。"《尔雅》："室内谓之家。"《正义》："明家内之道，正一家之人，故谓之家人。"[2] 利女贞：此谓家内之事，女子为主要因素，故言利女子守贞。《正义》："既修家内之道，不能知家外他人之事。统而论之，非君子丈夫之正，故但言利女贞。"[3] 女正位乎内，男正位乎外：女主家内之事，男主家外之事。女：六二之阴。男：九五之阳。[4] 天地之大义：此指家人，男女之正，合乎天地、阴阳、尊卑之理。《正义》："因正位之言，广明家人之义，乃道均二义，非惟人事而已。"[5] 严君：指父母。[6] 正家而天下定矣：《集解》引陆绩曰："圣人教先从家始，家正而天下化之，修己以安百姓也。"[7] 风自火出：下离上巽，巽为风在外卦，离为火在内卦，故"风自火出"。

[译文]

《家人卦》：有利妇女去卜问。

《彖传》说：一家人，女人应在家内主持好家务，男人应在家外干好工作。男主外女主内，合乎天地的大道义。家庭中应该有严厉而正直的家长，这就叫做父母。对家里的每个人来说，父亲应该尽到做父亲的责任，儿子应该承担做儿子的义务；兄长要尽到兄长的责任，弟弟要尽到做弟弟的责任；丈夫要尽到做丈夫的责任；妻子要承担做妻子的义务，如果这种家庭的伦理道德纳入正轨，家就合乎规范。每一家都被治理好，天下也就安定了。

《象传》说：《家人卦》的卦像是离在下，巽在上，离为火，巽为风，这就有风从火中出来之象，就好像一家人各尽其责，严明的家风也就形成了，所以把它叫做《家人卦》。君子要言而有信，不能夸夸其谈，行动要合乎客观规律。

[不休说]

家人，男女而已。正家之责，男女之尊者任之。九五，男正乎外，六二，男正乎内。

内外既正，则卦中诸爻，或为父子，或为兄弟，相观而化，自无不正矣。故《彖辞》专言“女贞”，见正外莫先正内；《象传》兼言“男正”，见正内实由正外。而总以二、五为正家之主。若分析六爻，则而柔固女也，四柔亦女也。妇道以顺为正，故一曰顺以巽，一曰顺在位。至于初、三、五、上，皆为阳刚，则皆有正外之责，三以严，五以爱，初闲于始，上威于终，盖因其位之尊卑，性之宽严，时之初终，以各正乎外，外正斯内正，而家道正，天下定矣。《家人卦》告诉我们，一家之主，负有领导职责，要防患于未然，因此治家要刚柔相济，既要有诚信，又要威严。同时家庭的成员要各安其位，各司其职，分工协作。

[原文]

初九：闲有家[1]，悔亡。

《象》曰：“闲有家”，志未变也[2]。

[注释]

[1] 闲：(《释文》引马)，指遮拦，防范。《说文》：“闲，阑也。从门中有木。”有：通“于”。闲有家：是防闲于家，如注意防火、防湿、防男女淫乱。[2] 志未变：用心则不会有变故。志：指用心。《仪礼·聘礼》：“将授志趋”。郑注：“志犹念也。”高亨认为，用心于一事谓之志。

[译文]

初：平时要保护和管理好自己的家庭，防止意外发生，没有什么后悔的。

《象传》说：平时要保护和管理好自己的家庭，能防止意外发生，这是因为有坚贞不渝的意志。

[不休说]

初九为少阳，刚爻居阳位得正，正是成家立业之时。初九与六二成正比，以阳乘阴，阴阳相交相合为吉。所以称为“有家，悔亡”。正家之道莫重于始，始而不“闲”，将不免于悔矣。初九以阳刚处有家之始，是初之时，故当“闲”，而九之刚又能“闲”者也。于是乘其嫌未萌，急为笃纯然之爱以“闲”其疏，复为严截然之分以“闲”其僭，使一家之中尊卑之谊常明，内外之情允协，而相陵相之悔自无由而生矣。“初”之“闲有家”者，盖正家之道“闲”之于未变者易为力，“闲”之于已变者难为功。当家人之初而能豫为之防，则可潜消默化，而未变者终于不变矣。此诚谨始虑终，为正家久远之道。乃知天下事严于其端，而后可杜于其渐；审于其几，而后可慎于其微。是故君子于家人既以有物有恒本身为其渐；审于其几，而后可慎于其微。是故君子于家人既以有物有恒本身为训，而又使左右前后必开言，春夏秋冬必习正业，当气质未变之初，先有以熏陶其德性，长养其才智，然后教易入，而化易成，父子、兄弟、夫妇，莫不各循其分，敦其伦，而可以世保厥家矣。此则“闲有家”之实事也。这一爻告诉我们，平时做一些预防工作，能防患于未然。

[原文]

六二，无攸遂[1]，在中馈[2]，贞吉。
《象》曰：六二之“吉”，顺以巽[3]也。

[注释]

[1] 攸：所。遂：通“墜”，同声系古通用。失，落（《今注》、《通义》）。《说文》：“队，从高队也。”《左传·僖公二十八年》：“俾队其师。”杜注：“队，陨也。”《国语·楚语》：“自先王莫队其国。”韦注：“队，失也。”队俗字作坠。《尔雅·释诂》：“坠，落也。”《广雅·释诂》：“坠，失也。”[2] 中馈：家庭中的饮食之事。《说文》：“馈，响也。”《周礼·天官·膳夫》：“王之馈食。”郑玄注：“进物于尊者曰馈。”[3] 顺以巽：柔顺而又谦逊。

[译文]

六二：妇人没有什么大的志向，在家中操持好家务，去占卜一定得到吉利的预兆。

《象传》说：《家人卦》的六二爻位是阴爻阴位，它之所以是吉祥的是因为它位于下卦的中位，顺从而又互相配合。

[不休说]

六二柔居阴位，当位得正。又为下卦离体之中位，举止文明、柔顺、守中、持正，又与九五正应。表明六二既能恪守本分又能固守妇道，所以“贞吉”。柔顺中正，举家庭之事一统于夫子而不敢专其成，所职者止在于“中馈”，徒酒食是议耳，他无所与也。惟能正位乎内，如此则贞淑之风以著，而宜家之化以成，“吉”孰加焉？“六二”克尽妇道而“吉”者，盖由以柔居柔，而有至顺之德，“巽”以从乎夫，故能必敬必戒，无专制之失，而昭“幽贞”之化，此所以吉也。从来阴道可以济阳，而不可以胜阳；内治可以助外，而不可以侵外。此天地人道之正也。天地得其正，而后运会有常经，人道得其正，成能体乎阴柔之德，协乎巽顺之宜，以正位而成家，何至女德无极，惟厉之阶，贻于世也哉？六二柔居阴位，阳刚不足，难以治家。更因才智柔弱而不可从事外部社会工作，这便是“无攸遂“之象。六二与九三组成少阴，六二居《家人》卦下体《离》之中女，所以六二可以认做新婚少妇。六二居内卦之中位，主要操持家中内部事务。这一爻暗示我们，作为一个家庭的成员，能尽到自己应尽的责任，就能获得吉祥。

[原文]

九三：家人嗃嗃[1]，悔厉吉[2]；妇子嘻嘻[3]，终吝[4]。
《象》曰：“家人嗃嗃”，未失[5]也。“妇子嘻嘻“，失家节也。

[注释]

[1] 嗃嗃：严（《集解》引侯），严酷、严肃（《正义》），严厉（《本义》）。[2] 厉：

危。[3] 嘻嘻：笑声《释文》引马："嘻嘻，笑声。张作，嬉嬉。陆作喜喜"。《集解》引侯果曰："嘻嘻，笑也。"《说文》："喜，乐也。"[4] 吝：困难，不顺利。[5] 未失：失通佚，即放逸纵乐之意。《尚氏学》："失、佚古通。未佚，言不敢放逸也。"

[译文]

九三：家长很严肃，有时因自己发脾气或太严肃，又有点后悔，自然会有不利的影响，但最终是吉利的。母亲、儿女在一起嘻嘻哈哈的，治家不严，最终是不利的。

《象传》说：家长很严肃，没有失去正派家风。母亲、儿女在一起嘻嘻哈哈，有失家中的礼节。

[不休说]

九三以刚爻居于阳位，得正而不中，治家过于严厉。九三与六二、六四组成坎卦，过严厉会给家人带来惊吓乃至凶险之事。所以九三对自己的行为也有懊悔，这便是"家人嗃嗃，悔厉"的意思。九三位于离体之上爻，离为文明，说明九三治家严正仍属文明之举。治家之道贵宽严相济。九三刚而不中，过于严厉，使一家之人畏威惧法，而不敢犯。虽似伤恩而拂情，"悔厉"在所不免。然人心底畏内治整齐，犹为正家之吉也。若使一于宽和，而不知严肃之道，致使"妇子嘻嘻"，笑语无节，则纵情败度，终必有吝矣。以二者观之，与其宽，毋宁过于严也。"九三家人嗃嗃"，义胜于情，似一以严为主。然而法度肃，伦理明，于正家之道未为失也。至于"妇子嘻嘻"，则和而流，宽而纵，失其节矣。宁能免于吝乎？盖家人之情无穷，易失于过节者，所以防范其过也。立于始为"闲"，调于中为节，非有二也。言节于三，以三在内外之介耳。惟修德于躬，立中正和平之极，既不嫌于烦苛，而乐易为怀，亦不伤于放逸，斯两得之矣。圣人审于"嗃嗃""嘻嘻"之间，而为著吉与吝之辨者，非欲人之一于严也，第以宽之而无所制，宁严之而有所守也。家人有严君焉，其即节之谓与！这一爻告诉我们，一个人治家要严格。

[原文]

六四：富家[1]，大吉。

《象》曰："富家，大吉"，顺在位[2]也。

[注释]

[1] 富：通"服"，和睦。此指使家富。[2] 顺在位：指处于适当职位。《尚氏学》："言富之故，以顺阳也；五得位，故曰顺在位。"

[译文]

六四：家庭富有了，十分吉利。

《象传》说：家庭富有了，十分吉利，这是由于六四爻的柔顺居正。

[不休说]

六四以阴居上位，是主门内之政者也。秉柔顺之德，而握闺之炳，为能制节谨度，克勤克俭以开利之源，不侈不骄以裕财之用，能富其家者也。由是则出入有经，奢僭不作，孝敬仁让之风莫不成于富足之后，吉孰大焉？“六四富”其“家”而“大吉”者，盖以其有顺德，而在上位是不徒操一家之权，而且得治家之道，宜能永保其所有而大吉也。家人之卦，四阳二阴。昔人谓六二之阴，持家之妇也。六四之阴，其主家之妇乎！二惟顺以巽，故克尽在下之妇道而贞吉。四惟顺在位，故克尽在上之母道而大吉。然阳为实，阴为虚。故“小畜”九五称富，泰之六四称不富。今六四以阴而称富家者，《易》之占法，阳主义，阴主利故也。抑所谓富家者，岂止富厚而已哉？《记》有之：“父子笃，兄弟亲，夫妇和，家之肥”也。“家之肥”，即家之富矣。由此推之，而国之富，天下之富，亦岂出于此爻之义乎？六四已位居家人卦之上体，身份不仅是贤妻，更是一位良母。六四柔居阴位，当位得正又居上体之内爻，正是“女正乎内”的象征。六四是上体巽卦的初爻，又与九五君爻成正比。这一爻告诉我们，一个家庭无论在物质上还是在精神上都是富有的，一定是吉祥之家。

[原文]

九五：王假有家[1]，勿恤[2]，吉[3]。

《象》曰：“王假有家”，交相爱[4]也。

[注释]

[1] 假：通“格”、“各”，意为到达。《免殷》：“王各于大庙。”王注曰：“假，至也。”《广雅·释诂》：“假，至也。”《方言》：“假，至也。”《书·尧典》：“格于上下。”《楚辞·招魂》王注引格作假。《诗·泮水》：“昭假烈祖。”《文选·出师颂》李注引假作格。《那》：“汤孙奏假。”《释文》：“假，郑作格。”《方言》：“格，正也。”《论语·为政》篇：“有耻且格。”《集解》：“格，正也。”有：通“于”。家：指祭祀祖先的家庙。王假有家：传文指大王到家庙中。[2] 恤：忧。《说文》：“恤，忧也。”《吕氏春秋·音初》篇：“夏后氏孔甲田于东阳。天大风晦盲。孔甲迷惑，入于民室。主人方乳。或曰：‘后来，是良日也，之子必大吉。’或曰：‘不胜也，之子必有殃。’后乃取其子以归曰：‘以为余子，谁敢殃之。’子长成人，幕动坼撩，斧斫斩其足，遂为守门者。孔甲曰：‘呜呼！有疾，命矣夫。’”[3] 往：汉帛本补。[4] 交相爱：说明此时人人交相亲爱和睦。

[译文]

九五：君王把治家之道带给了大家，不要担心什么，这是吉利的。

《象传》说：君王在家里以身作则，使家庭成员互相关爱。

[不休说]

九五，刚健中正，而下应六二之柔顺中正，是有“刑于”之德，而又获内助之贤者也。王者以是至于其家，则内外得人，家无不正，上可以奉神灵之统，内可以纪纲乎六宫，外可以动乎四海，勿用忧恤而吉可必矣。“假有家”，岂私昵之情哉？盖五与二同德相孚，君庆内治之得人，后乐“刑家”之有主，雍雍在宫，以礼相合，以义相比而成爱者，此所以吉也。盖圣德协而政修，教化行而海宇定。自古雍穆之治，未有不起于宫闱者，此问夜之勤，鸡鸣之儆，为王化之根本也。先儒谓爱有二义：有溺于私欲之偏者，有发于性情之正者。私欲之偏，即为祸乱所由萌。性情之正，则为风教所自出。一念得失之分，而天下之治忽因之。此“修齐治平”之效，必本于“格致诚正”之功欤！九五刚居阳位，刚中且正，宽严并济，下与六二正应。这是交相爱的表现。九五居家人卦上体巽之中位，巽为入，下应六二，是体察民情入于其家之象。这一爻告诉我们，君王应以身作则，并以自己的正确的治家之道教化人们。

[原文]

上九：有孚威如[1]，终吉。

《象》曰：“威如”之“吉”，反身之谓[2]也。

[注释]

[1] 威如：发怒的样子。[2] 反身：求之于己。反：求。《孟子·尽心上》篇：“反身而诚，乐莫大焉。”《礼记·中庸》：“反诸身不诚，不顺乎亲矣。”《礼记·乐记》：“然后能自反。”郑注：“自反，求助于己也。”

[译文]

上九：有诚信又有威严，最终是吉利的。

《象传》说：之所以既有诚信又有威严是吉利的，是因为做家长的能严于律己。

[不休说]

凡治家者当慎于其始，犹贵善乎其终。诚信不足者终必携，威严不足者终必有咎。信与威相济，乃可久之道。今上九以刚居上，在卦之终，本乎诚以笃恩义，而又伦纪森然，势不可犯，有“孚”而“威如”者也。故其言可以体家人之心，而无伤恩拂情之失。其威可以正家人之志，而无乱之愆。则一家之中爱敬日隆，将见弥远而弥昌矣。不其终吉乎？“上九威如”之“吉”者，非“作威”之谓也，乃反身自治，贞度立诚，而动静语默有谨，以几瞻视衣冠，有尊而可畏之象，初未尝严厉而家人自服之。盖躬行之化，不怒之威也。可见反身之理为正家之原，而主敬之学又反身之要。大庭广众，固无可少忽之时；暗室屋漏，尤必有严之志。如是，则不动而敬，不言而信，威由孚出，孚以威诚，而家有不肃、教有不洽者乎？故有家者不可为一时苟且之计，而当慎百世永远之图，有始有终，而家人之义全矣。上九居家人卦之终极，为一家之至尊，至刚而位于阴位，位不正，容易小题大做。卦中上九与九三无应，表明上九不偏爱自己的对象（妻子），虽能取信于家中其他成员，但上九过刚也容易犯急躁冒进之主观错误。若能归于正道，即上九刚爻复归上六正位，卦变成水火《既济》。这一爻告诉我们，作为一家之长，一方面他虚心谦和，善于改正自己的错误，并且善待家庭成员；另一方面他办事果断，颇有魄力。这是吉利的。

总论

君子齐家以立教，固莫不欲使内外咸得其正也。然家之不正恒起于妇人，而家之难正亦莫甚于妇人。故正家者必以正内为先务，惟自修其身以端其本，使一家之中肃然有贞静之风，穆然守宫闱之範，则内正而外无不正。大化之源肇于此矣，何利如之？非有深合于“家人”之义者乎？然必有不显无射之德，立乎刑于之先，而后室家以正，教化以洽，卜年卜世之基，无不本于此也。帝王正己以正家、以正国与天下，岂有外于“女贞”之训者哉？卦名家人，而《辞》言“利女贞”者，盖一家之人内外尽之矣。治家之道，一正尽之矣。卦体六二柔正，是女秉顺德，贞静自守，不预外事，而正位乎内。九五刚德，是男秉健德，以义制事，不牵内私，而正位乎外。男女有相成之体，内外无侵越之嫌，各止其宜，而皆归于正。若此者，岂细故哉？乃阳阴之理万世不能易，固天地之大义也。诚明乎是义，则一家之中，不一者分，不同者情，而必有握正大之权，立整齐之化，所谓严君者以主之。九五正位乎外，克敦父道，乃外之严君也。男之教统此矣。六二正位乎内，克尽母道，即内之严君也。女之教统此矣。以分而言，既是整肃乎一家之分，以情而言，又克联属乎一家之情。是故教行于父子，则初、上秩尊卑之位，善作善述，而父父子子也。教行于兄弟，则三、五定先后之序，以友以恭，而兄兄弟弟也。教行于妇人，则五三、四二严内外之别，惟义惟顺，而夫夫妇妇也。家道有不正焉者乎？一人能尽其伦，而人人皆各尽其伦。家正而天下之父子、兄弟、夫妇定矣。夫天下之大，即于一家定之，此“家人”所关甚钜也。而正家之道，必于严君成之，此“女贞”之所为独先也。可见天地泰而万物化生，男女正而内外各治。造物不能外阴阳而神其用，帝王不能外伦纪而大其功。以天下为家者，欲一道德而同风俗，岂能舍宫之地而别求起化之原乎？此卦上巽为风，下离为火。风出于火如化出于家，家人之象也。君子以家人为风化之始，而齐家之本在于修身，修身之要在于言行。言行者，一家之视听攸关而效法所系者也。使言无物，则议论皆虚，何以使之承听乎？故阐明纲常本诸真实，君子之言必可守以为则焉。抑行而无恒，则践履有亏，何以使之观法乎？故敦笃伦理，无间始终，君子之行必可奉以为型焉。而作则之道全，由己以及家，由近以及远，天下之定推之而莫外矣。盖圣人之学无过言行两端，所以尽一己之修者在此，所以浦及物之化者亦在此，而其原总本与一心，心有所伪言必不能以有实矣。心有所疎，行不能。行不能以有常矣。惟存其心于真纯之内，悦其心于义理之中，则言自有物，行自有恒，而感人者岂徒在告语之文，防范之迹乎？故君子修言行之功，必自正心始。人卦以家庭生活论吉凶，卦画作离下巽上。因女主家内事，所以卦辞说，利女贞，即利于占问妇女。初九，防范于家中，很安全，所以后悔消失。六二说妇女在家中料里家务非常细致，分毫不出差错，所以占问吉利。九三是要危不忘安，安不忘危。若持家不严会有困难。六四说家庭和睦，所以大吉。九五说不要忧虑，终会吉利平安。上九是恩信与威严并施，所以最终吉利。从卦象看，治家要确立天赋男权的地位，制定严正的家规。要求男子成为严父，女子成为柔顺、守正、遵守妇道的贤妻良母。要求每个家庭成员都要长幼有序，亲密相处。家族伦常关系，是一切社会关系的本源。家庭的治理涉及到国家的长治久安和社会秩序的和谐稳定。

睽卦第三十八

[原文]

《睽》[1]：小事吉[2]。

《彖》曰：睽，火动而上，泽动而下[3]，二女同居[4]，其志不同行[5]。说而丽乎明[6]，柔进而上行[7]，得中而应乎刚[8]。是以“小事吉”。天地睽而其事[9]同也，男女睽而其志通[10]也。万物睽而其事类[11]也。睽之时用大矣哉！

《象》曰：上火下泽[12]，睽。君子以同而异[13]。

[注释]

[1] 睽（kuí）是本卦的标题。睽的意思是相违、矛盾。全卦记旅途中所见所闻，多为怪事。朱熹曰：“睽，乖异也。”《说文》：“睽，目不相听。”[2] 小事吉：两种意义：一是“小事”指细小的事。孔颖达曰：“物情乖异，不可大事。大事谓兴役动众，必须大同之世方可为之；小事谓饮食衣服，不待众力，虽乖而可。”一是认为“小事”指柔小之事。《折中》引何楷曰：“业已睽矣，不可以忿疾之心驱迫之也；惟不为已甚，徐徐转移。此合睽之善术也。故曰小事吉。小事，犹言以柔为事；非大事不吉，而学小事吉之谓。”[3] 火动而上，泽动而下：下兑上离，兑为泽，离为火。泽动而下润，火动而炎上。《集解》引虞翻曰：“离火炎上，泽水润下也。”[4] 二女同居：兑为少女，离为中女，故《睽》为“二女同居”。《正义》：“中、少二女共居一家，理应同志；各自出适，志不同行，所以为异也。”[5] 志不同行：志向不相同。[6] 说而丽乎明：兑为说，离为丽、为明。[7] 柔进而上行：睽之六三以柔而上进至六五而行在尊位，又似《家人》六二变《睽》六五。[8] 得中而应乎刚：六五居中而应九二之刚。刚：指九二。[9] 事：指生养万物之事。[10] 志通：男女交感之志相通。[11] 事类：生成之事因类同，正如程颐所说：“天高地下，其体睽也，然阳降阴升，相合而成化育之事则同也。男女异质，睽也，而相求之志则通也。生物万殊，睽也，而禀阴阳之气，得天地之和则相类也。”[12] 上火下泽：下说上离，离为火，兑为泽。火性炎上，水性润下，二者相违悖。故为《睽》象。同而异：同、异二字皆是动词，同是综合相同事物；异是分析相异事物。《荀子·正名》篇曰：“同则同之。异则异之。”《集解》引荀爽曰：“火性炎上，泽性润下，故曰睽也。”[13] 同而异：求同存异。《集解》引荀爽曰：“大归虽同，小事当异。百官殊职，四民异业；文武并用，威德相反，共归于治。故曰君子以同而异也。”

[译文]

《睽卦》：去卜问小事是吉利的。

《彖传》说：《睽卦》的卦象是离在上，兑在下，离为火，兑为泽，这就好像火往上窜，水往下流。两个女人在一起居住，但志向、情趣行为却大不一样。以欢喜愉悦依附着光明，凭着柔顺的力量前进向上，这样做就符合中正之道，且与阳刚相应，就会得到卦辞中所讲的“去卜问小事是吉利的”结果。天和地性质不同，差别很大，但共同滋润万物，使万物茁壮成长；男人和女人性别不一样，但男女都渴望组建家庭，共同哺育后代；天下万物各有各的形态，但它们都有共同点。《睽卦》所展示的对立的道理和把握时机的意义是多么大呀！

《象传》说：《睽卦》的卦像是兑在下，离在上，兑为泽，离为火，这表示水火相遇，所以把它叫做《睽卦》。君子找出事物的共同点，并辨别它们各自的特点。

[不休说]

济大事必以人心，人心喜合而恶离，贵同而贱异。卦之火、泽异性，中少异情，所以为睽。然于既睽之日而能本济睽之德，乘济睽之势，以救济睽之助，则通志遂情，其机在我。故《彖辞》谓“小事吉”，而《彖传》又推广言之，以见时用之大焉。至六爻，则于君臣，僚友先睽后合之际反复言之。“初”与“四”以无应而睽，“三”与“上”以疑贰而睽，惟“二”、“五”居中得应，故当睽而不睽，原睽所自来，莫不始于猜嫌，成于乖隔，济睽之道反之而已。臣积诚以捂住，君降心以求助，上下合心，刚柔协德，委曲绸缪以赞大业，则涣者可使之合，疎者可使之亲，而睽不终睽，不害其为，吉矣！此一卦之大旨也。《睽卦》讲家庭及社会成员的背离，暗示我们，矛盾的双方是对立统一的。即事物是矛盾的，相互对立的，但一方的存在以另一方的存在为条件，并且在一定的条件下相互转化。根据矛盾的特性，我们一方面要同心同德消除异己力量，一方面要求同存异，要创造条件使矛盾向好的方向转化，推动事物发展。

[原文]

初九：悔亡。丧马勿逐，自复[1]。见恶人，无咎[2]。
《象》曰：“见恶人”，以辟咎[3]也。

[注释]

[1] 丧：失。逐：追（《说文》），简本作“由”，读为“逐”。复：返回。[2] 见恶人：传文此指接见或往见恶人。恶人：指容貌丑陋的人，非坏人。恶：凶恶。指形残貌丑或品行差劣。《尚书·洪范》：“五曰恶。”孔传：“恶，丑陋。”又《广韵》：“恶，不善也。”《孟子·公孙丑》：“不与恶人言。”[3] 以辟咎：可以避免咎灾。辟：通“避”。

[译文]

初九：悔恨消失。不用去找丢失的马，它自己就会回来。遇到恶人，不会有什么灾祸。

《象传》说：遇到恶人，用这种态度跟他们相处，意在避开灾祸。

[不休说]

初九刚爻居阳位，得正不中，位卑而好动，急于上行。但初九却与九四为敌，受到九四的排斥和打击，无法达到上行的目的，不免产生悔恨之心。初九、九二与九四组合成《乾》，乾为马。九四阳居阴位，不愿接纳初九之阳，故为“丧马”；初九阳爻当位得正，能故守正道，不强求与九四和合，初九与九二逆比，九二与六五正应，上行条件成熟，因而压制初九上行，成为初九的“恶人”；初九宽容地及时退避，回归原位静守，故而“无咎，悔亡”。天下之睽必有合，而后可济。初九上无正应，宜不能济睽而有悔。然幸四亦同此阳刚之德，情虽不洽，而道则相符，终得协力而“悔”可“亡”，有“丧马勿逐，自复”之象。然当睽时同德相合，正异己者所忌，分别太严，必遭谗搆。故或遇恶人，虽非与我同德，而不可不见之，庶释其猜疑而免中伤之咎。盖义当如此，非有所屈也。睽违之害，每起于是非之过明，而好恶之太峻。彼恶人，君子之所远而恐也。然当其相遇，绝之过甚则意外之祸必生，故不得已而见之，正所以“辟咎”也。岂其本心哉？大抵世至于睽，谗夫得志，正士得志，正士莫容，君子处此自有难径情直行者。盖非独为一身计，而并为天下计也。孔子曰：“人而不仁，疾之已甚，乱也。”贤者不幸值此时，苟能委曲从容，苦心调剂，岂但君子不受于小人，或可使小人化而为君子。则济睽之妙用即在其中矣。这一爻暗示我们，我们要一分为二的看问题，找出对立事物的同一性，就能避免灾祸。

[原文]

九二：遇主于巷[1]，无咎。

《象》曰：“遇主于巷”，未失道[2]也。

[注释]

[1] 遇主于巷：他乡作客，遇主人于巷中，则衣食有处。主：接待旅人借宿的主人。[2] 失道：迷失道路。

[译文]

九二：在小胡同里遇到自己的主人，没有什么灾祸。

《象传》说：在小胡同里遇到自己的主人，没有什么灾祸，是因为没有脱离正道。

[不休说]

九二刚爻居于阴位，得中不正。表明九二上行的行为有失规范。九二与六三成正比，六三爻居下卦之上位，其位亦不正。初九、六二、六三组合成“兑”，兑位悦，表明九二上行并非心向专一地认定与自己正应的六五主人，而是心存二主，见六三权贵，也去攀附。本来六五主人与六三无应，既不满六三的违逆行为，又对九二的无礼表示愤恨。为九二能行中道，对六三上级的恭顺并未失以下敬上礼制原则，所以，九二可获无咎。二与五应，君臣之分定矣。但值睽时，或为小人间隔，忧谗畏讥，忠悃不白，则当委曲竭力，或积诚以感其心，或匪懈以通其志，或负罪以冀其悟，所以自靖者不拘一途，如“遇主于巷”焉。然后上下交孚，乃为无忝臣节，而咎可免也。人臣事君，道合则留，不合则去。“九二”顾“遇主于巷”，何耶？盖君臣之谊，关于天性，委曲抒诚，乃道之正。原非枉尺直寻，为鄙夫之见也。二五正应，而当睽时阴阳相应之道衰，刚柔相济之意胜，所以上下之间，非曲折婉转其情不能相通，此正忠臣爱君之切，体国之至休戚相关，有不出于此而不能者。孔子恐后世功名之士必将借此言为口实，故特云“未失道”以明之，以见遇非屈己逢迎，巷非邪僻由径，必合于道而后可。一时或得遇合，而已先不正矣，何以正君哉？这一爻告诉我们，一个人处在处理事物时，应对事不对人，按照自己的道德、良心去办事。

[原文]

六三：见舆曳[1]，其牛掣[2]，其人天且劓[3]，无初有终。

《象》曰：“见舆曳”，位不当[4]也。“无初有终”，遇刚[5]也。

[注释]

[1] 舆：指车。帛本、简本均作“车”。曳：通“辙”。曳字，帛本作“恝”，阜阳简本作“渫”，楚简本作“遏”，徐在国《上博竹书（三）周易释文补正》改释为“辙”。舆曳：指拉大车。[2] 掣：指牛角一俯一仰，形容牛拉车很吃力的样子。《释名·释姿容》：“掣，制也，制顿之使顺已也。”《文选·西征赋》李注引字书曰：“掣，制也。”[3] 天：“颠”的本字，本义为额部，这里指一种在额上刺字的刑罚。《说文》：“天，颠也。”《山海经·海外西经》：“刑天与帝至此争神，帝断其首，葬之常羊之山，乃以乳为目，以脐为口，操干戚以舞。”高亨曰：“刑天既刑颠。”劓（yì）：一种割掉鼻子的刑罚。《集解》引虞翻曰：“割鼻为劓。”[4] 位不当：六三爻以阴居阳位。[5] 遇刚：六三与九四相比邻，又与上九相应，故曰“遇刚”。

[译文]

六三：一头牛使劲地拉着货车，赶车的人是一个额头刺了字又被割掉鼻子的奴隶。虽然开始是困难的，但最终是有好结果的。

《象传》说：看见一个烙额割鼻的奴隶在拉车，这是因为六三爻是阴爻阳位，所处的位置不恰当。开始时特别困难，但最终还是有好结果的，这是因为六三阴爻上遇到九四阳爻，就好像有贵人相助。

[不休说]

六三爻阴居刚位，处下卦上方，位不正，又处上下体之交，本身处境危厉不安，反而急于上行与上九相应，必然会受到挫折。六三与九四、六五三爻组合成为《坎》。六三又为下卦之上爻，其位为阳，与初九、九二组合为《乾》。六三与上九正应，又与九四正比，并且，睽卦的上体为离，离为光明，表征六三上行的前途仍然充满光明，所以“无初有终”。六三与上九正应，有君臣之分者也。不幸处二阳之间，迹若可疑，而上猜忌方深。三求合不得，积疑成惑，若见二其舆于后也，若见四之其牛于前也，更若见上之加刑于己，而“天且劓”也。睽离如此，是无初矣。然天下之理，邪不胜正。二、四之求，久当自去。上九之疑，久当自释。究必得遇于正应之君而为有终也。三居二阳之间，处位不当，一时难合于上，所以积疑而其“舆曳”之见也。然终遇者，由上九刚明，其疑易释，终必相得，又何睽之不解乎？自古君臣之间嫌隙不可稍开，或因意见之参差，或由奸邪之间阻，君心一疑，则其臣一言一动，无非或罪之端。然人臣当此不可过为猜惧，惟有益励其情共之节，竭其爱敬之，安常守分，以待君之悔悟，精诚所感，自终见亮于圣主矣。此事君者所以加勉也。这一爻告诉我们，即使一开始就遇到阴碍，也不必忧惧，因为只要巧妙地应付，就能变阻力为推动力。

[原文]

九四：睽孤遇元夫[1]，交孚[2]，厉，无咎。

《象》曰：“交孚无咎”，志行[3]也。

[注释]

[1] 睽：乖离，这里指外出的旅人。睽孤：旅人孤单行路。元：用作“兀”，善。《尚书·尧典》：“惇德允元。”孔《传》：“元，善之长。”夫，丈夫（《说文》），男子汉。元夫：指受过刖刑之人。闻一多说：“元当读为兀。兀夫：跛子。”[2] 交：互相。交孚：相互信任。交，交互。《小尔雅·广言》：“交，具也。”[3] 志行：九四之阳处坎中，坎为通，故“行”。

[译文]

九四：孤独又自负的人，遇到上大夫，有诚信地和他交往。开始艰难，但最终没有什么灾祸。

《象传》说：有诚信地和上大夫交往，能免去灾祸，这是因为他们从不同的角度推行他们共同的心愿。

[不休说]

九四阳居阴位，失中不正，又陷于六三、六五两爻之中，处睽离之时又无应，故成之为“睽孤”。九四已升至睽卦之上体初爻，已向和合统一方向转化，“遇”、“交”正是和合的开始。九四虽无应，但与初爻有“交”。初九刚正不阿，不求同，不存异，是处睽时唯一可交的正人君子。九四欲求交合也必须返归正道，与其诚信相待。九四以阳刚爻归返阴位。九四当睽之时而无阴柔之应，为而或沮之，动而或推之，若不免于孤也。幸遇初九元善之夫与同德，遂推诚相与以共济时艰，则亦不为孤矣。顾人之情，在无事之日，则安常处顺而间隙不萌。当多事之时，则变故横生而猜忌易起，故必危以处之，内杜疑贰之端，外防谗间之人，惟恐吾之诚信有未志焉，然后可保其交孚之美，同心协力以济天下之睽，而无始合终离之咎也。九四之志本欲济睽，但应之者未得其人，则有志而不能行。今既获初九元善之夫以矢心同济，志愿遂矣，宁处睽哉！人臣比肩事君，惟宜一心一德，共僇力以报国，若意见各立，遂至积成猜嫌，互相嫉害，此岂社稷之福乎？后世人臣之睽，莫甚于赵之廉蔺，唐之牛李，廉蔺始睽而终合者，以两人之心皆出于公，则自无不可化也。牛李始睽而终亦睽者，以两人之心皆徇乎私，则自不能克也。四与初皆有阳刚之德，同德相遇，故始虽睽而终必合。欲济天下之睽者亦观其心之公私而已矣。这一爻告诉我们，诚信是求同存异的保证。

[原文]

六五：悔亡。厥宗噬肤[1]，往何咎？

《象》曰："厥宗噬肤"，往有庆[2]也。

[注释]

[1] 厥：字误，当作"升"。此字帛本作"登"，简本作"陞"。可见因今本"升"，遂讹作"厥"。宗：祖宗或宗庙。《说文》："宗，尊祖庙也。"厥宗：指他那个宗族的人。噬肤：指肉。厥宗噬肤：传文指登祖庙一起吃肉。厥为误字，见经文睽卦注。《广雅·释器》："肤，肉也。"[2] 往有庆：前往必有喜庆。

[译文]

六五：悔恨消除。同宗族的人能唇齿相依，一起行动起来，又有什么灾祸呢？

《象传》说：同宗族的人能唇齿相依，一起行动起来，一定是吉庆的。

[不休说]

六五以阴居阳，济睽之才不足，宜其有悔，但以柔中之德应九二之贤，得人辅治，而有以匡其不逮，故虽有悔而终必亡之。然二、五君臣相得，岂仅如遇合之常哉？盖二本之正应，乃宗子之家相，所谓宗臣也。当睽之时，五固切于下交二，又笃于事主，情洽意孚，诚有如"噬肤"之易者，以是而往，可以同心共济，合天下之睽矣。复何咎乎？处睽患不得所合耳。有"厥宗"合之，如"噬肤"之易，则君臣同德，以济天下之睽。此虽一人之福，而实四海之庆也。盖二、五君臣之睽，二言合之难者，臣道也，不敢轻身也。五言合之易者，君道也，急欲下贤也。故"二"言主，尊之也，下当以分严上也。"互"言"宗"，亲之也，上当以情亲下也。二依五以为主，五亲二以为宗，相须身股，自然相见恨晚，宜其易于合矣。然必君先求贤，而后贤乃从君。此又慎重于始交之道也。六五以柔爻居阳位，位不正，本来应有悔，但六五居中，能守中道。下应九二，得贤臣之辅佐，故而"悔亡"。六五高居尊位，是全卦之"主"，诸阳爻均为其"宗"。只有六三是六五的外戚同族，如同肉体之"肤"九二才资刚健又能执中办事，并与六三正比，轻易地完成了以阳消阴、拔断反正的使命。六三复归正位，卦成火天"大有"。大有卦六五爻辞为"厥孚交加，威如，吉"。这一爻告诉我们，如果大家同心同德，就能克服困难，获得吉祥。

[原文]

上九：睽孤见豕负涂[1]，载鬼一车，先张之弧[2]，后说之弧，匪寇，婚媾。往遇雨则吉。

《象》曰："遇雨之吉"，群疑亡[3]也。

[注释]

[1] 豕：猪。负：以背载物。涂：于鬯《香草校书》即涂车，引《礼记·檀弓》“涂车刍灵，自古有之，明器之道也”及《释名·释丧制》“涂车，以泥涂为车也”，谓涂车乃载鬼之车。《集解》引孔注：“涂，道也。”[2] 张：拉开。弧：弓。《说文》：“弧，木弓也。”后一弧字：《释文》云，“本亦作壶，京、马、郑、王肃、翟子元作壶。”清李富孙以为当以作“弧”为正，作“壶”是音讹字，并读“说壶”为“设壶”，礼之若内宾。婚媾（gòu）：指族外婚，族中多人去女家迎娶。[3] 群疑亡：指所谓爻辞中“见豕负涂，载鬼一车”及“先张之弧，后说之弧”。《通义》：“载着一车象鬼一样奇形怪状的人。‘鬼’是图腾的打扮。每个氏族都有自己的图腾，多以动物为标。族外婚时，打扮自己的图腾以示区别。说：同脱，放下。

[译文]

上九：孤独而自负的人，看见一头背上沾满污泥的猪，又遇见一辆车，有一群穿奇装异服的人在上面坐着，于是就拉开了弓准备射它，但是后来又放下弓。因为定下神来一看，发现并不是强盗，而是要婚娶。继续前往，遇到大雨，就获得吉利的预兆。

《象传》说：遇上大雨，会获得吉利的预兆，是说原来的种种怀疑都已经烟消云散了。

[不休说]

上九刚爻睽之至极，容易走向固执极端。睽卦至六五已收治睽大威之功。然上九过于刚爆，与人成见过深，难释前嫌。上九本来与六三正应，但六三既乘九二，又承九四，不免令上九顿生忌恨之心。六三与六四、六五组合为“坎”，坎为盗寇，为豕。九四本为阴位，与六三组合成《坤》。坤为舆，为大地。《坎》、《坤》合一为泥豕。这便是上九在恍惚之中不明虚实，“见豕负涂，载鬼一车”的幻觉。上九下应六三，本不孤也。然以刚明之过，处睽极之地，猜疑所结，妄见多端，故睽孤而无与。三本非污而疑其污，如“见豕负涂”，若将己也。即至一切所无之事，尽疑其有，如“载鬼一车”，反以幻为真也。由是积疑成忿，先张弧而欲射之，乃本无是事，疑久自则又“说弧”而不果射，始知三非我寇，实为亲我之人。前疑尽释，而往以遇之，犹阴阳和而致雨焉，则睽合而不弧。上九“遇雨”吉者，盖人情有所疑则不能合。今两情式好，二人同心，而猜嫌尽泯。则向日之妄见，至此而俱消矣，又何睽之足虑哉？大抵上下之交，莫难于信，莫易于疑。信则志同道合，一德交孚；忠言逆耳，则疑其卖直；同道为朋，则疑其植党；荐贤为国，则疑其市恩。疑断一开，何所不至？小人因之播弄其间，而忠良之祸不可解矣。周公于此爻既极摩其情状，而孔子于《象》又概之以群疑，以见猜忌不释，则睽终不可得而合。所以致儆者，不亦深切著明哉！这一爻暗示我们，猜疑是导致离散的原因。所以，设法消除对方的疑虑，就能合同。

总 论

济大事以人心为本，睽则众志乖异矣。尚幸卦德有济睽之才，卦变有济睽之势，卦体有济睽之助，夫惟有是三者之善，虽不能大有所为，使睽者一旦而合，然以之维持国势，收拾民心，亦可徐俟群志之定，不致于终离；而小事吉也。盖天下之睽散不可一日不合，圣人岂肯安于无事？但以当睽之日而骤兴非常之役，建不世之功，则众志猜疑，一时难以开释，安望其动必有成乎？盘庚之迁邑，成王之东征，古之帝王有不能遽行己意者，惟所遇之时难也。从容镇定而使之不惊，小其事正所以大其用，此济睽之善道也夫！卦名为睽者何也？以先天之取象言之，离火动而炎上，兑泽动而润下，其性睽也。以后天之取象言之，离中女，兑少女，虽同其居不同其适，其情睽也。卦之名睽非以是乎？睽之时本无可为者，何以云“小事吉”？盖天下事惟有德者能成之，卦德“说而丽于明”，是能焉心气和平，具有为之才矣。又惟有位者能主之。卦变自离来者，二近居三。自中孚来者，四进居五。而自家人来者，兼此二变。皆柔进上行，是以微懿之资居崇高之地，挟有为之势矣。且惟有辅者能济之，卦体六五得中应刚，是本虚中之诚，收英杰之助，得有为之佐矣。备此三善，虽在睽时未能大有所为，而忧可补偏救弊，不至于一无成就，是以“小事吉”也。然睽之义岂无所用哉？人知睽之终合。试极言之：天高地下，睽也，然天施地生，化育之事则同也。男外女内，睽也，然夫倡妇随，相合之志则通也。物以群分，睽也，然此感彼应，应求之事则类也。可见睽者，其静则别，而合者，其通则交。不睽，则无以为合，而三才之用几息矣。睽之时用顾不大哉？大抵天下事物皆本于一，其后散而分之，有似乎睽，然实未尝不合。所谓理一分殊，此即太极之旨，无穷功用所从出。常人徇末而忘本，拘于形气之私，嗜欲好恶纷争侵夺不相为下，遂终于睽而不合，故曰：“惟天生民，有欲无主乃乱”。非聪明之元后，乌能合天下之睽而尽归于一耶？“上火下泽”，性相违异，睽之象也。君子体之而得处之之道焉。盖君子以天下之量容天下之人，以天下之理处天下之事，本无不同也。但义之不当同者，则介然守正而不为苟同。是故如其义也，则在家同于家，在国同于国，而君子不嫌于同矣；非其义也，则一家非之不顾，一国非之不顾，而君子不嫌于异矣。斯所谓“和而不流，群而不党”者欤！《象》言异中之同，所以责君子济睽之功。《象》言同中之异，所以明君子不苟同之理。有同而异者立其体，而以异为同者善其用。斯真得处睽之道，奚至逐物而丧己乎？睽卦卦画作兑下离上，睽的本义是张目注视、怒目而视，所以旅途多见奇怪的人和事。主要以旅途见闻论吉凶。卦辞说，小事吉，是因人在外孤独，小事可独自应付，遇大事则无助。初六说有吉神保佑，无灾祸。九二说得到帮助，所以没有灾祸。六三说只要努力奋斗，就会有好前程。九四说没有什么灾祸。六五说能得到祖先的保佑，尽管大胆前行。上九说初有鬼象，但终吉利。从卦象上看，离上兑下，离为圣明，兑为和悦。卦以“二女同居，其志不同行”。讲的是当妻妾同堂之时，要将名分看作小事，能识大体，求同存异，上下相合相助，以柔为进，喜而获吉。但上下之间并非完全乖顺，也存在着水火不容的矛盾，矛盾存在于一切事物及其发展过程中，有阴就有阳，有善就有恶，不可能有绝对的纯洁可言。

蹇卦第三十九

[原文]

《蹇》[1]：利西南，不利东北[2]。利见大人。贞吉。

《彖》曰：蹇，难也，险在前[3]也。见险而能止[4]，知矣哉！蹇，“利西南”，往得中[5]也。“不利东北”，其道穷[6]也。“利见大人”，往有功也。当位[7]“贞吉”，以正邦[8]也。蹇之时用大矣哉！

《象》曰：山上有水[9]，蹇。君子以反身修德。

[注释]

[1] 蹇（jiǎn）是本卦的标题。蹇的意思是艰难。竹简本“蹇”作“讦”。楚简本无“贞吉”二字。朱熹曰：“蹇，难也。”[2] 西南：象征平地。东北：象征山麓。王注：“西南，地也；东北，山也。以难之平，则难解，以难之山，则道穷。”《正义》：“西南，顺位，平易之方；东北，险位，阻碍之所。世道多难，率物以适平易，则蹇难可解；若入于险阻，则弥加拥塞。去就之宜，理须如此。”[3] 险在前：《蹇》卦上为坎，坎为险。[4] 止：下卦艮为止。[5] 往得中：西南为坤主，坤为顺，前往必顺，又因外卦九五居中，故前往得中。[6] 其道穷：东北为艮方，艮为山，为止，故往东北为山所止难行，故前往则因道穷而不能行。[7] 当位：九五以阳爻居阴位，故曰当位。[8] 正邦：正定邦国。[9] 山上有水：下艮上坎，艮为山在下，坎为水在上，故曰：“山上有水”。

[译文]

《蹇卦》：有利于向西南方向走，不利于往东北方向走。有利于拜见王公贵族，去占卜得到吉祥的预兆。

《彖传》说：蹇有艰难的意思。遇到危险能停止行动，是多么明智的做法呀！蹇卦的卦辞说：“有利于向西南方向前进”。只有这样行动才会顺利。“不利于向东北方向前进”，是因为东北是山，自然道路尽了。“利于会见王公贵族”，是说在这时如果能够积极行动，就会建功立业。位置正当时去占卜得到吉利的预兆，这是因为坚守正道，始终如一，就能拯救国家，摆脱困境，因此，《蹇卦》的实际意义真伟大呀！

《象传》说：《蹇卦》的卦象是艮在下，坎在上，艮为山，坎为水，这就表明山上存水，不利于行，所以把它叫做《蹇卦》。看到这个卦象，君子应该好好反省自己，培养自己良好的德行。

[不休说]

蹇之为卦，圣人所以教人济难也。见险而止，固为审时观变，然祸患之作，天所以开，圣人诚能择地、择人、正名、仗义，事亦何不可为者？故《象辞》曰“利”曰“吉”，而《象传》言“时用之大”，为济蹇之人劝也。但《象传》于既止后策其奋往，故一则曰“往得中”，再则曰“往有功”。而六爻则于“往”多戒辞，于“来”多幸辞。盖庸者遇险辄畏，非往无以振；因循躁动者冒险妄为，非来无以需。时会沉潜之智与果断之勇，非有二也。而要之，“来”非止而不往，方且博求才俊，联情合势以弘济艰难，故爻自初、二以上不曰“来反”，则曰“来连”；不曰“朋来”，则曰“来硕”。与《象传》“利见大人”之旨实相发明云。《蹇卦》告诉人们该如何看待困难、走出困境。一要知难而退，坐待时机。二要加强自我道德修养，并聚集起各方力量，确定核心领导。

[原文]

初六：往蹇来誉[1]。

《象》曰：“往蹇来誉”，宜待[2]也。

[注释]

[1] 蹇：借为謇，正言直谏。誉：帛本作“舆”，车也。《说文》作赞扬。《通义》：“誉，从与。”《论语·乡党》：“与与如也。”皇《疏》谓：“与与犹徐徐，徐徐也是每行之义。这是说商人出门是难行，回来时却很安舒。”[2] 宜：待时。《释文》：“‘宜，待也。’张本作‘宜，时也。’郑本作‘宜，待时也。’”

[译文]

初六：刚前往就遇上了困难，自己知道返回则会受到称誉。

《象传》说：刚前往就遇上了困难，自己知道返回则会受到称誉，是告诫人们应知难而退，等等时机。

[不休说]

初六阴居阳位，才质柔弱，行为又不规范。既无济蹇之能，又乏济蹇之德。初六与六二逆比，且与六四相敌，表征初六不接受正人君子的管教而妄为；与六二、九三，伏卦为《离》，《离》为光明，所以，初六若能返归正道，向往光明，则有“浪子回头金不换”的美誉。初六阴柔而居艮始，正在宜止之时，若当此而欲往，以有为则，只有陷入于险，不其蹇乎？位不往而来，见险能止，则知几之誉初集于一身，斯为知也。初六之往蹇来誉，岂终于不往哉？君子之所不能违者，时也。然后出而应世耳。此可见初六之义，非终老山林，沽名钓誉者比。孔子恐人误为退避，故曰“宜待”。待者藏器于身，待时而动也。他日答子贡问美玉，而有“吾待贾”之言，而有“席珍待聘，强学待问，力行待取”之语，苟如此，所以斯世不用则已，用则必能济天下之蹇也。这一爻告诉我们，一个人应知难而退，等待时机。

[原文]

六二：王臣蹇蹇[1]，匪躬之故[2]。

《象》曰："王臣蹇蹇"，终无尤[3]也。

[注释]

[1] 臣：帛本作"仆"。蹇蹇：难上加难，指直言而谏的样子。[2] 匪：通"非"。躬：误字。帛本、简本均作"今"。故：简本作"古"。之：此处当解作"是"。则此句意为非今是古。《广雅·释诂》："故，事也。"[3] 尤：过。

[译文]

六二：君王的臣子屡碰艰难，这是因为他为正王室而奋不顾身的。
《象传》说：君王的臣子屡碰艰难，但终究不会有什么怨尤。

[不休说]

柔顺、精白、尽节之臣也，正应在上方，处蹇中则是当国步艰难之秋，主忧臣辱之日，鞠躬尽瘁，不避危险以求济之，是王臣之蹇而又蹇也。此其所以然者，盖二之，但知君之当急，职之当尽，必如是而后可以蹇臣子之责，副君子之讬耳，非干誉邀宠而为厥躬之计也。人臣事君不尽其心者可以尤其心也，不竭其力者可以尤其力也。若六二之"王臣蹇蹇"虽事之，济不济未可知。纵使不济而一念之，自靖可以质诸鬼神，而无愧于天下万世矣。谁得而尤之乎？"五"为当位之大人，凡天下之蹇，"五"独任其责而不辞，故曰"大蹇"。二与五正应，在王臣之位。凡无之蹇，二亦独当难而不避，故曰"蹇蹇"。一以天下之蹇任之于身，一以其君之蹇则之于己。此其君臣之交中正道合。大义已正，大节已明，济蹇之道无逾此者。汉臣诸葛亮有言："鞠躬尽瘁，死而后已。至于成败利钝，非臣之明所能逆"。睹三代以下如亮者，诚不媿蹇蹇之臣矣。六二上与九五正应，是君王中可以柔爻居于阳位，上与九五正应，顺之大臣。虽才质柔弱，但具中正之德，因而尽力与九五共同努力济蹇。六二与六五同阴相敌，而且六二、九三、六四组成下《坎》，前往会遇蹇难，这便是"王臣蹇蹇"之象。六二具有柔顺中正之德，自身并无过失，只要静守本位，是不会有什么凶险之事降临自身的。六二之"蹇"是因为前往解救九五君王之蹇所至，故曰："匪躬之故"。

[原文]

九三：往蹇来反[1]。
《象》曰："往蹇来反"，内喜之[2]也。

[注释]

[1] 往蹇来反：蹇、反互文。闻一多以为是"反蹇"之倒语，"反蹇"是连绵词，其他典籍或写作跸蹇、偏蹇、蹁蹇、反衍、叛衍。来反：传文指返回时喜乐。高亨以为反假借为"昇"，同"忭"，义为喜乐。反：覆（《说文》)，颠倒。此指变为相反情况。《释文》："反，《韩诗》作变。"《释文》："辩，荀作变。"《书·大诰》："尔庶邦君，越庶士、御事，罔不反曰艰大，民不静。"《通义》："反，犹反反。犹誉之借为与与。"《诗·宾之

初筵》："威仪反反。反反，广大美好的样子。"[2] 内喜之：说明内部阴柔者都欣喜九三归返。

[译文]

九三：出门时遇到困难，又返回来了。

《象传》说：出门时遇到困难，又返回来了，从内心为此事感到高兴。

[不休说]

九三过刚不中，而坎险在前，又值大难方殷之日，于此而毅然前往，则独立不足以成功，亦终于蹇而已。惟反就二阴，与之同心，庶克拯救时艰，而共济夫蹇也。"往蹇来反"，非强与之合也。盖九三有阳刚之德，在内二阴不能自立。皆喜得三共事而相与有成也。使彼无乐附之心，纵三欲与之比，讵可得乎？九三乃下卦之主，是为内之所恃者，故不独初与二喜之，而四亦欲连之。盖处蹇之时，非刚明之才不可以治蹇，故阴皆思附阳以求济，亦可见阴之必利于从阳，而益信阳德之尊矣。九三爻位居下体艮卦之上，前临上体坎卦，有往蹇之象；九三爻变，互离成艮，故有"来反"之象。九九三刚居阳位得正不中，资质刚健容易冲动冒进。九三虽与上六有应，但上六位居上体《坎》险之至极，无力济助九三出蹇；九三与九五阳刚见阴相敌，更不宜干预外部世界的矛盾纠纷，所以有"往蹇之诫。这一爻告诉我们，即使不是为了个人利而采取行动，为了安全起见，也应停止行动。

[原文]

六四：往蹇来连[1]。

《象》曰："往蹇来连"，当位实[2]也。

[注释]

[1] 连：通"辇"，指辇车。连疑借为谰，古通用。《说文》谰重文作涟，《诗·伐檀》："河水清且涟猗。"《尔雅·释水》郭注引涟作澜。《淮南子·天文》："日至于连石。"高注："连读腐烂之烂。"《楚辞·招魂》："網户朱缀刻方连些。"王注："横木关柱为连。"《说文》："谰，诋谰也。"《汉书·梁共王买传》："王阳病，抵谰置辞。"颜注："谰，诋讳也。"《谷永传》："满谰诬天。"颜注："谰谓诬罔也。"[2] 当位实：因其人才德与职位相当，于是致富。

[译文]

六四：出门时遇到艰难，回来联系自己的同志。

《象传》说：出门时遇到艰难，回来联系自己的同志，是指这一天所处的位置恰到好处。

[不休说]

六四上承九五，有济蹇之责者也。然阴柔之质当多事之时，身以往未必有济，只陷于蹇耳。幸九三以阳刚在下，连之同进，资其谋略，以共挽时艰，则藉天下之才，济天下之蹇，而群贤之功皆其功矣。刚不能也，三乃当位之阳，内抱匡济之实心，外展经纶之实用，足以有为者，故宜连之共济耳。大抵阳实阴虚，虚者必有资于实，此阴之必求助于阳也。然四位近五，大臣之道正，当合天下之群策群力以共辅其君，功不必自己出，名不必自己成，惟求有济于艰难而已，岂矜一手足之烈乎？高帝有萧何而淮阴效力，艺祖得赵普而诸将归心，其庶几乎此义矣。六四柔居阴位，当位得正但位于上体《坎》卦之初，已是蹇险临身，自身难保。六四才质柔弱，更无济蹇脱困之能；六四上行，遭上六同性相斥所阻，是“往蹇”之相；下行与九三、六二又合为坎，而且六二、初六两阴相敌，这就是“来连”之象。然而，六四与九五亲比，又与九三阴阳相合，所以只要六四故守正位，安静待时，自然会遇到阳刚君子的救助。

[原文]

九五：大蹇朋来[1]。

《象》曰：“大蹇朋来”，以中节[2]也。

[注释]

[1] 大蹇：见于《庄子·秋水》，一本作“天蹇”，即踬蹇，跌跌撞撞之意思。朋：通“崩”，急走的样子。帛本作“傰”，简本作“不”。大蹇朋来：传文指有大难朋友来助。[2] 中节：守中正之节操

[译文]

九五：大难临头，各地受难的人民都来到贤明的大王的身边。

《象传》说：大难临头，各地受难的人民都来到贤明的大王的身边，因为九五之爻居上卦中位，就好像王坚守中正，把同处于危机中的人民都集合起来，以渡过难关。

[不休说]

九五居尊位，而当蹇之时，是其蹇乃国家安危之关，宗存亡之系而莫大之蹇也。不幸而值此时，非得天下之贤，其何以济？所喜者，五有刚健中正之德，势力既足以招徕，而信义又足以结纳，是以豪杰景附，自九二正应而外，如“来誉”、“来硕”、“来连”之朋，群然归之效力，而不患其终蹇矣。九五当“大蹇”而得朋来之助，岂无以致之哉？盖中德存于平居之时易，存于变故之时难。五能守其中德而不变，则造次顷而志概勿移，颠沛之遭而信义愈笃，是以能鼓舞贤豪而得其慷慨悦从之心也。五以蹇主，故曰大蹇。天下之蹇直以一身肩之，汤之“万方有罪，在予一人”，成王之“遗大投艰于朕身”是也。然欲济天下之蹇，必需天下之大才。无以昭九有之勋；成非周公、昭公，无以著夹辅之烈。古之帝王有乱致治，孰有外于得人者哉？九五刚爻居阳位，又处上体之中位，是刚健中正之大人，又是刚中有为的至尊君王。九五与六四、九三组合成《离》。九五居《离》之至上，表征九五所以从事的是光明伟大的事业。但九五又居《蹇》卦上体《坎》之正中，表征九五目前正处于大难之极盛时期。九五刚健中正具有济蹇之才能。九五与六四近君大臣亲

比，与上六、初六相通，有“朋来”之象。这一爻告诉我们，大难当头，如果自己的实力不够，应联合其它人共度难关。

［原文］

上六，往蹇来硕[1]，吉，利见大人。

《象》曰：“往蹇来硕[2]”，志在内也。“利见大人”，以从贵[3]也。

［注释］

［1］往蹇来硕：此爻蹇、硕同义，有坚硬、坚强、坚定等含义，东汉有宦官蹇硕，取名即用此义。硕（shí）字，帛本作“石”。［2］往蹇来硕：传文意为，前往遇险难，返回时跳跃而回。硕：高亨以为当借为“蹠”。《说文》：“蹠，楚人谓跳跃曰蹠”。［3］以从贵：上六与九五相比，故可顺从九五，九五位尊故曰“贵”，借指贵人。

［译文］

上六：经历了许多困难，归来时大有收获，这是吉利的。有利于见王公贵族。

《象传》说：经历许多困难，归来时大有收获，说明志气高昂，奋勇取胜。有利于会见王公贵族，这是因为他们认为他高贵了，要大家以他为榜样。

［不休说］

上六柔居阴位，得正，属于正人君子。但上六才质极端柔弱，自身并无济蹇之能，又居《坎》之至地位，以柔乘刚。上九与九五大人阴阳相通，会得到九五大人的关照互助，故利见大人。上六与九三有应，可得到九三刚正君子的辅佐。上六爻变上体成《巽》，巽为顺从，为善美，故有来硕之象。上六居蹇之极，则有将济之机而时可为矣。苟徒以时之可为，遂欲自往以求济，不得济蹇之主而奉之，则无以行其拯溺亨屯之志，而蹇且益甚，惟能来就九五，则有硕大之功而吉矣。盖九五德位兼隆之大人也，见而附之，则忧时立功之念获伸于中节之君，而拨乱反正得效于朋来之日，不惟一身庆其遭逢，而实天下蒙其福泽，其利为何如哉？上六“往蹇来硕”者，以其志欲从九五，与之同心共济，相得益彰，故能成其功而吉也。又必“见大人”而后“利”者，以九五刚健中正居尊位，其位与德皆为克贵。今往而见之，斯能系天下之望，得天下之心，于以济蹇，复何疑哉？乃知大蹇之世，君择臣，臣亦择君，五之“朋来”，是廷揽群才，清者定之略兴，王之所以定大业也。上之“来硕”，是攀附真主，常竹帛之功名，世之所以垂不朽也。二者宜其相须甚殷，而相见恨晚矣。不如此，何以济蹇哉？这一爻告诉我们，大难之后必有大的收获。

总　论

卦名为蹇者，有险难之义也。卦德坎为险，而坎居上，是险在前也。艮为止，而艮居下，是险难而不进也。此所以为蹇也。夫明难察于几微，而祸易成于犹豫，今见险而能止，则熟识利害之势，而灼见安危之几矣。其智矣哉！然见险固贵于能止，而有不可以终止。《辞》曰“利西南”者，卦变自小而来，四之阳往居五而得中，是处平易之地而可为进取之资，故利也。“不利东北”者，退则入于艮，是陷险阻之地而失形势之便，故不利也。又曰“利见大人”者，卦体九五有大之象，往而见之，则可资其阳刚之才、中正之德以成济蹇之功，此所以为“利”也。又曰“贞吉”者，卦体自二至上，五爻阴阳各当其位，有“正”之义，正则自无不吉。盖扶大义，秉大公，以削平祸乱，整顿纪纲，而邦因以正矣，此所以吉也。合而观之，当蹇之时，必得其地，必得其人，必得其正，而后蹇始可济。蹇之时用，岂不大哉？蹇难之世，躁于进取者，每陷于而不能济；昧于图度者，又缺于用而不能济，据故必有大人出焉。具沉几观变之识，而又得拨乱反正之资，然后可以平大难而福祸苍生也。要之，必以智为本，有智则利乎险之外，以运于险之中，方能操全胜之局，而进止皆得其当。若冒昧从事，则一蹶涂地，安能济蹇而成厥功乎？此卦下艮上坎，水在山上，曲折艰阻而难行，蹇之象也，君子体之，以行有不得，或阻于时命，或罹于谗毁，此吾身之蹇也，要皆实德之不修阶之故。怨天尤人，无益也；行险侥幸，非义也。惟反之于身以修其德，省察于念虑之徽，率循于言动之实，如是则德孚于人而行无不遂。所以济一己之蹇者在此，所以济私世之蹇者，亦在此矣。孟子曰“行有不得者”，皆反求诸己，如反其仁，反其智，反其敬，皆反身修德之实事也。故曰：“救寒莫若重裘，止谤莫若自修。”又曰：“君子修道立德，不以困穷而毁节焉，有所未善则改之，无歉于心则心则加勉，圣贤之心亦只见其惟日不足而已矣。”蹇卦是艰难之卦，故少吉。卦画作艮下坎上。依后天卦位，坤在西南，艮在东北，坤象地，艮象山。故西南角征平地，东北象征高山。蹇卦下为艮山，山路难行，所以卦辞说，利西南，不利东北。利见大人，是因蹇卦命运多艰，须有大人提携，才得转机。初六去时艰难，回来安适，算是好结果。六二说王臣直谏，非今是古，必令君王厌恶，非吉兆。九三说往来均跛足而行，艰难，但无祸。六四说去时跛足而行，回来坐车，说明结果不错。九五说虽道路艰难，但其心可嘉，未来会有好结果。上六说坚定而去，坚定而回，唯其坚定，所以吉利。从卦象上看，有高山流水之象，世运艰难之会，固不宜轻进，然亦岂可终止而不思所以济之乎？故必所据得其地，所遇得其人，而又行事皆出于至正，乃庶几其有成。如平易通达之地，则西南也，利于往，以资其形势之便；险阻艰难之地，则东北也，不利于往，以失其进取之机。地利得而可以一众心，决大计矣。然拨乱不得其人，不将病于主乎？若于大人而见之，德望可以系人心，谋略可以匡多难，则神器有属，而定之功成矣，“利”何如也？然施为或失其正，又何以服天下乎？必以正道而行之，不肯行一不义，不肯杀一无辜，则行事正大，万众归诚矣，“吉”何如也？得其地，得其人，得其正，具此三者，又奚蹇之不济哉？得地、得人、得正之说，不独济蹇之道为然也，当世运亨嘉之会，民物昌遂之时，一人躬仁圣之资，揽乾刚之柄，所谓帝王自有真也。措之事业，纲举目张，上合天意，下顺民心，自得其正也。中天下而立，居重以驭轻，安内以辑外，有山川设险之固，自得其地也。则《易》之理，可以引申触类于无穷矣。

解卦第四十

[原文]

解[1]，利西南[2]，无所往。其来复吉。有攸往夙吉[3]。

《彖》曰：解，险以动[4]，动而免乎险，解。解“利西南”，往得众[5]也。“其来复吉”，乃得中[6]也。“有攸往夙吉[7]”，往有功也。天地解而雷雨作[8]，雷雨作而百果草木皆甲[9]坼[10]。解之时大矣哉！

《象》曰：雷雨作[11]，解。君子以赦过宥罪[12]。

[注释]

[1] 解是本卦的标题。解的意思是分解、解除，指舒解险难。朱熹曰：“解，难之散也。”全卦内容主要讲商旅、狩猎俘虏等。[2] 利西南：此指舒解险难，利在施于众庶，使群情共获舒绶，故曰利西南。王注：“西南，众也，解难济险，利施于众。”[3] 夙：早。[4] 险以动：下坎上震，坎为险，震为动，动在险外，故有“解”义。[5] 往得众：西南为坤方，坤为众，故曰“往得众”。[6] 乃得中：九二居中位。[7] 夙：早。[8] 雷雨作：下坎为雨，上震为雷。作：兴起。[9] 甲：此指草木出地发芽。《说文》：“甲，东方之孟，阴气萌动，从木戴孚甲之象。”《释名·释天》：“甲，孚甲也，万物解孚甲而生也。”孚甲即皮壳。[10] 坼：《释文》：“坼，马、陆作宅。”《集解》本亦作“宅”。刘大均以为，据《文选·蜀都赋》“百果甲宅，异色同荣”，当以作“宅”为是。根曰宅，故有扎根之义。[11] 雷雨作：下坎上震，坎为雨，震为雷，雷雨交织而兴起。[12] 宥（yòu）：宽。《说文》：“宥，宽也。”

[译文]

《解卦》：有利于向西南方向进行，但如果大难已解，就要返回去正纲纪，明法度，光复大业则能吉祥如意。应该有所行动，因为早点行动就能获得吉祥。

《彖传》说：《解卦》的下卦为坎，上卦为震，遇到危险而能有所行动，就会脱离困境，所以把它叫做《解卦》。卦辞说：“有利于向西南方向进行”，是因为西南代表众人，如往西南方向前进就能得到群众的支持。“返回去吉祥如意”，是因为这样做坚守了中正。“早行才能获得吉祥”，这表明只要有所行动，就一定会建功立业的，天与地一旦得到交融和解，就好像春雷震荡，甘霖润泽，就会使天下所有的果木花草突破种子的外壳而绽露出勃勃生机。《解卦》的实用意义是多么大呀！

《象传》说：《解卦》的卦像是坎在下，震在上，坎为水，震为雷。这就好比春雷阵阵，春雨潇潇，万物生长，所以把它叫做《解卦》。因此，君子也应该宽恕别人，减轻处罚，使他们得到教育，重获新生。

[不休说]

解，取解难之义。凡解难者，必有震动干济之才，乃能易险为平，出乎祸乱之外。屯之动乎险中，固不若解之动乎险外也。《象》“利西南”与《蹇》同辞者，蹇处险而教以择地，则难可解；出险而教以安静，则难不复作。然生天下之难者莫甚于小人，解天下之难者莫先于皆小人。故卦之爻，惟初以解难为义，而诸爻以解小人为义。六五以君而解小人者也。二、四以大臣而解小人者也。初三、上，则三阴之小人也。而阴之中惟六三不中不正，窃据高位，尤为肆虐，故狐以象其蛊惑，“负且乘”以象其僭窃，而于五爻，明以小人斥之，所以著“三”之罪也。总之，君相欲解天下之难，未有不以解小人为第一义者也。小人不解，则难本不除，前难方解，而后难将复作矣。故“二”曰“获狐”，“四”曰“解拇”，“上”曰“射隼”，“五”为“解主”，直曰解小人。作《易》圣人其兢兢于去小人，盖如此。《解卦》告诉我们，要解除大难，就要诚信待人以获得群众的支持，就要坚守中正。尤其是，一个人不要在大难解除后，就认为万事大吉，因为新的任务又出现在他的面前。

[原文]

初六：无咎。

《象》曰：刚柔之际[1]，义[2]“无咎”也。

[注释]

[1] 际：交接。刚柔之际：刚柔相接，柔接近刚，臣民接近其君，妻接近其夫。[2] 义：应该。

[译文]

初六：没有什么灾祸。

《象传》说：处在刚柔相济、相辅相成位置，就好像君臣、夫妻同舟共济，不会有什么灾祸。

[不休说]

初六以柔爻居阳位，位卑才弱，自身不可轻举妄动；初六上与九四有应，又与九二相比，应刚、承刚，随刚而动，深得柔顺承应之道，所以“无咎”。即使处于危险的境地，但如果能刚柔相济，也不会有什么灾祸。六爻之义，有以解难言者，有以解去小人言者。盖天下之难多自小人致之，此诸爻，所以主解小人也。若初爻则专主解难之意，必本之以和平安静，而辅之以果断刚决，然后无所而不失之废弛，有攸往而不失之烦扰。治乱安民不外此矣。然四以初为小人，惟恐解拇之不速；而初以四为正应，惟恐刚柔之不济。又可见六爻之取义各不同也。解难之初，扰以多事，固不足以安民；而弛以无事，又不免于滋弊。初六以柔在下，本安静不扰，而上应九四之刚，又足以济之敷政，优优于民休息，既免纷更之害，亦鲜委靡之讥，复何咎乎？“初”处解之始而得“无咎”者，非倖也。以初应四柔际乎刚，是能镇静，而济以明，作不因循，不激变，得张弛之妙用，时措之咸宜。揆之于义，固当无咎也。

[原文]

九二：田获三狐[1]，得黄矢[2]，贞吉。
《象》曰：九二“贞吉”，得中道[3]也。

[注释]

[1] 田：猎。简本作“畋”。三：表示多。孔颖达《正义》：“三为成数，举三而言，搜获备尽。”[2] 黄矢：铜箭头。[3] 得中道：九二居中而“得中道”。

[译文]

九二：狩猎获得了三只狐狸，而且得到了赏识——黄色的箭。去占卜得到吉祥的预兆。

《象传》说《解卦》的九二之所以去占卜得到吉祥的预兆，是因为它能够遵循中正之位道。

[不休说]

九二为阳，居于忠位，才质刚健又能刚柔相济，上与六五柔中之君相应，是六五君王所倚重的解难忠臣，九二与六三亲比，然而六三既乘九二又承九四，是个两面三刀靠奉承陷忠攀升的阴险小人。六三位居两“坎”之连接处，又与六五为敌，是危害国家安宁的内部隐患。九二至九四为《离》，《离》为明。表征九二初步识破六三的本性，以阳消阴，及时消除了内患。卦伏雷风《恒》，以至天下安宁，有“田获三狐”之象。九二没有因六三的亲比而姑息养奸，其刚之中守的美德，令六五君王更加信赖。六五倚重九二的刚直去清除小人，这便是“得黄矢，贞吉”。二有刚中之德，乃秉道嫉邪之君子也。而当三阴用事之时，为能解而去之，以杜惑上残民之祸。夫小人既去，则善类自进，而得中行直道之贤，故为“田获三狐得黄矢”之象。如此，则举措得宜，合乎进君子、退小人之正道。朝廷清而天下治，“贞”而且“吉”也。亲贤远奸不易，能也。九二能去邪媚，得中直而“贞吉”者何哉？盖人惟自处不中，故不知邪媚之当去而正直之当亲。二本中德君子，己心之邪媚无不去，故于人之邪媚自不能容。己心之直无不存，故于人之正自相保护也。所谓惟仁人能好人、能恶人者欤！从来小人为害，人人皆知而不能之者，以其善媚也。人好利即媚之以利，人好名即媚之以名，多方以结人之欢，先事以承人之意，盖不独庸众为其蛊惑，即端人君子亦有时误受其欺蔽者矣。然外为巧言令色之态以售其奸诈，而中实保藏险毒，凶于家，害于国，有不可言者。圣人痛之、恶之，故于二之爻，名之为“狐”，言其邪媚惑人之可羞；于上之爻，又名之为“隼”，言其险鸷博噬之可畏，俾后之人知所鉴戒，慎勿喜其媚而忘其毒也，庶有以解天下之难也。这一爻告诉我们，要在险境中能有大的收获，必须坚守正道。

[原文]

六三：负且乘[1]，致寇至[2]，贞吝。
《象》曰："负且乘"，亦可丑也。自我致戎[3]，又谁咎也？

[注释]

[1] 负：背物。且：而。乘：乘车。负乘车：背着东西乘车，说明东西的珍贵，所以招致寇盗来抢劫。[2] 致：招致。[3] 自我致戎：《释文》："致戎，本又作致寇。"戎：《说文》："戎，兵也。"

[译文]

背着一个东西坐在华丽的大车上，招来强盗抢劫。去占卜得灾祸的卦象。
《象传》说：背着一个东西坐在华丽的大车上必然引来横祸，这样的行为简直是太可笑了。由于自己的原因而招致盗寇，这又能怪谁呢？

[不休说]

六三爻位居下体坎卦之上位，坎为舆，有乘舆之象，六三以柔爻居刚，又处下体上方。象征小人资质阴柔，却得高位，六三与初六、六五、上六三柔爻同阴相敌，与九二、九四两阳刚之爻成承乘之势，且处内坎险之至上，是全卦需要解除的内部隐患。以其阴险之德，居高位，失中不正，必然会赢得社会恶势力的青睐和交往。天下惟有德者宜在高位。六三阴柔不中正，二居下之上，乃无德而窃据高位者，则辱所必加，斥逐所必至，虽得之，必失之。是犹小人宜负荷而反乘车，处非其分，当致寇夺也。虽爵禄出于公朝，本由君上之命；自以为贞而不称之，羞岂能免乎？其见攘也宜矣。朝廷设位待有德之人也。六三"负"而且"乘"，则在我为非分之福，而在人有素餐之讥，是诚可丑也。所谓"致寇"至者，盖德不配位，人将夺位。则在于我，又将谁咎也？古者德以诏爵，能以诏禄，人人各安其分，而不萌侥幸之想。后世用人，不以行举，不以言扬。一小人得志，而众小人生心，纷纷竞进，各挟负贩之智，而逞暴取豪夺之私，其为生民之害，岂可言乎？安民可与行义，危民易于为非。出尔反尔，犯上作乱之事因之而起，故曰"负且乘致寇至"，盗之招也。可见天下本无寇盗，而用小人者实招致之。有天下者，与其劳师动众以平寇盗，不若爱惜名器，以慎绝小人。未有小人不去而寇盗可平者。三复此爻意，盖深切著明矣。这一爻告诉我们，不要求虚位。

[原文]

九四：解而拇[1]，朋至斯孚[2]。
《象》曰："解而拇"，未当位[3]也。

[注释]

[1] 解：解脱。拇（měi）：同"悔"。而：你，你的。帛本、简本均作"其"。[2]

朋：朋友。斯：帛本作“此”。孚：由“诚实不欺”，引申为符合、相应。[3] 未当位：九四以阳居阴位，故名。

[译文]

脚的大拇指得到解脱就去赴约，朋友也来了，这表明双方都初步有了诚信。

《象传》说：脚的大拇指得到解脱就去赴约，说明解开的部位不当。

[不休说]

九四阳居阴位，位不正，又与六三阴阳颠倒互通，六三为阴陷小人，以至影响了九四的德行声誉，导致贤人君子避而远之。九四若与六三互换归为，卦伏地风《升》。表征九四若能摆脱小人纠缠，便可上行与六五、上六互通，下行与初六相应。易理阳遇阴交通为朋，故谓之“朋至斯孚”。当解之时，非刚正之朋，不足以同心而共济。四应初柔，此君子交相疑忌而不至也。故为四计，莫若断然解去其拇，屏绝匪类，以示己无私交，则一德之朋至二相孚无间矣。四所以“解而拇”者，以四居位不正，而下应初六，故初得附之为其拇，所谓私情之合也。以私情比私交，则贤士必闻而解体矣。非解而去之，则终为所累，何以来君子之朋耶？大抵君子小人，气类各别，若使并立于朝，小人未有不日进，君子未有不日退者。其故何者也？君子以道事人，人必敬之而疎小人。惟言末莫违，人必狎之而亲。疎者易间，而亲者难睽也。而君子者，不得志则乐道自守，奉身而退。小人者，不得志则狡谋百出，不进不休。君子有时容小人，而小人必不肯容君子。自古以来，断无小人在位二君子得安其身者也。是故仙客用而九龄疎，承璀入而李绛出，不可同器。有用人之责者，可不细玩此爻之义乎？这一爻暗示我们，如从局部解决问题，只能延迟灾祸发生，起到缓解的作用。

[原文]

六五：君子维有解[1]，吉。有孚于小人。

《象》曰：君子“有解”，小人退[2]也。

[注释]

[1] 君子：指贵族士大夫。维：系，束缚。见《说文》“贵馥义证，系物之绳索”。《尔雅·释水》：“诸侯维舟。”郭注：“维连四船。”《诗·白驹》：“皎皎白驹，食我场苗，絷之维之，以永今朝。”毛《传》：“维，系也。”《公羊传·昭公二十五年》：“且夫牛马维娄。”何注：“系马曰维。”有：又。解：解开，松开。[2] 君子有解，小人退：传文指君子解免小人之职，而小人自当退隐。

[译文]

六五：束缚君子的绳索全部得到解脱，吉祥。这是因为君子首先对小人有诚信。

《象传》说：束缚君子的绳索全部得到解脱，小人就会被君子的诚信所感动，自动退出。

[不休说]

六五以柔爻居尊位，与九五亲比，又与九二正应。表征六五君王为阴之时与诸阳有应，能善用阳刚贤明之君子。六五阴居阳位是位刚柔并济的君王，深懂解除险难宜缓不宜急的道理。五当君位，是君子也。乃与三阴同类而相比，狎迩小人之咎不能免矣。当此之时，惟有愓然自省，知其决不可留，解而去之，一解之无他术也。如是朝宁清明，纪纲振肃，吉孰大焉？然君子之有解，于何验之？即验诸小人之退而已。必小人果退，方见我之能解。若犹有瞻顾，则是外示解之之迹，而内无解之之心，其何以为能孚也哉？小人非难解，特患君子心未必真欲解耳。若果能解之，辨之极其明，而断之极其勇，则小人自消沮屏伏，而无所复用其缘矣。古之真能退小人者莫如尧舜，如共工之象恭滔天，三苗之负固不恭，毅然加以流殛窜之刑，乃为有解之君子也。六五本阴类，恐其优柔少断，明知小人之当去，而牵于私爱，姑饰词以掩天下耳目，若曰“吾已屏黜之矣”，而阴狎昵之如故，则使益倡狂恣肆，惟所欲为而一无忌惮，国家之祸遂至于莫救。此《管子》所云“恶恶而不能去，郭之所以危也”，岂不可戒欤！这一爻告诉我们，要得到别人的信任，首先自己要光明磊落，诚信待人。

[原文]

上六：公用射隼于高墉之上[1]，获之，无不利。

《象》曰：“公用射隼”，以解悖[2]也。

[注释]

[1] 公：王公。隼（sǔn）：鹰。《集解》：“隼，鸷鸟也。”《国语·鲁语》：“有隼集于陈侯之庭而死。”韦注：“隼，鸷鸟也。”墉：城墙。《说文》：“墉，城垣也。” [2] 以解悖：上六居卦之上而得正，故能解除强暴悖逆之人。

[译文]

上六：王公和箭射中了一只站在高高的城墙上的鹰，并且抓到它，没有什么不吉利的。

《象传》说：王公和箭射中了一只站在高高的城墙上的认鹰，解除了祸乱。

[不休说]

上六柔爻居阴位，处解卦终极之地，却与六五同阴相敌，就像恶隼盘踞高墙之上，是难以解除的大害。上六位于墙之顶部，故谓之“高墉之上”欺凌六五。六五爻与九二正应。九二爻辞：“田获三狐”，六五令九二远距离解除上六之害。六三以阴柔小人窃媚主，鸷捍叵测，犹隼之立于高墉者。然上六当大臣之任，位尊望重，一举而歼灭凶恶。有“射隼于高墉之上”之象。其罪既明，则解而去之，正所以去天下之祸乱耳，岂为一己之私恶哉！小人恒在人主左右，居高而害物，故取象于隼。方其栖于山林，人皆而射之，惟栖于王宫高墉之上，则如城狐社鼠，有所凭依，虽欲射之而不能矣。不幸与之相值，将解去之，非其人不敢动；有其人、非其时，亦不敢动。必下有九二之中直，九四之得朋，上有六五之能解，而后上六乃得乘其便利，除君侧之奸，功成而天下安之。然则，去小人宁易易哉？上六居震之上位，震象鸟翼，九家易以震为鹄，今取隼象。这一爻告诉我们，大难之后，更要戒备。

总　论

险难方解，利于平易安静。且卦变自《升》来，《三》往居“四”，入于《坤》体。“二”居其所而又得中，皆平易安静之义。故遇《解》之时，国运方复，元气未固，当思抚循而培养之，以宽大之心，行简易之政而“利西南”焉。若其祸乱无所往欤，则与民休息相安无事，上不苦于纷更，下不致于疲敝，而天下享和平之福，不亦吉乎？若其余患尚存而不容，“无所往”欤！早复以收其成，既不至于养乱，又不至于黩武，而天下之功，不亦吉乎？处解之道尽于此矣。《程传》：“国家必纪纲废而后祸患生。”圣人既解其难，则当修治道，正纪纲，明法度，进复先待明王之治，是来复也。自汉以下，乱既除则不复有所为，故随时维持而已，故不能成善治，此不知来复之旨也。至哉，言乎！盖“无所往”者，言天下初定，不宜以无益之事轻举妄动，滋生民纷忧之端，至一代之兴，所以规划布置，以建久安长治之规，君臣上下，孜孜汲汲犹恐不逮，固未尝顷刻可缓也。若谓时难甫息，便可晏然无事，因循玩弛，听其自然，以偷旦夕之安，恐前难方解，而后难复起矣。岂有当于此卦之义乎？卦何以名“解”哉？盖《蹇》虽见险而止，险在前也，不可言解。《屯》虽动乎险也，未可言解。此则卦德坎下震上，居险能动，动而免乎险，故为解也。《辞》谓“利西南”者，何哉？卦变三往居四，入于坤体，而坤为众，有得众之义，则是平易近人，人必归之，此“西南”之所以“利”也。“其来复吉”者，何哉？盖解时以安静为中，卦变二居其所，而又得中，则是内焉宅心安静而无喜功，外焉处事循理，而无过举，故能与时休息，“来复”而“吉”也。“有攸往夙吉”者，何哉？二既已得中，而“有攸往”，制胜本于庙算，举动出于万全，所以早往早复，民社获安宁之福而有功也。然解之道，不特王者以之生万民，天地亦以之生万物。当天地闭塞之时，二气郁结不散，解则气机鼓畅，雷雨交作，以动以润，凡百果草木枯者萌甲，而甲者开拆矣。夫天地一解，遂成化育之仁，而其成之则以时也。“解之时”岂不大矣哉！王者法天以行解，亦犹此矣！雷雨交作，则散蕴结而为亨通，有以解万物难解之象也。君子于万民，犹天地之于万物，念兹蹇难之后，多罹于法，非陷于不自知，即迫于不得已，与处常之时不同，故矜恤之典行焉。于无心之过则赦之而不问，于犯法之罪而从轻。沛以解纲之仁，开其自新之路，诚仰天地好生之德而然也。无则反侧不安而祸难不解，故泣罪祥刑，见一人之宽政。此古帝王治世之微，权在因时而用之也夫。解卦以田猎、商旅、被俘等事说吉凶，卦画作坎下震上。卦辞说，利于西南，无处可去，不如返回来得吉利，如坚持要到某处去，早点去吉利。意思是说，解获：射中，猎的。居于东北（坎为北，震为东）而利西南，不要离开所居的好，实在要离开，就早点去。初六说此时安居，故无祸。九二说好事占尽，所以吉利。六三说慢藏诲盗，有困难。九四说路途曲折，依然赴约，诚信可家。六五说君子被捆缚，后得到解脱，吉利，赢得了平民下人的信服。平民因此了解了他的性格，更加拥戴他。上六说居高临下，又有良弓在手，无往不利。

损卦第四十一

[原文]

损[1]，有孚。元吉，无咎，可贞。利有攸往。曷[2]之用二簋？可用享[3]。

《彖》曰：损，损下益上[4]，其道上行[5]。损而“有孚。元吉，无咎，可贞。利有攸往。曷之用[6]二簋？可用享[7]”，二簋应有时[8]，损刚益柔[9]有时。损益盈虚，与时偕行[10]。

《象》曰：山下有泽[11]，损。君子以惩忿窒欲[12]。

[注释]

[1] 损是本卦的标题。损，义为减损。朱熹曰：“损，减省也。”全卦内容是说损与益两个对立面的关系。[2] 曷：闻一多读为“匄”。[3] 簋（guǐ）：装饭的器物，如今之盆。曷之用二簋，义为遗之以二簋。享：宴享、祭享。帛本作“芳”。[4] 损下益上：减损内卦之一阳而增加到外卦。内为下，外为上，即损下爻而益上爻。[5] 其道上行：其阳道行在卦之上爻。道：指阳道。上：指上爻。[6] 曷：闻一多读为“匄”，意为给予。用：以。[7] 簋：盛饭食的器皿。可用亨：可以用于享祀鬼神。亨：通“享”，指祭祀鬼神。[8] 二簋应有时：喻减损之道。时：指一定条件，即当减损之时，道有经权，以时为准。[9] 损刚益柔：其义与“损下益上”相类似，即减损下刚而增益上柔。[10] 偕：俱。[11] 山有下泽：下兑上艮，艮为山在上，兑为泽在下。故为“山下有泽”。[12] 惩：止，一本作“澄”或“澂”。《释文》惩作征，云：“征，止也。郑云：‘犹清也。’刘作澄，云：‘清也。’”惩、征、澄古通用。忿：怒。《广雅·释诂》：“忿，怒也。”窒：止、塞，一本作“懫”或“恎”。

[译文]

《损卦》：双方都有所收获，大吉大利，没有什么灾祸，是称心的卜问。有利于有所行动。二簋食物可用来干什么呢？可用来祭祀。

《彖传》说：《损卦》，就是损坏老百姓的利益以供给王公贵族，呈现出自下而上的运行方式。要这么做必须“双方都有所收获，大吉大利”，没有什么灾祸，是称心的卜问。有利于有所行动。二簋食物可用来干什么呢？可用来祭祀”。这种用两种粗食祭享神灵的做法，一定要在适当时机时进行，减损阳刚以补给阴柔也要在恰当时机进行。所以说，损益、盈虚，都应该顺应天时。

《象传》说：《损卦》的卦像是兑在下，艮在上，兑为泽，艮为山。这就表示山下有湖泽，湖泽渐深而山渐高，所以把它叫做《损卦》。君子看到此卦象，应该抑制自己的情绪，克制自己的贪欲、欲望。

[不休说]

天下事不当损而损者，损下益上，损民益君是也。有当损而损者，省文存质，去奢崇俭是也。圣人画卦，以损下益上以示戒，而以损所当损为法。统阴，阴过于虚，则益乎阴。此一卦之旨也。析观六爻：初、二以益上之道言；初，居下而益四，量而后入，故曰酌；损之二，刚中而益五，道义自持，故曰弗。损益之三、四以取益之道言；三，阳上而阴下，是去其异己者，故曰损一人；四，资刚以济柔，是勇于改过者，故曰损其疾。五，上以受益之道言，五体柔居中，为虚心好贤，故曰或益之。上居上益下，为因民而利，故曰弗损益之。此六爻之旨也。大抵损之时，贵乎损之当损而必本之以诚。诚以存质，则礼亦可杀；诚以崇俭，则用无不节。六，“或益”，诚于虚己也。上“弗损”，诚于益下也。至六三一爻，卦之所以为损者也，戒其三而杂取其两而专者，贵于致一也。此又损之精义也。宜《彖辞》首以“有孚”为训哉！《损卦》告诉人们，损不是单方面的损，而是利人、利己的损。所以应损则损，决不吝惜。

[原文]

初九：已事遄往[1]，无咎。酌损[2]之。

《象》曰：“已事遄往”，尚合志也。

[注释]

[1] 已：通“祀”；《集解》本作“祀”，虞注：“祭祀”。于氏《新证》：“‘祭事’，周人用语。《楚茨》：‘祀事孔明。’”遄：快，速（《集解》引虞）。帛本作“端”。[2] 酌：酒。《礼记·曲礼》：“清酒曰酌。”此指代祭品。

[译文]

初九：祭祀的大事要快速去做，这样就没有什么灾祸。酌情减少祭品。

《象传》说：祭祀的大事要快速去做，表达了对神灵的崇拜。

[不休说]

初九，当损下益上之时，而有阳刚之才上应阴柔之六四，是责难之任在我矣。其所行之事，汲汲然速往以益之，无非求尽我之心而损彼之疾，而可以无咎矣。然，初下而四上，以分言则殊也，以情言则疎也，虽有款款之诚，安能必上心之谅乎？又当量而后入，因事纳诲，相机进言，视上之所以待我者何如，而酌量其损之浅深，否则未信而谏，必有冒昧之讥。“已”之“遄往”者，何以得効其忠而无咎也哉？初之“已事遄往”者，夫岂造次以干上乎？初之志固欲损之疾，而四之，亦求助于初二损己之疾焉。合志如此，初虽欲不往应而不可耳。事上之道，进思尽忠，退思补过，唯知自靖而已，岂可有所瞻徇于其间哉？然致主之太急，不顾利害，触其君之怒，以至于偾事，则欲损其疾而反增其疾矣。“酌损”云者，盖相度事机，法言巽言，随时上下，以求其有济，实非怀私营而忘国事、观望而不往者可得藉口也。故圣人交发其义，以为益上者准。初九位居震下，有往象，上互为坤为顺，动而顺行，故有“已事遄往”之象。初九位兑之初，兑为泽，有盛器之象，下互为震，震仰盂有勺象。初九爻刚，居阳位，阳刚有余，且与九二相敌，阳气过旺又不得流通，故而成疾。这说明应损则损，但必须适时、适量。

[原文]

九二：利贞，征凶[1]。弗损[2]益之[3]。
《象》曰：九二“利贞”，中以为志[4]也。

[注释]

[1] 征凶：征伐他国则凶。[2] 弗损：不能损。[3] 之：指他国。[4] 中以为志：应当以坚守中道作为自己的志向。

[译文]

九二：有利于去卜问。征讨则会有凶险。这样做不但不会削弱他国实力，反而会增益它。

《象传》说：《损卦》的九二爻讲有利于去卜问，这是因为九二爻居下卦中位，就好像人行事坚守中正之道。

[不休说]

九二，刚居中位，刚柔相济，正好达到平衡最佳状态。九二虽然上九六五，但六五以阴居阳位，也是刚柔相济，并不需要九二的济助（这部分又不是文言了）；九二如若上行，必须先与六三、六四相交，才能与六五正应。九二与六五为应，而有刚中之德，是重名义，轻利禄，得在下之贞而励无私之操者也，则身名俱泰而利；若希心利禄，奔走于形势之途，举生平而尽弃之，则身名辱，凶孰甚焉？然是贞也，岂特一己之利而已，苟能即其守而特之不变，则直接之臣，朝廷之宝也。法家之士，社稷之赖也，其为益也，不亦大哉？九二之所以“利贞”者，以其居下之中，而抱刚中之德，一念是矢，惟知道义之足重，而有确乎不拔之志，故能不为富贵利欲所动，自守其贞而不妄求也。此爻之义，有以贞士言者，有以贞臣言者。贞士之益，洁身独往而至行可师，如伯夷穷饿而顽廉懦立，严光垂钓而山高水长是也，两说皆通。观二、五上下相应，似君臣之义尤切。故《程传》亦主以下益上言，而曰：“能守刚贞，志存乎中，则有益于上。若变为柔媚，适足损之而已。语云：山有猛虎，藜藿为之不采。”由此言之，正色独立，招不来、不去之臣，人君安可一日少哉？这一爻告诉我们，不能为了自己的利益，去侵犯他人。

[原文]

六三：三人行则损一人[1]，一人行则得其友[2]。
《象》曰：“一人”行，“三”则疑[3]也。

[注释]

[1] 三人：泛指多人。此特指阴性。一人：指上九。[2] 一人行：高亨曰：疑行前

当有志字。志行，谓其主张得以实行。一人：指六三。[3] 三则疑：三人出行，遇事主张分歧，使人疑惑。

[译文]

六三：三个人同行，则必有一个受损；一个有独行，就会得到自己的朋友。
《象传》说：一个人独行，会遇到志同道合的朋友。三个人同行，就会相互猜疑。

[不休说]

六三，阴居阳位，刚柔并济，也不存在什么损益的问题。六三已具备交流之条件，但四、五两爻与六三相敌，阻碍了六三与上九之相应交通，致使六三不得与上九相应而受损。损之三爻，卦之所以为损也。下卦本乾，而损上爻以益坤，有“三人行则损一人”之象。一阳上而一阴下，有“一人行则得其友”之象。故于同类之中有异类之间。是“三人行”也，则损去一人，而使淫朋比德之徒不得杂乎其间焉。夫异己之人既损之，使行则同德之友自可相孚而至，相观而善。此诚致一之道也。三人之中必损一人而使之行者，岂示人以不广哉？正以三则心术驳而意见乖，反生其疑忌而不能以相协，此损之所以为急也。盖凡人之相与，惟其心之同而已。苟精神不相孚，意气不相合，则群党比周固三也。即一人之异，亦三也。是皆不可以不损也。精神苟相孚，意气苟相合，则二人同心，固两也。即千百其朋，亦两也。要皆不可以不相得也。噫，即交友而推之君臣上下之间，亦何莫不然欤！

这一爻暗示我们，事物的矛盾是双向的，只有两两相应，才能互补，从而达到双赢。

[原文]

六四：损其疾[1]，使遄有喜[2]，无咎。
《象》曰：“损其疾”，亦可喜也。

[注释]

[1] 损：减轻，消除。[2] 使遄：帛本作“事端”，尽速办理便可获得。事：治也。有喜：指病愈。

[译文]

六四：要改掉自己的坏毛病，并且行动迅速，就有喜庆的事发生，没有什么灾祸。
《象传》说：改掉自己的坏毛病，也是值得庆祝的事。

[不休说]

六四，以柔爻居阴位，虽不得正，但阴柔有余，阳刚不足，过于拘泥守旧，有碍阴阳平衡的流通，必须损其柔弱补其刚强，才不致于影响整体大局。六四与初九正应，初九阳刚有余而阴柔不足，迅速让他们结合互补，则不为过错，故爻辞说“有喜，无咎”。气质之偏皆谓之疾。六四当重大之任，而居阴柔，未免萎靡不振，兹能藉初九之阳刚以济之，至诚延揽，匡扶救正以损其疾，不有喜乎？夫上有虚受之美，下乃得尽献之忠，取人之善而愈己之疾，复何咎耶？人能无过，固为可喜。今四有疾而藉初以损之，则有过仍复于无过，德业日新，亦可喜也。盖进德以奋决，为先改过，尤以疾速为要。况四身为大臣，有天下国家之责，使其疾一日未损，则斯世受一日之害，所望下之匡救切矣。然良药未免于苦口，而忠言恒至于逆耳。苟无殷殷求助之诚，亦安从而入告乎？贾谊有言“医能治之而上不使”，可为叹息者，此也。初九之“遄往”，亦在乎六四之能使而已。

这一爻告诉我们，犯了严重的错误，如果迅速改掉导致错误产生的恶习，也不会遭遇灾祸。

[原文]

六五：或益之十朋之龟[1]，弗克违[2]，元吉。
《象》曰：六五“元吉”，自上祐[3]也。

[注释]

[1] 或：有（人）；代词。益：《广雅·释诂》增加，增益，助益；此指馈赠；一说读为“锡”，赐予（《类纂》）。朋：朋贝，货币，十枚一串贝为朋。《集解》引崔憬曰：“双贝曰朋。价值二十大贝，龟之最神贵者。”郑《笺》：“古者货贝五贝为朋。”[2] 克：能够。违：指违卜，不遵占卜所示。《书·盘庚下》：“各非敢违卜，用宏兹贲。”帛本作“回”。[3] 自上祐：上天施予佑助。

[译文]

六五：有诚心诚意送来价值十朋的宝龟，没法拒绝，十分吉利。
《象传》说：《损卦》的六五爻是大吉大利的，这是因为有来自上天的庇护。

[不休说]

六五，阴居阳位，刚柔相济，与九二刚中之臣正应。表征六五君王对九二大臣十分信赖。九二之阳，正是六五自损所益的结果。六三至六五组卦成《坤》。坤为众，六五居坤众之上，又处尊位，具有柔中仁爱之美德。六五不违背民众心愿，怀柔自损，让天下民臣受益，定能深得民众拥戴而获元吉。六五柔顺居中以膺尊位，是抱懿恭之德，虚心好贤，而不挟贵以自亢，故天下豪杰景从，能者献其才，智者效其策，发乎众心之诚，欲辞之而不得焉，如或益之以十朋之龟而弗克违者。如是则群策毕举，而百度有惟贞之美；由是而迓天休，由是而绵国祚，吉孰有大于此者乎？六五之获元吉者，非有心必得也。盖虚中好贤之诚，克当天心。故誉髦归之，共襄上理，祐以景福，而受天下之益也。《书》言：“不宝远物，所宝惟贤”。十朋之龟国之至宝，信乎！惟贤乃足以当之也。然非圣君在上，隆之以殊礼，则贤者亦不乐为吾用。今六五为虚中之主，而有亲贤之德，则以君心感多士之心，即以人心格上帝之心。此卑以自损者，乃能大有所益欤！这一爻告诉我们，以柔居尊，能得到大家的帮助。

[原文]

上九：弗损益之[1]，无咎，贞吉。利有攸往。得臣无家[2]。

《象》曰："弗损益之[3]"，大得志[4]也。

[注释]

[1] 弗损益之：不减少不增加。[2] 臣：奴隶。帛本作"僕"，指单身奴隶，故无家。无家，指未成家。[3] 弗损益之：传文此处不减损而得到增益。[4] 大得志：大得施惠天下的心志。

[译文]

上九：不减损就可以增益他人，没有什么灾祸，去占卜得到吉祥的预兆。有利于有所行动，就好像不停地减损自己，到最后，自己的家没有了，得到了天下的臣民。

《象传》说：不减损就可增益他人，是因为从表面上看，施恩惠给人民是减损了自己，实际上是巩固了他的政权。

[不休说]

上九，处损之极终，又当艮之上，宜止其损。上九原为阴今为阳，以求刚柔相济、阴阳平衡，上九下往非别与六五、六四、六三之坤众比应交通，上九下承六五，居全卦之至外，象征为尊高获君王受封的诸侯大家。上九居损之终，受下之益既多，而欲自损以益下者也。然必待损诸己以益人，则德有尽而惠易穷，惟是因民之所利而利之，即天下自有之益以益天下，而可以无此咎矣。所谓"贞"也，则加诸亿兆，泽无不被，不亦"吉"乎？施诸遐迩，道可常行，不"利有往"乎？由是民心日归，海隅日出之邦靡不率服，而无有远迩、亲疏之间也。其"得臣"宁有家耶？上之于下，孰无益之之心哉？然益出于己，则所及有限，未能"大得志"也。今弗损益之，则惠出于己无穷，泽洽于民甚广，无一夫不获其所斯，其志诚"大得"矣。粤若唐虞之世，康衢击壤，帝力相忘，四海共安耕凿之常，烝民惟有云日之颂，巍巍荡荡，殆兹弗损益"得臣无家"之象乎！后世发帑救荒，亦一时恤灾赈穷之典。而省徭薄赋，爱养斯民，惠而不费，要在乎平日有天下者，其必以纯王之心行纯王之政也哉！

这一爻告诉我们，在上的应与老百姓共同分享劳动果实。

总　论

上之不能不取于下者，势也。然当损之时，国用故不可缺，而民力亦易以匮于此，而复示以侈，则民有堪而将至于不继，故必省文以存质，去奢以崇俭，凡上而朝廷，外而军国，一皆示以诚实悃之意，而繁文缛节皆所不用，是之谓有孚也，是之谓损所当损也。诚能若此，则其政尚忠，其俗尚愿，可以追太古之遗，何吉如之？且不伤财，不害民，而无不节之。嗟！何咎之有？自其行之一时，若为权宜之计而；而要之诚，则可久，即以时可也，千万世亦可也，是可贞矣。自其行之于上，若为救世之权耳，而要之诚，则可通，即行之君可也，行之万邦臣庶亦可也，是利有攸往矣。夫“损”而“有孚”，则有四者之应，是“有孚”者致用之本也，而其用果何如哉？盖国之大事莫大于祀，而时当可损，则虽俭而不病于菲，苟感以孚信之诚，而略其虚文之饰，亦“可用享”矣。祭祀可损，况其他乎？夫损之道诚莫切于“有孚”则可行；祭非上所当损也，而“有孚”则可损。处损之道诚莫切于“有孚”之用矣。释此卦者，谓于不得已之时，不能不取足于常赋之外，但能“有孚”，则民自无不曲谅耳。窃谓此后儒之臆说，非知圣人系词之旨者也。先王之制：有节用，无加赋。鲁年饥，用不足。有若犹以告之，岂因不足而遂可赋外取民乎？且古者三年畊余一年之食，九年畊余三年之食，虽有凶荒，民无菜色，何至阙军国之需也？苟且之术后世无备者为之，安得以为“有孚”之道乎？既非“有孚”，一时且不可行，况欲以为长久之规乎？损之义盖言盈缩随时，礼称其情，则杀礼不为嫌；用适其宜，则俭用不为固。祭祀尚然，凡百用度之间，宾客燕享，好用匪颂之类，皆在所损。可知此谓“有孚”，则真“有孚”矣。诚万世遵行之而无弊者哉！卦之名为损者，盖以损下卦上画之阳，益上卦上画之阴。是取闾阎之财以充府库之用，损下而上者也。但君子富藏于民，民既穷于所损，则君子不得以独益。是损之道势必转而归上矣。此所以为损也。夫当损之时而诚有孚，损其所当损，则“吉”而“无咎”，“贞”而“利往”，固不必言。是各因其时，而非谓其可常用也。且是时也，岂独一享祀为然哉？天下之事，凡理之理然与不然者，皆时也。观之卦画，则损下卦之刚，以益上卦之柔者，非他也。时有所当损，则阳不能以常伸。时有所当益，则阴不能以常屈。此皆理数之不容违者也。观之物理，则损其进极之盈，以益其退极之虚者，非他也。时不可以终盛，盈未几而损随之。时不可以终衰，虚未几而益随之。亦皆理数之不容违者也。卦画以时而成，物理以时而变，处损之道，岂有能外时者哉？上下相关，本同一体。益下则虽不加赋，而用自有余。损下则虽善聚财，而用日不足。不幸而遇损之时，但当节用以厚民，不可剥民以奉己。既九庙之相，在所宜节，况其余乎？此无他，天之运存乎时，君之行视乎天，损益盈虚之间，有必然之道焉，虽欲不变丰为俭不能也。常存此心，则时赢尚当绌岂反举赢也哉？山下有泽，损。君子以惩忿窒欲。辞《象传》是言君子治心之功也。“惩”，惩戒也。“山下有泽”，“损”兑泽之深，益艮山之高，损之象也。君子体之，以为为学之要，无如损吾心之所当损焉。吾心原自和平，偶有所触，遂发而难制，而忿生矣。忿心一生，则不能观理之是非，而为血气所使。君子当忿之未起，急宜惩之，化躁以恬，预拔其忿之根，则心体日休，吾心原自洁清，偶有所诱，而欲萌矣。欲心一萌，则不能辨念之公私，而为外物所移。君子当欲之未溺，急宜窒之，闲邪存诚，预杜其欲之隙，则心境光明，游于粹美之渊矣。此诚得治心之要者欤！忿欲人所同患，而有天下者关系尤重。盖人君势处崇高，富有海甸，雷霆之威，不可响迩。嗜欲之奉，无有穷极，稍一任意而妄生于内，物诱于外，其害有不可言者。古之帝王守敬以澄其原，主静以绝其诱。戒惧慎独之功既至，而见诸行事，发皆中节，必一怒以安民，而后所忿者，皆义理之勇矣。必欲仁而得仁而后所欲者，皆天理之正矣。损卦以损、益之理讨论吉凶，卦画作兑下艮上。卦辞是说损益得法则会有各种好的结果：有诚信，大吉，无灾祸，利贞问，利出行。初九，祭祀之事，最应虔诚，所以要赶紧去做，则无灾祸，至于祭献之酒可酌情减损。九二，不要有所减损或增益，是指凡事一仍旧贯，不要轻易作变更，主要还是指减损、降格等。古人守旧，主张对传统不作变更，甚至有“变古易常，非死则亡”的极端说法。既然凡事守常，则轻举妄动易招祸，所以说出征则凶险。六三，三人同行则必伤害一人，这是人之长情，三人之间最容易出现两人排斥另一人的情形；一人独行则遇到朋友，是说会有帮助。据六三爻，所占之事不宜与多人合伙，最和适自己独立去做。六四，疾病状况减轻，会尽快治愈，没有灾祸。这是疾病之损，故吉利。六五，有人增以十朋之大龟，不得违其占辞。古人以为大龟则灵验，所以以之为宝，不为神的指示则大吉。上九，与九二爻同，是说不轻易做变更，而且出行的话，还会得到一个未婚的奴隶。

益卦第四十二

[原文]

《益》[1]，利有攸往，利涉大川。

《彖》曰：益，损上益下[2]，民说无疆[3]。自上下下[4]，其道大光[5]。“利有攸往”中正有庆[6]；“利涉大川”，木道乃行[7]。益动而巽，日进无疆；天施地生[8]，其益无方[9]。凡益之道，与时偕行[10]。

《象》曰：风雷[11]益。君子以见善则迁，有过则改。

[注释]

[1] 益是本卦的标题。益的意思是增益。朱熹曰：“益，增益也。”全卦内容是说明损益的道理，与“损卦”构成一个组卦。[2] 损上益下：减损外卦一阳而增益到内卦，内为下，外为上，即损六四爻而益初九爻。高亨曰：其意有二：一，减轻赋税之剥削，君之财物收入稍减，民之财物有稍加；二，减轻压迫，君上以谦卑之态度，听取民之意见。[3] 说：喜悦。[4] 自上下下：指在上位而能虚己下人。[5] 大光：大为光显。[6] 中正：九五以阳爻居上卦之中位得正。[7] 木道乃行：《益》上巽为木，下震为动，动即行，木道，代指舟楫。[8] 施：予。[9] 方：类，指物类。《尔雅·释诂》：“方，类也。”无方：不分地域，不分物类。[10] 偕：俱。[11] 风雷：下震上巽，震为雷，巽为风。

[译文]

《益卦》：有利于有所行动。有利于渡过大江大河。

《彖传》说：《益卦》，减损在上的利益补给在下的老百姓，老百姓内心喜悦无限。人民感到皇恩浩荡广施民间，这种体恤民情的精神必定会得到推广。“有利于有所行动”，是因为坚守中正，有值得喜庆的地方。“利于渡过大江大河”，就是说借助于舟楫前进，前进的道路将会畅通无阻。想体恤民情就要果断采取行动，并逐渐培养谦恭的态度。就好比上天降雨，雨露滋润万物一样，这种增益活动不受地域限制，遍及四面八方。总而言之，减损在上的利益补给在下的老百姓，就是要顺时而进行。

《象传》说：《益卦》的卦像是震在下，巽在上，震为雷，巽为风，这表示狂风和惊雷互相激荡，相得益彰，所以把它叫做《益卦》。君子看到些卦象，有了错误就要马上改正。

[不休说]

益者，损之反也。凡卦，以内为主，故损下谓之损，而益下谓之益，至上之损益则不与焉，所以厚其本也。益见于王道，则有减赋、补助、约己、裕民之政，《彖传》所谓“民悦道光”是也。益本于天德，则有迁善改过、进德修业之学，《彖传》所谓“动巽日进”是也。疏观六爻，自初至四，皆以臣之受益言。五、上二爻，则以上之益下言。盖益以兴利，初“利用为大作”，是为天下万世之大计，非寻常之报效也。二用“亨帝”，为靖献之大谊。三“益用凶事”，为盘错之大任。四“利用为迁国”，为安民之大举。皆非小益之事。至九五之“元吉”，由“惠心”之“有孚”，上九之“莫益”，由“立心”之“勿恒”，则兴利之原未有不本于君心者也。所谓有天德然后可以行王道也。顾《彖传》中“正有庆”专指二、五。而小《象》于三、四亦曰“中行”者何也？以二体言，则二、五各居其中；以全体言，则三、四并居其中，此三、四所以称“中行”也。此又因《象》系辞之一例。而《易》之以“中行”为重者，于此可见矣。

《益卦》强调施恩惠给人民，因为这对双方都有利。

[原文]

初九：利用为大作[1]，元吉[2]无咎。

《象》曰：“元吉无咎”，下不厚事[3]也。

[注释]

[1] 用：于。大作：大兴土木，建筑，或说“大作”，即周成王营建东都洛阳之事典。作：指建筑之事（《通义》、《今注》）。如《诗·墉风·定之方中》：“作于楚宫。”又《小雅·鸿雁》：“百堵皆作。”（《大雅·绵》：“百堵皆兴。”）皆指兴建宫室居所。周原甲骨：“其有（又）大作。”一说“作”谓耕作（《集解》引虞，《尚氏学》）。[2] 元：最大。[3] 下：指庶民。厚事：做事不落后于他人。厚，俞樾以为当读“后”。《礼记·檀弓》篇：“后木。”《正义》曰：“《世本》云厚，此云后，其字异而。”后、厚古通用。《释名·释亲属》篇曰：“后，後也。”《释言语》曰：“厚，後也。”

[译文]

初九：有利于进行大的行动，大吉大利，没有什么灾祸。

《象传》说：大吉大利，没有什么灾祸，表明百姓不为自己的私利而工作。

[不休说]

初居下位而受上益，是当进身之始，而膺特达之遇。夫上有国士之知下，自当有国士之报，故利用大有作为。利一身者不为，利天下者为之。利一时者不为，利万世者为之。不徒寻常事业已也，必如是，庶可少塞报称之责矣。然居下，则为之最卑者也。“大作”，则任之最者也。居下而任上事，能免出位之咎乎？必其所作者尽善尽美，合乎事理之宜，而中乎经权之妙，然后天之信焉，大臣安焉，而不议其为僭也。否则，作之不善，安冀其有成功哉？初必“元吉”而始“无咎”者，盖天下之大事业必有天下之大责任，而后可为也。初居下位卑，本不当任厚事。苟非“元吉”，则不推无建功立业之誉，而且有越职犯分之讥矣，诚不可不致慎于其间也。阴居则求其志，行义则达其道。幼而学者壮而欲行之，况当世有知我之一日乎？然既度其身矣，又必度其君矣，又必度其时。急于自我售而昧进退之宜，如汉之贾生一遭文帝，即流涕痛哭，卒至交浅言深以招谤忌，而志不获伸。故曰：非才之难，所以用其才者实难。明于此爻之义，庶乎免矣。九二爻刚居阴位，阳刚有余不宜补益，益之则有咎。但初九与六二正比，又与六三、六四为朋，上下交通互助。初九位居下位，承担供养上位者物质生产任务。

这一爻告诉我们，如果老百姓都不计私利地做事，有利于在上的去干大事。

[原文]

六二：或益之十朋之龟[1]，弗克违[2]。永贞吉。王用享于帝[3]，吉。

《象》曰："或益之"，自外来也。

[注释]

[1] 益：卖。朋：十贝。[2] 克：能。违：拒。[3] 用：助动词，表示进行什么事。享：祀（《广雅·释言》）。帝：天帝。《通义》："是指武王克商，享祭上帝，接受天命，代殷有天下。"

[译文]

六二：有人诚心诚意送来价格昂贵的乌龟，没有办法不接受。无论何时去占卜其结果都是吉祥的。君王用此祭祀先帝，也是吉利的。

《象传》说：有人诚心诚意送来价格昂贵的大乌龟，这是意外的收获。

[不休说]

六二，虚中处下，上应九五刚明之君，小心翼翼以事一人。虽无心于求益也，然精诚所感，不期而至，有辞之二不得者为"或益之，十朋之龟弗克违"之象。此由二守臣道之贞，故获非常之宠，诚能一心矢，自始至终守正不变，则臣心愈笃，主眷弥隆，而吉可长保矣。然臣之事君与君之事天，其分同也。君之益臣与天之益君，其理同也。苟王者用是虚中永贞之德而享上帝，自天祐之，吉又何如也？天之难犹可昭格，而况于君哉？六二受上之益，而云"或益之"者，何也？良以六二精白自献，非有希福干禄之心，宠锡之来，出于意外，即大君亦不过因才而笃，而非有私于二，故曰"或"也。二真可谓纯臣矣。损之六五以虚中受下之益，益之六二以虚中受上之益。然损五"元吉"，而益必"永贞"而后吉者，盖损五居至尊之位，合天下以媚一人，固其分之所应得也。若益二以人臣蒙上之眷，贵不期骄，富不期侈，一念之溢，而遂至于不能自持，古来功臣族往往以恩宠太过而其身家之祸者多有之矣。圣人戒之以"固守其正"，诚万世为臣者之明鉴乎！六二又为中位，得正且中，又与九五君王相应，是君王信得过的下属臣民。六二柔居阴位，阴柔有余，阳刚不足，而九五正好相反，九五君王减损自己多余的阳刚来增益六二的阳刚不足。六二获益，卦伏大《离》。谦虚地坚持走正道，就能获得吉祥。

[原文]

六三：益之用凶事[1]，无咎。有孚中行，告公[2]用圭[3]。

《象》曰：益“用凶事[4]”，固有之[5]也。

[注释]

[1] 益之：指祭祀有所增益。用：以，表示原因，因为。凶事：丧事、丧亡、灾荒、寇乱等重大不幸事件。此指武王逝世。《周礼·大宗伯》：“以凶礼哀邦国之忧，以丧礼哀死亡，以荒礼哀凶事，以吊礼哀祸灾，以禬礼哀围败，以恤礼哀寇乱。”[2] 中行：半路中途，或道路中间。行：道路。[3] 圭：又作“珪”古代玉器名，古代贵族执以为信，在朝聘、祭祀、丧葬等礼仪场合用之。《论语·乡党》：“执圭，鞠躬如也。”《说文》：“圭，瑞玉也。”包咸注：“为君使以聘问邻国，执持君之圭。”[4] 益用凶事：助益他国之凶事。[5] 用：以，因。

[译文]

六三：在灾荒年月施恩惠给人民，必有灾祸。但要心诚，行为适当，还要用玉圭作信物禀报王公。

《象》说：在灾荒年月施恩惠给人民，自古以来就有这种做法。

[不休说]

六三，以柔爻居刚位，正好阴阳平衡，刚柔相济，用不着增益。六三与上九有应，上九位居九五君王之外的诸侯王公，富可敌国，而且上九以阳乘阳，阳刚太过，必须适当减损才对。上九减损多余的阳刚加给六三，给六三带来损公济私的利益之名。六三居《坤》卦之中位。坤为众，性柔顺，将其所得按一定标准转增给广大贫弱的民众，而且将具体情况向上作了汇报，因而“无咎”。六三阴柔不中正，特以居益下之时，处下卦之上，有不容不受上之益者，故益之不用吉事，而用凶事。或投以艰巨，或处以盘错，警戒之，震动之，俾动心忍性，以增益其所不能，故无咎也。然上之待我如此，盖望我去不中以归于中耳。若复不知自责自修焉，何以慰在上之意乎？故必精白乃心，而行事尽善，内诚于体国而不欺，外协于中道而不悖，庶几中为实中，可以见谅乎！君如告于公而圭以通信焉，然后无负成就之意，而咎可免也。“有孚中行”之德，人所固有。但不免迁于外物而失之耳。所以益用凶事者，投之以患难非常之任，正使之自知警惧，而思全其所固有者也。按天心仁爱生人，则出灾异以儆之；人君厚期臣下，则用凶事以益之，必反身修德，然后可仰答天意，而变灾为祥，必至诚不欺然后可上报君恩，而转凶为吉。益道真无方欤！

这一爻告诉我们，在灾荒年岁，不但要自己施恩惠给人民，而且还要向上级汇报，以求得更多的帮助。

[原文]

六四：中行告公从。利用为依迁国[1]。

《象》曰："告公从"，以益志也。

[注释]

[1] 用：于。从：从命。依：即殷，指殷朝，爻辞似指周公东征之事（《新证》、《通义》）：武王伐纣后，仍封纣子武庚于殷都统领殷遗民，到武王崩，武庚叛，成王命周公东征平乱诛杀武庚，以殷墟为卫国，改封殷宗室微子启于商丘。国号宋。"为依迁国"盖指此事。或释：依，依靠；句意谓"利于作为迁移国都时的依仗"。《左传·隐六年》："我周之东迁，晋郑焉依。"国，首都、京城。屈原《九章·哀郢》："出国门而轸怀兮。"帛本作"家"，家指卿大夫的采邑。"为殷迁国"是取象，不能作断辞，疑通行本作"依"字误。

[译文]

六四：把对上对下都有益的行动计划报告周公，周公听从了，并以此为行动的依据，迁移国都。

《象传》说：向周公提出建议，周公采纳了，说明君臣同心。

[不休说]

六四为阴，阴居阴位得正，六四与六三同处一卦之中央，能行中道，故有"中行"之悦。六四以阴承阳，有与九五亲比，且为于上体巽卦下位。居住者，民之主也。臣者，奉上之中而致之民者也。世之人臣往往仰不能见信于君，俯不能见信于民者，以其行之不中耳。诚能以益下为心，凡事小心敬慎，斟酌合宜，而一毫不敢偏倚，如此，其中行焉，则我以君心为心，君亦即以我之心为心，谏必行，言必听焉，而"告公从"矣。是岂特君从之也哉？吾之中，既上孚于君，则必下孚于民。民之情自安于我，不惟经常细事可行，即时值不得已劳民动众，至于"迁国"，人亦信其至诚而鼓舞从事罔有少斁焉。以"迁国"且无不利，况无不利，况其他乎？进言在臣，听言在君。四何以"告公"而必见其从也。盖四惓惓以益民为志，所告又孚惠心之君，是四之志合乎五之志，君臣上下，一心一德，故告之而无不从，从之而无利也。按臣道地道同，所谓无成而代有终者。益卦于三、四两爻，一则曰"中行告公用圭"，一则曰"中行告公从总"，见发政施仁，乃大君之事，为人臣者，承流宣化，惟尽其所当为，而不可少萌市恩沽誉之心，庶几上不疑而下不忌，功成而无疹主之嫌也欤！

这一爻告诉我们，制定计划要以增益上下为依据。

[原文]

九五：有孚惠心[1]，勿问[2]，元吉。有孚，惠我德[3]。

《象》曰："有孚惠心"，勿问之矣。"惠我德"，大得志[4]也。

[注释]

[1] 惠：通维、惟，安抚。《广雅·释言》："惠，赐也。"《尔雅·释诂》："惠，顺

也。”[2]惠心勿问：闻一多以为惠、问均指施与，只是施人以德叫惠，施人以财叫问。问：送物给人。《左传·成公十三年》：“问之以弓。”《疏》：“遣人，以物谓之问。”[3]德：通“得”，指所得物质。武王克商，俘虏了殷纣大量的奴隶兵。周公东征，征服了五十余国，两次得到的俘虏很多。这里说对俘虏有两种方法：一用好言进行安抚；二是用物质优待而使俘虏对我感激。[4]大得志：九五居中得正，故“大得志”。

[译文]

九五：君王有诚心、仁爱之心，不用去卜问，大吉大利。百姓也因此有诚心，将感激我的恩德。

《象传》说：君王有诚心、仁爱之心，不用去卜问这件事，因为百姓将感恩我的恩德，大家都能遂心成愿。

[不休说]

九五刚居阳位，阳刚有余，得中正之道，有减损余刚，惠民下民之象。九五以一阳乘于三阴，表征九五君王与坤众承乘交应，往来密切，深得民心。九五与六二双双得中切中，心心相应至诚相交，故深得民众拥护。天地生成万物，不外一诚；大君怀保小民，亦不外一诚。诚者，上下同流，而物我无间者也。九五为益之主，阳刚中实。凡所以损上益下者，咸本不忍之心，行不忍之政，念念出于至诚，事事本于忠厚，无一毫违道干誉之私，如是何待问而知其元吉哉？但见上以诚感，下以诚应，而民之“惠我德”者，自“有孚”而无间，相喻之机固有至神者矣。人君惟无益之实心，德泽偶施，即不胜沾沾自喜，此要结民心之小惠，而非大公无私之正道也。其为“元吉”又何俟问焉。至于民“惠我德”，则我之惠及于天下矣。王者康济一世之志，不大得乎？所谓“民说无疆，其道大光”者如此。益下之主“有孚惠心”，则受益之臣民亦“有孚惠我德”，所谓“群黎百姓，遍为尔德”者也。可见上下之势虽甚悬，而感通之理则甚捷。故曰：“至诚而不动者，未之有也”。这一爻告诉我们，在上的要有诚心和仁爱之心。因为在上的诚心对待在下的，在下的将感激在上的，这样对双方都有利。

[原文]

上九：莫益之[1]，或击之[2]。立心勿恒[3]，凶。

《象》曰：“莫益之”，偏辞[4]也。“或击之”，自外来也。

[注释]

[1]莫：没有人。益：帮助。[2]击：攻击。[3]勿：《正义》作无。恒：长久，坚持不变。[4]偏：作徧。《释文》：“偏，孟作徧。”《集解》作徧。《淮南子·主术》篇：“则天下徧为儒墨矣。”高注：“徧犹尽也。”偏辞：普遍的说法。

[译文]

上九：不增益他人，有人将攻击他。这说明他没有持之以恒施恩于民，必然凶险。

《象传》说：不增益他人，这是偏激的做法。有人攻击他，这是从外边来的呀。

[不休说]

上九阳居阴位，失中不正，处益之极地，过于阳亢，违背了损上益下的原则，故“莫益之”。上九以刚乘阳，又与九五君王相敌，违背了巽顺之道，上九爻变，卦变成坎，坎为盗寇，互体艮交下震，艮为手，震为动，手动而及于盗寇，故有守击之虞。上九本当与卦中三阴相交应，但受九五君爻之阻隔。若返归正道，卦伏水雷《屯》表征上九回复损上益下的正道很难实现，故凶。此卦上三爻咸有益下之责。六四能体君心以益下，故有利而无害。九五“有孚惠心”而“民惠我德”，此皆上下交益者也。独上九以阳刚居上，是在已有余而非不足者，乃专利好货，求益不已，全无公利济人之心，因而众叛亲离，交征互夺，有“莫益之”而“或击之”者焉。所以然者，由其立心之不恒耳。夫爱人者，人亦爱之；益人者，人亦益之。此恒道也。上惟知剥民奉己，一念反常，事事皆悖，凶岂能免乎？上九居上位而无以益人，专欲益己，其为害已甚。但言“莫益之”者，即其求益不遂，据一偏而言之也。其实，财聚民散，争民施夺，“或击之”，凶自外而至，出于不测，非意料所能及者，岂特“莫益之”而已哉？昔芮良夫言：“夫利百物之所生也，天地之所载也，而或专之，其害大矣！”人君专之则害于国，人臣专之则害于家。甚矣，利之不可专也！此卦自五以下皆言益下之吉，惟上独言求益之凶，正见上居高位，怀利事君止知为一身之计，是以台鼎之尊而工垄断之术者，能免于僇辱乎？宜圣人之深戒之也。这一爻告诉我们，如果你不施恩于人，将会遭遇灾祸。

总　论

人君果能损上之有余，以益下之不足，则仁恩洽畅，上下交孚有所往。而经纶创作，事无弗集，而功无勿成，固极其利矣。即使之拯溺亨屯，削平祸乱，则众志可以成城，一心自能济变。虽涉大川，亦无不利也！损下以益上，本以求益也，而反成损，损上以益下，已不能无损也。而究为益，可见肥己瘠人者，民贫而君亦无所寄；约己裕人者，民乐而君不至独忧。故曰“民为邦本，本固邦宁”。有天下者，诚不可不务固本之图已。卦之名为益者，盖以损上卦初画之阳，益下卦初画之阴，则是君能自损以益民，民之被其泽而悦者，自无疆域之可限矣。此岂要结小惠治也。乃朝廷爱民如子，恩出九重之上，靡不普遍，真如天道之下济而光明。君益民而民爱君之益，民悦道光，而民之益即为君之益，此卦之所以为益也。《辞》言“利有攸往”者，以二、五有中正之德，君臣同志，一德交孚。举凡良法美意，曲畅旁通，而无利蔽之患，则福庆不仅在一人，而在天下，此“往”之所以“无不利”也。又云“利涉大川”者，盖济川必乘木，而济变必需才。震巽皆木，是平时既德泽下究，能使无往不复，而陂无不平。此“大川”之所以“利涉”也。夫于卦名，可以知上下之胥益矣。于卦体，可以知常变之胥益矣。然岂特此已哉？更以人事与造化观之：人事之益莫大于学问，卦德震动巽人，是作圣之功，既奋发精进，又逊志沉潜，自然崇业广日进，宁有疆乎？造化之益莫大于生物，卦变乾易初而下交于坤，天之施也。坤易初而上达于乾，地之生也。天下施，地上生，万物并育，其利宁方乎？凡此皆益也，皆道之所在而时之所为也。学问之道随时而进，造化之功顺时而新，以至人情之穷而复通，失而复得，物理之消而复长，亏而复盈，何一非与偕行者耶？益道之无所不该，如此。“二应有时损刚益柔，有时损益盈虚，与时偕行。”释益《彖》曰：“凡益之道，与时偕行。”可见《易道》不外一时，圣人合德，天地之学不外趋时。而于损益反复言之者，见损益为盛衰之始，尤当兢兢致慎，承天时行。损其所当损，益其所当益，而后常变无不宜，上下无不利也乎！此卦下震上巽，震雷巽风，风雷之势交相助益，益之象也。君子知体益之道，莫要于圣学，而圣学莫切于迁善改过。故见一善若决江河，即时迁就如风之疾而莫可也。觉有过如恶恶臭，即时更改，若雷之迅而莫能御也。由是迁之又迁，善日积而过日寡；改之又改，过全去而善全复。君子体之学，孰有大于此者乎？昔大禹闻善言，而拜接精一执中之传。成汤能自得师，改过不吝而圣敬日跻。故曰“惟木从绳则正，后从谏则圣”。然则迁善改过固作圣之功，而虚怀纳谏又迁善改过之要道也欤！益卦与损卦相对应，而主要说增益，以损益的道理论吉凶。卦画作震下巽上。卦辞也是说损益得法则会有好结果：利出行，利渡涉江河。初九，利于大兴土木。与损卦不同的是，损卦守成不变则吉，益卦有变动、有改进才吉。兴土木算是建设，是增益，所以说大吉，没有灾祸。六二，与损之六五取象完全相同，只是更利于占问长久之事，王还因为得此灵龟享祭了上帝。六三是以钱帛助益邻国的丧事，这种增益、赞助是善举和合于礼仪的，所以无咎而有诚信。因已经出发才知邻国有丧事，所以在途中临时报告请求帮助葬。六四，中途临时报告请求协助，公听从了。新建采邑、迁移国都，都属于中途变更之事，所以可行。九五，是以诚信、恩德待人从而感动上天，所以大吉，上天将回报我的仁德。上必九，孤独之爻，没有人助益，反而受到攻击，这是因为存心立志不坚定，所以凶险。

夬卦第四十三

[原文]

《夬》[1]：夬，扬于王庭[2]。孚号[3]有厉。告自邑[4]，不利即戎[5]，利有攸往。

《彖》曰：夬，决[6]也。刚决柔[7]也。健而说[8]，决而和[9]。“扬于王庭”，柔乘五刚[10]也。“孚号有厉”，其危乃光[11]也。“告自邑，不利即戎”，所尚乃穷[12]也。“利有攸往”，刚长乃终[13]也。

《象》曰：泽上于天[14]，夬。君子以施禄及下[15]，居德则忌[16]。

[注释]

[1] 夬（guài）是本卦标题。夬有快乐、快速和决断、残缺等义。朱熹曰：“夬，决也，阳决阴也，三月之卦也。”[2] 扬：通“详”。《说文》：“详，审议也。”此处指审断案件。帛本作“陽”。《广雅·释诂》：“扬，岸口。”[3] 孚号：呼号。指俘虏号哭，当时被举荐的人把所获的俘虏献给王庭，固有俘虏号哭。[4] 告：审讯定罪。《礼记·文王世子》：“其刑罪则剸，亦告于甸人。”郑玄注：“告，读为鞠。读书用法曰鞠是。”有厉告自邑：邑来告有危险，当有别国来进犯。[5] 即戎：进行战事。即字，帛本作“节”。[6] 决：决去，溃决。[7] 刚决柔：五阴一阳，五阳盛长，决去一阴。[8] 健而说：下乾上兑，乾为健，兑为说。[9] 和：和悦。[10] 柔乘五刚：一阴居五阳之上。[11] 其危乃光：上六阴柔乘五阳刚，故“危”，又因居卦之上，其害甚广，故曰“光”。光通“广”。[12] 所尚乃穷：阳刚盛长，阴柔消退，卦上只有坤一阴，象征坤众散，此时聚众兴兵，必困穷。[13] 刚长乃终：阳刚盛长，直到决去一阴而终结。[14] 泽上于天：下乾上兑，兑为泽在上，乾为天在下，故“泽上于天”。[15] 施禄及下：施其禄泽于下。[16] 居德则忌：受人恩德则要牢记。居：受。忌：通“记”，当读为异。从心与从言无异。《说文》：“异，举也。”

[译文]

《夬卦》：夬卦，不仅在王庭里公布小人的所作所为，而且号令天下的人都要认清这种人，这是危险的。文告来自于邑中，不利于立即动武，但有利于有所行动。

《彖传》说：夬有决断的意思。刚能决断柔。刚健而又和悦，与人决裂又和在一起。“在朝廷里小人的所作所为被公布”，这是因为，上门阴爻居于全卦中的五个阳爻之上。“号令天下的人要认清小人”，因此而遭遇的危险是为了宣扬好的德行。“文千来自于邑中，不利于立即动武”，因为崇尚武力，会使你的道义穷尽。“有利于有所行动”，是说阳刚之爻再增进一步，则全卦纯阳，这就表明君子当道。

《象传》说：《夬卦》的卦像是干在下，兑在上，干为天，兑为泽，这就好像湖水蒸发上天，然后又成云致雨，所以把它叫做《夬卦》。君子应向老百姓广施恩德，如自己把功德据为己有，这是最忌讳的。

[不休说]

夬，取决去之义。五阳长而将极，一阴消而将尽。众阳上进，决去一阴，故为夬。以五阳决一阴，是君子之势甚盛，小人之势甚孤。其决而去之也，似乎甚易，然而圣人不敢以易心处之也，所为决之之道必期于尽善焉。盖阴之势虽微，蔓或可滋，穷或为敌，君子无时不戒惧。而于小人道衰之时，尤不可忘戒惧也。故象为危惧，警戒之词不一。而爻于五阳未尝许之以吉。初以始进之阳而决居高之阴，则虑其不胜；二以刚中之才而警备之戒，则幸其勿恤；三与上应而刚壮外见，恐启中伤之祸，故教之“遇雨”以善其决；四与上同体而居阴不正，恐来党奸之悔，故教之“牵羊”以助其决；五与上比而狎昵近习，不可无独断之能，故教之“中行”以致其决。至于上六则绝之曰“无号”。其为君子防者至周且备，而所以去小人者不遗余力矣。要之，决小人以健为体，以和为用。二之中道，五之中行，皆所谓何也。初“壮趾”不胜，三“壮于頄”有凶，四“闻言”不信，非不能和之故哉。这一卦告诉我们，要号召所有的人与小人决断，并且不能贸然采取强硬的措施。

[原文]

初九：壮于前趾[1]。往不胜[2]为咎[3]。
《象》曰：“不胜”而往，咎也。

[注释]

[1] 壮：受伤。前：进。朱熹曰：“前，犹进也。”趾：帛本作“止”。[2] 胜：《说文》作任，指承担、禁受。或释为战胜，则句意为不能取胜。[3] 为咎：有咎。为：帛本作“有”。俞樾曰：“为咎，有咎也。”《孟子·滕文公》篇：“将为君子焉，将为野人焉。”赵注：“为，有也。”又《尽心》篇：“为间不用。”注曰：“为间，有闲也。”

[译文]

初九：强壮在前脚趾，前往就有可能由于自己的能力有限而招致灾祸。
《象传》说：如果不能胜任某事而贸然行动，将招致灾祸。

[不休说]

君子决小人，必事出万而功收一举，方为有利而无害。初九刚而在下，无决小人之权，乃独先众阳恃壮轻进，欲决在上之阴柔，有“壮于前趾”之象。彼自谓“理所当决无可咎”者。然小人窃据高位，人皆畏之，不敢轻击。而我独逞一时之意气与之斗力，其不能免反噬之咎宜矣，岂特势之不利哉？君子决小人，慎之又慎，操必胜之道以往犹恐有意外之忧，今不审己量力，而欲一击以快其愤，是明知不胜而锐志轻往也，岂善于不决小人者乎？君子去小人，事成则以为功，不成则祸及身，而国亦随之，适足为害而已。若李固、杜乔之于汉，李训、郑注之于唐，莫不皆然。除之不胜而往，圣人直断之以咎，非以哀其志之不就，而深惜其谋之不臧也，可弗惧乎？初九阳刚居下，位卑力弱却逞强躁动，好胜争功。初九上行，阳遇阳得敌，不合乎阴阳互通的义理，所以“往不胜，为咎”。这一爻告诉我们，一开始行动就要慎重，因为很可能会因为自己的能力有限而招致灾祸。

[原文]

九二：惕号[1]，莫夜有戎[2]，勿恤[3]。

《象》曰：“有戎，勿恤”，得中道[4]也。

[注释]

[1] 惕号：惊恐呼号。简本作“啼”。[2] 莫：“暮”的本字。夜：简本作“誉”。戎：指敌兵。[3] 恤：《说文》作“忧”。[4] 得中道：九二居中，刚而不暴，故“得中道”。

[译文]

九二：听到惊叫声而忧惧，其实，即使深夜敌人来犯，也用不着忧惧。

《象传》说：即使深夜敌人来犯，也用不着忧惧，这是因为九二爻处在下卦的中位，即居于有利的条件。

[不休说]

九二爻刚居柔位，刚柔相济又能守中。表征九二为受命于九五君王的忠勇将帅，九二居下体《乾》卦之中位，攻守兼备，不冒进，不懈怠，有备无患，因此“有戎无恤”。九二当决之时，刚而居柔，又得中道不过乎刚，而审事之宜者也。故能忧惕以深其谋，呼号以集其众。戒备如是。小人虽阴谋不测，变生意外，如“莫夜”之“有戎”，而自治既严，无隙可乘，亦可“勿”用忧“恤”矣。岂有决而不胜者哉？“莫夜有戎”，事起仓卒，可惧之甚也。而能“勿恤”者，以九二得中，自处尽善，既不至躁动以滋变，又不至坐守以后时，故能忧惕呼号以自警备而无他虞也。小人立志甚奸深，而行事甚暧昧。其构祸机也，常伏于暗，伏于暗者，伺人之不觉而中之也。而幽晦不明则为幕夜。二以惕号处之，正所谓其“危”乃“光”者。我有光，则彼之暗不足忧矣。这一爻告诉我们，如果处于有利的形势，即使遇到别人来侵犯，也没什么担忧的。

[原文]

九三：壮于頄[1]，有凶。君子夬夬[2]，独行遇雨，若濡[3]有愠[4]，无咎。

《象》曰：“君子夬夬”，终无咎也。

[注释]

[1] 頄：颧骨。帛本作“頯”，简本作“馗”。朱熹曰：“頄，颧也。”[2] 夬夬：急。匆匆的样子。帛本作“缺缺”。[3] 若：而。濡：淋湿。若濡：帛本作“如濡”，简

本作“女（如）雾（雾）”。[4] 愠：不高兴，不满。帛本作“温”，简本作“厉”。

[译文]

九三：强壮在于尾骨，有凶险。君子独自作出将小人决断的决定，就好像遇上大雨浑身湿透而心怀恼怒，但不会有什么灾祸。

《象传》说：君子独自作出将小人决断的决定，但没有灾祸。

[不休说]

九三过刚不中而当决时，是欲决去小人，不胜其忿而逞于一发者。有“壮于于頄”之象。如此则谋露机泄，势必召意外之变而有中伤之凶矣。然三在诸阳之中，独应上六，其义不可不决，顾其决之何如耳。若果深知小人之害，而存必决之心，则当密其谋，老其识，而藏其迹。虽暂与上六相合，如“独行遇雨”，迹似濡染于小人，而见愠于众君子者。推其坠而绝其根，清君侧之恶，必此人也，夫何咎乎？九三独与上六为应，自其迹观之，未为无咎。今能果决其决，则向之委婉曲折，正见通权达变之妙用。始虽若濡有愠，终必解悖除奸而见信于同志矣。安有致咎之理欤？古来建立事功者，必有深心大力，但求其谋之克济，而形迹之间一时有所不及顾。如王允誉董卓，温峤伪事王敦，初皆辱身降志，卒能剪除元恶，皆有合于“夬夬无咎”之义者也。可以转移一世，而不为一世转移者，则宁介然，危言危行，守其不乱群之戒，虽或无补天下，而亦不至自失其身矣。九三刚居阳位，又处下卦《乾》的上方，过刚失中，怒形于色，与九二、九四及九五诸阳相比，缺乏柔韧灵活的斗争手段，违背了“健而悦”的义理，故有凶。卦无阳爻中，唯有九二与上六正应，阴阳和合而化雨，旧情依在，最适宜做对方的和解转化工作，有“独行遇雨”之象，只要九三不被私情所牵绊而失去原则立场，即使遭同伴不满也没什么过错。这一爻告诉我们，要坚决决断小人，哪怕遭到大家的反对，也要采取行动。

[原文]

九四：臀无肤[1]。其行次且[2]。牵羊悔亡[3]，闻言不信[4]。

《象》曰：“其行次且”，位不当[5]也。“闻言不信”，聪不明也。

[注释]

[1] 肤：《广雅》作“肉”。臀无肤：指臀部受伤。[2] 次且：用“趑趄”，走路很困难的样子。帛本作“郪胥”，简本作“緀疋”。《释文》：“次且，本亦作趑趄。”《说文》：“趑趄，行不进也。”[3] 牵羊：指悔罪。牵，楚。简本作“丧”。《左转·宣十二年》：“楚子围郑，克之……郑伯肉袒牵羊以逆。”肉袒牵羊：表示服为臣仆。[4] 闻：听觉。信：真实。简本作“冬（终）”。[5] 位不当：九四之阳失位而不中，故曰“位不当”。

[译文]

九四：屁股没有皮肤，走起路来摇摇摆摆。牵着羊行走，悔恨就会消失，这是因为不听取别人正确的意见。

《象传》说：走路来摇摇摆押，是因为所处位置不当。不听取别人的劝告，耳朵有毛病。

[不休说]

九四阳居阴位，才质柔弱而好用刚强，欲上行与上六交往，却与九五相敌受阻，受到杖罚之打击，下行与初九敌应。九四想要止于原位不动又受到下位三阳爻一齐上进催动，故有“臀无肤”之象。九四行也受伤，坐又不安，迟疑不决，艰苦难行，所以“其行次且”。而且上六与九五成正比，直接阻碍了九四与上六的交应关系，所以九四对和合信心不足。“闻言不信”。九四，亦君子之类，志在决小人者也。然以阳居阴，无刚果之才；又不中正，无养重之德，故居则不安，欲与诸羊并进；而行又多疑，不能决以成功。为“臀无肤，其先次且”之象。夫四之进退维艰如此，宜不免于悔矣。为四计者，但当让诸阳前进，而已随其后众，方“扬庭”以“声”，其罪我则从而和之；众方呼号以集其群，我则从而应之，如牵羊者然。庶几因人成事而“悔”可“亡”也。然闻善而能用克己以从义，惟明决者能之。惜乎四之阴才弱，志在竞进力复不能，闻此牵羊之术而不可信也，悔其能免耶？四当决之时，君子道长，乃“次且”而不能进者，由其处位不当、才德不足故也。“闻言不信”者，以好进之念横于胸中，本来之聪障隔不明，故犹豫狐疑，虽听之而不能然信从也。四当大臣之位，以其居阴不正而与上同说体，恐其去邪而不能决，惟能牵引群阳以自助，斯足仰成九五“夬夬”之光，而自免党奸之悔矣。圣人欲常五之刚，必藉四——一刚联合刚之力，故其辞之激切开导如此。夫小人日在君侧，为大臣者，与其排一小人而触忌人主之患，不若进众君子以辅导人主，而有潜消匪类之功。诚能萃众正于朝廷，俾吾均朝夕与处，是非既明，好恶自正，君子不日进，小人有不日退者哉？这一爻告诉我们，在决断小人时，要坚决抵制在上的胡乱干扰。

[原文]

九五：苋陆夬夬，中行[1]无咎。
《象》曰：“中行无咎”，中未光[2]也。

[注释]

[1] 苋：当为“萈”（《今注》引《说文》）作细角山羊。《通义》引王夫之《碑疏》：“作莧。莧字当从人丛从而不从艹，音胡官切，山羊细角者也。”陆：同“踛”，蹦跳。《庄子·马蹄》：“马翘尾而陆。”《释文》引司马彪注：陆，跳也。中行：路中间。指羊群中间。[2] 中行无咎：指细角山羊在路中间跳得很快、很欢。古人认为这是怪异，故作多占，巫占无咎。中未光：九五居中得正，但因近比上六之阴，而为阴所掩，故“中未光”。

[译文]

九五：细角山羊在路上跳跃奔驰，没有什么灾祸。

《象传》说：在道路中快速的奔跑，只是没有灾祸，还没有达到万物大吉的地步，这是因为道路还不够宽广。

[不休说]

九五刚居阳位，又居君位，职高权重。这一爻告诉我们，一方面，要说服与小人最亲近的在上者跟小人决裂。上六阴柔而切比九五，如生于陆。然其柔媚最易蛊惑君心，故必毅然独断，不牵于内嬖之私而决于去之焉。然小人近在肘腋，除之太速恐生意外之忧。其决之之道，既不可优柔寡断，亦不可以过激失宜，从容详慎中以行之，则有合于“健而说，决而和”之道，时可去小人而无咎矣。九五以阳刚之主而又不为过暴，合于中行，固不为小人所累，而无咎矣。然究极其心事而言，则犹未得为光也。盖人心惟无欲方为光明，五之于小人，特屈于义之不可而后去之，则其牵系之私犹有潜伏于中而未能脱然无累也。自古小人，每以小忠小信自结于上而使不觉其奸。人主一为所惑，虽迫于公义勉强去之，而中怀眷恋，反若处于不得已者。故忠言谠论君子，未及伸其谋而潜滋默长，小人复得成其间，夬不终而姤已萌，皆由于此。宜圣人之惓惓以为戒也夫！一方面要防微杜渐，从根本上消除奸佞势力。

[原文]

上六，无号[1]，终[2]有凶。

《象》曰：“无号”之凶，终不可长也。

[注释]

[1] 无：简本作“忘”，当作犬，形似而误。号：呼喊。无号：犬号。《墨子·非攻下》篇：“昔者三苗大乱，犬哭于市。”此指国无号令。[2] 终：简本作“中”，最终。

[译文]

上六：不能听到小人的号叫了，小人最终将是凶险的。

《象传》说：不能听到号叫的小人凶险，这表明小人得势的日子长不了。

[不休说]

上六阴居阴为，才质柔弱，又心怀阴险，行为不光明正大，上六处上体兑卦之上位，兑为口舌，有呼号象，爻变成乾，乾为寰，其口封闭，故有无号之象。上六以阴乘阳，下与九三有应，又在九三周围制造矛盾，采取又拉又打手段，不利于团结。上六以阴柔小人居穷极之时，党类剪除已尽，一时之人皆识其奸，而志在必决，情穷势孤，无可呼号，终致灭凶，其所必然矣。小人比周围恶，流毒四海，自谓终身无患，孰意党灭援绝，无所号呼，终当决去，即欲长居其位，不可得也。为小人者早从事于正，以免无号之凶乎？圣人释剥上爻曰：小人剥庐，终不可用也。见剥尽则为纯坤，天下从此大乱矣。故云“终不可用”戒之也。于夬上爻曰：“无号之凶，中不可长也，见夬尽则为纯乾，天下从此大治矣。故云“终不可长”庆之也。一治一乱，虽由天数，而进君子、退小人，使天下有治而无乱，其权全在乎人君，岂可忽哉？这一爻暗示我们，要彻底跟小人决裂，因为小人当道的日子长不了。

总 论

天下最快意之事，莫如君子去小人。天下最难处之事，亦莫如君子去小人。盖小人居高近君，足以邀虚誉，奸回足以蔽主知，国殃民有一国皆知，天下皆知，而人主不悟者，故夬之道首在“扬于王庭”，以声明其罪，使无所逃天地之间，此决小人最要之道也。然或众君子议论纷纭而泄泄从事，或自治功疎而恃势凭陵，则反授之以隙，而小人不可决矣。必也呼号迫切，齐心一意，功存忧惕之怀，不可以小人之势孤而遂安肆也。且严自克治，使在我者无过可指，有以服小人之心，不可恃君子之势盛而轻攻击也。如是则防奸之法既严，自治之谋又密，以是而往，振风采于朝端，伸正气于天下，小人尽去，而君子之道沛然大行，利何如哉？君子小人之进退，天下之治乱由关，历观古今，治常少而乱常多；君子常难进，而小人常难退。所以夬卦与禄卦相对，于剥则见五阴剥一阳之易，于夬则见五阳决一阴之难。圣人深知利害之原，不觉望之深，虑之迫，叮咛告诫，不厌其详，所以为君子计者切矣！以为天下万世计者至矣！卦名夬者，决而去之之义也。盖为五阳决一阴，是为刚决柔也。夫委靡固不足以图功，而过刚又恐其激变。卦德乾健兑说，是内存秉道嫉邪之志，而外有和平乐易之休。故其决小人也，既不以弛慢坐失时机，亦不至躁激致生他变。决而能和，真诀之善道也。《辞》言“扬于王庭”者，卦以一柔乘五刚，是一狐小人用事君侧，举朝受其牢笼，误国殃民，罪逆大矣。“扬于王庭”，庶朝野上下，共知其奸小人之罪状既著，始不能一日安于其位也。所谓“孚号有厉”者，盖小人奸谋叵测，视之不可泄泄，必操心危而虑患切，战兢惕厉，谋出万全，而后决小人之道乃为光大也。盖正己始能正物，而惟理可以服人。若专尚威武，与小人争一时胜负，则君子必为所困而不能敌，乃自穷也。其云“利有攸往”者，盖正反比长，始于一阳之复，终于六阳之乾。夬时五阳虽盛，犹必再长，决尽一阴而刚长，始为有终。是能俾小人尽去，而朝廷之上忠良济济，正道大行，故无往不利也。然非“健而说，决而和”，则小人岂可以力胜哉？《春秋传》言：“见无礼于君者，如鹰之逐鸟雀也。”人臣为国除奸，岂顾利害？但不审时度势而冒昧一决，则有奸未除而祸先丛者矣。而其要尤在不予小人以口实。使君子自命，而立心有一毫未光明，处事有一毫未中正，不能无诸己而徒欲非诸人，人主岂能亮之？天下岂能信之而为所欲为乎？然而难言矣！君子之自治既甚严，而小人之中伤乃愈巧。求全之毁，既难防于一时；浸润之言，又恒积于平日。谗谤既多，主心安能无惑？此审贤奸以为取舍，察情伪以定是非，全在乎知人，则哲之圣主也。泽水之气上通于天，势必沛然下决而成雨露，夬之象也。君子体之，之下之待禄于君，犹万物之待泽于天也。于是施禄及下，锡予厚于君子，乐利遍于小人，而无一毫留滞吝惜之意焉！此王者如天之仁也。若居其德，惠积于上而不下，究是外本内末，以身发财，而犯不仁之戒矣。岂大君之宜哉？夬为三月之卦，正人主施恩布德之会，而众正满朝，又小民翘首望泽之时。所贵行之以勇，出之以断耳。“居德则忌”，殆所谓仁心仁闻而功不下逮者，故曰：有不忍人之心，继之以不忍人之政，而仁覆天下矣。夬卦涉及的取象主要是偷袭和受伤。卦画作乾下兑上。卦辞说，在王庭上审断案件，俘虏叫喊（当是审讯俘虏），这是取“夬”的决断义（“泽上于天，夬”，王弼注：“夬者，明法而决断之象也”）。因俘虏叫喊，故审讯无效果，有危厉，改由封国自己审理。不利战事出击，是因出兵虽胜而审俘不顺利，节外生枝，胜犹不胜。初九，前脚趾受了伤，前往攻击不胜，有灾祸。此爻及三、四爻用夬的“残缺”义。九二，因恐惧而惊呼示警，幕夜时分敌军来犯，因先有预警，所以不必忧心。九三有二象：一是颧骨受伤，有险，颧骨与前脚趾一样，因在前而易伤；二是君子独自匆匆赶路，遇雨湿身，虽觉晦气而有怨恨，但淋雨算不上灾祸。九四，臀部受伤损及皮肉，行路踉跄。因有悔罪表现，所以后悔消失。九五，细角山羊在羊群中列欢快地蹦跳，没有灾祸。这是用夬的“快速”义。小羊往往成为天敌的攻击目标，因此在羊群中列，所以无灾祸。上六，没有呼号示警，最终将有凶险。此爻正好与九二爻相反，敌军来袭而没有示警，所以凶险。

姤卦第四十四

[原文]

《姤》[1]：女壮[2]，勿用取女[3]。

《彖》曰：姤，遇也[4]，柔遇刚[5]也。“勿用取[6]女”，不可与长[7]也。天地相遇，品物咸章[8]也。刚遇中正[9]，天下大行[10]也。姤之时义大矣哉！

《象》曰：天下有风[11]，姤[12]。后以施命诰[13]四方。

[注释]

[1] 姤（gòu）是本卦标题。姤用作“遘”，意思是相遇，也用作婚媾的“媾”。朱熹曰：“姤，遇也。”[2] 壮：强壮。《举荐》引虞翻曰：“女壮，伤也。”这里指女胜过男，有伤男的自尊心。[3] 取：同“娶”。[4] 遇：不期而合。[5] 柔遇刚：一阴五阳，一阴在下而与五阳相遇。[6] 取：通“娶”。[7] 长：长久。[8] 品物咸章：众物盛长。品：众。章：显明，盛长。[9] 刚遇中正：指九二爻以阳刚居下位之中，九五以阳刚居上卦之中，俱得其正。[10] 天下大行：《姤》卦下巽上乾，乾为天，巽为风，风行天下，故曰“天下大行”。[11] 天下有风：下巽上乾，巽为风在下，乾为天在上，故“天下有风”。风行天下，无物不遇，故为《姤》象。[12] 姤：通“遘”，意为遇。[13] 后：君。诰：告诫。

[译文]

《姤卦》：女子过于强盛，不要娶该女为妻。

《彖传》说：姤，就是相遇，即阴柔者遇刚强，“不要娶该女为妻”，是因为女子过分强壮，不能与她长久相处。天与地相遇，天下万物都受到滋养而茁壮成长。阳刚的人能坚守中正，天下的人就能更好地实行正道。《姤卦》的现实意义是多么大呀！

《象传》说：《姤》上卦为干，干为天；下卦为巽，巽为风。它的卦象为天底下吹着和风，万物相遇，所以把它叫做《姤卦》。君子看到此卦象，应该施教于天下，让天下人懂得这个道理。

[不休说]

姤者，相遇之义，主一阴遇五阳而言也。该决尽则为纯乾，一阴忽自下生，其势甚悍。又为巽之一阴，其性善入，其用潜隐，尤君子之所难知而难防者。使以一阴之微忽之而不及察，则进而为遯、为否、为剥、为坤，皆一阴之相遇始矣。制之者当于其微而未盛之时也。故总一卦而言，一阴有敌五阳之志，则危之曰“女壮”；就一画而言，一阴潜伏五阳之下，则防之曰“羸豕”。壮可危也，羸不可忽也。于二、四观之则曰“鱼”，于九五观之则曰“瓜”，象其阴而在下也。惟二密比初，能包之以制其逸。惟五为卦主，能包之以防其溃。四与初相应者，初不自止，则曰“见凶”，四不能止之，则曰“起凶”。皆以明系之，不可不早也。若三比匪之害，不遇不足为咎已。要之，敢于遇君子者小人，而善于制小人之遇者，尤在人主之一心。君心之疏密，即小人消长之关也；小人之消长，即天命去留之本也。故于九五之含章，尤惓惓焉。初六阴爻与上位五位阳爻均可交通，象征烟花柳巷中的飞尘女子，风月场中之人。初六本与九四有正应，但与九二亲比，对上位之九三、九五、九六更是极尽娇姿媚态，交而不专，致使诸阳因此互敌，造成不应有的内乱。“姤”，即交合。它暗示我们：天地、男女、君臣，相识相知尽在一个“缘”字，是否能融洽相处、相得益彰受时间、场合等多种条件限制，强求不得。

[原文]

初六：系于金柅[1]，贞吉。有攸往，见凶。羸豕孚蹢躅[2]。

《象》曰：“系于金柅[3]”，柔道牵也。

[注释]

[1] 金柅：铜制的柅，柅即轫。《说文》：“轫，碍车木也。”柅字，帛本作“梯”。[2] 羸（léi）豕：瘦猪。豕，帛本作“豨”。孚：俞樾以为通“乳”。踯躅（zhí zhú）：徘徊不前的样子。帛本作“適屬”，简本作“是蜀”。全句意指猪且乳且行，徘徊不前。[3] 系于金柅：传文指线系于金柅之上。依高亨说，金柅是织布帛的一种工具。

[译文]

初六：紧紧系在金属车闸上，占卜得到吉祥的预兆。有所行动，得凶兆。就像瘦弱的猪浮躁不安。

《象传》说：紧紧系在金属车闸上，就好像阴柔被刚强牵制。

[不休说]

初六为阴，阴居阳位，阴气盛长，失中不正。对其行为，需要予以节制。初六居下体《巽》卦之初，巽为绳，故可系。初六与九二亲比。九二以上诸阳爻刚健不止，如同前进中的车轮。初六与九四正应，并与诸阳均有交通往来之关系，初六上行必须会危害诸阳以致“见凶”。初六阴柔躁动，始终存在消刚之企图，如同发情的母猪四处乱窜。自古小人未有侵害君子而己独自全者。初以一阴始生，诚能知几安分，居九二之下，止而不前，如系于金柅。然则克守小人之正，必受君子之福，不亦贞而吉乎？若越礼犯上，往而肆害，必不为众正所容，凶立见矣。然此特理言也，如以势而论，目前虽弱，异日必有强梁肆志之时，犹羸弱之矢暂若安静固可决，其其盛力壮必至蹢躅也。君子可不早为之备哉？初戒以系用柅者，以初六柔邪之道最善牵引。今虽一阴初生，势必号召群邪牵连而进，肆其蹢躅，故不可不止其进而预为之防也。盖邪正不并立，而辨之于始实难。然郭子仪能识卢杞之险，而卒不能禁其不得志者，以贤奸消长之数转移，总由君相，而不在他人故也。德宗云：“人言卢杞奸邪，朕殊不觉。”寇准云：“如谓之才顾能使之久居人下耶。”小人之倾动，君相其可畏如此。甚矣，知人之为急也！这一爻告诉我们，对于位卑且柔弱的人，不要轻举妄动，应时刻以正道规范自己的行为。

[原文]

九二：包有鱼[1]，无咎，不利宾[2]。
《象》曰："包有鱼"，义不及宾[3]也。

[注释]

[1] 包：通"疱"，指厨房。包，帛本作"枹"，简本作"橐"。[2] 不利宾：当时认为鱼不宜招待客人，当用牛羊肉。[3] 义：宜。宾：通"傧"，指迎宾或宴请宾客。

[译文]

九二：厨房里有一条鱼，没有什么灾祸。但不利于用来宴请宾客。
《象传》说：厨房里有鱼，从道义上说，还不能以宾之礼对待他。

[不休说]

初，一阴始生，渐将遍于诸阳。而九二初与之比，是小人正在笼络之中，如包中有鱼，御之自我，而机可制也。如此，则既不宽纵以养奸，又不迫激以致变，可以无咎矣。夫初在二下，守其约束，则二为主，而众阳皆宾。若失此不制，使之渐长，至于众阳相遇，为遯、为否、为剥、为坤，害将无所不至，不利孰甚焉？可不戒乎！二之"包有鱼"，则权既在二所以制之者，亦专在于二；以义揆之，故不到令及于"宾"，而致有不利之虞也。爻曰不利宾，为众阳危也。所以告天下之君子，使皆早知备也。《象》曰"义不及宾"，专责二也。所以告君子之与小人者，当身任其责而早为检制，不可纵恶长奸，使小人得肆其害而徒怅恨于事后也。圣人防微之意切矣。九二刚居柔位处下卦中位，刚柔相济又能持中，是位刚中怀柔的仁德君子。初六与九二亲比，二者又处巽体下位。表征二人自小青梅竹马，情投意顺。九二娶初六并无过咎。初六又与九四相应，而且当此阴长阳消之际，初六阴柔上行，与九二以上各阳爻均有相合之可能。九二只有对初六严加管束，并加深情感交流来牵系住初六，才会无咎。这一爻告诉我们，对别人还没了解时，务须保持警惕。

[原文]

九三，臀无肤[1]，其行次且，厉[2]无大咎[3]。
《象》曰："其行次且"，行未牵也。

[注释]

[1] 肤：皮肉。臀无肤：指受到刑杖。[2] 厉：危险。[3] 无大咎：指无大害。

[译文]

九三：屁股上没有皮肤，走起路来摇摇摆摆。将遭遇危险，但没有什么大的灾祸。

《象传》说：走起路来摇摇摆摆。将遭遇危险，但没有什么大的灾祸，这是因为没有人牵制。

［不休说］

九三刚居阳位，得正。处下卦之上方，好动失中，上下刚爻与之相敌，却无阴爻与之正应。对初六只是心仪而已，行为上未造成媾遇的实际后果，所以无咎。九三过刚不中，性遇上进，但上下无应，势孤而不得遂其意，如“臀无肤”，而“其行次且”然，是虽寡助之危，然既无私遇，亦不至以比匪受伤而大有咎也。三之“其行次且”，盖以孤立无援，不免迟疑而不进，然尚未与柔道相牵连，则阴邪不得而中伤之，所以无大咎也。夬一阴在上，故五阳皆上行。夬四之上行“次且”，欲决上而不能也。姤一阴在下，故五阳皆下。姤三之下行“次且”，欲遇初而不得也。其象虽同，而其情则异。大抵君子之决小人，可缓而不可急。而君子之遇小人，可近，而不必与近。圣人于夬四教以牵羊，而随众阳以并进，见决小人之不可急也；于姤三，喜其行未牵儿不为一阴所害，见远小人之可免祸也。远近缓之间，君子宜审所处已。这一爻告诉我们，在与别人相交时，只要坚守中正，不受外界的干扰，就不会遭遇大灾祸。

［原文］

九四：包无鱼[1]，起凶[2]。

《象》曰：“无鱼”之“凶”，远民也。

［注释］

［1］包：借为庖。包无鱼：厨房里没有鱼，指贫困。［2］起：引起，通“祀”。帛本作“正”，简本作“已”。疑借为戏、熙，游荡。《淮南子·俶真》篇：“鼓腹而熙。”《人间》篇：“臣不敢以死为熙。”《说山》篇：“则搏矢而熙。”高注：“熙，戏也。”起凶：指贵族厨房中的鱼、牛羊肉都是下民送的，厨无鱼，说明他手下无民，所以引起争夺，故有凶险。

［译文］

九四：厨房里没有一条鱼。争执将招致凶险。

《象传》说：厨房里没有鱼而引起凶险，就好像君主失去民众的支持而发生凶险。

［不休说］

九四居上位而与初为正应，当相遇者也。乃初遇二，而反离乎四，则是以所应有之物忽而不制，弃而不收，有“包无鱼”之象焉。民心既失，邦本不固，厉阶自此起矣！凶不亦宜乎？九四“无鱼之凶”者，岂徒民之远我也哉？良由在上者置斯人于膜外，无以结民之心，是上自远乎民也，其咎诚无可推诿矣。以淑言，阳君子，则阴小人，不可使有也。以贵贱言，阳为君，则阴为民，又不可使无也。故同一初六，以小人视之，为害正之邪，则欲其远之，惟恐为己之累；以民视之，为所临之众，则欲其近之惟恐不为己所有。亦以见易爻惟其时物如此。九四爻本为阴位，今为阳居之。若爻变归正位，则上下皆巽。巽为长女，二女同居，不得其夫之象，故谓之“包无鱼”。但九四阳居阴位，不中失中，缺乏道德修养，窥见已与二亲比的初六，有失上位者之身份引起下民的不满，因而起凶。九四爻反映出男女比例失调给社会家庭婚姻所带的不利。这一爻告诉我们，一个人处于力量非常弱时，不能与人发生争执。

[原文]

九五：以杞包瓜[1]，含章[2]，有陨自天[3]。

《象》曰：九五“含章”，中正[4]也。“有陨自天”，志不舍命也。

[注释]

[1] 杞：通“芑”，指芑草。帛本作“忌”，简本作“芑”。《说文》：“芑，白苗嘉榖。”《尔雅·释草》：“芑，白苗。”郭注：“芑，今日白粱粟。”《诗·民生》：“维穈维芑。”毛《传》：“芑，白苗。”《释文》：“包，子夏作苞。”《广雅·释诂》：“包，裹也。”[2] 含章：有文彩。[3] 陨：指陨星。《左传·庄七年》：“星陨如雨。”有陨，帛本作“或塤”，简本作“又惪”。自天：出于自然，用柳条包瓜，包不住，自然掉下。[4] 中正：九五之阳居中得正。

[译文]

九五：用枸杞树枝叶包住瓜，就好像内心含有美德，必有良缘从天而降。

《象传》说：《姤卦》的九五爻位是阳爻阳位。这表明虽处尊位，却能够坚守正道。必有良缘从天而降。这是因为不因天命太大，自己承受不了，就放弃自己的志向。

[不休说]

九五以阳刚中正主卦于上，而下防始生必溃之阴，是以君子居尊位，而下防始生之小人，如以杞而包瓜者也。然阴阳贞胜，时运之常。在彼骎骎有日盛之势，我任其滋长，而不思所以制之固不可；苟制之而未能尽善，又岂可哉？是必内含章美默为图，惟不动声色，不尚威武，实得胜之之谋，而不露胜之之迹，乃可挽回造化，若从天将也。此诚为善制小人者矣。“九五”能“含章”者，以其有“中正”之德也。盖惟有中正之德，故既不因循以长，亦不轻动以生变，为能含章美，静以制之也。“有陨自天”者，由九五之志不舍乎命也。盖阴阳消长固系一定之数，人惟立志不坚，付于天命之无可如何，而不思所以转移之，则命即从此去矣。五之志务期人定以胜天，故命亦为五所转，而“有陨自天”也。信乎，惟德可以动天耳。《文言》释乾之五曰：“先天而天弗违。”先天者，事未至而几已兆。圣人先知灼见，而默运其神谋经纶，措置先乎天也，故能制治于未乱，包邦于未危，命自我立天不能违，所以言君相能造命也。然则姤五之志不舍命，其即乾五“先天弗违”之大人乎！九五刚居阳位，得正切中，内涵包谦下之德，不但不计较九二的悖逆行以说：“含章，有陨白天。”这一爻告诉我们，只要自己的内心纯正，能坚守正道，就有理想的遇合从天而降。

[原文]

上九：姤其角[1]，吝，无咎。
《象》曰："姤其角"，上穷吝[2]也。

[注释]

[1] 姤：通"構（构）"。帛本作"狗"，简本作"敂"。[2] 上穷吝：上九阳刚居高而不遇，故必困穷而致难。

[译文]

上九：遇上野兽的长角，虽有危险，便不会有大的灾祸。
《象传》说：遇上野兽的长角，因为上面的阳爻行走的道路马上就要终了，穷尽了，很快就要处于困境之中。

[不休说]

上九阳居阴位，失中不正，又居乾卦之上位。属气衰力微之老父，与初六壮女实为不配。上九本身亦与初六无应比关系，不可能与初六相姤遇，故"吝"。上九位于姤遇之极终，合久必分，由合到分已成逆转之势。姤一阴遇五阳之时，二、五皆有刚中之德，故能包而制之。若上九则刚在上，于初阴非比而不得遇，有姤其角之象。是诸君子皆有防奸之道，而己独抗怀孑立，骄亢之吝其能免乎？然既无所遇，则免党阴比匪之伤，而亦不至于咎矣。遇之为道，贵于委曲包容，善全其用。上九之"姤其角"者，盖刚居上位，全以盛气凌人，略无调剂挽回之术，适自取夫困穷也。然能介然自持，无苟合之失，故虽吝而无咎耳。姤卦五阳皆以遇初阴取义，于初则止其进，恐其害君子也。二、五能包则予之，欲其制小人也。三、上不与初遇，有厉吝而无咎，虽惜其无制阴之功，而又幸其无比阴之祸也。盖不遇其所当遇，固不免于孤立。不遇其所不当遇，亦不至于伤害。圣人著此两义，使知处遇之时，不可不遇，而又不可妄遇也。这一爻告诉我们，当小人就要面临绝境时，即使遇到了小人的貌似强大的阻力，也不会遭遇灾祸。

总　论

姤以一阴初生而遇五阳，是以一小人之微而欲敌君子之众。原其心则蔑贞之谋已蓄，而究其则坚冰之渐已形。君子于此当其恶于将萌，杜其机于将动。勿喜柔而与之合，勿因微弱而听其长犹刚壮之女不可取以为配也。昔晋习凿有言：一阴遇五阳，有女壮之象。故戒占者勿用取女，以其女德不忠，不能从一而终也。从来女子小人最易使人惑溺，养鸷弃鹤，皆始于当时一念之错，岂知日后贻莫大之祸哉！一阴初生，圣人即曰"女壮"，曰"勿取"，防其渐也。凿齿此言深得圣人系辞之旨，可不兢兢致戒乎？卦名姤者，不期而遇之谓也。以一柔遇五刚，是在位者皆君子，而一小人卒然而遇，可骇也！而亦可畏也！夫刚性直方，柔而遇刚，柔必善于趋承，而刚必喜其妍媚，一与之合，必将依附曲从，攀援而上，为遯、为否、为剥，将来不测之祸皆始于此。是小人之长非自能长也，皆君子不知所备有以与之。卦辞戒以“勿用取女”言当防微杜渐，不可因其柔顺轻与之合，使之牵引朋类，滋蔓而不可克制也。然就所谓“柔遇刚”者思之，其间相胜之几故最微，而相须之理又最切。试观之造化：前为四月纯阳之卦，至五月而一阴始生，天阳地阴两相遇合，而此时品物之形形色色，莫不章明著见也。再观之人事：从来有位者不必有德，而有德者未必有位，德、位恒不相遇。卦体九五以阳刚之德居建中表正之位，是德与位遇而治化昭明于天下也。夫“品物咸章”，气化隆于上，天下大行；治化隆于下，是遇亦未尝不善矣。然霜冰之渐，已兆于庶类；蕃庑之会，否、剥之机即萌于治道。全盛之时，非有真识见者不能先几早计，非有大力量者不能旋挽回，姤之时义岂不大矣哉？姤卦五阳一阴，是小人之势至微，君子之道方盛。然易制者尝患不为之制，可图者恒虑不为之图。宋儒邵雍有言：“复赐剥明，治生于乱也。姤次夬明，乱生于治也。”时哉！时哉！未有剥而不复，决而不姤者。此其故，不在小人能害君子，而在君子不能拒小人。盖姤者，存乎彼；取者，存乎我。必虽欲姤，而我终勿取，则小人其如君子何？而祸乱之端可以永弭矣。风行天下，宣天地之和而开万物之郁，天地之物无不遇焉。姤后象也。元后体此，爰施命令以诰四方焉。盖人主深居九重，尊卑之分悬绝，与民相遇甚难。惟王言一布，天下晓然共喻朝廷之意，而万民共禀一王之教令矣。其何异于天之以风遇万物哉？《记》云：“王言如丝，其出如纶。”盖君命者，中外臣民之所共敬奉也。人君深居高拱，下情隔绝。小人因之窃弄威福，滋肆横多起于此。则命令之施固以通上下之情愫，亦正诰严切。姤卦卦画作巽下乾上，以相遇、婚媾、庖鱼等论吉。卦辞说，女子强壮，不要取她做媳妇。女子刚强太过，不宜为妻。孔颖达疏：“此卦一柔而遇五刚（按：指一阴爻五阳爻），故名为姤。”初六有二象：其一，车受碍于铜轫而不前行，此用“遘”之意，遘字造字是二鱼相遇，故有互相抵斗、阻碍之义，虽贞问吉利，但不利出行；其二，正在哺乳的瘦猪且乳且行，徘徊不前，这是用“婚媾”义。二义同一于受碍于受牵挂，所以共用一爻。九二，厨房有鱼，不至于挨饿，所以说没有灾祸，但鱼非尊贵之物，所以不利于宴请宾客。媾之造字为鱼之相遇，所以也可以以鱼为象。九三，臀部受伤损肤，走起路来歪歪倒到，危险，但没有大灾难。此与夬卦九四爻全同，阴阳互相易位，所以如此。九四，厨房没有鱼，祭祀时得此卦，凶险。鱼为小鲜，祭祀而无鱼，说明家穷到了极点，所以凶险。九五，用芑草包裹甘瓜，内含美德，损星从天而降。这是用“婚媾”义，婚媾则有孕，所以以甘瓜苦蒂，内含章美。上九，两角互相抵斗，有困难，没有灾祸。这是用“构架”义。两角相斗，纠缠在一起，对双方都不利，但分开则可免祸。

萃卦第四十五

[原文]

《萃》[1]：亨[2]。王假有庙[3]。利见大人。亨利贞。用大牲吉[4]。利有攸往。

《彖》曰：萃，聚[5]也。顺以说[6]，刚中而应[7]，故聚也。“王假有庙”，致孝享[8]也。“利见大人，亨”，聚以正[9]也。“用大牲[10]吉，利有攸往”，顺天命[11]也。观其所聚，而天地万物之情可见矣[12]。

《象》曰：泽上于地[13]，萃。君子以除戎器[14]，戒不虞[15]。

[注释]

[1] 萃是本卦的标题。萃在卦中或用作“瘁”，义为劳瘁。帛本作“瘁”。《正义》：“萃，聚也，聚集之义也；能招民聚物，使物归而聚也。”朱熹曰：“萃，聚也。”[2] 亨：帛本无“亨”字。《释文》：“王肃本同，马、郑、陆、虞等，并无此字。”朱熹曰：“亨，为衍文。”《折中》引项安世曰：“卦名下元无‘亨’字。独王肃本有。”[3] 假：通“格”，至。[4] 大牲：指牛。古代祭祀时以牛为大牲。《说文》：“牛，大牲也。”《集解》引郑玄注：“大牲，牛也。”吉：简本无。[5] 聚：集。[6] 顺以说：下坤上兑，坤为顺，兑为泽。说：通“悦”。《集解》引荀爽曰：“谓五以刚居中，群阴顺说而从之，故能聚众也。”[7] 刚中而应：九五爻以阳刚居中而得正，六二爻率众阴以应之。王注：“顺说而以刚为主，主刚而履中，履中以应，故得聚也。”[8] 致孝享：此释“王假有庙”，是说大王至庙举行孝祖之祭祀。致：表达。亨：奉献，指奉献至诚之心。[9] 聚以正：九五居中得天上，故聚用正道。[10] 大牲：指太牢牛牲。[11] 顺天命：《正义》：“天之为德，刚不违中。今顺以说，而以刚为主，是‘顺天命’也。动顺天命，可以享于神明，无往不利；所以得用大牲吉，利有攸往者，只为顺天命也。”[12] 天地万物之情可见矣：说明事物会聚之时，必然反映出性情、气质的相互投合。王注：“方以类聚，物以群分；情同而后乃聚，气合而后乃群。”《公羊传·庄公四年》曰：“古者诸侯，必有会聚之事。”《白虎通·宗族》篇：“生相亲爱，死相哀痛，有会聚之道，故谓之族。”[13] 泽上于地：下坤上兑，兑为泽在上，坤为地在下，故“泽上于地”。[14] 除戎器：指修治兵器。除：修整。《集解》引虞翻曰：“除，修；戎，兵也。”[15] 不虞：不能度料之事，意外之患。《尔雅·释诂》：“虞，度也。”

[译文]

《萃卦》：顺畅。君王到祖宗庙堂里祭祀。有利于会见地位高的贤明的人，顺畅，有利于去占卜。使用大的牲畜作祭品，能够获得吉祥。有利于有所行动。

《彖传》说：萃就有聚集的意思。和顺而喜悦，阳刚和中正互相应和，就能聚集大众了。“君王到祖宗庙堂里祭祀”，这表示孝心。“有利于会见地位高的贤明的人，顺畅”，这是因为君子本着光明正大的原则聚集大众。“使用大的牲畜作祭品，能够获得吉祥。有利于有所行动”，这是因为顺应天命。观察这种万物聚合的现象，就能明白天地万物之情。

《象传》说：《萃》是兑在上，坤在下，兑为泽，坤为地，卦象为湖在上，水不断流入湖中，所以把它叫做《萃卦》。因此君子应当修治兵器，以防不测。

[不休说]

萃、升二卦皆以二阳统四阴，故卦辞萃曰“利见大人”，升曰“用见大人”。《象》《传》皆曰“刚中”，而应萃以五为大人，升以二为大人，重阳也。五、四皆阳，然众阴从则贞，从四则非贞。九四近君，有聚物之嫌，故戒以必“大吉”然后“无咎”。九五阳刚中正，“假庙”之王，“利见”之“大人”，故五曰萃有位，而四则位不当，君臣之分不同也。元永贞之辞与卦同，然比独以九五为主，故元永贞于《象》。萃有两阳爻，故永贞言于五，六二牵引二阳同萃于五，所谓“利见大人”之“贞”者，精诚所孚，君臣一心也。从来致天下之萃不易，而保天下之萃尤雅。内难外患多生于不意，当无事之时宜为有事之备。《象》“不虞”之戒，何其深切著明乎！这一卦告诉我们，能够谦恭待人，必能聚集大众。

[原文]

初六：有孚不终[1]，乃乱乃萃[2]。若号[3]，一握为笑[4]。勿恤[5]，往无咎。
《象》曰：“乃乱乃萃”，其志乱[6]也。

[注释]

[1] 不终：没有结果，指逃跑。[2] 乃：表示承接。乱：纷乱。高亨曰：“乱者，神智昏乱也。”《左传·宣公十五年》：“疾病则乱。”《论语·乡党》篇：“唯酒无量不及乱。”萃：聚集。萃：通“瘁”，读为“顇”；忧，病（《今注》、《通义》）。《尔雅·释诂》：“顇，病也。”《诗·雨无正》：“日瘁。”毛《传》：“瘁，病也。”《四月》：“尽瘁以仕。”《释文》：“瘁作萃。”《北山》：“或尽瘁事国。”《汉书·五行志》引瘁作顇。《瞻卬》：“邦国殄瘁。”《汉书·王莽传》引瘁作顇。[3] 若：而。号：呼号。[4] 一握：即嗌喔、咿喔，表示笑声；《翰诗·外传》七“喔咿而笑”（参《类纂》、《通义》）。为笑，帛本作“于笑”，简本作“斛于莜”。《释文》：“郑云：‘握当读为夫三为屋之屋。’蜀才同。”《周礼·小司徒》：“考夫屋及众寡。”郑注：“夫三为屋。屋三为井。”《司马法》：“亩百为夫。夫三为屋。”[5] 恤：忧。《说文》：“恤，忧也。”[6] 其志乱：说明心志有所迷乱。

[译文]

初六：心中有诚信，但不能保持到最终。于是先乱而后又聚集在一起，如向上呼告，这三公又同心同德，一起辅佐主子，在上的自然不用忧惧。行动，没有什么灾祸。

《象传》说：先乱而后聚集在一起，是因为众人神志不清醒。

[不休说]

初六阴居阳位，位不正，才质柔弱，又好妄动。虽与九四正应，却偏离中正之位，此亦谓“有孚不终”。初六与六二逆比，又与六三为敌，受此打击后无法独自上行与阳刚君子聚合，于是大声呼救。有乃乱乃萃，若号之象。初六与九四正应，同时九四亦与六三、六二亲比。九四听到初六的呼救，向下位者打招呼：“不要为难初六”。初六上应九四，求萃于四之意，本出至诚不欺，但切比二阴，未免为所牵引，为“有孚不终”，乃祸乱其心志，而妄出于匪类之象。若能知初念为是，而号呼正应以求其萃，则一时所为，未必不以从、违靡定之，故贻笑于妄求妄萃之徒。然笑者妄也，号者正也，惟勿忧恤其笑而坚意以从之，则其孚克终，而所萃非乱矣，复何咎哉？夫人必有他定之志，而后不为外诱所惑，初之“乃乱乃萃”者，以志无定主，故为二阴所惑乱也。物不可以不萃，而萃又不可以不正，得其正则同道为朋，所重者名节，所轻者利禄，而为君子。失其正，则同利为党，所言者浮夸，所行者变诈，而为行人。故周公恶初之妄萃，而教之以“若号”。孔子推妄萃之由，而断之以志乱，无非欲其去邪而反于正也。夫“方以类聚，物以群分”。人之有萃，决不能免。在上者但当观其行事之公私，起念之诚伪，由外而求其内，因迹而得其心，则君子小人较如黑白之不可混流。品清而国是定，何至以朋党之患贻圣明之忧哉？这一爻告诉我们，不要互相猜疑，否则，会给大家带来灾难。如果因你的部下互相猜疑造成混乱，你应该出面主持公道，消除他们心中的疑惑，让他们又聚集在一起。

[原文]

六二：引吉[1]无咎，孚乃利用禴[2]。

《象》曰：“引吉无咎”，中未变[3]也。

[注释]

[1] 引：长永久，长期。《尔雅·释诂》：“引，长久。”高亨以为引当作弘。《尔雅·释诂》：“弘，大也。”甲骨文用语有“大吉”，有“引吉”，于豪亮《说“引”字》以为“引吉”义为长吉。引吉：长久之吉。[2] 孚：信，《说文》：“孚，信也。”《尔雅·释诂》：“孚，信也。”《诗·文王》：“黄邦作孚。”毛《传》：“孚，信也。”《诗·吕刑》：“五辞简孚。”《史记·周本纪》作五辞简信。乃：表示加强肯定。用：于。禴（yuè）：帛本作“濯”。指夏祭；或作“礿”，通“瀹”，谓“瀹煮新菜以祭”，行于夏季（唐兰《论周昭王时代的青铜器铭刻》），“四时之祭省者也”（《集解》引王），是一种不用大牲的俭约祭礼。省：指祭品俭省，主要靠诚信。《说文》：“礿，夏祭也。”《周礼·大宗伯》：“以禴夏享先王。”《礼记·明堂位》：“夏礿。”《公羊传·桓公八年》：“夏曰礿。”《尔雅·释天》：“夏祭曰礿。”《礼记·王制》：“春曰礿。”《祭统》：“春祭曰礿。”《春秋·繁露·四祭》篇：“夏曰礿，礿者，以四月始食麦也。”《祭义》：“夏约，贵所初，礿也。”《白虎通·宗庙》篇：“夏曰禴者，麦熟进之。”《公羊传》何注：“麦始熟可汋，故曰礿。”《尔雅》孙注：“禴，薄也，夏时百穀未登，可焉者薄也。”[3] 中未变：说明六二居中守正的心志未曾改变。

[译文]

六二：相互牵引，吉利，没有灾祸。只要心存诚信，即使用非常简朴的方式祭祀也是有用的。

《象传》说：相互牵引，没有灾祸，这是因为居中的心志不曾改变。

[不休说]

六二柔顺中正，为下卦之主，而上应刚健中正之九五，不惟一身公而忘私，且牵引二阴同萃于五，得集思广益之道无妨贤病国之非，吉而无咎，固其宜矣。夫人惟念不出于公，往往君臣之间情意多扞格。二之至诚既可信友，自能获上，犹祭者有其孚诚，即“用禴”亦可格神，而何不利之有哉？人臣始进，孰无爱君之心？然往往溺于朋比，夺于私交，始萃而终变者多矣。惟有中德，其忠君报国之，必人附己乃引之而进之必之。贤者进退以道，不肯趋附，小人以为不附己，而引之则不感己之恩，不为己之党，其情二也。奸人心既不公，识必不明，虽遇贤才不能深知，以为引而进之必累乎己，其情三也。小人之不肯引贤，其情如此。然则萃之六二，真可为人臣法哉！念出于此心之诚，然未尝稍变其初志，故能荐贤为国，而诚可格君也。人臣之善，莫大于进贤。而人臣之奸，莫大于蔽贤。先儒有言，奸人不乐进贤，其情有三：保位固宠，常恐失之，以贤者见用必能建功立业，掩己之名，形己之短，其情一也。奸人树私六二为阴。阴居忠守，静守未变，具有柔顺中正之德。虽与九五君爻有应，但并不主动上行取宠，一心等待九五招引。这一爻告诉我们，在聚集大众时，要有诚信。

[原文]

六三：萃如嗟如[1]，无攸利，往无咎，小吝。

《象》曰：“往无咎”，上巽[2]也。

[注释]

[1] 萃：通“瘁”，病。嗟：感叹。萃如嗟如：聚集着，叹息着。[2] 巽：伏从。《尚氏学》：“巽，顺也。”上巽：六三之阴向上而巽顺。六三与九四、九五互体为巽。故曰“上巽”。上：通“尚”。

[译文]

六三：相聚后又不停地叹息，没有什么利益。行动没有灾祸，但有一点小小麻烦。

《象传》说：前去行事不会遇到灾祸，这是因为六三顺从它上方的九四。

[不休说]

六三阴柔，不中不正，上无应与，欲萃于四而不可，欲萃于五而又不能。一无所利，将如何而后可哉？惟有上六情虽不相得而分，则时相应，往而从之，为合于萃之正而无孤立之咎，但困然后往，而复萃于阴极。无位之人，纵获其萃，亦必不能得志行道，小吝终不免矣。三之往萃于上，而得无咎者，上虽无英明之才足以益人，然居说之极，性柔志谦，必能巽之顺以受三之萃也，小吝奚足恤哉？萃原取阴萃于阳，下萃于上之义，故以“见大人亨”为以正。夫见大人而后为聚以正。则九四尚非当聚之人，而求萃不得者乎！然则“上巽”而“往无咎”者何也？盖萃之为道，论理之是非，不计势之强弱，上虽阴极无位，实三之应也。宜应而应之，即不失其正矣。但君子自处，终愿为二之引吉，不愿为六三之“往无咎”，此明良之遇，古今所以同羡也夫！六三柔居刚位，不中不正。与上六相敌，无应，与六二、初六逆比，独立无援，故咨嗟怨叹“无攸利”。六三与九四、九五，仍存在亲比之关系。这一爻告诉我们，与其感叹没有与自己相知的人，还不如积极行动起来。

[原文]

九四：大吉，无咎。

《象》曰：“大吉，无咎”，位不当[1]也。

[注释]

[1] 位不当：九四以阳居阴，故“位不当”。

[译文]

九四：大吉大利，没有什么灾祸。

《象传》说：大吉大利，没有什么灾祸，这是表明九四爻所处位置不当，只有小的作为。

[不休说]

九四阳居阴位，不正失中。九四与九五逆比相敌，身为近君大臣，过于逞强用刚，有失顺臣之道。九四下应初六，又与六三亲比，并夺九五相应之六二与己亲比，象征九四尽收民心。九四有三不当：一曰阴居阳位不当；二曰逞强用刚，德不当；三曰私萃下民，权不当。九四只有在德、才、权三方面以正道萃民归君，才会“大吉”。只有“大吉”，才会“无咎”。四以阳刚居近君之地，上逼九五，下比众阴，无大人之位，有聚物之权。君之所忌，处之所归也。故必不植党，不徇私，虚公寅畏，尽善尽美而大吉焉。庶处上下之间，两得其道而专擅之咎可免矣。四必“大吉”始“无咎”者，由其以阳居阴，所处之位不得其当。则于君也，未免有邪媚之嫌；于民也，未免有干誉之迹。故其为萃之道，必期于至善而后可也。功名之际，人臣所最难。居古今勋业之盛，无过于伊周，然伊尹则戒以“宠利居成功”，逊硕肤而不有。皆深有合于此爻之义者。故知劳而不伐有功，而不德非独示谦，亦以免咎。后之人亦可知所警鉴已。这一爻告诉我们，一个本性谦恭的人，即使非常有能力聚集相当多的人，如没有居至尊之位，也不会有大的作为。

[原文]

九五：萃有位[1]，无咎。匪孚[2]，元永贞，悔亡。

《象》曰："萃有位"[3]，志未光[4]也。

[注释]

[1] 萃：指尽瘁。有：于。位：职位。萃有位：指聚集之时，最得盛信。[2] 匪：通"斐"，指有文采。帛本作"非"。无咎，匪孚：回占而据，己德不行，自守而已。[3] 萃有位：聚合于其位。[4] 志未光：九五虽居中得正，但被上六阴柔所掩，故其志未能光大。

[译文]

九五：聚会时身居尊位，没有什么灾祸，但还没有广泛地取信于民。他应该永远地坚守中正，悔恨最终会消失。

《象传》说：聚会时身居尊位，没有大的作为，因为他的志向未得到发扬光大。

[不休说]

九五以刚中之德居尊之位，是真德位兼隆之大人，而为朝野臣民所信从，"萃有位"而"无咎"者也。然天下大矣，岂无偏方下邑未沾声教，而下情不能上达者乎？"匪孚"之"悔"固难免矣。然人之不孚于我，必我之德有未至未足感于人也。惟反诸身果有元善长人之德，且始终无间，而永纯正不杂而贞焉，自然德盛化神，无思不服，而又何悔之不亡哉？人君诚信昭著，务期近悦远来，万邦作孚而后已。五之"萃有位"，而犹有"匪孚"，盖其天下一家，万物一体之志，尚不免于愧歉而未光大，故必"元永贞"而后"悔"乃"亡"也。比之一时在上，权无所分，故曰"显比吉"，言其光明洞达，无一毫疑忌之私也。萃之时九四一阳应初，必三位近势逼，五之大权歉于旁落，不能无疑忌之私也。周公教以"元永贞"，孔子讥其"志未光"，固知修德正心而外，怀远之道，所以收众心者在此，所以揽主权者亦在此矣。九五刚居阳位得中且正，又为至尊之君。九四居于下位而萃众，属于越权聚民，位不当也。九五居于上尊之位而中聚。这一爻告诉我们，一个人身居高位时，要想把人民紧紧聚集在自己的身边，应永远坚守中正。

[原文]

上六：赍咨涕洟[1]，无咎。

《象》曰："赍咨涕洟"，未安上[2]也。

[注释]

[1] 赍（jī）：持，拿着，带着。《说文》："赍，持遣也。"《集解》引虞翻曰："赍，持也。"咨：通"资"，义同"赙"，指以货财助丧。《集解》引虞翻曰："咨作资。资，赙也，货财丧曰赙。"《仪礼·既夕》："若赙，郑注：'赙之言補也，助也，货财曰赙。'"《说文》："货，财也。"涕：流泪。洟：流鼻涕。《释文》："郑云：'自目曰涕。自鼻曰洟。'"《集解》引虞翻曰："自目曰涕。自鼻曰洟。"[2] 未安上：上六以阴柔居上位，乘刚而无应，未能安居其上。

[译文]

上六：叹气流泪，没有什么灾祸。

《象传》说：叹气流泪，是因为他的宝位难以保住。

[不休说]

上六处萃终，萃极则忧；散居兑体，说极则生悲。且群阴在下聚，顺于五而已。独以孤阴居其上，欲顺而不能，求说而不得，处上而危，反说为悲之象。然其时能恐惧修省。以改前此之非，则危者必平，将不终于无萃，而咎可免也。当萃之终，群阴在下而萃于五，已独孑然处其上。求萃不得，岂能晏然自安乎？诚非忧惧，靡宁反身修德不可耳。按上六阴柔说体，切比九五不安于处上，圣人教以反说之道莫如忧，操心危虑患深则能审分自安，而不至有妄动之咎矣。总之，萃之为卦，群阴萃于二阳。圣人于九四尚虑其抗五取咎以示尊，无二上之义，况上乃阴极无位者乎！宜垂戒之辞如此其切耳。上六为阴，阴居阳位，得正不中，与六三相敌无应，又处《萃》之外爻，极地。萃道大成之后，仍然不得相聚。属于被人摒弃嫌忌之异类。上六虽处《萃》之外位，但能守正，又与九五亲比，最终仍能"利见大人"。这一爻告诉我们，处于最高位的正职，孤立无援，在这种情况下，他只要谨慎行事，就没有什么灾祸。

总　论

当萃之时，必上下各尽其道而后可以保萃。在上之道莫大于享亲，而有庙者，祖考之所依也，王者于萃时必假有庙焉。萃一己之精神以祖考之精神，而上下左右之间，有洋洋乎若或见之者矣。兹其亲亲之义矣乎！在下之道莫大于从王，而"大人"者，民物之所主也，君子于萃时必利见大人焉，合万邦之黎献而戴一统之大君，彼此交孚，其亨宜也。然又必萃出于正，不枉道以求合，乃为利耳，兹其尊尊之义矣乎！夫"假庙"固以交于神也，而礼有未备，神将不歆，故必用大牲，尽志尽物以其诚，而所以致神之格者此矣，吉孰加焉？何也？萃则可以备天下之物，时丰则从而丰也。"见大人"固以致君子也，而道有不行，何取轻出？故必有攸往，兴事赴功以竭其力，而所以酬主之知者此矣，利孰甚焉？何也？萃乃可有为之时，时隆也。所谓上下各尽其道者，如此。盖世道之萃在人心，而如心萃在忠孝。用大牲以假庙，孝也；见大人而利往，中也。人主教天下以孝，而天下报大君以忠。其理本出于一贯，而其机尤妙于相感，上作而下应。故曰：孝者，所以事君也。萃道孰有大于此乎？卦名萃者，言其合天下之异以为同，聚天下之疏以为威，故有聚之义也。卦德坤"顺"兑"说"，是为之民者效顺以从君，而君又以"说"道先诸民，则元后黎庶共为一心而聚成于野矣。卦体五刚中而二应，是为之君者推诚以礼下，而臣又一德以承夫君，此萃之所由名也。《辞》曰"王假有庙"者，非以要福也，宗庙之位有亲道焉，而王者假之，盖极一心之诚孝，以尽享献之仪也。"利见大人亨"者，非以干禄也。大人之尊君道焉，而君子见之，盖行吾君臣之义。然不徒曰"假庙"，而又曰"用大牲吉"；不徒曰"利见"，而又曰"利又攸往"，何哉？一顺乎天命耳。夫天不外于理，理不外于时。萃之时，天下之物聚矣。“大牲”之“用”夫亦顺从天命之当隆者而隆之，非过为侈靡也。萃之时，君子之学聚矣。“攸往”之“利”夫亦顺其命之当行者而行之，非好为事功也。《易》言天地万物之情可见者三：咸也，恒也，萃也。咸主于感应，所以见情之通；恒主于永贞，所以见情之久；萃则主于合涣，所以见情之同。同者，同于聚也。上下之情聚于君亲，天地之情聚于施受，万物之情聚于应求。情之所趋，即命之所集，顺命所以顺情，而见情即以见命。有保萃之则者，可不致审于斯欤！兑泽上乎坤地，则水聚不流，草木畅茂，萃之象也。君子知水聚而不防，必有溃决之忧；众聚而不防，必有争夺之乱。故观萃象而修除戎器，以谨伺夫猝然意外之虞，庶有备无患，而其萃可长保矣。盖天生五材，谁能去兵？佳兵者固不祥，忘战者亦必危也。君子当萃聚之世而除戎器，岂专尚威武哉？特步虞而已。若汉武席文景，富庶之极，至穷师武，以求浩大之功，又岂“戒不虞”之义乎？萃卦卦画作坤下兑上，以劳瘁、祭祀主、助葬等事论吉凶。卦辞主要讲王从事宗庙祭祀活动，因身份崇高，所以用大牲（牛）。总体亨通，而有格庙及用大牲二象，分别对应“利见大人”和“利有所往”两种占验。初六，有诚信而不能始终如一，于是乱成一团，号哭，破涕呷喔为笑。这是说人虽有诚，但无恒，把事情弄糟了，但最终转危为安，所以说不要忧虑，外出则无灾祸。六二，长久吉利，无灾祸。说明有诚信且有恒心，利于举行夏祭。六三，病瘁，所以干什么都不行，外出则有小小困难。九四病愈，所以大吉，没有灾难。九五，尽瘁于职守，古无灾祸，有文采又有诚信，所以利于长久之事。上六，带着货财给人助丧，无灾祸。这是用“卒”（死）这层含义。

升卦第四十六

[原文]

《升》[1]：元亨。用见大人[2]，勿恤。南征吉[3]。

《彖》曰：柔以时升[4]，巽而顺[5]，刚中而应[6]，是以大亨，“用见大人，勿恤[7]”，有庆[8]也。“南征吉[9]”，志行[10]也。

《象》曰：地中生木[11]，升。君子以顺德[12]，积小以高大[13]。

[注释]

[1] 升是本卦的标题。升的意思是上升、发展。《释文》：“升，上也。”《正义》：“升者，登上之义也。”程颐曰：“升，进而上也。”朱熹曰：“升，进而上也。” [2] 用见：《释文》：“用见，本或作利见。” [3] 恤：忧。南征：是指周王南征，哪一次南征不详。[4] 柔以时升：升之初爻为阴为柔，上升至四、五及上爻亦为阴爻，故曰“柔以时升”。[5] 巽而顺：《升》卦下巽上坤，坤为顺。 [6] 刚中而应：九二居中而应六五。[7] 恤：忧虑。[8] 庆：吉庆、喜庆。[9] 南征吉：向南出征有吉。[10] 志行：指阳爻居阴爻之上，此为顺，故遂得其志，目的实现。[11] 地中生木：下巽上坤，坤为地，巽为木，木在地下，故曰：“地中生木”。[12] 顺：通“慎”，一本作“慎”。[13] 以高大：一本作“以成高大”。

[译文]

《升卦》：十分吉利，有利于会见地位高的人，不用担心，向南出征吉祥。

《彖传》说：沿着柔按时上升，谦逊而又和顺，刚与柔相呼应，因此十分顺畅。“有利于会见地位高的人，不用担心”，上升过程中有贵人相助，所以有喜庆的事发生。“向南出征”，这表明上升的意愿在畅行。

《象传》说：《升卦》是坤在上，巽在下，坤为地，巽为风，卦像是树木在地中生出来，由小到大，由低到高，所以把它叫做《升卦》。君子要顺应客观规律来加强自我品德的修养，积累小的善来成就宏大的事业。

[不休说]

进而上之谓升。坤巽为和柔，巽顺之卦宜乎退敛有余，进取不足，然而际方升之时，有能升之地而升以名，犹之柔嘉君子恬静自恃，而身名俱泰，天下大美归焉，与夫躁进以干时者异矣。《彖传》“柔以时升”，专指六四言，“刚中而应”，专指二、五言。而爻辞则六爻皆利于升。二固刚中，而三亦刚正。四固以时升，而初以信，五以正，皆柔德之善者。惟上居升之极，则戒其昏冥而诲之精进，所以善升之终。诸爻言人材之登进，而六五言治化之升隆。又所以正升之主。审乎此，而升庸之道得矣。《升卦》描述了事物由小到大，由低到高的成长过程。它强调，升是慢慢的升，而不是一步登天的不切现实地升。所以我们要从小事做起，积少成多，从而成就自己的大来。注意在行事时，要以诚信为基础。

[原文]

初六：允升[1]，大吉。
《象》曰："允升，大吉"，上合志[2]也。

[注释]

[1] 允：前进。《说文》："允，进也。"升：上（《集解》引郑），登（《正义》）。《列子·黄帝》："俱升高台。"《释文》："升，登也。"[2] 合志：符合志愿。

[译文]

初六：适当上升，大吉大利。
《象传》说：适当上升，大吉大利，是说上升合乎双方的心意。

[不休说]

初六阴居阳位，又居巽卦之下位，刚柔相济，能洞察事体。但初六如树木之根，与六四无应，难以直接求升，只可依托树之基的提携。初六与九二阴阳通比，九二以刚中之德上应六五仁君，德能兼备，下乘初六滋养，定能茁壮升长。所以初六信从九二贤臣而得升，定获大吉。初六巽体而顺德，当升之时，不务躁进，以柔顺而巽于二阳，则是温恭自处，有以动人之诚，谦让不争，足以起人之慕，故二阳重而信之，能使志乎于同类，名誉著于当时，生应气求，援以同升，由是建大功而立大业。所谓"用见南征"，吉孰大焉？初之"允升大吉"何哉？盖上之二阳，或以刚中为君所倚任，或以刚正为世所仰瞻，其志奋发有为，皆欲上进者。今初巽于二阳，而上与之合志，合则道同，得藉所援相引而升，其"大吉"也，不亦宜乎？夫贤者在下，非有特达之知不能自奋而升。然养之邃者，其孚必速。不党同以求合，不务名而尚志，是相信在未升之前，虽欲弗升而不可得也。信以成信，与世之逐虚声而求汲引者，殆不可同日语矣。这一爻告诉我们，在自己的仕途中，不急躁，不冒进，一步一个脚印，慢慢上升。

[原文]

九二：孚乃利用禴[1]，无咎。
《象》曰：九二之"孚"，有喜也。

[注释]

[1] 孚：诚信。郭沫若说："孚恐即俘字，古金文俘字均作孚。"禴：祭名，仅用饭菜，不用大牲，祭祀之简约。

[译文]

九二：把自己的诚信用在简单的祭祀中，没有什么灾祸。

《象传》说：九二爻辞祭祀要有诚意，是因为这样就有喜庆之事发生。

[不休说]

当升之时，人臣不患其不升，但患感孚之未至耳。今九五以中实上孚于五，六五以中虚下应于二，是为臣者不求宠利，惟本一念之精诚，足以感孚其君，自然情投谊合，有以致君之孚契也。惟既孚矣，则上下之间，一以至诚相格，乃可脱略仪文，而任吾朴忠。如是则臣道尽而不欺，君心感无忌，何咎之有？二能以孚诚事上，岂惟为臣之道无咎而已哉？孚本于刚中诚实，所感明良会合，则信任必至，而无疑贰之嫌；宠遇永久，而有拜飏之盛明，喜可见用孚之利。感通若此，无咎不足言矣。自古臣之事主，涉于疎略，固失之慢；过于繁缛，又失之伪。慢与伪，皆非纯臣之道也。故必精白一心，以承休德。昔周公之训曰："至治馨香，感于神明。"此即孚之义也。三代盛时，君臣交勉，惟一诚相通。事君者当知所兢兢云。九二刚居柔位，与六五相应，与九三为敌，与初六亲比。九二不宜主动上行与六五相应，只能以诚相守取得上位者的信任提拔，才不会招来是非。这一爻告诉我们，在求得上升的过程中，只要有诚信就没有灾祸。

[原文]

九三：升虚邑[1]。

《象》曰："升虚邑"，无所疑[2]也。

[注释]

[1] 虚邑：建在大山丘上的城邑。虚，大丘（《说文》）。《诗·墉风·定之方中》："升伭虚矣。"[2] 无所疑：无所疑惑。比喻人站在高处观察问题，则认识明确。

[译文]

九三：登上高丘上的城邑。

《象传》说：登上高丘上的城邑，没有什么要怀疑的。

[不休说]

九三当升时，而有阳刚之德，既备能升之具进临于坤，坤德顺而体虚，以推贤进能为尚，而无猜疑倾陷之风，乘此以升，是以谋断之才，际雍熙之会，王道荡荡，无反无侧，可以致身堂陛，利见而得乎君；奋迹亨衢，前进而行乎道。其升之《易》象，犹"虚邑"无人，可进而无所阻碍矣。人当升时，虽有其时而无其德，未免有疑于己；虽有其德而无其时，未免有疑于人。今三以能升之德，值可升之时，既非短于材而见抑，又非泥于势而不通，豁然上进而莫之违据，复何所疑乎？巽为进，退为不果。苟稍有以沮之，则必疑滞而不能进矣。今三之不疑如此，正见坤之虚中善受，能接引贤才，故一往得通，如木之生于地中者，无不成廊庙之材。此圣人乐得而与之也。九三刚居阳位，处巽之上方，巽顺得正。九二与六四亲比相应。上与上六有应，又能与六五相交合。上升得到六五仁君的亲和，如入无人之境，势不可挡。虽然升进顺畅通达，难免有霸道之嫌。九三失中逞强与刚中之九二大臣相敌，当慎守其身，以柔顺至善为诚，谨防乐极生悲，乐极至困，吉凶难定。如果你一直有诚信，获得了许多人的信任，即使升的速度超过了常速，也不要怀疑自己的行为的正确性。

[原文]

六四：王用亨于岐山[1]。吉，无咎。

《象》曰："王用亨于岐山"，顺事[2]也。

[注释]

[1] 王：指周王。亨：同"亨"，义为祭祀。岐山：西周境内的山名。[2] 顺：借为慎。事：祭事。

[译文]

六四：周王来到岐山祭祀神灵，十分吉利，没有什么灾祸。

《象传》说："周王来岐山祭祀神灵"，是顺应了天意行事。

[不休说]

六四柔居阴位，居上体坤卦之下位，比邻六五君爻，是得正位之近君大臣。极位已升至极点，不可再升，否则有越权篡位之嫌。六四下乘九二、九三，表征六四善用贤才，群众基础好。六四体坤居柔，以至顺之德受纯臣之节，恪恭尽瘁，无贰尔心，是积诚以上升感格乎君，有"王用亨岐山"之象。如是，则可以辅君，跻斯世于雍和，锡生民以多福得臣道之纯，而鲜陨越之失矣。不亦吉而无咎乎？四之能格君，犹"王用亨岐山"者，盖四有柔顺之德以顺事君，精白居衷，常恐有僭偪之失，靖共无忝，不徒饰服事之名。上则顺承乎君，下则顺处其义。恪守臣职而无遗憾焉。是顺之至者，即诚之至也，宜吉且无咎矣。升卦二、四两爻不言升何也？盖五为君位，二应五，而四承五，皆得时行道亲近乎君者，其位不可复升也。升则疑于五，有逼上之嫌矣，故在四言"顺"与在二言"孚"。圣人明道之极，安分守节为万训也，其义深矣。这一爻告诉我们，要顺应发展行事。

[原文]

六五：贞吉，升阶[1]。

《象》曰："贞吉，升阶"，大得志[2]也。

[注释]

[1] 升：登上。阶：阶梯，又特指殿阶（见《说文》），喻指官爵的等级（见《广韵》）。王注："升得尊位，体柔而应；纳而不距，任而不专；故得贞吉升阶而尊也。"《折

中》引熊良辅曰："以顺而升，如历皆然。"［2］大得志：大遂上升的心志。

［译文］

六五：去占卜得到吉祥的预兆，因为他是逐步升上去的。

《象传》说："去占卜得到吉祥的预兆，这说明事业是逐步发展起来的"，所以能如愿以偿。

［不休说］

六五柔居尊位，资质阴柔乏刚，难以驾驭得势权臣。特别是六五与六四、上六均为亲比，有被人架空之危险。六五与九二中大臣正应，在一定程度上又与九三保持相交之关系。九二、九三都属于门第不高的下层贤士，虽然他们的地位不及六四、上六这类权贵，但拥有广泛的维护政权的民众基础。六五当升而居尊位，然以阴居阳，未免有不正之嫌，故必能勉而贞，反其不正以归于正，使经纬于一心，张弛乎万化者，内则黜功利之私，外则荡平之轨，则天德纯而王道浦，治理之升于大猷，将不劳而自致，其得吉也，不犹升阶之至易乎！大君志在天下，有一夫不获，一物未安，欲其志之得也，盖亦难矣。今言"贞吉升阶"，是以纯王之心行纯王之政，则治定功成，化行俗美，仰丈于帝王，参赞于天地，有以悉副其匡济之初心，其志乃可大得也。先儒有言天下之事，变化无穷，无一不本人主之心贞。则正心可以正朝廷，可以正天下，四方万里一归于至正，风动神速，而知王道之易焉。古人君贵大居正也，若后世用名法、尚功利以为王道，不可行而治流于杂霸，不亦忽？这一爻暗示我们，只要是逐步升上去的，就不要拒绝再往上升。

［原文］

上六：冥升[1]，利于不息之贞[2]。

《象》曰："冥升"在上，消不富[3]也。

［注释］

［1］冥：暗中，默默。［2］不息：不停。《广雅·释言》："息，休也。"［3］消不富：消除不福，故得福。富：通"福"

［译文］

上六：已经升到很高了，此时，有点迷糊了，去占卜，得到不往上升，通过静思来调整，是有利的卜问。

《象传》说：已经升到很高了，就应该减损一点，即不要傲慢，不要居功。

［不休说］

上六柔居阴位，位正。表征上六德高望重，并且权倾朝野，是合符正道的。六五君王过于柔弱，难以控制时局。六四虽居相位，但更能与九二、九三阳刚大臣亲比。上六德仁位正，又与九三相应，是唯一能对各方势力起震慑作用的元老。上六所求生的是扶持六五，进一步完善自我的德行修养，作下属的表率，感化所有臣民忠君报国，维护正道。上六以阴柔之质居升之极，是贪进无厌，求升不已，而陷于昏冥者也。患得患失，无适而利矣。必也反其求之心，用以进德，使理之根柢于吾心者，存养而不已；理之流行于事物者，日新而无穷。则不息之贞积小以高大，乃所为利，益于贞而不息，自于升必不冥也。冥升在上，其心岂不欲长保富盛哉？然升极当降，长极当消，揆之于理，有固然者。今上居升极，自可以已乃知进而不知退，将立见其消亡，不复保其富有，是则所谓冥而已矣，何利之有哉？豫上六曰："冥豫躭乐而不知反也。"升上六曰："冥升求进而不知止也。"顾豫之上体震，欲动其悔过之心，使终变其豫，故以成有渝勉之。升之上体坤，欲顺其不已之心，使反移于贞，故以利于不息诱之。圣人教人，总于理欲消长之关设一变化之术，是变易以从道也。《书》云："惟狂克念作圣。"其此爻之义欤！这一爻告诉我们，已经升得特别高了，就要以静来代升，以求日后更好地升。

总　论

升以自下进上为义。时本当升，且其卦内巽外顺，有能进之德。二刚中而五应，又有与进之君。士君子幼学壮行，乘时奋勇，凡有所为，功成名立，无不通利而元亨矣。自其方升之始，用此以"见大人"则君臣道合，自可以必推心委任之隆，而无堂高廉远之患，明良交会惟此时为然，无庸恤其不遇也。自其基升之后因此以难征则前进有为，遂可以建经纶斯世之，而成匡计生民之业，大道为公，惟此时为然，吉无有不得也。所谓"元亨"者，盖如此。从来贤才之升降，关乎时运之盛衰。顾贤者如巽木，升贤者如神地，地之栽培者厚，则木之发荣者方盛。故曰百年树人，其德足以辅世，材足以匡时而成国家栋梁之用，岂偶然哉？卦名升者，以卦变言自解而来，柔本居三，今进居乎四，升于二阳之上，是以柔嘉之士遇明盛之时，而升闻于朝有必然者，故为升也。夫升何以得"元亨"哉？以卦德言，内巽而外顺。内既沉潜慎密，不至欲速以躁进，外又从容审图，不肯冒昧以干时，是有可升之德也。以卦体言，九二刚正六五应之。刚毅中直在我有致君之具而虚中善任，在上又有下贤之诚，是有可升之会也。德与会逢，升无不利，所以元亨者以此。"用见大人勿恤"者，谓本此善以利见，一德交孚，恩礼隆洽而泰交成，朝夕论思而美浦，都俞吁咈之风，邦家攸赖，非徒一身之庆矣。"南征吉者"谓本此善以前进，乘时布治，大升而功在社稷，嘉谋入而福被苍生，致主泽民之志施为畅达，至是而无不行矣。君臣相得，吾道大行，升之元亨，圣人所为深与之乎！此见人材之升在于知时，而又妙于用柔，柔则从容和缓，退处之心恒胜于上人之心，故能量可进而不失其时，刚中而应，有庆志行，孰非时升之元亨乎？而本于巽顺，则皆以柔道行之也。若时未至而求进，必刚躁者也，岂知时升之义哉？坤地之中而生巽木，渐长而上，有升之象也。君子为山本、人心，其理本一，养木养心，其机本同。体之一慎修其德，必敬以直，内由一念以至于念念，曲而致之无不善，自一事以至于事事，扩而充之无不宜。盖德本高大，而必细微处发事端，以为小而忽之，一息少懈，前此之功必隳，犹木之在地，一日不长，生生之机必息。惟有积小以谨始慎终，则德修罔觉，日新月异而不能已，自驯至于高明广大，不犹木之以渐升乎！可见圣王道不必远求，只在敬小慎微，日进不已，则几希之。存得危微精一之传，慎独之功，致中和位育之效。体用一原，天人一致，下学即可以上达。升之义大义哉！升卦寓意步步上升，几乎是通体吉利、亨通。卦画作巽下坤上。卦辞说，大为亨通，利见大人，遇事勿忧，又南是明阳之方位，所以南征吉利。初六，“前行而登高”，又向前又向上，所以大吉。九二，“有诚信，利夏祭，无灾祸”，此与萃之六二爻同。诚信通神，所以虽薄祭而享之（夏祭用薄礼），虽以九二所处不正之位，也可以无咎。九三，“登上高邑”，所立之处甚高，吉。六四，“周王在岐山举行亨祭”，指的是“殷王设祭于岐山，使西伯王季主祭”之事，这是殷王生其职位，所以吉利，没有灾祸。六五是“步步上升”，所以吉利。上六之升，是“默默地升登”，这需要恒心毅力，所以利于占问无休止之事。

困卦第四十七

[原文]

《困》[1]：亨。贞大人吉，无咎。有言不信[2]。

《彖》曰："困"，刚掩[3]也。险以说[4]，困而不失其所[5]。"亨"，其唯君子乎[6]！"贞大人吉"，以刚中[7]也。"有言不信"，尚口乃穷[8]也。

《象》曰：泽无水[9]，困。君子以致命遂志[10]。

[注释]

[1] 困是本卦的标题。困有是困厄、困窘和围困等义。《释文》："困，穷也，穷悴掩蔽之义。"《之义》："困者，穷厄委顿之名，道穷力竭，不能自给，故名为'困'。"朱熹曰："困者，穷而不能自振之义。"[2] 亨：君子处困而能自济，必至亨通。王注："困必通也，处穷而不能自通者，小人也。"有言不信：所言不能取信于人。王注："处困而言，不见信之时也；非行言之时，而欲用言以免，必穷者也。"信：守信用，实践诺言。《论语·子路》："言必信，行必果，硁硁然小人哉。"[3] 刚掩：指阳刚被阴柔所掩。《困》卦下坎上兑，坎为刚，兑为柔，坎刚被兑柔所掩。掩：掩蔽之义。[4] 险以说：下坎为险，上兑为说。王注："处险而不改其说，困而不失其所亨也。"以：表并列。[5] 困而不失其所：阳被阴所掩故曰"困"，但《困》上兑悦，下坎为通，故不失其所。"亨"，正如《系辞》所言："困，穷而通。"[6] 其：大概。[7] 刚中：二五居中。程颐曰："困而能贞，大人所以吉也，盖其以刚中之道也，五与二是也。非刚中，则遇困而不失其正矣。"[8] 尚口乃穷：上兑为口，而兑一阴居上，故曰穷。《正义》："处困求通，在于修德，非用言以免困，徒尚口说，更至困穷，故曰：'尚口乃穷'也。"[9] 泽无水：下坎上兑，坎为水在下，兑为泽在上，水在泽下而泽上枯，故"泽无水"。王注："泽无水，则水在泽下；水在泽下，困之象也。"[10] 致命遂志：舍弃生命实现其志向。《正义》："君子之人，守道而死，虽遭困厄之世，期于致命丧身，必当遂其志高志，不屈挠而改移也。故曰：'致命遂致'。"致：奉献，献纳。致命：受命。《论语·子张》篇："士见危致命。"《宪问》篇："见危受命。"遂：行。遂致：行其志愿。

[译文]

《困卦》：亨通。卜问为大众所认可的人的事吉祥。没有什么灾祸。但处在困境的人说话难以使人相信。

《彖传》说：《困卦》表明，阳刚被遮掩不能施展。身处困境但心中愉悦，恐怕只有君子才能如此吧！"卜问为大众所认可的人的事吉祥"，是因为阳刚都能坚守中正。"处在困境的人说话难以使人相信"，这说明崇尚言辞不但无益，反而使自己陷入更加困难的处境中。

《象传》说：《困卦》的卦像是兑在下，坎在上，兑为泽，坎为水，泽中没有水，所以把它叫做《困卦》。作为君子即使身处穷困，也一心一意致力于自己的事业，从而实现自己的愿望。

[不休说]

天道无进而不穷，人事无伸而不屈，故升后受之以困。然一困而不振者庸人也，在困而能伸者君子也。砥节固穷，泰然不变其所守，则身困而道益通。故《彖》著“亨吉无咎”之辞，而属之大人所以教处困之方也。困以刚之时，刚宜甚困，柔宜不甚困，乃二五刚中皆云“利用”。九四虽不当位，亦克有终。而初、三、与上皆极危厉之辞。盖天下惟阳刚君子所遇多穷，亦惟阳刚君子无往不济。若阴柔碌碌平居，无防患之识临事无济变之才，一往而败，固其宜耳。《易》之贵阳贱阴，大抵类是。《困卦》告诉我们，人处于困境时，一方面不能绝望，不气馁，耐心地等待时机。另一方面，不要过于柔弱，而要采取有效的行动。另外，它暗示我们：即使居于高官，如不谦虚，也会有陷入困境的可能性。

[原文]

初六：臀困于株木[1]，入于幽谷[2]，三岁不觌[3]。(凶)[4]。

《象》曰：“入于幽谷”，幽不明[5]也。

[注释]

[1] 臀困于株木：当断读为“臀，困于株木”。“臀”字，帛本作“辰”，并当读为“殿”，车战中指殿后，在《左传》为常见。朱熹曰：“臀，物之底也。”兵车行进而遇株木，是为大忌，殿后而遇株木，更形危险，故曰“困于株木”。王注：“最处底下，沉滞卑困，居无所安，故曰：‘臀困于株木’也。”株木：木棍。指官吏所用的刑杖。程颐曰：“无枝叶之木也。”[2] 幽：暗。幽谷：帛本作“要浴”，幽深的山谷。指牢狱黑暗如幽谷。[3] 觌：见（《尔雅·释诂》），看见，帛本作“擯”。[4] 凶：《周易举正》：“不觌”下有“凶”。此字通行本无，估计汉帛本补。[5] 幽不明：说明苟且藏身于幽暗不明之处。王注：“入于不明，以自藏之。”

[译文]

初六：屁股挨着的地方是枯木，无法坐，便进入黑暗的山谷里，多年不见光明。

《象传》说：退隐到幽深的山谷里，那谷幽暗而没有光明。

[不休说]

初六阴居阳为才质柔弱又不行正道。处困之时，又居坎险之初，却坐视不动毫无危机之感。初六上与九二相比，又与九四相应。所以初六一心指望他人前来解救自己。谁知此时非比平常，九二、九四均落困境，自身难保，正在积极地自寻脱身之机。初六如此不明事理，消极退避是摆脱不了困境的。初六居困体之下，即以阳刚处之，犹虑其不振，况阴柔乎？既无出险之才，束手坐困，转侧受伤，犹臀困于株木尔不得所安也。且所居至暗，又乏观变之识，无知妄动，益陷于险终不能自出，如入于幽谷而三岁之不觌也。曷望其有济乎？阳刚者，明显。阴柔者，暗昧。初入于幽谷者，惟其以柔居暗，迷焉而不觉，昧焉而罔通。是暗于心者自不能洞察于事，宜其益入而终无所觌也。困六爻，不特刚困。盖小人处心暗昧，既不明于邪正，又不明于利害，殚精劳神，思有以困君子而先已自受其困。如初者，居无安身之地，行无见天之日，良由心术之不明也。故阳明为君子，阴暗为小人。观人者在乎心术之间而已矣。九二：困于酒食，利用亨祀，征凶，无咎。这一爻暗示我们，在自己处于困境时，应先隐遁起来。

[原文]

九二：困于酒食[1]。朱绂方来[2]。利用享祀[3]。征凶[4]，无咎。

《象》曰："困于酒食"，中有庆[5]也。

[注释]

[1] 困于酒食：受酒食困扰，如过饱及醉酒等。《论语·子罕》："不为酒困。"[2] 朱绂（fú）：帛本作"絑發"红色祭服。《尚氏学》："朱绂，贵人所服以祭宗庙者。"绂：为绶（《广雅·释器》），系官印的丝带。此"朱绂"指代整套服装。周天子、公卿皆朱绂，各国诸侯、大夫皆赤绂（参《正义》、《今注》）。色深为朱，色浅为赤（《礼记·月令》孔疏）。方：刚。[3] 用：于。[4] 征：远行，出征。[5] 中有庆：说明只要保持中道就有福庆。

[译文]

九二：沉溺于酒令之中，穿朱红色衣服的大官就将来到。这是因为你用丰富的酒食祭祀了神灵，如果有太大的行动，则是凶险，但最终不会有什么过失。

《象传》说：沉溺于酒食之中，坚守中天上，所以有喜庆之事。

[不休说]

九二阳爻居阴位，又处坎体之中，群阴陷阳，大志难伸。又与九五无应。此时九四、九五亦在坎陷之中，自身难保。九二阳刚大人所困者不在乎衣食所安，而在乎济困扶危之大志未得伸展。但九二又与九五无应。九二刚中，是其德能济困者以一己系天下安危之重位，高禄厚任事贤劳，反足维絷其身若困于酒食者然。且上与同德，眷顾日隆，其殷勤晋接之意有加无已。又为"朱绂方来"之象。如是，则君之宠遇已极，人臣当此宜如何以承之也？为二计者，惟有殚心尽力，用格天享，帝之诚以矢股，心膂之报，如享祀然。虽时事孔艰，未免以征则凶，然义所当行，而吾行之，自不至于有咎耳。九二宠任之隆如此，盖以二有中德，自能尽忠竭智济时之困，而有保邦致治之庆也。然则困于酒食者，盖以一身之劳瘁，致天下之福庆，身虽困而道则享，凶与无咎不必言矣。事君之道不避难，不辞贱，言乎臣职之当然，凡委贽者所同也。然宠寄愈重，则报称愈难，遗大投艰，其责尤天容旁贷。人臣处此，诚一不贰，勿以强弱利害动其心，勿以成败利钝沮其气，竭股之力，而济不济，听之天焉，斯为臣道之正乎！这一爻告诉我们，一是当自己的才华不能施展时，不要绝望，耐心地等待时机。二是在刚刚出山时，锋芒不要太露。

[原文]

六三：困于石[1]，据于蒺藜[2]，入于其宫[3]，不见其妻，凶。

《象》曰："据于蒺藜"，乘[4]刚也。"入于其宫，不见其妻"，不祥[5]也。

[注释]

[1] 石：指乱石。[2] 據（据）：帛本作"號"，按（《广雅·释诂》）。蒺藜：古代用木或金属制成的带刺的障碍物，布在地面，以阻碍敌方前进。因与蒺藜果实形状相似，故名。帛本作"疾莉"。《集解》引虞翻曰："蒺藜，木名。"[3] 宫：室。[4] 乘：攀附。[5] 不祥：一本作"不详"。三爻失位不为天所佑，故为不祥之兆。即《系辞》所谓"死期将至"。

[译文]

六三：被困在乱石中，手被蒺藜绕住了，刚刚回到家中，妻子也不见了，凶险。

《象传》说：手被蒺藜绕住了，这是因为六三乘在九二刚爻之上。回家不见妻子，这是不吉祥的征兆。

[不休说]

六三以柔爻居于阳位，属于阴险不正的小人，既不得正又不居中，偏好妄行。他下与初六会和，置九二于困陷之中；上与上六会和，置九四、九五于困陷之中。可以说六三是扰乱社会，造成困局的反动团伙中的骨干元凶人物，嫉贤妒能，以害人为乐。表征九二、九四明察秋毫，对六三的谗言密语早有防范。六三以阴柔之质，不中不正，处险极而用刚，不自度其才德，乃欲前推四以上进，而四之刚则坚于石也，是反受其困而不能动，如困于石然；欲退倚二以图安，而二之刚则锐于蒺藜也，是据非所据而不可依，如据于蒺藜然。当此之时，进退出入无一可展舒，岌岌乎殆矣。虽有上六以为应，欲求配偶，亦终失其所安，而不可得见，有"入于其宫，不见其妻"之象。是则祸必及身而家随以丧，凶莫甚焉。"据于蒺藜"，是三乘二之刚，非所据而据，其何能安也？顾还而自顾，孤立寡援，一无依倚。至于妻不可见，则是众叛亲离，危亡立至，不祥孰大于此所为凶也？困之三阴始缔交以其刚，究初六之困，既以自陷于不明；至于三之凶，更且自召其不祥；设心愈险，则召祸愈深。惟上六初困之极，悔心渐萌，犹可转而得吉。然则为小者，盍亦思所自反乎？这一爻告诉我们，处在困境中，不要过于柔弱。

[原文]

九四：来徐徐[1]，困于金车[2]，吝有终。

《象》曰："来徐徐"，志在下[3]也。虽不当位，有与[4]也。

[注释]

[1] 徐徐：迟缓。慢行的样子。帛本作“徐”。《释文》：“徐徐，马云：‘安行貌。’子夏作荼荼。”《集解》徐徐亦作荼荼，引虞翻曰：“荼荼，舒迟也。”《说文》：“徐，安行也。从彳，余声。”《广雅·释诂》：“徐，缓也。”[2] 金车：《周礼》王之五路之一，在《礼记》名鸾车，本为乘车，亦可用于作战。王注：“金车，谓二也；二刚以载者也，故谓之金车。”[3] 下：地位卑下。[4] 与：助。有与：有援助。犹言为物所赞与，使之称心如愿。王注：“虽不当位，执谦之故，物所与也。”

[译文]

九四：慢慢地走来，被囚禁在金车里，会遇到危险，但最终会有结果的。

《象传》说：慢慢地走来，表明在帮助初六；即使所处地位不妥当，不能胜任职务，却能得到志同道合者的支持。

[不休说]

九四与初为正应，初方困于下不能自振，在四当急为救援以图共济之功，但以阳居阴，才力不足，弃之则不能坐视，欲往则不可径行，迟回犹豫，其来也徐徐然至。初之望援，岂不欲急于就四而前进哉？祗为九二所隔，势不能通，若困于金车不得遂进者然，是其始也。四以己之所应，急难方殷，而才不能以速拯，为可吝矣。究之相应者为正，中阻者为邪，邪不胜正，终无日隔之势，而有自合之理，彼此相得而有终也。四之“来徐徐”者，其事虽若缓，而志实在下，其心未尝不切也。人患无其志耳！苟志在初，虽居柔不当位，才不能济，而始离终合，必得遂其相与，庶几困不终困矣。九四方为柔，乃欲藉初柔以有终，何也？盖君子之于小人，绝之未尝太严，所以示包荒之量；与之不可太速，所以远朋比之嫌。故能用小人而不为小人所害。此四之善行其志也夫！九四刚居柔位且失中正，处位不当。既与九五相敌，又为上六所掩，上进无望。只求舍大求小，决心援助与自己相应的初六度过困境。这一爻说明，即使是为了解救别人，也要量力而行。

[原文]

九五：劓刖，困于赤绂[1]，乃徐有说[2]，利用祭祀。

《象》曰：“劓刖”，志未得也。“乃徐有说”，以中直[3]也。“利用祭祀”，受福也。

[注释]

[1] 劓刖：古代的两种肉刑，即割鼻和砍脚。帛本作“贰椽”。《释文》：“劓刖，荀、王肃本作臲卼，云：‘不安貌也。’”《集解》引虞翻曰：“割鼻曰劓。断足曰刖。”赤绂：古代贵族祭服之饰。比喻九五高居尊位。《集解》引崔憬曰：“赤绂，天子祭服之饰。”[2] 徐：逐渐。说：通“脱”。[3] 直：正。

[译文]

九五：施行割鼻子、剁断脚这样的酷刑，困穷在至尊之位。后来慢慢地有了喜悦，是因为虔诚地祭祀神灵。

《象传》说：施行割掉鼻子、剁断脚这样的酷刑，困穷在至尊之位。后来慢慢地有了喜悦，因为九五之爻居上卦中位，就好像人中正端直。虔诚地祭祀神灵，承受其福荫。

[不休说]

九五，下则乘刚，又逼于强臣。是上下皆受其伤而为刖之象也。如是则臣不下为我用，而反为其所制，是为“困于赤绂”也。幸其刚中而居说体，能善用其刚，不动声色，从容和缓，乃徐而图之，既不失之因循，复不伤于躁急，卒之大权渐收，不忧旁落。始受伤于上下者今不终于伤而可有说耳。推此道也，至诚感物莫如祭祀。用是以感化臣下而有不诚服者乎？其为说也必矣。五之志本欲济困，今阴则蔽，乘九五君爻得中且正，当为明智之君。君王之困在于言路闭塞，上下不通。卦中九二。九四两刚爻与九五刚则危，身自受困如此，岂得志之时乎？“乃徐有说”，本由中德而以直行之，中则不偏，直则顺理，开诚布公，困从此济而志可得。即用以祭祀，犹可以格神明而受福祐，况在下之臣乎？所以“徐”而“有说”也。拯困之功不在急躁，而在舒徐。急则忿激误事，缓则从容观变静俟机会而易以成功。如光武焚书而安反侧，宋祖谈笑而释兵权，得此道也。汉唐为世，时际艰难群小播乱，不思所以消导解散之术，轻发溃决，反致召祸。此皆不审于徐之故欤。阳爻相敌，无应。初六、六三、上六三个阴爻，相继组合成两个女坎卦之象。上六阴爻与九五关系密切，蒙蔽九五君王。九四近君大臣过于用刚，违背了君王的仁义德政，实施暴政。致使九二中刚大臣无法与九五相应。同时六三阴险小人居于刚位，用心险恶，行为不正，使得君臣失和，上下受伤。这一爻告诉我们，在上的地也会陷入困境之中。处于上位的人容易狂妄自大，把在下的忠言看成恶语，从而造成是非不分，引起老百姓的不满，于是，为了使老百姓服从，他会采取强硬的办法压制百姓，以致陷于困境之中。该怎样从困境中走来呢？要心地纯正。

[原文]

上六：困于葛藟[1]，于臲卼[2]，曰动悔有悔[3]，征吉。

《象》曰：“困于葛藟”，未当也。“动悔有悔”，吉行[4]也。

[注释]

[1] 葛藟：一种有刺的蔓生植物，种在监狱外，以防犯人逃跑。帛本作“褐纍”简本作“蘲”。《说文》：“藟，艸也。”《诗》曰：“莫莫葛藟。”《广雅·释草》：“藟，藤也。”《汉书·杨王孙传》：“葛藟为缄。”颜注：“藟，葛蔓也。”《正义》：“葛藟，引蔓缠绕之草。”[2] 臲卼：木桩，在监狱外，防止犯人越狱。帛本作“贰椽”，简本作“劓”。《正义》：“臲卼，动摇不安之辞。”[3] 曰：发语辞，含有思量，谋划之义。动悔：后悔。动辄生悔之义。有悔：悔悟，应有所悔。[4] 吉行：上六为困之终，知悔而能去之，而有吉。

[译文]

上六：被有刺葛藤缠绕，处在动荡不安的环境里，贸然行动就会造成过失，赶快反省自己。出征则吉祥。

《象传》说：被有刺葛藤缠绕，说明所处位置不妥当。贸然行动一造成过失就开始反省自己，这是吉利的行动。

[不休说]

上六阴柔，处困之极，才弱时穷，欲动以求解，则识力不充，束缚而不能解；欲静以求安，则事势所迫，又震撼而不能安，为“困于葛藟，于臲卼”之象。辗转思维，才既不足有为，势复难于安处，守辄有悔，无往而不困也。所以然者，惟柔而自废，失其处困之道，故至此极耳。为上计者，若能幡然振作，兴起悔悟之思，以改其因循之习，力反而征行，则明作有功，而吉可知矣。上之“困于葛藟”者，以阴柔为累，无解困之才，所处未得其当也。以“未当”而得“悔”，即以“未当”而能“悔”，将穷则思变，动罔不臧，是以吉之道而行，则其行为“吉行”矣，何困之不亨乎？困五爻皆不言吉，而上独言吉者，盖物穷必变，困极则通。因其悔心之萌，开以自新之路，困则凶，行则吉。圣人所以挽回世道，砥砺人心化小人而为君子，吉莫大于此矣。上六乘刚而居阴柔之极地，得正而不居中。虽不至于凶，但陷于极困之境。上六与六三无应，变攀附为扶持。这一爻告诉我们，困境中，应及时对自己进行反省，而不是贸然行动。

总　论

困以困穷不能自振为义，当此时者，君子抑力穷气沮，不克自展舒其蕴抱也。然处困者能乐天知命而不忧，正己无求而不怨，身虽困抑，心自亨通，则得处困之正道而能贞矣。是贞也，非涵养素积于中，智识不淆于外者，未足以当此。故惟有守有学之大人，敦仁安义，而有自得之吉；知几固守，而无自失之咎，所谓“亨”而得“贞”者，此也。苟非其人，不安乎义命，愤时疾俗，形于议论，则虽有言，不能取信于人，适足滋多口之憎而重益其困。大人岂如是乎？此又处困者所当戒也！天道不能有顺而无逆，人事不能有升而无困。惟善处困者超然世外，不为物累，故身困而心不困。不善处困者，招尤取怫，故身困心益困。然则，当困之时，亦在人自审其所处而已矣！卦何以名困？上下三刚皆掩于柔，是刚明之气不能发舒，正直之治无由展布，所以为困也。然困何以得“亨”？盖所谓亨者，不于其身而于其心，不于其时而于其道。以卦德言之，坎险而兑说，虽当困穷郁怫之时，乐天知命，此中泰然无累，原自有所为亨者，穷居独善，常得而不自失，此困之所以能亨也。其惟见真守定之君子能之乎！苟非君子，必不能也。其曰“贞大人吉”何也？一卦体言之，二、五刚而得中，刚则不挠，中则不躁，盖困之移人，非乘其柔荏，即因其矜激。惟刚与中合，既不挠而屈于困，又不躁而重其困，所以守贞而为大人，有能亨之吉也。其曰“有言不信”何也？以困时所尚者，宜用晦处默，反躬自信，虽困不足以穷我，惟心失所亨，急于自明，所尚者口给，兴戎贾怨，乃为所穷，实自取耳！可不戒哉？夫当困之时，身可穷而道不可穷。盖到之所在，不充詘于富贵，不损获于贫贱，无往而不得也。如孔子之从我所好，颜子之不改其乐，固不因困而失，适如其固有之初心而已。若后世之士，身处困穷，或侈谈横议，或标榜相高，徒足以招尤而召谤，岂君子全身之道哉？泽以潴水，宜有水者也。坎水下漏，兑泽上枯，泽中无水，困之象也。君子体之以处困。凡纲常名教所在，为吾志所欲成者，若临难以求免，见义而偷生，利害之念动于中，是非之论不足惜，因循顾恋，是命不致则志不得遂也。惟委致此命于度外，论是非不论利害，毅然独往，惟欲求成其是，以遂吾不可夺之志，则无愧无怍，可以对天地；忘死忘家，可以质幽独。吾志遂而亨莫大焉。此处困之正道也！夫君子居世，常则修身，俟时命之在我者也；变则成仁，取义命之在天者也。惟居常尽其在我，理明识定，故遇变不惑，可以遂吾之志。若夫一念，慷慨轻生赴难，发乎意气之动，而非循乎义理之实者，气足以语此哉？困卦卦画作坎下兑上，以困厄之事说吉凶。困厄是人生不幸，故此爻凶多吉少。卦辞说："占问大人之事吉，无灾祸。"是因大人受困必有脱困之方；但因受困，许下的诺言不能兑现。初六，"殿后，为枯木所困，进入幽深的山谷，三年之中没有露面"，是说车战中殿后，受困，迷路而进入幽谷。九二，虽为过量饮食所困，但影响不大，这时红色祭服刚好送到，利于祭祀。出征不利，但无灾祸。此爻属于宜祭事而不宜戒事。六三，为乱石所困，所凭据之处蒺藜丛生，好不容易脱险回家，却死了妻子，自然凶险。六三变卦为大过，所以妻亡。九四爻，相对要好一些。缓缓安步走来，被困于金车之中，虽有困难，但因心缓、沉着，最终有好的结局。九五，比之九四爻落差，刖之刑，因穿红衣而受困，慢慢脱离危险。红衣指红色祭衣，所以利于举行祭祀。上六，受困于草莽藤蔓，惶惑不安，藤蔓重重，极难脱身，所以动辄悔上加悔。但草莽藤蔓利于布阵，反为我所用，故出征则吉利。

井卦第四十八

[原文]

《井》[1]：改邑不改井[2]，无丧无得。往来井井[3]。汔至，亦未繘井[4]，羸[5]其瓶，凶。

《彖》曰：巽乎水而上水[6]，井[7]。井养而不穷[8]也。“改邑不改井”，乃以刚中[9]也。“汔至，亦未繘井”，未有功[10]也。“羸其瓶[11]”，是以凶也。

《象》曰：木上有水[12]，井。君子以劳民劝相[13]。

[注释]

[1] 井是本卦的标题。井指井水、陷阱等。楚简本作“汬”。《正义》：“井者，物象之名也。古者穿地取水，以瓶引汲，谓之为井。此卦明君子修德养民，有常不变，始终无改，养物不穷，莫过乎井。故以修德之卦取譬，名之井焉。”朱熹曰：“井者，穴地出水之处。”[2] 改：迁移。邑：乡镇组织。改邑：改建封邑。改邑不改井：邑可迁，井不可徙。即乡镇可变，但井的位置不可变。王注：“井以不变为德者。”[3] 无丧无得：指井水汲之不竭，注之不盈，喻井德有常。王注：“德有常也。”《正义》：“此明井用有常德，终日引汲未尝言损，终日泉注未尝言益。”往来：犹言往者来者。朱熹曰：“井其井。”程颐曰：“至者皆得其用，往来井井也。”[4] 汔：帛本从曷从气，楚简本作“气”，陈剑读为“濶”。《说文》：“汽，水涸也。”《尔雅·释诂》：“汽，尽也。”繘：通“矞”，义为穿、挖。[5] 羸：通“儡”，指打破、毁坏。《说文》：“儡，相败也。”[6] 巽乎水而上水：下巽上坎，巽为木，坎为水。高亨以为“巽”上当有“木”字。据孔疏曰：“此卦坎为水在上，巽木在下，又巽为入。以木入于水而又上水，井之象也。”则孔氏所据本似有木字。[7] 井：指水井。[8] 井养而不穷：《正义》：“叹美井德愈汲愈生，给养于人无有穷已也。”养：施养于人。[9] 改邑不改井：村邑变迁，井不会变动。刚中：井之二、五爻以阳居中。[10] 未有功：指不修治井，不会发挥其功用。《正义》：“水未及用，则井功未成；其犹人德未被物，亦是功德未就也。” [11] 羸：毁坏。瓶：古代汲水器具。[12] 木上有水：下巽上坎，坎为水在上，巽为木在下，故“木上有水”。古人以为巽木象棉（井上汲水工具）。朱熹曰：“木上有水，津润上行，井之象也。”刘大均以为，由近年出土之古井考之，皆在井底之部制以四方型木框，此恐“木上有水”之所本。[13] 劳民劝相：慰劳百姓而又使之劝勉互助。劳：慰劳。犹言为民操劳。《诗·魏风·硕鼠》：“三岁贯女，莫我肯劳。”《吕氏春秋·孟夏》：“劳农劝民。”陈奇猷校释：“劳即‘慰劳’之劳”。相：助。王弼曰：“相犹助也。”《集解》引虞翻曰：“相，助也。”《正义》：“劳，谓劳赉；相，犹助也。井之为义，汲养而不穷；君子以劳来之恩，勤恤民隐，劝相百姓，使有功成，则此养而不穷也。”朱熹曰：“劳民者，以君养民；劝相者，使民相养；皆井养

之义也。”

［译文］

《井卦》：城邑村庄可以改移而水井不可迁徙，没有损失什么，也没有得到什么。周围的人来来往往到井里汲水，水井干涸淤塞却没有淘洗，还把汲水瓶打破了，这是凶兆。

《彖传》说：顺应水的自然特性把水汲到地之上，这就是水井。水井养育世人的功德无穷无尽。“城邑村庄可以改移而水井不可迁徙”，就好像君子充满阳刚之气而且坚守中庸之道。“周围的人来来往往到井里汲水，水井干涸淤塞却没有淘洗”，是说明并未实现井水养人的功用。“把汲水瓶打破了”，自毁用具，势必发生凶险。

《象传》说：《井卦》的卦像是水分沿着树杆向上行，直到树木最上端，然后从最上端渗出水来，源源不断，所以把它叫做《井卦》。君子看到这一卦象，应当效法井的这种精神，不辞劳苦地为老百姓操劳，劝勉老百姓互相资助。

［不休说］

井，取义养之义。井体有定而不迁，犹道有常而不易也。虽时势推移不无因革，而王者大经大法变。故《卦辞》示以法当守而又戒其变法之凶也。井以泉上初为功，犹之施其德以养人也。初六以居而见弃。六四以阴而无功。九二虽刚中之德，而上汲引，怀才而未遇时者也。必如五之德位兼隆，上之博施济众，始泽被天下，收养道之大成焉。至于九三居下之上，又为贤人在下不能有为之象。然其德既裕，民望久归，苟求贤之主登进而用之，则勿幕之功也，是在用之者矣。然以井之道究言之，出之有原，施之有序，善法之，则井收之吉也；不善法之，则羸瓶之凶也。可不慎欤？《井卦》的卦辞讲了井水与人民的生活有紧密联系，以井为喻，告诉我们，为了最大地发挥自身及物的作用，一方面要修身养性，另一方面要对物进行及时清理。

［原文］

初六：井泥[1]不食。旧井无禽[2]。

《象》曰：“井泥不食”，下也。“旧井无禽”，时舍[3]也。

［注释］

［1］泥：淤泥。井泥：井水浑浊含泥。井泥，简本作“汫普”。［2］旧：通“久”。井：陷阱，用于捕兽。井当读为阱。《说文》：“阱，大陷也，从阜井，井亦声。”禽：兽。《集解》引崔憬曰：“禽，古擒字；犹获也。”《尚氏学》：“禽，获也。”［3］舍：借为捨。时舍：指井当随时而舍弃。

［译文］

初六：井底污泥沉滞，井水不能饮用。废弃的老井连飞鸟都不来光顾。

《象传》说：井底污泥沉滞，进水不能饮用，是因为有污泥在下边。废弃的老井连飞鸟都不来光顾，是说这口井已经弃置不用了。

[不休说]

以阳刚为泉者井之体，以上出为功者井之用。今初六阴柔则不能为泉而无以济物，居下则不能上出而难以利人，德不足于己，功不加于民，是明王者所不宾，众人所共弃，犹井泥之污浊不为人所食也。既不为人所食，无补于生民日用，将废弃而为旧井，即禽鸟亦莫之来顾矣。无德而不见用于世者，不犹是乎？静危济人之物，今"井泥不食"者，以井之居下，其位最卑故也。不能出身以加民，欲求其博施以利物，揆之于势，难矣，况本无及物之德乎！"旧井无禽"，是一无所济，而为"时舍"置固宜也。从来士品之高下，关乎世道之汙隆，故必裕经纶匡济之才，而后能建致主泽民之业，有其具而人不用，时为之也。无其具而为人所弃，穷无以善一身，达无以善天下，不亦可耻乎！观于此爻，有心世道者当知所以自勉矣。初六阴居阳位，处《井》卦之最下，阴柔有泥象。上与六四无应，上无进身之路，沉滞积污。不见掏掘，故称之"井泥"。这一爻暗示我们，一方面，人要及进反省自己，不断用新知识充实自己。另外一方面，不能用不自省的人。

[原文]

九二：井谷射鲋[1]，瓮敝漏[2]。
《象》曰："井谷射鲋"，无与[3]也。

[注释]

[1] 井谷：井口。井沟，井壑。《说文》："壑，从谷，谷壑也。"《庄子·秋水》篇说陷阱曰："一壑之水，跨陷阱之乐。壑既谷也，井中容水之处。"《秋水》篇又曰："井鱼不可以语海者，拘于虚也。"《吕氏春秋·喻大》篇曰："井中之无大鱼也，新林之无长木也。"郑注："所生鱼无大鱼，但多鲋鱼耳，言微小也。"鲋：小鱼。《集解》引虞翻曰："鲋，小鲜也。"《说文》："鲋，鱼名。"《庄子·外物》："守鲵鲋。"《释文》引李注："鲋，小鱼。"《吕氏春秋·贵直》篇："鲋入而鲵居。"高注："鲋，小鱼。"射：以弦射。《吕氏春秋·知度》篇曰："非其人而欲其功，譬之若射鱼指天，而欲发之当也。"《淮南子·时则》篇曰；"命渔师始渔，天子亲往射鱼。"《说苑·正谏》篇曰："昔白龙下清泠之渊，化为鱼，渔者豫且射中其目，白龙上诉天帝，天帝曰，鱼固人所射也。"左思《吴都赋》曰："虽腹临河钓鲤，无异射鲋于井谷。"九二爻全句，帛本作"井渎射付，唯敝句"，简本作"汬浴豕䶮，缕"，阜阳汉简作"……敝屡，卜半及家，彼半……"。《折中》："井谷，井中出水穴窍也。"《经义》："谷，壑也，井中容水之处也。"[2] 瓮：旧解以甕（瓮）为汲水器，今据简本，当假借为"唯"。敝：破。漏，通"屡"。"隹缕"意为"只不过弄破了你的鞋子"，指劳而无功。[3] 无与：无所助益。

[译文]

九二：在井口射中井中小鱼。汲水用的瓦器很旧了以致漏了起来。
《象传》说：在井口射中井中小鱼。这是因为没有人去治理这口井。

[不休说]

九二以阳刚居中，象征清廉高洁的泉水。喻指德才兼备满腹经纶的贤士。九二与九五无应，却与初六亲比。象征德才之士得不到上位者的见用，只能屈而就下，淹没于小辈之中。九二阳刚，本有泉之井也，但上无正应，则汲引无人，莫与同升；下比初六，则征无助，莫与推妥。虽有济人之才，旁出下流，不能普遍及物，故就其泽之所及，取象于井；犹井旁穴出之水仅能下注于鲋，而不为人所食，泽不被远也；究其用之所施，取象于汲井，则如之敝坏，而水漏于下，功不上行，无利济之用也，抱德而不遇时者，其取象如此。“井谷射鲋”，岂无济人之才哉？盖二虽刚中而无与故也。若应与有人，以图共济，则泽可究而上行，挹彼注兹，足以致养而不穷矣。初之“不食”德不足也，其咎在己。二之“射鲋”，时不遇也，其咎在人。君子藏器于身，待时而动，苟非上遇明主之甄收，下获同心之推挽，亦乌能得志而有为哉？这一爻告诉我们，井需及时治理，人也需及时反省自己。

[原文]

九三：井渫[1]不食，为我心恻[2]。可用汲，王明并受其福。

《象》曰：“井渫不食”，行恻[3]也。求[4]“王明[5]”，受福也。

[注释]

[1] 渫：污浊。王注：“渫，不停污之谓也。”《释文》：“渫，治也。”《集解》引荀爽曰：“渫，清洁之意也。”《说文》：“渫，去除也。”朱熹曰：“渫，不停物也。”[2] 心恻：读为“沁测”，指淘净、澄清。《集解》引干宝曰：“恻，伤悼也。”《说文》：“恻，痛也。”《广雅·释诂》：“恻，悲也。”并：俱。《广雅·释言》：“并，俱也。”《书·立政》：“以并受此丕丕基。”[3] 行：行将。恻：澄清，说见经文本卦注。行恻：其行可悲。王注：“行感于诚，故曰‘恻’也。”朱熹曰：“行恻者，行道之人，皆以为恻也。”[4] 求：盼求，犹言“希望”。[5] 王明：圣明的君王。

[译文]

九三：井水被淘洗干净却没有人来饮用，为此我感到伤心。应该赶快来汲取这干净的井水。渴望君臣共受福泽。

《象传》说：井水被淘洗干净却没有人来饮用，就好像九三的行为没有被理解，令人感到凄恻。盼求君王英明，是期望君臣共同获得好处。

[不休说]

九三阳刚居正，有济物之德，但居下之上，不为时用，是德本足以致君泽民，未当通显，功效难施，犹井之邑洁而不为人食者然，遂使人情致，众望徒殷，未免于心恻施，何哉？正为其德之可用以利人，犹井之可汲以及物也，特无如王之未明耳。如有王之明者，知其可用而用之，则启沃之方，上可济君德于雍熙；惠鲜之泽，下可引斯民于恬养。君子民咸利而无不受其福也。“井渫不食”岂惟同类嗟？即行道之人能无为恻乎？原其恻之之心，急在求王中之明，用以成功，而上下实受其福耳。是以受福之故而求，则其求也，人自为求，非三之有求于王也。人君以知人为明，用人为急，知之不真，则所求非所用，所用非所求，而为害益甚。此君之德必以朋为大也。所谓明者，至诚以将之，虚己以待之，本之众论以取其公，揽之一心行其断，庶几贤无不用，而用必皆贤，此知人之法也。故曰君明臣忠，则朝廷治安。“明”之一言，诚探本之论也夫！九三与九五阳刚相敌，未能受到九五君王之重用。九三又与上六正应。上六对九三怀才不遇甚是惋惜。九三、六四、九五互为《离》。《离》为光明。上六位居《离》之上。故祈求君王能启用贤才以济天下。这一爻说明，一方面，如你是人才，要想其才能得到发挥，必须要贤明的领导发现你，重用你；另一方面，一个领导如不贤明，会把人才白白浪费，无法享用到上天赐给他的福分。

[原文]

六四：井甃[1]，无咎。

《象》曰：“井甃，无咎”，修井[2]也。

[注释]

[1] 井甃：砌井壁，修治水井。甃，帛《易》作“椒”，义为修治。《释文》：“甃，马云：‘为瓦裹下达上也。’幹云：‘以砖垒井曰甃。’”《集解》引虞翻曰：“甃，以瓦垒井称甃。”《说文》：“甃，井壁也。”王注：“得位而无应，自守而不能给上，可以修井之坏，补过而已。”[2] 修井：王注：“但可修井之坏，未可上给养人也”。

[译文]

六四：用砖石加固井壁，没有什么灾祸。

《象传》说：用砖石加固井壁，没有什么灾祸，这是修治水井呀！

[不休说]

六四以柔爻居阴为，得正。六四已入《井》之上体，具备致通的条件。六四上乘九五，下乘九三。虽才质柔弱不能广济万物，却有能荫庇阳刚之用，成就井养之功，因此可至无咎。六四柔得其正，有清慎之德而无刚毅之才，第能反躬自治，洁以居身，不染于污俗，清以居世，不混于浊流，犹井之甃，治而不停污者然。如是，厥德日新，虽泽未施于天下，而独善已具兼善之体，又何咎焉？“井甃无咎”，岂井之自为哉，亦犹身而身始得全也。体既立而用自裕，将有寒泉上出之功，而无“井泥不食”之咎矣。三居内卦曰井渫，内以致其洁也。四居外卦曰井甃，外以御其污也。为学之道必闲邪存诚，内外交养，亦犹是也。此己为治人之本，而后可冀其有用也欤！这一爻说明，要及时弥补自己的过失。

[原文]

九五：井洌[1]寒泉，食。

《象》曰："寒泉之食"，中正也。

[注释]

[1] 冽：水清澈。朱熹曰"冽，洁也。"《集解》引崔憬曰："冽，清洁也。居中得正，而比于上，则是井渫水清，既寒且洁，汲上可食于人者也。"《说文》："冽，水清也。"《广雅·释诂》："冽，清也。"《诗·大东》："有冽氿泉。"

[译文]

九五：井水十分清凉，寒凉的泉水可供人饮用。

《象传》说：清凉的井水可供人饮用，这是因为九五爻处在上卦中位，象征通过修身养性的人内心纯正无私。

[不休说]

九五以刚爻居阳位，处上卦之中，得中且正。表征井水至善至美。九五位于"井甃"之上，"出甃象征已被汲出之井泉，故言"食"之。下卦为巽，上卦为坎。巽为木为井架之辘轳。坎为井水，水在木上亦表征井水已取出。九五阳刚中正，功及于物，乘四乘六，上下亲和，进退致通。井养之德大成矣。九五居尊位而有阳刚中正之德，其所涵蓄者既资深而不匮，其所施及者自周浃而无穷。存之则为内圣之德，行之则为外王之道。体立用而全，不犹井之清冽，不停污浊而寒泉在中，足以为所食者乎？此渊泉时出，德行于己，功及于人，所谓井养而不穷者，在是矣。寒泉而为人食者，以阳刚为泉，有及物之泽；阳刚而又中正，则为泽之所从出，其见食于人宜也。无具中正之德，以纯王之心行纯王之政，匹夫匹妇无不于被其泽，故若斯耳。九五坎中一阳，天一所生，泉之不竭者也。天下之求养者，皆待命于五，则五岂可以无本而易涸者应之哉？使不加洁治，则旁流质秽浊者，得以汩乱之，而无以为润泽万物之具矣。五惟勤于自然后寒泉之体性不失，凡往来井井者，皆指为中正者之道而以受其福。斯为混混之原泉而沾无穷者乎？这一爻告诉我们十分深奥的人才。

[原文]

上六：井收勿幕[1]，有孚[2]，元[3]吉。

《象》曰："元吉"在"上"，大成也。

[注释]

[1] 收：缩小；一说，收，汲也（《释文》引马）："收谓以辘轳收繘也"（《集解》引虞）。《正义》："凡物可收成者，则谓之收，如五谷之有收也。"朱熹曰："收，汲取也。"幕：盖（《集解》引虞），覆（又引幹）。勿：不。[2] 孚：罚。一说为收获。[3] 元：大。

[译文]

上六：井修好，不要盖上盖子；有诚信，十分吉利。

《象传》说：上六爻之所以大吉大利是因为它长期修身养性，已达到了最高的境界。

[不休说]

上六柔爻居阴位，得正，又与九五亲比。为才源见用，创造了客观条件。“井收勿幕”，纳贤不拒，而且待之以诚。明君与贤士志同道合，相互亲比，故而谓之“元吉”。井以上出为功，六居卦之上，而坎口不掩，是井养之德无所矣，深仁厚泽，导民之利而不私；博施济众，听民之取而不禁。象犹井既收矣，勿复加幕，而往来者皆得井。其井也，所以然者，本有孚之至诚，积中发外，以实心而为实政，其德泽所施，无所弗届，岂非至善而为元吉之道乎？养民之道，小惠未遍，不可以言成。今“元吉”而“在上”，过化存神，其取之而不尽，斟酌焉而弥新。此真井道之大成也。彼施泽有限，而功仅小补者，奚足以当此？按井六爻皆取井养之义，初井泥，二井谷，皆废井也。三井渫之泥，四井甃之谷，则井体具矣。五则井洌而泉，食井之为用已备，然必至乎上而后始全其上出之功。所以他卦之终为极为变，惟井之终为大成之效，可见井之道出之有本原，施之有次第。君人者善法之则为井收之吉，不善法之则为羸瓶之凶。义不两立，不可不慎也。这一爻说明，长期修身养性，得到大众的信任，将是十分吉利的。

总 论

井体一定而不迁，犹治法有常而不易。虽时势推移不无因革，而王者大经大法，所在历万世而不可变。故养民者必恪守成宪，如改邑而不改井然。夫既不改，则无更张之害，亦无创造之利。循乎固然，莫不沾其利泽，不犹井体不迁，无丧无得，而往来者皆得井，其井以为利乎？此守法之善道也，如名为遵守，而德意未加于民，纷更随起于后，犹之汲井者几至上出，未尽收绠而已败其瓶，则垂成之功尽弃，无益有害，凶何如之！此见守法者尤当慎终以观成也。养民之道莫备于先王，本天理，顺人情，不容少有加损，原无丧与德之可言，后世雄才大略之主喜近功，见小利欲图其得，所丧实多。天下之事成于始而败于中者矣。善为治者，岂可不敬其有终欤？卦何以名井？以卦象言，上坎下巽，是以巽木人乎坎水之下，而上出其水，亦犹井泉在下，可汲取上行而为利，此井之象也。以井之用言之，体不动而功及物，其出有源其施不匮，日用饮食需养儿不穷矣。有事养民者本其美意，不为良法，致养无穷，道亦犹是也。如此而可易乎哉？其曰“改邑不改井”者，乃以二、五之刚中也。刚则虽毅有守，而恃之能定中，则意见不偏，而因之可久，故能恪遵成法，而不致轻变也。至若“汔至亦未繘井”，是法度方行，利泽未能及物，而未有成功，正其所当兢守焉者。乃妄意纷更，变乱旧章，若“羸其”汲井之“瓶”，是以几成复败，贻害无穷而不免于凶。岂非成法之不可不守，而守法者尤不可不要其成乎！图治者，法。守法者，人。先王创立制度，无不尽美尽善，而子孙率多更者，大率起于还大喜功、贪多务得之一念，但思求胜于前人，而不知自取其败坏，内多欲而外施仁义，，汉武之所以不及文景也。此言“改邑不改井”，而推本于刚中，可见欲守法而成久安长治之功者，端有赖于欲之主。人君方寸之地，为万化所从起，故曰“二帝三王之治本于道，二帝三王之道本于心”。治法未有不出于心法者也。巽木之上而有坎水津润上行，井之象也。君子体之，以民待君以为养，自处于逸不可也，则以身劳之，如制田里，教树畜，一切身亲其事，谓之劳民，使老者衣帛食肉，黎民不饥不寒是也。且民之待养无穷，独任其老不足也，又必劝勉之，如通有无，勤赒恤，一切多方劝导，谓之劝相，使比闾族党之相亲，贫贱患难之相助是也。盖一则以君养民而上下之情通，有则使民象养而比之谊洽。不犹井之养物，渊泉时出二不穷乎？古者养民之法，莫善于井田，劳徕劝助，足衣食而修睦，王道之始即王业所由成也。井田久废，时异势殊，虽不可泥古之法，苟师其意而行之，省力役，薄赋敛，亲本抑末，尚俭去奢，使学校无滥士，田野无游民，孰谓三代不可再见于今哉？井卦卦画作巽下坎上，以水井和井水论吉凶。卦辞说，改邑不改井，意指井是最重要的代表家乡的东西；另一层含义是水井要及早挖掘，不能口渴了才去掘井。除井以外，最重要的是保管好汲瓶，如果毁坏了汲水瓶将有凶险。初六有二象，一是“井水沾污”，所以不能饮用；二是“陷阱废”，故不能用于捕捉野兽。此二象非吉兆。九二，“到井沟深处去射小鲋鱼，非但不能中鱼，反而弄破了鞋子，可为劳而无功，得不偿失。九三，“井水虽污浊，除污澄清之后，仍可汲用”，此形象容政治贤明，故百姓得到福佑。六四，井已得到修治，所以没有灾祸。九五，井水清澈冰凉，故可饮用。上六，井水取了上来，不要加盖，说明同邑之人互有诚信，不必堤防，所以大吉。

革卦第四十九

[译文]

《革》[1]：巳日乃孚[2]。元亨。利贞，悔亡。

《彖》曰：革，水火相息[3]，二女同居[4]，其志不相得[5]，曰革。“巳日乃孚”，革而信之。文明以说[6]，大亨以正。革而当，其悔乃亡。天地革而四时成，汤武革命[7]，顺乎天而应乎人。革之时大矣哉！

《象》曰：泽中有火[8]，革。君子以治历明时[9]。

[注释]

[1] 革是本卦的标题。革：指治皮去毛。有改变、变化、变革、革命、改革等义。《集解》引郑玄曰：“革，改也，水火相息而更用事，犹王者受命，改正朔，易服色，故谓之‘革’也。”《正义》：“革者，改变之名也；此卦明改制革命，故名‘革’也。”朱熹曰：“革，变革也。”[2] 巳日乃孚：行罚之时，必祀社以告神灵。巳：通“改”。朱震《汉上易传》曰：“（巳）当读为‘戊巳’之‘巳’，十日至‘庚’而更；更，革也。”顾炎武《日知录》称之曰：“天地之化，过中则变。日中则昃，月盈则食，故《易》所贵者中。十干则‘戊巳’为中，至于‘巳’则过中而将变之时矣，故受之以‘庚’；庚者，更也。天下之事当过中而将变之时，然后革而人信之矣。”案“巳”阮刻及诸本通作“巳”。王注：“‘即日不孚’训作‘巳日乃孚’。”王弼读作：“‘巳然’之‘巳’。”《集解》引虞翻注：“巳日，曰：‘离为日’，盖以‘纳甲法’之‘离纳巳’读作‘戊巳’之‘巳’。”日：指占候卜筮。改日指另行占筮。简本作“改”。孚，信服；刑罚。《书·甘誓》：“用命赏于祖，弗用命戮于社。”《论语·八佾》篇：“哀公问社于宰我，宰我对曰，夏后氏以松，殷人以柏，周人以栗，曰使我战栗。”《墨子·明鬼下》：“古圣王，其赏也必于祖，其戮也必于社，赏于祖者，何也？告分之均也。戮于社者，何也？告听之中也。”[3] 水火相息：《革》下离上兑，离为火，兑为泽，离火炎上，泽水润下，故泽火相互息灭。《集解》引虞翻曰：“息，长也。”《尚氏学》：“息，长也，言更代用事也。”《释文》引马云：“息，灭也。”《说文》：“息作熄，熄灭。”[4] 二女同居：下离为中女，上兑为少女。[5] 不相得：离兑皆为女，二女同事一夫，故“不相得”。《正义》：“中、少二女而成一卦，此虽形同而志革也。一男一女，乃相感应；二女虽复同居，其志终不相得，志不相得则变必生矣。”[6] 文明以说：下离为文明，上兑为说。《正义》：“能思文明之德，以说于人，所以革命而为民所信也。”[7] 汤武革命：指商汤、武王改姓受天命。《正义》：“天地之道，阴阳升降，温暑凉寒相变革，然后四时之序皆有成也。”“夏桀、殷纣，凶狂无度，天既震怒，人亦叛主；殷汤、周武，聪明睿智，上顺天命，下应人心，放桀鸣条，诛纣牧野，革其王命，改其恶俗，故曰‘汤武革命，顺乎天而应乎人’。计王者相承，

改正易服，皆有变革，而独举汤武者，盖舜禹禅位，犹或因循；汤、武干戈，极其损益，故取相变故者，以明人革也。”《尚氏学》：“四时相待实以革，期无或爽，信也；汤武革命，天人皆应，亦信也；不信则不能革，故时之所关甚大，此其义也。”［8］泽中有火：下离上兑，兑为泽在上，离为火在下，故“泽中有火”。《集解》引崔憬曰：“火就燥，泽资湿，二物不相得，终宜易之，故曰‘泽中有火，革’也。”［9］治历明时：撰制历法，以明四时。王注：“数历时会，存乎变也。”程颐曰：“君子观变革之象，推日月星辰之迁易，以治历数，明四时之序也。”

［译文］

《革卦》：在亟须转变的“巳日”推行变革，并且有诚信，十分顺畅，有利于去占卜。悔恨终将消失。

《彖传》说：革，就好像水火不容，又好像两女共事一夫，她们的志向不可能同时实现，终将生变，这就叫做“革”。“在亟须转变的“巳日”推行变革，并且有诚信”，改革而且有诚信，人们会拥戴他。凭着文明的美德使民众心悦诚服，坚守中正就十分顺畅。改革得当，其悔恨就会消失。天地之间由于变革而形成了春、夏、秋、冬四个季节。殷汤灭夏桀，周武王灭殷纣王，都是顺应天时，顺应民意的事，变革的现实意义是多么伟大啊！

《象传》说：《革卦》是兑在上，离在下，兑为泽，离为火，卦象为泽中有火之表像。大水可以灭火，大火也可以把水蒸发干，它们是相克相生的，所以把它叫做《革卦》。君子观此卦象，应修订历法，明定时令。

［不休说］

革，取变革之义。凡事有必变之时，圣人因有改易之事，善革者准乎天人，合于至正，始无妄个之弊，故《卦辞》曰“元亨”，又曰“利贞”，而后“悔”乃“亡”六爻皆处革之人，而所居之位不同，象亦各异，要贵一慎革之心而已。初九有其才而非其时，则以守分为正，慎其道于革之始。上六处时之盛，而无所用其才，则以静正为中，慎其道于革之终。九三则过刚不中，未免恃才任智，而有不慎之嫌。若九四之刚柔不偏，则因慎而得吉矣。六二柔顺中正，而上应九五，则慎而从五以行革矣。惟九五之阳刚中正，以大人之德而为革之主，而上应九五，则慎而从五以行革矣。惟九五之阳刚中正，以大人是德而为革之主，收虎变文明之效，斯以慎而成功也。盖圣人重改作，不得已而有革，必审去故之义，制因时之宜，从可久之道以善其革，所谓革而当也。故二虽才足有为，全能任事，必从容祥慎，至巳日而后革之者，缘二为人臣，不当为革之先，必上信下从，而后可言革。若五之经纶素裕，通变宜民，天下久已信从，然后创制立法，焕然一新也。盖于初戒其躁妄，于上戒其纷更，可轻言革欤？《革卦》告诉我们，变革是有条件的，所以我们变革也要讲方法：一要顺应事物发展规律，选择适当时机，势在必行时才能大胆变革；二要顺应民意，使人心悦诚服；三是变革者要动机纯正和使用正当手段，不急功近利，并且考虑问题要全面细致。

[原文]

初九：巩用黄牛之革[1]。

《象》曰："巩用黄牛"，不可以有为也。

[注释]

[1] 巩：用熟牛皮束物，《说文》："巩，以韦束也。"韦，指皮革、皮绳。段注："巩，固也。"朱熹曰："巩，固也。"此引申之意也。"革：此指皮绳。王注："在革之始，革道未成，固夫常中，未能应变者也。此可以守成，不可以有为也。巩，固也；黄，中也；牛之革，坚韧不可变也。固之所用，常中坚韧，不肯变也。"

[译文]

初九：用黄牛皮牢固束缚住。

《象传》说：用黄牛皮牢固束缚住，因为此时不可以有所行动。

[不休说]

初九刚居阳位，得正。上比于六二，宜于上进。但初九居下婢之位。上与九四相敌无应，虽有阳刚之才德，但得不到上位者的支持，变革之条件并不成熟。变革之事大矣，必有其时有其应而后可。初九虽有阳刚之才，当然革之初，时犹有待，上无正应，事不我任。若违时拂势而遽言变革，是不失之躁妄，即失之勉强，岂计之得乎？"初"惟安常守分，无所变更，以不失妄革为顺，持之甚坚而守之甚固，《象》犹用黄牛之革然。此处革初之善道也。初之固执其守如此，岂当革而不革乎？特以所处之时非有为之时，所居之势非得为之势，断之以义，知其不可有为也。知其不可为而不为，此其为中顺之守，而无轻动之失矣。国家之患，好大喜功，轻言变革，每由于新进生事之人。三代而下，若贾生本王佐之才，然当遇主之初，立谈俄顷，不度时势，遂欲变法，尽弃其旧而新是图。论者谓才有余而识不足，卒为时所忌嫉，不得竟其用。此爻之垂戒诫有以夫！这一爻告诉我们，变革的时机未到，不要轻易行动。

[原文]

六二：巳日乃革之[1]，征吉，无咎。

《象》曰："巳日"，"革之"，行有嘉[2]也。

[注释]

[1] 巳：借为祀。革：改。革之：改祀日。[2] 嘉：喜庆。行有嘉：喜庆征伐胜利。

[译文]

六二：改革的时机到了，于是推行变革。出征吉祥，没有什么灾祸。

《象传》说：改革的时机到了便推行变革，行动就有嘉奖。

[不休说]

六二以柔爻居阴位，得中且正。上应九五，又与初九、九三成承刚乘阳之势。六二处下体离中，离为伐之象。六二柔顺中正，上应阳刚之君，体顺则无悖以持其理，中正则无偏蔽以审其机。且才足有为，权能任事，可以革矣。然革乃大事，非得已者化可更，而无以善治，则不容遽更；变可通，而无以宜民，则未可轻变，必从容详慎，至于巳日而后革之，如是而征行，从五以革，则去故以图新，上可利国，下可便民，吉且无咎矣。时事之当革者，革而不当，难乎其有嘉也，必巳日而后革。其慎重如此！以是而行，则弊无不去，治无不新。是为“有嘉”而宜“征”耳。人臣不当为革之先，必上下信从，而后可言革，故卦曰“巳日乃孚”。此则曰“巳日乃革”者，言乎君之革不避艰难，既革之，巳日而始孚；臣之革不敢创造，既信之，巳日而后革也。此二之从五以行革道，为能敬慎而无失欤！这一爻告诉我们，变革的时机成熟，便当机立断，发动变革。

[原文]

九三：征凶，贞厉[1]。革言三就[2]，有孚。

《象》曰：“革言三就”，又何之矣？

[注释]

[1] 贞厉：守正防危。简本无此二字。[2] 言：闻一多以为通“靳”，指马的胸带；语助词，这里起连接作用。《诗·郑风·女曰鸡鸣》：“弋言加之。”三就：三匝，三重。古代服饰，五采丝一匝称为一就。从一就而上，以别等级高下。三：虚数，表示多。就：趋往。《书·舜典》：“五刑有服，五服三就。”《国语·鲁语》：“大刑用甲兵，其次用斧钺。中刑用刀锯，其次用钻笮。薄刑用鞭扑。故大者陈之原野。小者至于市朝。五刑三次。”韦注：“次，处也。三处，野、朝、市。”《集解》引崔憬曰：“夫安者，有其危也。故受命之君，虽诛元恶，未改其命者，以既形改命，习俗不安，故曰‘征凶’；犹以正自危，故曰‘贞厉’；是以武王克纣，不即行周命，乃反商政，一就也；释箕子囚，封比干墓，式商容闾，二就也；散鹿台之财，发钜桥之粟，大赉于四海，三就也。故曰‘革言三就’。”

[译文]

九三：出征凶险。去卜问得危险的预兆。这个变革方案讨论了三次才采取行动，所以得到信任，得到成功了。

《象传》说：变革方案讨论了三次才采取行动，从哪来的凶和厉呢？

[不休说]

九三阳居刚位，得正不中，处离体之上，但却在下体，并未进入上层领导阶层。而且，九三、九四、九五三爻组合成《乾》。乾为刚进。九三虽与九四、九五上位大人性情志向一致，但又有涉嫌干政，阳阳相敌的成分存在，故而“征凶”。九三得阳刚之正，躁进有凶，守则失时。九三下与六二亲比，上与上六正应，上下征求意见，成“革言三就，有孚”之象。九三过刚，不中，居离之极，恃才任智，不加详审，此非常于革者也。以是征行，一以急躁为之，则事有不通，人有不信，贻天下之害而凶矣。即使革所当革，亦不免矫枉太过，徒滋纷扰，虽贞而亦危厉之道也。然于时当革，所患惟不能审耳。诚反其躁动而详审焉！议革之言必深思熟虑，至再至三而后成就，则利害、可否，无不区画周详，当乎事体，合乎人情，足以有孚而可革矣。革之可疑者，患乎未审也。如革言至于三就，则情理既明，致审之极，无可复加，而又何之焉？盖未审则不可轻革，既审而犹不断，则当革不革，亦非处革之善道也。可见图天下事者在乎谋，成天下事者在乎断。寡谋则轻以昧理，少断则缓以失机，凡事皆然，况处革之时尤所当计者乎！昔唐贞观治，革隋季之弊，善谋而济之以能断，天下称房杜焉。三之三就而可革，殆能兼之矣。这一爻告诉我们，变革要把握住时机和火候，不能太过。防止太过的方法骒变革方案要经过多次讨论才能实施。

[原文]

九四：悔亡，有孚改命[1]。吉。

《象》曰：“改命之吉”，信志[2]也。

[注释]

[1] 命：通“名”。改命：改变天命，即革命。《集解》引虞：“汤武革命，顺天应人，故‘改命，吉’也。”孚：指信誉、威望。朱熹曰：“以阳居阴，故有悔；然卦已过中，水火之际，乃‘革’之时，而刚柔不偏，又‘革’之用也，是以‘悔亡’。然又必‘有孚’然后‘革’，乃可获‘吉’。”［2］信志：《尚氏学》：“改命则实行革命，故曰‘信志’；言得行其志也，志行故‘吉’。”信：通“伸”。

[译文]

九四：悔恨已经消失，赢得了群众的信任，改掉过去陈规，立新的规章制度，十分吉利。

《象传》说：改掉过去的陈规，立新的规章制度之所以是吉祥的，因为这样能使大家信奉你所推行的意愿。

[不休说]

九四以刚爻居柔位，故而有悔，但九四已过中，进入上体，处泽火相交之际。刚柔相济而不偏，又能调节其间矛盾，勇当改革的中流砥柱，脱离旧体，初入高层，开创新的局面，故而“悔亡”。九四由阴变阳，此乃革象。九四上下五相应之爻，又无亲比之关系。故而得吉。九四位近九五君王，得位，得时，又具刚柔相济之才能，足以肩负改革的重任，故而得吉。革道利贞，九四居阴不正，宜若有悔，以其体居兑说，有刚柔不偏之用。又卦已居过中，值水火变革之时，既有其德，又遇其时，是以变而得中，革无不当，而悔可亡也。然其所以能当者，要在处之以至诚，必其所存止忧民体国之心，经营图度，不由矫拂。其有孚也，早已见信于人，至临时通变，以之更改命令，可以除前弊而收后效，不惟悔亡，亦且善治而得吉矣。改命之吉者，四之变革之志，本在于苍生而利天下，则其诚悬无私，因时顺理。有不敢轻革而又不得不革者，使上下乐从，固已昭然共信其志也，又何疑改命之吉乎？此见事会当变革日，时势两难，每多因循坐视，皆避悔之一念萌之也。经权常变，苟能自信其心一出于大公至正，即可信于天下后世。古之人所以定大策、决大疑而中外安之，若行所无事者，惟此而已矣。这一爻告诉我们，既要推翻陈腐的制度，又要建立新的纲纪。

[原文]

九五：大人虎变[1]，未占有孚[2]。

《象》曰："大人虎变"，其文炳[3]也。

[注释]

[1] 大人：贵族的统称。变：通"辩"《释文》："辩，荀作变。"《礼记·礼运》："大夫死宗庙谓之变。"郑注："变当作辩，声之误也。"《说文》："辩，驳文。"《广雅·释诂》："辩，文也。"《集解》引马融曰："大人虎变，虎变威德，折冲万里，望风而信。"[2] 占：有疑问。未占：不须置疑。《正义》："以大人之德为革之主；损益前王，创制立法，有文章之美，涣然可观；有似虎变，其文彪炳。则是汤、武革命，广大应人，不劳占决，信德自助。故曰'大人虎变，未占有孚也。"[3] 文：文采。炳：明。《说文》："炳，明也。"《广雅·释训》："炳炳，明也。"《正义》："其文炳者，义取文章炳著也。"

[译文]

九五：大人像猛虎一样推行变革，不用占卜这都是诚信的，能得到大家的信任。

《象传》说：大人像猛虎一样推行变革，其美德光照天下。

[不休说]

九五阳刚中正，以大人之德为革之主，顺天人以改革，则其存于中者有自新新民之极，而其见于世者创制立法之猷，于是礼明乐备，治定功成，焕然一新于天下，象犹虎之变而文明之有赫也。然所以致此者，岂易得哉？世会当极敝之日，非更化不足以善治。吾惟经纶素裕，实有其可变宜民者，则虽未占决，而天下之人久已信从，不待已日而始有孚矣。大人御世，制作一新。惟其未革之先，诚信畜于中；既革之后，文章焕于外。皇猷帝治，炳然可观，象之为虎变也。非德位兼隆之大人，乌足以当此？革，必取于孚信者；不信，则不从也。自三至五皆言"有孚"，三议革而后孚，四有孚而后改，至九五之孚，过化存神，不但无议革之信，亦不待改命之志，积之久而发之大，所谓杀不怨，利不庸，迁善而不知，革之道斯极至矣。理本于自新，而效极于新民，帝德王功之盛，孰有加于此哉？九五刚居阳位，得上卦之中，得中且正。具有阳刚中正之德，又位居尊位。九五居《乾》之上位，所以称为"虎变"。这一爻说明，推行变革要大刀阔斧。

[原文]

上六：君子[1]豹变，小人革面[2]，征凶，居贞吉。
《象》曰：“君子豹变”，其文蔚[3]也。“小人革面”，顺[4]以从君也。

[注释]

[1] 君子：指公卿大夫，或军中将领。[2] 小人：指平民百姓或普通士兵。革面：变脸。比喻不知羞耻，面厚如革；改变面貌，去恶从善。《正义》：“革面，能变其颜面容色，顺上而已。”革：帛本作“勒”，皮革。[3] 其文蔚：此言上六助成变革的美德，因大人的辉映而蔚然成彩。《正义》：“明其不能大变，文细（‘细’阮刻作‘炳’，据《校勘记》改）而面相映蔚也。”[4] 顺：通“慎”。

[译文]

上六：君子像豹子那样助成变革，小人洗心革面。出征会有凶险。静居守贞正可以得到吉祥。

《象传》说：君子像豹子那样助成变革，说明其美好的德行蔚然成风。小人洗心革面，说明小人顺从了君子所推行而形成的新风尚。

[不休说]

上六革道已成，当继体守文子日，化行俗美，在君子渐于文教，迁善日新，光辉外见，如豹文之变然。在小人亦慑服于王章，畏威远罪，遵道遵路而革面易向也。当此之时，治道极隆，岂复有加哉？若更有所征行，好大喜功，适足以启纷更之弊，是为已甚，而不免于凶，惟居贞静正，率由旧章，与天下相安于无事，乃可得吉。革道之不可过也如此。“君子豹变”，非润饰于其外也。道德积中，英华发外，由其充养之既粹，而文自蔚然可观也。小人革面，虽未必中心能革，而奉法禀令，易向知方，亦且效顺以从乎君上也。合言之，道德一而风俗同，革道不于此大成乎？夫天下事，始则患其难革，已革又患其难守，故三之“征凶”戒于未革之先，上之“征凶”戒于既革之后，总见变革之大非圣人所得已也。叮咛告诫，始终慎重，固知开创难，守成尤不易。有周之文武，不可无成康；有汉高不可无文景。久安长治，其在斯乎？上六柔居阴位，得正。又与九五亲比，表征君子能顺从改革大势，拥护改革主张。但阴吉之小人则昏愚不知权变，很难从本质上改革旧习，这些小人的行为表现，只是习惯问题，并不是持敌对态度。上六虽然得正，但离中道甚远。这一爻说明，不但要改革社会上的陈规，而且还要检查自己的行为，彻底改掉自己的陋习。

总　论

革以变革为义，物理人情所当变革者皆是也。凡人可与习常，难与通变：可与乐成，难与虑始。当革之初，未免疑惧，必待已革之日，事久论定，信后乃孚。革之难有如是也，然所以能致其孚者，必审所当革，尽善尽美，可通行于天下后世而无不大亨，且悉准乎天理人心而利于至正，然后见之施为，有利无害，而轻举妄动之悔乃可亡耳。使亨、贞一有不具，安能致巳日之孚而悔亡乎？圣人之重言变革盖如此。革之道关乎治乱安危，非圣人之得已也。后世之患，不失因循以养祸，则失于轻作以败事。故当革而不革，法久则弊生，不可也：不当革而革，兴一利必复生一弊，尤不可也。革之悔亡，虑之深而言之慎矣。革之义何取哉？以卦象言，水上火下，两相熄灭，而势不相容，物理之当革也。“二女同居”，少上中下，名位失序而志不相得，人情之当革也。故为革，革则通变以宜民，宜乎人之即信矣。乃曰“巳日乃孚”何也？革故非常，黎民惧焉。有未即孚人之志者必革之。既定，有利于国，不忧于民，而人始信之曰：“此其变之不容已者耳。”若此，革可轻言乎？卦德“文明以说”，内灼夫义理不失于妄，外因乎时势而不躁，凡其所拟议者，必尽善可通而又一归于正，斯革为至当而其悔乃可亡耳。设一有未当，则所系其微哉？因是而极言之。天地之道，阴阳变化，春革而为夏，秋革而为冬，寒暑代谢，相推于不已而四时成焉。商周之际，时代递迁，汤革夏命，为商命为周，天心人事不容稍有矫拂，而顺且应焉。若是者，皆时为之也。时为至而不能先，时既至而不敢后，天地圣人皆因乎时之所趋，而有不得不革者。革之时岂不诚大矣哉！然则因时而成革者。明此为文明，顺此为和悦，是为大亨以正，革无不当，而悔亡若此也。“道有升降，政由俗革。”继治继乱，莫不各有当然之道。如盘庚之迁，始则民心未孚，既定而众心乃安，此革之而当者也。如嬴秦之坏封建、开阡陌，良法荡然；前宋之废祖制、行新法，贻害无穷。安能免于悔欤？谋国者当知所计矣！兑泽之中而有离火，水决则火灭，而火受其变矣，为革之象也。君子体之以天道人事，关乎四时，乃变革之大者。于是制为历书，设占步之法，以推天象运行之度；立布算之术，以察气机旋转之变。一一理会，以明乎四时，使晦朔望各因其序，分至启闭不愆其期将在上者得以敬天勤民，在下者得以因时趋事，岂非革道之大者乎？《尧典》首命羲和，敬授人时，圣门之论，为邦亦必心以夏时为先，“时若”，是其重也。凡民之生，因天之时以兴地之利，不明其时，则民不知兴作，是无以为生，即无以为民也，何以成三才之道乎？君子体革之要务，于此可见矣。革卦卦画作离下兑上，主要以变革和改变的道理论说吉凶。卦辞说，“重新占筮，于是令人信服”，是指前筮不合情理，所以改筮，新筮令人信服，且大亨通、利贞问，后悔也消失。初九，用黄牛皮革捆加固。这是用皮革的义项。六二，“重新占筮，修改旧的占筮结果”，此即卦辞所说的改筮。占问出征，吉利而无灾祸。九三，此爻本来不吉，出征凶险，占问也有危险，后来将马的胸带绕了三重，这是指极其细致，非常有信用。“革”字兼有皮革、变革二义。九四，“后悔消失，有信用”，这是改变、痛改前非的结果；改名吉利，指只需修改外表的东西即可趋吉避凶。九五，“大人虎变”，指王公大人之变，就像老虎冬夏换毛一样，光彩灿明。这是说焕然一新；“未占有孚”指只要改变既有信用，不必再占筮了。上六，“君子豹变”，指君子之变，就像豹子换毛一样，在深层缓缓地变换。

鼎卦第五十

[原文]

《鼎》：元吉，亨。[1]

《象》曰：鼎，象也。以木巽火[2]，亨饪[3]也。圣人亨以享[4]上帝，而大亨[5]以养圣贤。巽而耳目聪明[6]，柔进而上行[7]，得中而应乎刚[8]。是以元亨。

《象》曰：木上有火[9]，鼎。君子以正位凝命[10]。

[注释]

[1] 鼎是本卦的标题。鼎为饮食器具。最下的初六爻二横画，象鼎足，最上的上九爻象鼎盖，六五爻二横画象鼎耳，中间三爻，则象征鼎腹。古代统治者用以象征权力的“法象”器。《释文》：“鼎，法象也，即鼎器也。”《正义》：“鼎者，器之名也。自火化之后，铸金而为此器，以供烹饪之用，谓之为鼎。”又曰：“然则鼎之为器，则有二义：一有烹饪之用，二又物象之法。”朱熹曰：“鼎，烹饪之器，为挂下阴为足，二三四阳为腹，五阴为耳，上阳为铉，有鼎之象。” [2] 木巽火：鼎卦是下巽上离，巽为木，为入，离为火。巽：附从，入。[3] 亨：烹饪。[4] 享：祭献。[5] 大亨：王夫之曰：“郊用特牛，享宾之礼，牛羊豕具焉，故曰大。”大：义为广、多。 [6] 耳目聪明：上为离，离为目，为明。《鼎》六五又有耳象，故曰“耳目聪明”。[7] 柔进而上行：《鼎》卦之柔由初六五居上卦之中。[8] 刚：指九二，为阳爻。[9] 木上有火：下巽上离，离为火在上，巽为木在下，木上有火燃烧，鼎烹饪之象。《正义》：“木上有火，即是以木巽火，有烹饪之象，所以为鼎也。”[10] 凝：成。《释文》引郑云：“凝，成也。”《集解》引虞翻曰同。王注：“凝，严整之貌，亦作动词，犹言‘严守’即不踈失；命，使民。”

[译文]

《鼎卦》：大吉大利，顺畅。

《象传》说：鼎，象形的呀。把木柴放在火中，由于风的帮助，火更旺，这是在烹饪食物。圣人烹饪食物是用来祭祀天帝，进而大规模地烹饪食物以来奉养圣贤，使他们自愿为君主效力，从而使君主耳聪目明。此时君主能凭着谦逊的美德前进，高居中位又能下应阳刚贤人，因此说此卦大吉大利

《象传》说：《鼎卦》是离在上，巽在下，离为火，巽为木，卦象为木材在燃烧，象征烹饪，所以把它叫做《鼎卦》。君子应当像三足两耳的鼎那样端正居位，严守使命。

[不休说]

鼎，重器也，得之难，守之不易。此才德兼备，辅相得人，用以合天心而顺民志，乃

可以奠重器于无虞也。鼎卦初应于四，为所举用，阴柔不足以胜任，而当卦之初，鼎未有实，故无咎也。二乘于初，密迩阴柔，幸刚中自守，不为所溺。五居尊位，虚中以应九二之贤。上九复刚柔济以佐之，此所以上下之相成，而保鼎之道也。九三越无应上，舍可事之君，从避世之士，如鼎耳方革，不可举移之象也。此卦以正自守，则五终必求于三，三亦必应于五，终有明良相遇之吉。此卦大约言有虚中之德，养圣贤以辅佐之意。且卦象臣之分多，君之分少，鼎有足，臣任之，鼎有腹臣实之，鼎有铉，臣备之。君惟处两耳之间耳。故鼎得所辅而势不孤，鼎得所扶而器乃重。此得中应刚之说尤为急也。《鼎卦》告诉我们，要去旧立新。

[原文]

初六：鼎颠趾[1]，利出否[2]。得妾以其子[3]，无咎。

《象》曰："鼎颠趾"，未悖也。"利出否"，以从贵[4]也。

[注释]

[1] 颠趾：翻倒后足向上。《释文》："颠，倒也。"[2] 出：斥（《正字通》），逐，除去。出读黜，古通用。《庄子·徐无鬼》："君将黜耆欲。"《释文》："黜，本作出。"《说文》："黜，贬下也。从黑，出声。"《书·舜典》："三载考绩，三考黜陟幽明。"伪孔《传》："黜退其幽者，升进其明者。"否：恶（《释文》），坏劣；此作名词，指鼎中垢渣。因鼎在古代是国家权力的象征，故"否"亦可比喻奸人、弊政等坏劣事物。一说"否"通"妇"，见帛本《易妇》，"出否"即斥逐其妻；此指坏人。《释文》："否，恶也。"《诗·卬》："未知臧否。"《烝民》："邦国若否。"《释文》："并云：'否恶也。'"王注："凡阳为实，而阴为虚。鼎之为物，下实而上虚；而今阴在下，则是覆鼎也，鼎覆则趾倒矣。否，谓不善之物也。"[3] 妾：《说文》引《春秋》："妾，不聘也。"故曰"得"。《正义》："妾者，侧媵，非正室也。施之于人，正室虽亡，妾犹不得为室主。妾为室主，亦犹鼎之颠趾而有咎过；妾若有贤子，则母以子贵，以之祭室，则得无咎。故曰：'得妾以其子无咎'也。"以：连词，表并列，相当于"和"。得妾以其子：《经传·释词》："言得妾与其子也。[4] 从贵：指六四上从九四，得其纳物以为烹饪；犹妾因贵子而扶为正室。王注："弃秽以纳新也。"来知德云："凡事迹虽若悖其上下尊卑之序，于义则无咎也。"

[译文]

初六：将鼎翻转使鼎足向上，有利于倾倒废物。就像娶妾生子一样，没有什么灾祸。

《象传》说："将鼎翻转使鼎足向上"，没有悖理。"有利于清除恶人"，这其实是服从上级领导。

[不休说]

初六在卦之下，上应九四，乃四所举以登用者，有鼎趾之象也焉。第力不足以任重，未免倾覆之虞，犹鼎之颠而趾反居上也。然能因其无德致败而翻然惕虑，舍旧图新，祛阴柔之习而振奋勉之功，如鼎虽颠趾，而旧日之否恶由之而出，则得其利矣。盖转败为功，犹得妾以其子，因贱而致贵也，何至终罹于咎哉？克尽其职者，人臣之道。鼎而颠趾于道，为悖而实未悖者，以其出否也。盖“初”上应九四之阳刚，从乎可贵之德，而强毅有为，自可不负所托，如鼎之利于泻恶而受美，未为悖也。《易》之理贵阳而贱阴，可见柔靡之人不足以任事，然苟能一念自奋，发愤有为，则始屈终伸，如管仲举于囚辱之余，孟明用于累败之后，因而成大名显立功名，由磨励之有道耳。“出否”“从贵”之义，寓意岂不远哉？初六地位卑下，阴居阳位，失中不正，本应有“咎”，当“出之”。但初六上应九四，位卑而从阳，有利于九四安定事业之基础。对九四涤垢自新，养育新贤起积极的辅助作用，故而“无咎”。这一爻告诉我们，只有去掉旧的恶的东西，才有新的好的东西前来。

[原文]

九二：鼎有实[1]，我仇有疾[2]，不我能即[3]，吉。

《象》曰：“鼎有实”，慎所之[4]也。“我仇有疾”，终无尤[5]也。

[注释]

[1] 实：即鼎实，指鼎中所盛的食物。王注：“以阳之质，处鼎之中，有实者也。”[2] 仇：匹，配偶。《尔雅·释诂》：“仇，匹也。”《释文》：“仇，匹也，”《诗·关雎》：“窈窕淑女，君子好逑。”毛《传》：“逑，匹也。”《礼记》引逑作仇。郑注：“仇，匹也。”[3] 即：用本义，指两人对食，就餐。帛本作“节”。《说文》：“即，就食也。”[4] 鼎有实：鼎器中有食物。慎所之：慎其所取。之：用，取。《战国策·刘策三》：“故物舍其所长，之其所短，尧亦有所不及矣。”高诱注：“之，犹用也。”王注：“有实之鼎，不可复有所取；才任已极，不可复有加。”[5] 终无尤：指鼎中不加重负荷，终将无过尤。《正义》：“五既有乘刚之疾，不能加我，则我终无尤也。”

[译文]

九二：鼎中装满了食物。与我相对立的人嫉妒我，不能理解我，我还是坚持走我自己的路，是吉祥的。

《象传》说：鼎中盛满了食物，应该谨慎行事，不要盲目出行。与我相对立的人嫉妒我，我还是坚持走我自己的路，没什么可担心的。

[不休说]

九二以刚居中，是君子有充实之德足以承天养民，而为世用者，为鼎有实之象。然近比初六，阴柔之小人欲我为仇匹，相求非正，适为己之疾害，使于此不能自守，则陷于恶矣。乃二秉刚中以褆躬，分别甚严，是虽密近小人而终不能我即也。如此则刚中之实德不亏，吉之道也。小人之得以累君子者，未始非君子有以致之。吾鼎有实而自加慎重，不轻所往，虽我仇有疾害之理，而终不能，自不至陷于匪类，何有失身之尤乎？君子小人，斜正之途，势不并立。苟君子不慎，所交则必有败德之累，而为酿祸之阶。始之不谨，终悔莫及，故择善远恶，为守已处人之大防。然则古帝王治天下之良法，又孰不以弃斥小人为邦立政之本哉？九二以刚实居中，鼎中有实之象。九二居阳位，刚柔相济，具有济用之才。上应六五之君，自守应求，不致失正。九二虽为居九三、九四之下，却能自守中道，与诸阳相敌不阿，为六五之命是从。九二下乘六二，成正比，故能以正道自守，不受淫邪势力的影响。这一爻告诉我们，在破旧立新时，要尽量发挥自己的卓越才能，不要因别人的不理解就退缩。

[原文]

九三：鼎耳革[1]，其行塞[2]，雉膏不食[3]，方雨[4]亏悔[5]，终吉。

《象》曰："鼎耳革"，失其义[6]也。

[注释]

[1] 革：变，脱落。帛本作"勒"。此指损坏。《释文》："革，兽皮治去其毛革更之。"鼎耳革：指鼎耳不能贯杠来抬走。[2] 塞：阻碍。行塞：指移动困难。行其塞：指鼎的抬走受到阻碍。[3] 雉膏：肥美的野鸡肉。《释文》："郑云：'雉膏，食之美者。'"雉膏不食：指鼎中的野鸡肉没有吃。[4] 方：正当，将要。雨：阴阳调和。王注："雨者，阴阳交合，不偏亢者也。"亏：消。[5] 亏：气损（《说文》），引申为毁坏，损坏。《尔雅·释诂》："亏，毁也。"《小尔雅·广言》："亏，毁也。"悔：悔恨、烦恼。方雨，亏悔：指雨落在鼎中损坏了美味。[6] 义：读为宜。《集解》引虞翻曰："鼎以耳行，耳革行塞，故失其义也。"《正义》："失其虚中纳受之义也。"

[译文]

九三：变革变到鼎耳上去了，这样的变革将受到阻塞。美食不能吃，天正下雨，落入鼎上，开始感到遗憾，后雨水将热量销损了，所以说，最终还可以获得吉祥。

《象传》说：变革变到鼎耳上去了，是暗示人行为不当。

[不休说]

三为鼎腹，上承离体，本有养民之腴也。顾鼎之举行在耳，士之致用在君，三与五既非正应，情不相属，不得乎君，则道何由而行？众何由而济？如鼎耳方革，不可举移，而其行阻塞，虽有雉膏之美而不能为是之用，上负吾君，下负吾学，为有悔也。然能以正自守，则五终必求于三，而三亦必应于五，阴阳相合，明良交会，如将雨然。向者去君，长往之失可无矣。是初虽有不遇之悔，终得相遇而吉也。君子之仕原一行义，"鼎耳革"，则狷介而不为时用，自失其义也，夫岂可哉？士君子处世，诡随以希遇则失己，独善以忘君则废伦。惟自居中正之道，不急急于功名，亦不甘心于隐逸，斯得之矣。然自古圣帝明王，尤重尊德乐义之士，故士或守己以抗节，而君必屈体以下贤，未有怀才抱异而见弃于明时者，此三所以终免不食之悔也。九三居下卦之极位，虽正而失中，又与六五无应。而且六五居中而失正，九三虽有才用，却得不到六五之禄位，九三上交离，离为雉，爻变下体为坎为膏，兑变坎无口之象，故言"方雨亏悔"。这一爻告诉我们，变革立新也要讲究方法，遵循规则。

[原文]

九四：鼎折足，覆公餗[1]，其形渥[2]，凶。
《象》曰："覆公餗"，信如何[3]也。

[注释]

[1] 覆：倾覆。公：公侯。餗：鼎中食物，亦泛指美味佳肴。《释文》："郑云：'餗，菜也。'"[2] 形：通"刑"。渥：通"剭"，古刑之一，在房内受刑。形渥：帛本作"刑屋"。见《释文》、《汉石经》，意谓将受极刑。诛大臣于屋下，以别于平民在市上当众受戮。《周礼》有"屋诛"之刑，郑玄注引郑司农云："屋诛，谓夷三族。"是极重之刑。按《二三子》亦作"刑屋"，引孔子曰："口养不至，饥饿不但食，谓'刑屋'。"疑后来儒家传经者逐因此改为同音字"刑渥"，以是与死刑无关，但仍为凶兆。[3] 信如何：指九四不值得信任。王注："不量其力，果至凶灾，信如之何。"

[译文]

九四：鼎的足被折断了，王公鼎里的美食被倾倒出来，鼎身被污染，凶险。
《象传》说：王公鼎里的美食被倾倒出来。哪里还有什么诚信可言呢！

[不休说]

九四刚居柔位，处上体《离》明之初。邻近六五君爻，是位高权重的近君大臣，肩负君王的重托，应以安稳为重，选派德才兼备的贤士协助自己去完成巩固新政权的使命。然而，九四下乘九二、九三两阳之上，过于盈实，要谨防满而覆溢。九四下应初六，初六质柔才弱，鼎初未实之时，曾"颠趾"而"出否"难以负重。九四居大臣之位，任天下之重者也。天下之事岂一人所能独任？必当求天下之贤智与之协力，乃四反下应初六之阴柔，则任讬小人，必至败坏天下国家之事，为鼎折足而倾覆公之象。刑剭之诛无所逃矣，凶莫甚焉！大臣见用于君，其始所许者，未有不荐贤俊以成元亨之治。今四误用小人，以至败事，与相者期许之意如何矣，不亦自愧大烹之养乎？帝王欲用天下之人，必先择一用人之人。《周礼》六官其属各六十。以人事君者，大臣之职，但须用得其人耳。盖用人之得失，实关大臣之休戚，亦非独关大臣之戚，而实系国家之治乱。用非其人，祸止于一身，凶犹可言也；乃竟以此圣主之讬，败朝廷之事，祸并中于天下，凶不可言也。然则，在上者欲择用人之人，可不慎哉？这一爻告诉我们，在立断新时，更不能重用有才无德的人。

[原文]

六五：鼎黄耳，金铉[1]，利贞。
《象》曰："鼎黄耳"，中以为实[2]也。

[注释]

[1] 黄耳：铜耳。铉：关鼎盖的横杠。《释文》："铉，扛鼎而举之也。"孔《疏》：

"铉，所以贯鼎而举之也。"《说文》："铉，举鼎具也。"金铉：铜鼎盖横杠。贯鼎耳来抬走用的。[2] 为：成。《广雅·释诂》："为，成也。"实：富裕。《说文》："实，富也。"为实：指受鼎实。

[译文]

六五：鼎配上黄铜的鼎耳，插上铜杠，有利于上部。

《象传》说：鼎配上黄铜的鼎耳，插上铜杠，是由于六五爻居中，不但有真才实学，而且坚守中正。

[不休说]

六五虚中而应九二之坚刚，是纯德之君而又得贤臣以助之，明良喜起，犹鼎黄耳贯之以金铉也。正位凝命，不待言矣。然必任贤之诚，始终勿移，以底于贞固焉。斯贤者乐为效用，而鼎器之重可赖之以共举矣。君必得臣以建功，臣必得君以弘化。五之取象于黄耳者，以六五有虚中之实德，故能忘己以任贤，非矫饰于外而为之也。天下重器，非得人不可共济。古之圣主一心用贤以致泰交之盛治者，非有他术也，惟其中之虚而任之诚耳。盖虚则无予知自矜之失，而贤者得以尽其才；诚则无奸邪杂进之虞，而贤者得以久其位。《书》曰："任贤勿贰，去邪勿疑"。其虚与诚之谓欤？六五具有虚中怀柔之德，下应九二，又与上九、九四亲比。象征仁德之君，善于用贤纳士。但鼎卦中，诸阳爻刚而不正或正而不中。六五爻中而不正，处尊位而阳刚不足。所以，爻辞诫喻君臣以贞固于中为有利。这一爻告诉我们，在破旧立新时，一个人不但有才学，而且品德高尚，应当重用。

[原文]

上九：鼎玉铉[1]，大吉无不利。

《象》曰："玉铉"在上[2]，刚柔节也。

[注释]

[1] 玉弦：玉制的鼎盖横杠。玉铉二字，帛本《二三子》作"玉璧"。《正义》："玉者，坚刚而有润者也。"[2] 象：指象鼎器之形，鼎卦卦画作䷱，故为《鼎》。[3] 玉：宝物。[4] 在上：指人在上位。节：节度。

[译文]

上九：鼎耳插上玉制的横杠，大大吉利，没有什么不利。

《象传》说：玉制的横杠插在鼎上，这说明刚与柔相互调节。

[不休说]

上九，耳目之臣，佐君弘化，犹鼎藉铉之贯耳以举也。第辅鼎太刚，则失理之宜。今以阳居阴，刚而能温，是本其叁和之德而出之为剂量之施，直栗而济以宽温大以成其明作，有鼎玉铉之象焉。如此兢絿不偏，事皆尽善而大吉，且上可成致主之猷，下可敷泽民之化而无所不利矣。上九居辅之任，其取象于铉宜然矣。然不徒曰鼎铉而曰玉铉者，盖温润而栗，玉之节也。上九以阳居阴，则刚不一于刚，而又节之以柔。夫其刚也，一玉之栗也，其柔节也，一玉之温润也。上之取象于玉铉，其以此夫？五象鼎耳，以上为铉，以九为金，虚中以纳之刚，君之圣也。上象鼎铉，以九为铉，以上为玉，质刚而用之以柔臣之节也。君子于臣，惟恐其有所畏难而忠不尽，故曰金，即大舜汝无面从之义也。臣之于君，虽效其直言而恪恭不替，故曰玉，即文王小心翼翼之义也。君不挟其亢心而谦抑于上，臣不恃其正气而敬慎于下，则天命凝而神器奠矣。上九刚居柔位，刚柔相济，所以称为“玉铉”。上九与六五柔爻成正比，又处上体《离》之上位，光明远播，有助鼎用。这一爻告诉我们，在立新时，如果一个人行事能刚柔相济，那么一定要重用他。”

总　论

国家之重器莫若鼎，自非德位兼隆而得贤才以辅之，无以成保定之功。今卦象本皇躬以建极而有其德，卦变履大宝以出治而有其位，卦体登俊以立政而有其辅，三者兼备，故能补偏救弊，除旧布新，跻斯世于文明，措治理于尽善；上焉而天命以疑，下焉而民心以固，不亦元亨乎？帝王之抚有此鼎也，创业固艰，而守成尤不易。《专》曰：“在德不在鼎”，《书》曰：“任官惟贤材”。言乎修德乃保鼎之本，而用贤实辅德之原也。人主处丰亨豫大之时，能常思神器之不易守，势位为不足凭，而日以迪德简贤为兢兢，斯乃万世不拔之业也欤！卦名鼎者何哉？初阴下峙为足，二、三、四、中实为腹，五阴对峙为耳，上阳为铉，有鼎之象；以巽木离火，藉以烹饪，又有鼎之用，故曰鼎也。此岂直一物之微已哉？报功之典，莫大于亨帝，特牲以迓居，而必用鼎以烹之，始可以将其诚；经帮之道，莫重于养贤，以明式燕，而必用鼎以烹之，始得以申其敬。鼎之用洵大矣！第凝鼎必恃乎有德，卦象上离为目，而五为耳，是在内心思巽顺，而在则耳目聪明也。主鼎必恃乎有权，卦变从巽来，阴进居五，是以温恭之主而居元后之尊也。调鼎必恃乎有辅，卦体得中应刚，是以纯心之君而获刚明之臣也。夫德位兼隆，明良交济，洵可永为享帝，养贤之令辟矣，其元亨也不亦宜哉？敬天礼贤，圣王致治之要道。明堂宗祀，所以享帝而本之，曰夙夜畏威则格天，即以修德；即以安邦。有天下者，其可不加之意乎？木上有火而烹饪有资，鼎之象，君子体之，以鼎乃天下之重器，犹人君所居之位乃天下之重宝。鼎不正，则所受之实无以聚；位不正，则所受之命何以凝？故敬慎以正其内，而存于心者，戏渝之必祛；端庄以正其外，而持诸躬者，倚之必戒。则所发皆正言，所行皆正道，于以上凝天道命，自然巩固而无倾危之患矣。“正位凝命”，乃身世交尽之功，天人合一之道。盖朝廷正而百官万民罔有不正者矣。百官万民正而天命罔有不凝者矣。《书》言“疾敬厥德”，而即推之于祈天永命。而即验之于四方为纲，亦此旨也夫！鼎卦以古代贵族祭祀用的食器鼎及其中的鼎实来论说吉凶。卦画作巽下离上。卦辞十分简洁：大吉而亨通。初六，“鼎足朝上，颠倒倾覆，利于清除奸恶之臣”，以鼎内残渣比喻奸恶之臣，要像覆鼎那样清除他们，可谓嫉恶如仇，同时从个人来说，也指一举倾覆从前的恶运；“得妾以其子”，其义从鼎有附耳而来，妾之有子，就如鼎之有耳，此处暗喻妻无生育，而纳妾即能生子，不忧无後，所以说“无咎”。九二，“鼎有食，配偶不能和我一起享用，吉利”，妻病而言吉，是因烹饪器凹洼、中虚，可象征女性，妻病而“鼎有食”，则其病将痊愈。九三，“鼎耳脱落，行动受阻”，是因鼎的移动要借助鼎耳（以杠贯穿鼎耳）；“野鸡肥美，但不能吃，”是因下雨而食物损坏。最终吉利，是因悔过改正。九四，“鼎足折断，王公的美味倾覆，将在屋内受大刑”，鼎用以祭祀，美味倾覆是严重违礼行为，故受刑。六五，“鼎有着金黄的耳、金黄的横杠”，均以青铜制，其色本青，呈黄金，是因使用甚勤之故，勤谨于祭祀，必胜福佑，所以利于贞问。上九，鼎之横杠以玉制，则家世显赫，地位崇高，所以说“大吉，无不利”。

震卦第五十一

[原文]

《震》[1]：亨。震来虩虩[2]，笑言哑哑[3]，震惊百里，不丧匕鬯[4]。

《彖》曰："震，亨。震来虩虩"，恐致福[5]也；"笑言哑哑"，后有则[6]也。"震惊百里"，惊远而惧迩[7]也。出，可以守宗庙社稷[8]，以为祭主[9]也。

《象》曰：洊雷[10]，震。君子以恐惧修省。

[注释]

[1] 震是本卦的标题。震代表雷电，帛本作"辰"。《集解》引郑玄曰："震为雷。雷，动物之象也；雷之发声，犹人君出政教以动中国之人也；谓之为震。"《正义》："震，动也。此象雷之卦，天之威动，故以震为名。"《说文》："震，辟历振物者。从雨，辰声。"徐铉曰："辟历，今俗作霹雳。"朱熹曰："震，动也。"《诗·十月之交》："烨烨震雷。"毛《传》："震，雷也。"[2] 亨：雷威震动万物，使皆警惧，故可致亨通。《正义》："震即威动，莫不惊惧，惊惧以威则物皆整齐，由惧而获'亨'德。"虩虩（xì）：震惊哆嗦，形容恐惧的样子。朱熹曰："虩虩，恐惧惊顾之貌。"[3] 哑哑：笑声。帛本作"亚亚"。[4] 匕：勺子。鬯（chàng）：指鬯圭，古代礼器，玉制，祭祀时。用以酌鬯酒（用于祭祀的香酒）。鬯字帛本作"觞"。王注："鬯，香酒，祭祀所用酒名，奉宗庙之盛也。"《集解》引郑玄曰："雷发声闻于百里，古者诸侯之象；诸侯出教令，能警戒其国，内则守其宗庙社稷，为之祭主，不亡匕与鬯也。"[5] 恐致福：因受惊恐反致福祥。《正义》："威震之来，初虽恐惧，能因惧自修，所以致福也。"朱熹曰："恐致福，恐惧以致福也。"[6] 后有则：初九居阳位得正，故曰后有则。《正义》："致福祉后，方有笑颜，以曾经戒惧，不敢失则。"则：规章，法渡。朱熹曰："则，法也。"[7] 迩：近。[8] 不丧匕鬯：《彖》文中无此句。社稷：古语称土神为社，祭土社之坛也称社。谷神为稷，祭谷神之坛也称稷。此指社稷坛。[9] 祭主：行祭礼之主人，即主祭。震为长子，长子为祭主。[10] 洊（jiàn）雷：上下皆为震，震为雷，故曰"洊雷"。洊：重，再。孔颖达曰："洊，重也。"

[译文]

《震卦》：顺畅，雷鸣地颤，有的人吓得浑身哆嗦，过了一会大家谈笑自如。巨雷震响，使方圆百里的人震惊，然而祭祀活动还是照常。

《彖传》说：雷声震动，亨通。"雷鸣地颤，有的人吓得浑人哆嗦"，这是因为恐惧能招福。"过了一会大家谈笑如故"，说明惊惧之后就能遵循自然规律。"雷声震惊百里之遥"说明使远处的人震惊，近处的人恐惧。"祭祀活动还是照常"，说明其人胆量非凡，可以守宗庙保社稷，成为祭祀的主人。

《象传》说：《震卦》是上下卦都为震，震为雷，卦象为雷相重迭响雷不断，所以把它叫做《震卦》。君子应找出自己恐惧的原因，自我修身省过。

[不休说]

震，取一阳生于阴之下，有奋迅激发之意焉。然当变动之时而能恐惧修省，则可致福而远害，故曰亨。此卦以初为震主，其余诸爻各就其位，以明处震之义耳。六二守正于震来，故复得也。六三去不正于震时，故无眚也。九四沉溺于二阴，故未光也。六五中德自守，以恐惧为心，故能易乱为治，以危为安，使无丧而有事也。人君致治也，在一念之兢惕，知其危则思保危，忧害则思弭害，故虽如上之阴柔而处震极，犹能早图而无咎也。观震卦自上六之外别无凶者，以其有危惧之心、无逸豫之志也。然与其临震而豫防。故境之震出于至者未可知也，心之震惕于平时者可自主也。能以心豫境，境可无患矣。《震卦》说明，对我们来说，震动的到来是祸还是福是个未知数，因为一方面它能使人恐惧，从而谨慎行事，避开灾祸；另一方面它使人惶惶不可终日，因忧惧而不能采取有效的措施防范灾祸的发生。

[原文]

初九：震来虩虩[1]，后笑言哑哑[2]，吉。

《象》曰："震来虩虩"，恐致福也。"笑言哑哑"，后有则[3]也。

[注释]

[1] 震：雷。虩虩：《释文》："虩虩，马云：'恐惧貌。'郑同。"[2] 哑哑：《释文》："哑哑，马云：'笑声。'郑云：'乐也。'"《说文》："哑，笑也。"王注："体夫刚德，为卦之先，能以恐惧修其德也。"[3] 后有则：不困恐惧而失去法渡。《折中》引范仲淹曰："君子之惧于心，思虑必慎其始，则百志弗违于道；惧于身也，进退不复于危，则百行弗于祸。则初九震来而致福，慎于始也。"则：法度，法则。

[译文]

初九：开始听到响雷，吓得浑身发抖，过一会听到雷声仍谈笑如常，吉祥。

《象传》说：开始听到响雷，吓得浑身发抖，表明恐惧能够致福。后来听到雷声仍谈笑如常，是说明惊惧之后就能遵循客观规律办事。

[不休说]

初为成震之主，出震之初，是能常存敬畏，然恐惧修省者。如是，则思患预防始于惧而后可以不惧，笑言哑哑，安乐自如，不亦吉乎？"初九震来虩虩"者，岂终于恐惧乎？盖心存警惕之念，自获安适之休，可以致福也。"笑言哑哑"者，岂出于倖致乎？盖心当恐惧之后，宰物之机已熟，御事之权已定，自有处震之法则也。周公系震之辞，即文王之《彖辞》。先儒言震为长子，有主器之责，文王既已全，《彖》当之，周公专属之初九何也？初阳在下，即乾之潜龙。古者天子之元子与公卿大夫元士之子，凡民之俊秀同齿，让于学宫，为有君父在泽礼。然此《爻辞》所以专属之初九，欲令后世知早谕教之道，《风愆》之训，《无逸》之篇，师保日陈于前也。其余诸爻则又各就其位，以明处震之义也。初九刚居阳位，具有阳明之德，又为居震的初始阶段，最先感受震动而生警惧之心。初九与六二正比，刚柔相济，临危不乱，反应及时，措施得力。这一爻告诉我们，当危险到来时，不可掉以轻心，但也不能惶惶不可终日。

[原文]

六二：震来厉[1]，亿丧贝[2]，跻于九陵[3]，勿逐[4]，七日得。

《象》曰："震来厉"，乘刚[5]也。

[注释]

[1] 厉：危（《集解》引虞）。朱熹曰："六二乘初九之刚，故当震之来而危厉也。"[2] 亿：通"繄"，发语词。帛本及下文六五爻作"意"。王注："亿，辞也。"《释文》："亿，本作噫，辞也。"贝：货币。[3] 跻：攀登。《说文》："跻，登也。"九陵：九重山，指极远。[4] 逐：追寻。[5] 乘刚：六二之阴柔乘凌初九之阳刚。指人冒犯雷雨而登九陵，有被雷击之危险。

[译文]

六二：电闪雷鸣，有危险，惊慌中丢失了钱财，登上了高山。不必追寻它，待到七天自会失而复得。

《象传》说：电闪雷鸣，在危难，这是因为六二阴爻凌驾于初九阳爻之上。

[不休说]

六二阴柔，乘初九之刚，以柔弱之资而遇强梁之人，是当震之来而危厉也，且不但危厉，而已因怖惧而大丧其所持之货贝，且远避而升于高陵之上，其不皇自安如此！幸柔顺中正足以自守，所遭虽为不幸，而此心不为之乱，及时过事平，其所丧者不待追求，而七日自获矣。"震来厉"者，盖六二乘初九之刚，以柔遇强力不相敌，危厉之来，势所必至，岂德不足哉？阳刚之人多震动有为，阴柔之人多因循不振。以柔乘刚，往往得困，固其宜耳。然能居中履正，以退为进，始虽有不克自全之忧，后自有复还故物之喜，其丧也。六二之勿逐自得，其殆善处震者欤！初九阳刚上进，象征震动之始，六二以柔乘刚，受到冲击最大，不可安处，六二、六三、九四组合成《艮》卦。艮为山，为高陵，又为神庙所在之地。卦爻共。这一爻暗示我们，如果十分危险，行动也于事无补，要以退为进。

[原文]

六三：震苏苏[1]，震行无眚[2]。

《象》曰："震苏苏"，位不当[3]也。

[注释]

[1] 苏苏：疑惧不安的亲子。帛本作“蔬蔬”。《释文》：“苏苏，疑惧貌。郑云：‘不安也。’”孔《疏》：“苏苏，畏惧不安之貌。”[2] 震行：巨雷往来。《竹书纪年》武乙三十五年：“王畋于渭河，大雷震死。”《左传·僖公十五年》经：“震夷伯之庙。”无：无。眚：灾（《广韵》）。[3] 位不当：六三失位不中。《折中》引赵光大曰：“天下不患有忧惧之时，而患无修省之功，若能因此惧心而行，则持身无妄动，应事有成规，又何眚之有?”

[译文]

六三：响雷使人恐惧不安，但是它能使人因恐惧而能谨慎行事，因此不会有灾祸。

《象传》说：响雷恐惧不安，说明恐惧不安者所处的位置不适当。

[不休说]

六三以阴居阳，不得其正，是当危惧之时而犹行险侥幸，罔知修省，以致灾难愈迫，不胜其惊惧之心，而精神涣散有苏苏之象。若能以此惧心而震动激厉，去其不正以从于正，则难处之中尚有处之术，危者可以复安，何至于眚乎？凡人必有奋发之心，斯无怠缓之失。三之“震苏苏”者，由其处位不当，失中正之侧，是以惶恐失措至于苏苏也。三为危地，当震惧之来，即以刚居之，犹虑弗胜，宜其操持不固，至于自失也，然天下祸患之生，无，惟惧其自暴自弃，畏难苟安，则终于不振耳，何如奋发有为而去怠惰之习，忧勤惕虑而不励修省之图，安在乱者不可反而治，亡者不可转而存乎？圣人以震行之道励之，其垂示着至一矣。六三处下卦之上位，才质柔弱，又失中不正，难以经受重大打击，容易被困难吓倒。震卦下互为艮，艮为止，六三处艮之中位，又位于初九与九四之间，处于一雷将过，一雷继起的交接阶段，是进是退无所适从。震之上互为坎，交震为解。但六三位于坎险之初，不敢妄为，所以有“震苏苏”之状。六三与九四成正比，九四阳气上行，不会对六三造成危害。因而六三应改变自己失正之过，付诸行动，去不正而归正。这一爻暗示我们，一个人因居位不当而受到震动，这是件好事，因为这样会促使他谨慎行事，从而能避免灾祸。

[原文]

九四：震遂泥[1]。

《象》曰：“震遂泥”，未光也。

[注释]

[1] 遂：通“墜（坠）”。《释文》“遂，荀本作隊。”高亨曰：“逐是借字，队是本字。”《说文》：“隊，从高陨也。”《周礼·考工记·轮人》：“般亩而驰不队。”郑注：“队，落也。”《淮南子·天问》篇：“丙子干壬子星队。”高注：“队，陨也。”《荀子·天论》篇：“星队木鸣。”

[译文]

九四：雷声震动，被吓得掉到泥地上去了。

《象传》说：雷声震动，被吓得掉到泥地上去了，说明其人见识浅，胆量小。

[不休说]

九四处柔则失刚健之道，居四则无中正之德，又陷于二阴之间，载坠及溺，不克自拔，则其往也，将遂沉溺而不复起矣。当震时而能自奋发，庶几不至于滞溺。今震而遂泥，则终于幽暗而已，岂能自耀于光明乎？震为刚德之首，初以刚居刚，震动有为，震之所以亨也，四亦为震之主，而失刚不正，锢于重阴，处危难而不退守之德，欲震动而无奋励之行，则日就沉沦，终于柔暗，震道亡矣。《春秋传》曰："冕安鸠毒，不可怀也"。从古天资高绝者，往往以一端之嗜好不足乱其聪明，便辟之小人不足惑其神志而偶狎近之，遂为所中而不及觉矣。所以具生知之才，又必加以克已之学，然后性行光而功业彰，庶几刚德常全而动无不亨也乎！九四爻刚居阴位，不中不正。表征九四不自修德，难以坚守刚健之道。震卦自六二爻至上爻组成大坎。九四深陷坎险之中，阴盛阳衰，志气不能遂，而且九四与初九敌应，缺乏外援救助，九四下互艮，艮为山，爻变成坤，坤为地，有山崩成泥之象。这一爻暗示我们，一个人要有胆识，否则，禁不住震撼，便谈不上化险为夷。

[原文]

六五：震往来厉[1]，亿，无丧有事[2]。

《象》曰："震往来厉"，危行也。其事在中[3]，大无丧也。

[注释]

[1] 震往来，厉：当震之时，阴柔居尊，上往则遇阴得敌，下行则乘刚有失，故往来皆历。《尚氏学》："往得敌，来乘阳，故往来皆危厉也。"[2] 有事：谓祭祀之事。古人说："国之大事，惟祀与戎。"《集解》引虞翻曰："事，谓祭祀之事。"《折中》："春秋凡祭祀，皆曰'有事'，故此'有事'谓'祭'也。"[3] 其事在中：事指祭祀之事。

[译文]

六五：响雷不断，恐有危难。噫，没有损失，便去祭祀。

《象传》说：响雷不断，恐有危难，这是因为危险在运行。处事恪恪中道，不会有什么损失。

[不休说]

六五以柔而当震之时，是懦弱之人覆国家之变，才既不足以振拔，而势又处夫艰虞，宜其往来皆厉，无时而不危也。然其所处得中，才虽不足以济时，而德犹足以自守，故能易危而安。君德尚可修复，治道尚可复振，大无所伤而又能有事也。六五"震往来厉"者，言以柔弱之才而当此多难之秋，其所行皆危厉也。所行危厉而犹能以有事者，以其实有中德，于凡事之来，皆恐惧修省以处之，知其危则思保其危，忧其害则图弭其害，惟事事乃其有备，不但止于无丧而已。当震时，非有才固不足以成功，非有德亦不能以自守。六五居位得中，虽不足于才，而尚优于德，故能兢兢业业，处厉而无丧。盖往来皆厉，则更患多而虑事久，此多难所以兴邦也。其事在中，则修省密尔偏倚消，此守正所以制变也。惟其始于惧。人君之心岂非治乱所从出也？六五居两阳之上，正当一震刚过又来之位，特别是六五临近九四，守震尤为严重。而且六五下与六二无应，上与上六逆比，处于无援地位。六五上往，则柔不可当，动极下来，则反刚。而且六五柔居刚位，才质柔弱又不当位，故“往来皆厉”。但六五处上体之中，为尊而能守柔中之德。这一爻告诉我们，自己侥幸躲过灾难，也要拜访将来对自己可能有帮助的人。

［原文］

上六：震索索[1]，视矍矍[2]。征凶，震不于其躬[3]。于其邻，无咎。婚媾有言[4]。

《象》曰：“震索索”，中未得[5]也。虽凶无咎，畏邻戒[6]也。

［注释］

［1］索索：步履战栗，形容恐惧而形于目的样子。《释文》：“索索，郑云：‘蹜蹜，足不正也。”《礼记·玉藻》：“执龟玉，举前，蹜蹜如也。”《论语·乡党》篇：“执圭勃如战色，足蹜蹜如有循。”高亨曰：“蹜蹜，乃恐惧存于心而行于足也。”帛本作“懼懼”。［2］矍矍：目不正（《释文》引郑），形容左右惊顾之状。［3］躬：帛本作“窮”；身（《说文》），自己。［4］婚媾：婚姻。此指亲戚。言：指诃谴、小麻烦。［5］中未得：《正义》：“犹言‘未得中’也。”［6］畏邻戒：指畏惧邻人被雷震死之鉴戒（辞在上六爻）。《正义》：“畏邻之功，惧而自诫，乃得无咎。”

［译文］

上六：因为害怕响雷而畏缩不前，目光飘移不定，出征就会有凶险。如果雷电没有击在他身上，而是先落在邻人头上，他因此有了思想准备，没有过错。如果不以邻人为戒，即使事先约好，出征也会与同盟的人发生争议。

《象传》说：因为害怕响雷而畏缩不前，因为上六爻的居位不正；即使有危险却不致受害，这是因为能吸取邻人的教训，因而能防患于未然。

［不休说］

上六柔居阴位，才质柔弱，处震之极，却不能守中，难求安定，亦不可盲目乱闯，故有“震索索，这视矍矍，征凶”之象。上六虽不居中，但得正位，远离两阳刚之爻。而且九四与六五以成亲比，震波渐失。只要吸取六三与六五受震之时的教训，谨慎儆戒于未然，自然不会有大的过失。上六纯乎阴柔，既无自守之操，处乎震极，又当事变之冲，是无才而遇大变者也，故当震动之来而志气索索然以消阻，瞻视矍矍然而彷徨，以是而往，则中先自乱而无以御事之变，其凶必矣。所以然者，由处震极不能图之于早也。苟能思患预防于震未及躬，而于其邻之时恐惧修省，则患可弭，变可消，自不至索索矍矍之凶而可以不戒乎？震索索之见于外者，实原于心之危惧而不自安也。若中六有主，岂至于是哉？虽凶而得无咎者，盖天下之事防于未然者易为力，制于已然者难为功，今震方在邻，乃邻所戒也，及此时而畏之，则有备无患，又何咎矣？震卦自上六之外别无凶者，以有恐惧之心而无逸豫之志，然与其临震而方惧，又不如未震而预防，惟圣人能内外无患，自非圣人，外宁必有内忧。汉史称魏相在宣帝时，史按事郡国，盗贼风雨灾变，相互奏言之，欲其君知忧惧常如祸患之至。可见圣明之主无时不凛渊之危，忠爱之臣无日不陈绸缪之戒也。全卦言处震之道切于此矣。这一爻告诉我们，要善于从他人的经历中吸取教训。

总　论

时至于震，则变动不宁，若不可以得亨矣，不知生全出于忧患，而安乐得于艰危。震，盖自有亨之道焉。"震，亨"何如？人当震之来时，苟能恐惧修省，而不敢有一毫慢易之心，则图维之周，虑事之熟，始于安适，而一笑一言，皆哑哑自如矣。虽或卒然之顷，变起意外，如雷之奋击，百里之内不为之震惊，然此中之主宰素定，身心泰然，无改常度，不犹长子之主祭者恪守所主之重而不丧匕乎？震有亨道如此。震有自内出者，则为恐惧修省，有自外至者，则为忧患灾害。然圣人不恃震之不来，而恃我有处震之道，故兢业日惕于神明，抑畏时于夙夜。盖惟惧乃可以不惧，惟危乃可以不危。《诗》曰："敬天之怒，乃敢戏豫。敬天之渝，无敢驰驱"，言其敬也。若不知敬惧而以慢易乘之，则事变之来将惶惑而不知所措矣。故临大事而不失者，惟始终一敬而已，此处震之道也。震者系以亨者，盖人事之安危系于一心之敬怠，心能震动，则自有亨道，不待言矣。又云"震来虩虩"者，盖忧患、灾难自外而来，惟心存戒惧，不敢少宁，则忧患消而安乐至，恐虽非福，乃所以致福也。又云"笑言哑哑"者，盖遇事而惧，则审虑必极其精，区画必极其当，一举一动无不合于法则，此所以得相安无事而笑言哑哑也。所谓"震惊百里"者，盖言国家事变卒临，众志动摇，如雷震百里之内，远迩皆为之惊惧也。当此时而长子之责者，乃能处之凝定，不失所主，则持重之德真足以负荷重器，可以宗庙社稷，而为天地神人之祭主矣。《易》乾为人君之象，震为储贰之象。盖能成其为子，斯无负其为君。震之惧即乾之惕，震之动即乾之健。人情惧畏威之念迫，而省过之心生，动则怠慢之气祛而明作之功奋。乾道之乘时御天，长子之主宗庙，乾与震无二理也。雷声至重洊则加厉，震之象也。君子体之，以为祸患之来，皆人事所感召，自反身修德，何以格天而弭灾？于是内存恐惧，而作于心者，罔敢有怠忽之时；外务修省，而见于事者，罔敢有苟且之行。战战兢兢，实图率德盖行，以无负天心之仁爱，斯处震之道得矣。人未尝无恐惧之时，而恒不能尽修省之实。盖徒恐惧而不修省则变，至而忧虑百出，变已而怠缓自如矣。君子则忧其变之来，而恐惧以图之于先；思其变之弭，而修省以救之于后，所以能尽畏天之学也。昔周宣王遇灾而惧，侧身修行，宋景公一言合道，荧惑退舍。恐惧修省，诚人君挽回天心之要道哉！震卦卦画作震下震上，以雷电的表现及人的感受说吉凶。此卦仅利于处变不惊的大人、君子，对普通人而言，较多危险。卦辞说："惊雷令人震惊哆嗦，但还是有人谈笑自如"，所谓"泰山崩于前而色不变，麋鹿兴于左而目不瞬"，这就是苏洵所说的大将本色；又说，"雷声震响于百里之外，正祭礼的人手持酒勺和鬯圭，镇定如常"，此种镇定，更非常人所能。有如此心志，自然万事亨通。初九，“雷声传来，令人惊恐，过后还是谈笑自如”，此与卦辞相似，但多出一个“后”字，说明当时有些惊恐，但随即镇定下来，所以吉利。六二，象为“雷电交加，非常危险”及“丢失钱财”，所谓顾此失彼，保得性命，丢了钱财。尽管如此，仍属有惊无险，何况钱还是能找回。六三，“惊雷闪电令人发震，雷电经过，没有灾咎”，这是指虽遭遇惊雷，但幸免于难。九四，“惊雷响处，人堕入泥中”，指被雷击死。六五：“雷电闪来闪去，十分危险，”慌忙中有所损失，但又不会太大，可能会有战事发生。上六，“雷声令人恐惧不安，电光使人不敢正视”，此雷与电已经到了极致，必有人被击死。天时不利，所以出征凶险。幸运的是，雷电不会击中他本人，而击到邻人，所以说“无咎”。但雷电过于猛烈，说明阴阳不和，所以占筮婚姻则有闲言争执。

艮卦第五十二

[原文]

《艮》[1]：艮其背[2]，不获其身[3]，行其庭[4]，不见其人，无咎。

《彖》曰：艮，止也。时止则止，时行则行，动静不失其时，其道光明。艮其止[5]，止其所[6]也。上下敌应[7]，不相与[8]也。是以“不获其身，行其庭，不见其人，无咎”也。

《象》曰：兼山[9]，艮。君子以思不出其位[10]。

[注释]

[1] 艮是本卦的标题。原文卦象后无“艮”字，这是为避免与卦辞重复而省略，今补。艮，本意为顾视、还视，即回头看意思，本卦中意为注视、注意。[2] 于鬯以为“艮其背”当句断，背字义为“倍”，即反背。背字，帛本作“北”，简本作“倍”。[3] 獲（获）：通“護（护）”身：指胸腹部和身体前面。[4] 庭：园宅。帛本、简本作“延”。[5] 艮其止：王弼认为《易》背曰：“止”，朱熹、俞樾、朱骏声等认为“艮其止”当作“艮其北（背）”。[6] 止其所：指《艮》内外两艮各止其所（指背）。[7] 上下敌应：《艮》初四、二五、三上皆互不相应。“敌应”即不相应。[8] 不相与：不相亲与。与：亲。《艮》两艮各止其所，故不相与。[9] 兼山：上下皆艮，艮为山，丙山相立而为“兼山”。兼：两，重。《正义》：“两山义重，谓之‘兼山’也。直置一山，已能镇止，今两山重叠，止义弥大，故曰‘兼山，艮’也。”[10] 思不出其位：考虑问题不出其所处之位。指思而知其所止。

[译文]

《艮卦》：用自己的背对着事物，就不能看见事物，自然静止。在别人的庭院中行走，在这庭院里没见到人。没有灾祸。

《彖传》说：艮有静止的意思。该静止就静止，该行走就行走，动静要在适当的时机，他的前景就会光明。用自己的背对着事物，就不能看见事物，自然静止，这就是止的地方是适当的。眼睛和背是相背的，不能互相支持，因此不能看见事物。在别人的庭院中行走，在这庭院里没见到人。自然不会滋生欲望，没有灾祸。

《象传》说：《艮卦》艮在上，艮在下，艮为山，卦象为两山重迭之象，所以把它叫做《艮卦》。君子观此现象，他的思维不能超出自己本位。

[不休说]

艮，取得止之义。物皆有止，而以止理者为大焉。圣人欲人动静皆止于理，不夺于内外物欲之私以免于咎，故卦辞予之以“无咎”。六爻各不相应，皆以人身取象，以明止善不迁之意。初六以阴柔居下，自无妄动越分之失，然其才柔质弱，有不克终之虑，非如四之外无所感，内无所动，时止而止者。故四之占但曰“无咎”，而初利于永贞也。若二之正己有余，而正人不足。三之强制于外而反动其心，则又非止道之正矣。至于六五曰“艮其辅言有序悔亡”者，五为君位，有训导天下之任，本中正之德而出言有章，皆止机也。然止心力持之不永，则止之功德亦积之不厚。上九能艮于终，则通上下为一身，合行止为一道，有至刚之德而不渝于久，有至健之才而无倦于终，艮之极盛也。大抵止义贵合乎时。初四，时止而止则得之。二、三，时行而止则失之。夫曰“止其所”者，时即所之：“‘屡迁所”，即时之贞一。有得于时，即有得于所，无二义也。善止者，随境取之而已。《艮卦》告诉我们，不要受外界的干扰，该静止就静止，该行动就行动。

[原文]

初六：艮其趾[1]，无咎。利永贞[2]。
《象》曰：“艮其趾”，未失正[3]也。

[注释]

[1] 艮：止，关顾。趾：足。[2] 永：长。永贞：占问长期之事。[3] 未失正：《正义》：“行则有咎，止则不失其正，释所以利永贞。”

[译文]

初六：止在自己的脚部，没有什么灾祸，有利长期卜问。
《象传》说：静止在自己的脚上，这就说明没有失去正道。

[不休说]

初六以柔居于阳位，是为不正，初六位于艮卦之初，既与六四无应又与六二逆比，象征在事情刚开始时过于柔弱，不敢有所作为，犯了不当止而止的右倾错误，虽然有错，但不至于带来危害。初六阴柔，则无妄动之失，居下则无越分之思，是身一于理，而嗜欲不以汩其心，心安于遇，而外物不以易其性。盖当趾之地而能艮趾者，可以无咎矣。然初阴才弱，恬静有余，而恃守或不足，又必即贞一之功而要之为终身之守。一事一物此止，推之万物亦此止，庶几久暂无间，乃永贞而不变也，何利如之！初六艮趾者，盖至正理本人所当止，惟不知所止而失正者多矣。初有知止之明，而择此正于始，有钦止之功；而守此正于终，是能不失其正也。艮趾为于初之象，千里之行始于足下，当其发轫之日，止得其正，由此事成功立，可见坚久不废矣。然人之常情，有初鲜终，始虽克慎厥止，或半途而偶丧焉。故艮止非难，永贞为难。周公于初曰“永贞”，于上曰“敦艮”，合初终以观止，乃见止道之光明也夫！这一爻说明，应在错误的行动还未开始之前停止行动。

[原文]

六二：艮其腓[1]。不拯其随[2]，其心不快。

《象》曰："不拯其随"，未退听[3]也。

[注释]

[1] 腓：腿肚子。[2] 拯：通"升"，古祭祀时将烧熟的祭牲放入鼎中，《释文》作"承"，帛本作"登"，简本作"陞"。疑借为增。《礼记·文王世子》："至于赗赙承含。"郑注："承，读为增，声之误也。"《说文》："增，益也。"随：通"隋"，残剩的祭品。《周礼·春官·守祧》："既祭，則藏其隋與其服"。拯：救。《释文》及《音训》"拯"或作"承"。随：随侍，指跟从的人。《说文》："随，裂肉也。"《礼记·仲尼燕居》："行则有随，立则有序，古之义也。"孔颖达疏："行则有随者，谓少者在后相随。"不拯其随：不受其随侍者之援救。快，简本作"悸"。[3] 听：听从。《尚氏学》："听，从也。"

[译文]

六二：静止在小腿上，没有随着别人的行动，他心里不痛快。

《象传》说：没有随着别人行动，心里不愉快，是说九三没因他的劝说而停止行动。

[不休说]

六二当腓之处，乃人身之易动者也，而居中得正，能自止腓而不动，如此则恬静自守，在我固止所而无失矣。然君子之学，既贵于正己，又贵于正人。三为二之所随，上下之分久已相属，乃过刚不中以止乎上。至于列熏心，则匡救之责，诚二之不可诿者，顾以阴柔之资但能随之，不能拯之，于心岂能自安乎？是以其心不快也。"不拯其随"，故二柔弱而力不足之故，然亦岂尽其罪哉？由三止于上不肯退，听乎二则下，虽欲谏不能使上之必从其谏，若之何其拯之也？《程传》言士之处高位则有拯而无随，在下位则有当拯、有当随、有拯之不得而后随。夫下之事上，位无大小，皆有持颠扶危之任，有言不听，勉而随之乃诡随矣！岂可乎？然拯虽在二，从则三，三不能虚己以受善，二亦无如之何，是二过，三亦过，此又在上者不可不知也。六二居坎之初，最早预感到前行有险，六二上乘九三，但九三不能守中，阳刚激进，不计后果，认识不到前行的危险。六二柔居中位，具有中正仁和之德，想抑止九三上行。但六二地位低下，如同人体的小腿部位随大腿而动一样，难以拯救和抑止九三，只好勉强相随，以消极的行动来抵制和纠正九三的冒进。六二心存中正之德，"不拯其随"，实属无奈，所以"其心不快"。这一爻暗示我们，该停止就停止，就会平安无事。

[原文]

九三：艮其限[1]，列其夤[2]，厉熏心[3]。

《象》曰："艮其限"，危熏心也。

[注释]

[1] 限：腰部。朱熹曰："限，身上下之际，即腰胯也。"列：通"裂"，分割。帛本作"戾"。王注："限，身之中也。"《释文》："马云：'限，腰也。"高亨曰："艮其限，

谓人仅注视其要也。”［2］列：借为裂。《集解》列作裂。《说文》：“列，分解也。”夤：胁部肌肉。帛本作“肥”，通“腓”；简本作“溅”，即今“胤”字，与“夤”同义。《释文》：“夤，马云：‘夹脊肉也。’”［3］薰：通“熏”。《释文》：“薰，荀作动。”简本作“同”。薰心：指心像火烧一样痛苦。危熏心：危厉而中心急如焚。九三处上下两阴之间，故“危熏心”。经文作“厉熏心”。熏：烧灼，火烫。《诗·大雅·云汉》：“我心惮暑，忧心如熏。”

[译文]

九三：抑止在腰部，但已拉伤脊背危险，就像火一样烧灼他的心。

《象传》说：抑止在腰部，但已拉伤脊背，所以危险就像火一样烧灼他的心。

[不休说]

道在天下，时行时止，不可胶固而不通，如限在人，可屈可伸，当上下之冲而不可一于止者。九三过刚不中，据其一偏之见，执于止而不知变，是艮限者也。如是则事势乖离，物情睽隔，若分裂其夤然。夫却动求静，心岂能静？外既不合于人情，内必不慊于心志，其为危厉熏灼于心，不安之甚矣！止道贵乎得宜，原不可以固执。九三艮其限而不知变通，自谓可以制心，而岂知适以裂，其危厉之势必至熏心也。寂然不动者心之体，固不可以徇物；感而遂通者心之用，又不可以绝物。所以心日应事而常泰然，未尝以强制为止也。九三以一奇横于卦中，有艮限之象；以一阳间乎斯阴，有列其夤之象。限分上下，列其夤左右，各止其所，无相资相待之意，故此心危厉而不安也。有此推之，天下犹一身，然君臣共治，元首股肱，谓之一体，苟间隔不通，则堂陛朝野之间判然为二，君泽何由下济，民隐何由上闻，欲以兴起至治，难矣！其患可甚道哉？九三界于上下体之间，居下体之极限，刚居阳位，正而不中，又刚动不止。九三又处初六诸阴爻之间，与群阴亲比，处大《坎》之正中，上与上九敌应，又受群阴抑止，身处险地屈伸不由己；当行却不能行，不当止而止之，实出无奈，故而躁动不安，心郁如焚。这一爻告诉我们，该静止不静止，急躁冒进，结果想静止也静止不了，将遭遇危险。所以，我们要适时静止。

[原文]

六四：艮其身[1]，无咎[2]。

《象》曰：“艮[3]其身”，止诸躬[4]也。

[注释]

［1］身：身体；此特指头以下腰以上的躯干部分。王注：“中上称身，履得其位，止求诸身，得其所处，故不限于咎也。”［2］无咎：帛本与简本均无此二字。［3］艮：止。［4］止诸躬：自我抑止。《正义》：“躬，犹身也。说明能静止其身，不为躁动也。”

[译文]

六四：静止在上身的部位，没有什么灾祸。

《象传》说：静止在上身的部位，这是说能停止自己的各种行为。

[不休说]

六四以柔爻居阴位，当位得正。下与九三亲比，能抑止九三之刚进；中行正道，能自我审抑，独善其身，上行安心听命于六五君王之约束，行令止禁，进、退、行、止均合于理，深得艮止之正道，故而“无咎”。六四以阴居阴，时止而止，凡一身之中，思不乱营，官不乱役，视听言动与夫欲恶得丧，具无所感于外，亦无所动于中，一于止而止者也，为艮其身之象。如是则心与理俱静不失时，而此身皆止道光明之身矣，何咎之有？六四“艮其身”者，岂必绝天下之物而后为得所止哉？盖众动萃于厥躬，而妄动亦起于厥躬，惟是从躬之方动而有我之私即止之而不行，奚有躁妄之失乎？艮六爻皆于人身取象，而独以身属之四者，以四人上体可合下体为全身，趾与腓与限主行，辅主言，言行有不得其止者，莫不归咎于身，“艮其身”，则一身之行、止、动、静各止于至善而不迁矣。卦以不获其身为无咎，而爻以艮其身为无咎。盖身失其所止，则此身为味色声臭之身，身得其所止，则此身为践形尽性之身，岂有二义哉？这一爻告诉我们，能自己克制自己，做事有行为规则规范自己，这不会遭遇灾祸。

[原文]

六五：艮其辅[1]，言有序[2]，悔亡。

《象》曰：“艮其辅”，以中正也。

[注释]

[1] 辅：通“面甫”，指面部。帛本从父从肉，简本作从父从贡。《说文》：“酺，颊也。”[2] 言有序：不妄谈。《论语·为政》篇：“多闻阙疑，慎言其余，则寡尤。”

[译文]

六五：静止在口上，说话很有条理，悔恨消失。

《象传》说：静止在口上，说明六五爻居于中位能守中正之道。

[不休说]

六五当辅之处，正言之所由出者，而以阴居阳，若不免有失之悔，今止之于辅，则有所制而发不；苟理之不当言者，固止而不言也；即当言而言，亦得其先后之次；时之不可言者，固止而不言也；即可言而言，亦协其缓急之宜。有序如此，又安有出口之悔哉？六五之“艮其辅”者，由其以柔居中而有中德，是心安乎理而不偏，故言当乎理而不紊，则言之大固本于心之一耳。言者，人之心声。心之精微不能达者，皆于言传之。五为君位，有训导天下之任，布之谟诰，宣之为令甲，其係尤重。高宗三年不言一言，而四海咸仰。威王三言不言一言，而齐国震惊。庶几此爻之“艮其辅”而有序者！所谓王言惟作令，莫不尊而信之也乎？六五以柔居于刚位，才质柔弱，有失正之嫌，理当“有悔”。但因六五居上体之中位，能执手中道，能节制自己的言行，很难引发是非所至的悔恨之事。一爻暗示我们，说话要有分寸，不能口不对言。

[原文]

上九：敦艮[1]，吉。
《象》曰："敦艮之吉"，以厚终[2]也。

[注释]

[1] 敦：多。《礼记·曲礼上》："敦善行而不怠。"郑注："敦，厚也。"《乐记》："及夫敦乐尔无忧。"郑注："敦，厚也。"《周礼·考工记·弓人》："是故厚其液而节其帑。"郑注："厚，多也。"《吕氏春秋·务本》篇："以此厚望于主。"《审应》："不义愈益厚也。"高注并云："厚，多。"《诗·行苇》："敦彼行苇。"毛《传》："敦，聚也。"艮：顾。敦艮：多顾。传文意为敦厚知止。王注："居止之极，极止者也；敦重在上，不陷非妄，宜其吉也。"[2] 以厚终：以敦厚为其归宿。终：归宿。

[译文]

上九：因敦厚而静止，吉祥。
《象传》说：因敦而静止，是说明此人生性忠厚，必得善终。

[不休说]

上九以阳刚居艮之极，则有诚实不妄之德，坚确固守之操，但见心无一念不协于理，理无一息不安于心，敦此止于静专，而理之涵于退藏者，安固而不摇；敦此于动直，而理之达于时措者，坚贞而不易，为敦艮之象。信乎，大人止善之学而吉也！敦艮而得吉者，盖昧于所止，不足以言艮；废于半途，不足以言敦。上九心纯而守固，于理之止于初者愈久而不变，盖不徒止于始，而又能厚其终，此其所以吉也。自初至五，为趾、为腓、为限、为身、为辅，莫不有当止之道，圣人既各就其位而示其义矣。然止之心力，持之也不永，则止之功德，积之也不厚。上九能敦艮于终，则通上下为一身，合行止为一道，有至刚之德而不渝于久，有至健之才而无倦于终。《书》之"钦厥止"，《大学》之"止至善"，皆在斯矣。其斯为艮之极盛也夫！上九爻居《艮》卦之终极，以其至厚之德将止道贯彻始终，所以得吉。这一爻暗示我们，为人要敦厚。

总　论

天下之理，合体用，兼动静，莫不有当止之所，犹人之一身，惟背为止也。人惟不知所止，往往内蔽于己私，外夺于物欲，斯不免于咎耳。诚能惟理是主，而止于其当止焉，有若艮其背矣。由是其静也，止于所当静之理，然一太虚之体而已，纵耳目口鼻之欲为吾身不能无者，终不得而累之也，非"不获其身"乎？何也？知有理而不知有身，即谓之忘身可也，纵声色臭味之感为人所易动者，终不得当动之理，非"行其庭，不见其人"乎？何也？知有理而不知有人，即谓之忘人可也。动静皆定，内外两忘，无时无事不合于理，有以尽己性而立人极矣，复何咎哉？艮卦取象于山，卦辞又取象于背，天地之间雷、风、水、火、泽皆动，惟山不动，人身四体五官皆动，惟背不动，皆以明止之义也。然所谓止者，即止至善之义。静有至善，体用原不相离。孔子称大舜无为而治，恭己正南面，固无为也；举十六相，屏四凶，大赏大刑，而我心不动，天下不惊，亦无为也。此正程氏所云“静亦定，动亦定”者。圣学圣治至于艮而无以加矣。卦名为艮者，盖艮则止于理而不迁于义为止也。止之义何如？人之行止各有其时，而当止之理又随时而在，故事物未也。止之义何如？人之行止各有其时，而当止理又随时而在，故事物未交，时乎当止，则藏此理于形，止其所当止也。事物既接，时乎当行，则顺此理以推运，行其所当行也。夫止于行，各止其所而不容易，故时行则行，是动而止于理，动不失其时矣。时止则止，是静而止于理，静不失其时矣。动静皆止，一因乎时而不以己与焉，尚安有“意必固我”之蔽？其道不亦光明乎？《辞》曰“艮其背”，何哉？凡人一身惟背为止，艮其止者，言止其当止之所也。以卦体言之，凡爻阳与阴应，阴与阳应，今卦之上下，阴则皆其所，是以内焉止于吾身之所，知有理而不知有人。能尽乎止之道而无咎也。艮象独成光明者，惟定乃明也。而定必由于知止，不知止则胸次烦扰而日见其昏暗，如鉴之为尘所污而不能照物也。能知止则中有定向而日进于清明，如水之不为风荡而万象皆涵也。异端曲说不曰“泰宇定而天光发”，又曰“戒生定，定生慧”，然其所云与戒者，乃清静寂灭而不知格物穷理。静而无以立体，动而无以致用，岂吾儒内外一贯之学也欤？上下皆艮，两山相峙，各止其所，艮之象也。君子体之，以道在天下，凡内而身心，外而事物，莫不各有当止之所，乃为位也。君子即其所居之位而思之，如君臣、夫子则各尽其道，富贵、贫贱则各行其素，他如在上则不侵下职，在下则不夺上权，在左则不得涉右，在右则不得干左，自不至出乎其外而有所思也。如是则有得于各止其所之义矣。生人所立，万有不齐，而莫不有一定之位，稍出其位，即失其所当止。然位虽一定，而此中经纶变化与时推移，其道无穷，又不可以不思《大学》言止仁、止敬、止信。视之似乎庸常，而欲穷其理充其量则终身未勉，未能无歉于位之内，安敢求多乎位之外哉？故曰“学然后知不足”。如此，虽欲思其位，而有所不能矣。艮卦卦画作艮下艮上，以对身体顾视和注视论说吉凶。卦辞说，“艮，回头去看，不管身体前部”。这是解说艮的本义；“行其庭，不见其人”，字面上看像是大凶，却说“无咎”，这是因为此处的“不见其人”并非说他死了，而是他善于遁形、隐藏自己的形迹，这与老子所谓“不自见，故明”、“吾有大患，为吾有身”、“大象无形”等说法相似。初六，“注视其脚趾”，足为身之基，足健则安，所以说“没有灾祸”，同时“千里之行，始于足下”，足利则可行千里，所以利于贞问长久之事。六二，“注意小腿肚子，但是没有采用，成了祭品的残馀”，意思是我用心准备的小腿肚子（牲体）被弃用，所以我心中不快。九三，“视其腰部，裂伤夹脊之肉”，因为此举危险，所以心中迷乱。六四，“顾视全身”，面面俱到，故没有灾祸。六五，“顾及面颊”，注意了说话与表情，所以言语节制有分寸，后悔消失。上九，“多所顾及”，也是面面俱到，所以吉利。

渐卦第五十三

[原文]

《渐》[1]：女归吉[2]，利贞。

《彖》曰：渐之进也[3]，女归吉[4]也。进得位[5]，往有功[6]也。进以正[7]，可以正邦也。其位，刚得中[8]也。止而巽[9]，动不穷也。

《象》曰：山上有木[10]，渐。君子以居贤德善俗[11]。

[注释]

[1] 渐是本卦的标题。渐的意思是渐进、缓进。全卦内容以鸿雁起兴，作为主线，占问日常生活中的事情。王注："渐者，渐进之卦也。"《正义》："渐者，不速之名也。凡物有变移，徐而不速，谓之'渐'也。"

[2] 归：女子出嫁。《正义》："归，嫁也。女人生有外成之义，以夫为家，故谓嫁曰'归'也。妇人之嫁，备礼乃动，故渐之所施，吉在女嫁。"

[3] 渐之：朱熹曰："渐，进也。之字疑衍。"王注："渐之进，之于进也。"

[4] 女归吉：少女出嫁则有吉。依卦气之说，《渐》为正月之卦，少女在正月或春天出嫁则有吉。刘大均以为《诗·国风·匏苦叶》："士如归妻，迨冰未泮"及《白虎通·德论》："嫁娶必此春者"，正与卦气之说符。

[5] 进得位：自初爻上至六二、六四，阴爻居阴位，为得位。

[6] 往有功：因五位多功，六四承五阳前往，必有功。此言女子出嫁，得主妇之位。

[7] 进以正：以正道进用。

[8] 刚得中：九五以阳刚居中。

[9] 止而巽：《渐》下艮上巽，艮为止。

[10] 山上有木：下艮上巽，艮为山在下，巽为木在上，故"山上有木"。《折中》引杨氏曰："地中生木，以时而升；山上有木，其进以渐。"

[11] 居贤德善俗：石经本、岳本、闽监本，及《释文》王肃本均以"善俗"当作"善风俗"。《折中》引冯当可曰："居，积也。德以渐而积，俗以渐而善。"

[译文]

《渐卦》：女子出嫁是吉利的事。有利于去占卜。

《彖传》说：渐，就是渐进的意思。如同女大当嫁是吉利的事，因为女子嫁到夫家，如按规矩行事，是个循序渐进的过程，前进就得到了中正之位，行动就有功。循序渐进又能坚守正道，就可以治国安邦。居于高位，刚健而又坚守中正，知道适可而止又谦逊，不贸然行事，就能渐进不已。

《象传》说：《渐卦》是巽在下，艮在下，巽为风，艮为山。渐卦的卦象为高山的树木渐渐长大，所以把它叫做《渐卦》。君子观此卦应逐渐积累贤德，改善风俗。

[不休说]

卦以渐进为义，以进得其正为善。物知止则得其正，循序有节所以止也；从容积累，所以进也。彖取象“女妇”，爻取象“鸿”。女归待聘，鸿飞识时，渐之义也。卦本乾坤三、四往来，阴进而止乎四，九居无而得中，下应六二，二、四皆阴，三、五皆阳，自二至五皆得正位，而初、上二爻，九以阳居上，六以阴居下，刚上柔下，亦当其位。六爻中惟九三过刚无应，所以有凶而尚有御寇之利以知君子立身处世。凡事当渐进，学问以渐进，必无轻浮之患；出处以渐进，必无躁进失身之患。然非有巽顺从容之德不能渐，非有艮止为之主不能善。巽柔之用，故同一巽也。中孚以巽乘兑，上九翰音登于天择凶，以其知不知下。巽而说也，渐以巽乘艮，上九鸿渐于逵则吉，以其自卑而高，巽而能止也。《渐卦》告诉我们，要循序渐进。同时强调要做到真正的循序渐进，就必须坚守正道。

[原文]

初六：鸿渐于干[1]。小子厉[2]，有言[3]，无咎[4]。
《象》曰：“小子”之“厉”，义无咎也。

[注释]

[1] 鸿：大雁。《集解》引虞翻曰：“鸿，水鸟也。”王注：“鸿，水鸟也。”李鼎祚以为：“鸿，随阳鸟，喻女子从夫；卦明渐义，爻皆称焉。”渐：进。《集解》引虞翻曰：“渐，进也。”干：水边、涯岸。干字，帛本作“渊”，简本作“涧”（从水从二阜）。《释文》：“干，陆云：‘水畔称干。’翟云：‘涯也。’”高亨曰：“亦读干为岸。”《诗·伐檀》：“河之干兮。”毛《传》：“干，涯也。”《释文》：“干，王肃云：‘山间涧水也。’”《集解》引虞翻曰：“小水从山下流称干。”《诗·考槃》：“考槃在涧。”《释文》：“涧，《韩诗》作干。”《诗·斯幹》：“秩秩斯干。”毛《传》：“幹，干也。”

[2] 小子：小孩子。厉：危险。[3] 言：河谴、诃责。[4] 无咎：简本作“不终”。

[译文]

初六：鸿雁渐渐飞到了水边上。但是遭到了年幼无知的孩子的指责，有争议，但只要循序渐进就不会有灾难。

《象传》说：虽遭到年幼无知的孩子的指责，但没有灾难，是因为他所坚持的渐的规则没错。

[不休说]

初六柔居阳位，才质柔弱，心存冒进，故“小子厉”。初六居《渐》卦《艮》之下位。《艮》为山，初爻处是为河岸。初六质柔，又与六四无应，虽有妄进之心，却无妄进之能，被人劝阻，所以“有言”而“无咎”。初六始进于下，既未得其所安，而上复无应，则又使其所藉，为鸿渐于干之象。盖鸿之行有序，而进有渐，水涯之地则非其所安也。夫初以一介小臣，渐进之初，动多桯，且蒙讥被谤，而又言语之伤，似难免于咎者。然此乃遭之穷，于吾无所亏损，虽不免于危厉，而可以无咎也。小子之厉似乎有咎矣，然此乃时命之不偶，上复无应而然，非己有以致之也，故于义为无咎耳。争名者于朝，争利者于市，相倾相轧，无所不有，此昔人以仕宦为危途也。而在始进则尤难，贾谊见嫉于降灌，京房被馋于牢石，士方离蔬释蹻，而遽欲与人家国之事，虽有效忠之心，安能免多口之惧哉？士君子处此，固宜量而后人，勿越次以求进，勿率意以妄言，而圣君在上，亦必念新进小臣易招尤谤，常曲意以矜全之，则孤立之弗至蒙咎于盛世矣。这一爻告诉我们，要循序渐进地做事，即使在其过程中有违规的动作，也不会遭遇灾难。

[原文]

六二：鸿渐于磐[1]，饮食衎衎[2]，吉。

《象》曰："饮食衎衎"，不素饱[3]也。

[注释]

[1] 磐：指水边的石堆子，亦作頖。朱熹曰："磐，大石也。"王引之《经义述文》以为通"泮"，水涯堆，浅滩。帛本作"坂"。汉石经及《史记》、《汉书》武帝诏引《易》作"般"。《说文》："泮，诸侯乡射之宫，西南为水，东北为墙。从水，从半，半亦声。"《礼记·王制》："天子曰辟雍，诸侯曰頖宫。"《礼器》："必先有事于頖宫。"《诗·泮水》曰："既作泮宫。"又曰："在泮献囚。"又曰："在泮献功。"《张表碑》磐作畔。史晨《奏铭》："饮酒畔宫。"泮、畔、頖、磐、槃、般、泮古通用。[2] 饮：帛本作"酒"。衎衎（kàn）：和乐自得的亲子。《尔雅·释诂》："衎，乐也。"《礼记·檀弓上》："饮食衎尔。"郑注："衎尔，自得貌。"高亨以为："衎衎，为鸿雁声也。"[3] 不素饱：不只是为饱饭而处之。素：空。《诗·魏风》"不素餐兮"。毛《传》："素，空也。"

[译文]

六二：鸿雁渐渐飞到水边的石堆上，好好地吃一顿，十分欢畅，吉祥。

《象传》说：好好地吃一顿，十分欢畅。说明他从不吃白食。

[不休说]

六二柔顺中正，进以其渐，是报德以待时，而无躁进之失者，上有九五之应，则遭逢圣主而得以展布其猷矣。故德称其位而处之不危，功以酬禄而享之不愧，如鸿渐于盘石之安，而饮食和乐而自适也。如是则得君行道而正邦善俗，勋业无以加焉，其吉为如乎？六二之饮食衎衎，非得之不道也。惟其有德而得君，则受禄于上，皆其分之应得，而不为徒饱矣，不然，能免禄之乎？人臣事君，取乎渐进？盖凉德而居高，则有具瞻之愧；无功而享厚，则有尸禄之讥。若渐之六二居天位，享天禄，而安以为固然者，以其能措国家于衎衎之安，纳人民于燕衎衎之乐也。《诗》美羔羊之大夫曰："退食委蛇，嘉伐檀之"，君子曰："不素餐兮"，其六二之谓欤？苟或反是，位则衎衎位也，食则伴食也，未有衎衎位而能致君泽民者也，未有伴食而不防贤黩货者也，可不审所自处乎？六二柔得中位，顺而中位，上应九五刚中之大人，用鸿雁迁飞设喻，表征女子定亲一事已得到双方家庭的应许认可，渐渐进入到安定稳固阶段。六二与九三亲比，表征婚姻中的男女之关系和谐，感情真挚，但六二、九三、六四三爻组合成《坎》，说明前途仍有艰险。九三和六二均处《艮》体，仍能抑止自己的情绪，按规矩循序渐进而不急于求成，和乐的庆宴上，气氛吉祥。这一爻告诉我们，渐进而又干实事，会有好的回报。

[原文]

九三：鸿渐于陆[1]。夫征不复[2]，妇孕不育[3]，凶。利御寇。

《象》曰："夫征不复"，离群丑[4]也。"妇孕不育"，失其道也。"利用御寇"，顺相保[5]也。

[注释]

[1] 陆：高而平的地。《释文》："马云：'山上高平曰陆。'"《集解》引虞翻曰："高平曰陆。"《说文》："陆，高平地。"[2] 复：返。孕：帛本作"绳"。[3] 育：产子。不育：子未成而坠胎。指流产。[4] 丑：借为俦，众。《尔雅·释诂》："丑，众也。"《玉篇》："俦，侣也。"[5] 顺相保：慎重地加以保护。《折中》引杨简曰："三不中，有失道之象，故'凶'；非正者足以害我，故曰'寇'。虑三之失道，或亲于寇而不能御也，故教之'御寇'，则我不失于正顺，而夫妇可以相保矣。"

[译文]

九三：鸿雁逐渐飞到陆地上。就好像夫君出征一去不复返。妇女怀孕却不生育，凶险。但有利于抵御强寇。

《象传》说：夫君出征一去不复返，说明他可能离开了这个群类。妇人怀孕却不生育，说明她违背了妇道。但有利于抵御强寇，这表明她和别人互相保护。

[不休说]

九三过刚不中，是鲜渐进之德而上无正应，又少与进之人，如鸿乃水鸟在陆则不得所安，为鸿渐于陆之象，故拟之于夫，则为征而不复宜矣，何也？征行之事惟集众可以成功，而刚愎自用孰肯协力以从事？其不复宜也。拟之于妇，则为孕而不育矣，何也？生育之功必阴阳之相济，而过用其刚，阴不足以辅乎阳，其不育宜也。是皆凶之道也。过刚之道无适而可，庶几用于御寇则刚勇之气或可成克之功耳，其不当用于渐进可知矣。"夫征不复"者，以其刚愎自用，违众独立，与群类乖离也。"妇孕不育"者，以其过刚不和，如有阳而无阴，失其生育之道也。利用御寇以刚则能倡勇敢之气，使众人同心协力以相保卫也。阴阳之理当相应之位者为正，不当相应之位者为邪。九三以刚比六四之柔，于夫妇之义为邪矣。以卦体言，巽女有归艮男之象，女妇之，所以吉也。以爻象言，四女无归三男之理，相比之，所以凶也。推之君臣朋友之间，莫不皆然。正不正之所关，夫岂细故哉？九三处《坎》之中位，有坎险之，又与上九敌应，故不可刚进上行，行必不复归。九三与六二、六四分别亲比，搞三角恋爱，婚恋之心不诚，不能轻信应允。六二与九五属正应，自然不会理会九三的殷情，但六四因与初六无应，与九三一样，未找到合适对象，因而，六四和九三有可能互相欺骗而苟合。九三、六四虽得正位却无正应，只不过在旅途片息之时，一见钟情，缺乏感情基础和渐进的实际考验。九三很难对妻子负责到底，故诫之“妇孕不育”。六四只能借助九三刚健之势对自己起保护作用，即“利御寇”，千万不可轻易以身相许。这一爻暗示我们，在渐进时，要根据具体情况权衡利弊来定“序”。

[原文]

六四：鸿渐于木，或得其桷[1]，无咎。
《象》曰：“或得其桷”，顺以巽也。

[注释]

[1] 桷（jué）：本义是方形椽子，即屋顶上承瓦的方木条，此处指横平可作桷的树枝。《释文》：“瞿云：‘桷，椽也。’”程颐曰：“桷，横平之柯。”得其桷：帛本作“直亓寇寿攴”。侯乃峰读为“值其寇榖”。

[译文]

六四：鸿雁飞起来逐渐前进到高树上，有的找到有利于栖息的平柯，没有灾祸。
《象传》说：有的找到了有利于栖息的桷木。说明六四柔顺而顺从。

[不休说]

六四以阴柔之资乘九三之刚，是人进居高位，不幸在刚暴小人之上，未免见逼而不得所安，为鸿渐于木之象。然巽体柔顺，为能有以善处之，则彼虽刚暴亦不得以加于我，犹鸿渐于木而不得安，或得木中之平柯，而因以所栖止也。如是则始虽危而不终危，亦可以无咎矣。以四性顺而体巽，顺则谦冲而无忤于人，巽则沉潜而克周于虑，遇难处之而有之道，此其所以渐进而得安也。天下之事刚愎自用处之鲜不偾者，况对强暴之人居危惧之地乎！惟贵而能下，智而能愚，从容以释其疑，退逊以其忌，则不徒自全其一身，而且克济夫大事，非有识者岂能见及此哉？六四又以阴柔据于九三阳刚之上，如同鸿栖于木。六二、九三、六四组合成《坎》，六四处《坎》之上，表征此时栖于树上恐防跌落，有一定危险，并非长久安身之处，六四柔居阴位得正，又上乘九五，以阴乘阳，又处巽体之初。巽而顺乎上，得九五大人之荫庇，故而无咎。这一爻告诉我们，为了更好地渐进，要把握冒险的度。

[原文]

九五：鸿渐于陵[1]。妇三岁不孕，终莫之胜[2]，吉。
《象》曰：“终莫之胜，吉”，得所愿[3]也。

[注释]

[1] 陵：岭，高于陆。指大土山。朱熹曰：“陵，高阜也。”《说文》：“陵，大阜

也。”[2] 三岁：泛指多年。胜：欺凌，欺侮。《通义》：“胜，虞翻注‘陵也。’”陵，欺凌。妇女不孕，却没有被遗弃，是很难得的。”[3] 得所愿：指抵御外寇方面得其所愿。

[译文]

九五：鸿雁逐渐飞到高岗上，就好比妻子多年不怀身孕，但丈夫始终不离不弃，吉祥。

《象传》说：丈夫对妻子始终不离不弃，吉祥，这是因为他将会实现自己的愿望（至少实现了夫妇白头偕老的愿望）。

[不休说]

九五居尊以临天下，鸿之渐于陵者也。然君待臣以弘化，犹夫待妇以生育。六二为五之正应，乃三四小人从中间之，不得相合以成治功，如妇之三岁不孕者。然能但邪不能胜正，一时若阻隔，久之自然会遇，彼三与四岂能夺其正乎？故终莫之胜而吉也。上下交而德业成，五之素愿也，特为三、四所间，未得即遂耳。今“终莫之胜而吉”，则君臣遇合而治化可成，夙昔之志于是乎酬矣。三、五二爻皆言妇，非正也，妇虽孕而不敢育，故凶。五以二为妇，正也，妇虽不孕而终莫胜，故吉。可见天下吉凶之理不越正、不正两途，而君臣遇合尤不可以或苟。二当群情躁进之时，卓然自守，是宁从正道之难，而不肯趋捷径之易者，正邦善俗非斯人奚赖？五之得二其吉宜矣。九五刚居阳位，得上卦之中位，中正而居尊，象征至高无上正气凌云之君王。九五与六二正应，但君王选王后是国家社稷之大事，本着渐进的原则，不轻进，不轻信，经历反复的了解和考虑。六二至九五，中间被九三、六四所隔，六二、六四均与九三相比而无应。六四与九五虽然亲比，但也无应。只有六二既得中正之位又与九五正应和合。九三相对于六四而言，处险而苟合，有“孕而不育”之象；九五相对六而言，经历了九三的诱惑，六四的阻隔。但由于六二与九五均得中正之美，所以九三及六四对六二均“终莫之胜”。九五因不轻易与六四苟合，而六二妇人经历六二至九三、九三至六四、六四至九五三个阶段的考验，严守中正之道，意志坚定地等待九五的迎娶，故而“三岁不孕，吉”。这一爻告诉我们，处在渐进之时，要有信心，继续做自己没完成的事业，将会获得吉祥。

[原文]

上九：鸿渐于陆[1]，其羽可用为仪[2]，吉。

《象》曰：“其羽可用为仪，吉”，不可乱[3]也。

[注释]

[1] 陆：江永《群经补义》以为当作“阿”，义为大山。因帛本亦作“陆”，姑存其旧。江永曰：“陆，以韵读之，当作阿，大陵曰阿，九五为陵，则上九宜为阿，阿、仪相叶。”高亨疑此陆字当作陂，形近而伪，陂、仪韵亦相谐。《说文》：“陂，阪也，从阜，皮声。”《广雅·释地》：“陂，池也。”《国语·周语》：“陂唐污库。”《淮南子·说林》：“十顷之陂。”高注并云：“蓄水曰陂。”[2] 仪：用鸟羽编织的文舞道具。高亨以为，仪

为舞具，舞谓之仪，舞具亦为之仪。萧《韶》：“九成，凤皇来仪。”《周礼·舞师》：“掌教兵舞，帅而舞山川之祭祀；教拔舞，帅而舞社稷之祭祀；教羽舞，帅而舞四方之祭祀；教皇舞，帅而舞旱之事。”其羽可用为仪：鸿鸟的羽毛用为文舞的道具，此从清毛奇龄、姚配中及近人马其昶等说。仪指古者仪舞所用鸿羽。[3] 乱：乱动，妄动。不可乱：羽舞有节而不可乱。

[译文]

上九：鸿雁逐渐飞到高山之上，它漂亮的羽毛作装饰用，吉祥。

《象传》说：它漂亮的羽毛作装饰用，吉祥，这就好比人的品德高尚，心地纯洁，其心志不会被扰乱。

[不休说]

上九居渐之极，所处至高，出乎人位之外，是真超然物外，而为贤达之极致也。有鸿渐于云逵之象。虽天下之人未得蒙其实，德之惠然清风亮节足以激顽起懦，而立斯世之坊表，如鸿之羽可用为仪，身虽不用，而其道未尝无用，吉何如哉？“其羽可用为仪，吉”者，盖天下之人有志于富贵，则富贵乱之；有志于功名，则功名乱之。上之志卓然独立，有非富贵功名所能乱者，宜其节著于一时，而风垂于后世也。时至末季，士知进而不知退，羡于宠利，贪于势威，习以成熟。在上者非表章一二，高世俗，然不淄之士，不能起冥顽而消其奔兢。古之帝王，如唐尧让位于许由，成汤问道于务光，高帝降心于四皓，光武屈体于严陵，岂徒崇尚匹夫之节已哉？实见颓俗，非斯人莫挽，名教非斯人莫兴。一人之制行，而天下之治乱，因之渐逵之功不在见之下也。人知有用之用，而不知无用之用更大。渐爻以是终焉，有以也夫！上九以阳爻居极位，有阳实之象，故称之为“陆”，可视为终极的目的地。这一爻告诉我们，一个人只要心地纯正，就是渐进到了最高境界，已是登峰造极，他也不会走下坡路。

总　论

天下进之有渐，莫如女妇，六礼不备，不敢行也。君子之守已，莫如女子之守身。其出身从人，如女子之于归，礼备而后行，则出处之分明而可以得吉矣。然天下固有渐而未必正者，今卦体自二至五位皆得正，故其进也，又必以正自持，无枉道以徇人，无曲学以阿世，乃为利，而靡失身之悔也。君子欲以道重天下，必先以道重一身。使稍有苟且，必至屈己以干时，大节一失，虽有过人之才智，而一遇存危亡吉之秋，其人必不可恃矣。语曰：不贞之女必孕而不育，不贞之士必贱而见弃。明君得此意以进退天下之士，则人人皆以礼义廉耻自防，而患得患失之鄙夫，岂敢复立于其朝哉？卦名渐有渐进之义也。天下之渐进，莫如子女之于归，君子渐进亦如女归，然后可以得吉也。《辞》言“利贞”者何哉？以卦变言之，自涣而来，上卦之九本居四而今进居五，是亦以阳而得其位矣。夫臣得其位而无失其为臣，君得其位而无失其为君，则君臣道合，庶绩咸熙，而可以有功也。所以然者，以九得三位，是臣进以正；九得五位，是君进以正。君臣皆得其正，则正朝廷以正百官，正百官以正万民，自上及下，自近达远，不可以正邦乎？夫进以正可以成正邦之功，则进其可以不正耶？所以贵于贞也。然利贞之义不独卦变有之也，卦体亦有之。以二、五言，则二体皆得其位之正，止以五言，则九五又得其位之中，本诸身措政者，一皆刚而不过，威而不猛，宁有过不及之差乎？夫即其建中之善，而表正之功自无不在矣，是亦利贞之义也。夫抑渐进之义不特女归有之也，卦德亦有之，方其在下则自止而不妄动，及其上进又巽顺耳不迫切，以是而动则有以取重于天下，而进无所阻，宁有穷乎？夫即其不穷之动而止德，往无不利矣，谓非渐进之义也夫？国家登进人才，本以正邦而善俗，君子在位，乃有尊主庇民之效，未有不贞之而可以图功者也。然君者又为臣之表，人君好尚一失其当，守正持重者或见为迂疏而不喜，倾陷躁妄者反以为有才而骤用。倖进之端一开，士皆思争先捷得，踞高位，有弃礼让，捐廉耻而不顾者矣，谁肯孑安于恬退哉？此传既言二、五之得位，而又独重五之得中也。故曰：为政在人，取人以身。山上有木，以渐而长，渐之象也。君子体之以德，固不可不畜，而至德渊深，未可以一蹴到也，深造不已以使之自达而无妄进之弊，则德以渐而畜矣。俗固不可以不善，而习俗染污未可以旦夕化也，必熏陶渐染，教思无穷以使之自化，而无见小欲速之意，则俗以渐而善矣。居德为修己之事，善俗为治人之事，德以渐而至此，所谓始于为士，终于为圣也。俗以渐而成，此所谓日迁善而不知所以化之也。渐之义大矣哉！渐卦画作艮下巽上，以鸿雁栖息地点的不同论说吉凶。卦辞说："女子出嫁，吉利"，古代女子出嫁是最讲渐进程序的，所以以此统摄各爻"鸿之渐"。初六，鸿雁栖于河边，如小孩到此戏水，易遇险，所以说"小子厉"。六二，"鸿雁栖于浅滩，自得其乐"，浅滩平展空阔，进退自如，很安全，所以说"吉利"。九三，"鸿渐于陆"，陆是大陆，说明走得太远太久，象征丈夫远征，所以"夫征不复"，又象征出嫁很久，而栖于陆则不得水，所以"女子孕妇不育"。有此二兆，足够凶险，但却利于御寇，是从远征这层含义上说的。六四，"鸿栖于树，或得其桷"，鸟从树上衔得构巢之枝，类似于人得到构屋之椽桷。有巢则安，所以说"没有灾祸"。九五，"鸿雁栖于土山"，土山无水，所以"妇人多年没有怀孕"，但土山地势甚高，所以"最终没有人敢欺凌"。"吉"，是说占妇人则不孕，占他事则吉利。上九，又言"鸿渐于陆"是指此鸿雁已经老成而强大，所以栖于陆地也无惧。鸿雁成年则羽毛可以用作文舞的道具。羽毛被人猎取却说"吉利"，是从鸿本无寿，今已老成，死亦无憾，而羽毛得用为舞具而永恒，也算幸事。

归妹卦第五十四

[原文]

《归妹》[1]：征凶，无攸利。

《彖》曰：归妹[2]，天地之大义也。天地不交而万物不兴[3]。归妹，人之终始[4]也。说以动[5]，所归妹也。“征凶[6]”，位不当[7]也。“无攸利”，柔乘刚[8]也。

《象》曰：泽上有雷[9]，归妹。君子以永终[10]知敝。

[注释]

[1] 归妹是本卦的标题，归妹的意思是少女出嫁。王注：“妹者，少女之称也，兑为少阴，震为长阳，少阴而乘，长阳说以动，‘嫁妹’之象。”朱熹曰：“妹，少女也。”全卦内容多记姊妹共夫的婚俗。归妹：男女相配。男女相配是天地大义，因天地不交，则万物不生。男女不配，则人类不育也。男女相配是人类终结，即结成夫妇以其终身，生育子女，有此开始。男女相配，必男女相悦而后行动，男悦女而后娶之，女悦男而后嫁之，因此行归妹之礼 [2] 归：嫁。妹：少女。[3] 兴：生。[4] 人之终始：归者，为女之终；女归男而生育，故又为人之始。王注：“阴阳既合，长少又交，天地之大义，人伦之终始。”[5] 说以动：《归妹》下兑为说，上震为动。所以归妹《释文》：“所归妹，本或作所以归妹。”据文义来看，有“以”字较顺。[6] 征凶：出征则有凶。[7] 位不当：指《归妹》中四爻皆失位，二四以阳居阴，三五是以阴居阳。[8] 柔乘刚：《归妹》六三阴爻居九二阳爻之上，六五阴爻居九四阳爻之上。[9] 泽上有雷：下兑上震，兑为泽在下，震为雷在上，故“泽上有雷”。即雷出于泽上，乃男女相配之时。古代男女相配，多在春时。《诗·东山》：“仓庚于飞，熠耀其羽，之子于归，皇驳其马。”《大戴礼·夏小正》：“二月绥多士女。”《传》曰：“绥，安也，冠子取妇之时也。”《周礼·地官媒氏》：“中春之月，令会男女。”（会，配。）《管子·幼官》：“春……合男女。”[10] 永终：此言夫妇长久之道。指男女相配，配得其当，则成佳偶，夫妻同心，白头偕老，是为用终。

[译文]

《归妹卦》：出征凶险，没有什么利益。

《彖传》说：《归妹卦》，即男女婚配，这是体现天地阴阳相交的重大意义。宇宙间天地阴阳如果不交相感应，万物就不会兴旺发达。婚嫁，是人类得以繁衍的基础。相互产生喜悦之情而动了真感情，所以把它叫做《归妹卦》。“出征则有凶险”，这是说所居的位置不适当。“无攸利”，是因为柔凌驾于阳刚之上。

《象传》说：《归妹卦》的卦像是泽（兑）上有响雷（震），而兑又代表少女，震又代表男娶女入门，所以把它叫做《归妹卦》。君子应当长久保持夫妇之道，而不使其受到破坏。

[不休说]

兑女在内，震男在外，男动女说。以女说男，不得其正。六爻二、四阴位居阳，三、五阳位而居阴，自二至五位皆不正。初与上虽当阴阳之位，而阳下阴上，亦为失位，且三本柔而乘二之刚，四本刚而为五所乘，刚柔易位，内外倒置，故《彖辞》为“征凶，无攸利”。然归妹虽为凶占，而归亦有辨，所归果贤男女大义；若非中非正之女，其害乃不可胜言。初九有阳刚之德，是处卑位而能尽其常职，故《彖》云“征凶”，而爻云“征吉”。二、五得中为归之正，三不得位而乘刚，上为女归之终而无应，故皆不吉。四虽震主而不得位，故有愆。《彖辞》之皆为凶占者，乃防禁之辞，究言其一失所归，其害必至于此也。咸与归妹，皆男女之说，止而说则为咸，动以说则为归妹。情同而而动止异，是以咸则取女吉，而归妹则征凶也。《归妹卦》以男女之间的爱情为比喻，告诉我们不要在不当的时机前进，或动机不良而前进就会有凶险。

[原文]

初九：归妹以娣[1]。跛能履[2]，征吉。

《象》曰：“归妹以娣”，以恒也。“跛能履”，吉相承[3]也。

[注释]

[1] 归：嫁。《集解》引虞翻曰：“归，嫁也。”妹：少女之总称。娣：女弟，即妹妹。《说文》：“娣，女娣也。”《诗·韩奕》：“韩侯娶妻，汾王之甥，蹶父之子，韩侯迎止，于蹶之里，诸娣从之，祁祁如云。”归妹以娣：先秦时代贵族嫁女，多用女的妹子陪嫁。[2] 能：《集解》作而。履：帛本作“利”。《正义》：“妹而继姊为‘娣’，虽非正配，不失常道；譬犹跛人之足然，虽不正，不废能履，故曰‘跛能履’也。‘征吉’者，少长非偶，为妻而行则凶焉，为娣而行则吉。”程颐曰：“刚阳在妇人为贤贞之德。”[3] 相承：指相人之扶持。“相”指扶持。《礼记·仲尼燕居》：“治国而无礼，譬犹瞽之无相与，伥伥乎，其何之？”孔颖达疏：“相，谓扶相。”承：佐助。《小尔雅·广诂》：“承佐也。”

[译文]

初九：嫁女作为侧室。就好像跛脚能勉强行走。出行吉祥。

《象传》说：嫁女作为侧室，这是婚嫁中的常规。跛脚能勉强行走，出行吉利，是因为初九能以偏帮助正，相与顺承。

[不休说]

初九刚居阳位，当位得正，表征初九德行贤正，言行规范。但初九地位卑下，又与九四敌应，不可能被位居上层的丈夫所看重，做不了正妻只能为妾。初九又与九二逆比，九二与六五正应，位高权重而压制初九之上行。若初九不愿作人媵妾，则难以找到心仪之丈夫。初九、九二、六三三爻组合成《兑》，兑为悦，初九认识到自己前程渺茫，以其贤正的实德委曲求全，主动争取到陪嫁的身份，知足而乐，所以爻辞称之“征吉”。女子从人惟居上有应者，乃为正嫡。初九居下而无正应，则其归于人也，不过为娣而已，故徒有阳刚之德，亦止淑慎其身以承助其嫡，而于分之所当然，则已尽矣，故征而吉焉。女德以恒为贵，初在归妹之时固为娣矣，然九为阳刚，则是女子之有恒德者也，其“跛能履吉”者，正惟有是恒久之德，则虽不得主功，而亦可以著承助之效，此其所以吉也。生人所禀，阳为淑，故男子得阴，必为柔媚之夫，女子得阳，亦称贤明之妇，此阳之所以可尊也。圣人于阴阳之分必为之著其贵贱美恶者，岂偶然哉？这一爻告诉我们，位卑的人只要能安贫乐道，也能获得吉祥。

［原文］

九二：眇能视[1]，利幽人之贞[2]。

《象》曰：“利幽人之贞”，未变常[3]也。

［注释］

［1］眇：目偏盲。能：《集解》作而。［2］幽：囚。幽人：幽独之人。利幽人之贞：朱熹曰：“九二阳刚得中，女之贤也；上有正应，而反阴柔不正；乃女贤而配不良，不能大成内助之功，故曰‘眇能视’之象。而其占而‘利幽人之贞’也。幽人，亦抱道守正而不遇者也。”［3］未变常：《来氏易注》：“一与之齐，终身不改，此妇道之常也。今能守幽人之贞，则未变其常矣。”

［译文］

九二：眼睛瞎了勉强能看到东西，有利于幽静安恬的人去卜问。

《象传》说：有利于幽静安恬的人去卜问，是因为他没有违背常理。

［不休说］

九二以阳刚之才质居之，又得下卦之中位，表征该女子德才兼备，又能固守中道，九二与六五刚柔相应，实属名正言顺的正位夫人。只可惜其夫六五昏庸懦柔，有其位无其政。六三、九四、六五组合成坎，权力险落九四大臣之手。六五外不能安邦，内不能治家。初九女贤而非正嫡，仅能承助其上而已。九二阳刚得中，是女贤而正室者也，乃所应之五反阴柔不正，则刑家无主，而内助之功不能以大成矣，如眇而视不及远也，然岂可以所应非良而遂易其贤正哉？亦如幽人不偶于时而抱道以守其贞可也。盖幽人不时之不偶而变其道，女子不以夫之不良而改其节，一也。抱道守正而不改其常，此乃幽人之事。今二亦固守其贤正之德而不改其常，与幽人之贞同也。若或稍改其常，亦何所取哉？圣主贤臣相得而彰，哲夫淑女相资乃益，此皆古今盛世，所以读二典之书慕乎都俞之风，颂周南之什而企羡乎好逑之乐也。然遇有不齐，而节无可变，从一而终者，女子之常，故《绿衣》之诗曰：“我思古人，俾吾訧兮”。席珍而处者，士人之常，故《考槃》之诗曰：“独寐寤宿，永矢弗告”，亦尽其在我者而已。这一爻告诉我们，如果没有得到上天的恩赐，就居家静守。

[原文]

六三：归妹以须[1]，反归[2]以娣。
《象》曰："归妹以须"，未当也。

[注释]

[1] 须：通"媭"，古时指姐姐。《释文》："须，荀、陆作嬬。陆云：'妾也'。"《说文》："嬬，下妻也。"《说文》："媭，女字也。《楚辞》：'女媭之婵媛。'贾侍中说，楚人谓娣为媭。从女，须声。"[2] 反归：被休弃回娘家。当时嫁女，以女妹陪嫁，夫家以娣为正妻，把妹送归父母家，故以女娣陪嫁为反常。

[译文]

六三：少女嫁出后希望能够成为正室，后来听从了姐姐的劝说，返回到正道，嫁作了侧室。

《象传》说：女嫁出后希望能够成为正室，这是不适当的想法。

[不休说]

六三以柔爻居于阳刚之位，是为处位不正；六三位于《兑》之上爻，耽于喜悦而不知节制，而且不居中位，难以执手中道是为其德不正：六三馋媚于上，却与上六敌应，六三虽然位于下体之上爻，有所求而不能得；六三以柔爻乘刚是为行为不顺。可见，六三虽然位于下体之上爻，是为家世较好的名门闺秀，但因有以上四失，自身德行欠嘉，无人愿娶，只好屈身待守，降格为娣，陪嫁作妾。女子之德莫善于正，莫不善于不正。六三阴柔不中正，既非妇顺之，为说又动情欲之私，是女德不贞，人莫之取，故未得所适待之，待之不得而反归娣也。然则为女子者，岂可不出于正乎？"归妹以须"者，以三阴柔而处位不当，急于待人而字，失女子之道，故人亦莫之取也。盖贵贱之权操乎人，而可贵可贱之理操于己。是以天爵在我，则予夺不能以外加；人在爵在人，斯荣辱不能以自主。六三本非贱者，而急于从人，则先自贱矣。自贱而人不贱者，未之有也。彼欲速而好进，甘于卑下而卒为人所鄙者，亦何异于反归为娣者欤？这一爻告诉我们，要按规矩办事。

[原文]

九四：归妹愆期[1]，迟归有时[2]。
《象传》说："愆期"之志，有待而行[3]也。

[注释]

[1] 愆（qiān）：《释文》："愆，马云：'过也。'"《集解》引虞翻曰："愆，过也。"《说文》："愆，过也。"期：过期，延期。[2] 时：通"伺"，（《广雅·释言》），等待。借为待，同声系，古通用。《礼记·月令》："毋发令而待。"《吕氏春秋·季夏纪》："无发令而干时。"《方言》十二："莘离时也。"[3] 行：嫁。古语谓嫁曰行，后人谓嫁曰适，

女嫁是行往夫嫁，谓之行。《诗·泉水》、《竹竿》篇并曰："女子有行，远父母兄弟。"《论语骨相》篇曰："故未行而夫死。"《列女传》："虽有贤雄兮，终不重行。"

［译文］

九四：待嫁少女拖延了嫁人的时机，迟迟不嫁是等待良机。

《象传》说：超过婚龄而不嫁，是想等待好的时机才嫁。

［不休说］

九四以刚居阴位，刚柔相济，属于德才兼备之小姐。九四处柔位，但与初九刚位无应，表征九四不愿轻易下嫁他人。九四居高贵之地又具阳明之质，不愁嫁不出去，"延期"在于待时，因此"迟归有时"。九四阳刚有贤正之德，居上体有贵重之义，而无正应未获佳配，故不轻于从人，而宁愆其婚姻之期也。然其所以如是者，盖在迟归待所归之时，庶几可得良偶，不负夙昔之志而已。九四所以愆期者，岂终于不行乎？盖天下无无偶之物，时至有必行之理，窥其隐志，盖欲有待而后行也。有待而行，决不至有轻身之悔矣。女子守贞而后字，士人抱道以待时，其理一也。夫人幼而学之，壮而欲行之，得君行道，岂不切于中怀而兢兢出处之际者，正恐枉尺未必能直寻，修之数十年而坏之一旦也。故曰君择臣，臣亦择君。惟其不轻于致身，方能尽忠于所事。古之人当拜爵之始，而预卜其毕生健坚大过人者，殆以此也。这一爻告诉我们，要得到良机，适时而进，应遵循"宁缺毋滥"的原则。

［原文］

六五：帝乙归妹[1]，其君之袂，不如其娣之袂良[2]。月几望[3]，吉。

《象》曰："帝乙归妹"，"不如其娣之袂良"也。其位在中，以贵行[4]也。

［注释］

［1］帝乙：殷纣王之父。［2］君：嫁为邦君夫人者。《礼记·玉藻》："君命屈狄。"郑注："君，女君也。"《论语·季氏》："邦君之妻，君称之曰夫人，邦人称之曰君夫人，称诸异邦曰寡小君。"其君：指君夫人。袂：通"炔"。《说文》："炔，鼻目间貌。从女，夬声"。良：美。［3］几：当读为既，接近。《释文》："几，荀作既。"望：农历每月十五日。几望：月将圆满。喻六五德盛不盈。这是别取一象，说明'归妹'之时，尊贵能谦，美盛不盈，必吉。程颐曰："月望，阴之盈也，盈则敌阳矣；几望，未至于盈也。五之贵高，常不至于盈极，则不亢其夫，乃为吉也。女之处尊贵之道也。"［4］以贵行：虽高贵却能施行勤俭谦逊之道。

［译文］

六五：帝乙把女儿嫁给周文王，让小女儿作陪嫁。作为正室的姐姐的衣着不如作为侧室的妹妹，犹如月亮快要圆满了，吉祥。

《象传》说：帝乙嫁女于周文王，姐姐的嫁妆不如妹妹的艳丽华美。说明虽身居中位，十分尊贵，却能保持勤俭谦虚的美德。

[不休说]

六五柔中居尊，下应九二，是尚德而不贵饰者，为帝女下嫁而服不盛之象。夫女子贵饰，人情所同，乃其君服饰之盛反不如其娣之盛者，是但知谦降以从礼，而不事乎容饰也。夫以至尊贵之女，尚礼而不事乎容饰，则女德之盛无美不备，如月之几望而蔑以加矣。宜家正位，何吉如之？富贵崇高之家莫不为骄奢美丽之饰，而六五帝乙归妹，反不如其娣之良，何也？盖内既重则视外必轻。五居上卦之中，是其中德自有可贵者，以其可贵之德而行，则不文之文足以贲其躬矣，又何贵于饰乎？女之所贵者在德而不在饰，惟所贵在德，则情欲之感无介乎容仪，宴私之意不形于动静。《诗》美南国之夫人曰："被之僮僮，王姬之下嫁"，皆所以言其德之盛也。推而言之，人君屈己下贤，以诚不以文者，其意实同于此。盖九二具刚中之德，本有素丝之风。六五有柔中之德克缁衣之好，诚意交孚贤者，未有不乐为之用者矣。六五以阴柔居于君位，阴为女子，在此处指帝王之女，即婚嫁之主人。六五柔居上卦中位，表征尊位之公主具有柔中谦让之美德。六五下应九二为下嫁之象，尊者不以容饰取悦于人，故"其袂不如其娣之袂良"。这一爻告诉我们，一个人虽身居正职，但内心纯正，不和副职比排场，比待遇，终能获得吉祥。

[原文]

上六：女承筐[1]，无实。士刲羊[2]，无血，无攸利。

《象》曰：上六"无实"，承虚[3]筐也。

[注释]

[1] 承：捧着。《说文》："承，奉也。"承筐：捧着装祭品的器具。[2] 刲：割，宰杀。《仪礼·少牢馈食礼》："主人朝服即位于庙门之外……司马刲羊，司土击豕。"郑玄注："刲、击，皆为杀之。《说文》：'刲，马云：'刺也。''"《集解》引虞翻曰："刲，刺也。"《说文》："刲，刺也。从刀，圭声。"[3] 虚：空。

[译文]

上六：女子拿着盛祭品的筐篮，但筐中没有装食物；男子用刀刺羊，却不见出血。没有什么利益。

《象传》说：《归妹卦》上六没有实物，就好比手持空空的篮筐一样。

[不休说]

上六以阴柔居归妹之终而无应，阴柔，则非贤正之女；无应，则过桃夭之时而莫有以之为家者矣。夫婚之礼，女子之嫁，篚筐以庙见。男子之娶，士刲羊以告庙。今女之承筐是将，而无币帛为之实；士之宴其新婚，而士刲羊未见其血焉。是则女不成嫁，士不成娶，违室家之愿而废天地之大义矣，何所利乎？上六承筐而无实，则所承者虚筐而已，虚筐足以成女之嫁乎？此所以为约婚而不终者也。其无攸利宜矣。先儒言：曰女曰士，未成夫妇之辞。先女而后士，罪在女也。其实出身从人，责专在己，阴险轻躁之夫，但知进而不知退，一旦为人所弃，其不蒙而召辱者，几希矣！然使终于见弃，不过其人之耻，倘或误售于世，譬诸鲜节支女，忽操家政，必至踰闲荡检，不贻中冓之羞，必启司晨之祸，其害可胜道哉？上六占辞“无攸利”与《象》同，是归妹之不利上六独当之矣。上六爻为老阴，处外挂终极之地，既与六五逆比又与六三无应，寡妇之命也。这一爻暗示我们，两人合作要有诚心，重视内在东西，才能达到目的。

总　论

男女之交，人道所不能无，必求诸礼而允协，然后可以无敝。此卦以说而动，既非正义之道矣。况自二至五，位皆二至五，位皆不正，则是男不能肃倡导之纲，女不能遵柔顺之范，正家之节此其失矣。“征”其免于凶乎？三、五两爻以柔乘刚，则是阳不能制乎阴，而阴乃敢陵乎阳，尊卑之序此紊矣，又安往而利乎？王者正天下之道托始于闺门，闺门之事有取女必有归妹，取女固欲其吉，则归妹岂听其凶？而此卦既言“征凶”，又言“无攸利”者，正欲使人知其凶，则思所以远害全利，恐惧修省以严制其说动之情，而渐于礼仪之化，庶几他日无女之祸。圣人系辞之意切矣！归妹之义岂细故哉？盖男女配合，古今不易之经，天地之大义也。何以见之？天地不相交感，则万物不兴；男女不相交感，是则人道灭息。是归妹虽为女道之终，而生育实为人道之始。归妹所系之重如此，谓非天地之大义乎？然此卦之名归妹者，非以男室女家常理而言也，盖以顺为正者，固妾妇从之道而有待后行者，又女子于归之常。卦惟以“说而动”，则牵于情欲之私，而不由于礼义之合，男女皆为不正，而女尤为可丑，此所以为归妹也。《辞》曰“征凶”者，盖人之相与，正则吉，不正则凶。卦体自二至五位皆不当，则男不能以正率乎女，女不能以正从乎男，而廉耻之闲将至废弃而不顾，此所以凶也。又曰“无攸利”者，盖人之相与，得其分则利，失其分则不利。卦体三五两爻皆以柔乘刚，则男不能制乎女，女反得制乎男，而尊卑之分必致陵夷而莫救，此所以无攸利也。凡此皆失终始之道矣，夫岂天地之大义哉？阴阳交感之常，男女配合之理，圣贤与凡庶有二致？所重者发乎情止乎礼仪耳。有礼仪制其情，则男正位乎外，女正位乎内，闺门肃而治化成。无礼义以制情，则男牵欲而失其刚，女恃宠而忘其顺，德业伤而身名坏，一念之分而是非成败系焉，岂可不为之深儆哉？“泽上有雷”，雷动则泽虽，如女子之随男而动，归妹之象也。君子体此，谨于夫妇之道，必正其始而后可以善其终。苟始合不以正，知其终必有乖离之敝，是以重以为戒，而必谨始以善后也。天下之事，莫不贵其有终以为可久之道，然事之有终者，不于其终之日而见也，必有其所由始，惟始之得正，而不以不正继之，则正其始而后无鲜终之忧矣，故曰：男女之合不以正，以色幸者，色衰而爱必弛；君臣之合不以正，以宠进者，宠尽而恩必竭。慎厥终惟其始，岂不然哉？归妹卦以嫁女的各种情形论说吉凶，卦画作兑下震上。卦辞说，“出征凶险，没有什么好处”。这是就归妹以阴乘阳，女子主动出击追求男子的角度而言，属于失位，以占婚姻，不利，以占国事则“征凶”。初九，“嫁女，以其小妹为陪嫁”，姊长，为正室，妹幼，为侧室，合乎礼仪，顺乎人情。而跛者一偏而一正，正如妹与姊，“跛能履”，比喻妹以妾媵而有助于正室，小妹所担当的正是扶跛者走路的角色。九二，

“眇能视”，指贤女而配夫不良，不能成内助之功，虽勉强扶助，也只是使眼睛偏盲之人勉强能够瞻视而已。“利于幽独之人的占问”，指贤女虽未遇贤夫，但能守其幽独之节操。六三，“嫁女，以其长姊为嫁，被休弃而与其妹一同返回娘家”，妹幼为正室，姊长却为侧室，礼仪人情皆不顺，终至不幸。九四，“嫁女延期，但待嫁还是指日可待”，指贤女不轻易从人，欲静待良机，嫁得良配。六五，“帝乙嫁女于周文王，君夫人容貌不如她妹妹美丽”，六五高居尊位，下应九二，犹如帝乙嫁出少女，地位尊贵而谦逊，故虽下嫁而立为正室，其容易仪也不如侧室之美好，但善处妇女尊贵之道，降尊屈贵，犹如月之近于望日，有光明但不盈满，必获吉祥。上六，“新娘子捧着盛祭品的筐，筐内却没有食物；新郎提刀刺羊，没有见血”，女事、男事均不能成，不能供祭祀，则不能成夫妇，而人伦以废，后嗣以绝，所以说“无所利”。

丰卦第五十五

［原文］

《丰》[1]：亨[2]，王假之[3]。勿忧，宜日中[4]。

《彖》曰：丰，大也。明以动[5]，故丰。“王假[6]之”，尚大[7]也。“勿忧，宜日中”，宜照天下[8]也。日中则昃[9]，月盈则食[10]，天地盈虚[11]，与时消息，而况于人乎！况于鬼神乎！

《象》曰：雷电皆至[12]，丰。君子以折狱致刑[13]。

［注释］

［1］丰是本卦的标题。丰的意思是增大、扩大。《说文》：“丰，豆之丰满者。”《释文》引郑玄曰：“丰之言腆，充满意也。”《正义》：“《彖》、《序卦》皆以‘大’训‘丰’也。然则丰者，多、大之名，盈、足之义。”朱熹曰：“丰，大也。”［2］亨：用作“享”，指祭祀。［3］假：通“格”，至、到达。《集解》引虞翻曰：“假，至也。”借为假。《说文》：“假，至也。”之：指祭祀处。［4］日中：中午时分。［5］明以动：下离上震，离为明，震为动。［6］假：通“格”，至。［7］尚：尊崇。王注：“大者，王之所尚，故至之也。”［8］宜照天下：此释“日中”。中午日之光明普照天下。《丰》内卦为离，离为日，为明，故曰“宜照天下”。《正义》：“日中之时，遍照天下；王无忧虑，德乃光被，同于日中之盈。”［9］昃：倾斜。［10］食：又作“蚀”，此指月亏蚀。［11］天地盈虚：天之盈虚，指日月变化；而地之盈虚，则指草木百果随天时之变而荣枯。［12］雷电皆至：下离上震，震为雷，离为电。故“雷电皆至”。《正义》：“雷者，天之威动；电者，天之光耀。雷电俱至，威明备足，以为‘丰’也。”［13］折狱致刑：决断狱讼，动用刑罚。雷有威严之象，法之而威严致刑，电有明照之象，法之而明察折狱，故当丰卦而言刑狱。《正义》：“断决狱讼须得虚实之情，致用刑罚必得轻重之中；若动而不明，则淫滥斯及。故君子象于此卦，而折狱致刑。”

［译文］

《丰卦》：顺畅，君王亲临宗庙。不用忧惧，最佳时机在太阳位居中天时。

《彖传》说：丰有硕大丰满的意思。人能明察事理，依理而行，一定能取得丰硕成果，所以把它叫做《丰卦》。“亲临宗庙祭祀”，说明君王崇尚宏大的美德。“不用忧惧，最佳时机在太阳位居中天时”，因为正午太阳当头可以普照天下。正午后，太阳就会向西斜，出现满月之后就会亏蚀。天地万物有盈有亏，随着时间的变化而消长，更何况是人！何况是鬼神呢！

《象传》说：《丰卦》是震在上，离在下，震为雷，卦象表现为电闪雷鸣，所以把它叫做《丰卦》。君子应该像雷电那样，理清案情，秉公执法。

[不休说]

卦以明动相资为义，离明主之，而震动将之，致奉之本，即保丰之道。初九明之初，九四动之初，同为阳刚，相须以成其用，故曰配，与他处之以应为配者不同，他卦应爻皆贵阴阳相配，独丰九三以至明之体应上六之至暗，刚为柔掩，故有“见沫”“折肱”之象也。六五体柔暗，六二应之，九四应之，九四比之，而皆有“丰蔀”“见斗”之象。至六五本爻而曰“来章有庆，誉，吉”者，盖六五为丰之主，居震之中，六二文明中正，乃大贤在下者为之正应，五能屈己下贤，而来致之，即有明动相资之益，非“丰蔀见斗”之说矣。卦为丰亨之象，而爻多警戒之辞，深虑丰之不可长保，必在明以善动，动合至明，撤蔀屋之蔽，取来章之益，则盈虚消息皆自我操，而常如日中之照天下矣。苏轼曰：“丰者，至足之辞也，足则余，余则溢”。圣人处之以不足，而安所求余？故圣人无丰，丰非圣人之事也。《丰卦》说明盈虚消长的客观规律，提示人们，要求得丰盛，应依理而行，而且强调在兴盛时更要谨慎行事，更要坚守正道。

[原文]

初九：遇其配主[1]，虽旬无咎[2]。往有尚[3]。

《象》曰：“虽旬无咎”，过旬灾[4]也。

[注释]

[1] 配：通“妃”。《释文》：“配，郑作妃，云：‘嘉耦曰妃。’”丁寿昌曰：“古妃、配通。”《诗·皇矣》：“天立厥配。”《释文》：“配，本作妃。”《左传·文公十四年》：“子叔姬妃齐昭公。”《释文》：“妃作配。”《左传·襄公二十五年》：“庸以元女太姬妃胡公。”《释文》：“妃作配。”《说文》：“妃，匹也。”配主：女主人（《今注》、《通义》），指男主人配偶、妻子。[2] 虽：通“唯”。帛本作“唯”。旬无咎：当本旬之末日，所卜为下旬之休咎。“旬无咎”为殷虚卜辞常见语。旬：十天，在十天内无害，过十天有灾，当是一种禁忌。《释文》：“旬，均也。”朱熹曰：“旬，均也。”[3] 尚：通“赏”。[4] 过旬灾：不均等。《正义》：“言势若不均，则相倾夺；既相倾夺，则争竞乃兴而相违背，灾咎至焉。”

[译文]

初九：遇到了和自己实力相当的主人，尽管双方的力量均等，但没有什么灾害。前往还能得到推崇和赞美。

《象传》说：双方的力量均等，没有什么灾害，这表明如力量相差过于悬殊就可能会有灾祸了。

[不休说]

阳初九刚居阳位，居下卦离体之初。《离》为光明，表征初九向往光明，积极上进。

初九上与九四敌配，本有互相排斥之象。但九四又处下互巽之上，巽为顺，有不争之象。九四刚柔相济，又居上体震动之初，本质上与初九同属以阳消阴的正人君子。天下之相应者，如阴应乎，阴从乎刚，常非均敌，初九与九四同为阳刚，则彼此适均，宜其不相得矣。然致丰之道，非明无以照，非动无以行，原相资也。今以九之明，而遇九四之动，则明足以灼其理而动又足以致其用，是四乃初之配主也。虽势分才力似不相下，而德实相成，则何咎哉？由此而往，何事不立？何事不济？而且有尚矣！初之与四，虽皆阳刚，而明、动相资，固可无咎矣。然与人共事，凡遇才力之均者，必虚心以下，庶可以成天下之功也。使或萌一求胜之心，而欲出其上，是为过旬，则将相忌相仇，而灾患随之矣！人臣事君，协恭和衷，则相济而成功；负气争能，则相厄而两败。汉之盛也，魏相以严总职，丙吉矣宽治民，未尝以宽严相左也。唐之兴也，房玄龄善谋，杜如晦善断，夫且以谋交资也。此皆一心为公，而视人之有技若己有之，安有娟嫉为怀，彼此倾轧，以致祸延于国者乎？为人君者务公衷无私之士，庶可化偏当之弊而收济之效矣。这一爻暗示我们，为了保持丰的状态，最好找一个力量与自己不差上下的人联合。

[原文]

六二：丰其蔀[1]，日中见斗[2]。往得疑疾[3]，有孚发若[4]，吉。

《象》曰："有孚发若"，信以发志[5]也。

[注释]

[1] 丰：扩大、增加。《方言》一："丰，大也，凡物之大貌曰丰。"二："燕赵之间言围大谓之丰。"《说文》："丰，豆之丰满者也。从豆，象形。"蔀（bù）：车盖顶篷。帛本作"剖"，简本九四爻相应字作"坿"。《释文》："蔀，郑、薛作菩。云：'小席'。"[2] 斗：义取双关，指盖斗和北斗星。[3] 疑疾：多疑的病，怪病。[4] 发：通"废"。帛本发字作"洫"，无句末"吉"字。《释名·释言语》："发，拔也，拔使开也。"《广雅·释诂》："发，开也。"[5] 信以发志：因为诚信而明心见性，摆脱疑疾。《正义》："虽处幽暗而不为邪，是有信以发其丰大之志。"

[译文]

六二：盛大的光明被掩盖了，掩盖到正午时分，可看见北斗星。贸然前进会招致猜疑，若诚心感化，这是吉利的。

《象传》说：以自己一片至诚之心求得信任，这表明六二用自己的诚心感化这光明的心志。

[不休说]

六二当丰之时为离之主，是人臣之有明者，而上应六五柔暗之君，非不竭智尽力，而无如忠爱虽切，终不能自达于上，正犹丰大其蔀屋，而日中之至明反可以见斗，是太阳无光，其昏已甚矣。使不度其势之不可而从之，遽欲势其惑以开其蔽，则反重君之猜疑以取疾害而已。惟在积诚意感发之，艰难有所不辞，谗谤有所不惧，祗此恪恭恭震动一念，历久而不渝，庶蔽可开而惑可释，君心不患其难格也，不亦吉乎？人君之蔽，虽难以口舌争，而其本来之明未有不可发者，正言一于孚信以感发君志，而行其道也，事君者可不勉哉？君臣之谊根于天性，人臣效忠于主，不顾事之济否，而徒欲博一己之名高，夫事亲然，故见志不从，又敬不违，劳而不怨。由此观之，天下第有不尽职之臣子，安有不感格之君父哉？六二以柔爻居阴位，当位得正，又居离体之中，最为明智。六二上与六五相敌应，六五阴居阳位，是为昏庸之君，陶醉于盛世欢乐之中，明德不显，以至归官场出现腐败昏暗局面而不自知。

[原文]

九三：丰其沛[1]，日中见沫[2]，折其右肱[3]，无咎。
《象》曰："丰其沛"，不可大事也。"折其右肱"，终不可用也。

[注释]

[1] 沛：通"旆"。《集解》引虞翻曰："日在云下称沛。"《释文》："本或作旆。"指旆旗。帛本作"薠"，简本作"芾"。"旆"、"孛"音近，亦如上爻取音义双关。[2] 沫：《集解》引虞翻曰："沫，小星星。"闻一多读为"彗"。朱熹曰："沫，小星星。"帛本作"茉"。沫、昧疑借为魅、鬽同声系，古通用。《说文》："鬽，老精物也。鬼毛。"《广雅·释天》："物神谓之魅。"《周礼·春宫》："凡以神仕者，致地示物鬽。"郑注："百物之神谓之鬽。"[3] 肱：手臂。帛本作"弓"，简本作"拳"。《正义》："施于大事者终不可用，假如折其右肱，自守而已，乃得无咎。"

[译文]

九三：盛大的光明被遮盖了，就像太阳正当中午，却能看见没有名气的小星，折断自己的右臂，这是吉利的。

《象传》说：盛大的光明被遮盖了，不可以干大事。右臂折断了，就表明他终究没有能将自己的能力发挥出来。

[不休说]

九三居明体之上，本至明者也，乃以至明应上六之至暗，是在我之明反为所蔽，而不能以自达，为"丰其沛，日中见沫"之象。夫丰沛则障蔽，更胜于蔀，所以沫之小星日中而亦见也。若是，则在己之明亦归于废弃而置之无用之地，又为折其右肱之象。然此非己之不明，乃人不能用其明，所遇非其主耳，于三何咎焉？贤臣必明主，斯可有为于天下。"丰其沛"者，是以己之明而反为人所鄙，终不能成济丰之大事也。"折其右肱"者，三之才本足为当世用，乃因时而废，亦终于无用而已，何其所遇之穷哉？丰之道必明动相资而成，三以阳刚之体，应上阴柔处震之终，止而不动，上无可之明，欲为而无所赖，三亦何所自见其明乎？夫君为元首，臣为股肱，必元首有明圣之德，而后股肱奏匡济之功。观乎此爻而知圣人责难于在上者至矣！九三位处离卦之上，阳刚得正，本应发挥其光明的作用，但九三与上六正应，上六为至阴至暗之主。九三之明，无动相应即不可成丰。又九三与九四逆比，所以其明反暗于九四，有“日中见沬”之象。九三刚居阳位，能固守正道，因失去上位者的支持，其才华不为上六阴暗就之主所用，但也未受上六连累，故“无咎”。

［原文］

九四：丰其蔀，日中见斗[1]。遇其夷主[2]，吉。

《象》曰：“丰其蔀”，位不当也。“日中见斗”，幽不明也。“遇其夷主”，吉行也。

［注释］

［1］斗：北斗星。《集解》引虞翻曰：“斗，七星也。”惠栋曰：“日中见斗，日食之象也。”王注：“以阳居阴，‘丰其蔀’也。”［2］夷：通“姨”，常。《诗·瞻卬》：“靡有夷届。”毛《传》：“夷，常也。”《逸周书·武穆》篇：“夷德之用。”孔注：“夷，常也。”夷主：常主。此指女主人之妹，同时嫁与男主人者。《正义》：“夷，平也，四应在初，而同是阳爻，能相显发而得其吉，故曰‘遇其夷主，吉’也。”

［译文］

九四：盛大的光明被遮盖了，就像正午时分，可看见北斗星。遇到了与自己实力相当的人，可获吉祥。

《象传》说：盛大的光明被遮盖了，这是因为居位不当。正午时分看见北斗，说明处于幽暗不明的环境。遇到了与自己实力相当的人，这是吉利的变化。

［不休说］

九四刚居阴位，具有刚柔相济之才德。但九四既不当位，又不居上体之中，难以安守本分。九四遇上六五昏暗之庸君，才能难以施展，有“丰蔀见斗”之象。九三爻、九四爻处于三才之中位，故亦言“日中”。九四震体之主爻，动而失明即动无所向。九四下与初九明体相应，有弃暗投明之象。但初九位卑在下，远离上体六五之君，故谓之“夷主”。九四主动与初九之明相资互助，可保丰大之吉。九四以阳刚当丰之时，而上比六五柔暗之君，谏则不行，言则不听，虽有明德，为所蔽而不得达，与六二同，亦为“丰其蔀日中见斗”之象。然君心未明，惟在所养，一人正之则不足，众贤辅之则有余，幸初九同一阳刚之德，乃其等夷四与之同心协力，共匡君德，庶暗昧可启，丰亨可保，其道得吉也。“丰其蔀”而明不得达者，由其近六五之柔暗，非所处而处，居位之不当也。“日中见斗”者，处非其位，则以己之明投人之暗，而反为所蔽，是以幽暗而不明也，所谓一人正之不足也。“遇其夷主”者，己不足启人之暗，犹喜藉初之力以共济，庶几事尚可为，而以吉行也，所谓众贤辅之有余也。《书》言昔在文武，小大之臣，咸怀忠良，待御仆从，罔非正人，以旦夕承弼厥辟，信乎，助成主德非一士之功也，而其权责操之大臣。昔赵烈侯欲赏歌者，其相公仲连进士牛畜、荀欣、徐越，令侍左右。烈侯悦之曰：“歌者之田且止。”如连者，可谓善格君者矣。是知大臣之道，全在以人事君，人君在上，但观大臣之能进士与否，而其贤不贤可概见已。这一爻告诉我们，此时如遇到另一个与自己实力相当的上司或朋友，就能改变这种盛大的而迷失的情形。

[原文]

六五：来章，有庆誉[1]，吉。
《象》曰：六五之“吉”，有庆也。

[注释]

[1] 来：通“赉”。简本从莱从止。章：显赫之功《左传》宣十二年：“夫武，禁暴、戢兵……无忘其章。”来章：得来文采，像辞令上的文采，行动上的风采都是。王注：“来章，以阴之质，来适尊阳之位，能自光大章显其德。”庆誉：美好的声誉。庆：赏赐。《诗·楚茨》：“孝孙有庆。”《甫田》：“农夫之庆。”郑《笺》并云：“庆，赐也。”《孟子·告子下》篇：“入其疆，土地辟，田野治，养老尊贤，俊杰在位，则有庆，庆以地。”赵注：“庆，赏也。”誉：帛本作“舉”，简本作“㦛”。朱熹曰：“质虽柔暗，若能来致天下之明，则有庆誉而吉矣。盖因其柔暗，而设此以开之。”

[译文]

六五：招来了有文采的人，大家都庆贺夸奖他，这是吉利之兆。
《象传》说：六五之爻辞所讲的“吉利”，是因为有吉庆之事。

[不休说]

六五爻柔居尊位，资质柔暗，却位居丰卦之主，难以固守丰大之业。六五下与初九、九三、九四皆能阴阳相合，自然得以汇聚相庆。唯有六二，虽具文明中正之德，属于下位之大贤，但六五与六二敌应不合，实为憾事。在明动相资之时，六五若能屈而下，“往”，招六二贤士上“来”，则不失为明智之举，故“有庆誉，吉”。君道贵于明而病于暗。然所谓明者，非必尽取之己而足也。六五质虽柔暗，若能屈己下人而来致章明之贤，资人之明以为明，藉人之哲以为哲，则群才豫附，自足以享丰亨之庆，而流美誉于天下，是身安而可长保也，吉何如哉？六五之“来章而吉”者，盖能招来贤士以辅己德，其效岂止有美誉而已乎？实得用贤之利，可以长享其丰而有庆也。人君之得莫于明，当自恃一人之明，其明小；能用天下之明，其明大。此非独为丰之六五言也，稽于众舍己从人，好问则裕，自用则小，古之圣王莫不皆然矣。然又云兼听则明，偏听则暗，达四聪，明四目，议必集夫盈廷之公，论必采夫国人之众，方可去其偏而得其兼。不然，所信任者或非其人，必至欲用人而反为人用，此求明而愈失其明，安能免“丰蔀”“丰沛”之忧哉？这一爻告诉我们，为了事业如日中天，应积极提拔和吸引有才能的人。

[原文]

上六：丰其屋[1]，蔀其家[2]，窥[3]其户，阒[4]其无人。三岁不觌[5]，凶。
《象》曰：“丰其屋”，天际翔也。“窥其户，阒其无人”，自藏[6]也。

[注释]

[1] 屋：房子。[2] 蔀：覆草以为盖或顶棚。家：指屋。[3] 窥：探看。[4] 阒(qù)：寂静。简本作郭从夬。《释文》：“阒，《字林》：‘静也’。”《集解》引虞翻曰：“阒，空也。”[5] 觌（dí）：看见。[6] 藏：障蔽。朱熹曰：“藏，障蔽也。

[译文]

上六：扩大自己的房屋，遮蔽居室，从门缝里探视，静悄悄的没有人影。长时间看不见人，这是不祥之兆。

《象传》说：“扩大自己的房屋”，看来此人如鸟飞蓝天，踌躇满志，想大干一场。“从门缝里探视，空无一人”，看来是因为被胜利冲昏了头脑，盲目扩大，结果招来灾祸，只能将自己掩藏起来。

[不休说]

上六以阴柔之质居丰极而处动终，是当四海无虞，承平日久，乃恃才妄作，好大喜功，明极而反暗者也，其高自蔽之象如“丰其屋而蔀其家”者。夫居丰大搞亢，昏暗自绝于人，人谁与之？如窥其户静无人，直至三岁之久，而终不觌人也。迷而不知自反，则障蔽已深，其凶甚矣。“丰其屋”者，言其居丰之极，怀满假之心，处动之终，负骄盈之气，若屋之高而翔于天际也。“阒其无人”者，岂果无人乎？自为障蔽，暗而不见人也。以亢自居，至于久而一无所觌，丰其可恃乎哉？上六一爻正于六五相反，以五能用人之明为己之明，上舍人之明而适以绝己之明也。然其病不在艰难多故之时，而在晏安无事之日。盖昇平既奏，骄侈必生，正直之士日远，而谄谀之人日进，虽欲闻一善言、见一善行，必不可得，无人不觌，凶斯至矣！圣人知有天下者，丰业已成，则丰屋蔀家之事，势所必至，故特危辞以戒之、敬怠之，几出此入彼而治忽判焉，可不慎欤？上六处于丰卦的极端，以其阴暗柔弱的才质居守丰大之高位，贪心独占丰硕成果，必然不得民心。上六与六五逆比，居高自傲而不能恭谦地服从君王，上六柔居上位，分别与九四、九三、初九三阳爻有阴阳互应之关系。表征上六窃取丰大成果仍贪心不足，在“蔀其家”的同时，还有“窥其户”之象。然而，初九豫与九四相互之间同德相辅，不与上六相应。九三虽与上六为正应，但九三已“折其右肱”，无法上应上六，有“阒其无人”之象；下体为离、为明、为太阳，表征岁月的往返变化。三阳爻不与上六同德相辅，亦为“三岁不敌”之象，故而言“凶”。这一爻告诉我们，在自己处于盛大的时候，千万不要被胜利冲昏了头脑，盲目扩充。

总 论

丰当时势盛大之会，居天位而富四海，天下一统，治化四讫，丰固亨之时矣。夫丰亨之时，人民之繁庶，事物之殷，虽为可喜，而盛极即为衰之所伏，此固可忧者也。然王者至此，徒忧亦何益乎？但能持盈戒满，守常而不至过盛，如日之中天而不暇焉，则明之所及无所不照，可以永保其丰矣。丰者盛满之象，似用也无可忧而曰有忧道焉，忧其极盛而难保耳。盖造化满而不损之理，惟人君时时以此为惧，而不敢存侈肆之心，然后大业可以常守而勿坠。朱熹谓如捧盘水战兢自持，方无倾满溢之患。所谓年忧者决不至于有忧矣。卦名丰者，是车、书归于一统，礼明乐备，物阜民安。治功盛大之谓也。然何以致此哉？卦德离明震动，明则察物而无遗，动则震作而成务，二者相合，故事物不立，而功无不成，此其所为丰也。《辞》云“王假之”者，盖王者当丰大之时，事有可为而力足自擅，则其志欲日广，制度规为自然尚大，而有不安于狭小之势，是以有忧道也。又云“勿忧宜日中”，言王者守国常如极盛之时，则志气清明，百务修举，而有以偏照乎天下也。盖日惟中方能照万物，君守中乃能照天下，一或过盛而不能常中，则遗于所照之外者多矣，岂人主所宜乎？如是者何也？盖尝推盛衰之理，而确知中之不可过矣，日以中为盛，日之既中未有不者也。月以盈为盛，月之既盈未有不食者也。岂惟日月，虽天地之大，其盈虚亦随乎时。时乎息也，则气机变化，万物显诸仁，而天地盈矣。时乎消也，则气机收敛，万物藏诸用，而天地虚矣。时之所在，天地尚不能达，而况人事者，不出于天地之外也，治乱相寻，其能以常盈乎？鬼神者，不过为天地之用也，屈伸相感，其又能以常盈乎？盛衰之理，无在不然，此王者保丰之治，宜守中而不可过也欤！大抵丰亨豫大之时，君臣上下不期侈而自侈，岂独常任然，贤智之辟乃有更甚者。非不明也，而过乎明，则铺张扬厉之念生焉。非不动也，而过乎动，则好大喜功之举多矣。骄心一生，何所不至？故圣人急急惕之忧。若曰世之所谓安者，乃危之伏也。世之所谓治者，乃乱之机也。盖先夺其所恃，而后可告以持盈保泰之实事也。语云：以一人治天下，不以天下奉一人。天佑下民作之，君正欲其劳，而岂贻之以逸也哉？雷电皆至，威照并行盛大之势，丰之象也。君子以为狱者，天下之大命，而刑者，一成而不变者也。故狱之未决，则取电之明以折其狱，判断其曲直而必得其情，实“惟明克允”也。狱之既成，则取雷之威以致其刑，推及其轻重而必当其罪恶，惟断乃成也。夫明以折狱，威以致刑，则用法平允，而天下无冤民矣。此保丰之道也。噬磕明在上，威在下，是明得事理，民未有罪而先立法于此，以待异日之用。丰威在上，明在下，是用法时能洞悉下情，而上之用威方无过差，故曰“折狱致刑”。然则王者之用刑，虽云威照并用，而又必以明为主也。丰卦主要以增大车盖或房屋顶篷、赏赐丰厚等论说吉凶，卦画作离下震上。卦辞说，享祭之事，“君王亲自到宗庙主祭”，因祭品丰厚，所以“不必忧心”，又说“最好在中午举行”，是因中午日光光芒最强，即“日之丰”。初九，“遇见女主人，一旬无灾祸”，女主人慈善，故多吉，又多赏赐。六二，“增大车盖顶篷，中午出现北斗星”，车盖又称车斗，“斗”字此处双关。是说天空变成了大车盖，白昼如同黑夜，正中午出现了北斗星。因怪事连连，所以“外出会得疑疾”，但因为人讲诚信，所以最终将摆脱疾病。此处的吉属于化凶为吉。九三也是如此，“增大车上的旗帜，中午出现彗星”，旗有长尾，就像彗星之有长尾，故以二者类比。彗星出现，不吉利，所以“折断了右臂”。因为彗星过后的天空还会正常，就像折后可以接续，所以说“没有灾祸”。九四，与六二取相同，但命运与对策不同，见此怪象时正好遇到寓所的主人，得以逃避，所以吉利。六五，“赏功勋”，所赐丰厚，故“得到美好的声誉”。上六，“扩建其房子，用草盖房顶”，这说明家道败落了，以致屋顶只能用草。同时，从门缝可以往房间里窥视，说明门亦简陋。“寂静无人”、“三年不见到人”，说明人已死，或流落在外，所以“凶险”。

旅卦第五十六

[原文]

《旅》[1]：小亨。旅贞吉。

《彖》曰：旅“小亨”，柔得中乎外[2]而顺乎刚[3]，止而丽乎明[4]，是以“小亨。旅贞吉”也。旅之时义大矣哉！

《象》曰：山上有火[5]，旅。君子以明慎用刑而不留狱[6]。

[注释]

[1] 旅是本卦的标题。旅的意思是旅行或商旅。《释文》：“旅，羁旅也。”孔《疏》：“旅者，寄客之明，羁旅之称，失其本居而寄他方谓之旅。”朱熹曰：“旅，羁旅也。”[2] 柔得中乎外：《旅》卦六五以阴柔居外卦之中位。[3] 顺乎刚：六五居九四与上九两阳之间，故有顺从阳刚之义。[4] 止而丽乎明：下艮为止，上离为丽、为明。[5] 山上有火：下艮上离，艮山在下，离火在上，火在山上燃，其势不久留，故为《旅》象。《集解》引侯果曰：“火在山上，势非长久，旅之象也。”[6] 明慎用刑而不留狱：明察谨慎用刑而不稽留狱讼。程颐曰：“火之在高，明无不照，君子观明照之象，则以‘明慎用刑’。明不可恃，故诫于‘惧’；明而止，亦慎象。观火行不处之象，则不留狱。”刘大均以为：离有明象，故法此当明察；艮为止，故法此为慎用；旅有行义，故法此当“不留狱”。

[译文]

《旅卦》：有的小亨通。卜问旅行，这是吉利的。

《象传》说：寄旅有小的亨通。卜问旅行，这是吉利的。

《彖传》说：寄旅有小的亨通。这是因为旅人行中正之道，得到强者庇护，恬静安止又能附丽于光明，因此说：“有小的亨通。卜问旅行，这是吉利的”。旅卦的现实意义是多么的大呀！

《象传》说：《旅卦》是离在上，艮在下，离为火，艮为山。旅卦的卦象为火势十分快速地蔓延的表像，所以把它叫做《旅卦》。君子观此卦象，应慎用弄罚，慎重判决，而且不稽留讼狱。

[不休说]

卦内艮外离，止而丽于外，有旅象焉。又山止不动，犹舍馆也；火动不止，犹行人也。居莫如止，故以艮为体。往莫如明，故以离为用。旅莫善于柔，爻柔者吉，刚者凶，处旅之道也。旅不能无得丧，爻柔则得，刚则丧，必然之理也。卦惟二三两爻得其正位，然九三刚而不中，处非其地。唯六二柔顺中正，与六五两柔相应，有宾主同德之象。六五虽不得位，然卦从乾变，六五舍乾之刚健，而得柔之文明，居上卦之中，以顺乎二刚得处旅之道，《彖》所谓“小亨，旅贞吉”者，二爻是也。行旅之间，柔得中不取辱，顺乎刚不招尤，止而不妄动，明而识时宜，亦安往不吉而亨乎？孔子以东西南北之人为万世师，用旅之道者也。且圣人之随遇而安，过而不留，何者非旅？又不特一行旅之用矣。《旅卦》告诉我们，旅居在外，处在动荡的生活中，更要坚守中正。

[原文]

初六：旅琐琐[1]，斯其所取灾[2]。

《象》曰：“旅琐琐”，志穷[3]灾也。

[注释]

[1] 琐：通“惢”。琐琐：三心二意，疑虑不定；器量狭小而多疑之貌；（《释文》引马）作疲弊貌。《集解》引陆续曰：“琐琐，小也。”《说文》：“琐，玉声也。从玉，贝声。”《诗·节南山》：“琐琐姻娅。”毛《传》：“琐琐，小貌也。”[2] 斯：帛本、简本作“此”。《说文·斤部》：“斯，析也。析之则离，故斯亦训离。”《尔雅·释言》：“斯，离也。”《列子·黄帝》篇：“不知斯齐国几千万里。”张湛注：“斯，离也。”取灾：得祸。灾：帛本作“火”，可见所“取”之“灾”为火灾。[3] 志穷：志不得达。程颐曰：“志意穷迫，益自取灾也。”

[译文]

初六：旅人举动猥琐卑贱，这是自我招取灾祸。

《象传》说：旅人举动猥琐卑贱，这说明他丧失了做人的人格，将招致灾祸。

[不休说]

初六以阴柔居下位，是旅之意气污下，而规模局促者也，其才质琐琐而无远大，如是总则谁其予之乎？自轻而人轻之，自侮而人侮之，灾咎之至，非自外来，实已有以取之耳。人之志量，原不可以卑陋，初六之“旅琐琐”者，其志量局促亦已穷矣，所以来人之轻侮而取灾也。旅之致穷，不在位之卑下，而在志之猥琐，舜之陶渔，说之版筑，鬲之鱼盐，圣贤未遇之时，未尝不亲琐事顾，志趣超然，物自不得而累之。初之位与志，皆极琐陋，故穷而致灾。如此，君子所以恶居下流也哉！初六柔居阳位，位不正，以其柔弱占阳刚之位，又不能执中守正，表征初六不甘心目前处境，行事有些莽撞。初六与六二逆比，出门遇阻力，人穷志短，心高力薄，无法克服面前的困境，止而却步，表现出猥琐的样子。初六与九四正应，本可拉初六一把。这一爻告诉我们，一个人要人穷而志不穷。

[原文]

六二：旅即次[1]，怀其资[2]，得童仆[3]，贞。

《象》曰：“得童仆，贞”，终无尤也。

[注释]

[1] 即：帛本、简本作“既”。次：客舍（《广雅·释诂》），“可以安行旅之地”（王弼注）指旅馆。简本次前有“其”字。《集解》引虞翻曰：“即，就；次，舍也。”《礼记·檀弓上》：“反哭于尔次。”郑注：“次，舍也。”[2] 怀：藏于衣内。《楚辞·怀沙》：“怀瑾握瑜兮。”王注：“在衣为怀。”《论语·阳货》篇：“怀其宝而迷其邦。”《老子》：“圣人被褐怀玉。”资：钱财。帛本作“茨”，简本作“次”，通“羡”，义为羡馀、赢馀，相当于今之利钱、利润。《集解》引虞翻曰：“资，财也。”《说文》：“资，货也。从贝，次声。”[3] 僮仆：奴仆。童，奴（《说文》）。《集解》本作“僮”，指未成年的奴仆。

[译文]

六二：旅客住在施舍，携带钱财，拥有一男仆，应当守持正固。

《象传》说：拥有一忠实男仆，应当守持正固，这样做就没有什么怨尤。

[不休说]

六二柔顺中正，与物无忤而处置得宜，以是处旅，有无往而不吉者。故“次”者，旅之居，二则即次而有以安其身；“资”者，旅之用，二则怀资而有以裕其用；“童仆”，旅之服役者，二则得仆之贞信为能无欺，而有所赖藉。盖旅中之善，要不出此三事。惟其德全，故旅中之所当得者，皆无不备耳。当旅之时，不能无赖乎童仆之用，亦不能免乎童仆之期，使不得其人，则即次不安，而居亦难保矣。今得僮仆之贞则无欺，有赖而可以无患，是以终无所尤也。天下无事不藉乎人，而当旅之时得人为尤急。苟能得人，则身不劳而势不孤，所以保其居而裕其资者，皆有赖矣。然惟御下有方，仁足以育，义足以正，众自乐从之。故曰：水就乎下，人就乎善，岂不信哉？六二居下体艮之中位，艮为静止，故有“既次”之象。六二、九三、九四三爻组合成巽卦。六二与两阳爻正交，阴阳互吸，两阳为其所用，故曰“怀其资”。这一爻告诉我们，一个人旅居在外，处在动荡的生活中，应当坚守中正。

[原文]

九三：旅焚其次[1]，丧其童仆，贞厉[2]。

《象》曰：“旅焚其次”，亦以伤矣。以旅与下，其义丧也。

[注释]

[1] 焚其次：客舍失火。[2] 丧：失去。厉：危险。丧其童仆贞厉：简本作“丧其童仆＿厉”，“贞”下有重文符号，今本脱去。贞厉：正直的人也会有危险。王注：“居下体之上，与二相得。以寄旅之身而为施下之道，与萌侵权，主之所疑也。故次焚仆丧而身亡也。”《正义》：“与萌侵权者，言于得政事之萌，渐侵夺主君之权势，如齐之田氏，故为主所疑也。”

[译文]

九三：旅途中旅舍失火，丧失自己的男仆，卜问得凶兆。

《象传》说：旅途中旅舍失火，一定会遭受伤害。是因为他没有与男仆相处好，这是在情理之中的事。

[不休说]

处旅之道，贵于柔顺谦下，今九三过刚不中，居下之上，骄亢自高，而御下寡恩，鲜有不困于旅者矣。故以此处人则人莫之与，如焚其次而失其所安；以此处下则下皆不从，为丧其僮仆而一无所赖。夫所居既无，爰出之安？而在下复有叛离之患，虽九三之心初未尝不正，然能免于失依寡助之属乎？旅而焚次，则身其所安，亦已伤矣，况又丧其僮仆乎？夫当旅之时，僮仆乃其所藉赖者，乃过高自亢而失其心，何以致其服从而乐为我用乎？其义必至于丧也。三与二正相反，观二之所以得，则知三之所以失矣。夫居刚用刚，在平居犹不可，况羁旅之时乎？若三真可为过刚无徒者！以此接物而御众，安往而不致困穷哉？九三阳爻以刚居下体艮山之上，自高自大，过刚而不能行中道。九三上与九四逆比，不顺于上，自以为是，必然会得罪主人，受到地主的驱赶。然而，初六两阴爻虽与九三相比，但依易理阳爻上行、阴爻下行。无法相交，九三既得罪了主人，又失去童仆下属的忠信服待，形单影只流落他乡，必至危厉之灾。这一爻告诉我们，一个人在羁旅中要柔顺一点。

[原文]

九四：旅于处[1]，得其资斧[2]。我心不快[3]。

《象》曰："旅于处"，未得位[4]也。"得其资斧"，心未快也。

[注释]

[1] 于：往，动词。周原甲骨文："自蒿于周"。《诗·周南桃夭》："之子于归"。毛传："于，往也。"处：止，指住处。《说文》："处，止也。"《广雅·释诂》："处，尻也。"[2] 资斧：利斧；钱财（《今注》、《通义》）。指古代斧形的金属货币。[3] 不快：失掉僮仆的缘故。心不快：传文意为，九四虽得资斧，但因不得其位故心中不愉快。[4] 未得位：未得到适当的地位或环境。

[译文]

九四：旅居在野外，得到了别人的资助，但我心里仍然不痛快。

《象传》说：旅居在野外，没有得到真正的好住处。虽得到别人的帮助，但由于没有实现自己愿望，故此时心中仍不畅快。

[不休说]

九四以刚居柔，是能用柔而下人者，故于人无所忤，于事无所拂。以此处旅，虽未获即次之安，然旅其所可旅之处，是已得所归而安矣！虽未能怀资而裕，然既得资则足以自利，得斧则足自防矣。但在上之五，非阳刚之与，在下之初，惟阴柔之应，则所处非久安之地，所与非可仗之人，何能伸其才而遂其志乎？故虽有旅处资斧之善，而心终有所不快也。旅贵于行，处而不行，非旅之亨矣。所谓旅于处者，九四以阳居阴，非其正位，故处而不能行也。上无同德之助，下无可援之人，岂能尽如吾意哉？故虽得资斧足以自利而自防，然其心终有所未快也。四以近君为当位，独旅之六五不取君义，故四为未得位而心有不快，盖士君子本以得志行道为愿，当旅之时岂肯以苟安自便而遂已哉？九四阳爻居于柔位，才质刚健又能行柔顺之道，刚柔相济，是德才兼备之贤才人物。九四上与六五正比相交，下与初六正应，与六二感应，表征九四既能谦上又能逊下，柔顺待人，居而能安，人缘广结，可获多方资助。这一爻暗示我们，旅居在外，不能因得到暂时的安身之地而忘记自己的理想。

[原文]

六五：射雉[1]，一矢亡[2]，终以誉命[3]。

《象》曰："终以誉命"，上逮[4]也。

[注释]

[1] 雉：野鸡。朱熹曰："雉，文明之物，离之象也。六五柔顺文明，又得中道，为离之主。故得此爻者，为'射雉'之象。"[2] 亡：死。或释失，则句意为"仅射失一只箭"。[3] 以：介词；表示凭借或原因。誉：帛本作"舉"。命：名。誉命：指传扬名声。[4] 上逮：指尚能赶上野雉。《正义》："逮，及也。以能承及于上，故得以'终以誉命'也。"上：通"尚"，指君上。逮：及。上逮：得到君上的赏赐。《礼记·王制》："恤孤独以逮不足。"《中庸》："所以逮贱也。"

[译文]

六五：射了一只野鸡，费去了一支箭，最终得到了称誉。

《象传》说：最终得到了称誉，是因为亲近了居高位的尊者。

[不休说]

六五为离之主，本体柔顺，其德文明而又得中道者也。以羁旅之人观光上国，不免道途之费，如射雉者亦不免于亡矢也。然身名由此显，终克以誉命，传之无穷，则所丧者少而所得者多矣。"终以誉命"者，以其有文明之德而为命世之才，则出其学术抱负以达于君，而名誉升闻于上也。此卦六五爻辞所以不取君象者，以天子四海为家无旅故也。故变其例，以旅人观光者当之。然即以在上者言，因其德之柔顺文明，而来四方之士，未始不可取象于君也。可见变易之中而有不变易者存。易无典要，殆谓时欤！上九均以刚居柔位，不中不正。他们躁动不规的个性，被六五的文明之德所感化，对六五言听计从。六五对他们具有"一矢亡"的镇慑作用，从而提高了六五的嘉美声誉。这一爻暗示我们，求安定应不计一时的得失。

[原文]

上九：鸟焚其巢[1]。旅人先笑后号咷，丧牛于易[2]，凶。

《象》曰：以旅在上，其义焚也。“丧牛于易”，终莫之闻[3]也。

[注释]

[1] 焚：通“偾”，意为覆败、灭亡。殷人王亥之“亥”在甲骨文中从鸟从亥，闻一多以为“鸟焚其巢”指王亥丧其居处。[2] 易：通“场”，即田畔，此指荒远的田畔。又通狄，指北方少数民族名。丧牛于易：指周大王时，狄人来侵，夺取了周人的牛羊。[3] 闻：问。王念孙说：“闻犹问也。”《论语·公治长》篇：“闻一以知十。”《庄子·庚桑楚》篇：“因失吾闻。”

[译文]

上九：高枝上的鸟巢被烧毁，旅人先得到高位而笑，后看到眼前的悲惨境地而掉眼泪。在异地失去了牛，有凶险。

《象传》说：作为旅客却在异乡身居高位，他的住处被烧是常理中的事。在异地失去了牛，最终没有人来慰问，也是意料之中的事。

[不休说]

上九过刚，处旅之上，是骄亢自高而卒无所依。夫子高而失其所依，如鸟以巢为居而见焚，则不得所安矣。其在旅人：始焉，鸣豫自适，而骄乐于未焚之先；终焉，后事兴嗟，而悲号于既焚之后，旅之极困者也。所以致此者，由其过刚处旅之上，当离之极，自骄以乖和顺之德，如牛为和顺之物，而忽然失之，似丧牛于易者。然焚号之凶，其能免乎？当旅之时，惟谦顺可以自安。上九处旅时而好高自上，必不见容于人。以义揆之，自应巢焚而失所安也。又言丧牛于易者，由其骄气方盛，故失其顺之德而不自闻知也。使其早能觉悟，亦何至于焚号乎？旅之时宜用刚，故三阳皆为不利：九四之不快，不及乎中也；九三之焚次、上九之号为过乎中也。不及虽未免于弗振，而过刚必至于摧折。盖天下志骄气溢之人，但知取快目前，而不悟后患之至。凡事皆然，岂独处旅之道哉？上九爻以刚居高之位，刚进不止，如同飞鸟在天而不居正位，故有鸟象。旅之上九与主张静止之道的九三爻敌应，固守刚亢之位，躁进不已，失其顺德，不知适时变通，故而有凶。这一爻告诉我们，旅居在外，得到了高位，更要谦逊待人。

总　论

人当羁旅则失其本居，而身寄于外，亲寡情疏，难以得亨。以卦体六五得中而顺乎刚，卦德艮止而丽乎明，虽羁旅本无大通之理，而处之有道，则尚可以自通而小亨。夫旅非常居，似若可以苟者，然道无往而不存，苟非善处，鲜不失矣。故必礼以律身，智以照物，非贤不主，非善不与，守其旅之正而须臾不离，斯得处旅之道而吉矣。大抵常变久暂，惟遇所遭，故旅者，生人之所不能免也，而吉凶悔吝，全在乎处之正不正。旅之所以小亨者，何哉？盖处旅之道贵乎得中，而病于自用。今以卦体言之，六五柔得中而在外，顺乎上下之二阳，是在己既有柔中之德而谦卑适宜，又能顺附乎阳刚而恭顺不失，处己处人，两得其道，则其所如皆合矣。抑处旅之道贵于静正患于不明，以卦德言之，艮止而离丽乎明，是内既静专而不失于妄动，外灼物情而不迷于所往，内外交尽其善矣，是以在旅而小亨而为旅贞吉也。夫卦德、卦体如此，而仅得小亨，则非得中而顺刚，内止而外明，即不得以小亨矣。必守正而后得吉，则少不正而即不得吉矣。是难尽者旅之义，难处者旅之时，则旅之时义不其大哉？甚矣，旅之难处也。人当羁旅，是失其所居之时，刚必招祸，而柔必取辱，所以处之者诚不可无其道也。然平陂之形虽于世，而贞正之守则在于我。君子素其位而行亦惟正己，而不求于人已矣。山上有火，去而不留，旅之象也。君子以主刑者，民之司命，故当其用刑之时，审察必极其明，而使无遁情。又不敢以慢易之心乘之，而务加谨慎，轻重得宜，出入惟允，如山之止以为慎而不敢轻忽也。明慎既尽，而断决随之，当刑即刑，当宥即宥，如火势之不留而不至淹滞也。明慎者，君子之仁也。不留者，君子之义也。仁义并用，而治狱之道尽矣。义而不仁则伤于暴而滥及于无辜，仁而不义又伤于懦而威阻于强梗，必如君子然后可当折狱之任，而天下无冤民也乎！旅卦卦画作艮下离上，以旅途所发生之事说吉凶。卦辞说，行事小心谦逊则亨通。行旅之事最须小心在意，所以吉利。初六，“旅途中五心不定”，因心不在焉，所以取祸。六二，“旅途中到客舍住下，怀揣着利钱，得到忠贞的僮仆”，出门在外，有客舍，有钱财，有忠仆，三者具备，所以无忧。九三，“旅途中客舍被焚，失去了僮仆”，处旅途而躁动不安，终致失火、失仆，所以贞问危险。九四，“长久羁旅于异地，得到利斧防身，但我心中不快”。指的是虽暂安，但因需要时存警惕，所以心下始终不快。六五终能所获。上九无所依靠，先喜后悲，凶险。

巽卦第五十七

[原文]

《巽》[1]：小亨[2]。利有攸往[3]，利见大人[4]。

《彖》曰：重巽以申命[5]，刚巽乎中正而志行[6]，柔皆顺乎刚[7]，是以“小亨。利有攸往，利见大人”。

《象》曰：随风[8]，巽。君子以申命行事[9]。

[注释]

[1] 巽是本卦标题。巽的本义是跽伏，引申为卑顺，或用为“算”。巽：帛本作“筭”。《正义》：“巽者，卑顺之名。”朱熹曰：“巽，入也。”[2] 亨：通。《集解》引陆绩曰：“阴为卦主，故‘小亨’也。”《尚氏学》：“初、四皆承阳，故曰‘巽’；巽。顺也，顺阳，故‘小亨’。”[3] 攸：所。[4] 大人：有身份、有地位的人，一般指王侯、贵族。《集解》引虞翻曰：“大人谓五。”王注：“大人用之，道愈隆。”[5] 重巽：指《巽》卦上下均为巽。申：重复，重申。命：王命。王注：“未有不巽而命行也。”[6] 刚巽乎中正：九二、九五以阳刚居中得正。巽：入，践。《集解》引虞翻曰：“刚中正，谓五也。”[7] 柔皆顺乎刚：《巽》初六、六四之柔皆顺从九二、九三、九五、上九之刚。[8] 随风：上下皆巽，巽为风，故有两风相随之义。随：从。[9] 申命行事：申复其命令，履行其事。

[译文]

《巽卦》：小有亨通，有利于有所行动，利于会见大人。

《彖传》说：两个巽卦上下重迭，意在重申一种命令。阳刚者的谦恭在于他中直正大，他的志向和抱负也因此得以实现，而阴柔者的顺从在于他能听从强者差遣，困此说“小有亨通，有利于有秘行动，利于会见大人”。

《象传》说：《巽卦》是巽在上，巽在下，巽为风，卦象为风行起来无孔不入之表像，所以把它叫做《巽卦》。君子把命令立在谦逊之德之上，这样有利于他推行政事。

[不休说]

巽以顺乎人情如风之动。风无微而不入，以为天之号令，故有风以先之，复有风以随之，上巽以象君之出命，下巽以象民之从命。论成卦，则以初四之柔为主。论六爻，则以二、五之刚为重。盖巽本取柔之卑伏，然当巽之时，阳亦用巽道以怀服乎下，故史巫纷若，先庚后庚，皆有丁宁详审之意焉。总之，巽之为卦，以居中得位为善。二得中而失位，三四得位而失中，初与上则中、位俱失，惟以九居五，位乎中正，所以吉无不利而为申命之主。盖阴始生而阳顺之，二五其最近者也。刚而有巽义，所谓刚巽乎中正也。二五居用事之地，而初四处其下，无违乎教命，所谓柔皆顺乎刚也。九五爻刚居阴位，得正切中，又与六四、九三组合成《离》，巽卦下互为兑，兑为悦，表征万民欢悦服从统治者的英明领导。九二与九五敌应，上九与九五逆比。《巽卦》告诉我们，一个人要谦逊、顺从。

[原文]

初六：进退，利武人[1]之贞。

《象》曰："进退"，志疑也。"利武人之贞"，志治[2]也。

[注释]

[1] 进退：即进退犹疑之义。武人：占问行军。勇武之人，又指将帅。朱熹曰："初以阴居下，为巽之主，卑巽之过，故能进退不果之象；若以'武人之贞'处之，则有以济其所不及，而得所宜矣。"[2] 志治：用武人之刚正，其心志修治而不乱。程颐曰："利用武人之刚贞以立其志，则其志治也。治，谓修立也。"

[译文]

初六：进进退退，这有利于勇武的人去卜问。

《象传》说：进进退退，这说明他在决策时十分犹豫。有利于勇武的人去卜问，是因为这样能使他的决策得到完善，在实际上是成立的。

[不休说]

初六以阴居下，为巽之主，是卑巽之过，一于柔懦者也。于是，凡事之来，皆退去怯而不敢为，当行复止，方进复退，为进退不果之象。夫天下之事，惟断乃成，退怯如此。若以武人之贞处之，振其懦而作其气，出其果断以济巽之所不及，则自不安于退而能遂其进矣。何利如之？天下事之行，皆由于志。初六之志有所疑而不决，故欲进而不果于进也。又曰"利武人之贞"者，盖人之志，治则决乱则疑。过内先治其志，而有一定之主，尚何进退不果之足患哉？人之气质此有所偏，惟能力矫其偏，斯为善变化。夫气质，《洪范》三德正直而外，高明者则用柔克，沉潜者则刚克。初之柔弱不振，所谓当以刚克治之者也。圣贤教人之法，帝王治世之权，皆不外乎此矣。初六阴居卑位，巽而不中，不正，卑顺太过，奴才个性，意志薄弱，恐惧不安，不值得信赖，不可委以大事。初六上承九二阳刚之武人，两者刚柔相济，故"利武人之贞"。这一爻告诉我们，勇武的人要注意培养谦逊的美德。

[原文]

九二：巽在床下[1]。用史巫纷若[2]。吉，无咎。

《象》曰："纷若"之"吉"，得中也。

[注释]

[1] 巽：跽伏。床：病人之所卧也。周代室中无床，地上铺席，坐卧其上，有病而后

设床。[2] 史巫：祝史、巫觋，皆“接鬼神之人”（《正义》）。史：向神祈告的人。巫：隆神的人。纷：疑借为衅（釁），同声系，古通用。《说文》：“衅，血祭也。”《周礼》：“衅庙。”《小子》：“衅社稷五祀之宫兆。”《周礼·大司马》：“涖衅主及军器。”《小子》：“衅邦器及军器。”《天府》：“衅宝镇及宝器。”《龜（guī）人》：“衅龜。”《吕氏春秋·慎大》篇：“衅鼓旗甲兵。”一种血祭，指杀生取血涂物以祭。纷若：乱纷纷的样子。史巫纷若：用史巫来驱鬼。

[译文]

九二：谦卑而中趴在床下，像史、巫那样用谦恭的态度行事，吉祥，没有什么灾祸。《象传》说：像史、巫那样用谦恭的态度行事，是吉祥的，是因为史、巫是居中守正。

[不休说]

二阳处阴，既不敢自安；而居下得中，又不为已甚。故能顺以自持，行过乎恭矣。然由实意以达外，初非流于谄也；卑以自牧，事过乎谦矣。然本乎诚以发越，又非之媚也。犹巽在床下，而用史巫丁宁烦悉其辞，以道达于神明之前，此为善用其巽者也。如是，则克尽事上之道，而收格君之功，吉而无咎，又何疑焉？二之用十五分弱而乃得吉者，何哉？以二居下体之中，为得中道，小心而不失于卑谄，巽顺而不同于取容，此所以为吉也。下之事上，固贵于柔巽，然必有至诚以将之，所谓敬发乎中，不以迹而以心也。勿欺矢于靖献之先，出于积中之素，则将顺其美，固见夫恪恭，而匡救其失，弥形夫忠爱。唐太宗谓魏征：“人皆言其疏慢，朕独觉其妩媚”。诚有以也夫！九二刚居柔位，且与九五敌应，有过刚不正之嫌，既不为九五所信赖，亦恐功高震住，遭受打击迫害之不安。自六四以下，卦成《坎》象。坎为坎坷，周折，险陷。九二与初六亲比，与九三逆比，顺于下而逆于上，处境及行为有违巽顺之道。九二位于下体之中位，又处下巽之中，德行中信诚实，并非“逆上”而是“惧上”，过于巽顺小心所至。九二刚柔相济，且能执中，故其谦巽之诚意足以与世上多数人想通，最终也能令上位者信赖。九二同九五一样，同属于“刚巽乎中正而志行也”之人，能尽“申命行事”之道，故可获“吉，无咎”。这一爻告诉我们，一个人要心地虔诚、中正地对待一切。

[原文]

九三：频巽[1]，吝[2]。
《象》曰：“频巽”之“吝”，志穷[3]也。

[注释]

[1] 频：指频繁。帛本作“编”。皱眉头。巽：伏，伏而不出。王注：“以刚正而为四所乘，志穷而巽，是以吝也。”[2] 吝：难。[3] 志穷：志不得达。

[译文]

九三：勉强顺从，有灾祸。

《象传》说：勉强顺从的灾祸是因为他的谦逊之德丧失了。

［不休说］

九三过刚不中，既非下人之资，居下之上，又挟上人之势，本非能巽者也。其巽也，特勉为之耳。夫勉为之者，虽可强饰于一时，而不能坚持于永久，为频巽而频失之象。如是则终归于不巽，而以满招损，不亦吝乎？巽本不可以伪，为九三之巽，非出于中心，虽强以欺人，而故态复发自不可掩，则终不足以欺之矣。其志不已穷哉！天下之理，诚则可久，不诚则不可久，若勉为巽而不出于诚，是欲以声音笑貌袭而取之者也。自以为其术甚工，而其患卒不免于穷，作伪心劳日拙，亦何益之有哉？九三以刚爻居阳位，虽正不中，过于刚倔，并非能真心顺从他人，但九三处于下体，地位低下，上与上九无应，又与九五相敌，下乘九二之刚，内外遭受排斥打击，又无能相与对抗，只好暂时忍耐屈从。九三位居下体巽卦之上，处巽之时，能顺应潮流，体识时务，有顺从他人之可能性。九三又与六四近君大臣相亲比，得六四引荐，也就有机会将顺他人之可能变为现实。然而，九三既顺从九五，又与上九保持有千丝万缕的相应关系，一客投二主，心智不坚，反复顺从，又及时而违逆，令人可恨，可耻，故“吝”。这一爻告诉我们，一个人如果丧失了谦逊的美德，就无可救药了。

［原文］

六四：悔亡[1]，田获三品[2]。
《象》曰：“田获三品”，有功也。

［注释］

［1］悔：悔恨，懊恼。［2］田：通“畋”，此指打猎。品：种。三品：指三种禽兽。三，虚数，表示多；或释为实数。品，类（《广韵》）。《书·禹贡》：“厥贡唯金三品。”

［译文］

六四：悔恨消失，打猎时捕到可作为祭祀、宴请宾客、献给君主用的上等猎物。

《象传》说：打猎时捕到可作为祭祀、宴请宾客、献给君主用的上等猎物，说明功劳很大。

［不休说］

六四阴柔无应，是既不得在己之力，而复不得在人之力者。况上之所承为五，下之所乘为三，又皆阳刚而非阴所能处，似不免于悔矣。然其用柔能下秉谦恭以接物，本和易以近人，故所承与乘之阳刚非独不之侵，反为之助而悔可亡，且不独仅有所获而已。共效协赞之功；群策毕收，咸献匡襄之益。殆如田猎所获之多，足以备三品之用也。田获三品，则所获者为已多矣。四谦以下人，而人为我助，则凡事无不得其所求者，故不但无悔，而实有功也。人之不肯下贤，总欲功必自己出耳，不知能虚怀下人，收天下之贤豪以为国用，则天下之功皆其功也。此其理尤为人臣者所当知，故曰中臣事君以身，上臣君以人。

事君以身者劳而寡效，事君以人者逸而多获，此之谓矣。六四与初六无应，以其柔顺之才质占据近君大臣之高位，又缺乏基层群众初六的支持，而且下乘九二、九三、上盛九五、上九四阳位刚，力不从心，质弱而大胆，故而有“晦”。这一爻告诉我们，能恪守谦逊、顺从之道，就能有所建树。

[原文]

九五：贞吉悔亡，无不利。无初有终[1]，先庚三日，后庚三日。吉。
《象》曰：九五之“吉”，位正中也。

[注释]

[1] 终：好结果。王注：“化不以渐，卒以刚直用加于物，故初皆不悦也；终于中正，邪道以消，故有终也。”

[译文]

九五：卜问得吉利的预兆，悔恨消失，没有什么不利的。虽然起初不顺利，但结果不错，时日定在丁日或癸日，一定是吉利的。
《象传》说：《巽卦》的九五爻位之所以能得吉祥，是因为它居中而得正了。

[不休说]

五居巽体，恐其承前人之积弊，未免有苟且偷安之意，宜有悔矣。然幸有阳刚中正之德，终能奋励改图，则有贞而吉，可无巽懦之失，是得亡悔而无不利也。夫始之有悔，是无初也。亡其悔，则有终矣。此皆改图之善也。然当其时必丁宁未变之前，而熟思审处，务为先事之防，使吾之所为者，果皆尽善后之策，使吾之所为者，果皆经久之图，然后从而安之。如是，则所革皆当，人皆信从，世为法则，而得吉矣。五之所以得吉者，以其所居得阳位之正而居卦之中，有此中正之德，则意见不偏，施为允协。所以丁宁二揆度者，莫非本此德以行之，故贞而吉也。苟无其德，安能善变而得吉乎？蠱言先造事言之，而取诸甲，庚者，十干之过中，事之当更者也，巽之积弊萌，故以更事言之，而取诸庚，此圣人谨其始终之意也。九五阳爻居尊位执中守正，发号施令，故获“贞吉”。但初六阴居阳位，失正。九二与九五又敌应，表征号令方出就遇抵制，挫折。故“无初”“有悔”。这一爻告诉我们，一个人刚强正直，难免有不甚谦逊之悔，但只要他有中正之德，最终能获得吉祥。

[原文]

上九：巽在床下[1]，丧其资斧[2]。贞凶[3]。
《象》曰：“巽在床下”，上穷也。“丧其资斧”，正乎凶[4]也。

[注释]

[1] 巽：伏。[2] 资斧：钱财。资：帛本作“溍”。[3] 贞凶：守贞防凶。伏在床

下，当时盗贼入室，病人躲避，所以丧失钱币。王注：“处《巽》之极，极巽过甚，故曰‘巽在床下’也。斧，所以断者也；过巽失正，丧所以断，故曰‘丧其资斧，贞凶’也。”
[4] 正乎凶：犹言“正于凶”，即守正避凶之义。

[译文]

上九：谦卑、顺从而趴在床下，丢失了别人资助的钱财，卜问结果是凶险的。

《象传》说：谦卑而趴在床下，这是因为上九已居于穷极之路。丢失了别人资助的钱财，正处在凶险之中。

[不休说]

上九处巽之极，巽不以正而是其刚之德，象为巽在床下而过于卑。巽一至懦而不立，威断绝，无如丧其资斧者。然纵使施于当巽之地，而柔弱无以自振，遂以取人之侮，虽得其贞，安能免于凶乎？巽在床下者，言是居巽之极，专以巽顺为心，其巽至于已甚为穷也。丧其资斧者，过巽则失其刚断，自然辱而招侮，有可必其凶者矣。上九巽在床下，与九二之取象同而有吉凶之异者，盖九二巽在床下而用史巫纷若，则为过而不过，所谓不至已甚者也，故达其孚诚而得吉。此爻巽在床下丧其资斧，则为巽之太过而失其阳刚之德矣。故流于卑谄而获凶。学《易》者其可不知所以自处乎？上九阳居阴位，偏离中道之外，无法守正。又高处巽顺之至极，丧失其刚断的资质，只能墨守服从陈规，一味强调无条件盲目顺从，因而无法随时变通。上九既与上九逆比，又与九三应敌，只从旧主不服新君，所以“贞凶”。这一爻告诉我们，一个人处于穷极的困境中所表现的谦卑不是坚守正道的谦卑，而是丧失了人格的谦卑，是不可取的。

总　论

凡天下之事，阳刚有任事之力，阴柔无干理之才。此卦以阴为主，才力不足，未克大有所为，仅可以小亨。幸能以阴从阳，则己于人无所拂，人于己有所资，事可立，功可成，而利有攸往也。然必所从者为阳刚中正之大人，乃为得其正而有利见之益，可不慎欤？八卦之重，上经先乾次坤，先坎次离。下经先震艮，次巽小亨，巽之一阴上从乎二、五之阳也。从阳则利，不从阳则不利。可见阳为贵而阴为贱矣。圣人示阴以从阳之利，正欲其安为贱之分也哉。此卦上下皆巽，是重巽也。巽之义为入，重巽则深入之至矣。夫人君之入人，莫重乎命令，巽则人君所以施命而告四方者，不厌反复丁之详，有以直入乎之隐，此重巽乃为命也。卦辞言“小亨，利有攸往，利见大人”者，盖以卦体之九五言之，天下刚者恒不能巽顺。九五，刚也，而巽入乎中正之德，是为上者刚足以断执而出之以中，施之以正，则以一人中而使天下不中者归于中，以一人之正而使天下之不正者归于正。以此健中于民，表正于世而为所欲为，则志无不行矣。又以卦体初六、六四言之，天下柔者多不能自振，今以初柔而顺二之刚，四之柔而顺五之刚，则柔得刚以为助，不徒一于巽顺，而可以奋发有为矣。夫柔皆顺五之刚，是以“小亨而利有攸往”。然有五之刚，“巽乎中正而志行”，则又为大人之象，而“利见大人”也。刚柔不可独用，亦不可偏废，一于刚而不得其中，则必至暴而无以宜众；一于柔而失阳之助，则必至退怯而不能自行。夫惟刚柔交济，则不競不絿（qiú），无所施而不当矣。若徒以一阴潜伏之为巽，而不知初四有顺乎阳刚之象，五有顺中顺乎中正之德，则巽之所以致亨者，岂可得而见耶？风本善入之物，风行相继，则无物不入，巽之象也。君子体之，以为训示万民，而命令不详，无以入斯民之志。凡事关纪纲法度之大，礼乐刑政之重，利所当兴，弊所当革，必以其所行之事先为申其命令，致丁宁反复之详，使自近及远，无不晓然于上之意指，然后从而行其所命之事焉，自有以深喻乎民而无不遍矣。人君出政，必有命令以布之，谆谆于言语之间，惟惧不明且尽，此何心哉？无非欲通上下之情，而始不至扞（gǎn）格耳。苟无真实之心，而徒铺张于诰戒之烦，则元朔之诏不能回廉耻之风，建中之诏不能戢强藩之弊，虽申命何益耶？此大哉之言，必本于一载之心也！巽卦卦画作巽下巽上，以踞伏或占筮的几种情形论说吉凶。卦辞说，“小心谦逊则亨通，利于前往某地，利于求见大人”，此用“谦逊”、“卑顺”义。初六，“进退自如，利于军人用兵之贞问”，此处“巽”用为“算”，指运筹帷幄之神算。初六运筹帷幄，进退自如。九二纵无应验，天人合一，故吉。九三频繁占巫，所以有凶。六四奉行君命，以柔御刚，中可大获其功。九五不必努力既有结果，大吉。上九丢失利器，大凶。

兑卦第五十八

[原文]

《兑》：亨，利贞。[1]

《彖》曰：兑，说也。刚中而柔外[2]，说以利贞，是以顺乎天而应乎人。说以先民[3]，民忘其劳；说以犯难[4]，民忘其死。说之大，民劝[5]矣哉！

《象》曰：丽泽[6]，兑。君子以朋友讲习[7]。

[注释]

[1] 兑是本卦的标题。兑的意思是悦，有喜悦、悦服等意，个别地方也用为“敚(夺)”。朱熹曰：“兑，说也。”《正义》：“泽以润生万物，所以万物皆说；施于人事，犹人君以恩惠养民，民无不说也。惠施民说，所以为‘亨’；以说说物，恐陷谄邪，其利在于贞正，故曰‘兑，亨，利贞’。” [2] 刚中而柔外：《兑》卦二、五阳爻居中，故曰“刚中”。三、上两阴爻分居内外两卦之上，故曰“柔外”。[3] 说以先民：通过为民表率以取悦于民。先民：导民前进。《说文》：“先，前进也。” [4] 犯难：冒险、遭难。[5] 劝：勉励。《说文》：“劝，勉也。”勉：努力。[6] 丽泽：上下皆兑。兑为泽，有两泽相依，朴素滋益，故为《兑》象。丽：依附。王注：“丽，连也。”程颐曰：“丽泽，二泽相附丽也。两泽相丽，交相浸润，互有兹益之象。”[7] 朋友讲习：结交朋友，相聚而讲其所知，习其所行。朋：结交。《南齐书·褚伯玉传》：“古之逸民，或留虑儿女，或使华阴成市，而此子索然，唯朋松石。”《正义》：“同门曰朋，同志曰友，朋友相聚，讲习道义，相说之盛，莫过于此也。”《论语学而》：“学而时习之，不亦说乎！有朋自远方来，不亦乐乎！”俞琰曰：“若独学无友，则孤陋寡闻。”

[译文]

《兑卦》：亨通。有利于占卜。

《彖传》说：兑，就是喜悦的意思。说明阳刚居中坚守正道而谦逊恭顺在外，喜悦而有利于民去占卜，因引能免顺应客观规律而又切合人意。用喜悦去引导民众，民众因引忘记了疲劳。用喜悦去引导人民奔赴国难，民众则会忘记死的痛苦；这个和悦的意义多么伟大呀！可以使人民自我勉励而为之。

《象传》说：《兑卦》是兑在上，兑在下，兑为泽，卦象为泽水并连之象。就好像泽水相通，互相滋润，彼此受益，所以把它叫做《兑卦》。君子效法于这种和悦，就能使朋友都来亲附他，而且大家可在一起研讨学业，讲习道义。

[不休说]

取坎水而塞其下流为兑泽，泽有喜气洋溢之象。又一阴进乎二阳之上，为气之舒散乎外者，故近乎说。然说之为道，苟不以正，则流为邪媚，故《象》戒以贞，爻贵夫刚焉。盖说之易涉于不正者，病在柔外；而说之所以得其正位者，实本刚中。三与上为柔外，故能说。二与五为刚中，故能利贞。三以柔居刚，为下兑之主，来而求阳之说，其恶易见，故本爻凶。上以柔居柔，为上兑之主，引而致阳之说，其情难测，故比（似当为此）爻尤不可以不戒。六画惟有初有然大公、和而不同之象，为得说之正而已。圣人于三女之卦多以贞戒之。离“利亨贞”，巽曰“利贞”，兑曰“亨利贞”，盖阴柔之质多病于不正，故皆以正言也。《兑卦》告诉我们，要和悦待人，要恰当地取悦于人。

[原文]

初九：和兑[1]，吉。

《象》曰：“和兑”之“吉”，行未疑[2]也。

[注释]

[1] 和兑：帛本作“休夺“。《说文》：“兑，说也。”指温和谈话。王注：“君兑之初，应不在一，无所党系，‘和兑’之谓也。”[2] 疑：止。《折中》引蔡渊曰：“爻位皆刚，不必于柔，得说之正，和而不流者也。”

[译文]

初九：和悦待人得到吉祥，吉利。

《象传》说：和睦喜悦之所以吉祥，是因为这种和悦是一种端正的行为。

[不休说]

初九以阳居卦下而无应，夫阳刚则不失于柔媚，处下则不失于上求，无应则又不失于私系，是其所说者出乎性情之中正，而于天理无所乖，于人情无所拂，如是则其所说者无不偏党之私而得其正矣。何吉如之？凡说人者，于理未顺则所行不正，而有可疑矣。和兑者，其所行皆本谦共以待物，而无偏私之可疑者。使其不正，则有所疑矣，安得为和哉？和之与同有异，初处说体之下，得阳刚之正，是说而不流于邪者，故为和而得吉耳。初九刚居阳位，当位得正。表征初九刚君子品行端正，亦能坚守原则，具有正义感；初九居兑卦之最下位，位卑无职无权，所以能以平常之心，与人和睦相处。初九与九四无应，又受九二阻碍无法上行去与六三、上六阴阳相交，更难得到九五之关照。这一爻告诉我们，要和悦待人。

[原文]

九二：孚兑[1]，吉，悔亡。

《象》曰：“孚兑”之“吉”，信志[2]也。

[注释]

[1] 孚：服。兑：悦。《正义》：“说不失中，有信者也；说而有信，则吉从之，故曰

‘孚兑，吉’也。”《折中》引龚焕曰：“已以孚信为说，人不得而妄说之，所以吉也。”[2] 志：之。信志：心存诚信。程颐曰：“心之所存为志，二刚实居中，孚信存于中也。”

[译文]

九二：以诚信为基础的和悦待人，吉祥，悔恨消失。

《象传》说：以诚信为基础的和悦待人得到吉祥，这表明为人诚实，可靠，能获得好的结果。

[不休说]

九二以阳居阴，似不足以取信于人，所行有悔矣。然以其有刚中之德，则所说一本由衷之诚，而非伪为外者。以孚而说，则上焉得君，下焉得民，内焉顺信友，孚诚所感未有不动者也，是虽有可悔之事，而亦不见其为悔矣，故得吉而悔亡也。说而不出于孚，则其志不诚矣。所谓孚兑之吉者由二之孚信一出诚实之志，而无少伪妄，所以兑而得吉也。二处大臣之位，当兑说之世，乃天下视其所说以为趋向者也。苟非孚信出于刚中之志，鲜不为说媚之所惑矣。九二以刚爻居中位，又能刚柔相济。表征九二君子资质刚进又能怀柔执中，德行诚实，故能获吉。二爻本为阴位，今为阳为，若爻变还原，则卦成泽雷《随》。九二以刚成阴，又与六三相比，六三位在九二之上，可见九二有追随阴陷昏暗的六三上司之嫌，故而有“悔”。由于九二能以刚正为原则守执中道，虽与六三亲比，毕竟六三位在九二之上，又是六三下来拉拢九二上行，故其责任在六三，而不在九二。服从、忠实于主人，并无大的过咎，因而“悔亡”。这一爻告诉我们，和悦待人要以诚信为基础。

[原文]

六三：来兑[1]，凶。

《象》曰：“来兑”之“凶”[2]，位不当也。

[注释]

[1] 来：“赉”，赏赉，来求。王注：“以阴柔之质，履非其位，来求说者也；非正而求说，邪妄者也。”来兑凶：来使人喜悦，可能出于引诱，故凶。[2] 来兑之凶：前来谋求欣悦而逢凶险。《集解》引李鼎祚曰：“以阴居阳，故不当位；谄邪求悦，所以必凶。”

[译文]

六三：前来谋求和悦，凶险。

《象传》说：前来谋求和悦，凶险，是因为居位不当的缘故。

[不休说]

六三阴柔而不中正，是说之妄者也。又为兑主，则深于说者矣。夫位居下体，则所说者宜在上，乃上无所应，而反来就二阳以求说，而不能得其说。欲说人而人不我与，则沦于污贱而可耻矣，其能免于凶乎？三之“来兑”而凶者，盖以阴柔不中正，德不足以自守，甘于妄说而人莫之与，所以无往而不凶也。说贵出于正，三以阴柔之质而说不以正，夫非正而求说，则为邪之徒矣。其得凶也，所谓名实交丧者耳。不亦可以为媚悦求容者之大戒乎？六三柔居阳位，背离中道，又居兑卦之上位，表征六三品行不正，如同水性杨花的女人，不安本份，不择手段，不看对象地博取他人的欢心；六三居九五以下四阳爻之中位，既乘阳，又承阳，与上下四阳爻无原则地亲比交合，左右逢迎；六三柔居刚位，无才无德且与上六无应，背主忘义，心性阴险；六三、九四、九五组合成巽为风、为入，表征六三唯利是图，无孔不入；六三、九四、九五、上六四爻组合成大《坎》，表征六三与上六阴险小人置君王于危险之中，自身亦在劫难逃，故凶。进上步强调和悦待人要以诚信为基础。

[原文]

九四：商兑未宁[1]，介疾有喜[2]。

《象》曰：九四之“喜”，有庆也。

[注释]

[1] 商：帛本作“章夺”。商讨，商量（《释文》）。王注：“商，商量裁制之谓也。”《释文》：“商，商量也。”《说文》：“商，从外知内也。”《广雅·释诂》：“商，度也。”《管子·海王》：“禺筴之商日二百万。”尹注：“商，计也。”宁：安，定（《尔雅·释诂》）。[2] 介：通“疥”，大（《释文》引马）。《管子·地员》：“其泉白青，其人坚劲，寡而疥骚。”《广雅·释诂》：“疥，病也。”喜：痊愈。

[译文]

九四：商量和解之事，但是心中不安宁，如果能隔断阴柔、嫉妒，就有喜庆的事。

《象传》说：《兑卦》的第四爻位的喜是指将有庆贺的之事。

[不休说]

九四上承九五之中正，下比之三柔邪，将欲说五，则三乃情之所系；将欲说三，则五乃理所当从。君子小人之间度量而择所从，未能自定，为商兑未宁之象。当此之时，正天理人欲公私之界，不可不审所从也。幸四质本阳刚，则阴柔原非类，为能介然守正，疾恶柔邪，是始虽疑而终则断也。去邪从正，不亦深可喜乎？天下之理，是非不两立，故好善则疾恶，从正则远邪，此君子小人之分也。使一迁于柔，则将沦胥而为小人之归矣。今九四能介然守正而疾邪，则有以保其目位而不坠其风节，将得君行道，福泽及物，是不但有喜，而实有庆也。大臣处近君之位，贵绝私党以奉公，使不审所从而轻为亲比，则奔走于下，而求说者必多倖进之门矣。圣人以介疾有喜言之，正所以开示正道而防其邪心也。虽君子亦惮其过刚；宵小之柔邪，即贤者亦乐其易近。是以尤贵有知人之明，而严办之于早也。九四以阳爻居阴位，虽为阳刚之臣，却居位不正。虽上承九五中正之君，却与九五相敌，关系不为融洽。九四又与六三阴险小人亲比，其社会交际关系十分复杂。九四处上下兑体交接之处，居阴位意志不坚，既想改善与九五君王的关系，又乐意六三的柔媚。这一爻告诉我们，和解或和谈时，如对方没有诚意，必须要揭穿他的真面目。

[原文]

九五：孚于剥[1]，有厉[2]。
《象》曰："孚于剥"，位正当[3]也。

[注释]

[1] 孚：通"稃"，谷壳；有诚实不欺，引申为符合，相应。剥：剥落。《说文》："剥，裂也。"《释文》："剥，落也。"《广雅·释诂》："剥，离也。"[2] 厉：危。孚于剥，有厉：指相信小人，故有危险。[3] 位正当：《正义》："以正当之位，宜任君子，而信小人，故以当位责之也。"

[译文]

九五：诚信被小人剥消了，必有危险。
《象传》说：诚信被小人剥消了的原因是他正处于容易被小人剥消的位置上。

[不休说]

上六阴柔小人，为说之主，而处说之极，能妄说以剥阳者也。九五阳刚中正，当说时而居尊位，密近上六之小人，狃于所说而相信之，是孚于剥也。夫阴柔小人，内则蛊坏人之心术，外则亏丧人之行业。信非其人，则有危道矣。九五孚于剥者，以五刚健中正而居尊位，自恃可以去小人，谓其不能为吾害也，乃反为小人所感，受其剥而不自知，非五伤于所恃乎？说之感人易于相得，不知其感之者将以剥之也。故意虞帝之圣而畏巧言令色，岂非说之易人而深可惧乎？圣人以孚剥言之，所以戒轻信之失者切矣。九五以刚爻居阳位，得上卦之中位，是阳刚中正之君，但九五乘阳承阴，与九四相敌，与上六亲比，表明九五君王具有沉迷于声乐欢悦之中，拒不接受阳刚君子的忠言，过于信赖上六阴极小人。如若真是这样"亲小人而远君子"的话，结果一定会凶。但九五目前尚处于中正之位，因此这里的"有厉"只是一种假设性质的警戒语。这一爻告诉我们，处于显要位置的人更加要有诚信。

[原文]

上六：引兑[1]。
《象》曰：上六"引兑"，未光也。

[注释]

[1] 引兑，帛本作"景夺"。引：引诱。朱熹曰："上六成说之主，以阴居说之极，引下二阳相与为说；而不能必其从也，故九五当戒，而此爻不言吉凶。"王注："引，引导。"

[译文]

上六：引诱他人与之和悦。

《象传》说：《兑卦》的第六爻位引诱别人与之和悦，不是光明正大的品德。

[不休说]

上六以阴柔成说之主，而居说之极，是所务专在于说人也，故引下二阳相与为说。在人之从不从，固未可必，而彼之性质柔媚，其欲致人昵己者，则如此耳。凡说之出于正者，必正大而光明。上六引人以为说，是心之所存，私而不公，邪而不正，其心迹隐晦而未至于光显也。若本刚正刚以为说，其心迹人得而共见之矣。以动而求阳之说，其恶易见；以静而诱阳之说，其情难知。此引兑之所以未光也。上六柔居阴位，当位得正，上六与九五、九四两阳刚之爻均有比和之关系，表征上六与二阳爻相与为悦，九四虽有心与上六及六三随意和悦，却遭到九五君王的阻止和责难。上六具有引兑他人的手段，却造成不良后果，故爻辞不言吉凶。这一爻告诉我们，不择手段地取悦于人是不可取的。同时，要对这样的人提高警惕。

总　论

卦体刚中而柔外，人诚能以刚中之正说人，则道求说又在当戒，故必其所说者一出于天理人心之正，而无邪柔媚之私，乃为利也。说有亨道而必利于贞者，是因其所不足而戒之之辞也。卦名兑者，以一阴进于二阳之上，喜见乎外，有和说之义，故名兑也。夫说固有亨道矣，而又利贞者，何哉？盖以卦体二五以刚居中，三上以柔居外，刚中固无不正，而柔似有不正之嫌，故必其所说者出于义理而无妄说之私，所说得其正乃为利耳。夫其所以于贞者，推而及之天人之大，亦总不外此正而已矣。盖说而既得其正，则上合天理，可以顺而不悖，下契人心，可以应人而不违。由是本此说道之正，而率民以趋事，则民皆乐于效力而忘其劳；率民以犯难，则民皆急于向义而忘其死。夫逸与生，人之所好；劳与死，人之所恶。今乃忘其劳、忘其死，岂人之情也哉？不知“说以先民”则劳之，正所以逸之。“说以犯难”则生之，所以为仁，杀之亦所以为仁也。岂非说道之大自能使民劝勉矣哉？说之大者，以其正也，正则民劝而其说乃大，如大禹之治水八载，周公之东征三年，可谓忘劳、忘死之验矣！凡天下不相说者多由于不相同，两泽相丽，彼此相资，是虽无情之物而同气相求，同类相益，实有相说之义，兑之象也；君子体之而以朋友讲习焉。盖徒讲不习，则中无实得；徒习不讲，则开悟无从。于是论说以讲之于先，体验以习之于后，则究其理而所知者益精，践其事而所能者益固。相说之益莫加于此者矣。习者，服习其事，而朋友则所以讲明其义也。其义既明，至于践行其事，则非朋友所能用力矣。故曰“知之匪艰，行之维艰”也。兑卦卦画作兑下兑上，以喜悦的各种表现论说吉凶。卦辞说，“亨通，利贞”，人有喜色，自然万事顺意。初九和颜悦色待人，自然万事顺利。九二心悦诚服，所以吉利，后悔消失。六三是邪妄之人，所以凶险。九四心有未宁，进退两难。九五剥义，上六不言吉凶。

涣卦第五十九

［原文］

《涣》[1]：亨。王假有庙[2]。利涉大川，利贞。

《彖》曰：涣，亨，刚来而不穷[3]，柔得位乎外而上同[4]。“王假有庙[5]”，王乃在中[6]也。“利涉大川”，乘木有功[7]也。

《象》曰：风行水上[8]，涣。先王以享于帝[9]立庙。

［注释］

［1］涣是本卦的标题。涣有水流、离散、涣汗等义。《说文》：“涣，流散也，从水，涣声。”朱熹曰：“涣，散也。”涣字，竹简本从睿从爰。卦辞文字，简本作“亨，王假有庙，利见大人，利涉大川”。［2］假：至，来到。有：于。庙：神庙、宗庙。［3］刚来而不穷：九二阳刚自外卦而来居内卦，而不困穷于下。《尚氏学》：“刚来居二，临一阴则陷，二阴则通，故曰‘不穷’。”［4］柔得位乎外：《涣》卦六四阴爻居阴位而处外卦。上同：指六四与九五同处巽体。上：指九五。［5］假：至。［6］王乃在中：此释“王假有庙”。大王在庙中正位，九五居中，故曰“王乃在中”。《折中》：“王乃在中，谓九五位居正中，便含至诚感革之意。”［7］乘木有功：下坎为水，上巽为木。水上有木，舟楫之象，指以木船渡涉大川，有功。《折中》：“乘木有功，谓木在水上，便含济险有具之意。”［8］风行水上：下坎上巽，坎为水在下，巽为风在上，故“风行水上”。［9］享：祭祀。帝：天帝。程颐曰：“收合人心，无如宗庙，祭祀之报，出于其心。故‘享帝’、‘立庙’，人心之所归也。紧人心，合离散之道，无大于此。”

［译文］

《涣卦》：亨通，君王亲临祠庙祭祀神灵以祈求保佑。有利于渡江过河。有利于去占卜。

《彖传》说：《涣卦》亨通，是因为阳刚之士居于阴柔中而不困穷，阴柔者居于外而与者同心协力，共济大业。“君主到祠庙祭祀神灵，以祈求其保佑”，这表明君主能居中位而凝聚人心。“有利于渡过大川河流”，这说明涉难而常用涣道，就一定会成功。

《象传》说：《涣卦》是巽在上，坎在下，巽为风，坎为水，巽卦象表现为风行水上，所以把它叫做《涣卦》。先王为了凝聚人心便祭祀天帝，修建庙宇。

［不休说］

坎水在兑泽之上，则为泽所节止。坎水在巽风之下，则为风所离散，故曰涣。井以木出水，故居塞而能通，涣以风行水，故通之极而至于涣散。二、为成卦之主，下卦本坤，刚来居二，刚不为柔困。上卦本乾，六四以柔居柔，得位之正，不应初而上同于五，刚不为柔困，柔不与刚忤，刚柔相得，涣之所以能亨也。以六爻言，惟刚柔上下相合而不散者为能拯涣。初柔而二刚，二附就初，在下相合以拯涣之责，故初“马壮吉”而二“奔机得愿”也。五刚而四柔，四上同五在上相合，以成济涣之功，故四“涣群元吉”，而五“涣汗无咎”也。此皆协力以拯涣者。至三上居相应之位，以远而不相及，故三则但能“涣其躬”之难而“无悔”。上则不过“涣血”以“远害”而已。《涣卦》告诉我们，处于涣散之时，要凝聚人心。

[原文]

初六，用拯马壮[1]，吉。

《象》曰：初六之“吉”，顺也。

[注释]

[1] 用：使用。拯：通“騬，骟马，阉割后的公马。帛本作“撜”，子夏本作“抍”。壮：简本作“藏”。通“臧”。帛本、简本、虞翻本均在句末多出“悔亡”二字。朱熹曰：“居卦之初，‘涣’之始也。始涣而拯之，为力即易，又有壮马，其吉可知。初六非有济涣之才，但能顺乎九二，故其象占如此。”

[译文]

初六：借用强健的马来涉难，吉利。

《象传》说：《涣卦》的初六爻位之所以获得吉祥，是因为它能顺承阳刚。

[不休说]

初六居涣之初，是涣之始也，当始涣而拯之，其为力犹易，况初以柔而居九二之下，若藉九二刚中之力以拯之，则资其雄断之略，赖其影武之谋，是拯难而得马之壮也。夫拯之于初，为力既易，得人之助，功复易成，如是而往，则涣可济而吉矣。初六阴柔，本非济涣之才难得吉者，何哉？以九二阳刚之才，足以任天下之重，初能顺而从之，则藉其用，所以能成济涣之功而吉也。五爻皆言涣，而初独不言者，以救之尚早，可以不至于涣耳。然当涣之方萌，而泄泄然因循玩忽，且不能虚己推贤，资天下之豪杰以共济艰难，则必至于涣散而拯之为难矣。图事所以贵知几识也。初六才质柔弱，地位卑下，以柔爻居阳位，行为失正，又与六四无应，表征世风日下，阶级矛盾已日趋激化。这一爻告诉我们，处于涣散的阶段，如能借助外力来弥补力量的不足是吉利的。

[原文]

九二：涣奔其机[1]，悔亡。

《象》曰：“涣奔其机”，得愿[2]也。

[注释]

[1] 涣：水流。《说文》：“涣，流散也。”《诗·溱洧》：“溱与洧，方涣涣兮。”毛

《传》："涣涣，盛也。"《诗·释文》："涣涣，《韩诗》作洹洹。"《广雅·释训》："洹洹，流也。"《汉书·地理志》引《诗》涣涣作灌灌，颜注："灌灌，水流盛也。"奔：简本作"走"。通贲。《诗·鹑之奔奔》、《礼记·表记》引作鹑之贲贲，是也。《释文》："贲，败也。"机：帛本作"階"，简本作"尻"。帛《易》爻辞作"阶"，指台阶。疑今本"机"即"尻"（居）的异体，所以从"木"，可能因为构木为巢以避水患之故，与此爻取象暗合。居：住所、住宅。涣奔其机：传文指水流奔到房子台阶。《折中》曰："聚涣者，先固其本。以刚居内，固本之象也。机者，所以凭而坐也。有所凭依而安居，然后可以动而不穷矣。"[2] 得愿：指二得初。阴阳相合，散而能聚，故"得愿"。

[译文]

九二：处在涣散之时，找到像几案似的可安身立命的凭借，悔恨消失。
《象传》说：处在涣散之时，找到像几案似的可安身立命的凭借，愿望实现了。

[不休说]

九二当涣之时失其所居，本不足以济涣者，夫涣而不能济则有悔矣。当然涣时，二为得中之地，若能速来居此，是离散之时其故居，而得善地以自处，则进战退守皆有所据，不犹人当涣奔之时，得其机而可凭之以为安乎？向者失其所居之悔可亡矣。涣时皆有愿安之心，今涣而奔，得其机来就所安，而无失其故居之苦，则有以得所愿矣。九二刚自外来，有奔象，虽有二阴阻隔，不为迟疑，且动乎险中不穷于险，故能据上游以成控制之势，如萧何之据汉中，邓禹之据南阳，资其险要而沉几观变以渐兴复，则混一有其基，非徒以目前之得所安为愿也。九二爻居《涣》卦下体《坎》之中，上下群阴合集周围，表征涣散时局已形成。九二与九五君王敌应，而且九五、六四、六三组合成《艮》为山为止，表征九二上行受阻，找不到上行靠山，况且于没落王朝求官，为不明智之举。九二与六三、六四组合成《震》卦，《震》为革命，为龙，为大途。初六、六三、六四又组合为《坤》，坤为民众，九二位居民众之中，虽处险境，却与群阴相比，得众人拥护。九二与初六组合成"机"象，"机"者俯凭以为安者也，离乱之时，能找一安居之所亦足唉。九二下往与初六比合，与众民互为依托，去危而求安，有利于基础革命力量，故因涣所至的悔恨忧虑随之消失。这一爻告诉我们，处于涣散之时，如能相互保全，就没有什么悔恨。

[原文]

六三：涣其躬[1]，无悔[2]（咎）。
《象》曰："涣其躬"，志在外[3]也。

[注释]

[1] 涣：水冲洗。躬：身（《说文》）。[2] 悔：简本、帛本均作"咎"。[3] 志在外：志在教育他人治理国家。

[译文]

六三：涣散自身的不良习气，服从阳刚尊者，没有什么悔恨。

《象传》说：涣散自身的不良习气，服从阳刚尊者，说明此人志向远大。

[不休说]

六三阴柔而不中，本有自便自利之私者有悔矣。幸居得阳位，则志在济时，为难以天下为己责而汲汲谋所以济之，凡一身之利害的丧，俱不暇计，有涣其躬之象。夫为身谋而不顾天下者，其心必有不安。今乃忘身以急国难，涣之济否虽未可必，而举动光明，何悔之有？人臣报主念殷，其立志在天下，则为人之念重而为己之意轻矣，所以能忘身而济涣也。人之所以胶执而不能自脱于险者，有我而已。六三释然散其有我之私，故能出险而济涣，使人臣私有未忘而欲求涣之济，其可得乎？六三阴居阳位，才质柔弱，又不当位，表明六三不具备济助涣散时局的条件。六三承阴乘阳，表征六三以其阴手段企图起用受到九五君王打击过的九二人才，因而遭到六四的反对和排斥，故有“悔”，但六三与上九有应，上九为太庙之位，表征六三心向社稷，继承祖先。这一爻告诉我们，处在涣散之时，能以大局为重，自觉服从有领导才能的人的安排，这是明智之举。

[原文]

六四：涣其群[1]，元吉。涣有丘[2]，匪夷[3]所思。
《象》曰：“涣其群，元吉”，光大[4]也。

[注释]

[1] 群：辈，引申为凡类聚之称（《说文》段注）；指朋党，泛指人群。朱熹曰：“居阴得正，上承九五，当济涣之任者也。下无应与，为能散其朋党之象。”涣其群：散流冲洗群众，使群众洁身自好，故大吉。[2] 有：反。丘：聚。涣有丘：散流的水冲激在丘陵上。[3] 夷：帛本作“娣”。匪夷所思：不是平常所能想到的。[4] 光：借为广。光大：指政治效果之广大。《来氏易注》：“凡树私党者，皆心之暗昧狭小者也。惟无一毫之私，则光明正大，自能涣其群矣，故曰‘光大也’。”

[译文]

六四：涣散自己的小团体，十分吉利。涣散的人群聚集起来像小山，不是平常人所想到的。

《象传》说：涣散自己的小团体，十分吉利，因为这是光明正大的举动，使好的品德得到发扬光大。

[不休说]

六四居阴得正，上承九五，是辅君以济涣者也。夫当人心涣散之时，各相朋党，缔其私交而不能混一。今四下无应与是，能涣小人之私群而成天下之公道，洵为大善而吉也。夫私党既散，公道自行，使所散者聚而尽于五，而有如丘陵之高，是散其小群而成一大群，合忠殚虑，共济时艰。其功业之盛，岂常人思虑之所及哉？六四之“涣其群元吉”者，何以得此乎？盖人之植党者，其心多暗昧而不光，狭小而不大。四散小人之私群，以成天下之公道，以其心光大而不自私，乃能有此，诚非常人思虑之所及矣。六四非阳刚之才，似不足当大善之义，不知柔顺之臣不专其权而杜绝私交，以布公道，其善固甚大也。尹吉甫曰“夙夜匪懈，以事一人”，岂非涣六四之心乎？六四爻已位居涣卦之上体，除九五君王与六四大臣相互比辅，名正言顺之外，还有两派势力结为群当。处于低下社会的九二与初六的亲比，是上九与六三的互应。九二与九五相敌，初六与六四无应，上九与九五逆比。六四又与六三逆比，所以加强六四与九五君王的联盟，借以排除异己势力，解散朋当，十分必要。故爻辞断之“涣其群，元吉”。由于九五与九二无应，缺乏群众基础，又因六四以阴承阳，可见君王根基未固。六四集团再次对王权构成威胁，如此变幻莫测的权力散集状况，令人“匪夷所思”，无所适从。这一爻告诉我们，要解除狭隘的团体思想。

[原文]

九五：涣汗其大号[1]。涣王居[2]，无咎。

《象》曰：“王居，无咎”，正位[3]也。

[注释]

[1] 其：而。号：呼叫。此句帛本作“涣其肝大號”，简本作“涣其大號”。朱熹曰：“阳刚中正，以居尊位，当涣之时，能散其号令与其居积，则可以济涣而无咎矣。”又曰：“汗，谓如汗之出而不反也；涣王居，所谓‘散小储而成大储’之义。”[2] 王居：指王宫。简本作“丌凥”。《集解》引荀爽注：“王居，王居其所。”涣王居：散流的水冲洗王宫，洗去污秽。[3] 正位：说明九五正居君主尊位。《正义》：“正位，以九五是王之正位，若非王居之则有咎矣。”

[译文]

九五：号令发出后，就像人散发出一身大汗一样，发出大汗便舒服。处在涣散之时，君王居正，没有什么灾祸。

《象传》说：君王居正，没有什么灾祸，是因为九五爻居于正位，大家都愿意服从他的命令。

[不休说]

当涣之时，民心解散凡以情意乖离，而恩泽不能下究也。九五阳刚中正而居尊位，如涣之时所宜散者，莫大于号令。居积之二者，散其号令以动天下之心，则人因王言心之一矣。散其居积以济万民之命，则财散于上，民聚于下矣。如是则济涣有道，而天下之大势可合于一，何咎之有？九五不徒涣号，且涣王居而无咎者，何以得此哉？凡济涣者，非有其才，虽居尊位而不能涣；非居尊位，虽有其才亦欲涣而不能。九五以阳刚中正之德而居尊位，则有其德而志不限于推行，有其位而权不阻于运用，是以能公其利而无咎耳。使非正位，涣何由而济乎？平天下者，必在君之合德。若三之涣躬，四之涣群，可谓靖共盈朝矣。然天下非无群臣力之患，所患君意郁而不宣，君泽而不广，则政令弛而下之心疑，封殖固而下志懈，虽群臣协力匡襄，而君德未明，何以怀徕四海而坐致太平？故济涣之善策，必在正位有德而为发令散财之道也。九五刚爻居阳位，又处巽体之中，得中且正，是天下的中心所在。九五得六四之亲比，又处巽体之中，故能顺应民心，守持正道。九五为尊位，为济涣之主，有号令之象。这一爻告诉我们，处在涣散之时，如人心能聚合，政令又能得到实行，这不会有什么灾祸。

[原文]

上九：涣其血，去逖出[1]，无咎。
《象》曰："涣其血[2]"，远害也。

[注释]

[1] 去：通"呿"逖：通"惕"或"愁"，义为忧患。帛本作"湯"，简本作"易"。"无咎"二字，帛本、简本均无。[2] 涣其血：传文指流其血。

[译文]

上九：涣散至极而四方聚合，忧患消除，这是远离了祸害。

[不休说]

上九以阳刚而居涣极，夫阳刚则有拨乱反正之才。涣极又当乱极思治之候，以此济涣，必能出乎涣矣。故当涣时，海内疮痍，皆有伤害之危。今祸乱已息，为能涣其伤害已去，且人心惊恐皆有忧惧之思；今倾危已安，为能涣其忧惧已出。夫伤害既去，而畏惧复忘，则出汤火而登之衽席，济涣之功成矣，谁得而救之乎？时得涣散不免伤残忧惧之害，今乃涣其血者，盖上九以阳刚居涣志济，则危者已泰，能出乎涣而远于害矣。涣有分裂之象，生民之害为大，幸上卦已出坎险之外。上九又居涣之极，去涣愈远而血去惕出，是天心合而运数可回，人事尽而谋猷克展，此时之民自无不出险而就安矣。可见天下未尝无艰危之势，全在大臣有匡济之才，如汉之陈平、周勃当诸吕擅兵之时，唐之李泌、虑、陆贽值藩镇纷争之日，皆能深思远虑，百姓复安。其扶危定倾之功炳在史册，岂非得济涣之道哉？上九以刚居阴位，且与九五君王逆比相敌，实为最高统治集团内部资质颇深的反君主势力，当涣之时，以亲比和合为吉。上九与九五不和，是为有咎，定会受到君王的排斥和打击。上九居上体巽卦之上，巽为顺，表征上九亦能顺应历史潮流，不愿与没落王朝为伍。上九下应六三，六三既为《坎》卦之上爻。亦为《涣》卦上互《艮》之下爻。表征上九历尽千山万水之险难，前来与六三应合。上九在涣散之时，能识大体，能亦谦下，远祸而求安，故而"无咎"。这一爻告诉我们，如果能谦逊、宽容待人，就能使涣向聚转变，从而远离灾祸。

总　论

卦以巽风而行坎水之上，水遇风则涣散，涣之象也。夫涣则人心已散，若难以得亨者，幸卦变自渐而来，九来居二得中，六往居三得九之位，而上同于四，是有可居之势，既有其才，复有其辅，则涣有必济之理而可亨。夫时当涣散，是天下之涣皆在所当聚。而自王者言之，则当先其大者也。盖涣之时九庙则震惊，王者当假庙孝享，以聚祖考精神，而使神灵之已涣者复安。以世道则溃乱，卦则木在水上而能涉川，王者当拯危济险，以展才略于天下，而使民心之已涣者复合。此皆治涣之道也。然假庙而不以正，是媚神也，故假庙则必尊祖敬宗，而不敢为邀福之祀；涉川而不以正，是行险也，故涉川则必顺天应人，而不敢为侥幸之谋。二者皆正乃为利耳，苟或不然，则神不歆而人不与，涣何由而得亨乎？涣兼二义：有因民涣散而萃之意，假庙是也；有涣天下患难之意，涉川是也。爻则全以涣为美事，各有不同，不可一例观也。时当涣散不易的亨，卦名涣而辞即系以亨者，何哉？盖当涣时非据可为之地与能为之才，复得人之助，皆不足以济涣也。今卦变自渐而来，九居二得中，则得其所安之地，是山河险固可为据守之资，形势利便，可施攻取之计，所以济涣者有其地矣。六本柔也，乃往居三得九之位，是本之以宽仁，济之以雄断，则恩足以结人心，而威足以虁强敌，所以济涣者，有其才矣。又三与四皆阴，乃三上同于六四，当国步艰难而得朋以助，则力同事，可以扶危定倾而收在之功名，所以济涣者，又其助矣，是以不终于涣而可亨也。辞云“王假有庙”者，非徒为观美而已也，盖当涣时，祖考之精神散失，王者乃助一己之精神至于宗庙之中，上以扬谟烈之盛，下以作臣民之心，则对越如在，而祖考精神有所凭依，而不至于散越矣。辞谓“利涉大川”者，非倖致也，盖涣之时，非救时之才不能有济。卦象乘巽木坎水之上，则以经纶干理之才为澄清天下之略，有以成济涣之功也。涣为险难之时，非形势才力之兼善，则不能以有济；而又必假庙以收人心之散，必涉川以拯天下之难。涣之得亨岂易言哉？风行水上，涣散之象也。当涣之时，郊庙之礼废，上帝祖宗几于无主，使无以合之，将终于涣散而不聚矣。先王享帝于郊，以明父母地之礼，而上帝之精神散于清虚之表者，乃萃于郊祀之余矣。立庙于国以报祖功宗德之隆，而祖考之精神散于中者，乃聚于庙祭之时矣。夫享帝以明有尊，而人皆知尊尊之义。立庙以明有亲，而人皆知亲亲之义。仁孝兼至，而诚无不通，幽无不格，此治涣之大者也。涣之象因人各有心不相联属贯通，而天下之势遂至乖离，必有所以鼓动感孚之使归于一，则涣者不求而自合，故敬天尊祖，自展仁孝之思，而天下之心已知天神无二主，不敢以上反上；知人物无二本，不敢背死而忘生，联属人心莫切于此。武王克商至丰祀于周庙，越三日柴望大告武成，而光武初营洛阳，即立郊祀宗庙，岂曰神道设教而已哉？涣卦以洪水、水流冲刷等情形说吉凶，卦画作坎下巽上。卦辞说，王来到宗庙主持祭祀，此处用的是呼唤、呼号义项。涣是大水流，所以利于渡涉大河。初六，“使用骟马，强壮”，涣有离散、理解之义，所以采用被理解肢体的骟马之象，因而吉利。九二，“水漫涣过来，逃奔居所”，这种房子可能就像我国南方某些地区依傍树木而构建的木屋，因高出地面，所以能避水患，懊悔消失。六三，“水流荡涤于身上”，能涣散已身之私、光明和吉祥。九五是君象，“发汗，大声呼号”，指人生病自救及求救的举动；“散发君王家的财产”，则是国家有难，君王散财以自救的举动。能呼号求救，消财免灾，所以说“没有灾难”。上九，“涣其血，张口欠伸，忧患消失，没有灾祸”，血流行于周身，凝则为害，故须涣，涣而顿觉身心舒坦，所以“忧患消失”。

节卦第六十

[原文]

《节》[1]：亨[2]。苦节[3]，不可贞[4]。

《象》曰：节“亨”，刚柔分而刚得中[5]。“苦节，不可贞[6]”，其道穷也。说以行险[7]，当位以节[8]，中正以通[9]。天地节而四时成。节以制度[10]，不伤财，不害民。

《象》曰：泽上有水[11]，节。君子以制数度[12]，议德行。

[注释]

[1] 节是本卦的标题。节有节俭、节制、节度等义。朱熹曰：“节，有限而止也。”[2] 亨：通。此指有节度就通行。《正义》：“制事有节，其道乃亨。”[3] 苦：帛本作“枯”。节：制，止（《广韵》），即约束，限止，指遵守一定的礼仪、规矩或限度。《逸周书·谥法》：“好廉自克曰节”。苦节：以节度为苦。[4] 可贞：不可以占问，即占问之事不可行。[5] 刚柔分：上坎上兑，刚柔相间，分居内外。刚得中：《节》二、五阳刚分居下卦和上卦之中位。[6] 苦节：指节制至极而心苦。[7] 说以行险：下兑上坎，兑为说，坎为险。[8] 当位以节：九五以阳居阳位而节于上，六四和上六以阴爻居阴位节于下。[9] 中正以通：九五与九二均居中得正故曰中正，九五处上坎，坎为通。[10] 制：法禁。度：法度。[11] 泽上有水：下兑上坎，兑为泽在下，坎为水在上，故“泽上有水”。泽上有水而泛滥，以堤防为节，故为《节》象。《集解》引侯果曰：“泽上有水，以堤防为节。”[12] 制数度议德行：创建制度，斟酌德行之准则。《正义》：“数度，谓尊卑礼命之多少；德行，谓人才堪任之优劣。君子象节，以制其礼数等差，皆使有度；议人之德行任用，皆使得宜。”

[译文]

《节卦》：亨通。节制得太过分，不可以守持正固。

《象传》说：节制就亨通。是因为刚柔有区分而阳刚居中。“节制得太过分，不可以守持正固”，说明节制到了极端，他的道路就会穷尽。心情喜悦就能振奋精神勇于赴险，处于适当的位置就要适当约束自己，把握好节制的度，这样就会畅通无阻。天地正是因为有节度才形成了一年四季，用制度来节制自己的行为，就能既不浪费资财，又不伤害民众。

《象传》说：《节卦》是坎在上，兑在下，坎为水，兑为泽。《节卦》的卦象为泽上有水之象，所以把它叫做《节卦》。君子制定典章制度和必要的礼仪法度、确立伦理道德的标准来规范人民的行为。

[不休说]

水流无穷而泽有限，以有限而蓄乎无穷，犹水之泽，盈则溢而平则柔，节之象也。兑，说。坎，险。说过则流，险以止之，节之义也。凡事有节，则裁制得中，自有亨道。过而不节，非中也。节而至于苦，人病其难行，亦非中也。处得中正，节而能通天地之道，帝王之治不外乎此矣。六爻大抵以当位为善，初、四、五，当位者也，故位者，故初无咎，四亨，五吉。二、三，不当位者也，故二凶而三嗟。上当位而亦凶者，当节之极，处上之穷，其义固殊也。又节之六爻各相比而相反：初与二比，初不出而无咎，二不出而凶，二反乎初这也；三与四比，三不节而嗟，四安节而亨，三反乎四者；五与上比，五得中而甘，上过中而苦，上反乎五者也。善节者，虚则蓄之，盈则流之，其权在泽，而其用在水，节之时义大矣！《节卦》告诉我们，适当节制自己的行为，就会通达顺利。但过分的节制会适得其反。

[原文]

初九：不出户庭[1]，无咎。

《象》曰："不出户庭"，知通塞[2]也。

[注释]

[1] 户庭：帛本作"户牖"。指家门。朱熹曰："户庭，户外之庭也。"指居室的范围。户，单扇门，内室之门。《玉篇》："一扉曰户，两扉曰门。"庭，室（《说文》段注），厅（《定声》）。[2] 塞：阻塞不通。

[译文]

初九：节制慎守，足不出户，没有什么灾祸。

《象传》说：节制慎守，足不出户，说明知道该适时进退，能认清形势是通达还是受阻。

[不休说]

初九阳刚得中，居节之初宜出者也。然有阳爻蔽塞于前，而所应之四又为坎体，既遇艰难之人，则不可以出而有为矣。初能抱道自守，不妄出以求仕，有不出户庭之象。夫当节初即能知止，自无枉道辱身之咎矣。时有通塞，通则当行，塞则当止。初九之不出乎庭，知时之塞而未通，故不出也。使时值其通，亦必出而用世矣。是初不惟知塞，而能知通塞者也，岂徒知而不知者哉？处节之道，不可于一偏，盖节能止者易，节而能通者难。吕望遇商纣则避北海之滨，遇文王则应龙之兆，是诚能知通塞者也。沮溺荷蒉之流岂可与孔子之仕止久速同日语哉？这一爻告诉我们，节制适度，没有什么灾祸。

[原文]

九二：不出门庭[1]，凶。

《象》曰：“不出门庭，凶”，失时极[2]也。

[注释]

[1] 门庭：指家宅的范围。朱熹曰：“门庭，门内之庭也。”门，双扇大门。庭，堂阶前（《玉篇》），院子。[2] 极：最甚。中，中正的准则。《说文》：“极，栋也。”《集解》引引虞翻曰：“极，中也。”《诗·商颂·殷武》：“商邑翼翼，四方之极。”郑玄笺：“极，中也。商邑之礼俗翼然可则效，乃四方之中正也。”

[译文]

九二：拘于节制，足不出户，会有凶险。
《象传》说：拘于节制，足不出户，会有凶险，是因为失去了适中的时机。

[不休说]

九二当可行之时，乃出潜离隐之地也。而失刚不正，自固于进矣。且上无应与，又不能独进，是不仕而隐为高者，为不处门庭之象。夫当可为之时乃不出为之，则知节而不知通，自失可为之机矣，不亦凶乎？九二之不出门庭为凶者，何哉？盖士君子幼学壮行，患不得其时耳。今幸有其时乃执迷而不出，岂知时通变之士耶？其失时甚矣，安得而不凶也？不出户门，一也。以初则无咎，以二则凶者，初在卦下，为士，而二则臣位也，处补衮缀之任，而讬隐默以求容，操决疑定难之权，而好逊让以避怨，亦思其所处为何时乎？失时之讥所不免矣。九二阳居柔位，乘阳承阴，处于阳长阴消之时，阴阳和合亲比通达适宜于上行助主济世。然而九二虽能刚中却不当正位，但九二兑悦之中，柔媚于坎难，向艰难屈首低头，拒绝搭救九五君王，当进而不进，该出而不出，犹如泽水已蓄至中位，当流而强加节制不允出闸，蓄积祸患，是故有凶。这一爻告诉我们，一个人过分节制，就会有凶险。

[原文]

六三：不节若[1]，则嗟若[2]。无咎[3]。
《象》曰：不节之嗟，又谁咎[4]也。

[注释]

[1] 若：句尾助词、无义。不节若：不守节度，要受到责罚。[2] 嗟：感慨，叹息。则嗟若：就要嗟叹。[3] 无咎：《通义》：“无咎前省节字。”即守节度无咎。又谁咎：未必有咎。

[译文]

六三：不能节制，于是嗟叹自悔，没有殃咎。
《象传》说：不能节制而嗟叹自悔，这是谁的过错呢？

［不休说］

六三当节之时本不容不节者，以阴柔不中正而居说极，则非能节者矣。故以之立身，则不能守其节而五以自立；以之制用，则靡费于前，必至匮乏于后矣。至于伤财败德，形为咨嗟而概叹，皆其所自致也。亦将何所归咎哉？六三之不节而嗟者，岂由外致欤？盖既违节道，祸必及之，其无聊而发为咨嗟，实己有以取之耳。又将谁咎乎？三本能节者，乃纵欲妄费，说极而悲至于无所归咎，则其失已不可追矣。故圣人深为至警云。六三柔居刚位，既不当位又不得中，行为失正。从卦象来看，上《坎》下《兑》。六三得兑泽之上位，乘刚而临险。泽水漫溢泛滥成灾，却无能节制，有失职之咎。六三才质柔弱，并非不愿节而是不能节，至其不能节之根源在于九二“不出门庭”之“苦节”，六三此时若强行阳刚，则卦变成水天《需》。六三，后悔当初不该贪恋蓄积之功，以酿成祸端；六三与六四逆比亦与上六无应，表明六三对上位之险已有明确的抵制行为，不但有悔改之意而且见之于行动，因而“无咎”。这一爻暗示我们，因不能节制而嗟叹自悔，能避免以后不再发生类似的错误。

［原文］

六四：安节[1]，亨。

《象》曰：“安节”之“亨”，承上道也[2]。

［注释］

［1］安节：安于节俭的生活。王注：“得位而顺，不改其节，而能亨者也。”［2］承：尊奉。上：君。《集解》引《九家易》曰：“言四得正奉五，上通于君，故曰‘承上道也’。”

［译文］

六四：安然实行节制，亨通。

《象传》说：安然实行节制的亨通，说明顺从尊上之道。

［不休说］

九五主节于上六，四顺正以承之。凡立身制用，无一不本乎天之之制。其为节也，出于自然而无所勉强，是能安于五之节而守之以为常也。成法自式，而动无愆违，不亦亨乎？安节之亨者，九五之所节，四皆承顺而行之，此岂徒安为下之分乎？盖九五之节，其道为中正以通之道，实所当承者。四能不作聪明以乱旧章，而惟顺成其道，是以亨也。“惟辟作福，惟辟作威，惟辟玉食。臣无有作福、作威、玉食。”矣言：“臣之有作福、作威。玉食，则凶害于国家，流祸于民。”盖《书》之明训，节之道也。反是未又不急于败者。安节之所由得亨，其深有合于《书》之义欤！六四以阴居阴位，当位得正，上承九五，且与之亲比，下与初九正应，上能顺承九五君王，下能接受贤士之监督，以正道为标准，对来自各方面的制约因素均能安然慎善之处之，故而能亨。六三居卦之上体，已脱离兑泽之节制范围，若上游不节之，则六四下应初九，水往低处流，平静安逸地恪守节道，脱离险难，畅行远方。这一爻告诉我们，应安于正道，顺其自然地节制。

[原文]

九五：甘节[1]，吉。往有尚[2]。
《象》曰："甘节"之"吉"，居位中也。

[注释]

[1] 甘节：以节制为乐事（《今注》、《通义》）。甘，美（《说文》），乐（《玉篇》）。[2] 尚：资助，佑助。有尚：帛本作"得尚"。即得赏。

[译文]

九五：平和地节制，吉祥。采取这种节制手段，会使人自愿接受。
《象传》说：平和地节制的吉祥，是指节制适中。

[不休说]

节道贵乎中正，然非操节之权，亦不能以其道通于天下而可久。九五为节之主，而有中正之德，其所以为节者，无矫情拂众之为，而有善俗宜民之道，不伤财，不害民，节之甘而不苦者也。以此为节，行之一己而自安，通之天下而皆适，何吉如之？且立法于一时，而即可垂范于后世，是不特吉，而且往有尚矣。德惟中正，始能节而不过。九五甘节之吉者，以其所居之位在上爻之中，是本一中以存心，而制作极于尽善，化行俗美而有以成恭俭廉让之风，此节之所以为甘也。节卦他爻之节，节其在我者也。九五当位之节，是节以天下者也。夫节天下而使天下共以为甘而不苦，是真能得乎节之道矣。而朱熹亦称文帝为三代一下恭俭之主，岂非节之甘者欤？九五爻刚居阳位，当位得正，又处上卦之中，居尊而行中正之道，乘阴又承阴，上下畅行无阻，正是卦辞中"节，亨"之象。九五处尊位，是节卦之主爻，操调节之主权，以其中正之节道，节已节人而畅行天下，必至百姓心悦，甘守其节。五爻与二爻爻位有应，但九二失位不正，以至于与九五无应，不应之罪在九二而不在九五，今九五对九二加以调节使之改邪归正，君臣和美为吉，故"往有尚"。这一爻进一步强调，节制要适度。

[原文]

上六：苦节[1]，贞，凶。悔亡[2]。
《象》曰："苦节，贞，凶"，其道穷也。

[注释]

[1] 苦节：以节制为苦（《今注》、《通义》）。王注："过节之中，以致亢极，'苦节'者也。"[2] 悔亡：悔亡前省节字。

[译文]

上六：过分节制，卜问得凶兆，悔恨消失。

《象传》说：过分节制，卜问得凶兆，他的道路穷尽了。

[不休说]

凡节之道，贵于得中。上六居节之极，是其所以节者，至纤至悉，一意求节而失于矫，是过于节而为苦节矣。夫节而既过，虽无越礼犯分之事，必有拂情逆性之伤，纵使得正，其能免于凶乎？然礼奢宁俭，虽有悔而终得亡其悔也。苦节之贞而免于凶乎？然礼奢宁俭，虽有悔而终得亡其悔也。苦节之贞而免于凶者，何哉？盖节之道贵通而不可穷。若上之苦节，是节而无制，不近人情，虽可以范一身，而不可以治一世，或可行之于一时，而不可垂之于永久，其道必至于穷也。节惟中正，所以能通，故于三戒其不节，于上戒其凶者，过犹不及，其失均也。然苦节之悔终胜于不节之嗟矣。上六柔居阴为，得正不中，固执而不行中道，且与六三无应相敌，又乘阳于外，无甘节之吉，故有"贞凶"之象，上六当位得正，就其本质而言，奉行节道并无大的过错。这一爻暗示我们，一个人为了有益于社会过分节制，是有可取之处的。

总　论

坎为流水而无穷，泽为止水而有限，泽上有水，满则不容，有节之象，故为节。夫节，则立身制用，各适其中，而无过不及之偏，自可通行而无敝，有不亨乎？若过于节，则拂情逆性而失其中，是为苦节矣。不惟处世塞而不通，即在己之所行亦不能以永久，岂可固守以为常哉？节者所以适乎中而通行于天下，亦天地自然之限制也。若流于太过，则矫廉以鸣高，过洁以绝物，如申屠狄、陈仲子之流，其持身非不正，然不近人情，鲜合中道，不可以言节，亦不可以亨也。卦名节而系以亨者，何哉？夫乾为刚，而坤为柔，使刚柔偏胜，则丰俭无节矣。今以卦之全体言之，阴阳各半而无过不及偏，是刚柔均分也。以卦之二体言之，则二五皆阳刚而居中位，是刚得其中也。夫刚柔均分，则无一偏之患，而丰俭皆适其宜。而刚得中，是本阳刚之正道以为节，而节制皆得其中矣，此其所以亨也。夫节之所以亨，以其中也，若辞所谓苦节不可贞者，则失之于过而不得其中，必于天理有所不顺，人情有所不堪。以道揆之，必至于穷矣。节道过苦，则穷而不通，固理势之所必。至若节之所以通而不穷者，盖以卦德为说以行险。夫人于所说而不知止，则易至于流，若见险难而思止，则其进节而不至于流矣。节之义也。卦体九五当位，以主节于上，其所节者，又皆中无过奢、可以通之天下而无阻，此节所以为善而不亨也。若推极而言之，天地之道阴极阳生，阳极阴寒暑往来，气序有节而不过，故二分二至，四序不差，而岁功于是乎成矣。使天地不节，四时不且失其序乎？人君以节而立为制度，量入为出，既无过取，亦无泛用，有损己益人之实，而无剥下奉上之为，故无滥用而不至于伤财，自无横征而不至于害民矣。使人君无节则侈肆，所致有不伤财民乎？凡此皆道之通而不穷也。天地节而四时成，王者节而天下富。自古开财之源，不若节财之流。文景之节俭，不胜武帝之黩武穷兵；天下之治乱安危，实系于此。故量入为出不伤财矣，取民有制不害民矣。圣人之言真万世至、用之长策也。“泽上有水”，水之所止有限，节之象也。君子以应用、立身皆不可以无节，故数有多寡，度有隆杀，则为制之。而自器用、宫室、衣服，各有定限而不使之过，使贱不逾贵，下不侵上，则各安其分矣。德存于心，行见于事，则为议之，而自出处、进退、周旋，皆为商度以求其中，即使其无过亦无不及，则各适其宜矣。制数度所以定万用之限，议德行所以严一身之限。贾谊以世侈靡，相欲定经制，而令上下各有等差、奸人无所几幸。盖凡物之大小、轻重、高下、文质，皆各有品节，使民截然不可逾者，此即礼也。至于历代冠服等威之制虽各有不同，要以准于古先圣王者为宜，此有礼之最急者。然圣人犹以制民之礼为未足，必贵反而议吾身之德行焉。故曰大礼与天地同节。节卦卦画作兑下坎上，以节俭的各种以情形说吉凶。卦辞说“亨通”，是就节俭之整体而言，至于“苦节（节俭而困苦）”，则不可占问，初九，“不出房门，无咎”，是指谨口，房内之言不出于外，所以无灾祸。帛本作“不处户牖”，更为贴切。九二，“不出家门”，是过于闭塞，小至一家，杜门而不与外界沟通，大志一国，闭关自守，均是“苦节”的具体表现，所以凶险。六三，“不懂得节俭，将会愁苦嗟叹”，意思是曾经不懂得自我节制，“嗟其不节”，则显然已有补过之心，所以无咎。六四“安于节俭”安然奉行。九五，“甘于节俭”，无过，无不及，去其太甚则甘，此中正之道，所以吉利。上六“苦节”，居节之极而至于苦，人所不堪，故“贞凶”。“悔亡”相当于说“无悔”，苦节而无悔，虽道穷亦不失节，惟伯夷、叔齐之恶死于首阳山似之。

中孚卦第六十一

［译文］

《中孚》[1]，豚鱼[2]，吉。利涉大川，利贞。

《彖》曰：中孚，柔在内而刚得中[3]。说而巽[4]。孚乃化邦[5]也。“豚鱼，吉”，信及豚鱼[6]也。“利涉大川”，乘木舟虚[7]也。中孚以利贞，乃应乎天也。

《象》曰：泽上有风[8]，中孚。君子以议狱缓死[9]。

［注释］

［1］中孚是本卦的标题。中孚的意思是心中诚信。《正义》：“信发于中，谓之中孚。”《孝经》引《诗》云：“中心藏之。”中借为忠。《释文》：“中，本亦作忠。”《说文》“忠，敬也。”《荀子·礼论》篇：“其忠至矣。”杨注：“忠，诚也。”朱熹曰：“孚，信也。”本爻中又用为俘虏、呼号等义。［2］豚鱼：小猪和鱼，二者是献祭和行礼时常用的物品，极言礼品之薄。王引之曰：“豚鱼者，士庶人之礼也。”《士昏礼》：“特豚合升去蹄，鱼十有四。”《楚语》：“士有豚犬之奠，庶人有鱼炙。”《正义》：“鱼者，虫之幽隐；豚者，兽之微贱。人主内有诚信，则虽微隐之物，信皆及矣。”程颐曰：“孚信能感动豚鱼，则无不至矣，所以吉也。”［3］柔在内而刚得中：六三、六四二阴多头一卦之内，故曰“柔在内”。九二、九五阳爻分居内外卦之中位，故曰“刚得中”。［4］说而巽：下兑上巽，兑为说。［5］孚乃化邦：诚孚发于内，化邦国于外。孚：信。豚：小猪。［6］信及豚鱼：信及于以豚鱼祭祀。程颐曰：“信能及于豚鱼，信道至矣，所以吉也。”［7］乘木舟虚：上巽为木，下兑为泽，木在泽水之上，乘木舟之象。从六爻看，《中孚》上下为阳爻，故实，中间为阴爻故虚，外实中虚，故有舟虚之象。［8］泽上有风：下兑上巽，巽为风在上，兑为泽在下，故“泽上有水”。风施泽受，以虚受实，上下感应，《中孚》之象。《正义》：“风行泽上，无所不周；其犹信之被物，无所不至，故曰‘泽上有风，中孚’。”［9］议狱缓死：议狱讼，延缓死刑。程颐曰：“君子之于议狱，尽其忠而已；于决死，极其恻而已，故诚意常求于绥。绥，宽也。于天下之事，无所不尽其忠；而议狱缓死，最其大者也。”《尚氏学》：“议狱缓死，欲孚及罪人而向善也。”

［译文］

《中孚卦》：用诚信能感化猪和鱼，是吉祥的。有利于渡过大江，有利于去占卜。

《彖传》说：《中孚卦》，就是阴柔在内能谦虚诚恳，刚健居外能忠实有信，诚而有信，和悦而谦逊，可以教化全国。“有诚信感化猪和鱼，去禅化”，是说诚信已施及猪和鱼这样微不足道的动物。“有利于涉越大川大河”，是说就像怀着一颗诚挚的心去涉险渡难，畅通无阻。具有一颗诚实的心利于去卜问，这是因为顺应了自然规律。

《象传》说：《中孚卦》巽在上，兑在下，巽为风，兑为泽。《中孚卦》的卦象表现为泽上有风，风吹动着泽水之表像，所以把它叫做《中孚卦》。君子应用诚信来评议决断案件，为了不至于造成错案、冤案，必须认真审核。

[不休说]

中孚之为卦，三与四，二柔在内，为中虚。二与五，二刚得中，为中实。中虚则无我，中实则无惟。唯此心洞然而虚，则至诚充然而实矣。充然者发于中孚于外，所以为中孚也。六爻唯取柔而正，刚而中者，初九中孚之初，上应六四阴，阳皆居正位，而有六三之阴柔不正者隔于其，故爻辞设有他之戒。九二与五阳刚相应，至诚感孚，有鹤鸣子和之象。三四得位，而应亦不正，一为说之极，一为信之穷，于中孚之义无当也。六四得位，故无咎。九五刚健中正，有中孚之实德与二同德相信，合为一体，包二阴以成中孚者也。上九失位，居中孚之极，故为贞凶。中孚六爻，独于五言孚，盖二、五皆中实，实则诚，诚则未有不孚者，而五又为之主，则使一卦六爻如一气然，而靡不为之用者，唯九五也。他卦二五皆取阴相应，而中孚则取以刚应刚，以知中孚之道不主于情而主于理，不孚于外而孚于中，一诚相通，君臣道合，化邦而应天端在于是，非他卦应与之比也。《中孚卦》告诉我们，诚信能感动一切。只要有了它，什么样的困难也能克服。

[原文]

初九：虞吉[1]。有它不燕[2]。

《象》曰：初九“虞吉”，志未变也。

[注释]

[1] 虞：通“娱”。《集解》引荀爽曰：“虞，安也。”《广雅·释诂》：“虞，安也。”《说文》：“娱，乐也。”《管子·七臣七主》：“故主虞而安，吏肃而严，民朴而亲。”王念孙《读书杂志·管子九》：“虞与娱同，乐也，言国有道则主乐而安也。” [2] 燕：通“宴”，宴安。帛本作“寧”。《诗·鹿鸣》：“以燕乐嘉宾之心。”毛《传》：“燕，安也。”《蓼萧》：“孔燕岂弟。”郑《笺》：“燕，安也。”《诗·谷风》：“宴尔新婚。”《释文》：“宴，本作燕。”《北山》：“或燕燕居息。”《汉书·五行志》引燕燕作宴宴。《论语·述而》篇：“子之燕居。”《释文》：“燕，郑作宴。《说文》：“宴，安也。”

[译文]

初九：安守诚信可获得吉祥。别有他求，就会不得安宁。

《象传》说：《中孚卦》的初九爻位安守诚信可获吉祥，是因为别无他求的心志未变。

[不休说]

初九阳刚得正，与柔正之六四相应，此孚之至正而贞者也。在初能度其可信与之交而成孚，则学业事功，观摩效法，有得朋之庆，获所安而吉矣。若失其初心而复有他焉，可疑信不一，舍正而求不正，中无定主，将无以成孚，宁得燕而安乎？所当致戒也。初九所以虞而得吉者，以其当中孚之初，刚而得正，私情未起，从正之志未所变也，是以得吉。若能守正而善保其初，斯诚能孚者矣。圣人立教莫先于辨志，志之所向，邪正分焉。一于正则不正者，蔑由进矣；惑于不正则正者，亦蔑由安矣，中孚之初未有所主，正辨志之时也，其志未变，欲其审于始变，而不能保其不变，更欲慎于终。闲邪所以存诚，要在初之自为审持耳。初九刚居阳位，位正，又处下体《兑》卦之初，位卑而能安守正位，自得其乐，故能获吉。初九本能与六四有应，有生晋之可能，但初九与九二逆比，会受到九二之制约。这一爻告诉我们，应安诚信。

[原文]

九二：鸣鹤在阴[1]，其子和之[2]。我有好爵[3]，吾与尔靡[4]之。
《象》曰："其子和之"，中心愿[5]也。

[注释]

[1] 阴：指树荫。《说文》："阴，山之北，水之南也。"疑借为荫。《说文》："荫，艸阴地。"[2] 和：相应。[3] 爵：古代的一种酒杯。《说文》："爵，礼器也。"[4] 靡：闻一多读为"麾（挥）"。《礼记·曲礼上》："饮玉爵者弗挥。"《释文》引何承天曰："振去馀酒曰挥。"靡字，帛本作"羸"。《集解》引虞翻曰："靡，共也。"[5] 中心愿：以真诚的意愿相应和。程颐曰："谓诚意所愿也，故通而相应。"

[译文]

九二：鹤在山的背面鸣叫，它的同类在很远的地方应和。我有甘甜的美酒，愿与你一同分享。

《象传》说：它的同类在很远的地方应和，是发自内心的意愿。

[不休说]

二与五中实相应，君臣一德而成孚也。二居阴位，人臣幽隐之诚本于在中，以自鸣其素而为之；君者，亦以诚信之念不期而孚，同声相应，犹鸣鹤在阴，其子和之之象。所以然者，懿德良贵，人所同好。二既有此懿德，不敢自私其所有，其致君忠爱之心出于至诚；五亦系恋之而不能自己，故感应之象有若此耳。五之应二，若其子之和，岂有矫饰于外哉？君心所愿慕者德也。二之鸣既由中而发，五之和亦根心而生，是诚出于中心之愿，有不知其然而然者也。诸爻有应皆有间隔，唯二五无间隔，乃以同德相孚，中虚相感，此即盛世君臣同心一德，赓歌拜稽于一堂，无尊卑阔绝之忧，无彼此形骸之隔，是以上下交而治道成，为有合于中孚之义也。九二刚爻居下体之中，虽处幽暗之地且与九五无应，但他依然信守中道，无心求得他人感应，反而从不失信于人，将自己最好的美酒与人分享，此为诚意所原出自中心，乃孚之至也。这一爻告诉我们，言行一致就能得到别人的信任。

[原文]

六三：得敌[1]，或鼓或罢[2]，或泣或歌。

《象》曰："或鼓或罢"，位不当也。

［注释］

［1］得：遭逢，遇到。《史记·匈奴列传》："单于久不与其大众相得。"一说，得，俘获（《今注》）。［2］罢：休止。《论语·子罕》："欲罢不能。"此指士无斗志。一说，罢读为"疲"。《广雅·释诂》："罢，劳也。"《国语·吴语》："今吴民既罢。"韦注："罢，劳也。"《左传·成公十六年》："而罢民以逞。"《释文》："罢，本作疲。"《左传·昭公十九年》传："劳罢死转。"《释文》："罢，本作废。"《国语·楚语》："国民罢焉。"韦注："罢，通作疲。"《说文》："疲，劳也。从疒，皮声。"《国语·齐语》："罢士无伍。罢女无家。"韦注："罢，病也。"

［译文］

六三：面对强大的敌人，或乘胜追击，或精神委靡而休息片刻；或失败而泣，或放声高歌。

《象传》说：或乘胜追击，或精神委靡而休息片刻，但因为居位不正。

［不休说］

六三以柔而不正应上九之刚而不中。此居说之极，是为无恒，彼当信之穷则为太固与之相应，实相敌而不相助矣。于是或鼓而前，或罢而废；见行止之无常，或泣而悲，或歌而乐；见忧喜之无定，则中怀纷忧，莫所适从。以此图立功事，不亦难乎？人心惟中虚以理为主，自动静忧乐，各中其节。若三之或鼓或罢，由阴居阳，为处不中正而无中孚自主之德，所以临事无恒，动失其度。揆厥由来，岂徒"得敌"之咎哉？中孚诸爻各有相信之理，而贞不贞有异。六三之"得敌"，不当信而信，憧憧往来，莫适为主，既不能如二五之同心相应，又不能入初之"虞吉"而得所安，此不贞而不可以为信者也。然究其故，实由己而不由敌，故君子贵克己之学，而无攻人之过，斯信所可信，而有以成其孚欤！六三以柔爻居阳位，不中不正，六三与上九为中孚内外体的两个极端，违背了正理。上九爻"翰音登于天"，徒具虚名，野心勃勃，诚为中孚之敌。六三处《兑》之上位，媚俗成性，远应上九，缺乏主见，属于滥忠厚感情用事之人，六三与六四逆比，但六四是正位的近君大臣，对六三之躁动妄进加以制止和劝阻。面对九二的亲比，上九的外应，六四的制止，才质柔弱又偏离中道的六三此时无可适从，不能坦然而安，"或鼓惑罢"，表现失常，真是既可怜又可恨。这一爻告诉我们，如果没有诚信，人的言行就经常变动，就像没有舵手的船，漂浮不定，往往是凶多吉少。

［原文］

六四：月几望[1]，马匹亡[2]，无咎。
《象》曰："马匹亡"，绝类上[3]也。

［注释］

［1］几望：荀本作"既望"，指阴历十六至二十三日。匹：帛本作"必"。辈（《广

雅·释诂》，同类。又量词，“双曰匹，只亦曰匹”（《定声》）。[2] 马匹亡：刀丧失其匹配。亡：跑掉、失去。[3] 绝类上：当断读为“绝，类上”。绝：意为尽净。类：古代祭名，以特别事故祭告天神。《书·舜·典》：“肆类于上帝。”孔颖达疏：“祭于上帝，祭昊天及五帝也。”上，指上天，天帝。《书·西伯·甚戈黎》：“鸣呼，乃罪多参在上。”孔传：“言汝罪恶众多，参列于上天。”

[译文]

六四：月亮快圆的时候，马忽然失踪了，没有大的灾祸。

《象传》说：马匹丢失了，就说明六四与同类六三决裂，上承九五。

[不休说]

六四居阴得正，位近于君，相得而承宠眷，德隆势盛，如月之将盈而几望也。此正群心归附之时，猜忌易生，四乃柔顺自处，恪守臣道，履盛而不矜，虽与初为应二相匹，能奉公事主，不树私交，犹马之相匹而亡其匹也。若是，则精白一心而无亡上行私之咎矣。古纯臣公尔忘私，未有一心未私。一心为公者，四所为马而亡者。四与初为类，而四必绝其私与克尽其诚，专心上事于五，所以无咎也。君子以同道为朋，小人以同利为党，正与不正，各有其类。同道为朋者，其意主于为国家。同利为党者，其意专于一己。昔欧阳修谓退小人之伪朋，用君子之真朋，则天下可治。是在人主熟察明断之矣。六四为阴，居于正位，处《中孚》上体之初，位近九五，又与九五亲比，深得君王之信任，故有“月几望”之象，处孚之时，宜从一不二，然六四与初九有应，故“有咎”；九二、六三、六四组合成“震”为马，六四下行遇六三敌阻，初九上行又遇九二敌阻。这一爻告诉我们，应与有诚信的至尊者结交。

[原文]

九五：有孚挛如[1]，无咎。

《象》曰：“有孚挛如”，位正当也。

[注释]

[1] 挛如：互相牵引、牵系的样子。挛：帛本作“论”。《说文》：“挛，系也。”《折中》引胡瑗曰：“居尊而有中正之德，是有至诚至信之心，发于内而交之于下，以挛天下之心；上下内外，皆以诚信相通，是得为君之道，何咎之有？”

[译文]

九五：有诚信使大家紧密团结在一起，没有灾祸。

《象传》说：有诚信，大家心心相印，这是因为居于正位。

[不休说]

九五中实而居尊，为孚之主，下应九二之贤，亦中实而相辅，君臣同德，和之以中心，縻之以好爵，相信之深，有猜疑所不能间，谗忌所不能离者，自然固结而不可解，为“有孚挛如”之象。如是则上下交而孚乃化邦，正在此矣，何咎之有？五之有孚，何以有挛如之固，以五德称其位而为中孚之主，则位正，且德以位显而成天下之化，则位又当故也。使居中正之位而无中正之德，虽当而不正，何能一德相孚而化于天下乎？此挛如之义盖有取也。中孚诸爻不言孚，惟九五独言有孚者，盖五以中孚之实成化邦之功，由竭诚信贤相与经纶，密勿国家，恃以治安，非退心置腹之诚，始终无间，殆未易言挛如之义也。九五爻刚健中正，居尊位于天下万民之主。以其中正至诚感通天下，君臣团结如同握紧的拳头，故谓之“有孚挛如”中孚卦上巽下兑，象征上位者顺民意，下位者和悦相从。九五信守中道又与六四亲比，六四也是笃信中道之人，二者相辅相成，所以不会有咎祸过失。这一爻告诉我们，有诚信能使大家紧密团结在一起，共同对付困难，自然没有什么灾祸。

[原文]

上九：翰音登于天[1]，贞，凶。

《象》曰：“翰音登于天”，何可长也！

[注释]

[1] 翰音：飞鸟鸣声。鸡（《礼记·曲礼》）；天鸡（《尔雅·释鸟》）。一说，翰，高飞，飞，音者，音飞而实不从，华美外扬，虚声无实，不得久长（王弼注）。翰音登于天：传文指鸡高飞升开。翰音：鸡之别名。《小尔雅·广诂》：“登，升也。”

[译文]

上九：飞鸟的鸣叫声到天上去了，去占卜得凶兆。

《象传》说：飞鸟的鸣叫声到天上去了，这种虚声能保持多久呢？

[不休说]

天下事当与时势变通，方能善用其信，而无窒碍难行之患。上九居中孚之极，徇偏执之见，乏融通之识，不度可否顺逆，固守其信而必欲行之，犹翰音本非登天之物而强欲登于天，非贞而自以为贞，则必违时拂势而取凶矣。孚信所以可久者，惟能通其变而不穷也。今翰音登行之患。犹信非所信，不知变通，至于穷极而立见其败，尚何长久之可望哉？中孚之道，有常有变，初爻宜守常而唯恐其变，虞之所以得吉。上爻宜通变而固执其常，贞之所以得凶。夫贞何以凶也？宋襄公之行仁，适足以取败；荀息之死难，无补于格君。拘一时之小信而不通古今之大义，识者讥之，所谓好信不好学，其蔽也贼，非凶之道乎？上九以刚爻居阴位，过中不正，又与九五相敌逆比，处于中孚的极端，徒务其嘘声外饰，而无纯诚之心，违背中孚正理。若将上九爻与九三爻联系起来分析，六三阴居阳位，上九阴居阴位，两爻均不能循守中道而行为极端不正。六三过于忠厚放弃斗争取悦他人，容易上当受骗，上九极尽欺诈虚伪之能事，以假乱真，瞬息万变。如果没有上九巧施骗术，也就不会有六三的上当受骗。这一爻告诉我们，只说空话，不讲实际行动的人，是不会有好的结果的。

总 论

中孚以孚信在中为义，有一心之孚，有两情之孚，总之，本于在中而发见于外，则至诚所感，何人不格？虽事之豚鱼之无知，亦可感动之而得吉，况有知者而有不格乎？何事不济？虽事之艰难如大川之难涉，亦可济之而利，况平居时而有不济乎？然其所以为孚者，一皆本于义理之至正，而不为踁踁之小信胶执不通，然后信所当而合于贞焉。斯人无不感，事无不济，乃为利耳。圣贤修身持世，莫不以孚信为本原，然而信不必信，行不必果，恐其不皆出于正也。故之圣人至诚感神，至于化傲象，格有苗，经权常变，无不各得其至正。若后世之君不失虞人之期，不废徒木之赏，是信失其正者也。此利贞所以善成其孚欤！卦明中孚者，以卦体言之，三四以柔居一卦之中，是中虚也。二五以刚居二体之中，是中实也。中虚而能实，虚所以受信，实所以为信，此孚之存乎已者也。以卦德言之，下说而上巽，说则臣以和衷，上感乎君；巽则君以虚怀，下应乎臣。上下交孚，自能化行邦国，此孚及乎人者也。而一本于在中之孚，中孚之所由名以此。其曰“豚鱼吉”者，谓信由中出，自通于物，无不输诚感化，即如豚鱼无知之物，亦且能及之而吉，此孚之验于物者也。曰“利涉大川”者，谓以实体运乎虚中，应变无穷，如卦象木在水上，木体本实，而为舟则虚也。舟惟虚可以行水，心惟虚可以行世，何不利涉之有？此孚之验于事者也。若是其“中孚”而犹曰“利贞”者，盖孚命于天，浑然至于，若意见未融，一徇于人为，即非正矣。惟孚出于心之正而合乎天命之本然，乃与天相应，斯感无不化也。天命流行，物与无妄中孚之理，即是天心通于亿兆人之心，而又通于亿兆物之心，人惟失心之本体，所以不能通人物之心以应乎天心耳。盖天之道孚贞而已，故又曰“利贞乃应乎天”者，唯恐择之不精，持之不固，或稍涉乎偏私而不合乎天心之正，是以丁宁若此，此即中庸以人达天之义乎！兑泽之上有巽风，泽至实而风虚，风无形而能感泽，犹诚无象而能动物，中孚之象也。君子体此以用狱，当狱之未成则用议，以求其入中之出，即狱之既成，犹用缓以求其死中之生，总出于至诚无私，所谓求其生而不得则死者，与我俱无憾焉。此君子为民之意，有以深入乎民心，上感而下受，亦中孚之义也。天地之大德曰生，人君至诚恳恻之心莫大于好生不杀，此即孚以应天之理也。《书》曰“钦恤”，舜之中孚也。有虞之民，协中从欲，天下之其孚也。后世如唐太宗之纵囚，约其自归以就法，虽未合于纯王之道，亦必其一时不忍之念，有以深入乎民心，此亦可谓得于中孚之义者也，三代而下，如亦仁民爱物之主哉？中孚卦主要以诚信说吉凶，偶涉俘虏、呼号等。卦画作兑下巽上。卦辞说，“豚鱼吉”，指心存诚信者，其德广被，即使以小鱼、小猪等隐微之物献祭，仍能感通神灵，以受其惠，所以吉祥，也利于涉难行险。初九：安娱本是吉祥之事，因有小小麻烦，不得不肆宴安，此安不忘危之说。九二，“鹤鸣在阴，其子和之。我有好爵，吾与尔靡之”，此处似引用古诗。同类生生应和者，说明九二与初九以诚信相互感通。又以美酒宴请好友，欲与之共尽此杯，虽言语礼节浅近，然而心中一片至诚。六三，“虏获敌人，或击鼓，或击鼙，或哭泣，或歌唱”，此处用“孚”的俘获之义，同时取胜之后的各种表现，又是战士们内心真诚情感的释放，或为胜利而击鼓、击鼙或歌唱，或为战友身死而哭泣。六四，“月近十五日，马丢失其匹配”，与睽卦初九“丧马勿逐”类似，但又不同。睽卦说是运气好，所以马自己回来了，而此爻则是丢失的马因同伴之间有情感生气之感通，所以会自己找回来，月缺了自己会圆，马丢了自己会回，所以“没有灾祸”。九五，“有诚信，人心互相牵引固结”，有至诚致信之心，发之于内，交之于下，以团结天下之心。上下内外皆以诚信相通，所以说“无咎”。上九，“飞鸟之鸣声响彻天际”，此是嘘声远闻之象，象征诚信渐衰而虚伪纷起。上文鹤鸣子和，是一体同德以抒其诚，此爻翰音登天，则是以无实之虚声以博取声誉，不见其诚，所以贞问凶险。

小过卦第六十二

[原文]

《小过》[1]：亨，利贞。可小事[2]，不可大事[3]。飞鸟遗之音[4]，不宜上宜下，大吉。

《彖》曰：小过，小者过而“亨”[5]也。过以“利贞”，与时行也。柔得中[6]，是以“小事”吉也。刚失位而不中[7]，是以“不可大事”也。有飞鸟之象焉[8]，“飞鸟遗之音[9]，不宜上宜下[10]，大吉”，上逆而下顺也[11]。

《象》曰：山上有雷[12]，小过。君子以行过乎恭，丧过乎哀[13]，用过乎俭。

[注释]

[1] 小过是本卦的标题。程颐曰：“小者过其常也，盖为小者过；又为小事过，又为过之小。”朱熹曰：“小，阴也。”“过”有过访、过错等义。帛本作“少过”。[2] 可：有利于。[3] 大事：指祭祀或战争。[4] 遗：留下。《广雅·释诂》：“遗，予也。”音：鸟的叫声。此系鸟占。[5] 小者过而“亨”：指小事出错，无伤大体，故仍能亨通。[6] 柔得中：六二、六五以阴爻分居下卦和上卦之中位，是为得位，象征才力弱者得正中之道，可为小事。[7] 刚失位而不中：指九四、九三以阳居阴而失位，又不居中位。象征才力强者未得其位，故不可为大事。[8] 有飞鸟之象：刘均以有，《小过》中阳刚，外阴柔，有飞鸟舒羽之象。《周易费氏学》引许鲤跃曰：“凡物之走者，皆下动而上止，惟鸟之飞者，则下止而上动。故震动象鸟翼之搏风，艮止象鸟足之企踵”。[9] 飞鸟遗之音：飞鸟过后，其叫声仍在。遗：留。艮为山，故小过之卦象是鸟飞过山上。[10] 不宜上，宜下：适合于向下，不宜于往上。[11] 上逆而下顺：上二阴乘二阳爻故逆，下二阴爻承二阳爻，故顺。[12] 山上有雷：下艮上震，艮为山在下，震为雷在上，故“山上有雷”，山上有雷，是雷过于山，故为《小过》卦象。[13] 丧：居丧。

[译文]

《小过卦》：亨通，有利于去占卜。但只适于卜问小事，不适用于卜问大事。飞鸟留下悲鸣之音，告诫人们：不应再向上飞，而应该向下习，这么做就会大吉大利。

《彖传》说：小过是指阳刚之气稍微过盛而引起的动荡，关系不大，仍能亨通。在小的动荡中犯小的错误，有利于去占卜，是因为它能使你适时进退、畅行无阻。柔得中正之道，因此适宜做小事。阳刚失去中天上之位而不能守持中道，因此不利于涉足天下大事。此卦有飞鸟之象：“飞鸟留下悲鸣的声音，告诫人们：不应再向上飞，而应该向下飞，这么做就会大吉大利”，是说向上飞，违背天理，埋头去干一些寻常小事则会平安顺达。

《象传》说：《小过卦》的卦象为山上响雷之象，雷声超过了寻常的雷鸣，所以把它叫做《小过卦》。君子行事不要太谨慎，居丧不敢过度悲哀，吃穿用度不能太节俭，唯适中而已。

[不休说]

小过，四阴二阳，阴过之。卦易贵阳贱阴。二阴函四阳为大过，四阴函二阳为小过。阳虽过而二五得中，其势进而有为，故有攸往之象。小过阴柔居中，阳阴失位，故可小事不可大事，利在居贞而已。夫处小过之时，贵于辞尊二居卑，勇退而不进，此二五所以得柔中之应，而三四不当位，以阳刚处之，惟在慎防以免患也。初六阴之始进，上六阴过之极，以小才而操动之失，不能下，而上至于亢极，宜其凶灾之洊至矣。君子惟慎谨其在我之所得为者，于寻常之事过于周防，而不敢为非分之举，此所谓过以得中也。方诸箕子之明夷，文王之用晦，其得小过之义者乎？《小过卦》告诉我们，处在小的动荡中，不能有过分大的行动。

[原文]

初六：飞鸟以凶[1]。

《象》曰："飞鸟以凶"，不可如何[2]也！

[注释]

[1] 飞鸟：鸟飞。主谓倒装。以：之，与，带来（《通义》）。以下当有矢字，为飞鸟以矢。指鸟被人射中，带矢而飞。《国语·鲁语》："有隼集于陈侯之庭而死。楛矢贯之，石砮，其长尺有咫。"王注："小过，上逆下顺，而应在上卦，进而之逆，无所错足，'飞鸟'之'凶'也。" [2] 不可如何：无可奈何。《来氏易注》："不可如何，莫能解救之意。"

[译文]

初六：飞鸟飞到一定的高度，继续往上飞将会出现凶险。

《象传》说：飞鸟飞到一定的高度，继续往上飞将会出现凶险，不可以这么做。

[不休说]

小过之时，凡事宜收敛处下。初六阴柔，上应九四，以躁宜之，性喜应助之力，志满气扬，不安于下，欲进而妄邀非分，震动一时如飞鸟，然鸟本在下，飞则上而不下，违时逆理，以此招尤取败，凶所自致，不亦宜乎？凡人凶害，未有不可救止者。如初六不安其分居下而欲上，凭势作威孽，自已作凶之至也，莫可救解亦无如之何矣。此圣人戒之深，谓其宜下反上，不能处小过而贞也。叔季之世，小人凭藉声援，得时用事，相与倾危国家，待天下既被其患，而身家之祸败亦随之。此初六之凶所以莫可如何也。人君知此，当制之于始，不使势重难反，则可无尾大之忧与凌上之祸矣。初六阴爻居刚位，才质柔弱而好用刚，而且上应震体之九四而动，偏离中道好高骛远，不中不正潜藏至凶的可能。初六处小过之初，其羽未丰，初六又位居下体《艮》卦之初，《艮》为静止，初六当止却应九四而动，上行与六二逆比相敌，有又意与九三之交，心乱不正，目标不明，违背常理，必然会将至凶的可能性而变为现实性。这一爻告诉我们，在小的动荡中，不能有太过分的行动。

[原文]

六二：过其祖[1]，遇其妣[2]。不及其君[3]，遇其臣[4]。无咎。

《象》曰："不及其君"，臣不可过也。

[注释]

[1] 过：度（《说文》），超越；此指错过。祖：祖父。[2] 遇：逢（《说文》），不期而遇（《谷梁传·隐八年》）。妣：祖母。[3] 不及：未赶上。君：犹主人。《仪礼·丧服》"君，至尊也"郑注：天子、诸侯及卿、大夫，有地者皆曰君。"[4] 臣：指奴仆》帛本作"仆"。

[译文]

六二：超过祖父，遇到他的祖母；没有赶上国君，国君遇到他请他做他的辅臣，一定没有灾祸。

《象传》说：不能超越国君，因为作为臣子是不能超越国君的。

[不休说]

六二以柔居中，纯德之臣也。其进而事君，循理守分，克骄亢之心，秉恭顺之节，过三四而遇六五，是去阳而就阴，去亢而从顺。以象言之，犹过其祖，如此，则不敢凌逼其君，居下处顺适得为臣之分；以义言之，是不及其君而遇其臣也。不疑不忌。何咎之有？六二之不及其君者，岂才有不足乎？人臣之分，固不可稍过乎君。臣而过君，小则专恣而不敬，大则僭越而不忠，有断不可者！惟不可过，所以不及。二之能免于咎者，其以此欤？司马光曰：君臣之分，犹天地之不可易，然后上下相保而国治安。王风既降，君弱臣强，如鲁三家、晋六卿之类，蔑弃名分，骎骎乎有及其君之势，罪莫大焉！圣人于小过二爻申之以大义，曰"臣不可过"，所以立纲常之准，为万世之防，其犹春秋尊王之义乎？知其不可过而不过，此六二之柔中，为能恪守臣道而不失其贞也。这一爻告诉我们，在小的动荡中，一个人要适当展示自己的才能，但不能表现得比自己的上司优秀。

[原文]

九三：弗过防之[1]，从或戕之[2]。凶。

《象》曰："从或戕之"，凶如何[3]也？

[注释]

[1] 弗：不。过：放过。《广雅·释诂》："过，误也。"防：遮蔽、掩盖。帛本作"仿"。[2] 从：通"纵"，放纵、听任。戕：伤害。帛本作"臧"。《集解》引虞翻曰："戕，杀範也。"[3] 凶如何：《程传》："凶如何也，言其甚也。"

[译文]

九三：不要过分刚强，要防止因过分刚强而做出太过的行为，放纵自己或许会被人杀害，凶险。

《象传》说：放纵自己或许会被人杀害，是多么凶险！

[不休说]

凡事不可太过，独防小人之心不可不过。九三以阳刚之德失位不中，时当阴过，正众阴之所欲害者也。若自恃其刚，逞其才力，谓可制之有余，不深思远虑，过为之防，小人从此乘间而入，为所中伤，致有意外之有虞，大则患及于国，小则危及其身，凶可知矣。天下事惟有备可以无患，今三无防患之术，则害之者乘其无备，出于意表，始既莫知所自来，终又莫究所底止，其凶之甚也！如此防之，容可弗过乎？从来小人之伺君子常密，君子之待小人常疎。汉之陈蕃、窦武相与协谋，剪除群小，惟极事不密，反召祸端；唐之李德裕，君臣契合，近倖潜伏，不知其志，欲求逞一发而遭贬逐。此皆弗过防之故也。圣人于九三谆谆告诫，盖必立身不败之地，然后天下事可有为耳。九三刚居阳位，既具阳刚之才，又得正位，下行有初六、六二与之亲比，如妻妾同堂，加成业就，尽享天伦，应当知足了。九三又处内卦《艮》卦之极地，宜静止不宜动进，故诫其“弗过”。九三又与上六有应，前程仍有升晋之希望。因而九三不甘心守现状，贪心不足；上六如同皇太后之位，九三下级官员虽妻妾成群，却有意于皇太后的青睐，本身就潜伏相当大的风险。九三与九四近君大臣逆比相敌，而且初六又与九四相应，这就好比九三家庭内部妻妾之间的争风吃醋，红杏出墙之类事均有存在，并非真正的风平浪静。这一爻告诉我们，在小的动荡中，更不能有太过的行为。

[原文]

九四：无咎。弗过遇之[1]，往厉必戒[2]。勿用永贞[3]。

《象》曰：“弗过遇之”，位不当也。“往厉必戒”，终不可长也。

[注释]

[1] 过：过失。弗过：指九四失位不刚。遇：不期而会。[2] 往：指前往应初六。戒：警戒（《说文》），防备。帛本作“革”。[3] 勿用：不利于。

[译文]

九四：没什么过错，不过分刚强，就能随缘遇合。如果前往冒险，则必须马上对他提出警告，制止他那种行为，但不能永久这样守持正固。

《象传》说：没什么过错，不过分刚强，就能随缘遇合，因为九四爻以刚居柔位，位置不正。前去冒险，必须加以警告，因为规律存在的条件是变化的。

[不休说]

九四当过之时，刚而不中，宜有咎矣。然能以刚处柔，宁过于柔而为恭，弗过于刚而为儆，适合乎处过之宜，为“弗过遇之”之象，所以无咎者，亦其时适当然耳。如因戒“往厉”专于用柔，则将柔过而废矣，故又勿用永贞以为贞。但当斟酌时宜，善用其刚，以求合乎中，则处过之善道也。四之“弗过遇之”者惟其以刚居柔而不当位，虽不中可以求中，所以弗四过于刚而适合其宜也。若“往厉必戒”，往则过刚失中，终至于败，岂久长之道乎？刚柔贵于得中，九四所居之位有中道焉，当然群阴用事，以君子处小人之间，进而图功，则为所倾陷；退而守道，亦不免孤危。进退行藏之际，岌岌乎难言之矣。惟审极观变，动与时行，则刚柔并用，可以守中而不过，此四之所以无咎也。九四以刚爻居阴位又处《巽》之上位，资质虽刚而能用柔顺之道，而且与初六有应，居柔宜下，故可获无咎。九四爻居上体《震》卦之初，《震》为雷、为动，九四既与六五亲比又可与上六亲比，外诱力量颇为强烈，小过卦辞首先强调的是“利贞”和“不可大事”、“宜下不宜上”。九四居不正之位，只可谨守巽顺之道，待六五下行“遇之”。这一爻告诉我们，事情是变化的，我们要根据变化的时势来定行动的标准。

［原文］

六五：密云不雨，自我西郊[1]。公弋取彼在穴[2]。
《象》曰：“密云不雨”，已上[3]也。

［注释］

［1］弋：射鸟。帛本作“射”。彼：指鸟。帛本、简本作“皮”。穴：指兽穴。王注：“小过，小者过于大也。六能得五位，阴之盛也，故‘密云不雨’，至于‘西郊’也。夫雨者，阴在于上，而阴薄之而不得通，则烝而不雨，今艮止于下而不交焉，故‘不雨’也。《小过》阳不上交，亦不雨也。虽阴盛于上，未能行其施也。”［2］公弋取彼在穴：说明六五虽不能治天下，但作为王公则能行其臣职，竭力除害矫弊。王注：“臣之极也，五极阴盛，故称‘公’也，弋，缴系于箭矢上射。《诗经·郑风·女曰鸡鸣》：“弋凫与雁。”《郑笺》：“弋，缴射也。”在穴：即藏于穴中的狡兽，喻隐患，弊端。《周易口义》：“弋者，所以射高也；穴者，所以隐伏而在下也。公以弋缴而取穴中之物，犹圣贤虽过行其事，意在矫下也。”［3］已上：云已上升于天。朱熹曰：“已上，太高也。”《折中》引龚焕曰：“已上者，阴过乎阳，而阴已上也。一为阳之过，一为阴之过，皆阴阳不和之象，故不能为雨也。”

［译文］

六五：在我西郊的上空，乌云密布，大雨还未下来。我要射取的鸟在洞穴中。
《象传》说：乌云密布，大雨还未下来，是因为六五这一阴在九四的阳之。

［不休说］

六五以柔而中，其才仅可小事，乃居尊任大，又当阴过小之时，优柔寡断，不能大有所为，以沛泽于民，如云自西郊虽密尔不雨之象。是在已固不能为矣。为五计者，或得刚阳之佐，扶持兴起，代君泽民，则不雨者犹可雨也。又六二之阴柔，以无能之臣辅不振之君，安能相助为理以图天下之事乎？密云不雨之故，六五才弱，而乃居尊过高，不能虚己下贤以求辅，则膏泽屯而不下，安望其有济乎？所处已上，不能有为者也。小过之二《象》曰："臣不可过"。其在六五曰："已上"。是不特臣不可过，即君亦不可过也。若君处于太高，则上下睽隔，必至下情蔽而不上通，上恩而不下达，天下之患莫大于是矣。故君道则天而下济，佐理得人则民隐，周知而泽可下，究记曰"天降时雨，山川出云"，言得贤辅佐之义也。五之不雨，殆可反观而自见矣。六五爻居尊位，更有上六阴极之爻加临其上，有阴极之象，亦可视为密云。六五与六二有应无合，故又有密云不雨之象。六五、九四、九三、组合成《兑》卦，《兑》表西方。六五不居《兑》卦之中位，而处边沿地带，故言"自我西郊"。这一爻告诉我们，过于强求不足以成大事。

[原文]

上六：弗遇过之[1]，飞鸟离之。凶，是谓灾眚[2]。

《象》曰："弗遇过之"，已亢[3]也。

[注释]

[1] 过：通过。[2] 离：通"罹"，罹陷。简本"灾"前有"亦"字。《诗·新台》："鱼网设之，鸿则离之。"《诗·鸳鸯》："鸳鸯于飞，毕之罹之。"灾眚：灾殃祸患。王注："小人之过，遂之上极，过而不知限，至于亢也。过至于亢，将何所遇？飞而不已，将何所托？灾自己致，复何言哉！"《正义》："以小人之身，过而弗遇，必遭罗网；其犹飞鸟，飞而无托，必离矰缴。" [3] 已亢：高亨曰：已，太也。亢当读为康。康、亢古通用。《仪礼·明堂位》："崇坫康圭。"郑注："康读为亢龙之亢。"《尔雅·释言》："康，苛也。"《国语·楚语》："弭其百苛。"韦注："苛，虐也。"已亢：过于傲慢无礼。亢：骄傲，无礼。《谷梁传·成公二年》："楚无大夫，其曰公子，何也？婴齐亢也。"

[译文]

上六：没有随缘而遇合，去拜访他人，就好比飞鸟自投罗网，凶险，这叫做灾难。

《象传》说：没有随缘而遇合，去拜访他人，已经走上极端了。

[不休说]

上六柔而过中，处极过之时，又居动体之上，凡事率意妄行，弗合乎宜，违理过常，如飞鸟宜下，离之而远去，则过高已甚，一蹶而不可救矣。以此致凶，天人交忌，灾眚不期而至，皆上所自取，非出于不幸也。当过之时，宜下不宜上者也，亢且不可，况至于过亢乎？上之"弗遇过之"者，由其已亢而不能下，所以犯上逆之戒而致天人之忌，凶莫胜于此矣！小过初爻从下而上，言凶之始，上爻已上而亢；言凶之终，甚言小人在上，乘时负势，酿祸作灾，不独凶在一身，亦且毒流天下。故凡灾眚之来，如虽旱凶荒，日食星变，山崩地震之类，自天降者数犹可逭，惟小人之凶孽由人作，是谓灾眚，不可倖而免也。圣人言之初，虑之深，总见处过者任小而不可大，居下而不宜上，能与时偕行，尚何凶之有哉？上六柔居阴位，处《小过》之极，个性固执，听不进逆耳忠言。上六已过越中道，下行与六五逆比，宜下之时却不能下，无法得遇九三的应合，此谓之“弗遇”。这一爻告诉我们，在小的动荡中，如果想采取过分的行动，无疑是飞蛾扑火。

总 论

小过以阴过乎阳为义，其在人也，才不足而守有余；就其作为，于人无所逆，于事无所拂，有可以得亨者，然必不自恃其可亨，惟安分义，不失当然之贞乃为利耳。其利贞何如？如寻常之事无甚艰虞，吾之才分能为，而量力为之则可；如事关国家，举动非常，吾之才分所不能为而强为之则不可。即所谓小事亦须收敛退让，不居亢而居卑，若飞鸟遗音下而不上者然，盖不宜夸张而凌上，当宜谦抑而处下也。凡此皆小过之贞，可长保其亨二大吉矣。易止阴阳二义，阳过乎阴为大过，阴过乎阳为小过。易于大过许其利往，然刚中而心巽悦乃亨，以小心用其大才，斯无不亨也，况处小过者乎？阴柔胜才小，而心愈欲小，故亨必利贞，不贞则不亨也。若力小而任大，德薄而上人，未有不失贞而获者。圣人致于阴之过，深矣！卦名小过，以卦体阴过于阳，是小者过也。以义言之，小心过甚，无轻举妄动之失，即可以是而得亨也。然必利于贞者，以小过之时，必量力安分，谨密周畏之，独至与时偕行，始得贞而为利也。时行何如？以二五爻言之，柔而得中，柔非干理之才，本不足以任事，幸其得中，则善用其柔，不至于因循废弃，尚可以处小事生人而得吉也，以三四爻言之，刚失位而不中，刚固有图大之才，但失位则无权；不中则累德，不能善用其刚，而鲜弘济时艰之略，安可任大事而有为乎？且以卦体言之，内实外虚，有飞鸟之象，有其象则当四其义，卦辞所谓“飞鸟遗音，不宜上，宜下，大吉”者，正以小过之时若处于骄亢而有上人之心，则拂于时为逆；安于卑逊而有下人之心，则协于时为顺，惟上逆而下顺，所以不宜上宜下，必与时行之为贞也。能与时行有不得亨而吉者乎？“小过利贞”而释之曰“与时行”者，盖违时，则中者亦过，适时则过者乃中，故可小而不可大，宜下宜上，此即君子中之学乎？若小人者不安于小而妄欲居上，所谓无忌惮而反中庸者是也。圣人于小过之时丁宁反复，所以勉君子而警小人，无所不至矣。山上有雷，声离于地而未升于天，小过之象也。君子体之，以时当小过，岂能高图大务为惊世骇俗之事，就一身之中日用常行于天下国家者，皆小也，皆其可以过者也。如行已易傲，宁过乎恭，而但不至于足恭；居丧多易，宁过乎哀，而但不至于灭性；制用患奢，宁过乎俭，而但不至于失礼。此皆小事而宜下，总见慎小之意多，而张大之心少，是过得其正不为过矣。时当小过，世道日漓，所贵补偏救弊，矫不正以归于正。此恭、哀、俭三者，有举趾高之莫敖，正考父矫之以偻；有短丧之宰予，高柴矫之以血；有三反之管仲，晏子矫之以敝裘。所以励人心而维风俗，有所为而为之，其亦因时制宜，善体小过之义乎！小过以各种过访、过错的情形论吉凶。卦画作艮下震上。卦辞说：“亨，利贞”，是因小事有过则无妨。“可小事，不可大事”，施行日常小事，出点不过错可顺利亨通，如攸关国家大事，则有困难。“飞鸟留下特别的叫声，居上不利，居下有利”谦柔居下则可，刚傲居上则否，犹如飞鸟高飞，但闻其声而不见形迹。愈是高飞则愈穷困，下飞则顺势而得其所安。“大吉”，指谦柔居下可获大吉。初六，“飞鸟似的凶险”，此爻为卦之初，飞鸟本当居下，却逆势上翔，所以有凶险。六二，“错过祖父，遇见祖母。没见过君王，见到臣子。”因有补救，所以“无咎”。九三，“未犯过错，先加掩饰。放纵，或恐有伤害”，虽属小过，多方掩盖、放纵必致成为大过，终有伤害，所以说凶险。九四，“未曾拜访，碰巧遇见”，隐含“刻意求见却不得见，不想见又遇见”之义，所以“前往某处，有危险”。“必戒”，是说此种情形不可自以为侥幸或自鸣得意。“不利贞问长久事”，是说“碰巧遇见”是可遇不可求的，是偶然巧合，长久事业的成功不可寄托于偶然与侥幸。

既济卦第六十三

[原文]

《既济》[1]：亨小，利贞。初吉终乱[2]。

《彖》曰：既济“亨”，小者亨也。“利贞”，刚柔正而位当也[3]。“初吉”[4]，柔得中[5]也。终止则乱，其道穷也[6]。

《象》曰：水在火上[7]，既济。君子以思患而预防之[8]。

[注释]

[1] 既济是本卦的标题。既的意思是已经，济的意思是渡水和成功、成就。既济是说事已成功。《集解》引郑玄注：“既，已也，尽也；济，度也。”《正义》：“济者，济渡之名；既者，皆尽之称。万事皆济，故以‘既济‘为名。”朱熹曰：“既济，事之即成也。”[2] 亨小：小亨。小：阴柔。乱：变乱，变故。《正义》：“既万事皆济，若小者不通，则有所未济，故曰‘既济，亨小’也。小者尚亨，何况于大？则大小刚柔各当其位，皆得其所。当此之时，非正不利，故曰‘利贞’也。人皆不能居安思危，慎终如始，故戒以今日‘既济’之初，虽皆获吉；若不进德修业，至于终极，则危乱及之。”[3] 刚柔正而位当：六爻，三阴三阳，初九、九三、九三三阳爻均居阳位，六二、六四、上六三阴爻均居阴位，故曰刚柔正，而位当。《折中》引俞琰曰：“三刚三柔皆正而位皆当，六十四卦之中，独此一卦而已，故特赞之也。”[4] 初吉：最初吉利。[5] 柔得中：指六二以阴爻居内卦之中。六二为第二爻，象臣下之初级阶段，故曰初吉。《集解》引虞翻曰：“中，谓二。”[6]“终”止则“乱”：是释卦辞“终乱”。既济有止之义，《杂卦》：“既济，定也。”定：止。《既济》外卦为坎，坎为乱。《集解》引侯果曰：“刚得正，柔得中，故曰‘初吉’也。正有终极，济有息止，‘止’则穷乱，故曰‘终止则乱，其道穷也’。”[7] 水在火上：下离上坎，坎为水在上，离为火在下，水火相济以成，故为《既济》象。《正义》：“水在火上，饮爨之象。饮食以之而成，性命以之而济，故曰‘水在火上，既济’也。”[8] 思患而豫防之：能思其后患而预为防备。《集解》引荀爽曰：“六爻既正，必当复乱，故君子象之，思患而豫防之：治不忘乱也。”王注：“存不忘亡，既济不忘未济也。”豫：即“预”，预防。

[译文]

《既济卦》：亨通，稍稍利于卜问。起初吉利，最终会发生危乱。

《彖传》说：《既济卦》，亨通，意思是小事亨通。“有利于去卜问”，是因为刚柔皆居正位。“起初吉利”，说明弱者居于中位不偏奇。“最终会发生危乱”，说明事物发展到了极限，就可能走下坡路。

《象传》说：《既济卦》是坎在上，离在下，坎为水，离为火，卦象为水在火上之表像。水上火下，水浇火熄，所以把它叫做《既济卦》。君子观此现象，就该深谋远虑，事成之后，就要考虑将来可能出现的祸患而采取预防措施。

[不休说]

既济，水火相交，各当其用，天下万事已济之时也。而卦爻之辞皆有警戒之意，正以安不忘危，乃持盈经久之至计。盖既济虽非有患之时，而患每生于既济之后也。初之曳其轮，濡其尾，则可保无咎；二五虽相应，而不能下交以取益，则盛极而衰之渐矣；三，阳刚而有动众之虑；四居柔以远，患为极至；上六怀亢满之志，有入险之势，载胥及弱，既济可常保乎？盖天下之理，时过则衰，日盈则昃，月盈则亏，牙孽萌生，多伏于丰亨豫大之会。故天地交而为泰，而有无平不陂之占；水火交而既济，而有初吉终乱之戒。圣人之垂训切矣。《既济卦》告诉我们，在成功之后，为防止最终发生危乱，更要谨慎行事。

[原文]

初九：曳其轮[1]，濡其尾[2]，无咎。

《象》曰："曳其轮"，义[3]无咎也。

[注释]

[1] 曳：拉，牵引。轮：通"纶"。《说文》："纶，青丝绶也。"轮，帛本作"纶"。《诗·采绿》："言纶之绳。"郑《笺》："纶，缴也。"《文选·江赋》："或挥轮于悬。"李注："轮，钓轮也。"《释名·释车》："轮，纶也。"《说文》："纶，青丝绶也。"《法言·孝正》篇："五两之纶。"李注："纶，青丝绶也。"[2] 濡：沾湿。《广雅·释诂》："濡，渍也。"尾：指尾饰。《说文》："尾，微也。从毛到尸后，古人或饰尾，西南夷亦然。"[3] 义：宜。

[译文]

初九：把车轮往后拖曳，打湿小狐狸的尾巴，没有灾祸。

《象传》说：把车轮往后拖曳，从符合谨慎守成的道义来说，没有灾祸。

[不休说]

初九当既济之初，刚而得正，刚则有图济之才，正则又慎重周详，不敢轻为躁进。其任事也重，若舆之将进而自曳其轮，不轻进也。其虑患也深，若狐之将涉而先濡其尾，不轻涉也。当济之初而谨戒如此，则防患豫图，岂有终乱之咎乎？车以轮而行，则不亟行矣。今初之任事，长虑却顾，不急于求进，其慎重如此。以义度之，必不至于颠车覆辙，所谓无咎也，固宜矣。此可见天下事莫不成于持重，败于轻躁。当济之初，无大险难，其患尚浅，防之犹不可不慎，况处遗大投艰日乎？古来英材济世，必以临深履薄战兢小心为本，才如武侯克任大事，其所自明之语，不过谨慎而已，其不敢轻于求济，乃能有济也。此初之所以无咎欤！初九刚居阳位，上行即与六二亲比，又与六四正应，好动而上往。若动则打破了守正稳定局面，触一发而动全身，引起整体的变乱。处于事业初成之时，当以休整巩固守成为主，不宜妄动，所以诫之“曳其轮，濡其尾”，才会无咎。这一爻告诉我们，应谨慎守成。

[原文]

六二：“妇丧其茀[1]”，勿逐，七日得。

《象》曰：“七日得”，以中道也。

[注释]

[1] 茀：古代贵族妇女所乘车辆上的蔽饰。《诗经·卫风·硕人》：“翟茀以朝。”孔颖达疏：“茀，车蔽也，妇人乘车不露见，车之前后设障以自隐蔽，谓之茀。”王弼以为是首饰。茀字，帛本作“發”。王注：“茀，首饰也。”《释文》：“茀，首饰也。”

[译文]

六二：妇人丢了车幔，不用寻找，七天可失而复得。

《象传》说：七天可失而复得，说明此时正处于中位，坚守中正之道。

[不休说]

二以中正上应九五之君，同德相济，宜得君行道矣。但五当济之将终，未免苟止心生，任贤之意怠，臣不得君无以行道，犹丧其茀而失所行之具也。然为二计者，中正之道岂容终废？惟待时而动，不汲汲于求行，久当见用，不犹丧茀者勿逐，而七日得乎？揆之理数，终将得君以行道也。二之能勿逐而自得，岂无故哉？以其得中道，则济时之任有舍二不能者，数穷理极，久而必合，所以七日得也。又何事于逐而后能得乎？从来济世之君子，怀才抱德，不先时而动，不后时而废，以进退从违之机在我而不在人也，故乐道而任天下之重，岩耶旁求而成济川之功。下固可以无于上，上且不得不有求于下，此主持济运者尤当下贤礼士，用正人以行良法，庶可以保吉而不至于终乱矣。六二阴居阳位，居中且正，具有柔顺中正之美德。六二又为下体离人无卦之中，离为中女，且与九五君爻正应，故谓之贵妇人。六二阴居下体，与初九、九三分别亲比且与九五相应，但阴爻宜下不宜上，六二又居下互《坎》体之初，更不宜应上而行，只能待九五下行与之相应。九五得上位六四和上六之我亲比，无意于远应下体之六二，六二追求九五之中宠幸恐来不及，故谓之“妇丧其茀”。这一爻告诉我们，要想进一步取得成功，要随其缘，因子欲速则不达。

[原文]

九三：高宗伐鬼方[1]，三年克之。小人勿用。

《象》曰：“三年克之”，惫也。

[注释]

[1] 高宗：指殷商国君武丁，他曾与周联手攻打北方强敌鬼方。鬼方是殷周时北方小

国。《集解》引虞翻曰："高宗，殷王武丁。鬼方，国名。"又引幹宝曰："殷中兴之君。鬼方，北方国也。"《诗·荡》："文王曰咨，咨女殷商，内于中国，覃及鬼方。"《竹书·纪年》："武丁三十二年伐鬼方，次于荆，三十四年，王师克鬼方。"

[译文]

九三：殷高宗征伐鬼方国，经过多年的征战才获得胜利。焦躁急进的小人不可以任用。

《象传》说：经过多年征战才获得胜利，说明将士已经精疲力竭了。

[不休说]

三以刚居刚，当济之时与上为应，内治将终，而或勤远略，以诛罚不庭。然以骤克，有高宗伐鬼方至三年方克之象。夫以高宗之贤，主伐鬼方之小国，劳民动众，迟之又久，其用兵之难如此。若任用小人，轻启兵端，志在逞威，挟忿残民肆欲，其患可胜言乎？故小人必在所勿用也。伐必三年后克者，则师老财匮，亦已惫甚也。兵可轻举乎？时当既济之后，承平日久，启多事之端于无事之日，舍内治而召外，皆小人为之也。隋末之经略西域，始于裴矩；前宋之谋破辽，本于安石。小人开边酿乱，贻害国家，此其较著者矣。故曰："君子寇之祸远，小人之祸近。"圣人于用兵之时每戒以"小人勿用"，其在师之上六与既济之九三，具有深意，所以为万世训，岂偶然哉？九三刚居阳位，处多凶之地，却不能"夕惕若厉"，反而激进好动，有欺君罔上之谦，故伐之。九五高宗伐鬼方，经历了与初九之敌，与六二之合，与九三之战三个阶段。故谓之"三年克之"。下体离为鬼方，而九三、六四、九五又组合成离，表征九五与六四一道最终征服鬼方，使之臣服。归属于上体之中。国家在经历了劳民伤财的征伐之后，宜安抚新区百姓，方能使邦国治宁。九三处下体之上，刚愎自用，难施济民之政治，故诫之"小人勿用"。这一爻告诉我们，在经过千辛万苦获得胜利后，不能重用小人。

[原文]

六四：繻有衣袽[1]，终日戒[2]。

《象》曰："终日戒"，有所疑[3]也。

[注释]

[1] 繻：通"襦"，简本作"需"。袽：通"絮"。帛本作"茹"。[2] 戒：儆惧的样子。[3] 有所疑：六四处上下两卦之间，履多惧之地，故"有所颖"。颖：惊恐，畏惧。《管子·小问》："驳食虎豹，故牙疑焉。"《礼记·杂记下》："故有疾，饮酒食肉，五十不致毁，六十不毁，七十饮酒食肉，皆为疑死。"郑玄注："疑，犹恐也。"

[译文]

六四：华丽的衣服总要变旧变破，所以在成功之后要时时刻刻保持警惕，以防止发生灾祸。

《象传》说：时时刻刻保持戒备，以防止灾祸的发生，说明此时心中有所疑惧。

[不休说]

六四柔而得正，当济之时，小心畏惧，过于敬慎，不恃其久安无事，凡所以拯灾弭乱之术无不豫备，而其心犹不敢自安也。每患变于意外，祸发于不虞，防之又防，如乘舟者或漏濡湿而豫备衣袽，似可无患矣，犹恐漏至饿倾而不及觉，终日戒惧，罔敢稍懈。盖处过中之会，恐生苟止之心，慎之至也。四之终日戒者，其漫为无益之忧哉？其心诚有所疑畏，常恐一息不谨，祸患旋生，虽谋出于万全，不敢自信，此戒心之无已，而深于保济者也。既济之世，不有外患，即有内忧，二者所当慎防也。然内忧之所伏，每起于外患之既除。若外无蛮方敌国之患，而内有失人败度之忧，则天下之漏莫大于是矣。在昔晋平吴乱，而晋自乱，隋取自亡。惟侈然恣肆，苟止偷安，不为终日计也，是安得不豫备而切戒之，如四之拳拳不已者乎？六四柔居阴位，当位得正，故喻以衣袽柔软之物。六四近君，与九五亲比能当济险之任，六四既近水，又近火，又处上下体之交界，随时有变化的可能。这一爻告诉我们，在成功之后，更要保持警惕性。

[原文]

九五：东邻杀牛[1]，不如西邻之禴祭[2]，实受其福[3]。

《象》曰："东邻杀牛"，不如西邻之时也[4]。"实受其福"，吉大来也。

[注释]

[1] 东邻：指殷人。杀牛：指隆重的祭礼。帛本"杀牛"后有"以祭"二字，意更明晰。王注："牛，祭之盛者也。" [2] 西邻：指周人。禴祭：指夏祭。禴字，帛本作"濯"，简本作"酌"。[3] 实受其福：帛本作"实受其福吉"，简本作"是受其福吉"。[4] 不如西邻之时：不如西邻薄祭之有美善。《广雅·释诂》："时，善也。"王注："在于合时，不在于丰也。"

[译文]

九五：东边的邻居杀牛进行祭祀，不如西边的邻居举行简单、朴素的祭祀，更能切实地得到神灵的神泽。

《象传》说：东边的邻居杀牛进行祭祀，还不如西边邻居抓住时机举行虔诚简单的祭祀，更能切实地得到神灵的福泽，吉祥福分将接踵而至。

[不休说]

九五以阳刚中正为济之主，但济道将终，若有一满假之心，未免骄侈易萌，文治有余，而实意不足，不如二当初吉，恪守中正之德，文不足而实有余，足以致济而辅五之治，象如东邻杀牛，其祭虽盛反不如西邻祭之薄而能实受其福也。东邻之盛不如西邻薄者，以其时不同也。二当初之时，不务虚文，能乘时图济，有真实受福之具，所以升平之福方来而艾也。若五当终乱之时过于侈盛，安可不防？惟收敛以保其吉乎！人主当既济之时，坐享盛业，惟诚敬之心为祈天永命之本，若此心一衰，徒事夸张，则至功不进而倦且止矣，非所以格天心而膺多福也。圣人谆谆垂训，以明济之时宜畏不宜肆，犹祭之时在诚不在物。主祭者明于此义，可以得时而长保济矣。九五处两《离》之上，又居尊位，中正至善，如日中天，为事业鼎盛时期，容易养成娇奢心态，乐于接受六四、上六之亲比。阴爻为小，九五阳与阴合，是小来大往。有损自身，而且九五居上体《坎》卦之中，有终乱之象。相比之下，六二爻亦居中正之位，而且处事业成功之初期阶段，小心谨慎而求进取，待人诚信而不敢怠慢，感化九五下应。这一爻暗示我们，在成功之后，不能贸然进行大的举措，应等待时机。

[原文]

上六：濡其首，厉[1]。

《象》曰："濡其首，厉"，何可久[2]也？

[注释]

[1] 濡其首，厉：既济之终，济极终乱，故有狐渡河而水湿其首之象，其势必'危厉'。王注："既济道穷，则之于未济。"朱熹曰："既济之极，险体之上，而以阴柔处之，为狐涉水而濡其首之象。"[2] 何可久：喻示事成之后若不审慎怎能长久守正。

[译文]

上六：涉水过河沾湿了头，有危险。

《象传》说：涉水过河沾湿了头，怎么可以长久呢？

[不休说]

上六居险体之上，当既济之极，乃以阴柔处之难务，为因循玩乐偷安，萎靡不振至于末流，将险愈深而乱愈不可治象。犹狐之涉水而濡其首，则身已沉溺，其何能济？此正道穷日，危可知也。上之濡首而厉者，盖自恃为济，怠心日胜，不能思豫防，一旦患至其备，莫可如何，惟有沦胥及溺而已，岂能久乎？既济六爻，由离明而入坎险，内三爻言已济事，外三爻由既济而开未济之渐，可见保济之道当安不忘危，治益求治，乃为长治久安之道也。至上六所谓终止则乱，天时人事，危微绝续之关，圣人于此不言凶而言厉，正救时之深意，欲人于不可久之中之道也。如轮台之悔过，兴元之罪己，君子犹有取焉。然乱至而图，不若未乱而防，尤为治乱保邦之要道，而处既济之日者，亦可有终无乱矣。上六是既济阶段，物极必反，盛极必衰，故应保持清醒头脑，居安思危。既济卦六二至上六。卦成两《坎》上六处两坎之上，险而又险，而上六柔极之致，看不到新的发展形势，满足于既得的成果，不求进取，很难安保这一既成局面。虽然目前尚未见凶，但已现危厉之兆。这一爻告诉我们，如果在成功之后，过于保守，也会遭遇危险。

总　论

既济以治定功成为义，当斯时也，君明臣良，同心协力，处置咸宜，而事无不济矣。

但时当既济，则盛极将衰，虽处承平之会，常有不测之虞，其为亨已小，岂不可畏？保济者正宜存心戒惧，祗畏以敬天，省惕以勤民，固守其贞，方为利耳。所以然者，当济之初，多以谨畏而得吉，及济之终，多以慢易而致乱忧勤而终逸乐，人情类然，此保吉弭乱之所以必利于贞乎！水火交而为既济，犹之天地而成泰也。泰极则否，既济之反为未济。盖一治一乱，天运之常，而所以制其治乱者，实由人事也。三代一后贞观之治号称极盛，然魏征之告太宗莫切于《十思》《十渐》，不以内外治安为喜，而以居安思危为戒，其于治乱危之机，虑其不克终者，筹之熟矣！图治者所当三致意焉。时当既济，治定功成，丰亨之盛已过，而衰微之兆将开，其所谓亨，亦仅得其小者。然非守之以贞，虽小亨岂易保乎？故辞言“利贞”者，卦之六爻初、三、五，以阳居阳，是刚得其正而当刚之位，则刚励精以图治，而不好大以生事。柔能持重以固守，而不因循以滋弊。保济所贵乎贞也。如此其初之得吉，以六二当济之初，柔顺得中，柔则敬慎而不渝，中则善用其柔而不过，有谨畏之小心，无废弛之失事，济道方兴而得吉宜矣。至终之所以乱者，非终自为乱也，当既济之终，人皆有苟且安止之心，则始之忧勤渐衰，终之怠荒日起，将百度俱废，莫可支持，乱之所由生也。使人无止心，乱安从生？此济道之穷，人所自取，可不以利贞为兢兢乎？既济之时，刚柔各正其位，极治之象也。既济之初吉，不取刚正，而取柔中，何也？柔中则持盈戒满，任人守法，不事躁妄，更张而又非因循而止，故事治功，自可久而不乱。若止则过柔而非中，一切不为，有良法而不能守，有正人不知用，道穷则乱，所当深戒矣。此卦坎水居离火之上，水能润下，火能炎上，相交而各得其用，既济之象也。君子体之以保济，时方未有患也。常恐患生于所忽，每隐而不及觉，故贵用思，思以善其终也。又恐患生于所伏，一发而不及持，故贵用防，防以谨其始也。彻始彻终，既虑其患于未形，又严其备于未至，则虽患至而有弭患之道，济可长保而无虞矣。从来国家之患，常由于已治已安，《书》曰：“儆戒无虞，罔失法度”。《记》曰：“禁于未发之谓豫”。古帝王制治保邦，未有不深思远虑，防患于未然。如成汤之危惧、大禹之克勤是也。叔世之君每恃其富盛而不谨于几微，如唐之明皇、宋之徽宗是也。孰得孰失？有国家者可不为殷鉴乎？既济卦以渡水已竟，象征事已完成、万事皆济之意，并以此论吉凶。卦画作离下坎上。卦辞说：“亨通，小心小意则利于贞问”，渡河是危险之事，故行前准备要小心小意，注意最小的细节。“初吉，终乱”，事当既济，成功之初，虽能获吉，只是人往往不能居安思危、慎终如始，积久而弊生，及至终极，往往滋生危乱。初九，“拖着衣带之垂穗，尾饰在水中沾湿”，指未能首尾、前后兼顾，尾饰在徒步涉水时被打湿，但好在较为次要，所以“没有灾祸”。六二，“妇人丢了首饰，不用去找，七日复得”，易有七日来复之说，七日之后，运道复归，转机来临，失物而复得，自然是运数使然。九三，“武丁讨伐鬼方，三年取胜”，九三阳刚得正，王事有成，虽仅存小患，亦不敢掉以轻心，故以殷高宗伐鬼方为喻，纵然行事有成，也当举轻若重。“小人勿用此卦”，小人无德无能，用之适足以招乱，所以戒之勿用。六四，“弄湿了短袄中的棉絮，整天谨慎戒备”，弄湿了袄中絮，则冬日难过，所以儆惧。九五，“东邻杀牛祭祀，厚而无德，不如西邻夏祭，薄而有德，更能得到上天的福佑”，明示举行丰盛隆重之祭祀，不如敬慎修德，以真诚之心，行微薄之春祭，更能受神明赐福。上六，“过河时沾湿了头部，危险”，渡河未竟，而水淹湿其首，其势至为危厉。既济、未济之终爻，均以濡首为戒，此正是圣人之所以忧惧。

未济卦第六十四

[原文]

《未济》[1]：亨。小狐（涉川）[2]汔济[3]，濡其尾。无攸利。

《彖》曰：未济"亨"，柔得中[4]也。"小狐汔济[5]"，未出中[6]也。"濡其尾，无攸利"，不续终[7]也。虽不当位[8]，刚柔应[9]也。

《象》曰：火在水上[10]，未济。君子以慎辨物居方[11]。

[注释]

[1] 未济卦是本卦的标题。未济的意思与既济相反，指未渡过、未成功。朱熹曰："未济，事未成之时也。" [2] 涉川：据《二三子》引文补。[3] 汔：干涸。《释文》："汔，水滴也。"济：渡水。《尔雅·释言》："济，渡也。"此句《史记·春申君传》引作"狐涉水，濡其尾"。汔济，帛本作"气涉"。[4] 柔得中：指六五以阴爻居外卦这中位。[5] 小狐汔济：小狐狸乘河水干涸时渡过河。汔，帛本《易》作"气"。[6] 未出中：未出险中。《未济》九二居坎中，坎为水，为险。王注："以柔处中，不违刚也；能纳刚健，故得亨也。"[7] 不续终：不能延续到终结。[8] 不当位：六爻阴阳皆失位。[9] 刚柔应：三阴三阳之间互有应和。[10] 火在水上：下坎上离，坎为水在下，离为火在上。火性炎上、水性润下。二者不交通，故为《未济》之象。《正义》："火在水上，不成烹饪，未能济物，故曰'水在火上，未济。'"[11] 真辨物居方：当读为"慎辨物之居方"。王注："辨物居方，令物各当其所。"居：居处所在。方：品类。

[译文]

《未济卦》：亨通。小狐狸眼看就渡过河了，却沾湿了尾巴。没有什么利益。

《彖传》说：《未济卦》，亨通，因为柔弱者能坚守中正。"小狐狸眼看就要渡过河了"，但还在水里，未脱离危险。"小狐狸的尾巴被河水浸湿了。没有什么利益"，说明促使事物成功的努力不能持续下去。《未济卦》的全部爻位都不正当，但阳刚阴柔却能相应，则还是能够成功的。

《象传》说：《未济卦》，是离在上，坎在下，离为火，坎为水。卦象为火在水止之表像，火在水上，水未能扑灭火，所以把它叫做《未济卦》。君子有鉴于此，要谨慎辨别事物的本质，使万物各得其位。

[不休说]

易不终既济而终未济者，何也？造化之理，无往不复；人事之变，终则有始。既济则功已毕，未济则事复始，有生生之谓易，所以终未济也。为卦下坎上离，六爻皆不当位，故为未济。然刚柔皆相应，应则阴阳相助，而未济者终于必济。故《彖辞》言：“既济，已然之亨也。未济，方来之亨也。”然处未济者，必有进作有为之才、慎始持终之力，后能济天下之艰难。初六、六三二爻皆阴柔失位，一处险之初，一未离乎险，故有凶吝之占。九二刚中，与五相应，为佐济之才，然身在坎中，犹必舒徐审虑，有待而进。九四以刚居柔，刚而不轻用其刚，征伐鬼方三年而后奏绩，盖于未济求济若斯之难也。六五离明之主，以文明之盛而养之以晦，以精断之智而运之以柔。方且虚其中以照临百官，坚其诚以信任群下，安得不一扫大难为无难之世，一变未济为既济之时乎？上九之濡首，乃有所陷溺而不能济者，所以于爻终示戒也。总之，圣贤之处世，在既济之日则无时非未济之心，在未济之日则无时非欲济之念，乾之“自强不息，终日乾乾而夕犹惕若”者，由此道也。是故既济、未济合，而易道终矣。《未济卦》告诉我们，在事业还未成功时，不可冒进。

[原文]

初六：濡其尾，吝[1]。

《象》曰：“濡其尾”，亦不知极[2]也。

[注释]

[1] 濡其尾，吝：王注：“处《未济》之初，最居险下，不可以济者也；而欲之其应，进则溺身。”《折中》引张振渊曰：“卦辞所谓‘小狐’，正指此爻。新进喜事，急于求济，而反不能济。”[2] 极：通“儆”。《集解》：“极，中也。”《篡疏》：“《说文》‘极，栋也’，《逸雅》‘栋，中也’，居屋之中也。”《来氏易注》：“极者，终也。”

[译文]

初六：小狐狸过河时尾巴被水沾湿了，会有遗憾。

《象传》说：小狐狸过河时尾巴被水浸湿了，也不知道结果如何。

[不休说]

初六居柔居下，当未济之初，又值难济之时，无才无位，岂能进而图功？乃不自为量度，而欲轻为冒进，急于求济，若狐之涉水而濡其尾，则终于不济而已，岂不可羞吝乎？凡事必敬始而后可以善终，若初之濡尾，岂独时之难济哉？由其所以济者，亦昧于敬慎之道，不审势量力，冒昧干进，是但知始之欲济，而不知终极之不能济也，亦可惜矣。古之济大事者，未事之先，必见其始而要其终，区画时势了若指掌，及其任事而有成也，不出其规定之所素之所素定。三代以下，如韩信之权楚汉，诸葛亮之度孙曹，皆预决于筑坛命将之日与草庐三顾之中，其后卒如当时之言者，凡以规之素定也。若其始漫无成见，临事尝试而欲倖其成功者，未之有也。此濡尾之羞不能继续以终其事，既专著于《彖辞》，而爻又首及以示戒欤！初六阴居位，质柔中刚如狐之尾，初六又居下体《坎》之初，六三。九四。六五又组合坎。上下上下两《坎》如滔滔之河水。九四居《坎》中与初六相应。表征初六难出险地。九四亦无济险之功，对此初六不明事理，感情用事，看不到其中的险难，贸然涉水会应九四，以为那里就是终点之岸，故有“濡其尾。吝”之象。这一爻告诉我们，在条件还不成熟时，如贪功冒进，就会陷入危险中。

[原文]

九二：曳其轮[1]，贞吉。
《象》曰：九二“贞吉”，中以行正也。

[注释]

[1] 曳：以手引之。轮：疑借为纶。带子之垂穗。《折中》引潘梦旂曰：“九二刚中，力足以济者也；然身在坎中，未可以有大用，故曳其车轮，不敢轻进，待时而动，乃为吉也。不量时度力，而勇于赴难，适以败事也。”

[译文]

九二：拖着车轮倒着走，去占卜获得吉祥的预兆。
《象传》说：九二爻辞讲之所以可以获吉祥，是因为九二阳爻处于下卦中位，坚守正道。

[不休说]

九二以阳刚制之才上应六五柔顺之君，急于有为，未免有太迫之虞，乃以刚居柔，能恭顺退守，不欲速专成冒进以邀功，若车之行而自曳其轮，不轻于求进，在人臣之道为甚正，而济时只业可徐图，其贞而得吉也，宜矣！二以贞得吉，可谓能行正矣。然所以能正者，由其居柔得中，惟中则宅心恭顺，见之行事，自能虚中谦退，宠利不居，以行乎臣道之正，所以为吉也。从来干济之臣，处艰难之地，往往事权太重，威福得专，不克保有其功名者多矣，皆由不明于贞吉之义者也。为人臣者，敬守此义而勿失焉，庶可成济时之功而善其终矣。九二阳居阴位，质刚而性柔，不会太过急操，又能守中，所以能明智填处，曳其轮，不冒险，安守本分，能知进退，而不同于初六盲目忘形，所以能或吉祥。这一爻告诉我们，坚守中正，不做无谓的冒险。

[原文]

六三：未济，征凶[1]。利涉大川。
《象》曰：“未济，征凶”，位不当[2]也。

[注释]

[1] 济：度过。未济：渡水而未能过。王注：“以阴之质，失位居险，不能自济者也。以不正之身，力不能自济，而求进焉，丧其身也。故曰‘征凶’也。” [2] 位不当：比喻人所处之地位或环境不适当。

[译文]

六三：渡不了河，出征有风险，有利于涉水渡河。

《象传》说：渡不了河，出征不利，说明此时的处位不当。

[不休说]

以阴柔不中正居未济之时，本无济世之才德以为出险之具，使独往以求济，则力微任重，鲜不至于胥溺，能无凶乎？然未济有济之道，险终有处险之理，所患者独力不能以济耳。今三以柔乘九二之刚，地倚仗之人会，诚能资其才以力以匡将出之险，亦何涉川不利哉？凡图事者，必有可为之具。三所以“未济征凶”者，由其阴柔而居刚位，所处不当，既无才德而独立以往，未有不败者，故得凶也。未济，五爻不出卦名，独于六三一爻见之，盖以六三阴柔，又不中正，居险之极，必不足以济险也。又云“利涉大川”者，谓若得阳刚之助，则亦可以出险而有功，其如三之不能，何也？夫以六三之阴柔而犹以涉川望之，则弘济时艰者，不在同心之助哉？六三阴柔居不正之位，质柔而居刚位，性躁却不具攻击能力，此时最易冲动偏激而冒险，必须保持清醒头脑，细心筹划今后大计，故诫之“征兆”。六三又处九二爻与九四两阳之中，得到两阳爻父亲比辅助，有利于战胜困难渡出险境，所以六三此时不宜自动，而宜求助于人，抓住外界有利条件出险，故”利涉大川“。这一爻告诉我们，六三阴居阳位，又处九二与九四两阳之间，得到两阳亲比辅助，所以在自己已积累了一定的力量时，要敢于冒险。

[原文]

九四：贞吉，悔亡。震[1]用伐鬼方，三年有赏于大国[2]。
《象》曰：“贞吉，悔亡”[3]，志行[4]也。

[注释]

[1] 震：雷电。疑为人名，指周臣。[2] 赏：当作尚。大国：指殷国。王注：“以大国赏之。”朱熹曰：“然以不贞之资，欲勉而贞，非极其阳刚用力之久不能也，故为伐鬼方三年而受赏之象。”[3] 无悔：帛本作“悔亡”。[4] 志行：志愿得行，即目的达到。李简《学易记》引雷思曰：“先言‘贞吉悔亡’而后言‘伐鬼方’，先自治而后治人也。”

[译文]

九四：去占卜得到吉利的预兆。悔恨消失。经过多年的激烈战斗，即将胜利，用雷霆之师去攻打鬼方国，被封赏为大国的诸侯。

《象传》说：卜问吉祥，悔恨消失，说明自己的意愿得以实现。

[不休说]

九四居上卦之下，方出乎险，虽无内忧，而未免于外患。又以刚居柔，常恐畏难避事疑于不正，而有悔以也。能勉之以贞，则匪躬尽瘁，克殚臣职而获吉，夙夜匪懈，问心无愧，而悔可亡矣。然所谓贞者何如？时方未济，反正之功非可因循以图，必震发有为，攘外以安内，且至功深日久，斯于底绩，乃克有成，为震用伐鬼方鬼方三年有赏于大国之象，如此，则非贞何以得吉而悔往乎？四当未济，而志存乎济世，能以贞自勉，则明作有功，克壮其猷无不济之悔而志可行矣。圣人作《易》止此一动一静之义，安危得丧之机，皆由此出焉。如同一伐鬼方也，既济之时虽克而犹忧其惫，利用静也；未济之时必罚而后行其赏，利用动也。且既济之三国刚，恐其宜静而妄动，未济之四居柔，又恐其宜动而反静。此圣人互明其义，一为保济者戒，一为求济者勉，其意深矣！九四爻以刚居阴位，既不当位，又不能执中，难以坚守贞固之道，故而有“悔”。若能勉而贞，则获吉“悔亡”。这一爻告诉我们，九四刚居阴位，即位不当，又不能执中，难以坚守贞固之道，故而在即将胜利时，更要一鼓作气。

[原文]

六五：贞吉无悔。君子之光[1]，有孚。吉。
《象》曰：“君子之光”，其辉吉[2]也。

[注释]

[1] 光：通“广”。君子之光：君子的光辉。[2] 其晖吉：六五处上离之中，离为明，故曰“晖”，光之散者为“晖”。《说文》：“晖，光也。”《程传》：“光盛则有晖，光之散也。君子积充而光盛，至于有晖，善之至也。故重云‘吉’。”《折中》引杨万里曰：“六五逢‘未济’之世而光辉何也？日之在夏，曀之益热；火之在夜，宿之弥炽。六五变‘未济’为‘既济’，光明之盛，又何疑焉？”

[译文]

六五：去占卜得到吉利的预兆，没有悔恨。君子获得荣光，并且有诚信，吉利。
《象传》说：君子获得殊荣，光芒四射，带动老百姓去干大事，自然吉利。

[不休说]

五以阴居阳，疑于不正，然为文明之主，本体虚灵，既心知正道，觉悟善反，又居中应刚中，能虚心下贤，克己胜私至于陶融纯粹，无复惭德矫偏，而一归于正，古得贞吉而无悔矣。由是而然日章之君子畅于四体，见于猷为，其光辉发越一皆诚意相孚，非有假饰于外者吉之道也。君子之光在已固无不吉矣，至于盛德之孚不但畅达于一身，亦且光被于四表，成功文章无不焕然可见，将文明日启，天地为昭其晖而得吉，非济功之极盛乎？六五为未济之主，经纶匡济，一本于有孚之诚正，非好智用察，以聪明才辨自矜而陵人者所可同日语也。故曰：君子之光光从孚出，而晖又从光生。故和顺积中，英华发外。不独君子之获吉，而凡被其晖英者，无不获吉矣。六五阴居阳位，才质柔弱，居于至尊的君位，有失正之虞，故而“有悔”。六五阴居阳位下应九二，又与九四亲比，所以获吉则无悔。这一爻告诉我们，在即将成功时，更要有诚信。

[原文]

上九：有孚于饮酒，无咎。濡其首，有孚失是[1]。
《象》曰：饮酒“濡首”，亦不知节[2]也。

[注释]

[1] 失，违背。是：正（《集解》引虞），直（《说文》）。王注："以其能信于物，故得逸豫而不忧于事之废；苟不忧于事之废，而耽于乐之甚，则至于节矣。由于有孚，失于是矣，故曰'濡其首，有孚失是'也。"[2] 不知节：不知节制。

[译文]

上九：信任别人，安闲饮酒，没有什么灾祸。饮酒逸乐如小狐狸的头被沾湿了，那是过分相信别人，将失去正道。

《象传》说：饮酒作乐而被酒湿了头，这是不知节制的结果。

[不休说]

上九以刚明未济之极，有能济之才。时已将济，功已垂成。若才过乎刚，求济不已，则反上患。但当从容自信，不妄作为，而与时修养，若有孚于饮酒然，自无欲侥幸之咎，然非一无所事，而侈然自纵也。若使过耽逸乐，沉溺不返，如饮酒而至濡首，则信非所信，为有孚失是，而事终不济矣。所当戒也。饮酒而至濡首，但知有孚之为是，而不知是之所在有当然之节不可过也。使裁度得中，不至于失是，则慎终者可以保始而宁患其不济乎？千圣传心之要典不外乎一"中"，《易》为尽性至命之书，所言无非是也。既济之九五言时，未济之上九言节，时与节，即所谓中也。乾知进退存亡，其圣人之中乎？未济以不知节为节，节正，随时以取中也。知节即知进退存亡而不失义命之正，《易》之始终大义略可见矣。《中庸》曰"时中"，又曰"中节"，为得性命之传，其在是乎？上九以刚爻济于未济之上位，又处上体《离》之上爻，表明上九既有济世只能，亦有明智之举，尽管其才德已无法再度得到发挥，有心不能照月，但其济世之诚信依在。九为阳爻，卦中三阳组合成《乾》为首，未济卦自初六至六五，成两《坎》之象。《坎》为水，此处引申为酒，两《坎》临近上九，亦表明上九面临濡其首之险境。上九既六五亲比，又与六三相应，难免引起六五君王的疑忌。这一爻告诉我们，要想从未济转变到既济，不能用静止的眼光看问题，因为这样会造成过分相信别人，从而失去正道。

总　论

未济以治功未定为义。当斯时也，众心未协，人谋未藏，不能遽有所济。然以天运言之，终有可济之理，故可以得亨。顾所以致亨之道，必老成持重，敬始慎终，虑出万全后克济。如不自度其才力，果锐以求进，而不谨密以图成，使纪纲稍振，法度粗举即以怠忽乘之，若小狐济而濡其尾，则事终于不济，尚亦安所利哉？未济之时，大险未过，世难方殷，其势非天下之大才不能济。天下之大事，是在离明之主慎择其才而用之，使老成练达者倡率于前，方能驱策群力经营远大。若衡量失当，误用小才，冒昧当先，必不能出险以终事。此图济之道全在得人，圣人取象小狐深以为戒，不可不慎也。未济而《辞》曰"亨"者，岂徒有可济之时哉？卦体六五柔而得中，柔则能小心谨慎，得中，又处事得宜，故终于能济有可亨之道耳。其曰“小狐汔济”者，时当坎险，虽有事于图济尚未出险之中，值此将济未济之时，正须必毕智竭能以求必济，而《辞》乃谓“濡其尾。无攸利”，则究其所事，由于轻微躁动，始锐而中懈，若狐之首济而尾不济，不能继续以成其终也，又何利乎？然非时之不能济，惟人之不善济耳。而所以可济者，未尝不在也。卦之六爻虽阴阳皆失其位，谋猷未藏，而刚柔各相为应，犹能同心协力，补偏救弊，于理于势可以共济而续其终也，何至几济濡其尾哉？此未济之终可济而得也如此。既济、未济两互相发明：既济之吉以柔得中，未济之亨亦以柔得中，则敬慎胜也；既济之乱以终止，未济之无利以不续终，则克终难也；既济之贞以刚柔正，未济之可济以刚柔应，则交济之功得也。总见求济之事，敬慎以保其终，则事无可轻忽之时；相应以补其偏，则人无不可济之事。离火在坎水之上，上下不交，不能相济为用，未济之象也。君子体之，以为时当未济，则物之倒置易位者多矣，不可不谨慎而明辨之。因器命名，缘分定制，使疏不得间亲，卑不敢抗尊，小不致大，则物各有方所而居之不迁，始于相别，终于相得，而济事之业俱出其中。未济者何忧不济乎？“方以类聚，物以群分”，如水火异物，各居其所，天地自然之定位也。王者承天意从事，自一身以至天下国事，莫不各有当然之分。既济、未济之所以不同者，惟分定与乱故耳。故君子以慎致辨，顺天地自然之位，使分定不乱，如水火之不相杂，而未始不相为用焉，则可以赞化育而成既济之功矣。未济卦卦画作坎下离上。象征事有未竟之意，因事之未成，留有较多余地，正可以促使其成，故亨通。只是未济虽有可济之理，但若处事不够敬慎，则如小狐涉水将济而未济，却濡湿其尾巴，必将不能顺利渡河成济，所行之事必徒劳无益。《史记》黄歇曰：“狐涉水，濡其尾，此言始之易，终之难也”，这是告诫人要敬慎，自始济以至于将济，不可一息而忘敬慎。湿尾则一切不利，所以说“无所利”。初六，“弄湿了尾饰，有困难”，既济“湿尾”而说“无咎”，此爻则说“吝”纯因既济、未济有别。九二，“提着带饰”，则带饰未曾沾湿，所以贞问吉利。六三：“未济”，六三阴柔失正，处坎险之上，力弱不足以济事，故不宜躁进；“出征凶险”，指急于冒进，必有凶灾；“利于渡涉大河”，六三以阴之质，失位据险，故不能自济，而六三比邻于九二，二能拯难，如能弃已委二，载二而行，何忧不济？故曰“利涉大川”。九四，此爻用“济”的“成功”义。“占吉悔亡”，吉凶不任之于天而主之于人事，祸福由人自招，而未济一卦之中三言贞吉，用意甚明。“发生雷击，以此讨伐鬼方，三年取胜，得到大国殷的赏赐”，既济之疲惫，正以明其济而衰，未济之赏，则以明其未济而锐意进取。六五：“君子外耀光彩，内有诚信”，六五以阴柔之德，居一卦之尊，所谓微柔懿德，光线于四方，同时又体离火之明，有虚中之美，君子之光及于天下，而上下交相诚信，事无不济，吉可知矣。

下　篇

古代易经解说

系辞上

天尊地卑，乾坤定矣。卑高以陈，贵贱位矣。动静有常，刚柔断矣。方以类聚，物以群分，吉凶生矣。在天成象，在地成形，变化见矣。是故刚柔相摩，八卦相荡。鼓之以雷霆，润之以风雨；日月运行，一寒一暑。乾道成男，坤道成女。乾知大始，坤作成物。

乾以易知，坤以简能。易则易知，简则易从。易知则有亲，易从则有功。有亲则可久，有功则可大。可久则贤人之德，可大则贤人之业。易简而天下之理得。天下之理得而成位乎其中矣。

圣人设卦，观象系辞焉而明吉凶，刚柔相推而生变化。是故吉凶者，失得之象也；悔吝者，忧虞之象也；变化者，进退之象也；刚柔者，昼夜之象也。六爻之动，三极之道也。是故君子所居而安者，《易》之序也；所乐而玩者，爻之辞也。是故君子居则观其象而玩其辞，动则观其变而玩其占。是以自天佑之，吉无不利。

彖者，言乎象者也。爻者，言乎变者也。吉凶者，言乎其失得也。悔吝者，言乎其小疵也。无咎者，善补过者也。是故列贵贱者存乎位，齐小大者存乎卦，辩吉凶者存乎辞，忧悔吝者存乎介，震无咎者存乎悔。是故卦有小大，辞有险易。辞也者，各指其所之。

《易》与天地准，故能弥纶天地之道。仰以观于天文，俯以察于地理，是故知幽明之故。原始反终，故知死生之说。

精气为物，游魂为变，是故知鬼神之情状。与天地相似，故不违。知周乎万物而道济天下，故不过。旁行而不流，乐天知命，故不忧。安土敦乎仁，故能爱。范围天地之化而不过，曲成万物而不遗，通乎昼夜之道而知，故神无方而《易》无体。

一阴一阳之谓道，继之者善也，成之者性也。仁者见之谓之仁，知者见之谓之知，百姓日用而不知，故君子之道鲜矣。

显诸仁，藏诸用，鼓万物而不与圣人同忧，盛德大业至矣哉！富有之谓大业，日新之谓盛德。生生之谓易，成象之谓乾，效法之谓坤，极数知来之谓占，通变之谓事，阴阳不测之谓神。

夫《易》广矣大矣！以言乎远则不御，以言乎迩则静而正，以言乎天地之间则备矣。夫乾，其静也专，其动也直，是以大生焉。夫坤，其静也翕，其动也辟，是以广生焉。广大配天地，变通配四时，阴阳之义配日月，易简之善配至德。

子曰："《易》其至矣乎！夫《易》，圣人所以崇德而广业也。知崇礼卑。崇效天，卑法地。天地设位而《易》行乎其中矣。成性存存，道义之门。"圣人有以见天下之赜，而拟诸其形容，象其物宜，是故谓之象。圣人有以见天下之动，而观其会通，以行其典礼，系辞焉以断其吉凶，是故谓之爻。言天下之至赜而不可恶也，言天下之至动而不可乱也。拟之而后言，议之而后动，拟议以成其变化。

"鸣鹤在阴，其子和之。我有好爵，吾与尔靡之。"子曰："君子居其室，出其言善，则千里之外应之，况其迩者乎？居其室，出其言不善，则千里之外违之，况其迩者乎？言出乎身，加乎民；行发乎迩，见乎远。言行，君子之枢机；枢机之发，荣辱之主也。言行，君子之所以动天地也，可不慎乎！"

“同人，先号咷而后笑。”子曰：“君子之道，或出或处，或默或语。二人同心，其利断金。同心之言，其臭如兰。”

“初六：藉用白茅，无咎。”子曰：“苟错诸地而可矣，藉之用茅，何咎之有？慎之至也。夫茅之为物薄，而用可重也，慎斯术也以往，其无所失矣。”

“劳谦，君子有终，吉。”子曰：“劳而不伐，有功而不德，厚之至也。语以其功下人者也。德言盛，礼言恭；谦也者，致恭以存其位者也。”

“亢龙有悔。”子曰：“贵而无位，高而无民，贤人在下，位而无辅，是以动而有悔也。”

“不出户庭，无咎。”子曰：“乱之所生也，则言语以为阶。君不密则失臣，臣不密则失身，几事不密则害成。是以君子慎密而不出也。”

子曰：“作《易》者其知盗乎！《易》曰‘负且乘，致寇至。’负也者，小人之事也；乘也者，君子之器也。小人而乘君子之器，盗思夺之矣；上慢下暴，盗思伐之矣。慢藏诲盗，冶容诲淫。《易》曰：‘负且乘，致寇至。’盗之招也。”

大衍之数五十，其用四十有九。分而为二以象两，挂一以象三，揲之以四以象四时，归奇于扐以象闰；五岁再闰，故再扐而后挂。天数五，地数五，五位相得而各有合。天数二十有五，地数三十，凡天地之数五十有五，此所以成变化而行鬼神也。

《幹》之策，二百一十有六，《坤》之策，百四十有四。凡三百有六十，当期之日。二篇之策，万有一千五百二十，当万物之数也。是故四营而成《易》，十有八变而成卦，八卦而小成。引而伸之，触类而长之，天下之能事毕矣。显道神德行，是故可与酬酢，可与佑神矣。子曰：“知变化之道者，其知神之所为乎。”

《易》有圣人之道四焉：以言者尚其辞，以动者尚其变，以制器者尚其象，以卜筮者尚其占。是以君子将有为也，将有行也，问焉而以言，其受命也如响。无有远近幽深，遂知来物。非天下之至精，其孰能与于此！参伍以变，错综其数：通其变，遂成天下之文；极其数，遂定天下之象。非天下之至变，其孰能与于此！《易》无思也，无为也，寂然不动，感而遂通天下之故。非天下之至神，其孰能与于此。夫《易》，圣人之所以极深而研几也。唯深也，故能通天下之志；唯几也，故能成天下之务；唯神也，故不疾而速，不行而至。子曰“《易》有圣人之道四焉”者，此之谓也。

天一，地二，天三，地四，天五，地六，天七，地八，天九，地十。子曰：“夫《易》何为者也？夫《易》，开物成务，冒天下之道，如斯而已者也。”是故圣人以通天下之志，以定天下之业，以断天下之疑。是故蓍之德圆而神，卦之德方以知，六爻之义易以贡。圣人以此洗心，退藏于密，吉凶与民同患。神以知来，知以藏往，其孰能与此哉？古之聪明睿知、神武而不杀者夫。是以明于天之道，而察于民之故，是兴神物以前民用。圣人以此齐戒，以神明其德夫。是故阖户谓之坤，辟户谓之乾；一阖一辟谓之变，往来不穷谓之通；见乃谓之象，形乃谓之；制而用之谓之法，利用出入、民咸用之谓之神。

是故《易》有大极，是生两仪，两仪生四象，四象生八卦，八卦定吉凶，吉凶生大业。是故法象莫大乎天地，变通莫大乎四时，县象着明莫大乎日月，崇高莫大乎富贵。备物致用，立成器以为天下利，莫大乎圣人。探赜索隐，钩深致远，以定天下之吉凶，成天下之亹亹者，莫大乎蓍龟。是故天生神物，圣人则之：天地变化，圣人效之；天垂象，见吉凶，圣人象之。河出图，洛出书，圣人则之。《易》有四象，所以示也。系辞焉，所以告也，定之以吉凶，所以断也。

《易》曰："自天佑之，吉无不利。"子曰："'佑'者助也。天之所助者顺也，人之所助者信也。履信思乎顺，又以尚贤也，是以'自天佑之，吉无不利'也。"

子曰："书不尽言，言不尽意。"然则圣人之意，其不可见乎？子曰："圣人立象以尽意，设卦以尽情伪，系辞焉以尽其言，变而通之以尽利，鼓之舞之以尽神。"

乾坤，其《易》之缊邪！乾坤成列，而《易》立乎其中矣。乾坤毁，则无以见《易》。《易》不可见，则乾坤或几乎息矣。是故形而上者谓之道，形而下者谓之器，化而裁之谓之变，推而行之谓之通，举而错之天下之民谓之事业。是故夫象，圣人有以见天下之赜，而拟诸其形容，象其物宜，是故谓之象。圣人有以见天下之动，而观其会通，以行其典礼，系辞焉以断其吉凶，是故谓之爻。极天下之赜者存乎卦，鼓天下之动者存乎辞，化而裁之存乎变，推而行之存乎通，神而明之存乎其人，默而成之，不言而信，存乎德行。

系辞下

八卦成列，象在其中矣；因而重之，爻在其中矣；刚柔相推，变在其中矣；系辞焉而命之，动在其中矣。

吉凶悔吝者，生乎动者也；刚柔者，立本者也；变通者，趣时者也。吉凶者，贞胜者也；天地之道，贞观者也；日月之道，贞明者也；天下之动，贞夫一者也。

夫乾确然，示人易矣；夫坤隤然，示人简矣。爻也者，效此者也；象也者，像此者也。爻象动乎内，吉凶见乎外；功业见乎变，圣人之情见乎辞。

天地之大德曰生，圣人之大宝曰位。何以守位？曰仁。何以聚人？曰财。理财、正辞、禁民为非，曰义。

古者包牺氏之王天下也，仰则观象于天，俯则观法于地，观鸟兽之文，与地之宜，近取诸身，远取诸物，于是始作八卦，以通神明之德，以类万物之情。作结绳而为网罟，以佃以渔，盖取诸《离》。

包牺氏没，神农氏作，斫木为耜，揉木为耒，耒耨之利，以教天下，盖取诸《益》。

日中为市，致天下之民，聚天下之货，交易而退，各得其所，盖取诸《噬嗑》。

神农氏没，黄帝、尧、舜氏作，通其变，使民不倦，神而化之，使民宜之。易穷则变，变则通，通则久。是以“自天佑之，吉无不利”。

黄帝、尧、舜垂衣裳而天下治，盖取诸《幹》、《坤》。

刳木为舟，剡木为楫，舟楫之利，以济不通，致远以利天下，盖取诸《涣》。

服牛乘马，引重致远，以利天下，盖取诸《随》。

重门击柝，以待暴客，盖取诸《豫》。

断木为杵，掘地为臼，杵臼之利，万民以济，盖取诸《小过》。

弦木为弧，剡木为矢。弧矢之利，以威天下，盖取诸《睽》。

上古穴居而野处，后世圣人易之以宫室，上栋下宇，以待风雨，盖取诸《大壮》。

古之葬者，厚衣之以薪，葬之中野，不封不树，丧期无数，后世圣人易之以棺椁，盖取诸《大过》。

上古结绳而治，后世圣人易之以书契，百官以治，万民以察，盖取诸《夬》。

是故《易》者，象也；象也者，像也。彖者，材也；爻也者，效天下之动者也。是故吉凶生而悔吝著也。

阳卦多阴，阴卦多阳。其故何也？阳卦奇，阴卦耦。其德行何也？阳一君而二民，君子之道也；阴二君而一民，小人之道也。

《易》曰“憧憧往来，朋从尔思。”子曰：“天下何思何虑？天下同归而殊途，一致而百虑，天下何思何虑？日往则月来，月往则日来，日月相推而明生焉；寒往则暑来，暑往则寒来，寒暑相推而岁成焉。往者屈也，来者信也，屈信相感而利生焉。尺蠖之屈，以求信也；龙蛇之蛰，以存身也。精义入神，以致用也；利用安身，以崇德也。过此以往，未之或知也；穷神知化，德之盛也。”

《易》曰：“困于石，据于蒺藜，入于其宫，不见其妻，凶。”子曰：“非所困而困焉，名必辱；非所据而据焉，身必危。既辱且危，死期将至，妻其可得见耶！”

《易》曰：“公用射隼于高墉之上，获之，无不利。”子曰：“隼者，禽也；弦者，器也；射之者，人也。君子藏器于身，待时而动，何不利之有？动而不括，是以出而有获。语成器而动者也。”

子曰：“小人不耻不仁，不畏不义，不见利不劝，不威不惩。小惩而大诫，此小人之福也。《易》曰：‘履校灭趾，无咎。’此之谓也。”

“善不积不足以成名，恶不积不足以灭身。小人以小善为无益而弗为也，以小恶为无伤而弗去也，故恶积而不可掩，罪大而不可解。《易》曰：‘何校灭耳，凶。’”

子曰：“危者，安其位者也；亡者，保其存者也；乱者，有其治者也。是故君子安而不忘危，存而不忘亡，治而不忘乱。是以身安而国家可保也。《易》曰：‘其亡其亡，系于苞桑。’”

子曰：“德薄而位尊，知小而谋大，力少而任重，鲜不及矣。《易》曰：‘鼎折足，覆公餗，其形渥，凶。’言不胜其任也。”

子曰：“知几其神乎？君子上交不谄，下交不渎，其知几乎？几者，动之微，吉之先见者也。君子见几而作，不俟终日。《易》曰：‘介于石，不终日，贞吉。’介如石焉，宁用终日？断可识矣。君子知微知彰，知柔知刚，万夫之望。”

子曰：“颜氏之子，其殆庶几乎！有不善，未尝不知；知之，未尝复行也。《易》曰：‘不远复，无祇悔，元吉。’”

“天地絪缊，万物化醇。男女构精，万物化生。《易》曰：‘三人行，则损一人；一人行，则得其友。’言致一也。

子曰：“君子安其身而后动，易其心而后语，定其交而后求：君子修此三者，故全也。危而动，则民不与也；惧而语，则民不应也；无交而求，则民不与也；莫之与，则伤之者至矣。《易》曰：‘莫或益之，或击之，立心勿恒，凶。’”

子曰：“乾坤，其《易》之门耶？乾，阳物也；坤，阴物也。阴阳合德，而刚柔有体。以体天地之撰，以通神明之德。其称名也，杂而不越。于稽其类，其衰世之意邪？”

夫《易》，彰往而察来，而微显阐幽。开而当名，辨物，正言，断辞，则备矣。其称名也小，其取类也大；其旨远，其辞文；其言曲而中，其事肆而隐。因贰以济民行，以明失得之报。

《易》之兴也，其于中古乎？作《易》者，其有忧患乎？

是故《履》，德之基也；《谦》，德之柄也；《复》，德之本也；《恒》，德之固也；《损》，德之修也；《益》，德之裕也；《困》，德之辨也；《井》，德之地也；《巽》，德之制也。

《履》，和而至；《谦》，尊而光；《复》，小而辨于物；《恒》，杂而不厌；《损》，先难而后易；《益》，长裕而不设；《困》，穷而通；《井》，居其所而迁；《巽》，称而隐。

《履》以和行；《谦》以制礼；《复》以自知；《恒》以一德；《损》以远害；《益》以兴利；《困》以寡怨；《井》以辨义；《巽》以行权。

《易》之为书也不可远，为道也屡迁。变动不居，周流六虚，上下无常，刚柔相易，不可为典要，唯变所适。

其出入以度外内，使知惧，又明于忧患与故。无有师保，如临父母。初率其辞，而揆其方，既有典常。苟非其人，道不虚行。

《易》之为书也，原始要终以为质也。六爻相杂，唯其时物也。其初难知，其上易知：本末也。初辞拟之，卒成之终。

若夫杂物撰德，辩是与非，则非其中爻不备。噫！亦要存亡吉凶，则居可知矣。知者观其彖辞，则思过半矣。

二与四同功而异位，其善不同：二多誉，四多惧，近也。柔之为道，不利远者；其要无咎，其用柔中也。三与五同功而异位：三多凶，五多功，贵贱之等也。其柔危，其刚胜耶？

《易》之为书也，广大悉备：有天道焉，有地道焉，有人道焉。兼三才而两之，故六。六者，非它也，三材之道也。道有变动，故曰爻；爻有等，故曰物；物相杂，故曰文；文不当，故吉凶生焉。

《易》之兴也，其当殷之末世，周之盛德耶？当文王与纣之事耶？是故其辞危。危者使平，易者使倾；其道甚大，百物不废。惧以终始，其要无咎，此之谓《易》之道也。

夫乾，天下之至健也，德行恒易以知险；夫坤，天下之至顺也，德行恒简以知阻。能说诸心，能研诸（侯之）虑，定天下之吉凶，成天下之亹亹者。是故变化云为，吉事有祥；象事知器，占事知来。

天地设位，圣人成能。人谋鬼谋，百姓与能。八卦以象告，爻彖以情言。刚柔杂居，而吉凶可见矣。变动以利言，吉凶以情迁。是故爱恶相攻而吉凶生，远近相取而悔吝生，情伪相感而利害生。凡《易》之情，近而不相得则凶。或害之，悔且吝。

将叛者，其辞惭；中心疑者，其辞枝；吉人之辞寡，躁人之辞多；诬善之人，其辞游；失其守者，其辞屈。

周易·说卦传

昔者圣人之作《易》也，幽赞于神明而生蓍，参天两地而倚数，观变于阴阳而立卦，发挥于刚柔而生爻，和顺于道德而理于义，穷理尽性以至于命。昔者圣人之作《易》也，将以顺性命之理。是以立天之道，曰阴与阳；立地之道，曰柔与刚；立人之道，曰仁与义。兼三才而两之，故《易》六画而成卦；分阴分阳，迭用柔刚，故《易》六位而成章。天地定位，山泽通气，雷风相薄，水火不相射，八卦相错。数往者顺，知来者逆，是故《易》逆数也。

雷以动之，风以散之，雨以润之，日以烜之，艮以止之，兑以说之，乾以君之，坤以藏之。

帝出乎震，齐乎巽，相见乎离，致役乎坤，说言乎兑，战乎乾，劳乎坎，成言乎艮。

万物“出乎震”，震，东方也。“齐乎巽”，巽，东南也。齐也者，言万物之絜齐也。离也者，明也，万物皆相见，南方之卦也。圣人南面而听天下，向明而治，盖取诸此也。坤也者，地也，万物皆致养焉，故曰“致役乎坤”。兑，正秋也，万物之所说也，故曰“说言乎兑”。“战乎乾”，乾，西北之卦也，言阴阳相薄也。坎者，水也，正北方之卦也；劳卦也，万物之所归也，故曰“劳乎坎”。艮，东北之卦也，万物之所成终而所成始也，故曰“成言乎艮”。

“神”也者，妙万物而为言者也。动万物者莫疾乎雷，桡万物者莫疾乎风，燥万物者莫熯乎火，说万物者莫说乎泽，润万物者莫润乎水，终万物始万物者莫盛乎艮。故水火相逮，雷风不相悖，山泽通气，然后能变化，既成万物也。

乾，健也；坤，顺也；震，动也；巽，入也；坎，陷也；离，丽也；艮，止也；兑，说也。

乾为马，坤为牛，震为龙，巽为鸡，坎为豕，离为雉，艮为狗，兑为羊。

乾为首，坤为腹，震为足，巽为股，坎为耳，离为目，艮为手，兑为口。

乾，天也，故称乎父；坤，地也，故称乎母。震，一索而得男，故谓之长男；巽一索而得女，故谓之长女。坎，再索而得男，故谓之中男；离，再索而得女，故谓之中女。艮，三索而得男，故谓之少男；兑，三索而得女，故谓之少女。

乾为天、为圜、为君、为父、为玉、为金、为寒、为冰、为大赤、为良马、为老马、为瘠马、为驳马、为木果。

坤为地、为母、为布、为釜、为吝啬、为均、为子母牛、为大舆、为文、为众、为柄。其于地也为黑。

震为雷、为龙、为玄黄、为旉、为大涂、为长子、为决躁、为苍筤竹、为萑苇。其于马也为善鸣、为馵足、为作足、为的颡。其于稼也为反生。其究为健、为蕃鲜。

巽为木、为风、为长女、为绳直、为工、为白、为长、为高、为进退、为不果、为臭。其于人也为寡发、为广颡、为多白眼。为近利市三倍。其究为躁卦。

坎为水、为沟渎、为隐伏、为矫輮、为弓轮。其于人也为加忧、为心病、为耳痛、为血卦、为赤。其于马也为美脊、为亟心、为下首、为薄蹄、为曳。其于舆也为多眚。为通、为月、为盗。其于木也为坚多心。

离为火、为日、为电、为中女、为甲胄、为戈兵。其于人也为大腹。为干卦。为鳖、为蟹、为蠃、为蚌、为龟。其于木也为科上槁。

艮为山、为径路、为小石、为门阙、为果蓏、为阍寺、为指、为狗、为鼠、为黔喙之属。其于木也为坚多节。

兑为泽、为少女、为巫、为口舌、为毁折、为附决。其于地也为刚卤。为妾、为羊。

周易·序卦传

醉醒堂主按：通行的《周易》版本，是儒家作为阐发义理的经典教材流传下来的，我们认为其六十四卦的顺序，是按儒家的理念进行重新编排的，未必是当初作为术数占筮之书的本来卦序，如《京房易》的卦序，是按八宫纳甲排序，比通行本的卦序更能体现了八八六十四卦内在的阴阳遁演变化。所以以下的序卦传，不过是敷衍成文，便于儒者学习《周易》的记忆口诀罢了。不过仔细推敲，可以看出编排者的排序思维：序卦传的上篇，从乾坤二卦起，主要是谈的是天地万物的应承关系，下篇，从咸恒二卦起，谈的是人伦家事的应承关系。虽然牵强附会，但也可以看出，编排者借题发挥，用以阐发儒家教义，是费了一番苦心的。

有天地，然后万物生焉。盈天地之间者唯万物，故受之以屯。屯者盈也，屯者物之始生也。物生必蒙，故受之以蒙。蒙者蒙也，物之稚也。物不可不养也，故受之以需。需者饮食之道也。饮食必有讼，故受之以讼。讼必有众起，故受之以师。师者众也。

众必有所比，故受之以比。比者，比也。比必有所畜，故受之以小畜。物畜然后有礼，故受之以履。履而泰，然后安，故受之以泰。泰者，通也。物不可以终通，故受之以否。物不可以终否，故受之以同人。与人同者，物必归焉，故受之以大有。

有大者不可以盈，故受之以谦。有大而能谦必豫，故受之以豫。豫必有随，故受之以随。以喜随人者必有事，故受之以蛊。蛊者，事也。有事而后可大，故受之以临。临者，大也。物大然后可观，故受之以观。可观而后有所合，故受之以噬嗑。嗑者，合也。

物不可以苟合而已，故受之以贲。贲者，饰也。致饰然后亨则尽矣，故受之以剥。剥者，剥也。物不可以终尽，剥穷上反下，故受之以复。复则不妄矣，故受之以无妄。有无妄然后可畜，故受之以大畜。物畜然后可养，故受之以颐。颐者，养也。

不养则不可动，故受之以大过。物不可以终过，故受之以坎。坎者，陷也。陷必有所丽，故受之以离。离者，丽也。

有天地然后有万物，有万物然后有男女，有男女然后有夫妇，有夫妇然后有父子，有父子然后有君臣，有君臣然后有上下，有上下然后礼义有所错。夫妇之道，不可以不久也，故受之以恒。恒者，久也。

物不可以久居其所，故受之以遁。遁者，退也。物不可以终遁，故受之以大壮。物不可以终壮，故受之以晋。晋者，进也。进必有所伤，故受之以明夷。夷者，伤也。伤于外者必反其家，故受之以家人。家道穷必乖，故受之以睽。睽者，乖也。

乖必有难，故受之以蹇。蹇者，难也。物不可以终难，故受之以解。解者，缓也。缓必有所失，故受之以损。损而不已必益，故受之以益。益而不已必决，故受之以夬。夬者，决也。决必有所遇，故受之以姤。姤者，遇也。物相遇而后聚，故受之以萃。萃者，聚也。

聚而上者谓之升，故受之以升。升而不已必困，故受之以困。困乎上者必反下，故受之以井。井道不可不革，故受之以革。革物者莫若鼎，故受之以鼎。主器者莫若长子，故受之以震；震者动也。物不可以终动，止之，故受之以艮；艮者止也。

物不可以终止，故受之以渐。渐者，进也。进必有所归，故受之以归妹。得其所归者必大，故受之以丰。丰者，大也。穷大者必失其居，故受之以旅。旅而无所容，故受之以巽。巽者，入也。入而后说之，故受之以兑。兑者，说也。

说而后散之，故受之以涣。涣者，离也。物不可以终离，故受之以节。节而信之，故受之以中孚。有其信者必行之，故受之以小过。有过物者必济，故受之以既济。物不可穷也，故受之以未济终焉。

杂卦传

乾刚坤柔。比乐师忧。临观之义，或与或求。屯见而不失其居，蒙杂而著。

震，起也；艮，止也。损、益，盛衰之始也。大畜，时也；无妄，灾也。萃聚而升不来也。谦轻而豫怠也。噬嗑，食也；贲，无色也。兑见而巽伏也。随，无故也；蛊，则饬也。

剥，烂也；复，反也。晋，昼也；明夷，诛也。井通而困相遇也。咸，速也；恒，久也。涣，离也；节，止也。解，缓也；蹇，难也。

睽，外也；家人，内也。否、泰，反其类也。大壮则止；遁则退也。大有，众也。同人，亲也。革，去故也；鼎，取新也。小过，过也；中孚，信也。

丰，多故也；亲寡旅也。离上而坎下也。小畜，寡也。履，不处也。需，不进也；讼，不亲也。大过，颠也；姤，遇也，柔遇刚也。

渐，女归待男行也。颐，养正也；既济，定也。归妹，女之终也。未济，男之穷也。夬，决也，刚决柔也。君子道长，小人道忧也。